Schäffer

Rotsch | Strafrechtliche Klausurenlehre

Strafrechtliche Klausurenlehre

Von

Professor Dr. iur. Thomas Rotsch

Justus-Liebig-Universität Gießen

Verlag Franz Vahlen München 2013

Zitiervorschlag: *Rotsch* Klausurenlehre StrafR Rn.

www.vahlen.de

ISBN 978 3 8006 4595 4

Wilhelmstraße 9, 80801 München
Druck: Druckhaus Nomos
In den Lissen 12, 76547 Sinzheim

Satz: R. John + W. John GbR, Köln
Umschlagkonzeption: Martina Busch Grafikdesign, Homburg Kirrberg

Gedruckt auf säurefreiem, alterungsbeständigem Papier
(hergestellt aus chlorfrei gebleichtem Zellstoff)

Vorwort

Die Erfahrung zeigt, dass die meisten Jurastudenten in der Lage sind, auch schwierigere juristische Probleme zu verstehen, sich Definitionen zu merken und Streitstände wiederzugeben. Fast alle haben aber immense Schwierigkeiten damit, das Gelernte auf einen unbekannten Sachverhalt anzuwenden. Dabei stellt diese Fähigkeit nicht nur eine unabdingbare Voraussetzung für ein erfolgreiches Examen, sondern auch die Grundlage für eine erfolgreiche spätere Berufstätigkeit dar. Der Stellenwert der Falllösungstechnik kann gar nicht hoch genug bewertet werden, er wird freilich bis ins Examen nach meiner Erfahrung von nahezu allen Studenten unterschätzt. Subsumtions- und Argumentationstechnik lernt der Student nur über die Lösung von Fällen. Die Beherrschung einer guten Falllösungstechnik, des Gutachten- und (!) des Urteilsstils erlernt man aber erst und nur nach intensiver Einübung. Diesem Zweck dient das vorliegende Buch.

Nun herrscht an Falllösungsbüchern kein Mangel, auch in den einschlägigen Ausbildungszeitschriften werden regelmäßig Fallbearbeitungen veröffentlicht. Sie alle sind jedoch einem besonderen Dilemma ausgesetzt: In einer stringenten gutachterlichen Lösung verbieten sich lehrbuchartige Ausführungen, weiterführende Hinweise auf andere Lösungsmöglichkeiten u.ä. Ohne diese wird der Student aber kaum Gewinn aus der Bearbeitung ziehen können. Rückt man aber den didaktischen Aspekt in den Vordergrund, bleibt meist die spezifische Gutachtentechnik und insbesondere auch die Komplexität eines typischen Examensfalles auf der Strecke.

Aus den unterschiedlichsten Gründen finden sich kaum Fallbearbeitungen, die eine überzeugende Falllösung mit den notwendigen didaktischen Hinweisen zum Erlernen der juristischen Argumentations- und Subsumtionstechnik verknüpfen. Daher musste der Student sich bislang stets der Mühe unterziehen, umfangreichste Anleitungen zur Falllösungstechnik durchzuarbeiten, um anschließend das mühsam Erlernte an einer kaum zu bewältigenden Vielzahl von Fällen zu erproben.

Dieses Buch geht einen anderen Weg. Es wurde in der Überzeugung geschrieben, dass fruchtbares Bearbeiten von Fällen nur möglich ist, wenn die Darstellung im Gutachten mit der Erläuterung des Aufbaus, der gewählten Formulierung, anderer vertretbarer Lösungsmöglichkeiten und z.B. auch mit Hinweisen auf das, was besser ungesagt bleibt, unmittelbar verbunden wird. Dementsprechend finden sich diese Hinweise von dem Text der eigentlichen Lösung deutlich abgehoben; sie zu lesen und eigenständig über sie nachzudenken, ist Voraussetzung einer gewinnbringenden Lektüre. Die Fallsammlung ersetzt das Durcharbeiten eines Lehrbuchs nicht, versucht aber immer wieder, fallbezogen systematische Zusammenhänge aufzudecken, die sich beim Lehrbuchstudium allein häufig nicht erschließen. Daher ist es auch nicht Ziel der gutachterlichen Lösungen, den Leser von der von mir für richtig gehaltenen Ansicht zu überzeugen; im Vordergrund steht vielmehr stets das möglichst geschickte Vorgehen bei der Lösung eines Falles, vgl. exemplarisch etwa die Ausführungen in Fall 1 → Rn. 35, Fall 3 → Rn. 388 ff. (406 f.), Fall 9 → Rn. 1169.

Der Lösung des einzelnen Falles jeweils vorangestellt sind die Darstellung seiner Schwerpunkte mit Hinweisen auf die einschlägige BGH-Rechtsprechung, Literaturhinweise, die sich auf das beschränken, was unbedingt gelesen werden sollte, und ein Gliederungsvorschlag. Damit soll die Möglichkeit gegeben werden, sich – vor der Beschäftigung mit der Falllösung – intensiv und komprimiert mit den Problemen eines Falles auseinanderzusetzen. Wer in der Examensvorbereitung bereits weiter vorangeschritten ist, mag von dieser Vorbereitung absehen und kann die Fälle gut zur intensiven Wiederholung benutzen. Wer die Fälle zur konzentrierten und zügigen Wiederholung direkt vor dem Examen durcharbeiten will, mag auf die Lektüre der Hinweise verzichten.

Examensrelevante Entscheidungen aus der Rechtsprechung sind nach ihrer Bedeutung mit *, ** oder *** besonders gekennzeichnet. Die Angabe BGHSt 48, 34*** zeigt also beispielsweise, dass es sich bei dem Urteil des BGH (»Gubener-Verfolgerfall«) um eine in höchstem Maße examensrelevante Entscheidung handelt, die zum Verständnis der Falllösung unbedingt gelesen werden sollte.

Da es für ein erfolgreiches Examen nicht auf das Auswendiglernen möglichst vieler Einzelprobleme, sondern auf das Erfassen systematischer Gesamtzusammenhänge ankommt, sind ausnahmslos umfangreichere Fälle ausgewählt worden, die sich im Schwierigkeitsgrad eher oberhalb des Examensniveaus bewegen. Sie decken den Allgemeinen und Besonderen Teil des StGB ab und sind seit vielen Jahren Bestandteil der unterschiedlichsten Veranstaltungen gewesen, jeweils mehrfach erprobt und vielfach überarbeitet und verbessert worden. Da sich die Schwierigkeit eines strafrechtlichen Falles kaum jemals aus der Komplexität des einzelnen Problems selbst, sondern stets erst aus der Anzahl und Verknüpfung der Probleme ergibt – strafrechtliche Fragen sind per se fast immer »schwierig« –, kann und sollte das Buch bereits recht bald nach Studienbeginn zu Rate gezogen werden und so – so meine Hoffnung – zum langjährigen und gewinnbringenden Begleiter bis zum Examen werden.

Für vielfältige Unterstützung bei der Erstellung des Manuskripts bin ich meinen Gießener Lehrstuhlmitarbeitern *Franziska Bergemann*, *Rosena Nedeva*, Dr. *Anna Oehmichen* und ganz besonders meinem Wiss. Mitarbeiter *Markus Wagner*, der auch in inhaltlicher Hinsicht intensiv an der Verbesserung der Fälle mitgewirkt hat, zu großem Dank verpflichtet. Frau *Bärbel Smakman* vom Verlag Vahlen gilt mein Dank für die stets hervorragende Betreuung.

Etwaige Fehler gehen – wie immer – zu meinen Lasten. Dieses Buch ist für Sie geschrieben worden, daher freue ich mich über konstruktive Kritik, Anregungen und Verbesserungsvorschläge (mail@thomas-rotsch.de).

Gießen, im Januar 2013 *Thomas Rotsch*

Inhaltsverzeichnis

Abkürzungsverzeichnis

aA	andere(r) Ansicht
aE	am Ende
Abs.	Absatz
AG	Aktiengesellschaft
AK-StPO	Alternativkommentar zur Strafprozessordnung
alic	actio libera in causa
AnwK-StPO	AnwaltKommentar zur Strafprozessordnung
Art.	Artikel
AT	Allgemeiner Teil
Aufl.	Auflage
BayObLG	Bayerisches Oberstes Landesgericht
Bd.	Band
Beschl.	Beschluss
BGB	Bürgerliches Gesetzbuch
BGH	Bundesgerichtshof
BGHR	BGH-Rechtsprechung
BGHSt	(amtliche) Entscheidungssammlung des Bundesgerichtshofs in Strafsachen
BT	Besonderer Teil
BtMG	Betäubungsmittelgesetz
BVerfG	Bundesverfassungsgericht
BVerfGE	(amtliche) Sammlung der Entscheidungen des BVerfG
bzgl.	bezüglich
bzw.	beziehungsweise
CCZ	Corporate Compliance Zeitschrift
dh	das heißt
DRiZ	Deutsche Richterzeitung
Drs.	Drucksache
dt.	deutsch
EMRK	Europäische Menschenrechtskonvention
EUR	Euro
etc.	et cetera
f.	folgende
FamFG	Gesetz über das Verfahren in Familiensachen und in den Angelegenheiten der freiwilligen Gerichtsbarkeit
ff.	die folgenden
FIFA	Fédération Internationale de Football Association
Fn.	Fußnote/-n
frz.	französisch
FS	Festschrift
GA	Goltdammer's Archiv für Strafrecht
gem.	gemäß
GG	Grundgesetz für die Bundesrepublik Deutschland
ggfs.	gegebenenfalls
grds.	grundsätzlich

hA .... herrschende Ansicht
hL............ herrschende Lehre
hM .... herrschende Meinung
HGB .... Handelsgesetzbuch
Hk-GS .... Handkommentar Gesamtes Strafrecht
HRRS......... Höchstrichterliche Rechtsprechung im Strafrecht
Hrsg. .... Herausgeber

idS .... in diesem Sinne
iRd .... im Rahmen des/der
iSd .... im Sinne des/der
iSv .... im Sinne von
iVm .... in Verbindung mit
insbes.......... insbesondere

JA............ Juristische Arbeitsblätter
JK............ Jura-Kartei
JR............ Juristische Rundschau
Jura........... Juristische Ausbildung
JuS .... Juristische Schulung
JZ............ JuristenZeitung

Kfz........... Kraftfahrzeug
KK .... Karlsruher Kommentar
krit. .... kritisch

l .... Liter
LG .... Landgericht
lit............. Buchstabe
LK .... Leipziger Kommentar
LPK .... Lehr- und Praxiskommentar

mAnm......... mit Anmerkung
mwN .... mit weiteren Nachweisen
MDR .... Monatsschrift für Deutsches Recht
MüKo......... Münchener Kommentar

NJW.......... Neue Juristische Wochenschrift
NK........... NomosKommentar
Nr. .... Nummer/-n
NStZ .... Neue Zeitschrift für Strafrecht
NStZ-RR ...... NStZ Rechtsprechungsreport Strafrecht

OLG .... Oberlandesgericht

PdW.......... Prüfe dein Wissen
Pkw .... Personenkraftwagen
PrObTr........ Preußisches Obertribunal
PreußStGB ..... Preußisches Strafgesetzbuch

RG .... Reichsgericht
RGRspr........ Rechtsprechung des Reichsgerichts
RGSt .... (amtliche) Entscheidungssammlung des Reichsgerichts in Strafsachen
Rn............ Randnummer
RPflG......... Rechtspflegergesetz
Rspr........... Rechtsprechung

S. . . . . Satz/Seite
scil. . . . . sicilet (nämlich)
SK-StGB . . . . Systematischer Kommentar zum Strafgesetzbuch
SSW-StGB. . . . . . Satzger/Schmidt/Widmaier, StGB-Kommentar
StGB . . . . Strafgesetzbuch
StPO. . . . . Strafprozessordnung
StraFo . . . . Strafverteidiger Forum
StrafR . . . . Strafrecht
StRspr. . . . . Ständige Rechtsprechung
StV . . . . Strafverteidiger
StVO. . . . . Straßenverkehrsordnung

Urt. . . . . Urteil

v. . . . . vom/von
Var. . . . . Variante
vgl. . . . . vergleiche
Voraufl. . . . . Vorauflage
vs. . . . . versus
VStGB . . . . Völkerstrafgesetzbuch

WiKG . . . . Gesetz zur Bekämpfung der Wirtschaftskriminalität
wistra . . . . Zeitschrift für Wirtschafts- und Steuerstrafrecht
WiStrR . . . . Wirtschaftsstrafrecht
WM . . . . Weltmeisterschaft

zB . . . . zum Beispiel
zT . . . . zum Teil
ZIP . . . . Zeitschrift für Wirtschaftsrecht
ZIS . . . . Zeitschrift für Internationale Strafrechtsdogmatik
ZJS . . . . Zeitschrift für das Juristische Studium
ZStR . . . . Schweizerische Zeitschrift für Strafrecht
ZStW . . . . Zeitschrift für die gesamte Strafrechtswissenschaft
zust. . . . . zustimmend

Literaturverzeichnis

Arzt, G., Die Strafrechtsklausur, 7. Aufl. 2006 (zit.: *Arzt* Strafrechtsklausur)

Arzt, G./Weber, U., Strafrecht, Besonderer Teil, 2000 (zit.: *Arzt/Weber* StrafR BT)

Baumann, J./Weber, U./Mitsch, W., Strafrecht, Allgemeiner Teil, 11. Aufl. 2003 (zit.: Baumann/Weber/Mitsch/*Bearbeiter* StrafR AT)

Beulke, W., Klausurenkurs im Strafrecht I, Ein Fall- und Repetitionsbuch für Anfänger, 5. Aufl. 2010 (zit.: *Beulke* KK StrafR I)

Beulke, W., Klausurenkurs im Strafrecht II, Ein Fall- und Repetitionsbuch für Fortgeschrittene, 2. Aufl. 2010 (zit.: *Beulke* KK StrafR II)

Beulke, W., Klausurenkurs im Strafrecht III, Ein Fall- und Repetitionsbuch für Examenskandidaten, 3. Aufl. 2009 (zit.: *Beulke* KK StrafR III)

Beulke, W., Strafprozessrecht, 12. Aufl. 2012 (zit.: *Beulke* StPO)

Bockelmann, P./Volk, K., Strafrecht, Allgemeiner Teil, 4. Aufl. 1987 (zit.: *Bockelmann/Volk* StrafR AT)

Erb, V./Esser, R./Franke, U./Graalmann-Scheerer, K./Hilger, H./Ignor, A. (Hrsg.), Löwe/Rosenberg, Die Strafprozeßordnung und das Gerichtsverfassungsgesetz. Großkommentar, 26. Aufl. 2006 ff. (zit.: LR/*Bearbeiter*)

Eser, A., Strafrecht II, Schwerpunkte: Fahrlässigkeit, Unterlassung, Versuch, Tatbeteiligung, Konkurrenzen, 3. Aufl. 1980 (zit.: *Eser* StrafR II)

Eser, A., Strafrecht IV, Schwerpunkt Vermögensdelikte, 4. Aufl. 1983 (zit.: *Eser* StrafR IV)

Fischer, T., Strafgesetzbuch und Nebengesetze, 59. Aufl. 2012

von Frank, R., Das Strafgesetzbuch für das Deutsche Reich, 18. Aufl. 1931

Freund, G., Strafrecht Allgemeiner Teil, Personale Straflehre, 1998 (zit.: *Freund* StrafR AT)

Graf, J.-P./Jäger, M./Wittig, P. (Hrsg.), Wirtschafts- und Steuerstrafrecht, Kommentar, 2011 (zit.: Graf/Jäger/Wittig/*Bearbeiter*)

Gropp, W., Strafrecht, Allgemeiner Teil, 3. Aufl. 2005 (zit.: *Gropp* StrafR AT)

Hannich, R. (Hrsg.), Karlsruher Kommentar zur Strafprozessordnung mit GVG, EGGVG und EMRK, 6. Aufl. 2008

Heinrich, B., Strafrecht – Allgemeiner Teil, 3. Aufl. 2012 (zit.: *Heinrich* StrafR AT)

Hillenkamp, T., 32 Probleme aus dem Strafrecht, Allgemeiner Teil, 14. Aufl. 2012 (zit.: *Hillenkamp* 32 Probleme StrafR AT)

Hillenkamp, T., 40 Probleme aus dem Strafrecht, Besonderer Teil, 11. Aufl. 2009 (zit.: *Hillenkamp* 40 Probleme StrafR BT)

Jäger, C., Examens-Repetitorium Strafrecht Allgemeiner Teil, 5. Aufl. 2011 (zit.: *Jäger* Examens-Repetitorium StrafR AT)

Jäger, C., Examens-Repetitorium Strafrecht Besonderer Teil, 4. Aufl. 2011 (zit.: *Jäger* Examens-Repetitorium StrafR BT)

Jähnke, B./Laufhütte, H. W./Odersky, W. (Hrsg.), Strafgesetzbuch, Leipziger Kommentar, 11. Aufl. 2003 ff. (zit.: LK/*Bearbeiter*)

Jakobs, G., Strafrecht, Allgemeiner Teil, Die Grundlagen und die Zurechnungslehre, 2. Aufl. 1993 (zit.: *Jakobs* StrafR AT)

Jauernig, O. (Hrsg.), Bürgerliches Gesetzbuch mit Allgemeinem Gleichbehandlungsgesetz (Auszug), Kommentar, 14. Aufl. 2011 (zit.: Jauernig/*Bearbeiter*)

Jescheck, H.-H./Weigend, T., Lehrbuch des Strafrechts, Allgemeiner Teil, 5. Aufl. 1996 (zit.: *Jescheck/Weigend* StrafR AT)

Joecks, W./Miebach, K. (Hrsg.), Münchener Kommentar zum Strafgesetzbuch, 2. Aufl. 2011 ff. (zit.: MüKoStGB/*Bearbeiter*)

Kindhäuser, U., Strafgesetzbuch, Lehr- und Praxiskommentar, 5. Aufl. 2013 (zit.: *Kindhäuser* LPK)

Kindhäuser, U./Neumann, U./Paeffgen, H.-U. (Hrsg.), NomosKommentar Strafgesetzbuch, 3. Aufl. 2010 (zit.: NK-StGB/*Bearbeiter*)

Krekeler, W./Löffelmann, M./Sommer, U. (Hrsg.), AnwaltKommentar StPO, 2. Aufl. 2010 (zit.: AnwK-StPO/*Bearbeiter*)

Kudlich, H., Strafrecht Allgemeiner Teil, Prüfe Dein Wissen, 3. Aufl. 2009 (zit.: *Kudlich* PdW StrafR AT)

Kühl, K., Strafrecht, Allgemeiner Teil, 7. Aufl. 2012 (zit.: *Kühl* StrafR AT)

Küper, W., Strafrecht Besonderer Teil, Definitionen mit Erläuterungen, 8. Aufl. 2012 (zit.: *Küper* StrafR BT)

Lackner, K./Kühl, K., Strafgesetzbuch, Kommentar, 27. Aufl. 2011 (zit.: *Lackner/Kühl*)

Laufhütte, H. W./Rissing-van Saan, R./Tiedemann, K. (Hrsg.), Strafgesetzbuch, Leipziger Kommentar, 12. Aufl. 2006 ff. (zit.: LK/*Bearbeiter*)

Leipold, K./Tsambikakis, M./Zöller, M. A. (Hrsg.), AnwaltKommentar StGB, 2011 (zit.: AnwK-StGB/*Bearbeiter*)

Maurach, R./Zipf, H., Strafrecht, Allgemeiner Teil, Teilbd. 1: Grundlehren des Strafrechts und Aufbau der Straftat, 8. Aufl. 1992 (zit.: *Maurach/Zipf* StrafR AT I)

Maurach, R./Gössel, H./Zipf, H., Strafrecht, Allgemeiner Teil, Teilbd. 2: Erscheinungsformen des Verbrechens und Rechtsfolgen der Tat, 7. Aufl. 1989 (zit.: *Maurach/Gössel/Zipf* StrafR AT II)

Maurach, R./Schroeder, F.-C./Maiwald, M., Strafrecht, Besonderer Teil, Teilbd. 1: Straftaten gegen Persönlichkeits- und Vermögenswerte, 10. Aufl. 2009 (zit.: *Maurach/Schroeder/Maiwald* StrafR BT I)

Maurach, R./Schroeder, F.-C./Maiwald, M., Strafrecht, Besonderer Teil, Teilbd, 2: Straftaten gegen Gemeinschaftswerte, 10. Aufl. 2012 (zit.: *Maurach/Schröder/Maiwald* StrafR BT II)

Mitsch, W., Strafrecht, Besonderer Teil, Bd. 2: Vermögensdelikte, Teilbd. 1: Kernbereich, 2003 (zit.: *Mitsch* StrafR BT II/1)

Momsen, C./Grützner, T. (Hrsg.), Wirtschaftsstrafrecht, Handbuch für die Unternehmens- und Anwaltspraxis, 2013 (zit.: Momsen/Grützner/*Bearbeiter*)

Otto, H., Grundkurs Strafrecht, Die einzelnen Delikte, 8. Aufl. 2009 (zit.: *Otto* StrafR BT)

Otto, H., Grundkurs Strafrecht, Allgemeine Strafrechtslehre, 7. Aufl. 2004 (zit.: *Otto* StrafR AT)

Otto, H./Bosch, N., Übungen im Strafrecht, 7. Aufl. 2010 (zit.: *Otto/Bosch* Übungen StrafR)

Rengier, R., Strafrecht, Allgemeiner Teil, 4. Aufl. 2012 (zit.: *Rengier* StrafR AT)

Rengier, R., Strafrecht, Besonderer Teil I, Vermögensdelikte, 14. Aufl. 2012 (zit.: *Rengier* StrafR BT I)

Rengier, R., Strafrecht, Besonderer Teil II, Delikte gegen die Person und die Allgemeinheit, 13. Aufl., 2012 (zit.: *Rengier* StrafR BT II)

Rotsch, T., »Einheitstäterschaft« statt Tatherrschaft, Zur Abkehr von einem differenzierenden Beteiligungsformensystem in einer normativ-funktionalen Straftatlehre, 2009 (zit.: *Rotsch* »Einheitstäterschaft« statt Tatherrschaft)

Rotsch, T./Nolte, M./Peifer, K.-N./Weitemeyer, B., Die Klausur im Ersten Staatsexamen, 24 Fälle aus dem Bürgerlichen Recht, Öffentlichen Recht und Strafrecht. Klausurenlehre für Anfänger und Fortgeschrittene, 2003 (zit.: RNPW/*Bearbeiter* Klausur im 1. Staatsexamen)

Roxin, C., Strafrecht, Allgemeiner Teil, Bd. 1: Grundlagen, Der Aufbau der Verbrechenslehre, 4. Aufl. 2006 (zit.: *Roxin* StrafR AT I)

Roxin, C., Strafrecht, Allgemeiner Teil, Bd. 2: Besondere Erscheinungsformen der Straftat, 2003 (zit.: *Roxin* StrafR AT II)

Roxin, C., Täterschaft und Tatherrschaft, 8. Aufl. 2006 (zit.: *Roxin* Täterschaft und Tatherrschaft)

Säcker, J./Rixecker, R. (Hrsg.), Münchener Kommentar zum Bürgerlichen Gesetzbuch, 5. Aufl. 2006 ff. (zit.: MüKoBGB/*Bearbeiter*)

Samson, E., Strafrecht I, 7. Aufl. 1988 (zit.: *Samson* StrafR I)

Samson, E., Strafrecht II, 5. Aufl. 1985 (zit.: *Samson* StrafR II)

Satzger, H., Internationales und europäisches Strafrecht, Strafanwendungsrecht – Europäisches Straf- und Strafverfahrensrecht – Völkerstrafrecht, 5. Aufl. 2011 (zit.: *Satzger* IntStrafR)

Satzger, H./Schmitt, B./Widmaier, G. (Hrsg.), Strafgesetzbuch, Kommentar, 2009 (zit.: SSW-StGB/*Bearbeiter*)

Schimmel, R., Juristische Klausuren und Hausarbeiten richtig formulieren, 10. Aufl. 2012 (zit.: *Schimmel* Juristische Klausuren)

Schmidhäuser, E., Strafrecht, Allgemeiner Teil, 2. Aufl. 1984 (zit.: *Schmidhäuser* StrafR AT)

Schönke, A./Schröder, H. (Begr.), Strafgesetzbuch, Kommentar, 28. Aufl. 2010 (zit.: Schönke/Schröder/*Bearbeiter*)

Stratenwerth, G./Kuhlen, L., Strafrecht, Allgemeiner Teil, Die Straftat, 6. Aufl. 2011 (zit.: *Stratenwerth/Kuhlen* StrafR AT)

Wassermann, R. (Hrsg.), Kommentar zur Strafprozeßordnung (Reihe Alternativkommentare), 1988 ff. (zit.: AK-StPO/Bearbeiter)

Welzel, H., Das deutsche Strafrecht, Eine systematische Darstellung, 11. Aufl. 1969 (zit.: *Welzel* StrafR)

Wessels, J./Beulke, W., Strafrecht, Allgemeiner Teil: Die Straftat und ihr Aufbau, 42. Aufl. 2012 (zit.: *Wessels/Beulke* StrafR AT)

Wessels, J./Hettinger, M., Strafrecht, Besonderer Teil 1: Straftaten gegen Persönlichkeits- und Gemeinschaftswerte, 36. Aufl. 2012 (zit.: *Wessels/Hettinger* StrafR BT I)

Wessels, J./Hillenkamp, T., Strafrecht, Besonderer Teil 2: Straftaten gegen Vermögenswerte, 35. Aufl. 2012 (zit.: *Wessels/Hillenkamp* StrafR BT II)

Wittig, P., Wirtschaftsstrafrecht, 2. Aufl. 2012 (zit.: *Wittig* WirtschaftsStrafR)

Wolter, J. (Hrsg.), Systematischer Kommentar zum Strafgesetzbuch Loseblatt-Kommentar (zit.: SK-StGB/*Bearbeiter)*

Fall 1: Tödliche Verfolgung

A und B wollen den schwerreichen O um sein Bargeld erleichtern. Nachdem sie gemeinsam einen Plan ausgearbeitet haben, verschaffen sie sich Zugang zum Haus des O. Zu ihrer Sicherheit hat jeder von ihnen eine geladene Waffe dabei; so sollen etwaige Verfolger ausgeschaltet werden können. Als sie gerade das Wohnzimmer betreten wollen, in dem sich der Tresor mit dem Geld befindet, hören die beiden plötzlich Geräusche an der Haustür. O, der überraschend früher nach Hause kommt, ist gerade dabei, die Tür aufzuschließen. A springt sofort durch die Verandatür in den Garten, um in den Wald zu flüchten, wo der Pkw des A abgestellt ist. Als er hinter sich eine Person immer näher kommen hört, glaubt er sich von O verfolgt. Er schießt auf den vermeintlichen Verfolger, wobei er dessen Tod in Kauf nimmt. Bei dem Verfolger handelt es sich um B, der schwer getroffen zusammenbricht. 1

Auf der Flucht überholt A mit seinem Pkw den Radfahrer R. Dabei unterschreitet er den erforderlichen Sicherheitsabstand so weit, dass der stark angetrunkene R, der den Pkw zunächst nicht wahrgenommen hatte, aufgrund einer alkoholbedingten Kurzschlussreaktion das Fahrrad nach links zieht, stürzt und tödlich verletzt wird. R wäre wahrscheinlich auch von dem Pkw des A erfasst worden, wenn A den vorgeschriebenen Sicherheitsabstand eingehalten hätte. Allerdings hat der unterschrittene Seitenabstand die Unfallgefahr erheblich gesteigert. Da A von dem Zwischenfall nichts mitbekommen hat, setzt er seine Fahrt fort. 2

Kurz darauf kommt die Ehefrau des R, E, mit ihrem Geliebten X an der Unfallstelle vorbei. E, die wie X davon ausgeht, dass R ohne baldige Hilfe sterben wird, aber noch zu retten ist, will zunächst über das am Straßenrand befindliche Notruftelefon Hilfe herbeiholen. X redet jedoch auf E ein, den Anruf zu unterlassen, da dies die langersehnte Chance sei, R loszuwerden. Nach kurzem Zögern stimmt E zu. Nachdem E und X zu Hause sind, überkommt E jedoch das schlechte Gewissen. In dem sicheren Glauben, R noch retten zu können, ruft sie nun doch den Notarzt. 3

Da B alsbald von O gefunden wird, kann er gerettet werden. R hingegen ist bereits verstorben, als der Notarzt die Unfallstelle erreicht. 4

Aufgabe: Wie haben die Beteiligten sich strafbar gemacht? 5

Bearbeitervermerk: §§ 123, 211 sowie Körperverletzungs- und Eigentumsdelikte sind nicht zu prüfen. 6

Anmerkung: Die wesentlichen Probleme des Sachverhaltes sind: **1.** Mittäterschaftlicher Tötungsversuch des Opfers (BGHSt 11, 268); **2.** Fahrlässigkeit und Risikoerhöhungslehre (BGHGSt 11, 1); **3. a)** Strafbarkeit des untauglichen Versuchs des unechten Unterlassungsdelikts; **3. b)** Versuchsbeginn ebda. (BGHSt 38, 356); **4.** Teilnahme am untauglichen Versuch des unechten Unterlassungsdelikts (BGHSt 14, 280); **5.** Rücktritt vom untauglichen Versuch des unechten Unterlassungsdelikts (BGH StV 1998, 369). 7

Literaturhinweise: zu 1.: *Scheffler* JuS 1992, 920; *Eser* StrafR II Fall 39; *Dehne-Niemann* ZJS 2008, 351; **zu 2.**: *Roxin* ZStW 74 (1962) 411; *ders.* StrafR AT I § 11 Rn. 76 ff.; *Hillenkamp* 32 Probleme StrafR AT 31. Problem; *Samson* StrafR I 250 ff.; *Kühl* StrafR AT § 17 Rn. 45–67; **zu 3. a)**: *Otto* JK 93, StGB, 8

§ 22/16; SK-StGB/*Rudolphi* vor § 13 Rn. 55; **zu 3. b):** *Hillenkamp* 32 Probleme StrafR AT 14. Problem; **zu 4.:** *Armin Kaufmann*, Die Dogmatik der Unterlassungsdelikte, 1959, 190 ff.; *Hillenkamp* 32 Probleme StrafR AT 30. Problem; **zu 5.:** *Brand/Fett* NStZ 1998, 507; *Kudlich/Hannich* StV 1998, 370; *Wessels/Beulke* StrafR AT Rn. 745.

A. Gliederung

1. Tatkomplex: Der Schuss auf B

A. Strafbarkeit des A
§§ 212 I, 22, 23 I StGB (+)

B. Strafbarkeit des B
§§ 212 I, 22, 23 I, 25 II StGB (+)

2. Tatkomplex: Der Unfall mit R

A. Strafbarkeit des A
I. § 222 StGB (-)
II. § 142 I Nr. 1 StGB (-)
III. § 221 StGB (-)
IV. § 315c I Nr. 2 lit. b, III StGB (-)
V. § 323c

B. Ergebnis zur Strafbarkeit des A im 2. Tatkomplex

3. Tatkomplex: Die misslungene Rettung des R

A. Strafbarkeit der E
I. §§ 212 I, 22, 23 I, 13 StGB (-)
II. § 323c StGB (+)
III. § 221 I Nr. 2 StGB (-)

B. Strafbarkeit des X

1. Unterabschnitt: Die erfolgreiche Beeinflussung der E
I. §§ 212 I, (25 I Var. 2), 22, 23 I StGB (-)
II. §§ 212 I, 22, 23 I, 13, 26 StGB (+)

2. Unterabschnitt: Das Verlassen der Unfallstelle
I. §§ 212 I, 22, 23 I, 13 StGB (-)
II. § 323c (+)

C. Konkurrenzen und Gesamtergebnis zur Strafbarkeit von E und X

Alternativlösung zum 1. Tatkomplex

B. Lösung

1. Tatkomplex: Der Schuss auf B

A. Strafbarkeit des A

I. Versuchter Totschlag, §§ 212 I, 22, 23 I

9 A könnte sich durch den Schuss auf den vermeintlichen Verfolger B wegen versuchten Totschlags gem. §§ 212 I, 22, 23 I StGB strafbar gemacht haben. Der tatbestandliche Erfolg – Tod eines anderen Menschen – ist nicht eingetreten, da B überlebt hat. Der Versuch ist strafbar gem. §§ 212 I, 23 I Var. 1, 12 I StGB.

10 **Hinweis:** Vermeiden Sie es, diese Erörterungen mit »Vorprüfung« zu überschreiben.[1] Denn entweder Sie müssen – wie bspw. noch in der weiteren Prüfung des Falles im 3. Tatkomplex unter A. I (→ Rn. 96 ff.) – ausführlicher Stellung beziehen, dann handelt es sich um eine Prüfung, nicht um eine Vorprüfung. Ihre Prüfungen im Übrigen überschreiben Sie aber auch nicht mit »Prüfung«. Der Leser bzw. Korrektor weiß, dass Ihre gutachterlichen Ausführungen eine Prüfung der Strafbarkeit darstellen. Oder aber der Fall gibt – wie hier – nichts her für längere Erörterungen, dann müssen Sie schon nicht »prüfen«.

→ Eingehend zur Notwendigkeit einer »Vorprüfung« beim Versuch *Hardtung* Jura 1996, 293 (lesen!). Dort wird die Auffassung vertreten, dass die Nichtvollendung kein Merkmal des Versuchstatbestandes darstellt und sich demnach eine Erörterung im Rahmen der Versuchsprüfung verbietet; ist das Vorliegen einer Vollendungsstrafbarkeit problematisch, muss dies im Rahmen einer eigenen Prüfung untersucht werden. Dass der Versuch strafbar ist, muss sich hingegen bereits aus der Normenkette in der Überschrift bzw. im Obersatz ergeben.

1. Tatentschluss

11 A, der den Tod des vermeintlichen Verfolgers »in Kauf nimmt«, handelte vorsätzlich hinsichtlich der Tötung eines anderen Menschen.[2] Daran ändert auch die Tatsache nichts, dass A sich von O verfolgt glaubte, tatsächlich aber auf seinen Kumpan B schoss: Bei einem solchen Irrtum über das (hier: in § 212 I StGB umschriebene) Handlungsobjekt (»Mensch«) handelt es sich um eine Fehlvorstellung des Täters, die für die Frage des Vorliegens des Tötungsvorsatzes dann irrelevant ist, wenn es sich – wie hier – nicht um einen vorsatzausschließenden Tatumstandsirrtum, sondern lediglich um einen (nicht unrechtsrelevanten) Identitätsirrtum handelt. Bei einem solchen error in persona[3] hat nämlich der Täter den äußeren Tatumstand – bei dem anvisierten Opfer handelt es sich um einen Menschen – zutreffend erkannt. Dass der Tötungsvorsatz auf die Tötung eines anderen Menschen gerichtet war, ändert nichts daran, dass die unrechtsrelevante Vorstellung mit der Wirklichkeit übereinstimmt. Anders als bei der aberratio ictus, die nach hM ja beachtlich ist, hat der Täter den konkret anvisierten Menschen auch tatsächlich getroffen. Damit war die Tätervorstellung auf die Tötung eines bestimmten Handlungsobjekts individualisiert. Da danach

1 AA etwa *Wessels/Beulke* StrafR AT Rn. 874.
2 Zur Begriffsbestimmung des bedingten Vorsatzes vgl. BGHSt 7, 363*** (»Lederriemen«-Fall).
3 Zum Standort einer error in objecto-Prüfung im Unrechtsaufbau des Versuchs vgl. RNPW/*Rotsch* Klausur im 1. Staatsexamen 276. Beachte aber noch → Rn. 12.

die Fehlvorstellung hinsichtlich der Identität des Opfers tatumstandsirrelevant ist, muss eine diesbezügliche Unkenntnis des Täters unbeachtlich sein.[4]

Hinweis: Hier stellt sich ein schwieriges, in der didaktischen Literatur der Fallbearbeitung häufig vernachlässigtes Problem. Es stellt sich nämlich die Frage, ob es einen error in persona beim Versuch überhaupt geben kann. Die Frage wurde hier noch bewusst ausgeblendet. Die hier dargestellte Lösung ist jedenfalls mindestens vertretbar. Zum Problem ausführlich Fall 2 → Rn. 197. 12

2. Unmittelbares Ansetzen, § 22 StGB

Durch den Schuss auf O – also die Vornahme der Tathandlung iSd § 212 StGB – hat A nach jeder Auffassung iSv § 22 StGB unmittelbar zur Tatbestandsverwirklichung angesetzt.[5] 13

3. Rechtswidrigkeit

Mangels Vorliegens von Rechtfertigungsgründen ist die Tat auch rechtswidrig. Insbesondere liegt keine Notwehrlage iSd § 32 StGB vor, da es bereits an einem Angriff auf ein Rechtsgut des A fehlt. 14

4. Schuld

Entschuldigungsgründe liegen ebenfalls nicht vor. Auch ein Erlaubnistatumstandsirrtum ist nicht gegeben, da A auch nicht irrtümlich vom Vorliegen einer Notwehrlage ausging. 15

Hinweis: Zur Prüfung des Erlaubnistatumstandsirrtums siehe Fall 9 → Rn. 1185 ff. 16

Denn A hat sich zumindest (→ Rn. 18) keinen rechtswidrigen (→ Rn. 19) Angriff auf seine Person vorgestellt. 17

Hinweis: Aus dem Sachverhalt geht nicht eindeutig hervor, ob A sich von seinem Verfolger angegriffen glaubt. Fern liegt dieser Schluss nicht, wenn man zugrunde legt, dass A annimmt, er werde von dem Hausbesitzer O verfolgt. Mit der gewählten Formulierung lässt sich deutlich machen, dass A sich jedenfalls deshalb keinen *rechtswidrigen* Angriff auf seine Person (und damit insgesamt keine ihn zur Notwehrhandlung berechtigende Notwehrlage) vorstellt, weil ihm laienhaft klar sein musste, dass O – gem. § 127 StPO – zur Festnahme seiner Person berechtigt gewesen wäre (siehe noch den folgenden Hinweis → Rn. 19). 18

Hinweis: § 127 I 1 StPO normiert das Recht der vorläufigen Festnahme für Jedermann und stellt einen Rechtfertigungsgrund für die mit einer Festnahme häufig verbundene Begehung von Delikten dar (§§ 223, 239, 240 StGB). Selbst wenn A also eine Körperverletzung durch O befürchtet haben sollte, wäre eine solche durch O begangene Körperverletzung gem. § 127 StPO gerechtfertigt gewesen, sodass der mit einer solchen Körperverletzung verwirklichte Angriff auf die körperliche Unversehrtheit des A nicht rechtswidrig gewesen wäre. Das war A laienhaft auch klar. 19

---

4 Vgl. statt aller *Kühl* StrafR AT § 13 Rn. 18 ff.; *Roxin* StrafR AT I § 12 Rn. 193 ff.

5 Vgl. zu den unterschiedlichen Ansichten *Wessels/Beulke* StrafR AT Rn. 599; BGH NStZ 1989, 473.

II. Ergebnis

20 A hat sich somit wegen versuchten Totschlags gem. §§ 212 I, 22, 23 I StGB strafbar gemacht.

B. Strafbarkeit des B

I. Versuchter Totschlag in Mittäterschaft, §§ 212 I, 22, 23 I, 25 II StGB

21 B könnte sich wegen des Schusses von A auf B (!) wegen versuchten Totschlags in Mittäterschaft gem. §§ 212 I, 22, 23 I, 25 II StGB strafbar gemacht haben.

22 **Hinweis:** Eine Strafbarkeit des B wegen des Schusses von A auf B drängt sich dem Bearbeiter möglicherweise nicht unbedingt auf. Umso wichtiger ist es, diese examensrelevante Konstellation[6] zu kennen: Es geht um den sog. »Verfolger«-Fall: BGHSt 11, 268***. Nach Ansicht des BGH kommt hier eine Versuchsstrafbarkeit in Betracht.

23 Der tatbestandliche Erfolg ist nicht eingetreten. Möglicherweise kommt aber ein strafbarer Versuch – vgl. §§ 212 I, 23 I Var. 1, 12 I StGB – in Betracht.

1. Tatentschluss

24 Fraglich ist zunächst, ob B Tatentschluss hinsichtlich aller Merkmale des objektiven Tatbestandes gehabt hat.

25 **a)** B müsste Tötungsvorsatz gehabt haben. Nach der Absprache zwischen A und B sollten etwaige Verfolger ausgeschaltet werden. Zwar lässt sich aufgrund dieser Formulierung des Sachverhalts nicht unmittelbar und ohne Weiteres auf das Vorliegen von Tötungsvorsatz schließen. Da A und B aber gerade jeweils eine Schusswaffe bei sich führten, damit mögliche Verfolger unschädlich gemacht werden konnten, also an den Einsatz der Schusswaffe gedacht war, und einem solchen Einsatz immer die Möglichkeit einer tödlichen Verletzung anhaftet, ist davon auszugehen, dass auch B den Tod eines anderen Menschen mindestens billigend in Kauf genommen hat. Denn dafür, dass B sicher davon ausging, bei der Verwendung der Schusswaffe den Tod eines anderen Menschen – etwa aufgrund besonderer Schießkünste – sicher vermeiden zu können, ist nichts ersichtlich. B handelte also vorsätzlich hinsichtlich des Todes eines anderen Menschen.

26 **Hinweis:** Hier liegt freilich ein schwierigeres Problem verborgen: Der Vorsatz des Täters muss nach dem sog. Simultaneitätsprinzip[7] im Tatzeitpunkt vorliegen. Dass B im Zeitpunkt der Mitnahme der Schusswaffe gewillt war, diese auch einzusetzen, kann seinen Vorsatz im Tatzeitpunkt also nicht begründen. Wer diese Frage im Gutachten erörtern will – wovon eher abzuraten ist – muss darlegen, dass sich am Vorliegen des Tötungsvorsatzes des B im Zeitpunkt der Abgabe des Schusses durch A nichts geändert hat. Vor dem Hintergrund, dass es sich bei dem Opfer um B selbst handelt, lässt sich das schwer begründen.

---

6 So hatte zB die bayerische Examensklausur aus dem Termin 2007/2 jedenfalls einen ähnlichen Sachverhalt zum Gegenstand, der sich nur zutreffend bearbeiten ließ, wenn man die Original-Konstellation kannte.

7 Vgl. hierzu *Jäger* Examens-Repetitorium StrafR AT Rn. 72 ff.

b) Die Tatsache, dass die Vornahme der Tathandlung noch vom Erscheinen des Opfers abhängig war, ändert am Tatentschluss nichts. Auch wenn der Täter sich insofern noch auf unsicherer Tatsachengrundlage bewegt und sein Verwirklichungswille unter einer Bedingung steht, ändert dies am Vorliegen des Vorsatzes dann nichts, wenn der Täter – wie hier – für den Fall des Eintritts der Bedingung zum Handeln entschlossen ist. Denn dann ist der Eintritt des Erfolges nicht mehr vom Willen des Täters, sondern allein von einem außerhalb seiner Entscheidungsmacht liegenden Umstand abhängig.[8] 27

Hinweis: Der »Verfolger«-Fall zeichnet sich im Folgenden durch ein dreifaches Problem aus: Erstens stellt sich die Frage, ob der Schuss des A über die Zurechnungsnorm des § 25 II StGB B zugerechnet werden kann. Zweitens ist die Besonderheit zu berücksichtigen, dass der Schuss des A – anders als dieser glaubte – nicht auf einen Verfolger, sondern auf einen Komplizen gerichtet war. Und drittens ist fraglich, welche Auswirkungen es hat, dass es sich bei dem Verfolger mit B gerade um denjenigen handelt, dessen Strafbarkeit hier in Frage steht. Es bietet sich an, die gutachterliche Prüfung entsprechend dieser drei Schritte vorzunehmen. Dabei ist außerdem zu beachten, dass im Rahmen der versuchten Tat die Prüfung insoweit »versubjektiviert« zu erfolgen hat, als wir uns im Tatentschluss, also dem subjektiven Tatbestand, befinden. Erfahrungsgemäß liegt hierin eine besondere Schwierigkeit, der viele Bearbeiter nicht gewachsen sind. Wenn Sie also etwa im Rahmen der Darstellung der Auseinandersetzung zur Abgrenzung von Täterschaft und Teilnahme[9] der Übersicht willen objektiv argumentieren, machen Sie durch ein Zwischenfazit deutlich, dass es insoweit um die Vorstellung des B geht.[10] 28

c) B müsste allerdings außerdem Vorsatz im Hinblick auf eine mittäterschaftliche Tatbegehung gehabt haben. Wenn Mittäterschaft iSd § 25 II StGB ein bewusstes und gewolltes Zusammenwirken[11] und damit die Erbringung eines wesentlichen Tatbeitrags im Rahmen eines gemeinsamen Tatplans voraussetzt,[12] muss B ein solches Handeln gewollt haben. Wann diese Voraussetzungen der Mittäterschaft vorliegen, ist freilich umstritten: 29

aa) So unterscheidet insbesondere der BGH zwischen Täterschaft und Teilnahme, indem er (vor allem im Rahmen der Mittäterschaft: noch immer) auf den Willen des Handelnden abstellt (subjektive Theorie) und danach fragt, ob dieser mit Täterwillen (animus auctoris) oder Gehilfenwillen (animus socii) handelte. Nach dieser Auffassung ist hier von Mittäterschaft auszugehen, da B sich den Tatbeitrag des A zu eigen machen wollte.[13] 30

Hinweis: Vorsicht! Wir befinden uns mit unserer gutachterlichen Prüfung im subjektiven Tatbestand (siehe bereits → Rn. 28). Machen Sie dies durch ihre Formulierung deutlich (zu eigen machen *wollte*)! Dies ist hier noch deshalb unproblematisch darstellbar, weil nach der Auffassung des BGH ohnehin subjektiv abzugrenzen ist. Es gilt aber ebenso für die folgende Darstellung der Tatherrschaftslehre (vgl. die Formulierung sogleich im Text → Rn. 32). 31

---

8 Siehe hierzu *Kühl* StrafR AT § 15 Rn. 31.
9 Hierzu sogleich c) → Rn. 29.
10 Zur Prüfungsreihenfolge äußerst instruktiv *Scheffler* JuS 1992, 920 (lesen!).
11 *Wessels/Beulke* StrafR AT Rn. 524.
12 *Fischer* § 25 Rn. 12b.
13 So auch der BGH im vorliegenden Fall: BGHSt 11, 268*** (271 f.).

32 **bb)** Die hL grenzt Täterschaft und Teilnahme hingegen nach der Tatherrschaft ab (Tatherrschaftslehre), wonach Täter ist, wer den tatbestandlichen Geschehensablauf in den Händen hält und somit Zentralgestalt des Geschehens ist.[14] Da im Rahmen der Mittäterschaft immer mindestens zwei Personen handeln, es eine Zentralgestalt im engeren Sinne also nicht geben kann, wird gemeinhin auf die sog. »funktionelle« (geteilte) Tatherrschaft abgestellt. Fraglich ist aber dennoch, ob B eine solche funktionelle Tatherrschaft innehaben wollte:

33 **(1)** Man könnte zunächst daran denken, B die funktionelle Tatherrschaft idS deshalb zuzusprechen, weil er – etwa mit einem Zwischenruf – das Tun seines Tatgenossen jederzeit hätte steuern und ihn hätte auffordern können, dieses Mal entgegen der Abrede nicht auf Verfolger zu schießen.[15] Dieser Gedanke überzeugt freilich aus zwei Gründen nicht: Zum einen kann Tatherrschaft nicht schon dann gegeben sein, wenn die Möglichkeit der Erfolgsvermeidung besteht. Denn ansonsten hätte auch der zufällig des Weges kommende Passant Tatherrschaft.[16] Zum anderen ist im vorliegenden Fall nicht nur äußerst zweifelhaft, ob überhaupt Zeit für einen Zwischenruf war; B hat auch überhaupt keinen Anlass gehabt, A an dem Schuss zu hindern, da in Wahrheit überhaupt kein Verfolger vorhanden war und B kaum davon ausgehen konnte, A werde aufgrund einer Verwechselung sogleich auf ihn schießen.[17]

34 **(2)** Die Tatherrschaft ist aber – mit *Roxin*[18] – auf anderem Wege zu bejahen: Der Tatplan von A und B war gerade darauf angelegt, dass einer den anderen decken und gegebenenfalls die Flucht – auch durch Schüsse auf etwaige Verfolger – ermöglichen sollte. Damit hing die Sicherheit des A davon ab, dass auch B die ihm nach dem Tatplan zukommende Funktion absprachegemäß erfüllen werde. Der in der Literatur zum Teil geäußerte Gegeneinwand, diese funktionelle Tatherrschaft habe zwar für das Gelingen der gemeinsamen Flucht, nicht aber die tatbestandsmäßige Tötungshandlung bestanden,[19] geht fehl: Denn bei der Tötung zur Verdeckung einer anderen Tat geht es gerade um die Flucht.[20]

35 **Hinweis:** An dieser Stelle lassen sich gleich mehrere Umstände aufzeigen: Zum einen ist davon abzuraten, einen Streit mit »1. Erste Ansicht, 2. Zweite Ansicht, 3. Eigene Stellungnahme« aufzubauen. Wenn Sie redlich arbeiten, kann Ihnen eigentlich unter 3. kein neues, eigenes Argument mehr einfallen; schließen Sie sich aber schlicht einer der vorstehenden Auffassungen an, stellt dies keine eigene Argumentation dar, sondern läuft auf eine bloße Wiederholung hinaus. Professioneller ist der hier gewählte Aufbau: Stellen Sie zunächst die von Ihnen nicht für überzeugend gehaltene Auffassung dar und lehnen Sie diese sodann sogleich mit den Argumenten der Gegenansicht ab. Damit verschleiern Sie auch ganz geschickt, dass die Argumentation in Wahrheit nicht von Ihnen stammt.[21] Zum anderen sollten Sie im Rahmen einer Streitentscheidung nicht deshalb Ihr Herzblut vergießen, weil Sie die An-

---

14 *Roxin* StrafR AT II § 25 Rn. 10 ff., 25 ff.; Schönke/Schröder/*Heine* vor §§ 25 ff. Rn. 62.
15 Vgl. insoweit *Scheffler* JuS 1992, 920 (921).
16 *Roxin* Täterschaft und Tatherrschaft 101; *Dehne-Niemann* ZJS 2008, 351 (352).
17 *Roxin* Täterschaft und Tatherrschaft 312.
18 *Roxin* Täterschaft und Tatherrschaft 312 f. Ebenso zB *Küper*, Versuchsbeginn und Mittäterschaft, 1978, 37; *Dehne-Niemann* ZJS 2008, 351 (352 f.).
19 *Rudolphi*, FS Bockelmann, 1979, 380 f.
20 *Scheffler* JuS 1992, 920 (921).
21 Siehe insoweit sehr instruktiv *Arzt* Strafrechtsklausur § 5 II. Vgl. demgegenüber aber auch *Schimmel* Juristische Klausuren E. 1. d). Das Buch von *Arzt* sollte unbedingt durchgearbeitet werden!

sicht von *Roxin* nun einmal nicht für überzeugend halten. Haben Sie stets den Gang der Lösung vor Augen: Sie wollen entsprechend der im Sachverhalt angelegten Problematik hier eine möglichst umfassende, dreistufige Lösung präsentieren (→ Rn. 28). Dann prüfen Sie aber auch auf diese Problematik hin und brechen die Prüfung keinesfalls deshalb vorzeitig ab, weil Sie sich partout der Auffassung, die ein solches Weiterprüfen ermöglicht (hier ist das diejenige von *Roxin*) nicht anschließen mögen. Und schließlich ließe sich natürlich auch der von *Scheffler* gegen die Kritik *Rudolphis* vorgebrachte Gegeneinwand entkräften: B soll die tatbestandsmäßige Tötungshandlung zugerechnet werden. Das ist aber die Abgabe des Schusses, nicht die Flucht. Wer auf den Tatplan, der nach hA ja subjektive Voraussetzung der Mittäterschaft sein soll, zur Begründung mittäterschaftlicher Haftung abstellt, muss sich außerdem den Vorwurf gefallen lassen, nicht mehr allzu weit von der – von allen kritisierten – subjektiven Theorie der Rechtsprechung entfernt zu sein. Die hohe Kunst besteht also darin, den richtigen Punkt zu erkennen, an dem in einem Gutachten nicht weiter argumentiert werden muss. Vor dem Hintergrund des hier favorisierten Lösungsweges entspricht dem die hier gewählte Vorgehensweise.

A hat daher an sich Vorsatz im Hinblick auf eine mittäterschaftliche Tatbegehung. 36

Hinweis: Zur Erinnerung: Wir befinden uns in der Prüfung des subjektiven Tatbestandes (siehe Hinweise → Rn. 28 und → Rn. 31). Außerdem sollte die Formulierung vorsichtig gewählt werden (»an sich«), denn möglicherweise entfällt der Vorsatz des B noch auf der zweiten oder dritten Stufe unserer Prüfung. 37

d) Fraglich ist aber, wie der error in persona des A sich auf B auswirkt. Möglichweise entfällt der Vorsatz des B deshalb, weil A glaubte, auf einen Verfolger zu schießen.[22] 38

Hinweis: Die Auswirkungen eines error in persona auf andere Beteiligte sind – über die vorliegende Konstellation der Mittäterschaft hinaus – auch im Rahmen der mittelbaren Täterschaft sowie bei der Anstiftung umstritten. Im Verhältnis von Täter und Anstifter stellte dieses Problem sich im berühmten »Rose-Rosahl«-Fall, PrObTr GA 7, 322*** sowie der Nachfolgeentscheidung BGHSt 37, 214*** (»Hoferben«-Fall) – lesen! Im »Hoferben«-Fall hat der BGH auf die Entscheidung des »Verfolger«-Falles Bezug genommen und aus der dort propagierten Unbeachtlichkeit des error in persona für den Mittäter mittels eines Erst-recht-Schlusses die Unbeachtlichkeit des error in persona des Täters für die Strafbarkeit des Anstifters abgeleitet.[23] 39

Hier geht es um die Auswirkungen eines error in persona bei einem (Mit-)Täter auf einen anderen (potentiellen) Mittäter. Der Gedanke liegt nahe, die im Rahmen des Parallelproblems bei der mittelbaren Täterschaft entwickelten Ansätze auf die vorliegende Fallkonstellation zu übertragen. Die Diskussion wird hier daher ähnlich, wenn auch mit einer entsprechenden Akzentverschiebung geführt: 40

aa) Nach einer Ansicht sei davon auszugehen, dass der error in persona des A eine aberratio ictus für B begründet. A und B hätten vereinbart, Schüsse auf potentielle Verfolger abzugeben, nicht jedoch auf den jeweils anderen zu schießen. Daher sei der Schuss auf B nicht mehr vom gemeinsamen Tatplan und also auch nicht vom Vorsatz des B umfasst. Es liege vielmehr ein fahrlässiger Exzess vor, der nicht zugerechnet 41

22 → Rn. 12.
23 Vgl. BGHSt 37, 214*** (218).

werden könne.[24] Somit komme nur eine Strafbarkeit wegen §§ 212 I, 30 II StGB in Betracht.[25]

42 **Hinweis:** In der didaktischen Literatur ist es umstritten, ob eine solche mit den beiden letzten Sätzen getroffene Aussage – die die konkrete Prüfung ja nicht »weiterbringt« – angebracht ist. Wer ganz konsequent bleiben will, stellt hier lediglich fest, dass nach dieser Auffassung der Vorsatz des B entfällt. Nach meiner Erfahrung spricht nichts dagegen, an dieser Stelle Systemverständnis zu zeigen; das sollte freilich nur geschehen, wenn man sich seiner Sache auch sicher ist.

43 **bb)** Diese Ansicht ist abzulehnen. Wenn die Objektverwechselung sich im Rahmen des gemeinsamen Tatplans hält und eine Gleichwertigkeit der Objekte gegeben ist, muss der Irrtum des einen Mittäters für den anderen unbeachtlich sein. Hat – wie vorliegend – der gemeinsame Tatplan die Tötung eines Menschen beinhaltet, nehmen die Tatgenossen etwaige Fehlkonkretisierungen in Kauf. Denn diese sind im Gesamtplan strukturell immer schon »vorprogrammiert«. Damit sind dann aber auch beide für das Ergebnis solcher »Fehlleistungen« verantwortlich.[26]

44 Es kommt damit weiterhin eine Bestrafung wegen Versuchs in Betracht.

45 **e)** Fraglich ist, ob sich daran etwas deshalb ändert, weil A nicht nur auf irgendeinen Verfolger, sondern gerade auf seinen Kumpan B geschossen hat.

46 **aa)** Nach Ansicht des BGH steht diese Tatsache der Annahme mittäterschaftlicher Haftung im Rahmen des versuchten Totschlags »nicht etwa entgegen«.[27] Denn es sei gerade diese Untauglichkeit der Tathandlung, die die bloße Versuchsstrafbarkeit des B begründe.[28]

47 **bb)** Auch ein Teil der Literatur[29] stimmt dieser Ansicht – freilich mit etwas ausführlicherer Begründung – zu. Zwar komme aufgrund der Straflosigkeit der (versuchten) Selbsttötung[30] nur Versuchsunrecht in Betracht; da vorliegend der Todeserfolg nicht eingetreten sei, gehe es aber ja ohnehin nur um eine Strafbarkeit wegen Versuchs.[31]

48 **cc)** Dem wird von anderen Literaturstimmen zu Recht entgegengehalten, dass die Situation der irrtümlichen (versuchten) Tötung des einen Mittäters durch einen anderen Mittäter derjenigen des ungleichwertigen error in persona bei der Alleintäterschaft entspreche. Denn das Argument, dass der Gedanke der straflosen Selbsttötung aufgrund der ohnehin im Versuch steckengebliebenen Tat »nicht deutlich hervortrete«[32], kann nichts daran ändern, dass immer noch die objektiv versuchte Selbstschädigung Anknüpfungspunkt der Strafbarkeit wäre.[33]

24 *Roxin* StrafR AT II § 25 Rn. 195.
25 So auch *Jäger* Examens-Repetitorium AT Rn. 226. Zum selben Ergebnis kommt – wenn auch mit abweichender Begründung – *Dehne-Niemann* ZJS 2008, 351 (354).
26 Diese Begründung stammt von *Küper*, Versuchsbeginn und Mittäterschaft, 1978, 39.
27 BGHSt 11, 268*** (270).
28 BGHSt 11, 268*** (270).
29 *Kühl* StrafR AT § 20 Rn. 122; *Kudlich* PdW StrafR AT Fall 285.
30 Vgl. insoweit BGHSt 6, 147 (154).
31 IdS etwa *Kühl* StrafR AT § 20 Rn. 122; *Küper*, Versuchsbeginn und Mittäterschaft, 1978, 42; *Kudlich* PdW StrafR AT Fall 285.
32 *Kudlich* PdW StrafR AT Fall 285.
33 So ausdrücklich *Scheffler* JuS 1992, 920 (922).

Daher kann B nicht Mittäter eines versuchten Totschlags an sich selbst gewesen sein.[34]

f) Zu klären bleibt nun aber immer noch, was hieraus folgt. Die Rechtsfolgen eines ungleichwertigen error in persona sind grundsätzlich eine Fahrlässigkeitsstrafbarkeit in Bezug auf das verletzte Opfer sowie eine Strafbarkeit wegen Versuchs am anvisierten Opfer. Eine Strafbarkeit des B wegen einer Fahrlässigkeitstat an sich selbst scheidet freilich aus. In Betracht kommt aber eine Strafbarkeit wegen versuchter Tötung des vermeintlichen Verfolgers. Zwar folgt aus der Unbeachtlichkeit des error in persona für A, dass für diesen nicht gleichzeitig ein Versuch am anvisierten Opfer vorliegt. Denn der Vorsatz des A war nur auf die Begehung *einer* Tat gerichtet. Dies ist aber für B anders, da ihm bezüglich des getroffenen Opfers, also ihm selbst, nur Fahrlässigkeit zur Last gelegt wird.[35] Die Rechtsfolge ist hier also richtigerweise eine Strafbarkeit des B wegen (untauglicher)[36] versuchter Tötung eines vermeintlichen Verfolgers – und nicht, wie der BGH meint, wegen versuchter Tötung an sich selbst.[37] 49

Hinweis: Zum Teil wird – vor dem Hintergrund der Annahme eines ungleichwertigen error in persona – auch eine Strafbarkeit des B gem. §§ 212 I, 30 II StGB (Verabredung zur Begehung des Verbrechens eines Totschlags) angenommen.[38] Diese Ansicht ist natürlich ebenfalls gut vertretbar. Wer ihr folgt, sollte nach entsprechender Argumentation aus der Prüfung »aussteigen«, und die Voraussetzungen der §§ 212 I, 30 II StGB in einer neuen, eigenständigen Prüfung erörtern. Diese Prüfung findet sich als alternativer Lösungsweg bei → Rn. 175 ff. 50

Klausurtaktische Gesichtspunkte sprechen nicht gegen die hier vertretene Lösung. Denn auch, wer – wie hier – der Ansicht des BGH und dem dieser Rechtsprechung zustimmenden Teil der Literatur nicht zu folgen vermag, schneidet sich nichts ab.

2. Unmittelbares Ansetzen, § 22 StGB

Fraglich ist aber außerdem, ob B iSd § 22 StGB unmittelbar zur Tatbestandsverwirklichung angesetzt hat. Denn es war A, der den Schuss abgegeben und damit die Tathandlung vorgenommen hat. 51

a) Von der sogenannten »Einzellösung«[39] wird angenommen, dass der Versuchsbeginn des Mittäters für jeden gesondert zu bestimmen sei. Danach kann B nicht unmittelbar zur Tatbestandsverwirklichung angesetzt haben, da er einen Schuss nicht abgab und dies auch nicht vorhatte. 52

b) Diese Ansicht widerspricht freilich der Struktur der Mittäterschaft. Die herrschende »Gesamtlösung«[40] vertritt daher zu Recht die Auffassung, dass der Versuchsbeginn bei einer von mehreren Mittätern begangenen Tat dann für die gemein- 53

34 So auch *Dehne-Niemann* ZJS 2008, 351 (356 f.).
35 *Scheffler* JuS 1992, 920 (923).
36 *Küper*, Versuchsbeginn und Mittäterschaft, 1978, 43.
37 So auch *Gropp* StrafR AT § 10 Rn. 89. Zu den Konsequenzen dieser Auffassung im Verhältnis Täter-Anstifter siehe *Scheffler* JuS 1992, 920 (923).
38 Vgl. etwa LK/*Roxin*, 11. Aufl. 1993, § 26 Rn. 26; so auch mit eingehender Begründung *Dehne-Niemann* ZJS 2008, 351 (358 ff.).
39 Vgl. *Roxin* StrafR AT II § 29 Rn. 297 ff.
40 *Kühl* StrafR AT § 20 Rn. 123; LK/*Hillenkamp* § 22 Rn. 173; MüKoStGB/*Herzberg*/*Hoffmann-Holland* § 22 Rn. 139 ff.

schaftlich begangene Gesamttat bestimmt wird, wenn – wie hier – die Tatbeiträge nicht gleichzeitig erbracht werden bzw. einer von beiden überhaupt noch keinen Tatbeitrag erbracht hat. Denn wenn nach § 25 II StGB jedem Mittäter das Verhalten des jeweils anderen so zugerechnet wird, als ob er es selbst vollzogen hätte, dann muss er sich auch die über das Stadium bloßer Vorbereitung hinausgehende Versuchshandlung, die ein anderer Mittäter verabredungsgemäß erbringt, als eigene Versuchshandlung zurechnen lassen.[41]

54 Auch B hat iSv § 22 StGB unmittelbar zur Tatbestandsverwirklichung angesetzt.

3. Rechtswidrigkeit und Schuld

55 B handelte rechtswidrig und schuldhaft.

II. Ergebnis zur Strafbarkeit des B

56 B hat sich wegen versuchten Totschlags in Mittäterschaft gem. §§ 212 I, 22, 23 I, 25 II StGB strafbar gemacht.

2. Tatkomplex: Der Unfall mit R

A. Strafbarkeit des A

I. Fahrlässige Tötung, § 222 StGB

57 Durch den Unfall mit R könnte A sich wegen fahrlässiger Tötung gem. § 222 StGB strafbar gemacht haben.

1. Tatbestandsmäßigkeit

58 **a)** R ist tot.

59 **Hinweis:** Die erste Voraussetzung des § 222 StGB ist der Eintritt des tatbestandsmäßigen Erfolges – Tod eines anderen Menschen. Mit der obigen Feststellung ist in einem insoweit eindeutigen Fall alles gesagt. Auch den Zusatz »damit ist der tatbestandsmäßige Erfolg eingetreten« kann sich eine professionelle Formulierung versagen. Dies gilt umso mehr, als man darauf im ersten Satz der Prüfung der nächsten Voraussetzung elegant rekurrieren kann:

60 **b)** A müsste diesen tatbestandsmäßigen Erfolg kausal, sorgfaltswidrig und objektiv zurechenbar verursacht haben.

61 **aa)** Fraglich ist zunächst schon, an welches konkrete Verhalten des A hier anzuknüpfen ist. Denn in Betracht kommen sowohl ein aktives Tun, nämlich das Überholen des R, wie auch ein Unterlassen, nämlich das Nichteinhalten des Sicherheitsabstandes. Vorzuwerfen ist A hier freilich nicht, dass er den ausreichenden Seitenabstand nicht eingehalten hat, sondern dass er – trotz Nichteinhaltung des Sicherheitsabstandes – überholt hat. In Frage steht also ein aktives Tun.

62 **Hinweis:** Dass die Einordnung als Unterlassen oder als aktives Tun nicht einfach ist, liegt in der Natur des Fahrlässigkeitsdelikts. Denn hier wird dem Täter regelmäßig vorgeworfen, unter Nichteinhaltung – also einem Unterlassen – von Sorgfaltsanforderungen (hier: Einhalten des erforderlichen Seitenab-

41 *Kühl* StrafR AT § 20 Rn. 123.

standes) gegen ein gesetzlich normiertes Verbot verstoßen zu haben. Dem Fahrlässigkeitsdelikt haftet also naturgemäß ein Unterlassensmoment an. Die Entscheidung im vorliegenden Fall wird noch etwas deutlicher, wenn man sich das treffende Beispiel von *Samson* vor Augen führt: Dem Autofahrer, der eine vorfahrtberechtigte Straße kreuzen will, ohne auf den Querverkehr zu achten, ist das Kreuzen der Straße verboten und nicht nur geboten, nach vorfahrtberechtigten Verkehrsteilnehmern Ausschau zu halten. Kommt er nämlich nur diesem Gebot nach und erblickt einen Verkehrsteilnehmer, der Vorfahrt hat, so hat er den Normbefehl noch nicht vollständig erfüllt: Er darf vielmehr nicht weiterfahren (vgl. *Samson* StrafR I 251). Wenn aber der Normbefehl das Verbot, aktiv zu handeln, beinhaltet, dann ist im Falle des Zuwiderhandelns bei der strafrechtlichen Beurteilung auch an dieses aktive Tun anzuknüpfen.

bb) Das Überholen unter Nichteinhaltung des erforderlichen Seitenabstandes muss kausal für den Tod des R gewesen sein. Das ist der Fall: denkt man sich das Überholen hinweg, findet der Unfall nicht statt, der Tod des R bleibt aus. 63

Hinweis: Es ist das Überholen hinwegzudenken, nicht etwa der zu geringe Seitenabstand (das ist nicht der strafrechtliche Anknüpfungspunkt, siehe den vorstehenden Hinweis → Rn. 62); auch ein Überholen mit ausreichendem Seitenabstand darf nicht hinzugedacht werden, da es sich hierbei um einen hypothetischen Kausalverlauf handelt (zum Verbot des Hinzudenkens hypothetischer Ersatzursachen vgl. *Samson* StrafR I 24). 64

cc) A muss fahrlässig gehandelt haben. Er müsste also die im Verkehr erforderliche Sorgfalt bei objektiver Voraussehbarkeit und Vermeidbarkeit des Erfolges außer Acht gelassen haben. 65

Hinweis: Eine neuere Literaturansicht hält mit überzeugenden Gründen die »doppelte« Prüfung der Fahrlässigkeit – im objektiven Tatbestand nach einem überindividuellen Fahrlässigkeitsmaßstab und sodann in der Schuld anhand der individuellen Sorgfaltsanforderungen – für entbehrlich und prüft nur noch und sogleich subjektiv (vgl. etwa *Freund* StrafR AT § 5 Rn. 15 ff.). In Fällen wie dem vorliegenden hat diese Auseinandersetzung keine Konsequenzen (zu den Auswirkungen siehe ebenfalls *Freund* StrafR AT § 5 Rn. 29 ff.). Es lässt sich daher mit guten Gründen iSd noch hM schon ganz grundsätzlich zweistufig aufbauen. Die Prüfung der Fahrlässigkeit zunächst und bereits im objektiven Tatbestand empfiehlt sich im vorliegenden Fall aber auch deshalb, weil es nach hier vertretener Ansicht an der objektiven Zurechenbarkeit fehlt (→ Rn. 71 ff.), die Prüfungsebene der Schuld also schon gar nicht mehr erreicht wird. Wer hier den Aufbau der jüngeren Literaturansicht favorisiert, hat aber dementsprechend keine Möglichkeit mehr, dem Leser des Falles seinen für überzeugend gehalten Aufbau näherzubringen, sodass die Gefahr besteht, dass der Korrektor Ihnen ankreidet, Sie hätten vergessen, die Fahrlässigkeit objektiv zu prüfen. Und schließlich verlangt der BGH, wenn auch dogmatisch nicht überzeugend, im zugrundeliegenden Fall BGHSt 11, 1*** – objektiv – eine besondere Kausalität der Sorgfaltswidrigkeit für den Erfolg. Darauf lässt sich im Rahmen der Prüfung des überindividuellen Fahrlässigkeitsmaßstabs gut eingehen (→ Rn. 69). 66

(1) Wer (entgegen § 5 IV 2 StVO) den von der Rechtsprechung für ausreichend erachteten Mindestabstand (1,5–2 m) nicht einhält, verstößt gegen grundsätzlich gesetzlich normierte und von der Judikatur konkretisierte Sorgfaltsanforderungen und handelt also sorgfaltswidrig. 67

(2) Objektiv voraussehbar ist, was ein umsichtig handelnder Mensch aus dem Verkehrskreis des Täters unter den gegebenen Umständen aufgrund allgemeiner Lebenserfahrung in Rechnung stellen würde. Dabei sind diejenigen Anforderungen einzu- 68 halten, die an einen besonnenen und gewissenhaften Menschen in der konkreten und sozialen Rolle des Handelnden zu stellen sind.[42] Wer unter Nichteinhaltung des erforderlichen Seitenabstandes einen anderen Verkehrsteilnehmer überholt, muss damit rechnen, dass es zu einem – auch tödlichen – Unfall kommt. Damit ist der Eintritt des tatbestandsmäßigen Erfolges objektiv vorhersehbar.

A hat sorgfaltswidrig und damit – objektiv – fahrlässig gehandelt.

69 **dd)** Einer besonderen Kausalität der Sorgfaltswidrigkeit für den eingetretenen Erfolg bedarf es – entgegen der Ansicht des BGH – nicht. Wenn die Richter der Auffassung sind, dass eine Strafbarkeit wegen eines Fahrlässigkeitsdelikts ausscheide, wenn – wie hier – die ernstzunehmende Möglichkeit bestehe, dass der Erfolg auch bei sorgfaltsgemäßem Verhalten eingetreten wäre, dann ist das im Grundsatz richtig. Das ist aber keine Frage der Kausalität der Sorgfaltswidrigkeit, weil die Sorgfaltswidrigkeit ihrerseits nur ein Urteil über eine Handlung darstellt. Die vom BGH vorgenommene Modifikation der Äquivalenztheorie überzeugt nicht, da man die naturwissenschaftliche Kausalität des Verhaltens für den Erfolg nicht bestreiten kann; insbesondere ist ein Vergleich mit einem hypothetischen Geschehensablauf auf der Kausalebene verfehlt.[43] Auch ist mit der Einordnung durch den BGH eine Trennung des vom Täter gesetzten Risikos in einen erlaubten und einen verbotenen Teil verbunden; der damit einhergehende gesonderte Nachweis der Kausalität jedes einzelnen Teils ist nach dem Schutzzweck der Sorgfaltsnorm unangebracht.[44] Bei der Frage geht es vielmehr um die besondere Beziehung zwischen sorgfaltswidriger Handlung und Erfolg.

70 **Hinweis:** Vgl. einerseits BGHSt 11, 1***; andererseits und treffend *Samson* StrafR I 253. Nach ganz hL geht es um den häufig sogenannten Rechtswidrigkeits- oder Pflichtwidrigkeitszusammenhang als Ausprägung der objektiven Zurechnungslehre (dazu sogleich im Folgenden → Rn. 71 ff.).

71 **c)** Der Erfolg muss A auch objektiv zurechenbar sein. Das setzt voraus, dass der Täter eine rechtlich relevante Gefahr geschaffen hat, die sich im tatbestandlichen Erfolg auch tatsächlich verwirklicht hat.[45] Das ist im vorliegenden Fall deshalb problematisch, weil der Unfall sich laut Sachverhalt »wahrscheinlich« auch bei Einhaltung des ausreichenden Seitenabstandes ereignet hätte. Damit hat A durch das Überholen zwar eine rechtlich missbilligte Gefahr geschaffen, ob aber tatsächlich diese Gefahr sich im Tod des R verwirklicht hat, ist fraglich.

72 **Hinweis:** In solchen Fällen für eine Ausnahme von der Erfolgszurechnung zu plädieren basiert auf dem Gedanken, dass es dem Täter nicht zum Nachteil gereichen darf, wenn das grundsätzlich durch die Norm geschützte und vom Täter angegriffene Rechtsgut durch die Befolgung der Norm in concreto ohnehin nicht hätte geschützt werden können.[46]

73 **aa)** Die Risikoerhöhungslehre bejaht die Zurechenbarkeit bereits dann, wenn durch eine Überschreitung des erlaubten Risikos (dh des pflichtgemäßen Verhaltens) die Chance des Erfolgseintritts erhöht worden ist. Eine Zurechnung soll nur dann ausgeschlossen sein, wenn das rechtmäßige Alternativverhalten mit Sicherheit zu demsel-

42 Zum Ganzen *Wessels/Beulke* StrafR AT Rn. 667 ff.
43 *Ranft* NJW 1984, 1425 (1427); *Kühl* StrafR AT § 17 Rn. 49.
44 *Roxin* ZStW 74 (1962) 411; zusammenfassend *Roxin* StrafR AT I § 11 Rn. 85–87, 91.
45 *Kühl* StrafR AT § 4 Rn. 43 ff.
46 Vgl. auch *Samson* StrafR I 254.

ben Erfolg geführt hätte.[47] Nach dieser Ansicht ist der Pflichtwidrigkeitszusammenhang und damit die objektive Zurechung insgesamt zu bejahen, da das Überholen mit zu geringem Seitenabstand die Unfallgefahr »deutlich gesteigert« hat und nicht mit Sicherheit festgestellt werden konnte, dass der Unfall sich auch bei Einhaltung des Seitenabstandes ereignet hätte.

bb) Die Gegenansicht lehnt die Zurechnung bei bloßer Risikoerhöhung zu Recht ab.[48] Besteht aufgrund konkreter Umstände die Möglichkeit, dass der Erfolg auch bei pflichtgemäßem Verhalten eingetreten wäre, kann der notwendige Zusammenhang zwischen der Pflichtverletzung und dem Erfolg nicht vorliegen. Denn der Erfolg muss gerade auf der Pflichtverletzung beruhen. Davon kann nur die Rede sein, wenn sicher ist, dass der Erfolg bei pflichtgemäßem Verhalten nicht eingetreten wäre.[49] Da es sich bei diesem Pflichtwidrigkeitszusammenhang um eine haftungsbegründende Voraussetzung handelt, genügt hier wie sonst die Möglichkeit ihres Fehlens zur Anwendung des in-dubio-pro-reo-Grundsatzes. Die Risikoerhöhungslehre macht entgegen der gesetzgeberischen Absicht aus Verletzungsdelikten wie § 222 StGB im Ergebnis Gefährdungsdelikte, weil bereits die Gefahrerhöhung zur Begründung der Strafbarkeit genügt.[50] 74

Hinweis: Bekanntlich gilt der in-dubio-pro-reo-Grundsatz im deutschen Strafrecht nur bei Tatsachenzweifeln (im Völkerstrafrecht ist dies anders!). Die Anwendung des Zweifelssatzes scheidet im vorliegenden Fall nicht etwa deshalb aus, weil es sich bei der Unsicherheit über den Pflichtwidrigkeitszusammenhang um einen Rechtszweifel handelte. Denn unklar ist zunächst der tatsächliche Umstand, ob der tödliche Unfall auch bei Einhaltung des erforderlichen Seitenabstandes eingetreten wäre. Dabei handelt es sich aber um eine Ungewissheit des Sachverhalts, die über die Bezeichnung mit dem Begriff des Pflichtwidrigkeitszusammenhangs lediglich ihre rechtliche Einordnung erfährt. 75

Mangels Pflichtwidrigkeitszusammenhanges ist der Erfolg A nicht objektiv zurechenbar. 76

2. Ergebnis

A hat sich durch den Unfall mit R nicht wegen fahrlässiger Tötung gem. § 222 StGB strafbar gemacht. 77

II. Unerlaubtes Entfernen vom Unfallort, § 142 I Nr. 1 StGB

Indem A nach dem Sturz des R weiterfuhr, könnte er sich jedoch wegen unerlaubten Entfernens vom Unfallort gem. § 142 I Nr. 1 StGB strafbar gemacht haben. 78

1. Tatbestand

Bei dem Zusammenstoß von A und R handelt es sich um einen Unfall, nämlich ein plötzliches Ereignis im öffentlichen Verkehr, das mit dessen Gefahren in ursächlichem Zusammenhang steht und einen Personenschaden zu Folge hat, der nicht ganz 79

---

47 Die Auffassung ist von *Roxin* begründet worden, vgl. *Roxin* ZStW 74 (1962), 411; im Überblick *Roxin* StrafR AT I § 11 Rn. 88 ff.

48 *Wessels/Beulke* StrafR AT Rn. 676.

49 *Gropp* StrafR AT § 12 Rn. 54.

50 *Kühl* StrafR AT § 17 Rn. 52 ff.; Baumann/Weber/Mitsch/*Weber* StrafR AT § 14 Rn. 87.

unerheblich ist.[51] A ist auch Unfallbeteiligter iSd § 142 V StGB, da sein Verhalten nach den Umständen zur Verursachung des Unfalls beigetragen haben kann bzw. hat. Ferner hat er sich vom Unfallort entfernt, ohne die geforderten Feststellungen zu ermöglichen. Allerdings handelte A nicht vorsätzlich, da er von dem Zwischenfall nichts bemerkt hat.

80 **Hinweis:** Liegen die Deliktsvoraussetzungen wie hier entweder unproblematisch vor (Unfall, Unfallbeteiligter, Entfernen vom Unfallort) oder sind diese eindeutig nicht gegeben (Vorsatz), ist die Benutzung des Gutachtenstils nicht nur unnötig, sondern kostet auch wertvolle Zeit. Indem Sie in den Urteilsstil wechseln, zeigen Sie, dass Sie die Schwerpunkte des Falles erkannt haben und erhöhen außerdem die Lesbarkeit Ihrer Falllösung. Die gute Klausur zeichnet sich gerade nicht durch sklavisches Befolgen des Gutachtenstils, sondern den gekonnten Wechsel zwischen Gutachten- und Urteilsstil aus!

2. Ergebnis

81 A hat sich nicht gem. § 142 I StGB strafbar gemacht. Eine Strafbarkeit nach § 142 II Nr. 2 StGB kommt vorliegend schon deswegen nicht in Betracht, weil A auch später keine Kenntnis von dem Unfall erlangt.

82 **Hinweis:** Damit kommt es auf das Problem der Gleichsetzung der Begriffe »unvorsätzlich« und »berechtigt oder entschuldigt« (iSd § 142 II Nr. 2 StGB) nicht an (vgl. hierzu BVerfG [Kammer], Beschl. v. 19.3.2007 – 2 BvR 2273/06 = NJW 2007, 1666). Vgl. hierzu Fall 5 → Rn. 770 ff.

83 Damit hat A sich insgesamt nicht wegen unerlaubten Entfernens vom Unfallort gem. § 142 StGB strafbar gemacht.

III. Aussetzung, § 221 I StGB

84 Indem A den Radfahrer R auf der Straße liegen ließ, könnte er sich wegen Aussetzung gem. § 221 I StGB strafbar gemacht haben.

1. Tatbestandsmäßigkeit

85 A müsste R in eine hilflose Lage versetzt oder ihn in einer hilflosen Lage im Stich gelassen haben. Eine hilflose Lage liegt vor, wenn das Opfer sich selbst nicht mehr gegen eine Lebens- oder qualifizierte Leibesgefahr schützen kann.[52] Unabhängig von der konkreten Tathandlung – Versetzen in eine hilflose Lage bzw. Imstichlassen – muss allerdings als ihre Folge eine konkrete Gefahr des Todes oder einer schweren Gesundheitsschädigung entstanden sein. Voraussetzung hierfür ist, dass dem Opfer durch die Tathandlung eine weitere Verschlechterung seines Zustands droht.[53] Ist das Opfer – wie hier – bereits durch einen Verkehrsunfall tödlich verletzt, fehlt es hieran.

2. Ergebnis

86 A hat sich nicht wegen Aussetzung gem. § 221 I StGB strafbar gemacht.

---

51 Schönke/Schröder/*Sternberg-Lieben* § 142 Rn. 6.

52 Schönke/Schröder/*Eser* § 221 Rn. 2.

53 IdS BGH NJW 1993, 2629.

IV. Gefährdung des Straßenverkehrs, § 315c I Nr. 2 lit. b, III StGB

Durch den Überholvorgang unter Nichteinhaltung des erforderlichen Seitenabstandes könnte A sich wegen Gefährdung des Straßenverkehrs gem. § 315c I Nr. 2 lit. b, III StGB strafbar gemacht haben. 87

1. Tatbestandsmäßigkeit

A müsste falsch überholt haben. Dafür genügt die Verletzung von Verkehrsregeln, die der Sicherheit des Überholvorgangs dienen.[54] A hat durch die Nichteinhaltung des erforderlichen Seitenabstandes § 5 IV 2 StVO verletzt, siehe oben (→ Rn. 67). Das falsche Überholen müsste allerdings grob verkehrswidrig und rücksichtslos geschehen sein. Grob verkehrswidrig handelt nur, wem objektiv ein besonders schwerer Verstoß gegen die Verkehrsvorschriften zum Vorwurf gemacht werden kann.[55] Dies ist nach dem Sachverhalt schwierig festzustellen; die Frage kann jedoch offen bleiben, wenn eine Strafbarkeit mangels Rücksichtslosigkeit ohnehin ausscheidet. 88

Hinweis: Die Zulässigkeit des »Springens« im Gutachten ist umstritten. Jedenfalls dann, wenn – wie hier – unmittelbar auf die nächste Tatbestandsvoraussetzung übergeblendet wird, ist es nicht nur zulässig, sondern geboten. Vgl. aber auch noch Fall 13 → Rn. 1820. Zum Springen im Gutachten vgl. *Arzt* Strafrechtsklausur § 20 I.; *Hardtung* JuS 1996, 610 ff., 706 ff. und 807 ff. 89

Rücksichtslos handelt, wer sich aus eigensüchtigen Gründen über seine Pflichten hinwegsetzt oder aus Gleichgültigkeit von vornherein Bedenken gegen sein Verhalten nicht aufkommen lässt.[56] Ein durchschnittliches Fehlverhalten genügt hierbei nicht.[57] Dieser Vorwurf kann A freilich nicht gemacht werden: Wer lediglich aus Unachtsamkeit beim Überholvorgang den erforderlichen Seitenabstand unterschreitet, lässt die Berücksichtigung fremder Verkehrsinteressen nicht in besonders schwerwiegender Weise vermissen. 90

2. Ergebnis

A ist nicht wegen Gefährdung des Straßenverkehrs gem. § 315c I Nr. 2 lit. b, III StGB strafbar. 91

V. Unterlassene Hilfeleistung, § 323c StGB

Eine Strafbarkeit wegen – nur vorsätzlich begehbarer – unterlassener Hilfeleistung gem. § 323c StGB scheitert schon an der fehlenden Kenntnis des A vom Unglücksfall. 92

B. Ergebnis zur Strafbarkeit des A im 2. Tatkomplex

A hat sich nicht strafbar gemacht. 93

54 Schönke/Schröder/*Sternberg-Lieben/Hecker* § 315c Rn. 18.
55 Schönke/Schröder/*Sternberg-Lieben/Hecker* § 315c Rn. 27.
56 StRspr., vgl. BGHSt 5, 392.
57 Schönke/Schröder/*Sternberg-Lieben/Hecker* § 315c Rn. 28.

3. Tatkomplex: Die missglückte Rettung des R

94 **Hinweis:** Im Folgenden wird zunächst die Strafbarkeit der E im 3. Tatkomplex insgesamt, sodann diejenige des X (Akzessorietät einer möglichen Teilnahme) innerhalb des 3. Tatkomplexes nochmals untergliedert nach Handlungsabschnitten geprüft. Eine Strafbarkeit des X kann sich nämlich aus zwei verschiedenen Handlungen ergeben: zum einen aus der Tatsache, dass (auch) X den R einfach liegen lässt, ohne etwas zu dessen Rettung zu unternehmen, zum anderen aus seiner verbalen Einwirkung auf E, den Notruf zur Rettung des R zu unterlassen. Da diese Untergliederung allein die Prüfung der Strafbarkeit des X, nicht jedoch diejenige der E betrifft, wird auf der ersten Ebene nach Personen unterschieden und erst innerhalb der Prüfung der Strafbarkeit des X die genannte weitere Differenzierung vorgenommen (siehe dazu auch noch den Hinweis → Rn. 155). Eine Erläuterung dieses Vorgehens im Gutachten hat zu unterbleiben.

A. Strafbarkeit der E

I. Versuchter Totschlag durch Unterlassen, §§ 212 I, 22, 23 I, 13 StGB

95 Indem E den R an der Unfallstelle liegen ließ, ohne den Notarzt zu rufen, könnte sie sich wegen versuchten Totschlags durch Unterlassen gem. §§ 212 I, 22, 23 I, 13 StGB strafbar gemacht haben.

1. Keine Strafbarkeit wegen vollendeter Tat (→ Rn. 98)

96 Allerdings war R bereits nach dem Unfall mit A tödlich verletzt, seine Verletzungen waren also so erheblich, dass eine Rettung nicht mehr möglich war. Damit war R aber schon kein taugliches Tatobjekt für eine durch Unterlassen zu begehende Tötung, denn bloßes Nichtstun konnte für den ohnehin sicheren Tod des R nicht mehr kausal werden (→ Rn. 97).

97 **Hinweis**: Vorsicht! Der Umstand, dass R nicht mehr zu retten ist, ein bloßes Unterlassen für seinen Tod also nicht mehr kausal werden kann, ergibt sich aus der Sachverhaltsformulierung »*tödlich* verletzt«. Finden sich dazu – wie hier – keine weiteren Ausführungen im Sachverhalt, ist davon ausgehen, dass der Erfolg in Gestalt des Todes des Opfers eintreten wird! Das ist Studenten häufig nicht bekannt.

98 **Hinweis**: Die gemeinhin hier verwendete Überschrift »Nichtvollendung« führt vorliegend in die Irre, denn da R letztlich gestorben ist, ist der tatbestandsmäßige Erfolg eingetreten, die Tat ist also gerade nicht »nicht vollendet«. Gleichwohl scheidet eine Strafbarkeit wegen vollendeter Tat mangels Kausalität aus. Wer dies im Gutachten noch deutlicher herausstellen mag, kann auch zunächst die Strafbarkeit der E wegen vollendeten Totschlags durch Unterlassen prüfen, dort im Rahmen des objektiven Tatbestandes feststellen, dass es an der Kausalität des Unterlassens für den Eintritt des tatbestandsmäßigen Erfolges fehlt, und erst anschließend zur Prüfung des versuchten Totschlags durch Unterlassen übergehen. Die Frage lässt sich aber auch – wie hier – sogleich im Rahmen der Versuchsprüfung im ersten Prüfungspunkt »Keine Strafbarkeit wegen vollendeter Tat« erörtern. Vgl. noch den Hinweis → Rn. 105.

2. Versuchsstrafbarkeit

99 Damit kommt überhaupt nur ein – untauglicher – Versuch in Betracht. Da hier eine Strafbarkeit wegen Totschlags durch Unterlassen im Raum steht, kann E sich also nur

wegen eines untauglichen Versuchs eines unechten Unterlassungsdelikts strafbar gemacht haben. Es ist aber schon fraglich, ob ein solcher Versuch überhaupt strafbar ist.

Hinsichtlich der Strafbarkeit eines Verbrechensversuchs bestehen dabei keine Zweifel, vgl. §§ 23 I Var. 1, 12 I StGB. Große Einigkeit besteht auch noch insoweit, als die Strafbarkeit des Versuchs eines unechten Unterlassungsdelikts einhellig bejaht wird.[58] 100

Bestritten wird aber die Strafbarkeit des untauglichen Versuchs eines unechten Unterlassungsdelikts. Denn in diesen Fällen drohe dem Rechtsgut keinerlei Gefahr.[59] 101

Dieser Auffassung kann nicht gefolgt werden. Wenn sie behauptet, die Strafbarkeit des untauglichen Versuchs könne nicht auf das Unterlassungsdelikt übertragen werden, so postuliert sie einen Unterschied in der Strafwürdigkeit von Tun und Unterlassen. Das aber widerspricht der gesetzgeberischen Wertung in § 13 StGB. Die Ansicht stellt daher in Wahrheit die Strafbarkeit des untauglichen Versuchs grundsätzlich in Frage. Diese ist aber in § 22 StGB positiv geklärt und ergibt sich zudem im Umkehrschluss aus § 23 III StGB, der für den grob unverständigen Versuch nur eine fakultative Strafmilderungsmöglichkeit vorsieht, was die grundsätzliche Tatbestandsmäßigkeit des untauglichen Versuchs implizit voraussetzt.[60] 102

Damit kann E sich grundsätzlich wegen eines untauglichen Versuchs eines unechten Unterlassungsdelikts strafbar gemacht haben. 103

Fraglich ist nun aber immer noch, ob in concreto die Voraussetzungen eines versuchten Totschlags durch Unterlassen vorliegen: 104

Hinweis: Mit der vorstehenden Prüfung sind nichts anderes als die Voraussetzungen der »Nichtvollendung« und der »Versuchsstrafbarkeit« erörtert worden. Beachten Sie, dass ein Versuch auch in Betracht kommt, wenn der tatbestandsmäßige Erfolg eingetreten ist (R stirbt schließlich). Denn auch zB die fehlende objektive Zurechnung oder – wie hier – bereits die fehlende Kausalität des Täterverhaltens können zur Versuchsstrafbarkeit führen, weil auch deren Fehlen bereits jeweils für sich den objektiven Tatbestand des vollendeten Delikts insgesamt entfallen lässt. Vgl. bereits den Hinweis → Rn. 98. 105

3. Tatentschluss

E müsste vorsätzlich gehandelt haben. 106

a) Als E gemeinsam mit X die Unfallstelle verließ und den tatsächlich bereits tödlich verletzten R dort zurückließ, stellte sie sich vor, dass R ohne baldige Hilfe sterben werde. Zu diesem Zeitpunkt nahm sie dies auch mindestens in Kauf. 107

Hinweis: Mit dieser Formulierung können Sie zeigen, dass Sie erkannt haben, in welchem Zeitpunkt der Tötungsvorsatz gegeben sein muss, nämlich in dem Zeitpunkt der Handlung, die hier in einem Unterlassen besteht. Damit deuten Sie auch bereits an, dass sich hieran (nämlich nachdem E zu Hause angekommen ist) etwas geändert haben kann – eine Tatsache, die im Rahmen der Rücktrittsprüfung relevant wird, vgl. → Rn. 133 ff. 108

58 BGHSt 38, 356 (358 f.).
59 So noch SK-StGB/*Rudolphi*, 7. Aufl., vor § 13 Rn. 55; anders nun SK-StGB/*Rudolphi/Stein* vor § 13 Rn. 64.
60 *Kühl* StrafR AT § 15 Rn. 86 f.

109 E handelte also vorsätzlich im Hinblick auf den Tod des R.

110 b) Da E – wenn auch irrig – aber auch davon ausging, R noch retten zu können, nahm Sie an, dass sie aufgrund ihrer Unterlassung kausal für den Tod des R werden könne. E handelte somit vorsätzlich im Hinblick auf die Verursachung des Todes des R durch das Unterlassen der möglichen und gebotenen Rettungshandlung.

111 **Hinweis:** Dass E hinsichtlich der Möglichkeit, R noch retten zu können, einem Irrtum unterlag, stellt also dogmatisch gesehen einen umgekehrten Tatumstandsirrtum – im Hinblick auf das Tatbestandsmerkmal »Kausalität« – dar und begründet die Untauglichkeit des Versuchs, vgl. bereits die Ausführungen im Text bei → Rn. 99.

112 c) Am Vorsatz hinsichtlich der objektiven Zurechenbarkeit des Todes bestehen dementsprechend ebenfalls keine Zweifel.

113 d) Die nach § 13 StGB erforderliche Garantenstellung ergibt sich aus der Ehe mit R, § 1353 BGB.[61] Insoweit handelte E vorsätzlich.

114 **Hinweis:** Ein Irrtum über die Garantenstellung – der von einem Irrtum über das Bestehen der Garantenpflicht zu unterscheiden ist, siehe noch unten 5. (→ Rn. 129 ff.) –, scheidet mithin aus.

115 e) E handelte daher mit Tatentschluss hinsichtlich eines untauglichen Versuchs des unechten Unterlassungsdelikts eines Totschlags gem. §§ 212 I, 22, 23 I, 13.

4. Unmittelbares Ansetzen, § 22 StGB

116 E müsste iSv § 22 StGB unmittelbar zu Tatbestandsverwirklichung angesetzt haben. Das ist vorliegend deshalb nicht unproblematisch, weil sie zu Hause, in dem Glauben, R noch retten zu können, den Notarzt rief. Stellte man sich nämlich auf den Standpunkt, der Unterlassungstäter habe nicht bereits mit dem Verstreichenlassen der ersten Rettungsmöglichkeit unmittelbar angesetzt, sondern könne weitere sich ihm bietende Möglichkeiten zur Abwendung des tatbestandsmäßigen Erfolges ergreifen, so ließe sich für E argumentieren, dass auch der Anruf beim Notarzt noch einen hinreichenden, die Strafbarkeit ausschließenden Rettungsversuch darstellt. Hält man freilich das Verstreichenlassen der ersten Rettungsmöglichkeit für relevant, hat E bereits durch das Verlassen des Unfallortes zur Tatbestandsverwirklichung unmittelbar angesetzt.

117 **Hinweis:** Dass R durch den Anruf tatsächlich nicht mehr zu retten war, stellt kein Argument dafür da, das Ergreifen der ersten Rettungsmöglichkeit für maßgeblich zu halten. Denn auch zu diesem Zeitpunkt war R tatsächlich bereits nicht mehr zu retten. Dieser Umstand begründet – zu beiden Zeitpunkten – ja gerade die Untauglichkeit des Tötungsversuchs.

118 Die Frage, wann der Versuch des Unterlassungsdelikts beginnt, ist nun tatsächlich sehr umstritten.

119 a) Die »Theorie des letztmöglichen Eingriffs« vertritt die Ansicht, dass der Täter erst dann unmittelbar zur Tatbegehung angesetzt habe, wenn er die nach seiner Vorstel-

61 Vgl. zur Garantenstellung des Ehepartners grundsätzlich Schönke/Schröder/*Stree/Bosch* § 13 Rn. 18.

lung letztmögliche Rettungschance ungenutzt verstreichen lässt.[62] Danach hat E noch nicht unmittelbar zur Tatbestandsverwirklichung angesetzt, da sie nach ihrer Vorstellung R durch den Anruf noch retten konnte.

b) Nach der »Theorie des erstmöglichen Eingriffs« liegt ein unmittelbares Ansetzen zur Tatbegehung bereits in dem Zeitpunkt vor, in dem die Handlungspflicht entstanden ist und der Täter dieser unverzüglich hätte nachkommen müssen.[63] Nach dieser Ansicht hat E bereits dadurch zur Tatbestandsverwirklichung iSd § 22 StGB unmittelbar angesetzt, dass sie an der Unfallstelle den Notarzt nicht sofort gerufen hat. 120

c) Die hM differenziert: So soll der Versuch des Unterlassungsdelikts entweder dann beginnen, wenn das Opfer nach der Vorstellung des Garanten durch eine weitere Verzögerung der Rettungshandlung in unmittelbare Gefahr gebracht wird oder aber der Täter durch seine Unterlassung den Kausalverlauf aus der Hand gibt.[64] Nach dieser Ansicht hat E zu dem Zeitpunkt unmittelbar angesetzt, in dem sie die Unfallstelle verlassen hat, da die Lebensgefahr für R sich nach Vorstellung der E gesteigert und sie das weitere Geschehen mit dem Verlassen der Unfallstelle aus der Hand gegeben hat. 121

Hinweis: An dieser Stelle spielt der Anruf beim Notarzt noch keine Rolle, da E zum Zeitpunkt des Verlassens der Unfallstelle dem Geschehen zunächst seinen Lauf gelassen hat. Das spätere Ergreifen von Rettungsmaßnahmen ist erst für die Frage des Rücktritts von Bedeutung, → Rn. 133 ff. 122

d) Der Theorie des letztmöglichen Eingriffs kann nicht gefolgt werden. So wird zum einen das Opfer einer erheblichen Gefahr ausgesetzt, wenn der Täter bis zum letztmöglichen Rettungszeitpunkt straflos abwarten können soll. Auch das Rechtsgut Leben soll nicht nur vor endgültiger Verletzung, sondern bereits vor erfolgsnaher Gefährdung geschützt werden.[65] Käme es für die Frage des Versuchsbeginns tatsächlich erst auf das Verstreichenlassen der letzten Abwendungsmöglichkeit an, gäbe es zudem im Unterlassungsbereich keine Rücktrittsmöglichkeit. Denn dann fielen Versuchsbeginn und Erfolgseintritt zusammen. Das aber widerspricht dem Gesetz.[66] 123

Da die Theorie des erstmöglichen Eingriffs und die hA zum selben Ergebnis kommen, kann eine Entscheidung zwischen ihnen unterbleiben. 124

Hinweis: Führt nur eine von mehreren Auffassungen zu dem von Ihnen nicht favorisierten Ergebnis, lehnen Sie auch nur diese Ansicht ab! Die Erfahrung zeigt, dass die Zeitprobleme vieler Studenten bei der Erstellung eines strafrechtlichen Gutachtens insbesondere daher rühren, dass überflüssige Ausführungen gemacht werden. Mit der Ablehnung der ersten Ansicht steht Ihr Ergebnis fest, alles andere interessiert dann nicht mehr. 125

e) E hat – durch das Verlassen der Unfallstelle – unmittelbar zur Tatbestandsverwirklichung angesetzt. 126

---

62 NK-StGB/*Wohlers* § 13 Rn. 23; *Armin Kaufmann*, Die Dogmatik der Unterlassungsdelikte, 1959, 210 ff.; *Welzel* StrafR § 28 A. IV.; *Grünwald* JZ 1959, 46 (48).

63 BGHSt 40, 257** (271); Baumann/Weber/Mitsch/*Mitsch* StrafR AT § 26 Rn. 57; *Fischer* § 22 Rn. 32 ff.; *Maihofer* GA 1958, 289 (297); *Schröder* JuS 1962, 81 (86).

64 *Roxin* JuS 1929, 12; *Kühl* StrafR AT § 18 Rn. 148 f.; Schönke/Schröder/*Eser* § 22 Rn. 50 f.

65 Dazu *Kühl* StrafR AT § 18 Rn. 147.

66 Schönke/Schröder/*Eser* § 22 Rn. 48.

5. Rechtswidrigkeit und Schuld

127 E handelte rechtswidrig und schuldhaft.

128 **Hinweis:** Sind – wie hier – zwei an sich auf unterschiedlichen Stufen des Verbrechensaufbaus zu prüfende Voraussetzungen unproblematisch gegeben, so können diese selbstverständlich in einem Gliederungspunkt zusammengefasst werden.

129 Insbesondere erkannte E aufgrund einer Parallelwertung in der Laiensphäre auch, dass die aus dem tatsächlichen Umstand »Ehe« resultierende tatsächliche Garantenstellung eine rechtliche Garantenpflicht begründet, die als Schutzpflicht auch Rettungsbemühungen umfasst.[67] War ihr aber die aus ihrer Garantenpflicht folgende Pflicht zur Rettung ihres Ehemannes bekannt, liegt auch insoweit – wie schon hinsichtlich ihrer Garantenstellung – kein Irrtum vor. Ein die Schuld ausschließender Verbotsirrtum kommt daher nicht in Betracht.

130 **Hinweis:** Hier wird die Unterscheidung in Garantenstellung und Garantenpflicht deutlich: Da die Garantenstellung den tatsächlichen Umstand bezeichnet, der eine zur Erfolgsabwendung verpflichtende Nähebeziehung begründet, wird die Vorstellung des Täters insoweit bereits auf der Ebene des subjektiven Tatbestandes relevant und begründet im Falle der Unkenntnis der Garantenstellung einen vorsatzausschließenden Tatumstandsirrtum. Irrt der Täter – wie hier E – insoweit nicht, begründet die zutreffende Vorstellung den Vorsatz bezüglich des Vorliegens der Garantenstellung, ist also ebenfalls im subjektiven Tatbestand zu erörtern (→ Rn. 113). Die Unkenntnis der Garantenpflicht hingegen kann erst und nur einen Verbotsirrtum begründen; auch wenn dieser – wie hier – im Ergebnis ausscheidet, weil der Täter auch insoweit keiner Fehlvorstellung unterliegt, ist die Frage erst im Rahmen der Schuld zu erörtern (→ Rn. 114).

131 Daran ändert auch der Umstand nichts, dass die Ehe der E mit R offenbar bereits seit geraumer Zeit nicht mehr glücklich ist (E hat einen Geliebten, X spricht von der »langersehnten Chance«, R loszuwerden). Zwar ist durchaus fraglich und entsprechend umstritten, ab welchem Zeitpunkt die gegenseitige Schutzverpflichtung von Ehegatten endet. Die Tatsache allein, dass einer der Ehegatten (hier: die E) ein außereheliches Liebesverhältnis pflegt, genügt hierfür aber nicht. Dafür aber, dass E davon ausging, R als Ehemann habe nicht mehr zu Recht auf den Beistand der E in der Not hoffen dürfen, gibt der Sachverhalt nichts her.[68]

132 **Hinweis:** AA gut vertretbar. Klausurtaktisch ist es freilich überzeugender, einen Irrtum der E abzulehnen, um im Folgenden das im Sachverhalt erkennbar angelegte Problem des Rücktritts prüfen zu können.

6. Strafbefreiender Rücktritt, § 24 StGB

133 E könnte gem. § 24 II 2 StGB strafbefreiend vom versuchten Totschlag durch Unterlassen zurückgetreten sein.

134 **Hinweis:** § 24 II StGB ist nicht bereits deshalb einschlägig, weil in der vorliegenden Fallkonstellation mehrere Personen anwesend sind. Maßgeblich ist nach § 24 II StGB vielmehr, dass »an der Tat mehrere beteiligt« sind. Die Beteiligungslehre auf dem Gebiet der Unterlassungsdelikte ist hoch umstrit-

67 Grds. Schönke/Schröder/*Stree/Bosch* § 13 Rn. 21.
68 Vgl. zum Ganzen *Kühl* StrafR AT § 18 Rn. 58.

ten. Es ist auch grundsätzlich denkbar, dass alle pflichtwidrig untätigen Garanten als unabhängige Täter einzuordnen sind; in diesem Falle könnte auch § 24 I StGB Anwendung finden. Zwar ist es in der vorliegenden Fallkonstellation auch zulässig, offen zu lassen, ob § 24 I oder II StGB anwendbar ist, weil insoweit die Rücktrittsvoraussetzungen identisch sind. Allerdings muss Ihnen aus der in Ihrer Gliederung niedergelegten gedanklichen Vorarbeit bereits bekannt sein, dass X als Anstifter zu qualifizieren sein wird; es ist daher eleganter, sogleich Abs. 2 anzuwenden und die Richtigkeit dieses Vorgehens im weiteren Verlauf der Prüfung zu bestätigen.[69]

a) Fraglich ist aber bereits, ob es einen Rücktritt vom untauglichen Versuch des unechten Unterlassungsdelikts überhaupt geben kann. **135**

aa) Der BGH[70] verneint schon die Möglichkeit eines Rücktritts in dieser Konstellation mit der Begründung, dass der Täter die Tatvollendung nicht mehr verhindern konnte. **136**

bb) Diese Ansicht kann nicht richtig sein. Der vom BGH geltend gemachte Umstand schließt nur die Vollendungsstrafbarkeit aus. Richtigerweise muss bei einem untauglichen Unterlassungsversuch ein Rücktritt gem. § 24 I (bzw. II) 2 StGB so lange möglich sein, wie der Täter die Untauglichkeit des Versuchs nicht erkannt hat;[71] erst wenn dies anders ist, liegt ein fehlgeschlagener Versuch vor, von dem der Täter nicht mehr zurücktreten kann. Auch wenn der Taterfolg in nicht zurechenbarer Weise eintritt – was vorliegend aufgrund der von Anfang an gegebenen Unmöglichkeit der Erfolgsverhinderung der Fall ist –, ist das Merkmal der »Nichtvollendung der Tat« gegeben.[72] Nach Auffassung des BGH soll derselbe Umstand, der den Täter im objektiven Tatbestand privilegiert, nun die Rücktrittsmöglichkeit ausschließen.[73] Mit der hA[74] ist daher davon auszugehen, dass ein Rücktritt vom untauglichen Versuch des unechten Unterlassungsdelikts nicht ausgeschlossen ist. **137**

b) E müsste sich den Anforderungen des § 24 II 2 StGB gemäß freiwillig und ernsthaft um Vollendungsverhinderung bemüht haben. Um Erfolgsverhinderung bemüht hat der Täter sich, wenn die Handlung nach seiner Vorstellung geeignet ist, die Vollendung abzuwenden.[75] E ging – wenn auch irrig – davon aus, mit dem Anruf des Notarztes das Leben des R noch retten zu können. Damit hat sie eine nach ihrer Vorstellung zur Erfolgsverhinderung geeignete Maßnahme ergriffen. E hat sich auch freiwillig und insbesondere ernsthaft bemüht, da sie zum einen noch an die Vollendbarkeit des Tötungsversuchs glaubte,[76] zum anderen mit dem Anruf alles getan hat, was nach ihrer Überzeugung zur Erfolgsabwendung erforderlich war.[77] **138**

---

69 Auch liegt kein Fall des im Unterlassungsbereich umstrittenen (dazu Schönke/Schröder/*Eser* § 24 Rn. 27 ff.; aA *Brand/Fett* NStZ 1998, 507 [508] mwN) beendeten Versuchs nach § 24 I 1 StGB vor; der vorliegende untaugliche Versuch wird vielmehr ausdrücklich von § 24 I 2 StGB erfasst, dazu *Küpper* JuS 2000, 225 (229).

70 BGH StV 1998, 369.

71 *Wessels/Beulke* StrafR AT Rn. 745.

72 Richtig *Kudlich/Hannich* StV 1998, 370 f. → Rn. 98.

73 Treffend *Brand/Fett* NStZ 1998, 507.

74 *Wessels/Beulke* StrafR AT Rn. 745; *Brand/Fett* NStZ 1998, 507; *Kudlich/Hannich* StV 1998, 370; *Kudlich/Schuhr* JA 2007, 349 (352); *Stuckenberg* JA 1999, 273. Ablehnend *Küpper* JuS 2000, 225 (228 f.).

75 Schönke/Schröder/*Eser* § 24 Rn. 71.

76 Zu dieser Voraussetzung grundsätzlich Schönke/Schröder/*Eser* § 24 Rn. 72.

77 Vgl. auch hierzu grundsätzlich Schönke/Schröder/*Eser* § 24 Rn. 72.

139 **c)** Damit ist E vom versuchten Totschlag durch Unterlassen strafbefreiend gem. § 24 II 2 StGB zurückgetreten.

4. Ergebnis

140 E ist nicht wegen versuchten Totschlags durch Unterlassen gem. §§ 212 I, 22, 23 I, 13 StGB strafbar.

II. Unterlassene Hilfeleistung, § 323c StGB

141 Indem E den R verletzt am Unfallort zurückließ, könnte sie sich wegen unterlassener Hilfeleistung gem. § 323c StGB strafbar gemacht haben. Hierzu müsste E bei einem Unglücksfall nicht Hilfe geleistet haben, obwohl dies erforderlich und ihr nach den Umständen zuzumuten war.

1. Objektiver Tatbestand

142 **a)** Ein Unglücksfall, dh ein plötzlich eintretendes Ereignis, das erhebliche Gefahren für Menschen oder Sachen hervorruft oder hervorzurufen droht,[78] liegt sowohl nach ex-post- wie auch nach ex-ante-Betrachtungsweise[79] vor. R war durch den Unfall verletzt, sein Tod drohte zum Zeitpunkt der Tatbegehung noch einzutreten. Die Tatsache, dass eine Rettungsmöglichkeit nicht bestand, ändert am Vorliegen des Unglücksfalls nichts.[80]

143 **b)** Tathandlung ist das Unterlassen der Hilfeleistung in einer solchen Lage, obwohl dies erforderlich und zumutbar gewesen wäre.[81] Hilfeleisten ist eine Handlung, die auf die Abwehr weiterer Schäden gerichtet ist.[82]

144 **aa)** E hat R nicht Hilfe geleistet.

145 **bb)** Die Hilfeleistung muss erforderlich sein. Die Erforderlichkeit könnte freilich schon deshalb ausgeschlossen sein, weil der Tod des Verletzten zu dem Zeitpunkt, zu dem E den Unfallort erreichte, schon nicht mehr abgewendet werden konnte.[83] So wird die Beurteilung der Erforderlichkeit zum Teil im Wege einer ex-ante-, zum Teil im Wege einer ex-post-Betrachtung vorgenommen.[84] Unter Zugrundelegung einer ex-ante-Betrachtung, die objektiviert aus Sicht eines vernünftigen Bürgers in der Situation des Täters urteilt[85] – zT wird § 323c StGB dabei als »unechtes Unternehmensdelikt« verstanden[86] –, ist das Herbeirufen eines Notarztes erforderlich gewesen. Denn dafür, dass ein »vernünftiger objektiver Dritter« erkannt hätte, dass R bereits unrettbar verloren war, ist nichts ersichtlich. Zu einem anderen Ergebnis gelangt man mittels einer ex-post-Betrachtungsweise[87]: Da R tatsächlich nicht mehr zu retten war, war auch das Herbeirufen eines Arztes nicht erforderlich. Für die ex-ante-Sicht

78 BGHSt 6, 147.
79 Zum Meinungsstreit *Wessels/Hettinger* StrafR BT I Rn. 1044; *Rudolphi* NStZ 1991, 237.
80 Schönke/Schröder/*Sternberg-Lieben/Hecker* § 323c Rn. 5.
81 Schönke/Schröder/*Sternberg-Lieben/Hecker* § 323c Rn. 10.
82 Schönke/Schröder/*Sternberg-Lieben/Hecker* § 323c Rn. 10.
83 BGH NStZ 1985, 501; NJW 1960, 1261 (1262).
84 *Fischer* § 323c Rn. 12.
85 BGHSt 14, 213 (216); 16, 200 (203).
86 Schönke/Schröder/*Sternberg-Lieben/Hecker* § 323c Rn. 2.
87 LK/*Spendel* § 323c Rn. 35; SK-StGB/*Rudolphi/Stein* § 323c Rn. 17.

spricht jedoch, dass nur sie einen optimalen Rechtsgüterschutz gewährleistet.[88] Die Hilfeleistung war daher erforderlich.

cc) Die Hilfeleistung war E im Übrigen auch zumutbar. 146

2. Subjektiver Tatbestand

E handelte vorsätzlich. 147

3. Rechtswidrigkeit und Schuld

E handelte rechtswidrig und schuldhaft. 148

Hinweis: Zur Zusammenfassung dieser beiden Punkte siehe oben den Hinweis → Rn. 128. Dieses Vorgehen ist freilich nur stilistischer Natur und nicht zwingend. Aus eben diesem Grund werden hier nur die Prüfungspunkte »Rechtswidrigkeit« und »Schuld« zusammengefasst, der – gleichsam unproblematische – subjektive Tatbestand hingegen separat aufgeführt. Wer hier (noch) konsequenter sein will, kann selbstverständlich auch alle drei Punkte unter einer gemeinsamen Überschrift (»Subjektiver Tatbestand, Rechtswidrigkeit und Schuld«) zusammenfassen. 149

4. Tätige Reue

Möglicherweise ist E aufgrund ihres Nachtatverhaltens – Anruf des Notarztes – 150 straflos. In Betracht kommt Tätige Reue. Allerdings enthält § 323c StGB selbst keine eigenständige Regelung eines solchen »Rücktritts vom vollendeten Delikt«. Fraglich ist, ob eine – zugunsten des Täters wirkende und damit nicht gegen Art. 103 II GG verstoßende, also grundsätzlich zulässige – analoge Anwendung der Grundsätze der Tätigen Reue, obwohl nur bei bestimmten Delikten des Besonderen Teils vorgesehen, möglich ist. Dies wird zum Teil befürwortet, da die Vollendungsstrafbarkeit in § 323c StGB im Vergleich zu den gesetzlich geregelten Fällen der Tätigen Reue ähnlich weit vorverlagert sei.[89] Eine analoge Anwendung und die damit einhergehende Konsequenz der Straflosigkeit der E sind jedoch mit der hM abzulehnen. Der Gesetzgeber hat die Tätige Reue aus kriminalpolitischen Gründen bewusst nur bei bestimmten Delikten und abschließend vorgesehen.[90] Damit kommt eine Strafbefreiung aufgrund Tätiger Reue nicht in Betracht.

5. Konkurrenz

Grundsätzlich ist § 323c StGB dem im Versuch steckengebliebenen unechten Unter- 151 lassungsdelikt – hier § 212 I, 22, 23 I, 13 StGB – gegenüber subsidiär, soweit der nach beiden Delikten abzuwendende Unrechtserfolg identisch ist.[91] Vorliegend wurde jedoch der Rücktritt vom Versuch des unechten Unterlassungsdelikts bejaht. Wendet man in diesen Fällen die Grundsätze der Tätigen Reue nicht an, verbleibt eine eigenständige Strafbarkeit wegen unterlassener Hilfeleistung gem. § 323c StGB.[92]

---

88 *Rudolphi* NStZ 1991, 237 (239).

89 Schönke/Schröder/*Sternberg-Lieben/Hecker* § 323c Rn. 27; *Otto* StrafR BT § 67 Rn. 14, jew. mwN.

90 BGHSt 14, 213 (217); SK-StGB/*Rudolphi/Stein* § 323c Rn. 29.

91 BGHSt 14, 282 (284); SK-StGB/*Rudolphi* § 323c Rn. 30 f.; Schönke/Schröder/*Sternberg-Lieben/Hecker* § 323c Rn. 31.

92 BGHSt 14, 213 (217).

III. Aussetzung, § 221 I Nr. 2 StGB

152 Eine Strafbarkeit wegen Aussetzung gem. § 221 I Nr. 2 StGB, weil E ihren Ehemann R am Unfallort zurückließ, kommt nicht in Betracht. Durch das Imstichlassen ist eine konkrete Gefahr für den bereits tödlich verletzten R nicht begründet worden.

153 **Hinweis:** Vgl. dazu die Ausführungen zur Strafbarkeit des A im 2. Tatkomplex unter III. 1. (→ Rn. 85). An dieser Stelle genügt daher eine kurze Feststellung.

2. Ergebnis

154 E hat sich nicht wegen Aussetzung gem. § 221 I Nr. 2 StGB strafbar gemacht.

B. Strafbarkeit des X

1. Unterabschnitt: Die erfolgreiche Beeinflussung der E

155 **Hinweis:** Im Rahmen der Erörterungen zur Strafbarkeit des X sind mehrere Arten und Weisen, die Prüfung aufzubauen, möglich (mit oder ohne Untergliederung, chronologisch oder nach beteiligungsdogmatischen Gesichtspunkten). Am überzeugendsten erscheint es, in zwei Unterabschnitte zu gliedern und die Prüfung chronologisch aufzubauen. Dabei gilt es zu beachten, dass die verbale Einwirkung als aktives Tun vor dem Unterlassen – der unterbliebenen Benachrichtigung des Notarztes – erfolgt. Dass so insgesamt bei X eine potentielle Teilnahmehandlung vor einer potentiellen Täterschaft erörtert wird, ist unschädlich.

I. Versuchter Totschlag (in mittelbarer Täterschaft), §§ 212 I, 22, 23 I (25 I Var. 2) StGB

156 Indem X die E überredete, den Notarzt nicht herbeizurufen, könnte er zunächst wegen eines durch aktives Tun begangenen versuchten Totschlags in mittelbarer Täterschaft gem. §§ 212 I, 22, 23 I, 25 I Var. 2 StGB strafbar sein. Die Tat wurde nicht vollendet, der Versuch ist strafbar.

1. Tatbestandsmäßigkeit

157 Grundsätzlich kann das aktive Eingreifen in fremde Rettungshandlungen die Voraussetzungen eines Begehungsdeliktes erfüllen. Voraussetzung dafür ist nach allgemeiner Ansicht aber, dass das Eingreifen im Wege des Zwanges oder der Täuschung – also mit den Mitteln der mittelbaren Täterschaft – erfolgt. Denn nur in einem solchen Fall ist der Abbruch der Rettungsbemühungen durch den Dritten dem Eingreifenden täterschaftlich zurechenbar.[93] Dies ist hier aber nicht der Fall, da X die E lediglich überredet hat.

2. Ergebnis

158 X ist nicht wegen versuchten Totschlags in mittelbarer Täterschaft gem. §§ 212 I, 22, 23 I (25 I Var. 2) StGB strafbar.

93 *Wessels/Beulke* StrafR AT Rn. 701.

II. Anstiftung zum versuchten Totschlag durch Unterlassen, §§ 212 I, 22, 23 I, 13, 26 StGB

Indem X die E überredete, den Notarzt nicht zu verständigen, könnte er sich einer Anstiftung zum versuchten Totschlag durch Unterlassen gem. §§ 212 I, 22, 23 I, 13, 26 StGB schuldig gemacht haben. 159

Hinweis: Hier ist Vorsicht hinsichtlich der Formulierung geboten: Die Anstiftung bezieht sich auf einen (durch E) durch Unterlassen verwirklichten versuchten Totschlag, wird aber – möglicherweise – nicht selbst durch ein Unterlassen, sondern durch aktives Tun – verbales Einwirken auf E – begangen. Aus diesem Grund muss es im Obersatz »zum versuchten Totschlag durch Unterlassen« heißen; die Formulierung »Anstiftung durch Unterlassen zum versuchten Totschlag« wäre unzutreffend, weil sie impliziert, dass nicht die Haupttat, sondern die Anstiftungshandlung durch Unterlassen begangen wurde. Dementsprechend muss in der Normenkette § 26 StGB am Ende stehen. Ob es eine Anstiftung durch Unterlassen überhaupt geben kann, ist dann noch eine andere Frage, vgl. insoweit *Kühl* StrafR AT § 20 Rn. 176, 271. 160

1. Objektiver Tatbestand

a) Der Erfolg der Anstiftungshandlung – eine vorsätzliche, rechtswidrige Haupttat der E – liegt vor. Unschädlich ist insoweit, dass die Haupttat nur das Versuchsstadium erreicht hat,[94] denn auch der Versuch stellt eine vorsätzlich verwirklichte rechtswidrige Haupttat dar. 161

Hinweis: Auch der Rücktritt der E hat keine Auswirkungen auf das Vorliegen der teilnahmefähigen Haupttat, weil es sich hierbei lediglich um einen persönlichen Strafaufhebungsgrund handelt. 162

b) X müsste E zu dieser Tat bestimmt, dh den Tatentschluss in ihr hervorgerufen haben.[95] Eine ältere Literaturauffassung bestreitet die Möglichkeit der Teilnahme am Unterlassungsdelikt mit dem Argument, dass es keinen Unterlassungsvorsatz gebe, sondern nur das Fehlen des Entschlusses zum gebotenen Handeln.[96] Wenn aber die Existenz eines Unterlassungsvorsatzes schon nicht denkbar ist, lässt sich ein solcher auch nicht durch eine Anstiftungshandlung hervorrufen. Ganz überwiegend wird jedoch eine Teilnahme am Unterlassungsdelikt nach den allgemeinen Regelungen für Anstiftung und Beihilfe für möglich gehalten.[97] Diese heute völlig hA ist vorzugswürdig, weil der Gesetzgeber die Möglichkeit vorsätzlicher Unterlassungsdelikte ausdrücklich vorgesehen hat (vgl. §§ 13, 138, 323c StGB) und die Gegenansicht außerdem zu nicht hinnehmbaren Strafbarkeitslücken führt.[98] X hat E also zur Tat bestimmt und damit angestiftet. 163

2. Subjektiver Tatbestand

X handelte vorsätzlich. 164

---

94 Schönke/Schröder/*Heine* vor §§ 25 ff. Rn. 27.

95 Schönke/Schröder/*Heine* § 26 Rn. 4.

96 *Armin Kaufmann*, Die Dogmatik der Unterlassungsdelikte, 1959, 190 ff. Vgl. auch *Hillenkamp* 32 Probleme StrafR AT 30. Problem.

97 BGHSt 14, 280; BGH NStZ 1998, 83; Schönke/Schröder/*Heine* vor §§ 25 ff. Rn. 99.

98 Zum Ganzen *Roxin* StrafR AT II § 26 Rn. 170 f.

3. Rechtswidrigkeit und Schuld

165 X handelte rechtswidrig und schuldhaft.

4. Ergebnis

166 X ist einer Anstiftung zum versuchten Totschlag durch Unterlassen gem. §§ 212 I, 22, 23 I, 13, 26 StGB schuldig.

5. Strafzumessung: Strafmilderung gem. § 28 I StGB

167 Möglicherweise greifen bei X §§ 28 I, 49 I StGB ein. Dafür müsste die Garantenstellung – die nur bei E vorliegt – ein besonderes persönliches Merkmal iSd § 14 I StGB[99] sein. Die Frage ist höchst umstritten. Dafür, dass die Garantenstellung als täterbezogenes Merkmal zu bewerten ist, spricht, dass dem Garanten der Schutz bestimmter Rechtsgüter und die Überwachung von Gefahrenquellen besonders anvertraut sind. Bei Verletzung dieser Pflicht entstehe ein Sonderunrecht, dass bei Außenstehenden keine Parallele habe und als besonderes persönliches Merkmal zu qualifizieren sei.[100] Gegen diese Annahme wird aber zu Recht angeführt, dass die Garantenstellung beim unechten Unterlassungsdelikt lediglich dazu dient, das erfolgsbezogene Unrecht zu konkretisieren, indem sie den Täterkreis auf bestimmte Personen mit einer Beziehung zum Rechtsgut beschränkt.[101] Damit stellt die Garantenpflicht aber nur das Unterlassen dem aktiven Tun gleich und ist kein besonderes persönliches Merkmal.[102] Eine Strafmilderung nach § 28 I StGB kommt für X damit nicht in Betracht.

2. Unterabschnitt: Die unterbliebene Rettung des R im Zeitpunkt des Verlassens der Unfallstelle

168 **Hinweis:** Beachten Sie, dass Anknüpfungspunkt Ihrer strafrechtlichen (kurzen!) Prüfung im Folgenden nicht etwa ein aktives Tun, sondern ein Unterlassen (der Rettung des R durch X) ist. Dies muss bereits in der Formulierung der Überschrift deutlich werden. Wer aber den Unterabschnitt lediglich überschreibt mit »Das Verlassen der Unfallstelle«, der impliziert, dass er ein aktives Tun zugrunde legt.

I. Versuchter Totschlag durch Unterlassen, §§ 212 I, 22, 23 I Var. 1, 13 StGB

169 Indem X den R schwer verletzt an der Unfallstelle liegen ließ, könnte er sich selbst wegen eines täterschaftlich begangenen versuchten Totschlags durch Unterlassen gem. §§ 212 I, 22, 23 I Var. 1, 13 StGB strafbar gemacht haben.

170 Die Tat wurde nicht vollendet, der Versuch ist strafbar.

---

99 Auch wenn der Wortlaut des Gesetzes eindeutig zu sein scheint, wird die Identität der Begriffe »besonderes persönliches Merkmal« iSd § 14 I StGB einerseits und iSd § 28 I StGB andererseits bestritten, vgl. etwa *Herzberg* ZStW 88 (1976) 68 (110 ff.); *Gallas* ZStW 80 (1968) 1 (21 f.).

100 So *Roxin* StrafR AT II § 27 Rn. 68 mwN.

101 *Geppert* ZStW 82 (1970) 40 (70); Schönke/Schröder/*Heine* § 28 Rn. 19.

102 Schönke/Schröder/*Heine* § 28 Rn. 19.

1. Tatbestandsmäßigkeit

Schwerpunkt der Vorwerfbarkeit ist insoweit ein Unterlassen. Eine Unterlassungsstrafbarkeit des X scheitert jedoch bereits daran, dass er – anders als die Ehefrau E – gegenüber R keine Garantenstellung innehat. **171**

2. Ergebnis

X ist nicht wegen versuchten Totschlags durch Unterlassen gem. §§ 212 I, 22, 23 I, 13 StGB strafbar. **172**

II. Unterlassene Hilfeleistung, § 323c StGB

Indem X nicht Hilfe leistete bzw. herbeirief, beging er eine unterlassene Hilfeleistung gem. § 323c StGB, die – anders als die versuchte Tötung durch Unterlassen gem. §§ 212 I, 22, 23 I, 13 StGB – keine Garantenpflicht voraussetzt (vgl. insoweit die Ausführungen zu E). **173**

C. Konkurrenzen und Gesamtergebnis zur Strafbarkeit von E und X

E hat sich wegen unterlassener Hilfeleistung gem. § 323c StGB strafbar gemacht. **174**

X hat sich einer Anstiftung zum versuchten Totschlag durch Unterlassen gem. §§ 212 I, 22, 23 I, 13, 26 StGB (1. Unterabschnitt) sowie einer unterlassenen Hilfeleistung gem. § 323c StGB schuldig gemacht (2. Unterabschnitt). Da die unterlassene Hilfeleistung hinter der Teilnahme am unechten Unterlassungsdelikt subsidiär zurücktritt,[103] ist X im Ergebnis strafbar wegen Anstiftung zum versuchten Totschlag durch Unterlassen gem. §§ 212 I, 22, 23 I, 13, 26 StGB.

103 Etwa Schönke/Schröder/*Sternberg-Lieben*/*Hecker* § 323c Rn. 31 mwN.

Alternativlösung zum 1. Tatkomplex

175 Geht man von einer Ungleichwertigkeit im Rahmen des error in persona aus mit der Folge, dass eine Strafbarkeit des B wegen mittäterschaftlicher versuchter Tötung eines – tatsächlich nicht vorhandenen – Verfolgers gem. §§ 212 I, 22, 23 I, 25 II StGB ausscheidet, so ist eine Verabredung zum Totschlag gem. §§ 212 I, 30 II StGB zu erörtern:

176 **Hinweis:** Die Prüfung der Verbrechensverabredung gem. §§ 212 I, 30 II StGB kann auf B beschränkt werden. A ist wegen versuchten Totschlags gem. §§ 212 I, 22, 23 I StGB strafbar, für ihn spielt die Frage daher keine Rolle mehr, vgl. *Kühl* StrafR AT § 20 Rn. 254.

B. Strafbarkeit des B

177 **I. §§ 212 I, 22, 23 I, 25 II StGB (-)**

II. Strafbarkeit wegen Verabredung zum Verbrechen des Totschlags, §§ 212 I, 30 II StGB.

178 Durch die Abrede mit A, auf eventuelle Verfolger zu schießen, könnte B sich wegen Verbrechensverabredung gem. §§ 212 I, 30 II StGB strafbar gemacht haben.

1. Objektiver Tatbestand

179 **a)** Beim Totschlag gem. § 212 I StGB handelt es sich um ein Verbrechen iSd § 12 I StGB.

180 **b)** Unter einer Verabredung iSd § 30 II Var. 3 StGB ist die Willensübereinkunft mindestens zweier Personen zu verstehen, mittäterschaftlich ein Verbrechen auszuführen.[104]

181 Eine solche Einigung lag vor, insbesondere war sie auch auf eine funktional-arbeitsteilige Tatbegehung gerichtet (→ Rn. 29 ff.). Die notwendige grobe Konkretisierung der Tat[105] ist ebenfalls gegeben (→ Rn. 25).

2. Subjektiver Tatbestand

182 B handelte vorsätzlich.

3. Rechtswidrigkeit und Schuld

183 Die Verbrechensverabredung erfolgte rechtswidrig und schuldhaft.

4. Ergebnis

184 B hat sich durch die Abrede mit A, auf eventuelle Verfolger zu schießen, wegen Verabredung zum Totschlag gem. §§ 212 I, 30 II Var. 3 StGB strafbar gemacht.

---

104 Schönke/Schröder/*Heine* § 30 Rn. 25.
105 Schönke/Schröder/*Heine* § 30 Rn. 6.

Fall 2: Die Bombe am falschen Motorrad

A stiftet T an, X zu töten. Als B dies erfährt, beschließt er, die Situation auszunutzen, um seinen Erzfeind Y zu beseitigen. Er weist daher T, der an dem Motorrad des X eine Bombe anbringen will, auf das Fahrzeug des Y hin und behauptet, es handele sich um das neue Motorrad des X. T, der B glaubt, und sicher ist, X werde innerhalb der nächsten Stunde das (einsitzige) Motorrad benutzen, bringt die Bombe daher am Fahrzeug des Y an. Die Bombe ist mit dem Zündmechanismus des Motorrads verbunden. T und B begeben sich in Sicherheit, sodass sie durch die Explosion nicht gefährdet werden, aber auch nicht mehr eingreifen können. Nachdem auch nach drei Stunden weder X noch Y erschienen sind, baut B – gegen den Widerstand des T – die Bombe wieder aus. B erzählt daraufhin T von seinem eigentlichen Plan, Y zu töten. T und B beschließen, gemeinsame Sache zu machen und X und Y am nächsten Tag auf andere Weise »aus dem Weg zu räumen«. 185

Am Tag darauf wollen T und B zunächst Y auf dem Nachhauseweg auflauern. Da sie sich nicht ganz sicher sind, welchen Weg Y nehmen wird, legt T sich in der Schillerstraße auf die Lauer, während B in der Goethestraße wartet. Y nimmt die Schillerstraße und wird von T erschossen. 186

Bevor sie ihren nächsten Anschlag auf X in die Tat umsetzen können, werden T und B festgenommen. 187

Aufgabe: Beurteilen Sie die Strafbarkeit von A, B und T. 188

Bearbeitervermerk: § 211 StGB ist nicht zu prüfen. 189

Anmerkung: Die wesentlichen Probleme des Sachverhaltes sind: **1. a)** Mittelbare Täterschaft in Zwei-Personen-Konstellationen und **1 b)** Versuchsbeginn bei mittelbarer Täterschaft (BGHSt 43, 177***); **2. a)** Error in persona beim Versuch; **2 b)** Auswirkungen eines error in persona auf die Möglichkeit zum Rücktritt vom Versuch; **3.** Mittelbare Täterschaft kraft »Irrtums über den konkreten Handlungssinn«; **4.** Auswirkungen eines error in persona des Haupttäters auf den Anstifter (PrObTr GA 7, 332***, BGHSt 37, 214***); **5.** Alternative Mittäterschaft; **6.** Psychische Beihilfe. 190

Literaturhinweise: **zu 1.**: *Wolters* NJW 1998, 579; *Otto* NStZ 1998, 243; *Roxin* JZ 1998, 211; **zu 2 a):** BGH NStZ 1998, 249; *Herzberg* JuS 1999, 224; **zu 2. b):** *Roxin* JuS 1981, 1; *Feltes* GA 1992, 395; **zu 3.**: *Roxin* Täterschaft und Tatherrschaft 214 ff.; **zu 4.**: *Hillenkamp* 32 Probleme StrafR AT 9. Problem; **zu 5.**: *Kühl* StrafR AT § 20 Rn. 109 mwN; **zu 6.**: *Kühl* StrafR AT § 20 Rn. 225 ff. 191

A. Gliederung

1. Tatkomplex: Der Einbau der Bombe

A. Strafbarkeit des T

I. §§ 212 I, 22, 23 I StGB (+)
II. §§ 308 I, III, 22, 23 I StGB (+)
III. §§ 303 I, II StGB (+)
IV. Konkurrenzen und Ergebnis zur Strafbarkeit des T im 1. Tatkomplex

B. Strafbarkeit des B

I. §§ 308 I, III, 22, 23 I, 25 I Var. 2 StGB (-)
II. §§ 212 I, 22, 23 I Var. 1, 25 I Var. 2 StGB (-)
III. §§ 303 I, III, 22, 23 I Var. 2, 25 I Var. 2 StGB (-)
IV. § 138 I Nr. 6, Nr. 9 StGB (-)
V. Ergebnis

C. Strafbarkeit des A

I. §§ 212 I, 22, 23 I, 26 StGB (+)
II. Konkurrenzen und Ergebnis

2. Tatkomplex: Die Wegelagerung

A. Strafbarkeit des T

§ 212 I StGB (+)

B. Strafbarkeit des B

I. §§ 212 I, 25 II StGB (-)
II. §§ 212 I, 25 I Var. 2 StGB (-)
III. §§ 212 I, 26 StGB (+/-)
IV. §§ 212 I, 27 StGB (+/-)
V. §§ 212 I, 30 II Var. 3 StGB (-)
VI. §§ 212 I, 30 II Var. 1 StGB (+/-)

C. Strafbarkeit des A (-)

Gesamtergebnis

B. Lösung

1. Tatkomplex: Der Einbau der Bombe

A. Strafbarkeit des T

I. Versuchter Totschlag, §§ 212 I, 22, 23 I StGB

T könnte sich eines versuchten Totschlags gem. §§ 212 I, 22, 23 I StGB schuldig gemacht haben, indem er die Bombe am Motorrad des Y montierte. 192

Hinweis: Sprachlich korrekt sind nur die Formulierungen »schuldig eines ...« und »strafbar wegen ...« (die Formulierungen »schuldig wegen ...« und »strafbar eines ...« sind zu vermeiden, siehe dazu *Horn* JuS 1984, 499 – lesen!). Inhaltlich kann »wegen (zB versuchten Totschlags) strafbar« nur in zwei Fällen verwendet werden: Zum einen ist die Formulierung zulässig, wenn eine Strafbarkeit bereits nach der Prüfung des in Frage stehenden Tatbestandes ohne Weiteres ausscheidet (zB weil es am Merkmal des unmittelbaren Ansetzens fehlt), ohne dass also eine Kollision mit einem konkurrierenden Straftatbestand aufgelöst werden müsste. Zum anderen kann die Formulierung verwendet werden, wenn mit der Bejahung sämtlicher Voraussetzungen der Strafbarkeit des betreffenden Deliktstatbestandes die Strafbarkeit auch insgesamt feststeht, weil eine mögliche Strafbarkeit wegen eines konkurrierenden Tatbestandes nicht in Betracht kommt. Immer dann aber, wenn die Voraussetzungen mehrerer Straftatbestände erfüllt sind – was vorab in Ihrer Gliederung zu klären ist –, muss die Formulierung »schuldig eines« verwendet werden. Denn solange im Rahmen der Konkurrenzen nicht endgültig geklärt ist, welcher Tatbestand am Ende »übrig bleibt«, ist es sachlich unzutreffend, davon zu sprechen, der Täter habe sich »wegen ... strafbar gemacht«. Denn die *Strafbarkeit* steht zu diesem Zeitpunkt gerade noch nicht fest; festgestellt haben Sie lediglich die tatbestandsmäßige, rechtswidrige und schuldhafte Verwirklichung des Tatbestandes. 193

Die Tat wurde nicht vollendet, die Strafbarkeit des Versuchs ergibt sich aus §§ 212 I, 23 I Var. 1 iVm § 12 I StGB. 194

Hinweis: Zur »Vorprüfung« beim Versuch beachte Fall 1, Hinweis → Rn. 10. 195

1. Tatentschluss

Da T den X töten wollte, handelte er vorsätzlich hinsichtlich der Tötung eines Menschen iSd § 212 I StGB. Mehr wird insoweit nicht verlangt. 196

Hinweis: Man könnte versucht sein, an dieser Stelle einen error in persona zu erörtern. Tatsächlich spielt – entgegen einer häufig geäußerten Ansicht (vgl. *Kühl* StrafR AT § 15 Rn. 28; *Rath* JuS 1997, 424; *Graul* JuS 1997, 1150 f.; aus der Rechtsprechung BGH NStZ 1998, 249) – ein solcher Identitätsirrtum beim Versuch keine Rolle! Denn für den Tatentschluss genügt es – wie soeben im Text formuliert –, dass der Vorsatz des Täters auf die Tötung eines anderen (konkretisierten) Menschen gerichtet ist. Im Rahmen des unmittelbaren Ansetzens entsteht nun aber deshalb keine Abweichung von der Tätervorstellung, weil es nach der gemischt subjektiv-objektiven Ansatzformel zum Beginn des Versuchs darauf ankommt, dass der Täter *nach seiner Vorstellung* von der Tat unmittelbar zur Tatbestandsverwirklichung angesetzt hat, vgl. § 22 StGB. Gegenstand dieser Vorstellung ist aber auch der Umstand, dass es sich bei dem Motorrad um dasjenige des X handelt, dieser es alsbald benutzt und durch die am Motorrad angebrachte Bombe zu Tode kommt. Dass dies nicht der Wirklichkeit entspricht, führt zwar dazu, dass die Vorstellung des T unzutreffend ist, tatsächlich irrt T sich also durchaus! Dieser Irrtum ist aber schon als solcher irrelevant (und nicht erst unbeachtlich), weil insoweit 197 beim Versuch keine Divergenz zwischen subjektivem und objektivem Tatbestand besteht. (Dass jenseits des Versuchs des T tatsächlich ein Identitätsirrtum gegeben ist, wird freilich bei der Strafbarkeit des B noch eine Rolle spielen, → Rn. 263 f.). Ein beim Versuch relevanter error in persona des T lässt sich auch nicht etwa mit dem Argument begründen, die Vorstellung des T sei auf die Tötung des X gerichtet, unmittelbar angesetzt werde aber zur Tötung des Y. Denn die gesetzliche Formulierung des § 22 StGB ist insoweit eindeutig: Wozu unmittelbar angesetzt wird, richtet sich nach der Vorstellung des Täters von der Tat. Dass nun aber auch hinsichtlich der Identität des Opfers die Vorstellung des Täters und nicht die objektive Lage maßgebend ist, zeigt schon der Umstand, dass sich auch derjenige Täter wegen versuchten Totschlags strafbar macht, der einer Identitätsverwechslung bei tatbestandlicher Ungleichwertigkeit unterliegt: Auch derjenige, der auf eine Vogelscheuche schießt, weil er sie mit seinem Feind F verwechselt, macht sich wegen eines (untauglichen) Tötungsversuchs strafbar (so auch zu Recht *Herzberg* JuS 1999, 224 f.; vgl. auch eingehend und richtig *Streng* ZStW 109 [1997] 862 [insbes. 874 f.]). So wie dort allein ausschlaggebend ist, dass die Vorstellung des Täters auf die Tötung des F (und nicht etwa der Vogelscheuche) gerichtet ist, ist hier entscheidend, dass T den Tod des X – und nicht denjenigen des Y – will. Zur wiederkehrenden Problematik im Rahmen des Fehlschlags als negativer Anwendungsvoraussetzung des Rücktritts siehe unten 4. b) aa) → Rn. 231. Vgl. auch bereits Fall 1 → Rn. 12.

198 T hatte also Tatentschluss zur Tötung eines anderen Menschen. Da er das Opfer in eine Falle locken und dieses ohne dessen Kenntnis als »Werkzeug gegen sich selbst« benutzen wollte, hatte er den Vorsatz, die Tat entweder als unmittelbarer Täter gem. § 25 I Var. 1 StGB oder aber gem. § 25 I Var. 2 StGB »durch einen anderen« bzw. zumindest in einer der mittelbaren Täterschaft verwandten Struktur zu begehen.

199 **Hinweis:** Die Frage muss hier noch nicht entschieden werden. Die vorliegende Konstellation unterscheidet sich bezüglich des Verhältnisses T-X von den üblichen Fällen mittelbarer Täterschaft dadurch, dass hier kein Dreier-, sondern nur ein Zweierverhältnis vorliegt, in dessen Rahmen das Werkzeug sich unbewusst selbst schädigen soll. Die hA in der Literatur wendet § 25 I Var. 2 StGB direkt an, die höchstrichterliche Rechtsprechung will die für Fälle mittelbarer Täterschaft entwickelten Grundsätze zumindest analog anwenden (vgl. hierzu noch BGH NJW 1983, 462 und BGHSt 32, 38 [41], wo zwei weitere Fallgruppen mittelbarer Täterschaft bei Selbstschädigung des Opfers – erzwungenes und durch Täuschung erreichtes selbstschädigendes Opferverhalten – anerkannt werden). Ein Unterschied ergibt sich aus dieser divergierenden Beurteilung nicht. Beachte hierzu noch die Ausführungen zum unmittelbaren Ansetzen iSd § 22 StGB unter 2. (→ Rn. 200 ff.) und die dortigen Nachweise.
Auf die bei RNPW/*Rotsch* Klausur im 1. Staatsexamen Fall 20 unter B.I.2. und Fn. 111 (S. 304) favorisierte Trennung der Täterschaftsprüfung von objektivem und subjektivem Tatbestand kann im Falle des hier gegebenen Versuchs verzichtet werden, da die für eine solche separate Erörterung der Täterschaftsfrage sprechenden Argumente beim Versuchsaufbau keine Rolle spielen können. Vgl. zu einem solchen Aufbau unten 2. Tatkomplex, → Rn. 311 ff.

2. Unmittelbares Ansetzen, § 22 StGB

200 Äußerst fraglich ist aber, ob T bereits iSv § 22 StGB zur Verwirklichung des Tatbestandes unmittelbar angesetzt hat. Denn zwar hatte T mit dem Einbau der Bombe auch nach seiner Vorstellung alles getan, was er zur Tatbestandsverwirklichung tun musste. Jedoch stand die unbewusst selbstschädigende Handlung des Opfers noch aus.

Hinweis: Zur Beantwortung der hiermit angesprochenen Frage nach dem Beginn des Versuchs ist in einem ersten Schritt zu erkennen, dass es sich vorliegend nach insoweit übereinstimmender Ansicht entweder zumindest um eine der mittelbaren Täterschaft verwandte Konstellation[1] oder aber tatsächlich mittelbare Täterschaft[2] handelt. Unabhängig davon, welcher dieser beiden Ansichten[3] man zuneigt, folgt daraus nämlich, dass – im dann folgenden zweiten Schritt – der Sache nach die kontroverse Diskussion zum Versuchsbeginn bei mittelbarer Täterschaft auch in Konstellationen wie der vorliegenden zu führen ist. Dabei ist freilich die Besonderheit der notwendigen Opfermitwirkung zu berücksichtigen. 201

T hatte Tatentschluss zur Verwirklichung des Tatbestandes als unmittelbarer oder als mittelbarer Täter, → Rn. 198. Ordnet man Konstellationen wie die vorliegende als unmittelbare Täterschaft deshalb ein, weil das unwissende Opfer gleich einem naturgesetzlichen Kausalverlauf zur Tatbegehung eingesetzt wird – was in der Literatur nur vereinzelt geschieht[4] –, so ist ein solches unmittelbares Ansetzen gegeben. Denn T hat alles seinerseits zur Tatbestandsverwirklichung Erforderliche getan. 202

Geht man hingegen davon aus, dass vorliegend mittelbare Täterschaft oder jedenfalls die zur mittelbaren Täterschaft entwickelten Grundsätze analog in Betracht kommen, ist die Frage nach dem Versuchsbeginn deshalb nicht so einfach zu entscheiden, weil sich darüber streiten lässt, ob auf die Tathandlung des (mittelbaren) Täters oder auf eine Mitwirkungshandlung des Opfers abzustellen ist. 203

Hinweis: Diese Vorgehensweise, mit der eine Entscheidung zwischen unmittelbarer und mittelbarer Täterschaft offen gelassen wird, funktioniert nur, wenn das Ergebnis im Hinblick auf den Versuchsbeginn dasselbe ist. Hier hilft Ihnen eine ausführliche gedankliche (schriftlich fixierte!) Gliederung: Wenn Sie mit dem Verfassen der eigentlichen Lösung beginnen, muss der Gang der Erörterungen und also auch jedes Ergebnis feststehen! 204

a) Die Vertreter der sog. »Gesamtlösung« sind der Ansicht, der Versuch bei mittelbarer Täterschaft beginne erst mit dem unmittelbaren Ansetzen des Tatmittlers.[5] Für die hier in Frage stehenden Konstellationen wird dieser Gedanke meist dahin modifiziert, dass das Opfer sich in den Wirkungsbereich des Tatmittels begeben haben muss.[6] Nach dieser Auffassung hat T noch nicht zur Tatbestandsverwirklichung unmittelbar angesetzt, da weder X noch Y sich in den Wirkungsbereich der Bombe begeben hatten. 205

b) Der BGH hat nach durchaus wechselvoller Rechtsprechung[7] nunmehr eine andere Auffassung entwickelt. 206

---

1 BGHSt 43, 177*** (180).

2 IdS die hA in der Literatur; vgl. etwa *Gössel* JR 1998, 295; *Heckler* NStZ 1999, 79; *Baier* JA 1999, 773.

3 Nur ganz vereinzelt wird in Fällen wie dem vorliegenden unmittelbare Täterschaft angenommen; idS etwa *Wolters* NJW 1998, 579. Wer von unmittelbarer Täterschaft ausgeht, kommt ohne Weiteres zur Bejahung des Versuchsbeginns; vgl. *Wolters* NJW 1998, 579.

4 Beachte die Angabe in der vorstehenden Fn.

5 So etwa *Kühl* StrafR AT § 20 Rn. 91; *Küper* JZ 1983, 369.

6 *Gössel* JR 1976, 251; *ders.* JR 1998, 295.

7 Vgl. BGHSt 2, 380; 4, 270 (273); BGH NStZ 1981, 99; BGHSt 30, 363.

207 **Hinweis:** Und zwar in seiner Entscheidung zur sog. »Passauer Giftfalle« – auch »Bayerwald-Bärwurz«-Fall (BGHSt 43, 177***) – lesen!

208 Auszugehen sei von den anerkannten Grundsätzen zur Abgrenzung von Versuch und Vorbereitungshandlung. Versucht sei die Tat danach, wenn der Täter eine Handlung vornehme, die nach seiner Vorstellung im Falle ungestörten Fortgangs ohne Zwischenakte unmittelbar in die Tatbestandserfüllung einmünden kann. Allerdings sei die Begehung von Handlungen, wie sie im gesetzlichen Tatbestand umschrieben seien, nicht erforderlich. Vielmehr genüge es, wenn die Handlung des Täters der Verwirklichung eines Tatbestandsmerkmals unmittelbar vorgelagert sei oder in unmittelbarem räumlichen und zeitlichen Zusammenhang stehe.[8] Diese Grundsätze gelten nach Ansicht des BGH gleichermaßen für die Fälle des unbeendeten wie auch des beendeten Versuchs.[9] Daraus folgt, dass selbst abgeschlossenes Täterhandeln nicht stets unmittelbar in die Erfüllung eines Straftatbestandes einmünden muss und daher für sich genommen nicht ausreicht, die Frage nach dem Versuchsbeginn zu beantworten.[10] In den traditionellen Fällen mittelbarer Täterschaft, in denen ein Tatmittler zur Begehung einer Straftat an einem Dritten benutzt wird, ist danach unmittelbares Ansetzen jedenfalls dann gegeben, wenn der Tatmittler in der Vorstellung entlassen wird, er werde die tatbestandsmäßige Handlung nunmehr in engem Zusammenhang mit dem Abschluss der Einwirkung vornehmen. In den Fällen jedoch, in denen die Einwirkung auf den Tatmittler erst nach längerer Zeit wirken soll oder wenn ungewiss bleibt, ob und wann sie einmal Wirkung entfaltet, beginnt der Versuch erst dann, wenn der Tatmittler seinerseits unmittelbar zur Tat ansetzt. Der BGH stellt damit entscheidend auf den Grad der vom Täter ausgehenden Rechtsgutsbeeinträchtigung ab.

209 **Hinweis:** Für den BGH ist ausschlaggebend, »ob nach dem Tatplan die Einzelhandlungen des Täters in ihrer Gesamtheit schon einen derartigen Angriff auf das geschützte Rechtsgut enthalten, dass es bereits gefährdet ist und der Schaden sich unmittelbar anschließen kann [...] oder ob die Begründung einer solchen Gefahr dem noch ungewissen späteren Handeln des Tatmittlers überlassen bleibt.«[11]

210 Der BGH versucht nun, diese allgemeinen Grundsätze auf diejenigen Fälle der Zwei-Personen-Konstellation zu übertragen, um die es hier geht. Auch dann, wenn das Opfer »zum Tatmittler gegen sich selbst« werde, liege ein Versuch erst vor, wenn »nach dem Tatplan eine konkrete, unmittelbare Gefährdung des geschützten Rechtsguts« eintrete.[12] Auf der Basis dieser Erkenntnis meint der Senat nun, dass der Täter zwar bereits zur Tat ansetze, wenn er seine Falle aufstelle. Dieser Angriff wirke jedoch noch nicht – wie dies § 22 StGB verlangt – unmittelbar. Dies sei vielmehr erst dann der Fall, wenn das Opfer selbst sich in den Wirkungskreis des vorbereiteten Tatmittels begebe.[13] Ob das der Fall ist, soll sich nun allerdings allein nach dem Tatplan richten: Stehe für den Täter fest, das Opfer werde erscheinen und sein für den Taterfolg eingeplantes Verhalten bewirken, so liege eine unmittelbare Gefährdung nach dem Tatplan bereits mit Abschluss der Tathandlung vor. Halte der Täter ein Er-

8 BGHSt 43, 177*** (179) mwN zur Rspr.
9 BGHSt 43, 177*** (179).
10 BGHSt 43, 177*** (179) mwN.
11 BGHSt 43, 177*** (180).
12 BGHSt 43, 177*** (180).
13 BGHSt 43, 177*** (181).

scheinen des Opfers im Wirkungskreis des Tatmittels hingegen für lediglich möglich, aber noch ungewiss oder gar für wenig wahrscheinlich, so trete eine unmittelbare Rechtsgutsgefährdung nach dem Tatplan erst dann ein, wenn das Opfer tatsächlich erscheine, dabei Anstalten treffe, die erwartete selbstschädigende Handlung vorzunehmen, und sich deshalb die Gefahr für das Opfer verdichte.[14]

Hinweis: In zwei neueren Entscheidungen hat der BGH diese Auffassung konkretisiert. So soll bei der Installation einer Autobombe der Täter dann unmittelbar zur Begehung (eines Mordes) angesetzt haben, wenn er sich bewusst sei, dass irgendwann ein Fahrzeugführer erscheinen werde.[15] Auch im jüngsten Beschluss zur sog. »Stromfalle«[16] legen die Richter die Sicht des Täters zugrunde. Dieser habe danach alles für das Gelingen seines Tatplanes getan. Die Erforderlichkeit der unbewussten Mitwirkung des Opfers ändere nichts daran, dass bei ungestörtem Fortgang der Dinge alsbald und innerhalb eines überschaubaren Zeitraumes die Nutzung einer der manipulierten Steckdosen durch einen nachfolgenden Mieter oder Handwerker wahrscheinlich war und nahe lag.[17] 211

Nach alledem gilt im vorliegenden Fall Folgendes: Aus der Sicht des T war es sicher, dass X innerhalb der nächsten Stunde erscheint. Auf dem Boden der Ansicht des BGH liegt daher insoweit unmittelbares Ansetzen zur Tat vor. Da es sich um ein einsitziges Motorrad handelt, kann T auch nicht für möglich gehalten haben, dass weitere Beifahrer mitgenommen werden.[18] 212

c) Für sämtliche anderen in diesem Zusammenhang vertretenen Ansichten liegt ein unmittelbares Ansetzen zur Tötung iSv § 22 StGB ebenfalls vor: 213

aa) Die heute, soweit ersichtlich, nur noch von *Weber*[19] vertretene sog. Einzellösung, stellt auf die Einwirkung des Hintermannes auf den Tatmittler ab. Für die Fälle der unbewussten Selbstschädigung des Opfers – in denen keine Einwirkung auf den Tatmittler stattfindet – muss diese Ansicht auf die Vornahme der Täterhandlung abstellen.[20] Damit hat T mit dem Einbau der Bombe unmittelbar zur Tat angesetzt. 214

bb) Wer danach differenziert, ob der Tatmittler gut- oder bösgläubig ist,[21] kommt hier zum selben Ergebnis, weil X sich selbst unbewusst geschädigt hätte, also gutgläubig gewesen wäre. 215

cc) Schließlich kommt auch die von *Roxin*[22] begründete Ansicht, die in jüngerer Zeit immer mehr Anhänger gefunden hat und mittlerweile wohl als herrschend bezeichnet werden kann, zur Bejahung des Versuchsbeginns. Nach ihr richtet der Beginn des 216

---

14 BGHSt 43, 177*** (181).

15 BGH NStZ 1998, 294** (295) – Sprengfalle.

16 BGH NStZ 2001, 475** (476). Hier hatte der Täter Steckdosen derart manipuliert, dass ein Benutzer beim bestimmungsgemäßen Gebrauch einen tödlichen Stromschlag erhalten hätte. Bevor es dazu kommen konnte, wurde die Manipulation entdeckt. Vgl. zu dieser Entscheidung *Trüg* JA 2002, 102.

17 BGH NStZ 2001, 475** (476).

18 Darauf richtet sich der berechtigte Vorwurf von *Herzberg* im Hinblick auf die Ausgangsentscheidung des BGH NStZ 1998, 294**; vgl. *ders.* JuS 1999, 225 f.

19 Baumann/Weber/Mitsch/*Weber* StrafR AT § 29 Rn. 155.

20 *Jakobs* StrafR AT 21/105 vor und in Fn. 197, 198.

21 So aus der älteren Literatur zB *Blei* StrafR AT § 72 II. 4.

22 *Roxin*, FS Maurach, 1972, 227 ff.; *ders.* JuS 1979, 11. Die Theorie wird in den verschiedensten Spielarten vertreten; vgl. im Einzelnen *Hillenkamp* 32 Probleme StrafR AT 15. Problem, unter IV. mit zahlreichen Nachweisen.

Versuchs sich danach, ob der Täter mit seiner Handlung das Opfer derart gefährdet, dass in engem raumzeitlichen Zusammenhang mit der Tatbestandsverwirklichung auf seine Sphäre eingewirkt wird oder der Täter den Geschehensablauf aus seinem eigenen Herrschaftsbereich entlassen hat.[23] Nach dieser Auffassung hat T mit dem Verlassen des Tatortes das Geschehen derart aus der Hand gegeben, dass er die Explosion nicht hätte verhindern können.[24]

217 **d)** Der Gesamtlösung kann nicht gefolgt werden. Unabhängig davon, ob die Redeweise von der »Zurechnung fremden Verhaltens« – der Grundlage der Gesamtlösung – zutrifft, muss für die Frage, wann der Bereich strafloser Vorbereitung verlassen und derjenige strafbaren Versuchs erreicht ist, die Gefährdung des Rechtsgutes entscheidend sein. Diese aber lässt sich nicht schematisch mit der Handlung des Werkzeuges, sondern nur unter Berücksichtigung des konkreten Einzelfalles feststellen.

218 **Hinweis:** Freilich sind – wie häufig – auch die anderen Auffassungen Bedenken ausgesetzt. So kann etwa die Ansicht des BGH in der Sache tatsächlich nicht überzeugen. Zunächst leuchtet nicht ein, dass die Abgrenzung von Vorbereitung und Versuch sich allein nach subjektiven Kriterien richten soll. Natürlich richtet die Versuchsstrafbarkeit sich nach der Tätervorstellung. Allerdings wird hier gemeinhin – entsprechend dem Gesetzeswortlaut des § 22 StGB – in einem gemischt subjektiv-objektiven Ansatz auf dem Boden der Tätervorstellung nach objektiven Kriterien differenziert.[25] Weshalb die Unterscheidung zwischen dolus directus und dolus eventualis die Grenze zwischen Versuch und Vorbereitung kennzeichnen soll, ist nicht ersichtlich.[26] Auch die Unterscheidung des BGH zwischen dem Ansetzen zur Tat (durch den Täter) und der Unmittelbarkeit (erst durch die Opfermitwirkung) ist äußerst fragwürdig. Damit lässt der auf der Hand liegende Einwand, nunmehr müsse nicht mehr der Täter, sondern das Opfer zur Tat ansetzen[27], sich jedenfalls nicht entkräften. Und schließlich hat die Ansicht des BGH, nimmt man sie beim Wort, eine wohl kaum haltbare Konsequenz: Wenn es für das unmittelbare Ansetzen zur Tat allein auf die Vorstellung des Täters ankommt, dann muss Versuchsbeginn auch in den Fällen bejaht werden, in denen für den Täter sicher feststeht, dass das Opfer die selbstschädigende Handlung erst nach geraumer Zeit vornimmt.[28] Mit der Zielsetzung der Rechtsprechung, den Versuchsbeginn nicht zu weit nach vorn zu verlagern[29], verträgt sich dies nicht.

219 Welche der anderen Ansichten letztlich die überzeugendste ist, kann dahinstehen, da sie sämtlich zum selben Ergebnis kommen. T hat iSd § 22 StGB unmittelbar zur Tötung des X angesetzt.

220 **Hinweis:** Zum Aufbau der Streitentscheidung vgl. Fall 1, Hinweis → Rn. 35.

3. Rechtswidrigkeit und Schuld

221 T handelte rechtswidrig und schuldhaft.

---

23 *Roxin* JZ 1998, 211.

24 Auf diese Möglichkeit jederzeitigen Zugriffs stellt *Roxin* JZ 1998, 211 ab.

25 Vgl. *Wessels/Beulke* StrafR AT Rn. 599 ff.

26 Vgl. dazu im Einzelnen *Roxin* JZ 1998, 211 (212). Siehe auch *Herzberg* JuS 1999, 224; *ders.*, FS Roxin, 2001, 749 (755).

27 *Roxin* JuS 1979, 1 (10).

28 Vgl. zu dieser Frage grds. auch *Herzberg* JuS 1999, 224; *Otto* NStZ 1998, 244. Inwiefern die neuesten Ausführungen des BGH hier Klarheit gebracht haben, ist zweifelhaft; vgl. *Otto* JK 2002, StGB § 22/20.

29 Vgl. BGHSt 43, 177*** (181 f.).

4. Rücktritt

Möglichweise ist T aber strafbefreiend vom versuchten Totschlag zurückgetreten, weil B die Bombe wieder ausgebaut hat. 222

a) Fraglich ist schon, ob § 24 I StGB oder § 24 II StGB eingreift. Da hier eine Beteiligung Mehrerer an der versuchten Tötung in Frage steht, 223

Hinweis: Vorsicht: § 24 II StGB regelt den Rücktritt für den Fall, dass Mehrere an der Tatbegehung beteiligt sind, nicht etwa den Rücktritt Mehrerer! Auch wenn – wie hier – von mehreren Tatbeteiligten nur einer zurücktritt, kommt daher § 24 II StGB dann in Betracht, wenn T und B an dem versuchten Totschlag iSd § 24 StGB beteiligt sind. 224

könnte man daran denken, einen etwaigen Rücktritt des T nach § 24 II StGB zu beurteilen. Allerdings steht die Beteiligtenrolle des B noch nicht fest; wer hier etwa von unmittelbarer (Allein-)Täterschaft ausgeht[30], müsste konsequenterweise § 24 I StGB anwenden. 225

Hinweis: A ist schon laut Sachverhalt Anstifter. Das hat zwar Bedeutung für eine eventuell auf ihn anzuwendende Rücktrittsvorschrift, ändert aber nach hM nichts an der Anwendbarkeit des § 24 I StGB für T, vgl. Schönke/Schröder/*Eser* § 24 Rn. 73. 226

Die Frage erübrigt sich, sofern T nach beiden Vorschriften gleichermaßen entweder zurückgetreten oder nicht zurückgetreten ist. 227

Hinweis: Es ist auch grundsätzlich zulässig und richtig, der üblichen Prüfungsreihenfolge entsprechend zuerst die Frage zu beantworten, ob Abs. 1 oder Abs. 2 Anwendung findet und dann – je nach Absatz – die weiteren Rücktrittsvoraussetzungen (Fehlschlag, beendeter oder unbeendeter Versuch etc.) zu prüfen. Der hier eingeschlagene Lösungsweg hat den Vorzug, dass der Bearbeiter einerseits zeigen kann, das Problem der Einordnung nach Abs. 1 oder Abs. 2 erkannt zu haben, andererseits aber klausurtaktisches Geschick beweist, weil die Frage – wie zu zeigen sein wird – hier letztlich offenbleiben kann und die Beteiligungsform des B erst im Rahmen der Prüfung seiner Strafbarkeit erörtert werden muss. 228

b) Zunächst darf aber – unabhängig von der anzuwendenden Rücktrittsvorschrift – kein Fehlschlag vorliegen.[31] Während bei einem untauglichen Versuch die objektive (fehlende) Eignung der Tathandlung zur Rechtsgutsverletzung in Frage steht, liegt ein Fehlschlag vor, wenn der Täter nach seiner Vorstellung die Erfolgsverwirklichung nicht mehr erreichen kann. Dabei kommt es darauf an, dass der Täter weiß oder annimmt, dass sein Ziel im Rahmen der konkreten Tat unerreichbar geworden ist.[32] 229

aa) Eine typische Sachverhaltskonstellation für das Vorliegen eines Fehlschlags wird von Teilen der Literatur[33] in den Fällen des error in persona angenommen: Wenn der in Tötungsabsicht handelnde Täter irrig den Y statt des anvisierten X verletzt, kann 230

---

30 → Rn. 262.

31 Das Vorliegen eines Fehlschlags ist (negative) Anwendbarkeitsvoraussetzung des § 24 (I) StGB und daher vor der Frage, ob ein beendeter oder unbeendeter Versuch vorliegt, zu prüfen; vgl. zu dieser umstrittenen Frage *Kühl* StrafR AT § 16 Rn. 10 mwN.

32 *Roxin* JuS 1981, 1.

33 Siehe zB *Roxin* JuS 1981, 1 (3). Vgl. aber auch RGSt 39, 37, wo fälschlich von einem freiwilligen Rücktritt ausgegangen wird. Zu dieser Entscheidung äußerst lehrreich *Eser* StrafR II Fall 35.

er zwar den Tatbestand noch erfüllen, wenn er das »falsche« Opfer erschießt. Der Rücktritt honoriert aber die Aufgabe der »Tat« – die im Gegensatz zum Tatbestand durch die Identität des Opfers konstituiert wird. Wer also erkennt, dass er das falsche Opfer verletzt hat, kann zwar die Verwirklichung des Tatbestandes noch abwenden, die auf die Tötung des getroffenen Opfers konkretisierte Tat hingegen ist gescheitert. Der Täter hat einen fehlgeschlagenen und damit nicht mehr rücktrittsfähigen Versuch begangen.[34]

231 **Hinweis:** Hier kehrt das bereits oben bei → Rn. 197 dargestellte Problem wieder: Von einem error in persona des T kann man nur ausgehen, wenn man einen versuchten Totschlag des T an Y prüft. Das ist aber nicht nur nicht nötig, sondern auch unzutreffend, da es insoweit an den subjektiven wie objektiven Voraussetzungen des Versuchs fehlt. Denn T wollte X töten und nur hierzu hat er – auf dem Boden seiner Vorstellung – auch unmittelbar angesetzt (→ Rn. 212). Teilt man diese Ansicht, kann es einen error in persona beim Versuch nicht geben![35] Obwohl die überwiegende Ansicht bei der Prüfung des Versuchs – wie hier (Rn. 196) – die Frage des error in persona nicht problematisiert, werden im Rahmen der Prüfung der Strafbarkeit des Anstifters sodann die Auswirkungen eines error in persona beim Vordermann diskutiert.[36] Das kann aber nicht richtig sein, liegt doch in Bezug auf die Tötung des »richtigen« Opfers gar kein Irrtum vor! Siehe dazu noch → Rn. 295.

232 Doch selbst, wenn man von einem error in persona des T ausgeht, liegt kein Fehlschlag vor: Lassen sich gegen die Ansicht, ein error in persona führe zum Fehlschlag, schon grundsätzlich Einwände formulieren – nach Erkennen seines Irrtums wird dem Täter kein Anreiz zur Rückkehr in die Legalität geboten, die Tötung des (falschen) Opfers ist für den Täter mithin lohnender als seine Schonung –, muss hier festgestellt werden, dass T zwar gegebenenfalls einem error in persona unterliegt, diesen aber zum Zeitpunkt des Ausbaus der Bombe noch gar nicht erkannt hat. Damit kann aber aus diesem Grund jedenfalls kein Fehlschlag vorliegen.

233 **bb)** Möglicherweise liegt aber deshalb ein Fehlschlag vor, weil T davon ausging, an diesem Tag den Erfolg – Tod des X – nicht mehr erreichen zu können. Allerdings sagt der Sachverhalt nicht ausdrücklich, dass T seinen Plan für gescheitert hält (möglicherweise ist ihm nur das Warten zu lang geworden). Auch die Tatsache, dass T die Bombe nicht ausbauen wollte, deutet darauf hin, dass er es zumindest noch für möglich hielt, dass X das Motorrad vor dem von T und B nunmehr ins Auge gefassten zweiten Anschlag benutzen würde. Es spricht daher mehr dafür, dass T den Erfolg im Rahmen der konkreten Tat weiterhin für möglich hielt. Dass die Tötung des X von vornherein im Rahmen dieser Tat nicht möglich war, weil die Bombe sich am Fahrzeug des Y befand, ändert hieran nichts. Denn relevant ist insoweit, wie gesagt, die Vorstellung des Täters.

234 **c)** Da T somit grundsätzlich noch vom versuchten Totschlag zurücktreten konnte, stellt sich nunmehr die Frage nach den Anforderungen an sein Rücktrittsverhalten. Diese hängen davon ab, welche konkrete Rücktrittsvorschrift eingreift.

235 **Hinweis:** Zur Erinnerung: Ob Abs. 1 oder Abs. 2 des § 24 StGB einschlägig ist, wurde bislang offen gelassen (→ Rn. 223 ff.). Die Frage muss auch weiterhin nicht beantwortet werden, wenn beide

---

34 Vgl. hierzu *Roxin* JuS 1981, 1 (3). Dagegen aber etwa *Feltes* GA 1992, 395 (413).

35 Anders aber BGH NStZ 1998, 294; *Rath* JuS 1997, 424. Dagegen richtig *Herzberg* JuS 1999, 224.

36 Vgl. etwa *Rönnau/Nebendahl* JuS 1990, 745 (748). Beachte hierzu unten C. → Rn. 295.

Varianten nicht zu unterschiedlichen Ergebnissen kommen. Aus diesem Grunde werden im Folgenden beide Vorschriften erörtert. In unproblematischen Fällen darf aber freilich nur die jeweils einschlägige Norm geprüft werden!

aa) In Betracht kommt zunächst § 24 I StGB. Ob der Täter nach § 24 I 1 Var. 1 StGB oder nach § 24 I 1 Var. 2 StGB zurücktreten kann, richtet sich danach, ob ein beendeter oder unbeendeter Versuch vorliegt. Im Normalfall liegt ein unbeendeter Versuch vor, so lange der Täter noch nicht alles getan hat, was nach seiner Vorstellung zum Erfolgseintritt notwendig erscheint. Ein beendeter Versuch hingegen ist gegeben, wenn der Täter glaubt, alles zur Tatbestandsverwirklichung Erforderliche bereits getan zu haben. Maßgebend ist dabei die Vorstellung des Täters nach Abschluss der letzten (Versuchs-)Ausführungshandlung.[37] Danach liegt hier ein beendeter Versuch vor, denn T hatte mit dem Einbau der Bombe alles seinerseits zur Tatbestandsverwirklichung Erforderliche getan. Ein Rücktritt kommt zunächst also nur nach § 24 I 1 Var. 2 StGB in Betracht. Dieser verlangt aber eine aktive Vollendungsverhinderung durch T – an der es fehlt. 236

Damit bleibt nur noch die Möglichkeit eines Rücktritts gem. § 24 I 2 StGB. Nach dieser Vorschrift kann zurücktreten, wer zwar keinen verhinderungskausalen Rücktrittsbeitrag erbracht, aber sich doch ernsthaft und freiwillig bemüht hat, die Tatvollendung zu verhindern. Freilich fehlt es auch an einem solchen ernsthaften und freiwilligen Verhinderungsbemühen; selbst als B die Bombe ausbaute, geschah dies noch gegen den Widerstand des T. 237

Ein Rücktritt gem. § 24 I StGB scheidet also aus. 238

bb) Damit fragt sich, ob T gem. § 24 II StGB zurückgetreten ist. Da T sich weder ernsthaft und freiwillig bemüht hat, den Erfolgseintritt abzuwenden (§ 24 II 2 Var. 1 StGB) noch die Tat unabhängig von seinem früheren Tatbeitrag begangen worden ist (§ 24 II 2 Var. 2 StGB), kommt nur § 24 II 1 StGB in Betracht. Zwar genügt insoweit nun, dass der Rücktrittswillige untätig bleibt, sofern er davon ausgeht, dass bereits hierdurch die Vollendung der Tat durch die anderen Beteiligten verhindert wird[38] bzw. er mit der Verhinderung des Erfolgseintritts durch einen anderen Beteiligten einverstanden ist.[39] Einverstanden war T aber mit dem Ausbau der Bombe durch B freilich nicht. Und die Verhinderung der Tatvollendung durch schlichtes Untätigbleiben bei der Beteiligung Mehrerer muss natürlich auch freiwillig geschehen – woran es, → Rn. 237, fehlt. 239

Damit scheidet auch ein Rücktritt gem. § 24 II StGB aus. 240

d) Unabhängig davon, ob für T § 24 I oder II StGB einschlägig ist, scheidet ein Rücktritt vom versuchten Totschlag an X aus. 241

Hinweis: Es kann also ausnahmsweise offen bleiben, welche Vorschrift vorliegend anzuwenden ist. 242

37 Vgl. zum Ganzen *Kühl* StrafR AT § 16 Rn. 23 ff.
38 IdS *Kühl* StrafR AT § 20 Rn. 264.
39 BGHSt 44, 204*.

5. Ergebnis

243 Durch den Einbau der Bombe hat T sich eines versuchten Totschlags gem. §§ 212 I, 22, 23 I StGB (an X) schuldig gemacht.

II. Versuchte Herbeiführung einer Sprengstoffexplosion durch den Einbau der Bombe, §§ 308 I, III, 22, 23 I StGB

244 T könnte außerdem der versuchten Herbeiführung einer Sprengstoffexplosion schuldig sein, indem er die Bombe am Motorrad des Y anbrachte.

245 **Hinweis:** Beachte den Hinweis → Rn. 193.

246 Die Tat wurde nicht vollendet, die Strafbarkeit des Versuchs ergibt sich aus §§ 308 I, 23 I Var. 1 iVm § 12 I StGB.

1. Tatentschluss

247 T handelte vorsätzlich hinsichtlich der Herbeiführung einer Sprengstoffexplosion, durch die das Leben eines anderen – des X – gefährdet[40] werden sollte. Gleichzeitig nahm er mindestens billigend in Kauf, das Motorrad zu zerstören. Sein Vorsatz richtete sich also auch auf die Gefährdung einer fremden Sache von bedeutendem Wert. Da T durch die Tat X töten wollte, hatte er darüber hinaus den Vorsatz, durch die Tat den Tod eines anderen Menschen zu verursachen. Mit der gesetzlichen Formulierung, die »wenigstens« Leichtfertigkeit verlangt, ist klargestellt, dass die Erfolgsqualifikation »erst recht« bei vorsätzlichem Handeln verwirklicht ist.[41]

2. Unmittelbares Ansetzen

248 Fraglich ist aber, ob T zum Tatbestand des § 308 StGB auch unmittelbar angesetzt hat. Gemeinhin werden zwei unterschiedliche Konstellationen des Versuchs beim erfolgsqualifizierten Delikt anerkannt: entweder das Grunddelikt ist vollendet und die Erfolgsqualifikation versucht (sog. versuchte Erfolgsqualifikation) oder das Grunddelikt ist nur versucht, der qualifizierende Erfolg aber bereits bei dem Versuch, das Grunddelikt zu verwirklichen eingetreten (sog. erfolgsqualifizierter Versuch).[42]

249 **Hinweis:** Zum erfolgsqualifizierten Versuch siehe Fälle 6 (→ Rn. 842 ff.) und 15 (→ Rn. 1909 ff.).

250 Vorliegend ist aber weder das Grunddelikt vollendet noch der qualifizierende Erfolg eingetreten. Für diese Konstellation wird zum Teil bestritten, dass hier ein strafbarer Versuch des erfolgsqualifizierten Delikts vorliege.[43] Das kann aber nicht richtig sein. Wenn diese Auffassung mit dem auf den Vollendungsfall gerichteten Wortlaut der in Frage kommenden Delikte des Besonderen Teiles des StGB argumentiert, verkennt sie, dass sämtliche Tatbestände auf den Vollendungsfall hin formuliert sind, die Versuchsstrafbarkeit deshalb aber nicht ausgeschlossen ist.[44] Der Versuch verlangt nie,

40 Wer den Vorsatz hat, das Rechtsgut Leben eines anderen Menschen zu verletzen, weil er ihn töten will, hat notwendig auch »Gefährdungsvorsatz«.

41 Das ist heute unumstritten. Hierzu *Kühl* StrafR AT § 17a Rn. 12.

42 Zum Ganzen *Roxin* StrafR AT II § 29 Rn. 318 ff.

43 Siehe insbesondere *Schröder* JZ 1967, 368 f.

44 *Roxin* StrafR AT II § 29 Rn. 320 mit Fn. 327.

dass ein Merkmal des objektiven Tatbestandes erfüllt sein muss, daher muss auch der Grundtatbestand nicht erfüllt sein.

Daher gilt auch für §§ 308 I, III StGB im Hinblick auf den Versuchsbeginn das zu § 212 I StGB Gesagte. Da dort das unmittelbare Ansetzen iSd § 22 StGB bejaht worden ist, hat T durch den Einbau der Bombe auch zum Grunddelikt des § 308 StGB und damit auch insgesamt zur Verwirklichung der §§ 308 I, III StGB angesetzt. 251

3. Rechtswidrigkeit und Schuld

T handelt rechtswidrig und schuldhaft. 252

4. Rücktritt

Da T vom durch dieselbe Handlung verwirklichten Totschlagsversuch nicht zurückgetreten ist, kann er auch vom Versuch der Herbeiführung einer Sprengstoffexplosion nicht zurückgetreten sein. 253

5. Ergebnis

T hat sich durch den Einbau der Bombe also auch der versuchten Herbeiführung einer Sprengstoffexplosion gem. §§ 308 I, III, 22, 23 I StGB schuldig gemacht. 254

III. Versuchte Sachbeschädigung, §§ 303 I, III, 22, 23 I Var. 2 StGB

Durch den Einbau der Bombe hat T außerdem eine versuchte Sachbeschädigung gem. §§ 303 I, III, 22, 23 I Var. 2 StGB begangen. 255

IV. Konkurrenzen und Ergebnis zur Strafbarkeit des T im 1. Tatkomplex

T hat sich im ersten Tatkomplex eines versuchten Totschlags (§§ 212 I, 22, 23 I Var. 1 StGB), einer versuchten Herbeiführung einer Sprengstoffexplosion (§§ 308 I, III, 22, 23 I StGB) sowie einer versuchten Sachbeschädigung (§§ 303 I, III, 22, 23 I Var. 2 StGB) schuldig gemacht. 256

Hinweis: Beachte den Hinweis → Rn. 193. 257

Fraglich ist zunächst, in welchem Verhältnis die beiden erstgenannten von T verwirklichten Delikte zueinander stehen. Die beiden Gesetzesverletzungen sind durch ein und dieselbe Handlung – Einbau der Bombe – verwirklicht worden. Nun ist zu klären, ob innerhalb der durch dieselbe Handlung begangenen Delikte Gesetzeskonkurrenz besteht. Das ist unter anderem der Fall, wenn ein Delikt die Merkmale eines anderen mitenthält. Während es bei § 212 I StGB nur um die Verursachung des Todes eines anderen Menschen geht, erfassen §§ 308 I, III StGB unter anderem[45] die Verursachung des Todes eines anderen Menschen durch Herbeiführung einer Sprengstoffexplosion, beschreiben also letztlich die Verwirklichung des § 212 I StGB auf eine besondere, nur über §§ 308 I, III StGB erfasste Art und Weise. Daher sind §§ 308 I, III StGB spezieller. § 212 I StGB tritt zurück. 258

45 Neben der Gefährdung fremder Sachen von bedeutendem Wert, die von § 212 I StGB natürlich nicht erfasst ist.

259 §§ 303 I, III, 22, 23 I Var. 2 StGB treten subsidiär hinter §§ 308 I, III, 22, 23 I Var. 1 StGB zurück.

B. Strafbarkeit des B

I. §§ 308 I, III, 22, 23 I, 25 I Var. 2 StGB

260 B könnte sich wegen versuchter Herbeiführung einer Sprengstoffexplosion an Y in mittelbarer Täterschaft gem. §§ 308 I, III, 22, 23 I, 25 I Var. 2 StGB strafbar gemacht haben, indem er T durch den Hinweis auf das Fahrzeug des Y dazu brachte, dort eine Bombe anzubringen.

1. Tatentschluss

261 B wollte Y durch eine Sprengstoffexplosion töten; auch die Gefährdung einer fremden Sache von bedeutendem Wert – das Motorrad des Y – war ihm bewusst. Er hatte also Tatentschluss zur Herbeiführung einer Sprengstoffexplosion iSd §§ 308 I, III StGB.

262 **a)** Tatentschluss zur Begehung der Tat in unmittelbarer Täterschaft scheidet aus, weil B nicht die letzte Ursache für die Explosion und damit den Tod des Y setzen wollte.

263 **b)** Fraglich ist, ob er die Explosion »durch einen anderen« iSd § 25 I Var. 2 StGB, also als mittelbarer Täter herbeiführen wollte. Das ist deshalb problematisch, weil mittelbare Täterschaft grundsätzlich nur möglich ist, sofern der Vordermann einem Strafbarkeitsmangel unterliegt. Das ist hier aber nicht der Fall, denn T ist – wie gesehen – selbst eigenverantwortlicher Täter der versuchten Herbeiführung einer Sprengstoffexplosion. Die überwiegende Ansicht lässt freilich Ausnahmen von diesem Grundsatz zu.[46] Eine solche Ausnahme soll insbesondere nach einer von *Roxin* begründeten Ansicht dann vorliegen, wenn der Vordermann einem »Irrtum über den konkreten Handlungssinn« unterliegt. Der Irrtum des T über die anvisierte Person stellt eine Fallgruppe eines solchen Irrtums über den konkreten Handlungssinn dar.

264 **Hinweis:** Vorsicht! Die Tatsache, dass bei T nach hier vertretener Ansicht kein error in persona vorliegt (→ Rn. 197), bedeutet nicht, dass an dieser Stelle kein Irrtum über den konkreten Handlungssinn in Betracht kommt. Denn während es bei der Frage der Strafbarkeit des T wegen versuchten Totschlags an X auf den Beginn der Tatbestandsverwirklichung auf Grundlage der Vorstellung des T ankommt, geht es hier darum, dass T nicht weiß, dass B ihn zur seinerseits von ihm – B – geplanten Tötung des Y einsetzen will.

265 Während von Teilen der Literatur hier eine mittelbare Täterschaft abgelehnt wird, weil sie entweder grundsätzlich die Fallgruppe des Irrtums über den konkreten Handlungssinn nicht anerkennt[47] oder unter Bezugnahme auf das Verantwortungsprinzip die Figur des Täters hinter dem Täter nicht gelten lässt[48], wird man hier in der Tat von Tatherrschaft des Hintermannes ausgehen müssen. Denn B lenkt die Tat des (»blind-kausalen«) T von X auf Y um und macht sie daher zu einer anderen Tat. Hätte B den T nicht getäuscht, sondern überredet, statt des X lieber den Y zu erschießen, läge unstreitig Anstiftung vor. Es ist aber kein Grund dafür ersichtlich, das, was bei

46 Vgl. im Überblick *Fischer* § 25 Rn. 7.
47 Vgl. SK-StGB/*Hoyer* § 25 Rn. 77.
48 So etwa *Jakobs* StrafR AT 21/101.

Kenntnis des Aufgeforderten eine Anstiftung wäre, bei einer Täuschung über die entsprechenden Umstände, nicht als mittelbare Täterschaft zu bestrafen.[49]

Hinweis: Wer diese Ansicht (gut vertretbar!) ablehnt, muss im Folgenden problematisieren, ob sich der Tatentschluss des B auf eine mittäterschaftliche Tötung richtete. Das ist nicht einfach zu entscheiden, weil es – anders als im klassischen »Dohna«-Fall (vgl. *Wolters*, Fälle für Fortgeschrittene im Strafrecht, 2. Aufl. 2005, 46 ff.; *Schroeder*, Der Täter hinter dem Täter, 1965, insbes. S. 143 ff.) – an einer kommunikativen Beziehung zwischen T und B gerade nicht fehlte. Fraglich ist nur, ob diese Beziehung den an einen gemeinsamen Tatentschluss zu stellenden Anforderungen genügt. Das wird man aber aus mehreren Gründen verneinen müssen. Zum einen ist fraglich, ob hier eine gemeinsame Tat ausgeführt werden sollte (Tötung des X vs. Tötung des Y). Zum anderen ist – aus demselben Grund – die Gemeinsamkeit des Tatplanes, so man eine solche denn verlangt, problematisch. Und schließlich erbringt B mit seiner bloßen Anwesenheit am Tatort nicht den von einem Teil der Literatur zu Recht vorausgesetzten wesentlichen Tatbeitrag im Ausführungsstadium. Allerdings kann man auch Anstiftung bzw. Beihilfe kaum bejahen: § 26 StGB ist ausgeschlossen, weil T bereits zu einer Tötung entschlossen war (»omnimodo facturus«) und § 27 StGB scheidet aus, weil B den Plan des T (Tötung des X) nicht unterstützt, sondern gerade vereitelt hat (zu den beiden letzten Argumenten vgl. *Roxin* StrafR AT II § 25 Rn. 103). Im Übrigen schiede (nach einer Ablehnung des § 25 I Var. 2 StGB) auch Nebentäterschaft aus. Denn auch diese – umstrittene – Rechtsfigur setzt ja die Beherrschung des Geschehens durch B voraus. Die im Rahmen des § 25 I Var. 2 StGB abgelehnte Beherrschung des unmittelbar Handelnden T wäre aber wohl auch nach dieser Ansicht Voraussetzung zur Annahme von Täterschaft. 266

c) Mittelbare Täterschaft lässt sich auch begründen, wenn man – wie *Schroeder*[50] – auf die »unbedingte Tatbereitschaft« des Vordermannes abstellt. Danach ergibt sich die Tatherrschaft des Hintermannes daraus, dass dieser von der Tatentschlossenheit des Vordermannes Kenntnis erlangt und diese Tatentschlossenheit zur Verwirklichung seiner Ziele ausnutzt. 267

d) Nach alledem hatte B jedenfalls Tatentschluss zur Herbeiführung einer Sprengstoffexplosion in mittelbarer Täterschaft. 268

Hinweis: Genaugenommen lässt die Konstellation sich daher als Kettenkonstellation mittelbarer Täterschaft begreifen: Sowohl B wie auch T lassen sich als mittelbare Täter einordnen (→ Rn. 198 f.), was dazu führt, dass T sowohl Hintermann (in Bezug auf X) wie Werkzeug (des B) ist! 269

2. Unmittelbares Ansetzen

Da das Werkzeug des B – das ist T! – nach den oben im Rahmen der Prüfung der Strafbarkeit des T dargelegten Grundsätzen bereits zur Tatbestandsverwirklichung unmittelbar angesetzt hat, gilt dies selbst nach der engsten Ansicht auch für B.[51] 270

3. Rechtswidrigkeit und Schuld

B handelte rechtswidrig und schuldhaft. 271

49 IdS *Roxin* StrafR AT II § 25 Rn. 103.
50 *Schroeder*, Der Täter hinter dem Täter, 1965, 152.
51 Zum Meinungsstand vgl. *Hillenkamp* 32 Probleme StrafR AT 15. Problem.

4. Rücktritt

272 Möglicherweise ist aber B – anders als T – strafbefreiend von der versuchten Herbeiführung einer Sprengstoffexplosion zurückgetreten.

273 **a)** Hinsichtlich des mittelbaren Täters ist umstritten, ob er nach § 24 I oder II StGB zurücktreten kann.[52] Der Streit kann dahinstehen, sofern B nach beiden Vorschriften zurückgetreten ist.

274 **b)** Auch hier darf jedoch zunächst kein Fehlschlag vorliegen.

275 **aa)** Ein Fehlschlag wegen eines error in persona (→ Rn. 230 f.) kann für B schon deshalb nicht gegeben sein, weil B jedenfalls einem solchen Irrtum nicht unterliegt.

276 **bb)** Während nun die Tatsache, dass T sich gegen den Ausbau der Bombe sträubte, für diesen ein Argument gegen einen Fehlschlag darstellte (→ Rn. 233), lässt sich dieses Argument für B freilich nicht umkehren. Denn wenn die Tatsache der Rückgängigmachung der Tatvorbereitungen ein Argument für einen Fehlschlag darstellte, gäbe es überhaupt keinen Rücktritt durch aktive Vollendungsverhinderung. Vielmehr wird man für B mangels weiterer Angaben im Sachverhalt mindestens in dubio pro reo davon ausgehen müssen, dass er die konkrete Tat durchaus für noch vollendbar hielt, ihm aber schlicht das Warten zu lang geriet. Auch für B kann daher nicht von einem den Rücktritt ausschließenden Fehlschlag ausgegangen werden.

277 **c)** Ein Rücktritt nach § 24 I bzw. § 24 II StGB kommt also in Frage.

278 **aa)** Im Rahmen des § 24 I StGB richten die Voraussetzungen des Rücktritts sich danach, ob ein beendeter oder unbeendeter Versuch vorliegt. Hier lässt der Rücktritt des B sich selbst dann bejahen, wenn man von einem beendeten Versuch ausgeht. Denn B hat die Vollendung durch den Ausbau der Bombe aktiv (und freiwillig) verhindert.

279 **bb)** B ist kausal für das Ausbleiben des Erfolges geworden. Das geschah auch freiwillig. Die Voraussetzungen des § 24 II 1 StGB sind damit ebenfalls gegeben.

280 **d)** B ist strafbefreiend von der versuchten Herbeiführung einer Sprengstoffexplosion – entweder nach § 24 I oder II StGB – zurückgetreten.

5. Ergebnis

281 B ist nicht strafbar wegen versuchter Herbeiführung einer Sprengstoffexplosion in mittelbarer Täterschaft gem. §§ 308 I, III, 22, 23 I, 25 I Var. 2 StGB.

II. §§ 212 I, 22, 23 I Var. 1, 25 I Var. 2 StGB

282 Auch eine Strafbarkeit wegen versuchten Totschlags (in mittelbarer Täterschaft, → Rn. 263–269) gem. §§ 212 I, 22, 23 I, 25 I Var. 2 StGB scheidet aus, weil B auch hiervon strafbefreiend gem. § 24 StGB zurückgetreten ist (vgl. insoweit die Ausführungen unter → Rn. 272 ff.).

III. §§ 303 I, III, 22, 23 I Var. 2, 25 I Var. 2 StGB

283 Dasselbe gilt hinsichtlich einer versuchten Sachbeschädigung.

---

52 Vgl. Schönke/Schröder/*Eser* § 24 Rn. 106.

IV. Nichtanzeige geplanter Straftaten, § 138 I Nr. 8 StGB

Eine Strafbarkeit des B wegen Nichtanzeige geplanter Straftaten scheidet aus, da B selbst Beteiligter an der versuchten Herbeiführung einer Sprengstoffexplosion gewesen ist. Dass er von dieser versuchten Tat zurückgetreten ist, ändert hieran nichts.[53] 284

Hinweis: Bestehen – anders als im vorliegenden Sachverhalt – Zweifel tatsächlicher Art an der Beteiligung eines anderen, ist die Annahme des § 138 StGB problematisch. Der BGH hat seine Rechtsprechung zu dieser Frage mittlerweile geändert und vertritt nun die Auffassung, dass durch derartige Zweifel eine Verurteilung gem. § 138 StGB nicht ausgeschlossen wird.[54] 285

V. Ergebnis

B hat sich im ersten Tatkomplex nicht strafbar gemacht. 286

C. Strafbarkeit des A

I. Anstiftung zum versuchten Totschlag, §§ 212 I, 22, 23 I, 26 StGB

A könnte T zu dem versuchten Totschlag an X angestiftet haben. 287

Hinweis: Da es hier um eine Anstiftung zum Versuch und nicht etwa um eine versuchte Anstiftung (vgl. dazu § 30 I StGB) geht, muss § 26 StGB in der Normenkette am Ende stehen. Zur parallelen Konstellation bei der Anstiftung zum Unterlassen siehe bereits den Hinweis in Fall 1 → Rn. 160. 288

Hinweis: Aus dem Sachverhalt ergibt sich nicht, dass A von der konkreten Vorgehensweise des T (Einbau einer Bombe) Kenntnis gehabt hat. Es ist daher in dubio pro reo gut vertretbar, davon auszugehen, dass A jenseits der Tötung des X – also im Hinblick auf §§ 303, 308 StGB – keinen Anstiftungsvorsatz hat. Darauf lässt sich am Ende noch zurückkommen, → Rn. 300. 289

1. Objektiver Tatbestand

a) Bei dem versuchten Totschlag des T an X – einer vorsätzlichen und (iSd § 11 I Nr. 5 StGB) rechtswidrigen Tat – handelt es sich um eine nach den Grundsätzen der limitierten Akzessorietät ausreichende Haupttat für eine Teilnahmestrafbarkeit. 290

b) Laut Sachverhalt hat A den T angestiftet, also bei diesem den Tatentschluss zur Tötung des X hervorgerufen. 291

Hinweis: Wenn dies – wie hier – im Sachverhalt ausdrücklich durch Verwendung des Terminus Technicus (»A stiftet T an«) mitgeteilt ist, so verbietet sich eine Problematisierung. Das wird auch von Examenskandidaten immer wieder falsch gemacht und kostet zudem wertvolle Zeit. 292

2. Subjektiver Tatbestand

Gem. § 15 StGB müsste A vorsätzlich gehandelt haben. Dabei handelt es sich um einen Vorsatz mit doppelter Bezugsrichtung: Zum einen muss der Vorsatz sich auf die Haupttat des T, zum anderen auf die Bestimmung zu dieser durch A beziehen. 293

---

53 Vgl. Schönke/Schröder/*Sternberg-Lieben* § 138 Rn. 20.

54 Siehe die Grundsatzentscheidung BGH, Urt. v. 19.5.2010 – 5 StR 464/09 = NStZ 2010, 449 = NJW 2010, 2291; dazu *Heghmanns* ZJS 2010, 788 und *Ziemann/Ziethen* HRRS 2010, 477.

294 **Hinweis:** Auch wenn man es immer wieder liest: Es handelt sich nicht (!) um einen »doppelten« Anstiftervorsatz. Vielmehr muss der (eine) Vorsatz des Anstifters sich lediglich auf mehrere, nämlich die unter → Rn. 290 und → Rn. 291 dargestellten objektiven Tatbestandsmerkmale beziehen. Das ist aber überhaupt nichts Besonderes, sondern der Regelfall. So kommt auch niemand auf die Idee, von einem vierfachen Diebstahlsvorsatz deshalb zu sprechen, weil der Vorsatz des Täters sich im Rahmen des § 242 StGB auf die Wegnahme (4.) einer fremden (2.) beweglichen (3.) Sache (1.) beziehen muss. Für den Gehilfen und dessen vermeintlich doppelten Gehilfenvorsatz gilt dasselbe sinngemäß.

295 a) Fraglich ist, wie es sich auswirkt, dass A den T zur Tötung des X angestiftet hat, T die Bombe aber am Fahrzeug des Y angebracht und im Erfolgsfalle daher diesen getötet hätte. Das Problem wird seit der berühmten Rose-Rosahl-Entscheidung[55] gemeinhin unter dem Stichwort »Auswirkungen eines error in persona des Haupttäters auf den Anstifter« kontrovers diskutiert.[56] Richtigerweise ist dies aber nur nötig, sofern die Tat zur Vollendung gelang ist. Denn der versuchte Totschlag des T richtet sich, wie gesehen, gegen X. Damit besteht kein Irrtumsproblem, dessen Auswirkungen auf den Anstifter zu erörtern wären (→ Rn. 231).

296 **Hinweis:** Gleichwohl muss aufgrund der Situation in Rechtsprechung und Literatur auch den Studenten gestattet sein, die Frage auch hier zu diskutieren. Das könnte dann wie folgt aussehen:

a) Zum Teil wird davon ausgegangen, dass der unbeachtliche error in persona des Vordermannes auch für den Anstifter unbeachtlich sei.[57]

b) Die extreme Gegenansicht geht davon aus, dass für den Hintermann stets eine aberratio ictus gegeben sei.[58]

c) Beiden Ansichten kann in ihrer schematischen Beurteilung durchaus unterschiedlicher Konstellationen nicht gefolgt werden. Bei den hier zu diskutierenden Fällen handelt es sich um ein Problem der »Kausalabweichung«. Es ist also zu klären, ob der tatsächlich eingetretene Verlauf dem Vorsatz des Täters (Anstifters) noch zuzurechnen ist. Das richtet sich aber, wie immer in diesen Fällen, danach, ob die Abweichung zwischen tatsächlichem und vorgestelltem Kausalverlauf wesentlich oder unwesentlich ist. Diese Frage wird seit jeher danach entschieden, ob sich die Abweichung noch in den Grenzen des nach allgemeiner Lebenserfahrung Vorhersehbaren hält (dann unwesentliche Abweichung) oder nicht (dann wesentliche Abweichung).[59] Dass mit differenzierenden Ansätzen der Literatur nichts gewonnen ist, die danach unterscheiden wollen, ob die Objektsverwechselung auf Fahrlässigkeit des Vordermannes oder auf Planungsfehlern des Hintermannes beruht,[60] zeigt der vorliegende Fall. Denn auch wenn man dem Vordermann hier Fahrlässigkeit vorwerfen wollte (fraglich), müsste man wohl gleichzeitig dem Hintermann den Vorwurf machen, die Tat nicht besser geplant zu haben. Wie in diesem Fall zu entscheiden ist, erklärt diese Auffassung nicht.

Es ist daher richtigerweise die Frage zu beantworten, ob sich das Anbringen der Bombe am falschen Fahrzeug noch in den Grenzen des nach allgemeiner Lebenserfahrung Vorhersehbaren hält. Das wird man aber bejahen müssen: Dass der Angestiftete sich über das Fahrzeug seines Opfers irrt, ist ebenso möglich, häufig und für A vorhersehbar wie jeder Irrtum über die Person des Opfers selbst. Selbst die

55 Preußisches Obertribunal GA 7, 332***. Erneut relevant wurde die Konstellation in BGHSt 37, 214*** (»Hoferben-Fall«).

56 Vgl. zum Ganzen Schönke/Schröder/*Heine* § 26 Rn. 23; *Hillenkamp* 32 Probleme StrafR AT 9. Problem.

57 So zB *Geppert* Jura 1992, 163 (167); NK-StGB/*Puppe* § 16 Rn. 107 ff.

58 IdS etwa *Kühl* StrafR AT § 20 Rn. 209; LK/*Schünemann* § 26 Rn. 84 ff.

59 So auch der BGH im zweiten Rose-Rosahl-Fall, BGHSt 37, 214*** (»Hoferben-Fall«).

60 So SK-StGB/*Hoyer* Vor § 26 Rn. 53.

Art und Weise, wie der Irrtum entstand – durch den Hinweis eines Dritten – wird man A zurechnen müssen. Daher ist im vorliegenden Fall von einer unwesentlichen Abweichung auszugehen.
Der Vorsatz des A umfasst damit auch die Tötung des Y.

Hinweis: Wer – gut vertretbar – eine aberratio ictus für A annimmt, muss danach gleichwohl noch die Frage entscheiden, welche Auswirkungen diese hat, vgl. zu diesem Problem *Hillenkamp* 32 Probleme StrafR AT 9. Problem. Wer die Anstiftung zum versuchten Totschlag ablehnt, kommt zur versuchten Anstiftung zum Totschlag (§§ 212, 30 I Var. 1 StGB), vgl. *Rönnau/Nebendahl* JuS 1990, 745 (748 f.). 297

b) A handelte auch vorsätzlich hinsichtlich seines »Bestimmens« zur Haupttat. 298

3. Rechtswidrigkeit und Schuld

Rechtswidrigkeit und Schuld unterliegen keinen Bedenken. 299

II. Konkurrenzen und Ergebnis

Nach hier vertretener Ansicht liegt eine Anstiftung zum versuchten Totschlag an X 300
vor. In dubio pro reo wird man davon ausgehen müssen, dass A von der konkreten Vorgehensweise des T keine Kenntnis hatte. Zwar muss der Vorsatz des A sich nur auf den wesentlichen Kausalverlauf erstrecken, die (versuchte) Sprengstoffexplosion (und auch die versuchte Sachbeschädigung) wird man ihm freilich nicht zurechnen können.

Hinweis: Eine ausführlichere Problematisierung dieses »Exzesses« des T ist zulässig, aber nicht unbedingt geboten. 301

A hat sich demnach wegen Anstiftung zum versuchten Totschlag gem. §§ 212 I, 22, 302
23 I, 26 StGB (an X) strafbar gemacht.

2. Tatkomplex: Die Wegelagerung

A. Strafbarkeit des T gem. § 212 I StGB

T hat sich eines Totschlages gem. § 212 I schuldig gemacht, indem er Y erschoss. 303

Hinweis: Das Ergebnis ist eindeutig und sollte daher ganz knapp festgestellt werden. 304

B. Strafbarkeit des B

I. Totschlag in Mittäterschaft, §§ 212 I, 25 II StGB

Möglicherweise hat B sich allein durch die Übereinkunft mit A, den Y auf dem 305
Nachhauseweg zu töten und seine Wegelagerung – das Warten in der »falschen«, nämlich der Goethestraße – wegen mittäterschaftlich begangenen Totschlages an Y strafbar gemacht.

1. Objektiver Tatbestand

a) Y – und damit ein anderer Mensch iSd § 212 I StGB – ist tot. 306

b) Fraglich ist aber schon, ob ein Verhalten des B hierfür kausal geworden ist. Als 307
kausale Verursachungsakte kommen zwei Beiträge des B in Betracht: Zum einen das

Auflauern, zum anderen die Zusage an T, in der Goethestraße auf Y zu warten und diesen ggf. zu töten. Das Auflauern in der Goethestraße kann freilich nicht kausal geworden sein, weder objektiv noch über die Psyche des T. Denn zum einen ist Y tatsächlich nicht durch die Goethestraße gekommen. Zum anderen wäre auch die Annahme verfehlt, die Tatsache, dass B in der Goethestraße auf Y wartete, habe den T in seinem Willen zur Tatausführung bestärkt und sei deshalb über die Psyche des T kausal geworden. Denn selbst wenn man von einem solchen Bestärken ausgehen wollte, beruht dieses auf der Zusage des B, in der Goethestraße zu warten und Y zu töten, nicht in dem – späteren und daher der Psyche des T gar nicht mehr zugänglichen – Auflauern selbst.

308 Kausal für die Tötung des Y durch T kann daher von Seiten des B nur dessen Zusage geworden sein, seinerseits Y zu töten, sollte dieser die Goethestraße wählen. Ob dies tatsächlich der Fall ist, ist aber ebenfalls nicht einfach zu beantworten. Dafür spricht, dass T an der Tötung des Y an sich gar nichts gelegen war, er vielmehr ursprünglich nur den X töten wollte. Die Zusage des B war damit kausal für die Tötung des Y durch T.

309 **Hinweis:** Das Problem stellt sich im Rahmen der Prüfung einer Strafbarkeit gem. §§ 212 I, 27 StGB nochmals, vgl. → Rn. 336 f.

2. Subjektiver Tatbestand

310 B handelte vorsätzlich.

3. Täterschaft

311 Fraglich ist aber außerdem, ob B als Mittäter gehandelt hat.

312 **Hinweis:** Die überwiegende Ansicht prüft die Beteiligungsrolle beim vollendeten Delikt (beim Versuch spielt das sogleich anzuführende Argument keine Rolle) im objektiven Tatbestand bei der Tathandlung. Überzeugender erscheint es aber, die Frage der Beteiligung – bei der es um nichts anderes als das »Wie« der Tatbestandsverwirklichung geht –, nach dem subjektiven Tatbestand auf einer eigenen Prüfungsebene zu erörtern (vgl. *Roxin* Täterschaft und Tatherrschaft 328 ff.; RNPW/*Rotsch* Klausur im 1. Staatsexamen 304 mit Fn. 111). Denn dann ist man nicht mit der Schwierigkeit konfrontiert, die zum Teil noch immer sehr subjektive Rechtsprechung des BGH im objektiven Tatbestand darstellen zu müssen (beim Versuch greift dieses Argument deshalb nicht, weil die Frage dort ohnehin rein subjektiv – nämlich im Tatentschluss – erörtert werden muss, → Rn. 199 aE).

313 **a)** Nach der subjektiven Theorie der Rechtsprechung, die der BGH insbesondere im Bereich des § 25 II StGB weiterhin favorisiert,[61] ist das freilich zu bejahen, weil gerade B die Tötung des Y wollte und daher ein großes Eigeninteresse an der Tat bzw. ihrem Erfolg hatte. Dieser Ansicht kann jedoch nicht gefolgt werden. Sie verlegt die Abgrenzung allein in den subjektiven Bereich, wird dadurch unsicher und konturenlos; mit ihr lässt sich letztlich jedes gewünschte Ergebnis rechtfertigen. Sie ist insbesondere auch deshalb unhaltbar, weil sie mit ihren vagen Begründungsmaßstäben letztlich die Entscheidung allein dem Ermessen des Richters überantwortet.[62]

---

61 Vgl. etwa BGHSt 37, 289*** (291 ff.).

62 Zur subjektiven Rechtsprechung knapp *Roxin* StrafR AT II § 25 Rn. 17 ff.

b) Die Tatherrschaftslehre ist sich hinsichtlich der Voraussetzungen der Mittäterschaft iSd § 25 II StGB allenfalls darüber einig, dass es eines gemeinsamen Tatplanes und gemeinsamer Tatausführung bedarf.[63] Über alles weitere – insbesondere auch schon den Inhalt dieser Voraussetzungen – besteht Streit. 314

Hinweis: Nach hA ist der gemeinsame Tatplan die subjektive, die gemeinsame Tatausführung die objektive Voraussetzung mittäterschaftlichen Handelns iSd § 25 II StGB (vgl. zB *Kühl* StrafR AT § 20 Rn. 103 ff.). Gleichwohl wird regelmäßig zunächst das (vermeintlich subjektive) Merkmal des gemeinsamen Tatplans und erst anschließend das (vermeintlich objektive) der gemeinsamen Tatausführung erörtert bzw. geprüft. Diese Vorgehensweise ist schon grundsätzlich fragwürdig (siehe *Rotsch*, FS Puppe, 2011, 887 [892 in Fn. 26]). Der vorliegende Fall macht aber auch in concreto deutlich, zu welchen Schwierigkeiten dieser Aufbau führen kann. Erkennt man nämlich richtigerweise, dass es bei § 25 II StGB nur um einen *gemeinsamen* Plan zur *gemeinsamen* Tatausführung gehen kann (wer gemeinsam plant, dass nur einer die Tat begeht, hat keinen Vorsatz zur Begehung gerade einer in Mittäterschaft begangenen Tat, vgl. im Einzelnen *Rotsch*, FS Puppe, 2011, 889 ff.), müsste man in casu die Vorstellung des B daraufhin überprüfen, ob sie auf die Begehung einer mit T gemeinschaftlich zu begehenden Tat gerichtet war. Damit hängt das Vorliegen der vermeintlich rein subjektiven Voraussetzung des gemeinsamen Tatplans davon ab, ob Gegenstand der Planung eine gemeinschaftliche Tatausführung ist. Dann ist es aber sinnvoll, auch zunächst das objektive Merkmal der gemeinsamen Tatausführung zu erörtern. 315

Zur Verdeutlichung im Hinblick auf unseren Fall: Da T und B sich über die Tötung des Y offen geeinigt haben, liegt zwar ein gemeinsamer Entschluss zur Tötung des Y vor. Fraglich ist aber, ob T und B sich auch tatsächlich auf eine gemeinsame Tatausführung geeinigt haben. Da die Planung – T wartet in der Schiller-, B in der Goethestraße; derjenige, der Y antrifft, erschießt ihn – auch dem späteren tatsächlichen Verlauf entsprach, ist die Frage nach der Planung einer gemeinsamen Tatausführung hier identisch mit derjenigen im Rahmen der (tatsächlichen) gemeinsamen Tatausführung, die von der einhelligen Ansicht zur Bejahung der Mittäterschaft verlangt wird. Stellte man also fest, dass eine gemeinsame Tatausführung nicht vorliegt, können T und B sich auch schon nicht auf eine gemeinsame Tatausführung verständigt haben. Daher ist es sinnvoller – wie sonst auch – zunächst die unstreitig objektiven Tatbestandsvoraussetzungen zu prüfen. Das ist im Rahmen des § 25 II StGB die gemeinsame Tatausführung.

Ein genauerer Blick zeigt, dass neben der unstreitig vorauszusetzenden gemeinsamen Tatausführung außerdem ein gemeinsamer Plan zur gemeinsamen Tatausführung erforderlich ist. Denn ebenso wenig wie es genügt, dass A und B verabreden, dass nur A die Tat begeht, reicht es für Mittäterschaft iSd § 25 II StGB aus, wenn A oder B jeweils für sich – ohne Kenntnis des jeweils anderen – eine gemeinschaftliche Tatbegehung planen. Verlangt man aber eine Willensübereinstimmung zwischen den präsumtiven Mittätern im Sinne einer Verabredung muss jeder der Beteiligten notwendig von dieser Verabredung Kenntnis erlangen. Dazu muss die Willensübereinstimmung sich objektiv manifestiert haben, sodass der gemeinsame Tatplan als gemeinsamer Plan einer gemeinsamen Tatbegehung in Wahrheit keine rein subjektive, sondern eine gemischt objektiv-subjektive Voraussetzung ist.[64] 316

aa) Fraglich ist daher zunächst, ob T und B den Y gemeinsam iSd § 25 II StGB getötet haben. In Literatur und Rechtsprechung herrscht höchste Unsicherheit darüber, was die Gemeinsamkeit der Tatausführung voraussetzt. Zum Teil wird ein wesentli- 317

63 Vgl. *Roxin* StrafR AT II § 25 Rn. 190, 198.
64 Eingehend *Rotsch*, FS Puppe, 2011, 887 (889 ff.).

cher Tatbeitrag im Ausführungsstadium, zum Teil nicht einmal ein kausaler Beitrag des in Frage stehenden potentiellen Mittäters verlangt. Das Problem des vorliegenden Falles ist nun folgendes: Zwar liegt ein kausaler Beitrag des B vor (die Zusage, → Rn. 308). Dieser Beitrag ist aber im Vorbereitungsstadium und nicht im Ausführungsstadium erbracht worden. Der »Beitrag« des B im Ausführungsstadium wiederum ist nicht kausal geworden, er besteht lediglich im Warten auf Y in der Goethestraße – die dieser nicht genommen hat.

318 Verlangt man richtigerweise (für jedes strafbarkeitsbegründende Verhalten) zunächst einmal Kausalität und daneben einen wesentlichen Tatbeitrag im Ausführungsstadium,[65] so liegt die Versuchung nahe, diese Voraussetzungen hier gewissermaßen »über Kreuz« zu verknüpfen. Unabhängig von der auch nicht einfach zu begründenden Wesentlichkeit des Tatbeitrages des lediglich in der Goethestraße wartenden B, verkennte eine solche Vorgehensweise aber, dass die Voraussetzungen einer Mittäterschaft – wie alle strafbarkeitsbegründenden Umstände im Strafrecht – im Tatzeitpunkt kumulativ vorliegen müssen, sog. Koinzidenz- bzw. Simultaneitätsprinzip. Daran fehlt es aber.

319 Auch denjenigen Vertretern der Tatherrschaftslehre, die unter dem Stichwort »Mittäterschaft kraft Mitwirkung im Vorbereitungsstadium«[66] allein auf die Zusage des B abstellten, und diese für die Begründung einer Haftung nach § 25 II StGB genügen ließen, kann nicht zugestimmt werden. Mit ihr wird eine lediglich kausale Handlung zur (mit-)beherrschenden gemacht.[67]

320 **bb)** Da T und B daher schon nicht gemeinschaftlich gehandelt haben, kommt es auf die Frage, ob ein »gemeinsamer Tatplan« vorliegt, nicht mehr an.

321 **Hinweis:** Auch hier ist bei entsprechender Argumentation ein anderes Ergebnis natürlich möglich. Zur Mittäterschaft »durch eventualiter zugesagten Tatbeitrag« vgl. auch noch SK-StGB/*Hoyer* § 25 Rn. 120.

322 **c)** B kann nicht Mittäter der von T unmittelbar verwirklichten Tötung des Y sein.

323 **Hinweis:** Auch ein versuchter Totschlag in Mittäterschaft scheidet für B aus. Denn selbst wenn er die eigenhändige Tötung des Y durch ihn selbst für möglich gehalten hat und hierzu für den Fall des Erscheinens des Y in der Goethestraße auch entschlossen war, hat er sich nach dem Gesagten eine Tötung in unmittelbarer Alleintäterschaft, nicht hingegen in Mittäterschaft vorgestellt.

4. Ergebnis

324 Ein Totschlag in Mittäterschaft gem. §§ 212 I, 25 II StGB scheidet aus.

II. Totschlag in mittelbarer Täterschaft, §§ 212 I, 25 I Var. 2 StGB

325 Mittelbare Täterschaft kommt – anders als im ersten Tatkomplex (→ Rn. 263–268) – nicht in Betracht, da T inzwischen keinem Irrtum mehr unterliegt und somit eine Beherrschung des T durch B nach allen Auffassungen nicht gegeben ist.

---

65 Hierzu *Rotsch*, FS Puppe, 2011, 887 (892 ff.).

66 Vgl. etwa *Stratenwerth/Kuhlen* StrafR AT § 12 Rn. 91 ff.

67 Ablehnend daher auch *Roxin* StrafR AT II § 25 Rn. 198 ff.

III. Anstiftung zum Totschlag, §§ 212 I, 26 StGB

Fraglich ist, ob B den T stattdessen zur Tötung des Y angestiftet hat. 326

1. Objektiver Tatbestand

a) Die Haupttat – der Totschlag an Y – liegt vor. 327

b) Fraglich ist, ob B den T zur Begehung dieser Tat iSd § 26 StGB »bestimmt« hat. 328
Dazu müsste er den Tatentschluss zur Tötung des Y bei T hervorgerufen haben. Insoweit spricht der Sachverhalt nun zwar davon, dass T und B »beschließen«, X und Y »aus dem Weg zu räumen«. Da der Tod des Y aber im Interesse des B lag, wird man davon ausgehen müssen, dass der Entschluss des T, (auch) den Y zu töten, von B hervorgerufen wurde. Da dies auch durch einen Kommunikationsakt geschah, spielt der Streit über die Frage, ob ein solcher notwendig ist,[68] keine Rolle.

Hinweis: Wer sich dieser Argumentation nicht anschließen mag, kann § 26 StGB sehr gut ablehnen. 329
Dann kommt eine Strafbarkeit als Gehilfe in Betracht (→ Rn. 334 ff.).

2. Subjektiver Tatbestand

B handelte vorsätzlich hinsichtlich der Begehung der Haupttat wie auch seiner Teil- 330
nahmehandlung.

Hinweis: Wer den objektiven Tatbestand bejaht hat, kommt nicht umhin, auch den Vorsatz bezüglich 331
der Haupttat und des Bestimmens zur Tat zu bejahen. Zum Vorsatz des Teilnehmers beachte noch den Hinweis → Rn. 294.

3. Rechtswidrigkeit und Schuld

Rechtswidrigkeit und Schuld unterliegen keinen Bedenken. 332

Hinweis: (Nur) Wer § 26 StGB abgelehnt hat, muss § 27 StGB prüfen: 333

IV. Beihilfe zum Totschlag, §§ 212 I, 27 I StGB

Möglicherweise hat B aber eine Beihilfe zum Totschlag des T begangen. 334

1. Objektiver Tatbestand

a) Eine vorsätzlich rechtswidrige Haupttat liegt vor. 335

b) Hierzu müsste B Hilfe geleistet haben. Auch über den Inhalt des Begriffs der Hil- 336
feleistung besteht freilich Streit. Während ein Teil der Literatur eine kausale Hilfeleistung verlangt,[69] lässt insbesondere die Rechtsprechung des BGH jeden nur haupttatförderlichen Beitrag genügen.[70] Freilich relativiert die Ansicht der Literatur sich deshalb, weil sie nicht Kausalität iSd conditio-Formel verlangt – an der es vorliegend jedenfalls hinsichtlich der Wegelagerung fehlt, → Rn. 307 –, sondern es genügen lässt, »dass der Beitrag den Erfolg in seiner ganz konkreten Gestalt unter Einbeziehung

---

68 Dazu *Roxin* StrafR AT II § 26 Rn. 65 ff.
69 Vgl. *Roxin* StrafR AT II § 26 Rn. 184.
70 Siehe die umfänglichen Nachweise bei *Roxin* StrafR AT II § 26 Rn. 186 in Fn. 248.

aller zu ihm hinführenden Zwischenglieder beeinflusst hat«.[71] Daher liegt hier in Wahrheit ein Scheinproblem vor, Literatur und Rechtsprechung kommen in der Sache stets zu denselben Ergebnissen.[72]

337 Nun wird man aber erneut differenzieren müssen: Die Wegelagerung des B hatte tatsächlich überhaupt keinen Einfluss auf die konkrete Tötung des Y, sie kann daher weder »kausal« noch »haupttatförderlich« gewesen sein. Da es aber im Rahmen der Beihilfe – anders als bei der Täterschaft – nicht auf den Zeitpunkt der Erbringung des Tatbeitrages, sondern vielmehr nur auf die Auswirkungen der Tathandlung ankommt, kann auch in der Zusage des B, in der Goethestraße auf Y zu warten und ihn im Falle seines Erscheinens dort zu erschießen, ein gem. § 27 StGB strafbarer Gehilfenbeitrag liegen. Da von B hier aber keine körperliche Aktivität entfaltet, sondern nur ein geistiger Beitrag geleistet wird, kommt allenfalls sogenannte »psychische Beihilfe« in Betracht. B kann T allenfalls in seinem Tatentschluss bestärkt haben.[73] In der Tat nimmt ein Teil der Literatur – die Rechtsprechung tut dies ohnehin – Beihilfe dann an, wenn der Betreffende verspricht, notfalls einzugreifen.[74] Hier bestehen nun zwei Möglichkeiten: Entweder man hält eine solche Kausalität innerer Einwirkungen zwar für möglich,[75] bestreitet aber, dass sie sich nachweisen lässt.[76] Damit kann B nicht bestraft werden, will man nicht gegen den Grundsatz in dubio pro reo verstoßen.[77] Oder man anerkennt, dass es Fälle gibt, in denen eine Bestärkung des Tatentschlusses durch das Versprechen, in einem bestimmten Fall etwas Bestimmtes zu tun, beweisbar ist. Dann wird man wohl davon ausgehen müssen, dass die Zusage, den Y zu erschießen, T in seinem Entschluss zur Tötung des Y bestärkt hat.

338 **Hinweis:** Jedenfalls muss man hier ebenso argumentieren wie im Rahmen der Prüfung des § 25 II StGB.

2. Ergebnis

339 Selbst eine Beihilfe des B zur Tötung des Y durch T gem. §§ 212 I, 27 StGB lässt sich also verneinen.

V. Verabredung zum Totschlag, §§ 212 I, 30 II Var. 3 StGB

340 Entgegen der früheren Rechtsprechung des Reichsgerichts ist es heute einhellige Ansicht, dass die Verabredung iSd § 30 II StGB eine Vorstufe zur Mittäterschaft darstellt. Daher müssen die Beteiligten einander versprechen, mittäterschaftliche Beiträge erbringen zu wollen.[78] Nimmt man diese Auffassung beim Wort,[79] lässt sich eine Verabredung iSd § 30 II von Seiten des B nicht bejahen, da er nur die Begehung eines

71 So ausdrücklich *Roxin* StrafR AT II § 26 Rn. 184.
72 Siehe *Roxin* StrafR AT II § 26 Rn. 186 ff., 187.
73 Das ist (neben der »technischen Rathilfe«) die problematischere der Fallkonstellationen psychischer Beihilfe, vgl. zum Ganzen *Roxin* StrafR AT II § 26 Rn. 197 ff.
74 *Roxin* StrafR AT II § 26 Rn. 205 aE.
75 Hierzu *Roxin* StrafR AT I § 11 Rn. 31.
76 *Samson*, Hypothetische Kausalverläufe, 1972, 189 ff.
77 Grds. ebenso *Samson*, Hypothetische Kausalverläufe, 1972, 189 ff.
78 Schönke/Schröder/*Heine* § 30 Rn. 25.
79 Ebenso ausdrücklich zB BGH NStZ 1988, 406; LK/*Schünemann* § 30 Rn. 72 f.; *Jescheck/Weigend* StrafR AT § 65 III. 1.

Totschlages in unmittelbarer Alleintäterschaft, nicht hingegen in Mittäterschaft zugesagt hat, → Rn. 323.

VI. Sichbereiterklären zum Totschlag an Y, §§ 212 I, 30 II Var. 1 StGB

Begründen lässt sich allenfalls ein Versuch der Beteiligung des B in Form des Sichbereiterklärens nach § 30 II Var. 1 StGB. Setzt man voraus, dass der Täter seine Bereitwilligkeit, ein Verbrechen zu begehen, nicht gegenüber jedermann erklären kann, kommt hier in Betracht, dass er diese Bereitschaft gegenüber einer Person erklärt hat, die dem Deliktsplan zustimmen muss.[80] Dabei muss der Täter dann davon ausgehen, dass der Adressat seiner Erklärung deswegen zustimmt, weil er an der Herbeiführung des Erfolges ein eigenes Interesse hat.[81] Dieses eigene Interesse an der Tötung des Y hat T (nunmehr) deshalb, weil er davon ausgeht, dass B sich dann auch an der von T eigentlich gewünschten Tötung des X beteiligt. 341

Hinweis: Zwingend ist diese Argumentation nicht, weshalb man tatsächlich auch zur Straflosigkeit des B gelangen kann. 342

C. Strafbarkeit des A

Eine Strafbarkeit des A im 2. Tatkomplex scheidet aus, da er von der Tötung des Y schon überhaupt nichts wusste. 343

Gesamtergebnis

T hat sich einer versuchten Herbeiführung einer Sprengstoffexplosion (im ersten Tatkomplex) und eines Totschlages (im zweiten Tatkomplex) schuldig gemacht. Die Taten stehen in Tatmehrheit. 344

T ist daher strafbar gem. §§ 308 I, III, 22, 23 I; 212 I; 53 StGB. 345

B ist – jedenfalls nach hier vertretener Auffassung – allenfalls strafbar gem. §§ 212 I, 30 II Var. 1 StGB. 346

Hinweis: Vertretbar ist bei entsprechender Argumentation aber auch eine Einordnung als Mittäter, Anstifter oder Gehilfe (→ Rn. 305 ff.). 347

A hat sich nur im ersten Tatkomplex strafbar gemacht, nämlich wegen Anstiftung zum versuchten Totschlag gem. §§ 212 I, 22, 23 I, 26 StGB. 348

---

80 Siehe des Weiteren Schönke/Schröder/*Heine* § 30 Rn. 23.

81 Schönke/Schröder/*Heine* § 30 Rn. 23.

Fall 3: Der Drogenbaron

349 T hat einen »Drogenring« organisiert, der insgesamt aus ca. 50 Personen besteht. Während T die gesamte Beschaffung obliegt, ist der Rest der Organisation für die Verteilung der Drogen zuständig. Dabei wird so vorgegangen, dass T zunächst seine hervorragenden Kontakte nutzt, um reines Heroin zu günstigen Konditionen zu erwerben. Sodann wird das Heroin von T »gestreckt«, was dazu führt, dass es zu starken Verunreinigungen kommt. Danach setzt T die »Marktpreise« fest, gibt die Drogen an die Mitglieder seiner Organisation aus und erteilt genaue Anweisungen hinsichtlich der Verteilung des Heroins, des Eintreibens des Geldes, der Stundung von Schulden besonders guter Kunden usw. Durch das ausgeklügelte System, das gut ausgebildete und informierte »Personal« und vor allem die harte Kalkulation bezüglich des Verhältnisses von sauberem Heroin und Verunreinigungen hat die Organisation in drei Jahren immense Gewinne »erwirtschaftet«.

350 Um das Heroin zur Maximierung der Gewinnspanne strecken zu können, extrahiert der mit T befreundete Mediziner M, der ebenfalls zum Drogenring gehört, zunächst aus frei erhältlichen Medikamenten die Wirkstoffe Paracetamol und Dextromethorphan. Das Heroin versetzt er sodann mit einer Kombination dieser beiden Wirkstoffe, womit er eine deutlich höhere Menge an Heroin erhält. Die hierfür erforderlichen Medikamente besorgt T stets bei dem Apotheker A. A, der mit der Organisation nichts zu tun hat, befürchtet zwar, dass der stadtbekannte T die Medikamente zum Strecken von Heroin benutzt, meint aber, dies gehe ihn nichts an, da er schließlich nichts anderes tue, als rezeptfreie Medikamente zu verkaufen.

351 Nachdem X und Y wieder einmal stark verunreinigtes Heroin verkauft haben, sterben zwei gutgläubige und unerfahrene Abnehmer unmittelbar im Anschluss an den Genuss der Drogen. Dass es durch die Kombination von Paracetamol und Dextromethorphan zu Atemstillstand und schließlich zum Tod kommen kann, haben alle Beteiligten für möglich gehalten und auch billigend in Kauf genommen.

352 **Aufgabe: Beurteilen Sie die Strafbarkeit von A, M, T, X und Y nach dem StGB.**

353 **Bearbeitervermerk: §§ 129, 211 StGB sind nicht zu prüfen.**

354 **Anmerkung:** Die wesentlichen Probleme des Falles sind: **1.** Abgrenzung der eigenverantwortlichen Selbstgefährdung von der Fremdgefährdung; **2.** Einwilligung in Lebensgefährdung; **3.** Mittelbare Täterschaft kraft Organisationsherrschaft; **4.** Beihilfe durch neutrales Alltagsverhalten; **5.** Kettenbeihilfe.

355 **Literaturhinweise: zu 1.:** *Kühl* StrafR AT § 4 Rn. 86 ff.; **zu 2.:** *Roxin* StrafR AT I § 13; **zu 3.:** BGHSt 40, 218***; *Roxin* StrafR AT II § 25 Rn. 105 ff.; *ders.* Täterschaft und Tatherrschaft 242 ff.; **zu 4.:** *Hillenkamp* 32 Probleme StrafR AT 28. Problem; *Rotsch* Jura 2004, 14; **zu 5.:** *Kühl* StrafR AT § 20 Rn. 242a; BGH NStZ 2000, 421.

A. Gliederung

A. Strafbarkeit von X und Y
I. § 212 I StGB (+)
II. Ergebnis
B. Strafbarkeit von T
I. §§ 212 I, 25 I Var. 2 StGB (-)
II. §§ 212 I, 26 StGB (+)
C. Strafbarkeit des A
I. §§ 212 I, 27 StGB (-)
II. §§ 212 I, 13 StGB (-)
III. § 138 I Nr. 6 StGB (+)
D. Strafbarkeit des M
I. §§ 212 I, 27 StGB (-)
II. §§ 212 I, 13 StGB (-)
III. § 138 I Nr. 6 StGB (+)

Gesamtergebnis

B. Lösung

A. Strafbarkeit von X und Y

356 **Hinweis:** Verhalten sich mehrere Beteiligte nach dem Sachverhalt vollkommen identisch oder fehlt – wie in diesem Fall – eine nähere Spezifizierung der einzelnen Verhaltensweisen, so kann – und sollte – eine gemeinsame Prüfung erfolgen.

I. Totschlag (§ 212 I StGB) durch die Abgabe des Heroins

357 Durch die Abgabe des Heroins könnten X und Y sich wegen eines Totschlags gem. § 212 I StGB strafbar gemacht haben.

358 **Hinweis**: Die Formulierung »wegen *eines* Totschlags« darf nicht zu der Annahme verleiten, dass beide Todesfälle getrennt geprüft würden. Normalerweise sollten Sie in Ihrer Prüfung zwar eine entsprechende Trennung vornehmen; weil aber die Sachverhalte hinsichtlich beider Opfer vollkommen identisch sind, wäre es überflüssig, eine zweite Prüfung zu eröffnen, nur um dort vollständig auf die bislang gemachten Ausführungen zu verweisen. Aus diesem Grund können hier nicht nur die beiden Beteiligten gemeinsam geprüft werden, sondern auch beide jeweils hinsichtlich beider Opfer.
Darüber dürfen Sie aber nicht vergessen, dass Sie somit insgesamt zwei Taten im materiellen Sinne prüfen, was im Rahmen der Konkurrenzen wieder deutlich werden muss.
Diese Tatsache wiederum bedeutet in prozessualer Hinsicht nicht, dass zwei Hauptverhandlungen geführt werden müssten; vielmehr handelt es sich gem. § 3 Var. 1 und Var. 2 StPO um »zusammenhängende Strafsachen«, die gem. § 2 I 2 StPO gemeinsam vor dem Schwurgericht gem. § 74 S. 1 Nr. 5 GVG iVm § 1 StPO verhandelt werden können.

1. Objektiver Tatbestand

a) Kausale Verursachung des Erfolges

359 Der Todeserfolg ist bei zwei Abnehmern eingetreten; die Heroinabgabe kann auch nicht hinweg gedacht werden, ohne dass diese Todesfälle zumindest in ihrer konkreten Gestalt entfielen, sodass ein Kausalzusammenhang iSd conditio-sine-qua-non-Formel besteht.

b) Objektive Zurechenbarkeit

360 Für die Erfüllung des objektiven Tatbestandes des Totschlags ist die bloße Kausalität des Verhaltens für den Erfolg nicht ausreichend; der tatbestandsmäßige Erfolg muss dem (bzw. hier: den) Beteiligten außerdem auch objektiv zurechenbar sein. Dies ist der Fall, wenn X und Y ein rechtlich relevantes und missbilligtes Risiko geschaffen haben, das sich im konkreten Erfolg realisiert hat.[1]

aa) Risikosetzung

361 X und Y haben das Risiko gesetzt, dass die zwei gutgläubigen und unerfahrenen Abnehmer an den Folgen des Drogenkonsums sterben.

1 *Kühl* StrafR AT § 4 Rn. 43.

bb) Risikorealisierung

Fraglich ist aber der Risikozusammenhang. Die Frage, ob sich gerade das vom Täter gesetzte Risiko im Erfolg verwirklicht hat, wird dann verneint, wenn eine eigenverantwortliche Selbstgefährdung des Opfers vorliegt. Liegt hingegen eine Fremdgefährdung vor, so soll der Zurechnungszusammenhang bestehen bleiben.[2] Über die Abgrenzung von Selbst- und Fremdgefährdung wird gestritten: 362

(1) Ein Teil der Literatur und Rechtsprechung nimmt eine Abgrenzung allein nach Verantwortungsbereichen vor: Begebe sich jemand frei verantwortlich und in voller Kenntnis der Tragweite seiner Entscheidung in eine Gefahrensituation, liege Selbstgefährdung vor. Verfügten hingegen andere an der betreffenden Gefahrensituation Beteiligte über ein höheres Sachwissen bezüglich des Risikos und der Tragweite der Entscheidung, so sei Fremdgefährdung gegeben.[3] 363

Nach dieser Ansicht liegt eine für den Zurechnungszusammenhang hinreichende Fremdgefährdung vor, da X und Y von der Verunreinigung des Heroins und der damit einhergehenden erhöhten Gefahr für die Abnehmer, sich zu Tode zu spritzen, wussten, während diese gutgläubig davon ausgingen, reines Heroin zu erwerben. 364

(2) *Schünemann* orientiert sich an der Zeitfolge von Täter- und Opferverhalten: Handele das Opfer nach dem Täter, sei Selbstgefährdung zu bejahen. Ansonsten liege Fremdgefährdung vor.[4] 365

Danach liegt Selbstgefährdung vor, da die Abnehmer sich die Drogen selbst (nach dem Kauf) verabreichten, also zeitlich nach X und Y handelten. 366

(3) Die hM rekurriert auch hier – wie im Rahmen der Täterlehre – auf das Kriterium der Tatherrschaft: Auch bei der Gefährdung des Lebens Dritter komme es darauf an, wer den zum Deliktserfolg führenden letzten Akt in Händen gehalten habe. Nur wenn das Opfer insoweit wenigstens Mitherrschaft besessen habe, liege Selbstgefährdung vor.[5] 367

Hinweis: Hier ist Vorsicht geboten: Die beiden Abnehmer haben nicht etwa deswegen Tatherrschaft, weil sie die Drogen selbst zu sich genommen haben. Vielmehr handelt es sich hier um eine der mittelbaren Täterschaft im Zwei-Personen-Verhältnis (siehe dazu Fall 2 → Rn. 199) vergleichbare Situation. 368

X und Y besitzen einen Wissensvorsprung hinsichtlich der Gefährlichkeit des Heroins und benutzen die beiden Abnehmer gewissermaßen als Werkzeug gegen sich selbst. Dann aber haben X und Y Tatherrschaft. Es liegt nach hA daher Fremdgefährdung vor. 369

(4) Der Ansicht von *Schünemann* kann nicht gefolgt werden. Wer auf den bloßen zeitlichen Ablauf abstellt, verkennt, dass es insbesondere im Bereich vorsätzlichen Handelns Konstellationen gibt, in denen – wie vorliegend – das Opfer geradezu als Werkzeug gegen sich selbst eingesetzt wird, indem es zwar den letzten Handlungsakt 370

2 Klarstellend etwa *Kühl* StrafR AT § 17 Rn. 82; differenzierend *Roxin* StrafR AT I § 11 Rn. 121 ff., § 24 Rn. 108.

3 *Otto*, FS Dreher, 1977, 157 (175); BayObLG JZ 1997, 521; BGHSt 36, 1 (17); BGH NStZ 2001, 205; LK/*Schünemann* § 25 Rn. 111; *Rengier* StrafR BT II § 8 Rn. 26.

4 *Schünemann* JR 1989, 89 (90).

5 *Roxin* NStZ 1984, 411; OLG Zweibrücken JR 1994, 518.

selbst vornimmt, dabei aber – wie der unvorsätzliche Tatmittler – ohne bzw. mit geringerer Kenntnis hinsichtlich des Risikos handelt.

Die anderen Ansichten bejahen die Fremdgefährdung; eine Entscheidung zwischen ihnen kann unterbleiben. Eine Durchbrechung des Zurechnungszusammenhangs aufgrund eigenverantwortlicher Selbstgefährdung scheidet demnach aus.

371 **Hinweis:** Eine andere Auffassung ist hier zwar grundsätzlich vertretbar, aus taktischen Gründen aber nicht empfehlenswert, weil Sie sich auf diese Weise sämtliche weiteren Probleme des Falles »abschneiden«. Die Examensklausur ist nicht der Ort, an dem Sie Ihre Überzeugung von der Richtigkeit eines Ergebnisses über eine klausurtaktisch geschickte Vorgehensweise stellen sollten.[6]

372 **Hinweis:** Das gilt auch für eine durchaus nicht fernliegende Problematisierung der Frage, was das aus der Beteiligungslehre stammende Kriterium der Tatherrschaft bei der Erörterung der objektiven Zurechnung zu suchen hat. Wer – wie die hM – deutlich zwischen dem »Ob« der Tatbestandsverwirklichung (Kausalität, objektive Zurechnung) und dem »Wie« (Beteiligungsform) unterscheidet, muss sich mindestens den Vorwurf gefallen lassen, dass er eine im Unrechtstatbestand vorrangige Frage der Zurechnung des tatbestandsmäßigen Erfolgs zur Handlung des Täters unter Rückgriff auf an sich hiervon zu trennende und nachrangige Begründungsparameter der Beteiligungsdogmatik behandelt. Die Frage führt in die Untiefen der deutschen Strafrechtsdogmatik; ihre Problematisierung in der Falllösung sollte tunlichst vermieden werden.

373 **(5)** Nach *Roxin* soll auch die Haftung für eine Fremdgefährdung ausgeschlossen sein, wenn diese unter allen Aspekten einer Selbstgefährdung gleichsteht.[7] Da allerdings keine gleichrangige Eigenverantwortlichkeit (zwischen X und Y einerseits und den beiden gutgläubigen Abnehmern andererseits) vorliegt,[8] greift auch dieses Konstrukt nicht ein, sodass seine Richtigkeit nicht diskutiert werden muss.

374 **Hinweis:** Zur Frage der Zurechnung qualifizierender Erfolge in den Verfolger-Konstellationen siehe Fall 6 → Rn. 842 ff.

cc) Zwischenergebnis

375 Der eingetretene Tod der beiden gutgläubigen Abnehmer ist X und Y objektiv zurechenbar.

2. Subjektiver Tatbestand

376 X und Y handelten (bedingt) vorsätzlich, da sie aufgrund ihrer Kenntnis von den Verunreinigungen des Heroins zumindest mit der Möglichkeit rechneten, dass Abnehmer der Drogen nach deren Genuss zu Tode kommen könnten und sie gleichwohl das Heroin an zwei gutgläubige und unerfahrene Abnehmer verkauften.

377 **Hinweis:** Nähere Ausführungen wären hier verfehlt, da der Bearbeitervermerk bereits die Annahme bedingt vorsätzlichen Handelns vorgibt und der Sachverhalt darüber hinaus weder Anlass noch Möglichkeit zu weiteren Aussagen bietet.

---

6 Vgl. auch *Brüning* ZJS 2009, 194 (197).

7 *Roxin*, FS Gallas, 1973, 241 (252); *ders.* StrafR AT I § 11 Rn. 123 ff.; *ders.* NStZ 1984, 411 f.; *ders.* JZ 2009, 399 (401).

8 Zu diesem Kriterium *Roxin* JZ 2009, 399 (401).

3. Rechtswidrigkeit

Fraglich ist, ob X und Y rechtswidrig gehandelt haben. Die Rechtswidrigkeit wird zwar durch die Tatbestandsmäßigkeit des Verhaltens grundsätzlich indiziert. Möglicherweise sind X und Y aber durch eine Einwilligung der beiden Abnehmer gerechtfertigt. 378

a) Unbestritten ist zunächst, dass Fahrlässigkeitstaten wie Vorsatztaten grundsätzlich einwilligungsfähig sind.[9] 379

b) Nach hM genügt zur Rechtfertigung einer (fahrlässigen) Tat die Einwilligung in die sorgfaltswidrige Handlung als solche; der unwillentlich herbeigeführte Erfolg braucht vom Einwilligenden nicht gewollt zu sein.[10] 380

c) Schon dann, wenn in lebensbedrohliche Selbstgefährdungen, die sich als tödlich erwiesen haben, eingewilligt wird, ist umstritten, ob eine rechtfertigende Einwilligung überhaupt möglich ist: 381

aa) Der BGH hielt die Einwilligung des Opfers früher in diesen Fällen generell für unbeachtlich,[11] schließt eine solche mittlerweile aber nicht mehr grundsätzlich aus.[12] 382

bb) Nach hM geht es hingegen nicht um die generelle Unzulässigkeit der Einwilligung in Lebensgefährdungen, sondern um die Festlegung ihrer Grenzen. Die Kriterien hierfür sind freilich umstritten. 383

Zum Teil wird die Abwägung unter Berücksichtigung des Rechtsgedankens des § 216 StGB (Unantastbarkeit fremden Lebens) vorgenommen. Damit lassen sich allenfalls leichteste Fahrlässigkeiten rechtfertigen. Zum Teil wird § 228 StGB (Sittenwidrigkeit) entsprechend herangezogen.[13] Entscheidend sei die Schwere der Gefahr; je größer die Wahrscheinlichkeit eines tödlichen Ausgangs sei, umso gewichtiger müsse auch der verfolgte Zweck sein.[14] 384

d) Steht freilich – wie hier – die Einwilligung in eine vorsätzliche Tötung in Frage, wird die Möglichkeit einer Rechtfertigung aufgrund einer Einwilligung zu Recht abgelehnt. Aus § 216 StGB ergibt sich, dass die Einwilligung in die eigene Tötung die Strafbarkeit der Tat nicht entfallen lässt, sondern höchstens mildert.[15] X und Y handelten also rechtswidrig. 385

4. Schuld

Am Vorliegen der Schuld bestehen keine Zweifel. 386

---

9 Statt aller: *Wessels/Beulke* StrafR AT Rn. 691.

10 Etwa Schönke/Schröder/*Lenckner/Sternberg-Lieben* Vorbem. §§ 32 ff. Rn. 102 mwN; *Brüning* ZJS 2009, 194 (195).

11 Vgl. etwa BGHSt 4, 88 (93).

12 Siehe BGH NStZ 2009, 148 (149 f.).

13 Dazu *Brüning* ZJS 2009, 194 (195).

14 So mittlerweile auch der BGH NStZ 2009, 148 (150).

15 *Roxin* StrafR AT I § 13 Rn. 37.

II. Ergebnis

387 Durch die Abgabe des Heroins haben X und Y sich wegen Totschlags gem. § 212 I StGB strafbar gemacht.

B. Strafbarkeit von T

I. Totschlag in mittelbarer Täterschaft, §§ 212 I, 25 I Var. 2 StGB

388 Durch die Organisation des Drogenrings könnte T sich wegen Totschlags in mittelbarer Täterschaft gem. §§ 212 I, 25 I Var. 2 StGB strafbar gemacht haben.

389 **Hinweis:** Fälle wie der vorliegende zeigen deutlich das Potential der vom BGH seit einigen Jahren favorisierten Rechtsfigur der mittelbaren Täterschaft kraft Organisationsherrschaft. Nicht nur kommt es in Abwandlung der klassischen Fälle mittelbarer Täterschaft nicht mehr darauf an, ob der Vordermann gut- oder bösgläubig ist (sodass diese Frage auch im Strafverfahren dahingestellt bleiben kann), da es sich um eine Fallgruppe des (mittelbaren) Täters hinter dem (vollverantwortlichen unmittelbaren) Täter handelt. Das stellt für die Rechtsprechung unter verfahrensökonomischen Gesichtspunkten eine immense Erleichterung dar (vgl. dazu *Rotsch* ZIS 2007, 260 [263]). Darüber hinaus erlaubt die Rechtsfigur aber auch eine deutliche Vorverlagerung der Strafbarkeit, die sogar mit einer Aufwertung der Beteiligungsrolle einhergeht: Was früher schon zur Bejahung einer Strafbarkeit wegen Anstiftung gem. § 26 StGB zu einer bestimmten Haupttat nicht hinreichte, wird mit ihr nunmehr sogar zur täterschaftlichen Verantwortlichkeit hochgestuft. Diese Entwicklung einer Ablösung der Strafbarkeit als Täter von den konkreten Voraussetzungen der betreffenden Tatbestandsverwirklichung muss dem Examenskandidaten bekannt sein: sie führt in Fällen wie dem vorliegenden dazu, dass die bloße Zuständigkeit für die Existenz und das Funktionieren eines organisatorischen Apparates zur Strafbarkeit als (mittelbarer) Täter führen kann. Der Hintermann wird damit gleichsam normativ in die strafrechtliche Verantwortlichkeit der Vorderleute eingebunden, die ihrerseits als häufig bösgläubige Handlanger des Unternehmenschefs fungieren und selbst Straftaten begehen (oder zumindest gutgläubig den objektiven Tatbestand verwirklichen). Das können im wirtschaftlichen Kontext etwa Betrugstaten sein (vgl. etwa BGH NJW 1998, 767); im Kernstrafrecht kommen dann aber – wie hier – etwa auch Tötungsdelikte in Betracht, für deren unmittelbare Begehung durch Angehörige der Organisation auch und primär der Organisator verantwortlich gemacht wird (siehe zB den auch im Tatsächlichen erstaunlichen Fall BGH – 2 BJs 95/97 – 4 Stb 5/99, nachgewiesen bei *Rotsch*, »Einheitstäterschaft« statt Tatherrschaft, 2009, 381; vgl. zum Ganzen vertiefend *Rotsch*, »Einheitstäterschaft« statt Tatherrschaft, 2009, 372 ff.). Damit wird dann ganz pragmatisch dem Vorwurf entgegengewirkt, man hänge die Kleinen und die Großen lasse man laufen.

1. Objektiver Tatbestand

390 **a)** T hat den Tod der beiden Drogenkonsumenten kausal verursacht. Denn ohne die Organisation des Drogenrings hätten die zwei Mitglieder der Organisation X und Y das verunreinigte Heroin nicht verkauft und die beiden gutgläubigen Abnehmer wären nicht an den Folgen des Heroinkonsums verstorben.

391 **b)** Der Tod der beiden Abnehmer ist T auch objektiv zurechenbar. Zum einen hat er mit der Organisation seines Drogenrings das Risiko gesetzt, dass Abnehmer seiner Drogen nach dem Konsum versterben. Zum anderen hat gerade dieses Risiko sich im Erfolg verwirklicht. Insbesondere scheidet eine eigenverantwortliche Selbstgefährdung der Opfer aus (→ Rn. 362 ff.).

2. Subjektiver Tatbestand

T handelte (bedingt) vorsätzlich. Dass er einen konkreten Menschen als Tatobjekt des § 212 StGB nicht individualisiert hat, ist unschädlich.[16] 392

3. Täterschaft

Hinweis: Zum Standort in der Prüfung vgl. Fall 2 → Rn. 199 aE, 311 ff. 393

Fraglich ist aber, ob T tatsächlich die Tat »durch einen anderen« begangen, also in mittelbarer Täterschaft gehandelt hat. Traditionell setzt dies die Ausnutzung eines Defekts beim Vordermann zur Tatbegehung durch den Hintermann voraus. Allerdings werden auch Fallgruppen anerkannt, in denen – wie hier – der Vordermann voll verantwortlich handelt (sog. Täter hinter dem Täter). Eine dieser Fallgruppen ist diejenige der sog. mittelbaren Täterschaft kraft Organisationsherrschaft: 394

Hinweis: In studentischen Arbeiten (und zum Teil auch in der Literatur) findet sich immer wieder eine Gleichsetzung der mittelbaren Täterschaft kraft Organisationsherrschaft mit der Täterschaft hinter dem Täter. Das ist nicht richtig. Vielmehr handelt es sich bei dem Täter hinter dem Täter um die übergeordnete Konstellation all derjenigen Fälle, in denen hinter einem strafrechtlich vollverantwortlichen Vordermann auch der Hintermann – eben als (mittelbarer) Täter hinter dem Täter – täterschaftlich (und nicht etwa nur als Anstifter) haftet. Bei der mittelbaren Täterschaft kraft Organisationsherrschaft handelt es sich lediglich um eine Fallgruppe dieser Konstellation. Daneben sind aber seit jeher weitere Fallgruppen des Täters hinter dem Täter bekannt und weithin anerkannt, so etwa die »Dingung eines Bravo« (vgl. *Schroeder*, Der Täter hinter dem Täter, 1965, 158 ff.), die Ausnutzung eines bereits zur Tat Entschlossenen (sog. »Dohna«-Fall, dazu *Schroeder*, Der Täter hinter dem Täter, 1965, 143 ff.) sowie die Einwirkung auf einen im vermeidbaren Verbotsirrtum befindlichen Tatmittler (»Katzenkönig«-Fall, BGHSt 35, 347***; zur Falllösung vgl. RNPW/*Rotsch* Klausur im 1. Staatsexamen Fall 20, S. 286 ff. [293 ff.]). Die Konstellation des Täters hinter dem Täter kann freilich von den Verfechtern eines strengen Verantwortungsprinzips – das die strafrechtliche täterschaftliche Verantwortung *entweder* bei dem einen *oder* dem anderen Beteiligten sieht – nicht anerkannt werden. Dieser Einwand betrifft dann aber sämtliche Fallgruppen des Täters hinter dem Täter. Vgl. zum Ganzen immer noch grundlegend *Schroeder*, Der Täter hinter dem Täter, 1965. 395

a) Nach *Roxin* liegt sog. »Organisationsherrschaft« vor, wenn der Täter im Rahmen eines organisierten Unrechtssystems die jederzeitige Ersetzbarkeit des Vordermannes (»Fungibilität«) zur Deliktsverwirklichung ausnutzt.[17] 396

b) Der BGH hat sich in seiner berühmten Entscheidung zur Verantwortlichkeit der Mitglieder des Nationalen Verteidigungsrates der ehemaligen DDR[18] dieser Ansicht angeschlossen. Dabei hat er in einer Annäherung an die Tatherrschaftslehre für entscheidend erachtet, dass der Hintermann über – ggfs. von ihm selbst geschaffene – Organisationsstrukturen bestimmte Rahmenbedingungen ausnutze, dadurch regelhafte Abläufe auslöse und so gleichsam automatisch die Tatbestandsverwirklichung herbeiführe. 397

---

16 *Kühl* StrafR AT § 5 Rn. 101.

17 *Roxin* Täterschaft und Tatherrschaft 245. Zur Kritik eingehend *Rotsch* ZStW 112 (2000) 518; *ders.*, »Einheitstäterschaft« statt Tatherrschaft, 2009, 372 ff.

18 BGHSt 40, 218***.

398 **Hinweis:** Der BGH hat dabei die mittlerweile berühmten Sätze geprägt: »Es gibt [...] Fallgruppen, bei denen trotz eines uneingeschränkt verantwortlich handelnden Tatmittlers der Beitrag des Hintermannes nahezu automatisch zu der von diesem Hintermann erstrebten Tatbestandsverwirklichung führt. Solches kann vorliegen, wenn der Hintermann durch Organisationsstrukturen bestimmte Rahmenbedingungen ausnutzt, innerhalb derer sein Tatbeitrag regelhafte Abläufe auslöst [...]. Handelt in einem solchen Fall der Hintermann in Kenntnis dieser Umstände [...] ist er Täter in der Form mittelbarer Täterschaft. Er besitzt die Tatherrschaft.«[19]

399 **Hinweis:** Mittlerweile hat der BGH sich von dem eigentlichen Ansatz *Roxins* zugunsten einer durchaus wieder stärker subjektiven Betrachtungsweise entfernt, dabei aber die Loslösung von den jeweiligen konkreten Tatbestandsvoraussetzungen über die Annahme einer eigenständigen Form der mittelbaren Täterschaft noch weiter vorangetrieben, vgl. ausführlich dazu *Rotsch* ZIS 2007, 260.

400 **c)** In der Literatur ist diese Konstruktion zum Teil auf heftige Kritik gestoßen.[20] So wird von den Gegnern der Rechtsfigur insgesamt insbesondere das Kriterium der Fungibilität angegriffen, das zu einer Auflösung des Tatherrschaftsbegriffs führe, weil der Hintermann, der einen tatbestandsmäßigen Erfolg nur deshalb herbeizuführen imstande sei, weil er sich einer Vielzahl unterschiedlichster Tatmittler bedienen könne, nicht mehr die konkrete Tat beherrsche. Das sei aber Voraussetzung der Tatherrschaft, wolle man sie im Sinne einer Herrschaft über die (materielle) Tat verstehen.[21] Selbst *Roxin* wendet sich – mit der insoweit ganz hL – gegen die Ausweitung der Organisationsherrschaft auf wirtschaftliche Strukturen, da es hier an einem organisierten Unrechtssystem fehle.[22]

401 **Hinweis:** Gleichwohl ist die Auffassung von der mittelbaren Täterschaft kraft Organisationsherrschaft – nicht nur in Deutschland[23] – mittlerweile hA geworden.[24] Dabei ist freilich zu beachten, dass der weltweite Anklang, den die Rechtsfigur insbes. auch in der jüngeren Zeit gefunden hat, den auch von *Roxin* ursprünglich intendierten Anwendungsbereich staatlicher Unrechtsapparate betrifft.

402 **d)** Selbst wenn man die Figur der mittelbaren Täterschaft kraft Organisationsherrschaft mit der hM also zumindest grundsätzlich anerkennen wollte, stellt sich im vorliegenden Fall die Frage, ob man ihre Anwendung auch auf diejenigen Fälle zulassen möchte, in denen es – wie hier – nicht um staatlich organisierte Unrechtsapparate, sondern um eine private, gegebenenfalls illegale unternehmerische Betätigung geht. Denn mit ihrer Erfassung weitet man den Bereich der Strafbarkeit nicht nur überhaupt in das Feld traditioneller Vorbereitungshandlungen aus, sondern wertet außerdem die an sich straflose Vorbereitungshandlung zu täterschaftlicher strafrechtlicher Verantwortlichkeit auf.

---

19 BGHSt 40, 218*** (236).

20 Vgl. hierzu und zur Gegenkritik *Roxin* StrafR AT II § 25 Rn. 113 ff.

21 IdS insbes. *Rotsch*, »Einheitstäterschaft« statt Tatherrschaft, 2009, 316 ff.

22 Vgl. *Roxin* Täterschaft und Tatherrschaft 715 ff.

23 Vgl. etwa zur Übernahme durch den Obersten Peruanischen Gerichtshof die Sonderausgabe der ZIS 11/2009.

24 Zur Entwicklung im Überblick *Rotsch* ZIS 2009, 549. Vgl. auch noch die Nachweise bei *Roxin* Täterschaft und Tatherrschaft 704 ff.

Der BGH bejaht diese Frage seit seiner grundlegenden Mauerschützen-Entscheidung in mittlerweile ständiger Rechtsprechung.[25] **403**

Hinweis: BGH JR 2009, 245 (246): »Nach der ständigen Rechtsprechung des Bundesgerichtshofs kann Täter kraft Tatherrschaft auch derjenige sein, der bestimmte Rahmenbedingungen durch Organisationsstrukturen schafft, die regelhafte Abläufe auslösen, wenn er diese Bedingungen ausnutzt, um die erstrebte Tatbestandsverwirklichung herbeizuführen. Nach diesem Maßstab bejaht der Bundesgerichtshof mittelbare Täterschaft auch bei unternehmerischer Betätigung unabhängig davon, ob die unmittelbaren Täter schuldhaft handeln.« **404**

Nimmt man den neuen Ansatz des BGH beim Wort, so ist damit eine neue Form der mittelbaren Täterschaft etabliert. Nunmehr ist auch derjenige mittelbarer Täter (hinter dem Täter!) gem. § 25 I Var. 2 StGB, der »Rahmenbedingungen« schafft und zur Begehung von Straftaten ausnutzt. Damit spielt es dann keine Rolle mehr, ob die Organisation, aus der die Rahmenbedingungen folgen, ein staatliches Unrechtssystem oder ein Wirtschaftsunternehmen ist.[26] **405**

e) Auch wenn die Einwände zumindest gegen eine Übertragung der Rechtsfigur auf unternehmerische Betätigung durchaus Gewicht haben, wird man dem BGH letztlich zugestehen müssen, dass nur mit der von ihm weiterentwickelten Form mittelbarer Täterschaft kraft Organisationsherrschaft eine angemessene – scil. täterschaftliche – Bestrafung von im Unternehmenskontext agierenden Hintermännern ermöglicht wird. **406**

Hinweis: Diese Argumentation, die – vgl. die Literaturangaben zur Kritik an der Rechtsfigur – nicht der hier für richtig gehaltenen Ansicht entspricht, ist ein weiteres Beispiel dafür, wie man in der Fallbearbeitung an neuralgischen Punkten in aller Kürze »über seinen Schatten springen« kann. Vgl. bereits oben Fall 1, → Rn. 35. **407**

f) Allerdings zeichnet sich der vorliegende Sachverhalt durch eine Besonderheit aus, die ihn von denjenigen Fällen, in denen der BGH eine mittelbare Täterschaft kraft Organisationsherrschaft bejaht hat, unterscheidet: Während dort der Täter den organisierten Apparat gerade geschaffen oder ihn zumindest gerade dazu ausgenutzt hat, um den tatbestandsmäßigen Erfolg der in Rede stehenden Straftat zu verwirklichen, hat hier T seine Organisation gegründet, um den Absatz seiner Drogen effektiv und gewinnbringend zu organisieren, nicht aber um Drogenabhängige zu Tode zu bringen. Im vorliegenden Fall bezieht dieser unmittelbare Verwirklichungswille sich also nur auf – nach der Aufgabenstellung nicht relevante – Verstöße gegen das Betäubungsmittelgesetz, die Verwirklichung einer Tötung gem. § 212 StGB ist lediglich »Nebenfolge«. Es erscheint äußerst fraglich, ob T auch insoweit über die Annahme einer mittelbaren Täterschaft kraft Organisationsherrschaft als derjenige bezeichnet werden kann, der die Tatherrschaft innehat. **408**

Hinweis: Dieses Problem ist schwer zu sehen und nicht einfach zu entscheiden. Es handelt sich bei ihm gleichsam selbst um ein Nebenprodukt einer immer mehr am Einzelfall orientierten Rechtsprechung, die mit immer neuen singulären Korrekturen an überkommener Dogmatik reflexhaft neue **409**

25 Vgl. insbes. BGH JR 2004, 245* mit Anm. *Rotsch* JR 2004, 248.
26 Vgl. eingehend *Rotsch* ZIS 2007, 260.

Schwierigkeiten hervorbringt, die ihrerseits zu einer Relativierung an sich anerkannter dogmatischer Grundsätze nötigen, vgl. → Rn. 412.

410 Zwar handelte T auch insoweit bedingt vorsätzlich, → Rn. 392, und auch die übrigen Voraussetzungen einer Strafbarkeit gem. § 212 StGB sind gegeben.

411 **Hinweis:** Hier offenbart sich ein weiterer Vorteil der dem objektiven und subjektiven Tatbestand nachgeschalteten Prüfung der Beteiligungsrolle. Nur so lässt sich nämlich im Übrigen nach oben verweisen.

412 Entscheidend gegen die Annahme mittelbarer Täterschaft spricht aber letztlich der Umstand, dass T zwar Rahmenbedingungen durch Organisationsstrukturen geschaffen hat, die regelhafte Abläufe auslösen, er diese Bedingungen aber – im Hinblick auf die Verwirklichung des § 212 StGB – nicht ausgenutzt hat, *um* die erstrebte Tatbestandsverwirklichung (Tötung eines anderen Menschen) herbeizuführen. Wenn man mit dem BGH in der Sache die Anwendung der Rechtsfigur der Organisationsherrschaft damit auf diejenigen Fälle beschränkt, in denen der Hintermann mit dolus directus 1. Grades handelt, lässt man zwar eine weitere Durchbrechung strafrechtsdogmatischer Grundsätze zu, indem man – anders als in den klassischen Fällen mittelbarer Täterschaft und auch im Widerspruch zur Vorsatzdogmatik – die von lediglich bedingtem Vorsatz erfassten Nebenfolgen des eigentlich intendierten Unrechts von der Rechtsfigur ausnimmt. Die damit einhergehende Rechtsunsicherheit wird man jedoch zugunsten der Einzelfallgerechtigkeit hinnehmen müssen.

413 **Hinweis:** AA vertretbar. Wie der BGH einen solchen Fall letztlich entscheiden würde, ist schwer zu sagen, weil nicht klar ist, inwiefern die oben genannte Formulierung von der Ausnutzung von Rahmenbedingungen zur Herbeiführung der erstrebten Tatbestandsverwirklichung tatsächlich im streng dogmatischen Sinne gemeint ist. Für die hier favorisierte Auffassung sprechen auch klausurtaktische Gesichtspunkte: Wird nämlich die mittelbare Täterschaft des T abgelehnt, bleibt im Ergebnis eine Anstiftung (→ Rn. 416). Damit betrifft die mögliche Beihilfehandlung des A unmittelbar nur die Anstiftung des T zur Haupttat von X und Y, sodass (nur dann) im Folgenden das Problem der Kettenteilnahme erörtert werden kann.

414 Nach alledem kann T nicht mittelbarer Täter sein.

4. Ergebnis

415 T hat sich nicht wegen Totschlags in mittelbarer Täterschaft gem. §§ 212 I, 25 I Var. 2 StGB strafbar gemacht.

II. Anstiftung zum Totschlag, §§ 212 I, 26 StGB

416 Durch die Erteilung genauer Anweisungen hinsichtlich der Verteilung des von T verunreinigten Heroins könnte T sich wegen Anstiftung zum Totschlag gem. §§ 212 I, 26 StGB strafbar gemacht haben.

1. Objektiver Tatbestand

a) Erfolg der Anstiftung

Eine tatbestandsmäßige, vorsätzliche (§ 15 StGB) und rechtswidrige (§ 11 I Nr. 5 StGB) und somit teilnahmefähige Haupttat iSd § 26 StGB liegt mit den Totschlagstaten gem. § 212 I StGB des X und des Y (→ Rn. 357 ff.) vor. 417

b) Anstiftungshandlung

Durch die Erteilung konkreter Anweisungen zur Verteilung des von ihm verunreinigten Heroins hat T auch den Tatentschluss der Haupttäter X und Y kausal hervorgerufen. Da dies auch durch geistige Willensbeeinflussung erfolgt ist, spielt der Streit um die Frage, ob auch eine lediglich kausale Verursachung des Tatentschlusses genügt, keine Rolle.[27] T hat X und Y zur Begehung eines Totschlags bestimmt. 418

2. Subjektiver Tatbestand, Rechtswidrigkeit und Schuld

Am Vorliegen von Vorsatz, Rechtswidrigkeit und Schuld bestehen keine Zweifel. 419

3. Ergebnis

T hat sich wegen Anstiftung zum Totschlag gem. §§ 212 I, 26 StGB strafbar gemacht. 420

C. Strafbarkeit des A

I. Beihilfe zum Totschlag, §§ 212 I, 27 I StGB

Durch die Herausgabe der Medikamente könnte A sich wegen Beihilfe zum Totschlag gem. §§ 212 I, 27 I StGB strafbar gemacht haben. 421

1. Objektiver Tatbestand

a) Erfolg der Beihilfe

Fraglich ist allerdings, was vorliegend der Erfolg einer möglichen Beihilfehandlung des A ist. Als tatbestandsmäßige, vorsätzliche und rechtswidrige Haupttat iSd § 27 I StGB kommt einerseits – unmittelbar – die Anstiftungshandlung des T, andererseits – mittelbar – die Totschlagstat von X und Y in Betracht. 422

Hinweis: Auch die Anstiftung ist eine tatbestandsmäßige, vorsätzliche und rechtswidrige Haupttat iSd Teilnahmevorschriften der §§ 26, 27 StGB. Damit ist eine sog. »Kettenteilnahme« grundsätzlich möglich, vgl. zB *Kühl* StrafR AT § 20 Rn. 193, 242a. 423

In Frage steht damit, ob es um eine unmittelbare Beihilfe zur Anstiftung oder um eine mittelbare Beihilfe zur Haupttat geht.[28] 424

Zum Teil wird für Fälle wie den vorliegenden behauptet, es sei von einer unmittelbaren Beihilfe zur Anstiftung auszugehen, da der Tatbeitrag des Gehilfen die Ausführung der Haupttat nicht fördere.[29] Das kann freilich nicht richtig sein: Wenn der Ge- 425

27 Vgl. hierzu *Wessels/Beulke* StrafR AT § 13 Rn. 568.
28 Schönke/Schröder/*Heine* § 27 Rn. 18.
29 Schönke/Schröder/*Heine* § 27 Rn. 18.

hilfenbeitrag den unmittelbar bewirkten Erfolg – das ist hier die Anstiftung von X und Y durch T – zumindest gefördert hat, und die Anstiftung nach Ansicht aller zumindest kausal für die Haupttat geworden sein muss, dann hat auch die nur mittelbare Beihilfehandlung die Haupttat gefördert. Mit der hA ist daher davon auszugehen, dass es sich um eine mittelbare Beihilfe zur Haupttat handelt.[30] Der Erfolg der Beihilfehandlung des A ist daher die Verwirklichung des Totschlags gem. § 212 I StGB durch X und Y.

b) Beihilfehandlung

426 Die Herausgabe der Medikamente ist vorliegend sogar kausal für die von X und Y begangene Haupttat geworden. Denn ohne die Medikamente hätte M das Heroin nicht strecken und T dieses gestreckte Heroin nicht zum Verkauf an X und Y weitergeben können, sodass die beiden gutgläubigen Abnehmer der Drogen nicht gestorben wären. Damit liegt nach allen Auffassungen ein Hilfeleisten iSd § 27 I StGB vor.

427 **Hinweis:** Zum Streit über das Erfordernis der Kausalität des Hilfeleistens vgl. Fall 2, → Rn. 336.

428 **Hinweis:** Ganz systematisch ist die obige Argumentation unter a) → Rn. 425 nicht: Dort geht es an sich nur um den Erfolg der Beihilfehandlung, Fragen der Kausalität spielen dort an sich noch keine Rolle. Da die Auseinandersetzung um die Bestrafung der Kettenbeihilfe sich aber zum einen zunächst an dem Merkmal des Erfolgs der Teilnahme entzündet, zum anderen die Beantwortung dieser Frage aber über eine Bezugnahme auf die Förderungsqualität der Beihilfehandlung erfolgt, lässt sich dies nicht vermeiden.

2. Subjektiver Tatbestand

429 Der gem. § 15 StGB erforderliche Vorsatz, der sich sowohl auf die eigene Beihilfehandlung (das Hilfeleisten) wie auch auf den Erfolg der Beihilfe (die Haupttat) erstrecken muss, liegt vor: A kannte die Möglichkeit des Einsatzes der Medikamente zum Strecken des Heroins und die – möglicherweise tödlichen – Folgen und nahm diese billigend in Kauf. Auch den Umstand, dass er hierfür kausal werden könnte, hat er erkannt und in Kauf genommen.

430 **Hinweis:** Zum missverständlichen Begriff des »doppelten« Gehilfenvorsatzes vgl. die Ausführungen zum Anstiftervorsatz im Rahmen von Fall 2 (→ Rn. 294).

3. Rechtswidrigkeit und Schuld

431 A handelte rechtswidrig und schuldhaft.

4. Straflosigkeit aufgrund »neutraler« Beihilfe

432 Fraglich ist, ob all dies im vorliegenden Fall zur Annahme einer Beihilfestrafbarkeit genügt.

433 Möglicherweise kann A nämlich deshalb im Ergebnis nicht wegen Beihilfe zum Totschlag gem. §§ 212 I, 27 I StGB bestraft werden, weil er mit dem Verkauf der rezeptfreien Medikamente letztlich – in sozialadäquater Weise – nur seine Berufstätigkeit

30 BGH NStZ 2000, 421; 1996, 562; LK/*Schünemann* § 26 Rn. 103; *Kühl* StrafR AT § 20 Rn. 242a.

ausgeübt hat. Seine Beihilfetätigkeit könnte damit eine sog. »neutrale« Handlung darstellen. Ob und unter welchen Voraussetzungen eine Strafbarkeit hier ausscheidet, ist Gegenstand einer kontrovers geführten Diskussion.

Hinweis: Auch bei der Rechtsfigur der »neutralen Beihilfe« handelt es sich um eine noch junge Schöpfung der Strafrechtsdogmatik. Das Problem ist äußerst aktuell und examensrelevant und muss daher jedem Jurastudenten bekannt sein. 434

Hinweis: In der Literatur wird bislang ausschließlich die »neutrale« *Beihilfe* diskutiert. Aufgrund der zunehmenden Verwischung der Grenzen der Beteiligungsformen drängt sich der Schluss auf, dass auch die Möglichkeit einer »neutralen« *Anstiftung* oder gar einer »neutralen« *Täterschaft* nicht fernliegt.[31] Insoweit wird man die weitere Entwicklung abzuwarten haben. 435

Es werden im Wesentlichen folgende Ansichten vertreten: 436

Hinweis: Ein Überblick über den Meinungsstand und eine Begründung für die Prüfung erst nach der Schuld findet sich bei *Rotsch* Jura 2004, 14 (lesen!). 437

a) Wenn – wie hier – mit bedingtem Vorsatz gehandelt wird, ist nach einer Auffassung kein Grund ersichtlich, eine Beihilfestrafbarkeit bei berufstypischen Handlungen zu verneinen.[32] 438

Da die übrigen Voraussetzungen der Beihilfe vorliegen, hat A sich demnach gem. §§ 212 I, 27 StGB strafbar gemacht. 439

b) Nach einer zweiten weitverbreiteten Auffassung entfällt bereits der objektive Tatbestand. Dabei sind im Wesentlichen folgende Differenzierungen zu unterscheiden: 440

aa) Nach der allgemeinen Theorie von der Sozialadäquanz unterfallen sozialübliche Verhaltensweisen schon nicht dem Begriff des »Hilfeleistens«.[33] 441

bb) Die Theorie der professionellen Adäquanz beschränkt die soziale Adäquanz auf »gruppenspezifische« Handlungen; die Grenze zur Strafbarkeit soll erst überschritten sein, wenn gegen die Berufsregeln verstoßen wird.[34] 442

cc) Die Vertreter der Lehre von der objektiven Zurechnung wollen den Begriff der Sozialadäquanz durch Kriterien der objektiven Zurechnung ersetzen. Danach kommt eine Strafbarkeit zB dann in Frage, wenn die Unterstützungshandlung einen eindeutig deliktischen Sinnbezug aufweist oder der Gehilfe eine aufgrund einer Monopolstellung nur ihm mögliche Unterstützung erbringt, ungeschriebene Berufsregeln verletzt werden oder der Gehilfe Garant ist.[35] 443

dd) Sämtliche dieser Theorien kommen vorliegend nicht zur Beihilfestrafbarkeit: Nach der (allgemeinen) Theorie der Sozialadäquanz neutralen Verhaltens fehlt es am Hilfeleisten, nach der Lehre von der professionellen Adäquanz liegt kein Verstoß 444

31 Dazu bereits *Rotsch,* »Einheitstäterschaft« statt Tatherrschaft, 414 ff.

32 *v. Frank* § 49 Anm. II; *Hruschka* JR 1984, 258; *Niedermair* ZStW 107 (1995) 507.

33 *Maiwald* ZStW 93 (1981) 890.

34 *Hassemer* wistra 1995, 41 (Teil 1) und 81 (Teil 2).

35 *Frisch,* Tatbestandsmäßiges Verhalten und Zurechnung des Erfolgs, 1988, 295 ff.; *Jakobs* StrafR AT 24/15 ff.

gegen Berufsregeln vor, für die Vertreter der Lehre von der objektiven Zurechnung hat A keine rechtlich missbilligte Gefahr gesetzt.

445 c) Eine dritte Meinungsgruppe hält die innere Willensrichtung für entscheidend (und nimmt eine notwendige Korrektur der Beihilfestrafbarkeit dementsprechend erst auf der Ebene des subjektiven Tatbestandes vor). Auch hier haben sich verschiedene Richtungen herausgebildet:

446 **aa)** Zum Teil wird behauptet, neutrales Verhalten sei dann nicht als Beihilfe strafbar, wenn der Unterstützende lediglich mit dolus eventualis gehandelt hat.[36]

447 **bb)** Die insbesondere von der Rechtsprechung vertretene Theorie des Tatförderungswillens lehnt eine Beihilfestrafbarkeit auch bei sicherem Wissen von der deliktischen Verwertung des Beitrages ab, sofern der besondere Wille, die Tat zu fördern, fehle.[37]

448 **cc)** Die Theorie vom deliktischen Sinnbezug nimmt strafbare Beihilfe nur dann an, wenn der Beitrag des Unterstützenden für den Täter nur unter der Voraussetzung der geplanten Straftat Sinn hat und der Beitragende dies weiß.[38]

449 **dd)** Auch diese Ansichten kommen sämtlich nicht zu einer Beihilfestrafbarkeit des A: Da A lediglich mit dolus eventualis gehandelt hat, ist er nach der ersten Auffassung ohne Weiteres straflos, nach der Theorie vom deliktischen Sinnbezug deshalb, weil sich in den Fällen des dolus eventualis der Vorsatz des Außenstehenden nur bei – hier nicht gegebener – erkennbarer Tatgeneigtheit des Täters auf ein unerlaubtes Risiko erstreckt. Auch einen besonderen Tatförderungswillen kann man A nicht unterstellen.

450 **d)** Eine letzte Ansicht kommt nur in den Fällen einer Rechtfertigung nicht zur Beihilfestrafbarkeit.[39] Da hier aber nicht etwa die klassischen Rechtfertigungsgründe eine Rolle spielen, sondern letztlich die Erwägungen fruchtbar gemacht werden, die von den vorgenannten Ansichten ebenfalls, nur eben auf anderer Prüfungsebene vorgebracht werden, kommt *Arzt* zu keinem anderen Ergebnis – Straflosigkeit.

451 **e)** Im vorliegenden Fall kommt also nur die erstgenannte Ansicht zur Beihilfestrafbarkeit. Der sogenannten extensiven Theorie, die unterschiedslos bei Vorliegen bedingten Vorsatzes gem. § 27 StGB bestrafen will, kann allerdings nicht gefolgt werden. Das folgt bereits aus der ansonsten weithin anerkannten Tatsache, dass allein die vorsätzliche, nur kausale Verursachung eines Erfolges einen strafrechtlichen Vorwurf nicht begründen kann. Wollte man die sozialadäquate Berufsausübung unter Strafe stellen, wäre damit im Übrigen im Ergebnis jegliches soziale Miteinander unmöglich gemacht.

452 **Hinweis:** Beachte insoweit noch die Ausführungen zur neutralen Beihilfe im Rahmen der Prüfung der Strafbarkeit des M, → Rn. 460.

36 *v. Bar*, Gesetz und Schuld im Strafrecht, Bd. 2, 1907, 693; *Köhler*, Deutsches Strafrecht, 1917, 530; *Forthauser*, Geldwäsche de lege lata und ferenda, 1992, 180 (186 ff.).

37 RGSt 37, 321; BGHSt 29, 99; BGH wistra 2000, 340.

38 LK/*Schünemann* § 27 Rn. 16 ff.; *Otto* StV 1994, 409; *Samson* ZStW 99 (1987) 617 (632); BGE 119 IV, 1993, 289.

39 *Arzt* NStZ 1990, 1 (4).

4. Ergebnis

Nach alledem kann A nicht wegen Beihilfe zum Totschlag gem. §§ 212 I, 27 I StGB bestraft werden. 453

Hinweis: Wird – (wenn auch schwer) vertretbar – von einer Beihilfestrafbarkeit ausgegangen, so erfolgt eine obligatorische Strafmilderung gem. §§ 27 II, 49 I StGB. 454

II. Totschlag durch Unterlassen, §§ 212 I, 13 StGB

Eine Strafbarkeit wegen Totschlags durch Unterlassen gem. §§ 212 I, 13 StGB scheitert spätestens an der Garantenstellung. Diese kann sich nämlich allenfalls aus Ingerenz – also gefährdendem vorangegangenem Tun – ergeben. Nach zutreffender hA muss dieses Vorverhalten aber rechtswidrig gewesen sein. Das Vorverhalten kann hier nur die Herausgabe der Medikamente sein. Diese wurde aber soeben gerade als sozialadäquat bzw. rechtlich nicht missbilligt bezeichnet. Es kann daher kein Ingerenz begründendes rechtswidriges Vorverhalten gegeben sein. Da A glaubte, die Angelegenheit gehe ihn nichts an, war ihm die mangelnde Rechtswidrigkeit seiner Handlung auch bekannt, sodass auch Versuch ausscheidet. 455

III. Nichtanzeige geplanter Straftaten § 138 I Nr. 5 StGB

A hat sich jedoch wegen Nichtanzeige geplanter Straftaten gem. § 138 I Nr. 5 strafbar gemacht, da er von dem Vorhaben eines Totschlags gem. § 212 I StGB zu einer Zeit, zu der die Ausführung noch abgewendet werden konnte, glaubhaft erfuhr und es unterließ, der Behörde oder dem Bedrohten rechtzeitig Anzeige zu machen. Zweifel könnte man hier allenfalls am Vorliegen glaubhafter Kenntnis vom Vorhaben der bezeichneten Straftat haben. Da hier aber bedingter Vorsatz genügt, und dieser bei A vorliegt (→ Rn. 429), ist § 138 StGB gegeben. 456

D. Strafbarkeit des M

I. Beihilfe zum Totschlag, §§ 212 I, 27 I StGB

1. Auch für M kommt zunächst (»neutrale«) Beihilfe zum Totschlag in Betracht. Denn auch M hat durch das Strecken des Heroins vorsätzlich, rechtswidrig und schuldhaft den Tatbestand einer Beihilfe zum Totschlag gem. §§ 212 I, 27 I StGB verwirklicht. 457

2. Fraglich ist aber, ob auch M letztlich wegen der Vornahme einer »neutralen« Beihilfehandlung straflos bleibt. Dabei könnte sich an der im Vergleich zu der bei A indizierten Straflosigkeit bereits deshalb etwas ändern, weil M – anders als der außenstehende A – Mitglied der Organisation ist. Das wird man aber nicht sagen können. Denn allein durch die Mitgliedschaft in einer kriminellen Organisation ändert sich an der ggfs. vorliegenden äußeren Neutralität der konkreten Unterstützungshandlung nichts. 458

a) Damit stellt sich auch bei M die Frage, ob – schon – der objektive Tatbestand deshalb entfällt, weil es bei dem Verhalten des M um eine »neutrale Beihilfe« geht. 459

aa) Allerdings unterfallen nach der allgemeinen Theorie von der Sozialadäquanz nur sozialübliche Verhaltensweisen schon nicht dem Begriff des »Hilfeleistens« (→ Rn. 441). 460

Bei der Verunreinigung von Drogen, um diese zum Zwecke der Gewinnmaximierung im Rahmen illegaler Drogengeschäfte zu strecken, handelt es sich aber gerade nicht um sozialübliches Verhalten.

461 **bb)** Nach der Theorie der professionellen Adäquanz liegt gerade keine »gruppenspezifische« Handlung vor; vielmehr verstößt M gegen die Berufsregeln seines Arztstandes.

462 **cc)** Da die Unterstützungshandlung des M schon objektiv einen eindeutig deliktischen Sinnbezug aufweist, hat M nach den Vertretern der Lehre von der objektiven Zurechnung eine rechtlich missbilligte Gefahr gesetzt, die sich auch in dem konkreten tatbestandsmäßigen Erfolg – Tod der beiden Drogenabhängigen – realisiert hat.

463 **dd)** Der objektive Tatbestand entfällt damit nach keiner Auffassung. Sämtliche dieser Theorien kommen damit für M – anders als für A – zur Beihilfestrafbarkeit.

464 **b)** Möglicherweise ist eine Korrektur der Beihilfestrafbarkeit auf der Ebene des subjektiven Tatbestandes vorzunehmen:

465 **aa)** Wer davon ausgeht, dass neutrales Verhalten dann nicht als Beihilfe strafbar sei, wenn der Unterstützende lediglich mit dolus eventualis gehandelt hat, muss für – den nur mit bedingtem Vorsatz handelnden – M tatsächlich zu demselben Ergebnis der Straflosigkeit wegen Beihilfe zum Totschlag gem. §§ 212 I, 27 I StGB gelangen wie bei A.

466 **bb)** Zu einem wiederum anderen Ergebnis kommt wohl die Theorie des Tatförderungswillens. Zwar handelt M vorliegend – bezüglich des Todes potentieller Drogenabnehmer – nur bedingt vorsätzlich, den besonderen Willen, die Tat zu fördern, wird man ihm aber nicht absprechen können.

467 **Hinweis:** AA gut vertretbar. Die Stellungnahme hängt davon ab, welche Anforderungen man an den Tatförderungswillen stellt, siehe dazu noch sogleich und grundlegender zur Problematik der subjektiven Theorien → Rn. 469.

468 **cc)** Da der Beitrag des M für T nur unter der Voraussetzung der geplanten Straftat Sinn hat und M dies weiß, kommt die Theorie vom deliktischen Sinnbezug ebenfalls zur Annahme strafbarer Beihilfe.

469 **dd)** Der Theorie von der Straflosigkeit bei bedingtem Vorsatz kann nicht gefolgt werden. Sie postuliert ohne Notwendigkeit eine Ausnahme von der bewährten Vorsatzdogmatik – nach der bedingt vorsätzliches Verhalten immer dort strafbar ist, wo das Gesetz (!) keine anderen Anforderungen stellt – und offenbart im Übrigen einen systematischen Fehler sämtlicher in diesem Zusammenhang vertretenen subjektiven Theorien: In Frage steht nämlich in Wahrheit nicht, ob eine neutrale Tätigkeit etwa bei lediglich bedingtem Vorsatz straflos bleiben soll, sondern vielmehr, ob derjenige, der mit bedingtem Vorsatz (oder Tatförderungswillen bzw. dem Wissen um den besonderen deliktischen Sinnbezug) handelt, sich noch »neutral« verhält.[40] Diese Frage ist aber zu verneinen. Wer – wie M – eine eindeutig in deliktischem Kontext erfolgende Unterstützungshandlung vornimmt und dabei – im Hinblick auf seine eigene Teilnahmehandlung und die in Rede stehende Haupttat (das ist hier der Totschlag

40 *Rotsch* Jura 2004, 14 (17 f.).

gem. § 212 StGB, nicht lediglich ein Verstoß gegen das BtMG!) – mit bedingtem Vorsatz handelt, also die Möglichkeit der Tatbestandsverwirklichung und damit des Todeseintritts erkennt sowie Kenntnis von seiner eigenen Unterstützungshandlung hat, der nimmt schon keine neutrale Tätigkeit mehr vor. Hier ist dann aber tatsächlich kein Grund ersichtlich, von der nach Bejahung sämtlicher Beihilfevoraussetzungen indizierten Beihilfestrafbarkeit eine Ausnahme zu machen.

Hinweis: Wer zu dem Ergebnis kommt, dass sämtliche subjektiven Theorien eine Strafbarkeit des M wegen Beihilfe zum Totschlag verneinen, kann diese mit obiger Argumentation alle gleichermaßen ablehnen. Die gegenteilige Auffassung – Ausnahme von der Beihilfestrafbarkeit – ist für den hier gegebenen Fall wohl nur schwer vertretbar. 470

d) Eine Rechtfertigung für das Tun des M ist nicht ersichtlich. Auch die Ansicht von dem Ausschluss der Beihilfestrafbarkeit bei Eingreifen eines Rechtfertigungsgrundes – im oben genannten Sinne – kommt daher zur Strafbarkeit des M wegen Beihilfe zum Totschlag gem. §§ 212 I, 27 I StGB. **471**

e) Nach alledem hat M sich einer Beihilfe zum Totschlag gem. §§ 212 I, 27 I StGB schuldig gemacht. **472**

II. Totschlag durch Unterlassen, §§ 212 I, 13 StGB

Eine Strafbarkeit wegen Totschlags durch Unterlassen gem. §§ 212 I, 13 StGB scheitert – wie bei A – an der fehlenden Garantenstellung des M. **473**

III. § 138 I Nr. 5 StGB

Allerdings hat M – wie auch A – sich schuldig gemacht eines Unterlassens der Anzeige der geplanten Taten gem. § 138 I Nr. 5 StGB. **474**

Gesamtergebnis

X und Y sind jeweils strafbar wegen Totschlags gem. § 212 I StGB in zwei Fällen; die Taten stehen jeweils in Tatmehrheit (§ 53 StGB). **475**

T ist strafbar wegen Anstiftung zum Totschlag in zwei Fällen, §§ 212 I, 26 StGB. **476**

A ist strafbar wegen einer Nichtanzeige geplanter Straftaten gem. § 138 I Nr. 5 StGB. **477**

M hat sich einer Nichtanzeige geplanter Straftaten gem. § 138 I Nr. 5 StGB und außerdem einer Beilhilfe zum Totschlag gem. §§ 212 I, 27 I StGB schuldig gemacht. Die Taten stehen in Tatmehrheit. M ist damit strafbar gem. §§ 212 I, 27 I, §§ 138 I Nr. 5; 53 StGB. **478**

Hinweis: Spätestens hier sehen Sie deutlich, weshalb Sie aus taktischen Gründen bei X und Y keine Unterbrechung des Zurechnungszusammenhanges annehmen sollten: In diesem Fall müssten alle Beteiligten konsequenterweise gänzlich straflos sein, sodass sich die gesamte Prüfung erübrigte. 479

Fall 4: Fehler eines Killers

480 Der Berufskiller T hat den Auftrag, O zu töten. Als er sich nach dem Abendessen auf den Weg machen will, hält seine Frau F ihm seine ständigen abendlichen Ausflüge vor. T hat überhaupt keine Lust auf irgendwelche Auseinandersetzungen, weil er sich auf seine »Arbeit« konzentrieren muss. F besteht jedoch auf einer Erklärung und verdächtigt T, ein Verhältnis mit einer anderen Frau zu haben. T wird wütend, darauf ergibt ein Wort das andere und schließlich ist T so erregt, dass er F eine schallende Ohrfeige verpasst. Um weiteren Schlägen zu entgehen, flüchtet F in die Küche. In ihrer Angst stolpert sie über eine Bodenleiste und schlägt mit dem Gesicht so hart auf dem Steinfußboden auf, dass sich vor dem Gesicht eine Blutlache bildet. T ist über diesen »Zwischenfall«, der ihn nur von seinem Termin abhält, so wütend, dass er F mit voller Wucht mehrmals ins Gesicht tritt. (Erst) Dabei nimmt er ihren Tod in Kauf.

481 Da T es nunmehr eilig hat, lässt er F liegen und begibt sich zu O, mit dem er sich unter einem Vorwand verabredet hat. Als O ihm die Tür öffnet, zückt T sofort seine Waffe und schießt zwei Mal auf O. O bricht tödlich verletzt blutüberströmt zusammen. T schafft den von ihm für tot gehaltenen O in seinen Pkw, fährt zur Kläranlage und wirft den tatsächlich nur bewusstlosen O in das Klärbecken. O ertrinkt.

482 Als T nach Hause kommt, ist F an einer Sickerblutung im Hirn gestorben, die sie sich bereits bei ihrem Sturz zugezogen hatte.

483 **Aufgabe: Beurteilen Sie die Strafbarkeit von T. § 211 StGB ist nicht zu prüfen.**

484 **Anmerkungen:** Die wesentlichen Probleme des Falles sind: **1.** Umgekehrter dolus generalis; **2.** Spezifischer Gefahrzusammenhang zwischen Grunddelikt und qualifizierender Folge; **3.** Konkurrenzen; **4.** Dolus generalis.

485 **Literaturhinweise: zu 1.:** BGH JZ 1983, 864*; *Hruschka* JZ 1984, 865; **zu 2.:** *Wessels/Hettinger* StrafR BT I Rn. 296 ff.; **zu 3.:** *Kühl* StrafR AT § 21; zu 4.: *Roxin* StrafR AT I § 12 Rn. 174 ff.; RNPW/*Rotsch* Klausur im 1. Staatsexamen Fall 20.

A. Gliederung

1. Tatkomplex: Die Auseinandersetzung mit F

I. Vollendeter Totschlag durch die Schläge, §§ 212 I StGB (-)
1. Objektiver Tatbestand (+)
2. Subjektiver Tatbestand (-)

II. Körperverletzung mit Todesfolge durch die Schläge, § 227 I StGB (+)
1. Vorsätzliches Grunddelikt (+)
2. Qualifizierende Folge (+)
3. Spezifischer Gefahrzusammenhang (+)
4. Fahrlässigkeit (+)
5. Ergebnis (+)

III. Fahrlässige Tötung durch die Schläge, § 222 StGB (+)

IV. Versuchter Totschlag durch die Tritte, §§ 212 I, 22, 23 I StGB (+)

V. Gefährliche Körperverletzung durch die Tritte, § 224 I Nr. 2, Nr. 5 StGB (+)

VI. Konkurrenzen und Ergebnis zur Strafbarkeit des T im 1. Tatkomplex

2. Tatkomplex: Die Tötung des O

I. Totschlag durch das Niederschießen des O, § 212 I StGB (+)
1. Objektiver Tatbestand (+)
   a) Erfolg (+)
   b) Kausalität (+)
   c) Objektive Zurechnung (+)
2. Subjektiver Tatbestand (+)
3. Rechtswidrigkeit und Schuld (+)
4. Ergebnis (+)

II. Ergebnis zur Strafbarkeit des T im 2. Tatkomplex

Gesamtergebnis

B. Lösung

1. Tatkomplex: Die Auseinandersetzung mit F

I. Vollendeter Totschlag durch die Schläge, §§ 212 I StGB

486 T könnte sich durch die Schläge wegen Totschlags gem. § 212 I StGB strafbar gemacht haben.

1. Objektiver Tatbestand

487 a) F ist aufgrund der Schläge des T in die Küche geflüchtet, wo sie gestolpert, auf dem Boden aufgeschlagen und einige Zeit später gestorben ist. Damit ist T kausal für den Eintritt des Todes der F – des tatbestandsmäßigen Erfolges iSd § 212 I StGB – geworden. Eine etwaige Atypizität dieses Verlaufs steht der Annahme der Kausalität nicht entgegen.

488 b) Der Erfolg ist T auch objektiv zuzurechnen. Denn durch die Schläge hat T das Risiko gesetzt, dass das gequälte Opfer vor ihm flüchtet, dabei stolpert und sich hierbei eine tödliche Verletzung zufügt.

489 **Hinweis:** Der Sachverhalt unterscheidet sich von den »klassischen« Fällen, in denen das Opfer sich unmittelbar selbst aufgrund seines Fluchtverhaltens tödlich verletzt, sicherlich dahingehend, als in diesen Fällen regelmäßig vom Opfer ein besonderes Risiko (zB das Eintreten einer Glastür im sog. »Gubener Verfolgerfall« [BGHSt 48, 34***], vgl. dazu eingehend Fall 6; Sprung aus dem Fenster im sog. »Rötzel«-Fall [BGH NJW 1971, 152***]) eingegangen wird, was hier nicht der Fall ist. Ist aber bereits in solchen Sachverhaltskonstellationen eine objektive Zurechnung anzunehmen,[1] muss dies im vorliegenden Fall erst recht gelten.

2. Subjektiver Tatbestand

490 Fraglich ist allerdings der Tötungsvorsatz des T. Denn in dem Zeitpunkt, in dem er die zum Tode der F führende Ursache setzte (Schläge), hatte er keinen Tötungsvorsatz; als er schließlich Tötungsvorsatz hatte, war F bereits tödlich verletzt.[2]

491 **Hinweis:** Es handelt sich hierbei um die »umgekehrte dolus generalis«-Konstellation, vgl. hierzu *Kühl* StrafR AT § 13 Rn. 48a; *Roxin* StrafR AT I § 12 Rn. 182.

492 Die Strafbarkeit des T wegen vollendeten Totschlags lässt sich nicht dadurch begründen, dass man einfach die – zu unterschiedlichen Zeitpunkten vorliegenden – einzelnen Merkmale des objektiven und subjektiven Tatbestandes *addiert*. Vielmehr müssen sämtliche strafbarkeitsbegründenden Umstände gleichzeitig (»simultan«) vorliegen, sog. Simultaneitätsprinzip.

493 **Hinweis:** Man sollte sich zunächst Klarheit darüber verschaffen, dass es – in beiden Konstellationen des dolus generalis (zur Ausgangskonstellation → Rn. 537) – natürlich diese Strafbarkeit wegen vollendeten Delikts ist, die von der hM – nicht zuletzt aus kriminalpolitischen Erwägungen – angestrebt wird. In der Tat leuchtet das Argument hierfür vordergründig ein: schließlich habe der Täter genau das

1 Vgl. dazu *Wagner/Drachsler* ZJS 2011, 530 (531 f.).
2 Zum Problem BGH JZ 1983, 864*.

erreicht, was er auch gewollt habe. Dass er sich gleichsam selbst zum unvorsätzlichen Werkzeug der Erfolgsverwirklichung gemacht habe, könne ihn nicht entlasten. Die Frage ist freilich, ob sich dieses Ergebnis auch überzeugend dogmatisch begründen lässt, vgl. dazu die folgende gutachterliche Lösung.

Gem. § 16 I 1 StGB muss der Täter »bei Begehung der Tat« vorsätzlich gehandelt 494
haben. § 8 S. 1 StGB bestimmt, dass eine Tat zu der Zeit begangen ist, zu welcher der Täter gehandelt hat (bzw. – im Falle des Unterlassens – hätte handeln müssen); wann der tatbestandsmäßige Erfolg eintritt, ist irrelevant, § 8 S. 2 StGB.

Hinweis: Hierin liegt ein grundlegender Unterschied zu § 9 StGB, der die Regelung über den *Ort* der 495
Tat enthält. Dieser Bestimmung liegt das sog. Ubiquitätsprinzip zugrunde, das die Begründung eines Tatorts am Ort der Handlung wie auch am Ort des Erfolgs ermöglicht, vgl. dazu im Einzelnen Graf/Jäger/Wittig/*Rotsch* § 9.

Der Tatvorsatz muss also immer nur bei Versuchsbeginn, also im Zeitpunkt der Vor- 496
nahme der zum Taterfolg führenden Handlung vorliegen. Im Vollendungszeitpunkt hingegen kann der Täter seinen Vorsatz längst aufgegeben haben, das entlastet ihn nicht ohne Weiteres.

Hinweis: Es müssen dann die Voraussetzungen des § 24 StGB erfüllt sein, will der Täter Straffreiheit 497
erlangen.

Ein der Tathandlung vorhergehender und im Tatzeitpunkt nicht mehr aktueller Vor- 498
satz (sog. dolus antecedens) reicht demnach für die Strafbarkeit wegen vorsätzlicher Tat ebenso wenig aus wie die nachträgliche Billigung unvorsätzlich verwirklichter Taterfolge (dolus subsequens).

a) Vor diesem Hintergrund lässt sich leicht sehen, dass im vorliegenden Fall eine 499
Konstellation des dolus subsequens gegeben ist. Der Tötungsvorsatz des T setzte nämlich erst in dem Zeitpunkt ein, in dem er F ins Gesicht trat. Im maßgeblichen Zeitpunkt der Schläge handelte T aber noch nicht vorsätzlich.

Hinweis: Der Zeitpunkt der Schläge ist hier freilich deshalb der maßgebliche, weil er durch die An- 500
knüpfung an ihn im Obersatz zum maßgeblichen Zeitpunkt gemacht worden ist. Das hat seinen Grund darin, dass die erstrebte Strafbarkeit wegen vollendeter Tat (siehe Hinweis → Rn. 493) von vornherein nur möglich ist, sofern der schließlich eingetretene Erfolg – Tod der F – der Ersthandlung des T zugerechnet werden kann. Denn zum Zeitpunkt der Zweithandlung war die bereits tödlich verletzte F schon nicht mehr taugliches Tatobjekt, weshalb insoweit von vornherein nur Versuch in Betracht kommt.

b) Im zugrunde liegenden Fall hat der BGH[3] zunächst diskutiert, ob das unvorsätz- 501
liche, aber ursächliche Vorverhalten des T mit den nichtkausalen, aber vorsätzlichen Tritten zu einem Gesamtgeschehen zu verbinden sei. Dieses wäre dann zumindest teilweise »simultan« mit dem Tötungsvorsatz des T. Der BGH hat eine solche Möglichkeit zu Recht abgelehnt. Die hierzu zu bemühende Rechtsfigur der natürlichen Handlungseinheit hat die Aufgabe, Tateinheit und Tatmehrheit iSd §§ 52, 53 StGB gegeneinander abzugrenzen. Den haftungsbegründenden Sachverhalt vermag sie jedoch nicht zu ersetzen.

3 BGH JZ 1983, 864*.

502 c) Fraglich ist, ob sich die Grundsätze der »Kausalabweichung« fruchtbar machen lassen. So ließe sich etwa daran denken, eine unwesentliche Abweichung des tatsächlichen vom von T vorgestellten Kausalverlauf anzunehmen, weil T geglaubt hat, den Tod der F durch die Fußtritte herbeizuführen, während er in Wahrheit die Todesursache bereits durch die zum Sturz führenden Schläge gesetzt hatte.

503 Eine Abweichung zwischen der Wirklichkeit und der Vorstellung lässt sich freilich nur dann als wesentlich oder unwesentlich beurteilen, wenn überhaupt eine Abweichung besteht. Hierzu muss aber zunächst eine Vorstellung des T im Zeitpunkt der Todesverursachung, also der Schläge, bestanden haben. Denn nur in diesem Falle ließe sich beurteilen, ob der sich anschließende Geschehensablauf wesentlich von der Vorstellung des T abwich oder nicht. Im Zeitpunkt der Schläge fehlt es aber am Vorsatz des T; vielmehr hatte T sich über den Eintritt des Todeserfolges überhaupt keine Gedanken gemacht. Macht der Täter sich aber im Zeitpunkt der Tathandlung überhaupt keine Vorstellungen über den Eintritt des tatbestandsmäßigen Erfolges, kann er sich auch einen hierauf gerichteten Kausalverlauf nicht vergegenwärtigen.[4]

504 Da T im Zeitpunkt der Schläge seine Frau noch nicht töten wollte, kann ihm der Tod der F auch nicht über die Rechtsfigur der unwesentlichen Abweichung des tatsächlichen vom vorgestellten Kausalverlauf zugerechnet werden.[5]

505 **Hinweis:** Zum Teil wird danach differenziert, ob die kausal zum Tod des Opfers führende Handlung noch zum Vorbereitungsstadium der für später geplanten Tötung gehörte (dann soll eine wesentliche Abweichung mit der Folge bloßer Fahrlässigkeitsstrafbarkeit vorliegen) oder bereits den Beginn des Tötungsversuchs darstellt (dann liege eine vollendete vorsätzliche Tötung vor). Diese Ansicht kommt vorliegend zu demselben Ergebnis, dass nämlich eine Zurechnung zu unterbleiben hat. Siehe zum Ganzen *Kühl* StrafR AT § 13 Rn. 48a.

506 **d)** T kann sich nicht wegen vollendeten Totschlags gem. § 212 I StGB strafbar gemacht haben.

II. Körperverletzung mit Todesfolge durch die Schläge, § 227 I StGB

507 T könnte sich aber einer Körperverletzung mit Todesfolge gem. § 227 StGB schuldig gemacht haben, indem er F schlug.

1. Vorsätzliches Grunddelikt

508 Indem T der F eine schallende Ohrfeige gab, hat er eine vorsätzliche, rechtswidrige und schuldhafte Körperverletzung gem. § 223 I StGB begangen.

2. Qualifizierende Folge

509 Durch die Ohrfeige hat T den Tod der F kausal verursacht (→ Rn. 487).

3. Spezifischer Gefahrzusammenhang

510 Fraglich ist aber, ob gerade die der – in der Ohrfeige bestehenden – Körperverletzung anhaftende spezifische Gefahr sich im Tode der F verwirklicht hat. Dafür müsste sich

4 Siehe hierzu die Anmerkung zu der Entscheidung des BGH von *Hruschka* JZ 1983, 865.
5 Grundsätzlich ebenso zB BGH NJW 2002, 1057; *Roxin* StrafR AT I § 12 Rn. 184.

die gerade einer Ohrfeige eigentümliche Gefahr *unmittelbar* im tödlichen Ausgang niedergeschlagen haben.[6]

511 **a)** Ein Teil der Literatur verlangt insoweit einen gefahrspezifischen, unmittelbaren Zusammenhang zwischen dem Körperverletzungs*erfolg* und dem Todeseintritt. Danach ist maßgebend, ob sich in dem tödlichen Ausgang gerade diejenige Gefahr realisiert hat, die von der Art und Schwere der Verletzung herrührt (sog. »Letalitätslehre«).[7] Legt man diese Auffassung zugrunde, wird man feststellen müssen, dass einer (auch »schallenden«) Ohrfeige (genauer: dem hierdurch eingetretenen Körperverletzungs*erfolg* einer »roten Wange«) nicht die spezifische Gefahr anhaftet, bei einem Sturz auf der Flucht in die Küche zu stolpern und hieran zu sterben.[8]

512 **b)** Die neuere Rechtsprechung des BGH versteht dagegen unter »Körperverletzung« iSd § 227 StGB nicht lediglich den Körperverletzungserfolg, sondern den gesamten Vorgang der Körperverletzung unter Einschluss der die Verletzung bewirkenden bzw. begleitenden Ausführungshandlung. Damit reicht auch ein tatbestandsspezifischer Gefahrzusammenhang zwischen Verletzungs*handlung* und Todesfolge.[9]

513 **Hinweis:** Diese Frage spielt naturgemäß dort eine besondere Rolle, wo es nur zum Versuch gekommen ist, da es in diesen Fällen an dem Eintritt eines tatbestandsmäßigen Erfolgs gerade fehlt. Zu einer solchen Konstellation vgl. unten Fall 6 (→ Rn. 842 ff.).

514 **c)** Da eine Körperverletzung ihre eigentümliche Gefahr nicht nur aus der Art des Verletzungserfolges, sondern auch aus ihrer konkreten Begehungsweise gewinnen kann (vgl. § 224 StGB), spricht mehr dafür, mit dem BGH darauf abzustellen, ob sich in der erschwerenden Folge die tatbestandsspezifische Gefährlichkeit des Verletzungs*erfolges oder* der Verletzungs*handlung* niedergeschlagen hat.[10]

515 **Hinweis:** Vorsicht! Die Auffassung des BGH – die von der Literatur mittlerweile weitgehend geteilt wird (etwa *Rengier* StrafR BT II § 16 Rn. 11, 13; NK-StGB/*Paeffgen* § 227 Rn. 11 mwN) – steht der unter a) (→ Rn. 511) genannten Letalitätslehre nicht etwa diametral gegenüber, sondern geht insofern über sie hinaus, als sie es ermöglicht, auf die Handlung oder den Erfolg abzustellen, also beide Anknüpfungspunkte anerkennt.

516 Stellt man aber auf den gesamten Vorgang der Körperverletzungshandlung ab, wird man auch dann von der unmittelbaren Verwirklichung einer tatbestandsspezifischen Gefahr ausgehen müssen, wenn das Opfer – wie hier – durch eigenes Verhalten auf der Flucht zu Tode kommt.[11] Zu den spezifischen Gefahren, denen das Gesetz begegnen will, gehört nach neuerer Ansicht des BGH auch der Umstand, dass das verängstigte Opfer bei einem gegenwärtigen[12] Angriff auf seine körperliche Unversehrtheit aus Furcht vor schweren Verletzungen unbesonnen reagiert und den Versuch unternimmt, sich in Sicherheit zu bringen. Kommt das Opfer dann nach einer sol-

6 BGHSt 31, 96***; BGH NJW 1995, 3194.

7 Vgl. etwa *Lackner/Kühl* § 227 Rn. 2.

8 So denn auch BGH bei *Holtz* MDR 1982, 103.

9 BGHSt 14, 110*** – Pistolenschlagfall; BGHSt 31, 96*** – Hochsitzfall; BGHSt 48, 34*** – Gubener Verfolgerfall. Diese drei Entscheidungen müssen bekannt sein (lesen!).

10 *Wessels/Hettinger* StrafR BT I Rn. 298.

11 So jetzt BGHSt 48, 34*** – Gubener Verfolgerfall. Anders noch BGH NJW 1971, 152.

12 Anders liegen die Dinge hingegen nach Beendigung des Angriffs, vgl. *Wessels/Hettinger* StrafR BT I Rn. 302.

chen, dem menschlichen Selbsterhaltungstrieb entspringenden Reaktion um, ist auch der tatbestandsspezifische Zusammenhang iSd § 227 StGB zu bejahen.[13]

517 **Hinweis:** Vgl. bereits die Ausführungen zur objektiven Zurechenbarkeit des Todeserfolgs unter → Rn. 488 f. sowie noch ausführlich unten Fall 6.

4. Fahrlässigkeit bezüglich der Todesfolge

518 Mit der schallenden Ohrfeige hat T hinsichtlich des Todes der F objektiv wie subjektiv fahrlässig gehandelt.

519 **Hinweis:** Letztlich wird T damit vorgeworfen, dass er hätte erkennen (und vermeiden) können, dass F aufgrund der Ohrfeige vor ihm flüchtet, stolpert und zu Tode kommt. Inhaltlich sind diese Fragen mit der Bejahung der objektiven Zurechenbarkeit in objektiver Hinsicht bejaht. Dafür aber, dass gerade T der Tod der F in subjektiver Hinsicht nicht als fahrlässig verursacht vorgeworfen werden kann, ist nichts ersichtlich.

5. Ergebnis

520 T ist einer Körperverletzung mit Todesfolge gem. § 227 StGB schuldig.

III. Fahrlässige Tötung durch die Schläge, § 222 StGB

521 Gegeben ist außerdem eine fahrlässige Tötung gem. § 222 StGB, da T den Tod der F durch die Veranlassung zur Flucht sorgfaltswidrig sowie objektiv und subjektiv zurechenbar herbeigeführt hat.

IV. Versuchter Totschlag durch die Tritte, §§ 212 I, 22, 23 I StGB

522 Durch die mit bedingtem Tötungsvorsatz geführten Tritte ins Gesicht der F hat T sich eines versuchten Totschlags gem. §§ 212 I, 22, 23 I StGB schuldig gemacht.

523 **Hinweis:** Dass F zu diesem Zeitpunkt bereits tödlich verletzt war, steht dem nicht entgegen. Vielmehr macht dieser Umstand F zum untauglichen Tötungsobjekt, da T nach dem Sachverhalt durch die Tritte nicht mehr kausal für den Tod der F geworden ist. Dieser Umstand begründet vielmehr lediglich die Untauglichkeit des – gleichwohl strafbaren – Versuchs. Für Ausführungen über einen Rücktritt gem. § 24 I StGB gibt der Sachverhalt nichts her.

V. Gefährliche Körperverletzung durch die Tritte, § 224 I Nr. 2, Nr. 5 StGB

524 Die Tritte mit dem beschuhten Fuß in das ungeschützte Gesicht der F stellen eine körperliche Misshandlung mittels eines gefährlichen Werkzeugs und mittels einer lebensgefährdenden Behandlung dar. Damit hat T sich auch einer gefährliche Körperverletzung gem. § 224 I Nr. 2 und Nr. 5 StGB schuldig gemacht.

13 BGHSt 48, 34***; *Wessels/Hettinger* StrafR BT I Rn. 302; Schönke/Schröder/*Stree/Sternberg-Lieben* § 227 Rn. 5.

VI. Konkurrenzen und Ergebnis zur Strafbarkeit des T im 1. Tatkomplex

Hinweis: Die richtige Überschrift muss lauten »Konkurrenzen und Ergebnis« (nicht »Ergebnis und Konkurrenzen«), denn erst wenn die Konkurrenzen aufgelöst sind, steht das Ergebnis fest (nicht umgekehrt). 525

§ 227 StGB verdrängt § 222 StGB. Die gefährliche Körperverletzung gem. § 224 I Nr. 2, Nr. 5 StGB steht mit dem versuchten Totschlag in Tateinheit gem. § 52 StGB. 526

Fraglich ist allerdings, wie sich § 227 StGB einerseits und §§ 212 I, 22, 23 I; 224 I Nrn. 2 und 5; 52 StGB andererseits zueinander verhalten. Zwar liegen mehrere Willensbetätigungen und somit keine einheitliche Handlung im natürlich Sinne[14] vor, die die Annahme von Idealkonkurrenz gem. § 52 StGB zur Folge hätte. Denkbar scheint aber Tateinheit iSv § 52 StGB aufgrund sog. »natürlicher Handlungseinheit«. Eine solche setzt eine gleichartige Begehungsweise, einen unmittelbaren zeitlichen und räumlichen Zusammenhang, eine einheitliche Willensbetätigung sowie die Tatsache voraus, dass sich der Vorgang für einen Dritten als zusammengehöriges Geschehen darstellen muss.[15] 527

Zwar besteht vorliegend ein enger zeitlicher und räumlicher Kontext. Auch lässt sich eine gleichartige Begehungsweise – beide Male wird körperlich auf den Kopf der F eingewirkt – annehmen. 528

Allerdings bestehen unterschiedliche Vorsatzrichtungen und somit kein einheitlicher Wille des T. Zudem liegt in den Tritten gegen den Kopf keine rein quantitative, sondern eine qualitative Unrechtssteigerung, was § 224 StGB verdeutlicht. Auch mag man bezweifeln, dass sich das Geschehen einem Dritten als erkennbar zusammengehörig darstellen würde. 529

Aus diesem Grund scheidet die Annahme einer natürlichen Handlungseinheit aus. Da auch kein Fall der Gesetzeskonkurrenz vorliegt, besteht zwischen versuchtem Totschlag und gefährlicher Körperverletzung auf der einen Seite und § 227 StGB auf der anderen Seite Realkonkurrenz gem. § 53 StGB. 530

T ist im 1. Tatkomplex folglich strafbar gem. §§ 212 I, 22, 23 I; 224 I Nr. 2 und 5; 52; 227 I; 53 StGB. 531

2. Tatkomplex: Die Tötung des O

I. Totschlag durch das Niederschießen des O, § 212 I StGB

T könnte sich durch die Abgabe der beiden Schüsse auf O wegen Totschlags gem. § 212 I StGB strafbar gemacht haben. 532

1. Objektiver Tatbestand

A müsste zunächst durch das Abgeben der beiden Schüsse den Tod des O objektiv zurechenbar verursacht haben. 533

a) O ist tot, der Erfolg iSd § 212 I StGB ist eingetreten. 534

14 Dazu *Kühl* StrafR AT § 21 Rn. 7 ff.
15 Vgl. *Kühl* StrafR AT § 21 Rn. 14.

535 **b)** A hat durch das Niederschießen eine Ursache für den späteren Tod des O gesetzt. Ohne diese Handlung wäre O nicht bewusstlos geworden und von A auch nicht in die Kläranlage geworfen worden. Das Niederschießen war damit conditio sine qua non für den Tod des O. Kausalität ist gegeben.

536 **c)** Fraglich ist aber, ob A der Erfolg, nämlich der spätere Ertrinkungstod des O in der Kläranlage, objektiv zugerechnet werden kann.

537 **Hinweis:** Die Besonderheit des vorliegenden Falles besteht darin, dass es um ein zweiaktiges Geschehen geht, in dessen Rahmen der Täter irrtümlich davon ausgeht, den tatsächlich erst durch die Zweithandlung bewirkten Erfolg bereits durch die Ersthandlung erreicht zu haben. Solche Sachverhalte werden nach wie vor – ungenau – mit dem Begriff des »dolus generalis« umschrieben (zur Terminologie sogleich → Rn. 548. Zum umgekehrten Fall vgl. 1. Tatkomplex → Rn. 486 ff.

Für die Vertreter einer strikten Lehre von der objektiven Zurechnung wird dieses vermeintliche Vorsatzproblem bereits im objektiven Tatbestand virulent (dazu noch sogleich im Text → Rn. 538 ff.).

In Frage steht hier, ob wegen einer vollendeten oder nur wegen versuchter Tat, eventuell in Tatmehrheit mit fahrlässiger Tötung, zu bestrafen ist. Denn isoliert betrachtet handelt der Täter nur beim Erstakt vorsätzlich. Dieser führt freilich nicht unmittelbar zum Erfolg. Der tatsächlich erfolgswirksame Zweitakt – die Verbergehandlung – ist aber nicht mehr von unrechtsrelevantem (Tötungs-)Vorsatz getragen. Die Diskussion wird seit Jahrzehnten äußerst kontrovers geführt; sie ist noch immer im Fluss.

Tatsächlich sind die Meinungsvielfalt und die Unterschiedlichkeit der Begründungsansätze kaum noch zu überschauen. Erschwert wird die Situation noch dadurch, dass die Aussagen in der Sache häufig übereinstimmen, aber heftig über ihre dogmatische Einordnung gestritten wird. Im Rahmen einer Fallbearbeitung kann es daher nur darum gehen, die wesentlichen Ansichten unter Berücksichtigung ihrer jeweiligen Konsequenzen hinsichtlich des gutachterlichen Aufbaus überzeugend darzustellen und knapp Stellung zu beziehen.

538 **aa)** Von einem Teil der Literatur wird bereits die objektive Zurechenbarkeit des Erfolges grundsätzlich verneint. Hier wie sonst verlange die normative Erfolgszurechnung zweierlei: Zum einen müsse der Täter ein rechtlich relevantes Risiko gesetzt haben; zum anderen müsse sich eben dieses Risiko im Erfolg realisiert haben. In den hier diskutierten Fällen[16] fehle es aber an der Gefahrrealisierung im Erfolg.[17] Nach dieser Ansicht hat T zwar mit dem Abgeben der Schüsse ein rechtlich missbilligtes Risiko gesetzt. Da dieser Handlung jedoch nicht das spezifische Risiko eines Ertrinkungstodes anhaftet, kann der Erfolg iSd § 212 I StGB T nicht zugerechnet werden. Eine vollendete Tötung schiede danach schon aus diesem Grunde aus.

539 **bb)** Dieser an sich konsequenten Ansicht innerhalb der Lehre von der objektiven Zurechnung wird man jedoch jedenfalls für Fälle wie dem vorliegenden nicht folgen können.[18] Ist nämlich – wie hier – der Täterplan von vornherein auf die Vornahme der Zweithandlung gerichtet, lässt sich kaum behaupten, das Risiko des Erfolgseintritts durch die Zweithandlung sei nicht bereits durch die Ersthandlung gesetzt worden. Auch ein völlig inadäquater Kausalverlauf liegt dann gerade nicht vor. Denn der

16 Die Rspr. hatte sich erstaunlich häufig mit derartigen Konstellationen zu beschäftigen; vgl. RGSt 70, 257; BGHSt 1, 75; 2, 285; BGH MDR 1952, 16 und insbes. BGHSt 14, 193*** – »Jauchegruben«-Fall.

17 *Jakobs* StrafR AT 8/77–79.

18 Hierzu und zum Folgenden SK-StGB/*Rudolphi/Stein* § 16 Rn. 38. Weitergehend – objektive Zurechenbarkeit stets gegeben – etwa *Wessels/Beulke* StrafR AT Rn. 262.

Tatplan, nach erfolgter Tötung die Leiche zu beseitigen, birgt die rechtlich missbilligte Gefahr in sich, dass der Tod nicht sofort eintritt, der Täter dies aber irrtümlich annimmt und den Erfolg dann tatsächlich erst durch die unvorsätzliche Zweithandlung verursacht.

Hinweis: Bei diesem zweiten Gesichtspunkt handelt es sich um den Adäquanzgedanken, der sich auch bei der hA – freilich erst im subjektiven Tatbestand – wiederfindet. Zur beachtlichen Kritik der Subjektivierung vgl. *Wolter* ZStW 89 (1977) 649. 540

cc) Auch wenn man eine konkret erfolgstaugliche Ersthandlung verlangt,[19] 541

Hinweis: Auch dieser Gedanke taucht bei den Vertretern einer subjektiven Zurechnung wieder auf, vgl. noch → Rn. 559). 542

kommt man hier zu keinem anderen Ergebnis. Laut Sachverhalt war O bereits durch die beiden Schüsse tödlich verletzt. 543

dd) Jedenfalls im vorliegenden Fall, in dem die Vornahme der Zweithandlung von vornherein geplant war, ist der Tod des O durch Ertrinken T objektiv zuzurechnen. 544

2. Subjektiver Tatbestand

Fraglich ist jedoch, ob T vorsätzlich gehandelt hat. Nach dem Sachverhalt bestehen am Vorliegen des Vorsatzes im Zeitpunkt der Schussabgabe keine Zweifel. 545

Freilich fehlt der Vorsatz in dem Zeitpunkt, in dem der Tod des O tatsächlich eingetreten ist. Im Zeitpunkt des Ertrinkungstodes konnte A nicht mehr vorsätzlich handeln, da er ja davon ausging, O sei bereits tot. Wie mit einer solchen Konstellation umzugehen ist, ist auch auf der Ebene des subjektiven Tatbestandes äußerst umstritten. 546

Hinweis: Dabei lässt sich nicht immer scharf zwischen Vertretern der Lehre von der objektiven und solchen der subjektiven Zurechnung differenzieren. Zum Teil wird allein objektiv argumentiert,[20] zum Teil zwischen objektiven und subjektiven Gesichtspunkten unterschieden,[21] während die hA die Problematik allein im subjektiven Tatbestand behandelt (dazu sogleich → Rn. 548 ff., 543). Zur Frage, inwieweit die Bejahung der objektiven Zurechnung die Stellungnahme auf der Ebene des subjektiven Tatbestandes indiziert vgl. grds. *Wessels/Beulke* StrafR AT Rn. 259, sowie für den vorliegenden Fall noch unter → Rn. 555. 547

a) Zu Recht nicht mehr vertreten wird die zuletzt noch von *Welzel* verfochtene eigentliche Lehre vom dolus generalis. Heute ist allgemein anerkannt, dass man eine vollendete Vorsatztat nicht mit der Begründung annehmen kann, Ersthandlung und von vornherein intendierter Zweitakt ergäben ein einheitliches Gesamtgeschehen, auf welches sich dann auch insgesamt die Vorstellung des Täters als »allgemeiner Vorsatz« (dolus generalis) erstrecke.[22] Zum einen kann nicht mit dem rechtshistorisch überholten Begriff des »Generalvorsatzes« der (nur) bei der Ersthandlung gegebene Tötungsvorsatz auf die nachfolgende Zweithandlung erstreckt werden, bei der er 548

19 So – strikt auf der Ebene des objektiven Tatbestandes – *Wolter* ZStW 89 (1977) 649.
20 So *Wolter* ZStW 89 (1977) 649.
21 Vgl. etwa *Roxin* StrafR AT I § 12 Rn. 174 ff.
22 IdS zuletzt noch *Welzel* StrafR 74.

eindeutig nicht mehr vorliegt.[23] Zum anderen kann die Lehre vom dolus generalis nicht erklären, weshalb die Zurechnung des Todeserfolges davon abhängen soll, ob ein ganz anderer Erfolg (das Verschwindenlassen des Opfers) von vornherein gewollt war.[24]

549 **b)** Ein Teil der Literatur unterscheidet Ersthandlung und Zweitakt konsequent, stellt fest, dass es im Zeitpunkt der vorsätzlichen Ersthandlung am Erfolgseintritt und im Zeitpunkt des Erfolgseintritts am Vorsatz fehlt und nimmt dementsprechend einen nur versuchten Totschlag in Tatmehrheit mit fahrlässiger Tötung an.[25] Danach kann T sich nicht wegen vollendeten Totschlags gem. § 212 I StGB strafbar gemacht haben.

550 **Hinweis:** Es liegt ein Tatumstandsirrtum vor: Da der Täter glaubt, eine Leiche vor sich zu haben, fehlt ihm die Kenntnis des Tatumstands, der dem Tatbestandsmerkmal »Mensch« iSd § 212 I StGB zu subsumieren ist.
Dies hindert freilich die Annahme einer Versuchsstrafbarkeit nicht, weil auch die Versuchstat am untauglichen Objekt grds. strafbar ist, wie sich im Umkehrschluss aus § 23 III StGB ergibt.

551 Da der Täter sich jeweils neu zur Handlung entschließe, könne kein einheitliches Geschehen vorliegen, auf das sich daher auch nicht der Vorsatz des Täters insgesamt beziehen könne.[26]

552 Auch wenn diese Ansicht beachtliche Argumente für sich geltend machen kann, kann sie letztlich nicht überzeugen. Für den Vorsatz gilt wie für sämtliche strafbarkeitsbegründenden Umstände das *Simultaneitätsprinzip*. Das bedeutet, dass er jedenfalls, aber auch nur in dem Zeitpunkt vorhanden sein muss, in dem der Täter zur Erfolgsherbeiführung ansetzt und den Kausalverlauf aus der Hand gibt. Dass der Vorsatz während der gesamten Zeitspanne bis zum Erfolgseintritt gegeben ist, ist dagegen nicht erforderlich.[27] Bei den hier in Frage stehenden Fällen handelt es sich um Konstellationen, in denen der tatsächliche Kausalverlauf dem vom Täter vorgestellten nicht entspricht. Dass der Täter sich hier anders als in den klassischen Fällen der Kausalabweichung unbewusst *selbst* zur zweiten Ursache für den Erfolgseintritt macht, sagt hinsichtlich der Qualität der Abweichung zunächst einmal noch nichts aus.[28] Vielmehr ist diese – wie auch sonst – unter Zugrundelegung des konkreten Falles zu prüfen. Nur wenn danach Wesentlichkeit der Abweichung zu bejahen ist, kann eine nur versuchte Tat angenommen werden.

553 **c)** Ist die Problematik also richtigerweise über die Grundsätze der »Abweichung vom Kausalverlauf« zu lösen, stellt sich nun die Frage, wann noch eine unwesentliche Abweichung des tatsächlichen vom vorgestellten Kausalverlauf vorliegt und dementsprechend eine vollendete Tat angenommen werden muss.

554 **aa)** Nach der Rechtsprechung des BGH und der überwiegenden Ansicht im Schrifttum sind Abweichungen zwischen dem vorgestellten und dem wirklichen Kausalverlauf dann unwesentlich und dementsprechend für den Tatbestandsvorsatz irrelevant, wenn sie sich noch in den Grenzen des nach allgemeiner Lebenserfahrung Vorher-

23 BGHSt 14, 193***. Zustimmend statt aller etwa *Roxin* StrafR AT I § 12 Rn. 175.
24 *Samson* StrafR I 106.
25 So jüngst etwa *Kühl* StrafR AT § 13 Rn. 48 mwN in Fn. 59.
26 *Maiwald* ZStW 78 (1966) 30; *Hettinger*, FS Spendel, 1992, 237 ff.
27 *Roxin* StrafR AT I § 12 Rn. 90.
28 Siehe einerseits *Samson* StrafR I 106; andererseits *Roxin* StrafR AT I § 12 Rn. 176.

sehbaren halten und keine andere Bewertung der Tat rechtfertigen.[29] In Fällen wie dem vorliegenden wird die hM den Vorsatzausschluss gem. § 16 I 1 StGB verneinen: Dass die Divergenz zwischen der Vorstellung über die Herbeiführung des Todes durch das Niederschießen und der tatsächlich erst durch die Beseitigung der vermeintlichen Leiche bewirkten Tötung nicht außerhalb aller Erfahrung liegt, ergibt sich bereits aus dem zur Adäquanz im Rahmen der objektiven Zurechnung Gesagten. Auch unterscheiden sich die beiden Tötungsarten der Erst- und Zweithandlung nicht so erheblich, dass dies eine andere Bewertung der Tat rechtfertigte.[30] Damit sind objektiver Kausalverlauf und Tätervorstellung kongruent, der Tod des O kann T nach dieser Ansicht subjektiv zugerechnet werden. Damit kommt eine Strafbarkeit des T wegen vollendeter Tat in Betracht.

Hinweis: Auch Examenskandidaten ist häufig nicht klar, dass die hL von der objektiven Zurechnung und insbesondere die BGH-Rechtsprechung der subjektiven Zurechnung mit dem Rückgriff auf den aus dem Zivilrecht stammenden Adäquanzgedanken auf denselben normativen Maßstab zur Entscheidung der Frage, ob der Täter für ein konkretes Geschehen noch zuständig ist, abstellen. Uneinigkeit herrscht hier einzig in der Frage des Prüfungsstandortes. Wer – wie der BGH – (mit guten Gründen) meint, die strafrechtliche Relevanz eines Geschehens nicht ohne Berücksichtigung der Tätervorstellung – als des Vorsatzes – entscheiden zu können, muss die Frage im subjektiven Tatbestand erörtern. 555

Hinweis: Auch bei einer wesentlichen Abweichung zwischen objektivem Kausalverlauf und Tätervorstellung entfällt der Vorsatz des Täters nicht! Wäre dies anders, käme auch eine versuchte Tat nicht mehr in Betracht, da auch diese mit dem Tatentschluss den Vorsatz der Tatbestandsverwirklichung voraussetzt. Vielmehr sind der (Tötungs-)Vorsatz und der konkrete Geschehensverlauf – wegen der Wesentlichkeit der Abweichung – nicht mehr hinreichend deckungsgleich, sodass der Vorsatz den tatsächlichen Tatablauf nicht mehr abdeckt. Das ändert aber nichts daran, dass der Täter (im Falle des Totschlags) die Tötung eines anderen Menschen erreichen wollte; nur wollte er dies eben auf eine andere als die sich dann tatsächlich realisiert habende Art und Weise. Im Rahmen der Versuchsstrafbarkeit ist aber allein ausschlaggebend, dass der Täter den auf die Verwirklichung des § 212 I StGB gerichteten Vorsatz aufweist (und im Übrigen unmittelbar zur Tatbestandsverwirklichung angesetzt hat). 556

bb) *Roxin*[31] folgt der hA im Ansatz, will aber nur in den Fällen »unrevidierter Tötungsabsicht« wegen vollendeter Tat bestrafen. Auch hiernach entfällt der Vorsatz des T nicht, da er hinsichtlich der Tötung des O mit dolus directus 1. Grades handelte und seinen ursprünglichen Tötungsplan auch nicht aufgegeben hat.[32] 557

cc) Da alle Ansichten innerhalb der hA zum selben Ergebnis kommen, kann eine Entscheidung zwischen ihnen unterbleiben. A handelte vorsätzlich. 558

d) Auch wenn man die Frage des Vorsatzausschlusses nicht über die Formel der Kausalabweichung der hL entscheiden will, sondern auf die konkrete Erfolgstauglichkeit 559

29 BGHSt 7, 325; *Wessels/Beulke* StrafR AT Rn. 258 mwN. Der erste Teil der Formel gibt – nun auf der Ebene des subjektiven Tatbestandes – den Adäquanzgedanken wieder.

30 Zum Erfordernis dieser Wertung vgl. BGHSt 14, 193***; Schönke/Schröder/*Sternberg-Lieben* § 15 Rn. 58. AA aber etwa *Otto* StrafR AT § 7 Rn. 90.

31 *Roxin* StrafR AT I § 12 Rn. 177 ff.; *ders.*, FS Würtenberger, 1977, 108 (120 ff.).

32 Zum Kriterium der Planverwirklichung vgl. *Roxin* StrafR AT I § 12 Rn. 179; *ders.*, FS Würtenberger, 1977, 108 (120 ff.).

der Ersthandlung abstellt, kommt man zum selben Ergebnis. Da O bereits nach der Schussabgabe des T gestorben wäre, entfällt auch nach dieser – namentlich von *Schroeder*[33] vertretenen – Ansicht, der Tötungsvorsatz des T im Rahmen der vollendeten Tat nicht.

3. Rechtswidrigkeit und Schuld

560 T handelte rechtswidrig und schuldhaft.

4. Ergebnis

561 T hat sich wegen vollendeten Totschlages gem. § 212 I StGB strafbar gemacht.

562 **Hinweis:** AA bei entsprechender Argumentation natürlich vertretbar. Dann hätte T sich wegen (untauglich) versuchten Totschlages in Tatmehrheit gem. § 53 StGB mit fahrlässiger Tötung strafbar gemacht.

563 **Hinweis:** Zum grundsätzlichen Anliegen der hM, in den dolus generalis-Fällen wegen einer *vollendeten* Tat zu bestrafen, siehe nochmals den Hinweis → Rn. 493.

II. Ergebnis zur Strafbarkeit des T im 2. Tatkomplex

564 T ist strafbar wegen – vollendeten – Totschlags gem. § 212 I StGB.

Gesamtergebnis

565 Die Geschehnisse der beiden Tatkomplexe stehen zueinander in Realkonkurrenz gem. § 53 StGB. T ist demnach strafbar gem. §§ 212 I, 22, 23 I; 224 I Nr. 2 und 5, 52; 227 I, 212 I, 53; 53 StGB.

---

33 LK/*Schroeder*, 10. Aufl. 1988 ff., § 16 Rn. 31.

Fall 5: Der Unfall mit dem Mordopfer

Der italienische Kleinganove I will seinen Landsmann und langjährigen Intimfeind, den alleinstehenden F, töten. Da er weiß, dass er nüchtern die Tat niemals begehen würde, betrinkt er sich, um seine Tötungshemmungen zu verlieren, bis er schuldunfähig ist. Sodann macht er sich in einer einsamen Nacht auf den Weg zu F. Er benutzt hierfür seinen Pkw, den er am Tag zuvor mit falschen Nummernschildern versehen hat. Als I nach rechts in die Straße, in der F wohnt, einbiegen will, übersieht er einen rechts von ihm ordnungsgemäß einsam auf dem Radweg fahrenden Radfahrer. Es kommt zum Zusammenstoß, der Radfahrer stürzt und wird so schwer verletzt, dass er sicher sterben wird. Nachdem der schlagartig wieder nüchterne I völlig benommen aus seinem Pkw gestiegen ist, erkennt er, dass es sich bei dem Radfahrer um F handelt. I kann sein »Glück« kaum fassen. 566

Er zerrt den bewusstlosen F in den Kofferraum und braust davon. Fieberhaft überlegt I, wo er sich des bewusstlosen F entledigen kann. Er fährt über die nahe gelegene niederländische Grenze, wo er ein einsames Waldstück kennt. Nachdem er den Kofferraum geöffnet hat, schlägt I, der zutreffend erkennt, dass F ohnehin sterben wird, diesem eine mitgeführte Wasserflasche über den Kopf. Als er ihn sodann im Unterholz ablegt, kommt F dennoch zu Bewusstsein. I fesselt ihn an Händen und Füßen mit einem Boulinknoten, um das Ganze wie eine Tat im Mafia-Milieu aussehen zu lassen. Erst jetzt fällt ihm ein, dass F möglicherweise Bargeld bei sich hat. Er durchwühlt daher dessen Taschen und findet 50 EUR, die er an sich nimmt. Dann macht er sich auf den Heimweg. 567

Als I – mittlerweile wieder in Deutschland – in einem Baustellenabschnitt ein einsames Fahrzeug überholen will, wirbelt er dermaßen viel Rollsplitt auf, dass an dem anderen Fahrzeug erhebliche Karosserieschäden entstehen. Von alledem bemerkt I freilich nichts. 568

500 m weiter entdeckt er eine noch geöffnete Tankstelle, an der er sich Zigaretten besorgen will. Als er den hell erleuchteten Verkaufsraum betritt und die 50 EUR, die er F entwendet hat, in die Hand nimmt, erkennt er, dass es sich um einen gefälschten Geldschein handelt. Er kauft die Zigaretten, lässt sich das Wechselgeld geben und verlässt den Verkaufsraum. 569

Draußen wartet bereits X, der Fahrer des beschädigten Kfz, um ihn auf die durch den Unfall entstandenen Beschädigungen aufmerksam zu machen. I, der die Gefahr der Entdeckung seiner erfolgreichen Entledigung des F sieht, glaubt X, lässt sich aber nicht beirren, und fährt nach Hause, ohne gegenüber X Angaben zu seiner Person zu machen. 570

F stirbt an den bei dem Unfall erlittenen Verletzungen. 571

I wird alsbald in Deutschland festgenommen. Ein Auslieferungsersuchen wird weder durch die italienischen noch die niederländischen Behörden gestellt. Der zuständige Staatsanwalt klagt die Taten daher vor einem deutschen Gericht an. 572

Aufgabe: Hat I sich nach dem deutschen StGB strafbar gemacht? 573

Bearbeitervermerk: Gehen Sie bei der Bearbeitung davon aus, dass sämtliche in den Niederlanden begangenen Taten auch dort mit Strafe bedroht sind. §§ 211, 221, 234, 234a, 261 StGB sind nicht zu prüfen. 574

575 **Anmerkung:** Die wesentlichen Probleme des Falles sind: **1.**: Urkundenfälschung bei Kfz-Kennzeichen; **2.**: umgekehrter dolus generalis; **3.**: actio libera in causa; **4.**: unvorsätzliches Entfernen vom Unfallort; **5.**: qualifizierte Fälle von Diebstahl und Raub; **6.**: Strafanwendungsrecht; **7.**: Betrug bei Bezahlung mit Falschgeld.

576 **Literaturhinweise: zu. 1.**: BGH NJW 2000, 229; **zu 2.**: *Roxin* GA 2003, 259; **zu 3.**: *Hillenkamp* 32 Probleme StrafR AT 13. Problem; *Jäger* StrafR AT Rn. 177 ff.; **zu 4.**: BVerfG NJW 2007, 1666; *Brüning* ZJS 2008, 148; *dies.* ZJS 2009, 442; **zu 5.**: *Jäger* StrafR BT Rn. 248 ff., 294 ff.; **zu 6.**: *Satzger* Jura 2010, 108 (Teil 1) und 190 (Teil 2); **zu 7.**: *Otto* StrafR BT § 51 Rn. 81.

A. Gliederung

1. Tatkomplex: Die beabsichtigte Tötung des F

I. Urkundenfälschung, § 267 I Var. 1 StGB (+)
II. Totschlag, § 212 I StGB (-)
III. Fahrlässige Tötung, § 222 StGB (Anfahren) (-)
IV. Totschlag, § 212 I StGB iVm vorsätzlicher alic (-)
V. Fahrlässige Tötung, § 222 StGB iVm fahrlässiger alic (-)
VI. Fahrlässige Tötung, § 222 StGB (Sichbetrinken) (+)
VII. Gefährdung des Straßenverkehrs, § 315c I Nr. 1 lit. a StGB (-)
VIII. Fahrlässige Gefährdung des Straßenverkehrs, § 315c I Nr. 1 lit. a, III Nr. 1 StGB (-)
IX. Fahrlässige Gefährdung des Straßenverkehrs, § 315c I Nr. 1 lit. a, III Nr. 1 iVm fahrlässiger alic (-)
X. Fahrlässige Gefährdung des Straßenverkehrs, § 315c I Nr. 1 lit. a, III Nr. 1 StGB (-)
XI. Trunkenheit im Verkehr, § 316 I StGB (-)
XII. Trunkenheit im Verkehr, § 316 I StGB iVm alic (-)
XIII. Unerlaubtes Entfernen vom Unfallort, § 142 I Nr. 1 StGB (-)
XIV. Unerlaubtes Entfernen vom Unfallort, § 142 I Nr. 2 StGB (-)
XV. Vollrausch, § 323a StGB (+)
XVI. Ergebnis zur Strafbarkeit des I im 1. Tatkomplex

2. Tatkomplex: Die Fahrt nach Holland

I. Freiheitsberaubung, § 239 I StGB (Transport des F im Kofferraum) (-)
II. Gefährliche Körperverletzung, §§ 223, 224 I Nr. 2 Var. 2 StGB (+)
III. Freiheitsberaubung, §§ 239 I StGB (Fesselung des F) (+)
IV. Diebstahl in einem besonders schweren Fall, §§ 242 iVm 243 I 2 Nr. 6 StGB (+)
V. Diebstahl mit Waffen, §§ 242, 244 I Nr. 1 lit. b StGB (+)
VI. Raub, § 249 I StGB (-)
VII. §§ 249 I, 13 I StGB (+)
VIII. Schwerer Raub, §§ 249 I, 250 I Nr. 1 lit. a und b, II Nr. 1, 13 I StGB (+)
IX. Nötigung, § 240 I StGB (+)
X. Totschlag, § 212 I StGB (-)
XI. Konkurrenzen und Ergebnis zur Strafbarkeit des I im 2. Tatkomplex

3. Tatkomplex: Die Beschädigung des Pkw des X

I. Sachbeschädigung, § 303 I StGB (-)
II. Unerlaubtes Entfernen vom Unfallort, § 142 I Nr. 1 StGB (Erstes Weiterfahren) (-)
III. Unerlaubtes Entfernen vom Unfallort, § 142 I Nr. 1 StGB (Zweites Weiterfahren) (-)
IV. Unerlaubtes Entfernen vom Unfallort, § 142 II Nr. 2 StGB (-)
V. Ergebnis zur Strafbarkeit des I im 3. Tatkomplex

4. Tatkomplex: Die Geschehnisse an der Tankstelle

I. Betrug, § 263 I StGB (-)
II. Inverkehrbringen von Falschgeld, § 147 I StGB (+)
III. Urkundenfälschung, § 267 I Var. 3 StGB (+)
IV. Konkurrenzen und Ergebnis zur Strafbarkeit des I im 4. Tatkomplex

Gesamtergebnis zur Strafbarkeit des I

B. Lösung

1. Tatkomplex: Die beabsichtigte Tötung des F

I. Urkundenfälschung, § 267 I Var. 1 StGB

577 I könnte sich dadurch, dass er seinen Pkw mit falschen Nummernschildern versehen hat, einer Urkundenfälschung nach § 267 I Var. 1 StGB schuldig gemacht haben.

578 **Hinweis:** Hier bietet es sich an, zunächst die Urkundenfälschung zu prüfen, da sie relativ unproblematisch zu bejahen ist und chronologisch zuerst stattfindet. Es ist aber ebenso richtig, mit den schwereren Delikten zu beginnen und die Urkundenfälschung erst am Ende zu prüfen.

1. Objektiver Tatbestand

579 Dazu müsste I eine unechte Urkunde hergestellt haben.

580 **a)** Nach hA ist eine (echte) Urkunde jede verkörperte Gedankenerklärung (Perpetuierungsfunktion), die zum Beweis im Rechtsverkehr geeignet und bestimmt ist (Beweisfunktion) und ihren Aussteller erkennen lässt (Garantiefunktion).[1] Die Urkunde ist unecht, wenn der sich aus der Urkunde ergebende und der tatsächliche Aussteller nicht identisch sind.[2]

581 **aa)** Ein amtliches Kennzeichen verkörpert die Erklärung, dass das Fahrzeug, an dem es angebracht ist, zum öffentlichen Verkehr zugelassen ist.[3] Auf dem Dienststempel der Zulassungsbehörde ist der Aussteller erkennbar;[4] ferner ist ein Kennzeichen zum Beweis im Rechtsverkehr geeignet, da es eine Zuordnung des Fahrzeugs zu einem bestimmten Halter ermöglicht und zu erkennen gibt, dass ein bestimmtes Fahrzeug in einem bestimmten Verwaltungsbezirk zum Straßenverkehr zugelassen ist. Jedoch wird das Kfz-Kennzeichen von der hM für sich genommen nur als Beweiszeichen begriffen, weil es seine beweiserhebliche Erklärung erst im Zusammenspiel mit einem anderen Bezugsgegenstand (dem Fahrzeug) entfaltet;[5] erst zusammen mit dem Dienststempel der Zulassungsbehörde sowie der festen Zusammenfügung mit dem Fahrzeug wird es zu einer – sog. zusammengesetzten – Urkunde.[6]

582 **bb)** Der Sachverhalt gibt jedoch keinen Aufschluss darüber, ob die von I angebrachten »falschen« Nummernschilder von der zuständigen Zulassungsbehörde stammen und lediglich zu einem anderen Kfz gehören oder von ihm selbst gefertigt wurden.

583 **(1)** Hat I das Kennzeichen selbst gefertigt, stellt es nach dem Anbringen an das Fahrzeug eine unechte zusammengesetzte Urkunde dar, da tatsächlicher (= I) und vermeintlicher (= Zulassungsstelle) Aussteller divergieren. Nach hM genügt diese Täuschung über die Identität des Ausstellers, um eine unechte Urkunde anzunehmen.[7] Nach anderer Ansicht liegt jedoch in einer solchen »unechten Urkunde« keine Ur-

1 Vgl. nur *Fischer* § 267 Rn. 2; SK-StGB/*Hoyer* § 267 Rn. 6.
2 Statt aller Schönke/Schröder/*Cramer/Heine* § 267 Rn. 48.
3 BGH NJW 2000, 229; OLG Stuttgart NStZ-RR 2001, 370.
4 BGHSt 11, 165; 16, 94.
5 *Kindhäuser* § 267 Rn. 20.
6 *Fischer* § 267 Rn. 7.
7 BGHSt 1, 117 (121); 33, 159 (160).

kunde, da ein die Urkundeneigenschaft konstituierendes Element – nämlich die Erkennbarkeit des wirklichen Ausstellers – bei der unechten Urkunde gerade fehlt; damit ist das in Frage stehende Objekt aber gerade keine Urkunde, weil sie ihren Urheber nicht für den Aussteller ausgibt, sondern lediglich den Anschein erweckt, eine Urkunde zu sein.[8] Eine Entscheidung zwischen den Ansichten erübrigt sich jedoch, da das Tatbestandsmerkmal hier auch nach letzterer Ansicht erfüllt ist. I erweckte durch das Anbringen der falschen Nummernschilder den Anschein, diese wären ihm von der Zulassungsbehörde für dieses Kfz zugeteilt worden.

(2) Auch wenn es sich um ein von der Zulassungsbehörde ausgestelltes Kennzeichen handelt, war dieses unecht. Das Merkmal unecht kann nämlich nur dann sinnvoll ausgelegt werden, wenn man eine Zusammenschau von Beweiszeichen und Bezugsgegenstand vornimmt. Zwar stimmen vermeintlicher und tatsächlicher Aussteller des Beweiszeichens isoliert betrachtet überein. Bezieht man jedoch in die Überlegungen ein, dass das Kfz-Kennzeichen als zusammengesetzte Urkunde eben auch der festen Verbindung zu einem konkreten (von der Zulassungsbehörde als Bezugsfahrzeug erfassten) Fahrzeug bedarf, ist auch das von der Zulassungsbehörde ausgestellte Kennzeichen in diesen Konstellationen als unecht zu begreifen, da es zumindest für ein anderes Fahrzeug bestimmt war. **584**

(3) Danach liegt in jedem Falle eine unechte Urkunde iSd § 267 I StGB vor. **585**

b) Durch das Anbringen an dem Wagen hat I diese (zusammengesetzte) Urkunde erzeugt,[9] damit hat er sie iSd Tatbestandes hergestellt. **586**

Hinweis: Auf die – äußerst umstrittene – Frage, ob auch derjenige eine Urkundenfälschung in der Variante des Verfälschens begehen kann, der durch das Ummontieren originaler Kfz-Kennzeichen lediglich deren Bezugsobjekt austauscht, muss hier nicht eingegangen werden, da bereits der objektive Tatbestand des § 267 I Var. 1 StGB erfüllt und außerdem nach dem Sachverhalt nicht klar ist, ob die Kennzeichen zu einem anderen Kfz gehören oder von I selbst gefertigt wurden, vgl. → Rn. 582 ff. Vgl. zur Frage der Urkundenfälschung gem. § 267 I Var. 2 StGB durch Ummontieren von Kfz-Kennzeichen RNPW/*Rotsch* Klausur im 1. Staatsexamen 410 f. Zur Verknüpfung von Fahrzeug, Dienststempel und Kennzeichen als zusammengesetzte Urkunde siehe die Nachweise bei *Fischer* § 267 Rn. 4. 587

2. Subjektiver Tatbestand

I handelte vorsätzlich hinsichtlich der objektiven Tatbestandsmerkmale. Er müsste außerdem zur Täuschung im Rechtsverkehr gehandelt haben.[10] Die hM lässt hinsichtlich der Täuschung direkten Vorsatz genügen.[11] Damit liegt der in § 267 StGB vorausgesetzte Täuschungsvorsatz vor, wenn der Täter mit sicherem Wissen davon ausgeht, dass ein anderer die Urkunde für echt hält und dadurch zu einem rechtlich erheblichen Verhalten bestimmt wird.[12] I wollte gerade, dass die falschen Schilder im Rechtsverkehr als echt angesehen werden. Somit stand bei ihm die voluntative Komponente im Vordergrund, er handelte also sogar mit dolus directus ersten Grades. Der subjektive Tatbestand ist damit erfüllt. **588**

8 *Gustafsson*, Die scheinbare Urkunde, 1993, 75 ff.; zusammenfassend RNPW/*Rotsch* Klausur im 1. Staatsexamen 396 ff.
9 Vgl. dazu RNPW/*Rotsch* Klausur im 1. Staatsexamen 403 mwN.
10 Zur Konstruktion als sog. »überschießende Innentendenz« vgl. MüKoStGB/*Erb* § 267 Rn. 202.
11 Vgl. *Fischer* § 267 Rn. 42.
12 LPK-StGB/*Kindhäuser* § 267 Rn. 56 mwN.

589 **Hinweis:** Zu den Voraussetzungen der drei Vorsatzarten vgl. die nach wie vor instruktiven Ausführungen bei *Samson* StrafR I 27 ff.

3. Rechtswidrigkeit und Schuld

590 I handelte rechtswidrig und schuldhaft.

4. Ergebnis

591 I ist einer Urkundenfälschung nach § 267 I Var. 1 StGB schuldig. Das weitere Gebrauchen der Urkunde bildet mit dem Fälschen eine deliktische Einheit, sodass nur ein einziges Delikt der Urkundenfälschung vorliegt.[13]

II. Totschlag, § 212 I StGB

592 I könnte sich durch das Anfahren des F wegen Totschlags gem. § 212 I StGB strafbar gemacht haben.

1. Objektiver Tatbestand

593 a) I hat durch das Anfahren F kausal derart schwer verletzt, dass F später an den Verletzungen verstorben ist.

594 **Hinweis:** Vorsicht! Lassen Sie sich nicht von der offensichtlich bestehenden Zeitspanne zwischen der Verletzung des F durch das Anfahren und seinem erst später – offenbar in den Niederlanden – eintretenden Tod verunsichern. Insoweit (zur objektiven Zurechenbarkeit sogleich → Rn. 596 ff. genügt die kausale Verursachung des tatbestandsmäßigen Erfolges. Deren Voraussetzungen sind nach dem Sachverhalt (»F stirbt an den bei dem Unfall erlittenen Verletzungen«) unproblematisch gegeben. Daran ändert auch der Schlag mit der Wasserflasche auf den Kopf des F nichts, da dieser keine Auswirkungen auf den bereits zuvor durch das Anfahren angestoßenen Kausalverlauf gehabt hat.

595 **Hinweis:** Liegt eine Voraussetzung unproblematisch vor, benutzen Sie – wie hier → Rn. 593 – den Urteilsstil! Ist das Vorliegen der nächsten Voraussetzung problematisch, kann sodann – wie sogleich → Rn. 596 – mit einer im Gutachtenstil gehaltenen Formulierung elegant hierzu übergeleitetet werden. Es ist der Wechsel zwischen Urteils- und Gutachtenstil, nicht das unnötige und überflüssige Ausreizen des Gutachtenstils, der das professionelle Gutachten auszeichnet. Es lässt sich immer wieder beobachten, dass Studenten in der Annahme, sie müssten stets den Gutachtenstil anwenden, die Prüfung in diesem Sinne beginnen, um sodann bei der evidenten Subsumtion Floskeln wie »zweifellos«, »eindeutig«, »unproblematisch« etc. zu verwenden. Das liest sich nicht nur unschön, sondern ist auch überflüssig. Wenn etwas wirklich eindeutig ist, muss und sollte es auch nicht im Gutachtenstil problematisiert werden. Allerdings weisen die genannten Floskeln den Leser häufig geradezu darauf hin, dass die vom Ersteller des Gutachtens behauptete »Eindeutigkeit« tatsächlich nicht vorliegt und die beim Studenten bestehende Unsicherheit durch solche starken Formulierungen nur kaschiert werden soll. Daher sollte ganz auf sie verzichtet werden. Entweder das Merkmal liegt evident vor – dann sollte im Urteilsstil formuliert werden – oder es liegt gerade nicht evident vor – dann ist der Gutachtenstil anzuwenden. Vgl. zum Ganzen noch eingehend, *Arzt* Strafrechtsklausur 23 ff.

13 Schönke/Schröder/*Cramer/Heine* § 267 Rn. 79.

b) Fraglich ist jedoch, ob I der Erfolg – Tod des F – auch objektiv zurechenbar ist. Objektiv zurechenbar ist ein Erfolg dann, wenn der Täter eine rechtlich relevante Gefahr geschaffen hat, die sich im tatbestandsmäßigen Erfolg realisiert.[14] Problematisch ist hier, dass I zwar F töten wollte. Allerdings sollte der Tod erst später und auf andere Weise herbeigeführt werden. **596**

Hinweis: Bei den hier relevanten Fällen des sog. »umgekehrten dolus generalis« besteht Einigkeit, dass keine Strafbarkeit aus vollendeter Vorsatztat, sondern nur eine Fahrlässigkeitsstrafbarkeit in Betracht kommt. Ordnet man die Frage bereits als eine solche des objektiven Tatbestandes ein, so muss man sich als Ersteller des Gutachtens bereits bei der Anfertigung der Gliederung klar darüber sein, dass die Erörterung der objektiven Zurechnung – also der normativen Verknüpfung von tatbestandsmäßigem Erfolg und Tathandlung – für das Vorsatz- und das Fahrlässigkeitsdelikt unterschiedlich ausfallen muss. Andernfalls würde man die Verneinung der objektiven Zurechnung beim Vorsatzdelikt auf das Fahrlässigkeitsdelikt übertragen und käme auch dort zur Ablehnung einer Strafbarkeit und damit insgesamt zur Straflosigkeit. **597**
Die Problematik wird verdeutlicht, wenn man sich die naheliegende Argumentation vor Augen führt. So könnte man versucht sein, wie folgt zu formulieren:
»Dass I den F auf dem Weg zur eigentlichen Tatbegehung überfahren würde, liegt außerhalb dessen, was nach dem gewöhnlichen Verlauf der Dinge zu erwarten ist.[15] I hat allenfalls das rechtlich missbilligte Risiko gesetzt, F später zu töten. Realisiert hat sich jedoch das Risiko, das aus der Teilnahme des I am Straßenverkehr herrührt. Es handelt sich daher um einen atypischen Kausalverlauf, der bereits die objektive Zurechnung hindert.« Eine solche Argumentation überzeugt deshalb nicht ganz, weil unter rein objektiven Gesichtspunkten mit dem Anfahren des F durchaus das Risiko gesetzt wird, dass dieser durch den Unfall stirbt. Dass die Tötung durch I von diesem eigentlich für einen späteren Zeitpunkt vorgesehen ist, betrifft streng genommen erst den Vorsatz des I und nicht bereits die Frage der objektiven Zurechnung. Die Vertreter dieser Lehre behelfen sich meist damit, dass sie – im objektiven Tatbestand – die vom Vorsatzdelikt vorausgesetzte Tatbestandshandlung verneinen, vgl. etwa *Roxin* StrafR AT I § 12 Rn. 184. Ganz sauber ist das freilich nicht, da die Tatbestandshandlung des Vorsatzdelikts sich gerade dadurch auszeichnet, das es um eine vorsätzliche Tatbestandshandlung geht (so ausdrücklich denn auch die Begründung bei *Roxin* StrafR AT I § 12 Rn. 184). Hält man aber – wie alle – die systematische Trennung in objektiven und subjektiven Tatbestand für richtig, stellt sich dann sofort wieder die Frage, weshalb man dann nicht – wie der BGH – die Frage auch erst im subjektiven Tatbestand problematisiert (vgl. dazu noch den nächsten Hinweis → Rn. 599). Wer an der Erörterung im objektiven Tatbestand festhalten will, kann dies etwa wie folgt tun:

I müsste also zunächst eine rechtlich missbilligte Gefahr gesetzt haben. Abzustellen ist dabei auf die Tathandlung, also das Anfahren des F. Mit dem Anfahren hat I aber nur dann eine rechtlich missbilligte Gefahr gesetzt, wenn die Handlung gerade das Risiko begründet, dass der von dem in Frage stehenden Tatbestand vorausgesetzte Erfolg eintritt und die betreffende Handlung eine tatbestandsmäßige Handlung darstellt. Letzteres ist bei der bloßen Sorgfaltswidrigkeit des I – I hat F beim Abbiegen übersehen – aber nicht der Fall. Wer im Zeitpunkt der Erfolgsverursachung weder Kenntnis von der Gefahrensituation überhaupt noch Verwirklichungswille besitzt, kann im Rahmen eines Vorsatzdelikts aber schon kein rechtlich missbilligtes Risiko gesetzt haben, weil er die Tathandlung des § 212 StGB nicht vornimmt. Damit kann der Tod des F dem I schon nicht objektiv zugerechnet werden. **598**

14 *Wessels/Beulke* StrafR AT Rn. 179.
15 *Wessels/Beulke* StrafR AT Rn. 196.

599 **Hinweis:** Zu demselben Ergebnis gelangt man, wenn man mit Teilen der Literatur ausdrücklich darauf abstellt, dass die kausal zum Tod des Opfers führende Handlung – wie hier – noch zum Vorbereitungsstadium der erst für einen späteren Zeitpunkt geplanten Tötung gehörte. Denn dann begründet das tatsächliche (Unfall)Geschehen eine wesentliche Kausalverlaufsabweichung. (Auch) Diese Argumentation spielt richtigerweise erst auf der Ebene des subjektiven Tatbestandes eine Rolle, da erst dort beurteilt werden kann, ob eine Inkongruenz zwischen Tätervorstellung und objektivem Geschehensverlauf gegeben ist. Vgl. noch den Hinweis → Rn. 602.

600 **Hinweis:** All dies zeigt die Anfechtbarkeit der Erörterung im Rahmen des objektiven Tatbestandes. Vgl. hierzu grds. die Ausführungen → Rn. 490 ff. zu dem insoweit ähnlich gelagerten Fall 4, bei dem die Frage im subjektiven Tatbestand erörtert worden ist.

2. Ergebnis

601 I hat sich nicht wegen Totschlags gem. § 212 I StGB strafbar gemacht.

602 **Hinweis:** Zu demselben Ergebnis kommt auch die Rspr., die das Problem – mit Teilen der Literatur, vgl. den Hinweis → Rn. 599 – aber im subjektiven Tatbestand als Irrtum über den Kausalverlauf erörtert. Um eine unwesentliche Kausalabweichung (mit dem Ergebnis vollendetes Delikt) handelt es sich nur dann, wenn der Erfolg wenigstens durch eine Versuchshandlung ausgelöst wird. Führt hingegen – wie hier – schon eine Vorbereitungshandlung den Erfolg herbei, kommt nur eine fahrlässige Tat in Betracht, weil es an einem strafrechtlich relevanten Vorsatz fehlt, der mindestens bei Beginn der Ausführungshandlung vorliegen muss.[16]

III. Fahrlässige Tötung, § 222 StGB (Anfahren)

603 I könnte sich durch das Anfahren des F wegen fahrlässiger Tötung gem. § 222 StGB strafbar gemacht haben.

1. Tatbestandsmäßigkeit

604 a) Durch das Anfahren beim Abbiegen hat I den F kausal tödlich verletzt.

605 b) I hat beim Abbiegevorgang objektiv sorgfaltswidrig gehandelt, da er den von rechts kommenden und sich ordnungsgemäß verhaltenden F auf dem Fahrrad übersehen hat.

606 c) Der tatbestandliche Erfolg ist angesichts der Tathandlung auch objektiv vorhersehbar, denn tödliche Unfälle mit Fahrradfahrern infolge von Unachtsamkeiten beim Abbiegevorgang halten sich nicht außerhalb dessen, was ein umsichtig handelnder Mensch aus dem Verkehrskreis des Täters in Rechnung stellen würde.[17]

607 d) Auch die objektive Zurechenbarkeit des Erfolges, beim Fahrlässigkeitsdelikt gekennzeichnet durch einen spezifischen Pflichtwidrigkeits- und Schutzzweckzusammenhang,[18] ist zu bejahen. Denn der Erfolgseintritt basierte gerade auf der Unaufmerksamkeit des I beim Abbiegen, wovor die Schutznormen der §§ 1 I und II, 9 III StVO den Betroffenen gerade bewahren wollen.

16 Vgl. *Roxin* StrafR AT I § 12 Rn. 184 mwN.
17 *Wessels/Beulke* StrafR AT Rn. 667a.
18 *Wessels/Beulke* StrafR AT Rn. 673 ff.

Hinweis: Eine Nennung der konkreten Normen wird man jedenfalls in der Klausur nicht erwarten können. Alternativ bietet sich zB die Formulierung »wovor die Schutznormen des Straßenverkehrsrechts den Betroffenen gerade bewahren wollen« an. 608

Hinweis: Mit dieser Argumentation ist dann – jeweils im Rahmen der objektiven Zurechnung – einerseits der Tatbestand des Vorsatzdelikts gem. § 212 StGB verneint, andererseits die Tatbestandsmäßigkeit des Fahrlässigkeitsdelikts gem. § 222 StGB bejaht, sodass man zum von allen für richtig gehaltenen Ergebnis einer Fahrlässigkeitsstrafbarkeit gelangt. 609

2. Rechtswidrigkeit

I handelte auch rechtswidrig. 610

3. Schuld

I handelte jedoch laut Sachverhalt nicht schuldhaft. Fraglich ist aber, ob ihn dies hier entlasten kann, da er sich bewusst in den Zustand der Schuldunfähigkeit versetzt hat. Die (immer noch) hA lässt in diesen Fällen eine Bestrafung nach den Grundsätzen der actio libera in causa zu.[19] Dabei wird zT unter Zugrundelegung des von *Hruschka* begründeten »Ausnahmemodells« entgegen dem Wortlaut des § 20 StGB die Bestrafung einer im schuldunfähigen Zustand begangenen Handlung ermöglicht, sofern der Täter diesen Zustand selbst vorwerfbar herbeigeführt hat. Anknüpfungspunkt des strafrechtlichen Vorwurfs ist gleichwohl (im Gegensatz zum sog. Tatbestandsmodell) 611

Hinweis: Dazu sogleich → Rn. 618 ff. 612

die im schuldunfähigen Zustand vorgenommene Handlung. Durch teleologische Reduktion werden die Worte »bei Begehung der Tat« (§ 51 StGB aF: »zur Zeit der Tat«) hinweginterpretiert. Die von *Hruschka* begründete Auffassung ist jedoch abzulehnen, da sie gegen Art. 103 II GG verstößt: Die Reduktion von Schuldausschließungsgründen erweitert die Strafbarkeit entgegen dem Wortlaut und steht in ihrer Wirkung daher einer verbotenen Analogie zulasten des Täters gleich.[20] 613

4. Ergebnis

I hat sich nicht wegen fahrlässiger Tötung gem. § 222 StGB strafbar gemacht. 614

IV. Totschlag, § 212 I StGB iVm vorsätzlicher alic

I könnte sich durch das Sichbetrinken wegen Totschlags gem. § 212 I StGB iVm den Grundsätzen der vorsätzlichen alic strafbar gemacht haben. 615

1. Objektiver Tatbestand

Durch das Sichbetrinken hat I den Tod des F kausal verursacht. 616

Hinweis: Nach dem Sachverhalt steht fest, dass I die Tat in nüchternem Zustand nicht begangen hätte. In Anwendung der conditio-Formel bedeutet das: Ohne das Sichbetrinken hätte I sich nicht mit 617

19 *Fischer* § 20 Rn. 49.
20 LK/*Dannecker* § 1 Rn. 261.

seinem Pkw auf den Weg zu F gemacht, hätte diesen beim Abbiegen nicht übersehen und angefahren und damit durch den Unfall nicht tödlich verletzt. Wem der obige Satz im Text in seiner Kürze zu knapp erscheint, kann die vorstehende gedankliche Operation noch zur Verdeutlichung vornehmen. Dann drängt sich allerdings auf, dass F nach dem Plan des I zwar nicht durch einen Unfall, aber durch eine vorsätzliche Tötungshandlung des I zu Tode kommen sollte. Man sollte dann zusätzlich klarstellen, dass ein solcher hypothetischer Kausalverlauf bei der Feststellung der Kausalität unberücksichtigt zu bleiben hat.

2. Subjektiver Tatbestand

618 a) I hat sich vorsätzlich in den alkoholbedingten Defektzustand versetzt.

619 b) Fraglich ist aber, ob I im Moment des Sichbetrinkens Vorsatz hinsichtlich der späteren Tat hatte. Problematisch ist hier, dass I sich – auch im Zeitpunkt des Sichbetrinkens – den Tod des F erst für einen späteren Zeitpunkt, nicht aber für den Zeitpunkt des Unfalls, vorgestellt hat (→ Rn. 596 ff.). Offen ist jedoch, ob hier ebenso (schematisch) argumentiert werden kann wie im Rahmen der Strafbarkeit nach § 212 I StGB wegen des Unfalls. Tut man dies und legt das Tatbestandsmodell zugrunde, wonach es für die Beurteilung der Strafbarkeit nun nicht mehr auf den Zeitpunkt der Vornahme der schuldunfähigen Handlung, sondern denjenigen des Sichbetrinkens ankommt, so wird man annehmen müssen, dass der Versuch hier mit der berauschenden Einwirkung beginnt und mit dem Einsteigen in den Pkw (= Sich-Entlassen in die Schuldunfähigkeit) beendet ist. Daraus ergibt sich dann aber, dass der Tod des F nicht mehr während der Vorbereitungshandlung des I, sondern nach Versuchsbeginn eingetreten ist. Übernimmt man nun die strikte Unterscheidung von oben – Erfolgseintritt während der Vorbereitungshandlung = wesentliche Abweichung; Erfolgseintritt nach Versuchsbeginn = unwesentliche Abweichung –, so kommt man hier zu einer unwesentlichen Abweichung und damit zum (zu oben) entgegengesetzten Ergebnis.

620 **Hinweis:** Dieses unterschiedliche Ergebnis folgt zwingend aus der Tatsache, dass die Vertreter des Tatbestandsmodells den Strafbarkeitsvorwurf vorverlagern; es stellt keinen »prüfungsimmanenten« Widerspruch dar. Freilich ist es hier sehr gut möglich, nicht die oben dargestellte schematische Entscheidung zur Unwesentlichkeit der Kausalabweichung vorzunehmen, sondern unter Zugrundelegung der üblichen Formel (Unwesentlich ist eine Kausalabweichung, wenn sie sich noch in den Grenzen des nach allgemeiner Lebenserfahrung Vorhersehbaren hält und keine andere Bewertung der Tat rechtfertigt, vgl. BGHSt 7, 325) zur Wesentlichkeit der Abweichung zu kommen. Dann kommt man zum Versuch und muss dort das Tatbestandsmodell diskutieren.

621 c) Es ist jedoch fraglich, ob die mit dem Tatbestandsmodell vorgenommene Vorverlagerung des strafrechtlichen Anknüpfungspunktes überhaupt zulässig ist. Von einer neueren, im Vordringen befindlichen Literatur wird dies mit guten Gründen verneint. Danach stellt auch diese Auffassung einen Verstoß gegen Art. 103 II GG dar,[21] da der eindeutige Wortlaut »bei Begehung der Tat«, auf dem das Simultaneitätsprinzip fußt, auf diese Weise zulasten des Täters unterlaufen wird.

3. Ergebnis

622 Nach zutreffender Ansicht scheidet eine Strafbarkeit gem. § 212 I StGB durch das Sichbetrinken iVm vorsätzlicher alic aus.

---

21 Siehe hierzu *Hillenkamp* 32 Probleme StrafR AT 13. Problem (S. 57 ff.) mwN.

V. Fahrlässige Tötung, § 222 StGB iVm fahrlässiger alic

I könnte sich durch das Sichbetrinken gem. § 222 StGB iVm fahrlässiger alic strafbar gemacht haben. 623

1. Tatbestandsmäßigkeit

Unabhängig von der Frage, ob der Vorsatz im Zeitpunkt des Sichbetrinkens – also eine an sich vorsätzliche actio libera in causa – zur Haftung wegen Fahrlässigkeitstat nach dem Tatbestandsmodell führen kann, hat der BGH klargestellt, dass es eines Rückgriffs auf die Grundsätze der actio libera in causa bei Fahrlässigkeitsdelikten nicht bedarf. Die Möglichkeit, vom Erfolgseintritt zeitlich entfernte sorgfaltswidrige erfolgsursächliche Handlungen wegen fahrlässiger Deliktsverwirklichung zu bestrafen, ist dort nämlich nichts Ungewöhnliches.[22] 624

2. Ergebnis

I hat sich nicht gem. § 222 StGB iVm fahrlässiger alic strafbar gemacht. 625

VI. Fahrlässige Tötung, § 222 StGB (Sichbetrinken)

I könnte sich durch das Sichbetrinken wegen fahrlässiger Tötung gem. § 222 StGB strafbar gemacht haben. 626

1. Tatbestandsmäßigkeit

I hat den Erfolg – Tod des F – kausal herbeigeführt. Argumentiert man im Rahmen des Pflichtwidrigkeitszusammenhanges hier entsprechend den Ausführungen → Rn. 607, ist der Tatbestand der fahrlässigen Tötung erfüllt. 627

2. Rechtswidrigkeit

I handelte rechtswidrig. 628

3. Schuld

Im Zeitpunkt des Sichbetrinkens handelte I schuldhaft. 629

4. Ergebnis

I hat sich wegen fahrlässiger Tötung gem. § 222 StGB strafbar gemacht. 630

VII. Gefährdung des Straßenverkehrs, § 315c I Nr. 1 lit. a StGB

I könnte sich durch die Fahrt einschließlich des Unfalls wegen vorsätzlicher Gefährdung des Straßenverkehrs gem. § 315c I Nr. 1 lit. a StGB strafbar gemacht haben. 631

1. Objektiver Tatbestand

a) I hat im Straßenverkehr ein Fahrzeug geführt. 632

22 BGHSt 42, 235** (236); IdS bereits *Horn* GA 1969, 289.

633 **b)** I ist auch fahruntüchtig, da er eine Blutalkoholkonzentration von über 1,1 Promille aufweist und damit den Grenzwert zur absoluten Fahruntauglichkeit überschritten hat.[23]

634 **c)** I hat durch das Anfahren auch das Leben des F gefährdet.

2. Subjektiver Tatbestand

635 **a)** I handelte vorsätzlich hinsichtlich des Führens des Fahrzeugs sowie hinsichtlich seiner Fahruntauglichkeit.

636 **b)** I hatte jedoch keinen Vorsatz hinsichtlich einer von ihm ausgehenden naheliegenden Gefahr für andere Personen in der konkreten Tatsituation.[24] Vielmehr wollte er F in dieser Situation gerade nicht in Gefahr bringen, da er sich dessen Tötung erst für einen späteren Zeitpunkt vorgestellt hat.

3. Ergebnis

637 I hat sich nicht wegen vorsätzlicher Gefährdung des Straßenverkehrs gem. § 315c I Nr. 1 lit. a strafbar gemacht.

VIII. Fahrlässige Gefährdung des Straßenverkehrs, § 315c I Nr. 1 lit. a, III Nr. 1 StGB

638 I könnte sich durch die Fahrt einschließlich des Unfalls jedoch wegen fahrlässiger Gefährdung des Straßenverkehrs gem. § 315c I Nr. 1 lit. a, III Nr. 1 StGB strafbar gemacht haben.

1. Tatbestandsmäßigkeit

639 I hat vorsätzlich in fahruntüchtigem Zustand im Straßenverkehr ein Fahrzeug geführt und dadurch – fahrlässig – das Leben des F gefährdet, vgl. → Rn. 632 ff.

2. Rechtswidrigkeit

640 I handelte rechtswidrig.

3. Schuld

641 I handelte jedoch aufgrund seiner Alkoholisierung nicht schuldhaft.

4. Ergebnis

642 I hat sich nicht gem. § 315c I Nr. 1 lit. a, III Nr. 1 StGB strafbar gemacht.

IX. Fahrlässige Gefährdung des Straßenverkehrs, § 315c I Nr. 1 lit. a, III Nr. 1 iVm fahrlässiger alic

643 I könnte sich durch das Sichbetrinken wegen fahrlässiger Gefährdung des Straßenverkehrs gem. § 315c I Nr. 1 lit. a, III Nr. 1 iVm fahrlässiger alic strafbar gemacht haben.

---

23 Vgl. *Fischer* § 315c Rn. 4b, § 316 Rn. 25.

24 Schönke/Schröder/*Sternberg-Lieben/Hecker* § 315c Rn. 38.

1. Tatbestandsmäßigkeit

Neben der bereits dargestellten Unhaltbarkeit des Tatbestandsmodells und der sich schon daraus ergebenden Unanwendbarkeit der Grundsätze der alic sowie der fehlenden Notwendigkeit ihrer Anwendung im Rahmen der Fahrlässigkeitsdelikte ergibt sich hier noch ein weiteres Argument aus der neueren Rechtsprechung des BGH: Jedenfalls bei Delikten, die wie §§ 315c, 316 StGB das »Führen« eines Kfz voraussetzen – also nicht lediglich die Verursachung eines Erfolges unter Strafe stellen –, kann die Rechtsfigur der alic die Annahme schuldhafter Taten trotz schuldausschließenden Vollrausches bei der eigentlichen Tathandlung nicht rechtfertigen.[25] Führen eines Fahrzeugs ist nicht gleichbedeutend mit Verursachen der Bewegung.[26] 644

2. Ergebnis

I hat sich nicht wegen fahrlässiger Gefährdung des Straßenverkehrs gem. § 315c I Nr. 1 lit. a, III Nr. 1 iVm fahrlässiger alic strafbar gemacht. 645

X. Fahrlässige Gefährdung des Straßenverkehrs, § 315c I Nr. 1 lit. a, III Nr. 1 StGB

Aus dem gleichen Grund entfällt dann aber auch eine Strafbarkeit wegen fahrlässiger Gefährdung des Straßenverkehrs gem. § 315c I Nr. 1 lit. a, III Nr. 1 StGB. 646

XI. Trunkenheit im Verkehr, § 316 I StGB

I könnte sich durch die Fahrt mit seinem Pkw wegen Trunkenheit im Verkehr gem. § 316 I strafbar gemacht haben. 647

1. Tatbestandsmäßigkeit, Rechtswidrigkeit, Schuld

I hat im Zustand absoluter Fahruntauglichkeit rechtswidrig im Verkehr ein Fahrzeug geführt. Jedoch war er dabei schuldunfähig. 648

2. Ergebnis

I hat sich durch die Fahrt mit seinem Pkw nicht wegen Trunkenheit im Verkehr gem. § 316 I StGB strafbar gemacht. 649

XII. Trunkenheit im Verkehr, § 316 I StGB iVm alic

I könnte sich durch das Sichbetrinken wegen Trunkenheit im Verkehr gem. § 316 I StGB iVm alic strafbar gemacht haben. 650

1. Objektiver Tatbestand

Ein Rückgriff auf die Grundsätze der alic ist nach der Rechtsprechung des BGH jedoch nicht zulässig,[27] da bei verhaltensgebundenen Delikten wie § 316 I StGB im Sichbetrinken kein Führen eines Kfz gesehen werden kann.[28] 651

25 BGHSt 42, 235** (239).
26 BGHSt 42, 235** (239 f.).
27 BGHSt 42, 235**.
28 Vgl. *Wessels/Beulke* StrafR AT Rn. 415.

2. Ergebnis

652 I hat sich durch das Sichbetrinken nicht wegen Trunkenheit im Verkehr gem. § 316 I StGB iVm alic strafbar gemacht.

XIII. Unerlaubtes Entfernen vom Unfallort, § 142 I Nr. 1 StGB

653 I könnte sich durch das Weiterfahren nach dem Anfahren des F wegen unerlaubten Entfernens vom Unfallort gem. § 142 I Nr. 1 StGB strafbar gemacht haben.

1. Objektiver Tatbestand

654 **a)** Die Kollision von I mit F stellt einen Unfall im Straßenverkehr dar, da es sich dabei um ein plötzliches Ereignis im Verkehr handelt, in dem sich ein verkehrstypisches Schadensrisiko realisiert.[29]

655 **b)** I war auch Unfallbeteiligter, da sein Verhalten nach den Umständen zur Verursachung des Unfalls beigetragen haben kann, vgl. die Legaldefinition in § 142 V StGB.

656 **c)** Jedoch müssten sich zum Zeitpunkt der Weiterfahrt feststellungsbereite Person am Unfallort befunden haben. Darunter fällt grundsätzlich auch das Unfallopfer. Allerdings muss die Person auch bereit sein, Feststellungen zu treffen,[30] was bei dem bewusstlosen F nicht der Fall ist. Da sich daneben keine anderen Personen am Unfallort befunden haben, scheidet § 142 I Nr. 1 StGB aus.

2. Ergebnis

657 I hat sich nicht wegen unerlaubten Entfernens vom Unfallort gem. § 142 I Nr. 1 StGB strafbar gemacht.

XIV. Unerlaubtes Entfernen vom Unfallort, § 142 I Nr. 2 StGB

658 I könnte sich durch das Weiterfahren nach dem Anfahren des F jedoch wegen unerlaubten Entfernens vom Unfallort gem. § 142 I Nr. 2 StGB strafbar gemacht haben.

1. Objektiver Tatbestand

659 **a)** I ist Unfallbeteiligter an einem Unfall im Straßenverkehr (→ Rn. 654 f.).

660 **b)** Daneben müsste er seine Wartepflicht verletzt haben. I müsste dafür aber überhaupt verpflichtet sein, Feststellungen treffen zu lassen. Vor dem Hintergrund der ratio legis, der Sicherung privater Schadensersatzansprüche,[31] ist davon auszugehen, dass das Rechtsgut des § 142 StGB durch die Tötung des alleinstehenden F nicht verletzt ist.

2. Ergebnis

661 I hat sich nicht wegen unerlaubten Entfernens vom Unfallort gem. § 142 I Nr. 2 StGB strafbar gemacht.

---

29 Dazu Schönke/Schröder/*Sternberg-Lieben* § 142 Rn. 6.
30 *Fischer* § 142 Rn. 23.
31 Vgl. SK-StGB/*Rudolphi/Stein* § 142 Rn. 5.

XV. Vollrausch, § 323a StGB

I könnte sich durch das Sichbetrinken wegen Vollrausches gem. § 323a StGB strafbar gemacht haben. 662

1. Objektiver und subjektiver Tatbestand

I hat sich vorsätzlich in einen Rausch versetzt. 663

2. Objektive Strafbarkeitsbedingung

Daneben müsste I eine rechtswidrige Tat begangen haben, für die er allein wegen seiner rauschbedingten Schuldunfähigkeit nicht bestraft werden kann (sog. Rauschtat). Infolge seiner Schuldunfähigkeit scheidet eine Strafbarkeit des I wegen § 315c I Nr. 1 lit. a, III Nr. 1 StGB sowie § 316 I StGB aus. Rauschtaten iSv § 323a StGB liegen somit vor. 664

3. Rechtswidrigkeit, Schuld

I handelte auch rechtswidrig und schuldhaft. 665

Hinweis: Auf eine Alkoholisierung darf im Rahmen des § 323a StGB nicht abgestellt werden, da sonst eine Strafbarkeit nach dieser Vorschrift immer ausscheiden würde. 666

4. Ergebnis

I hat sich wegen Vollrausches gem. § 323a StGB strafbar gemacht. 667

XVI. Ergebnis zur Strafbarkeit des I im 1. Tatkomplex

I ist strafbar gem. §§ 267 I Var. 1; 222, 323a, 52; 53 StGB. 668

2. Tatkomplex: Die Fahrt nach Holland

I. Freiheitsberaubung, § 239 I StGB (Transport des F im Kofferraum)

I könnte sich wegen Freiheitsberaubung gem. § 239 I StGB strafbar gemacht haben, indem er F in den Kofferraum legte und in die Niederlande fuhr. 669

1. Objektiver Tatbestand

I müsste einen anderen Menschen eingesperrt oder auf andere Weise der Freiheit beraubt haben. Problematisch ist allerdings schon, ob F überhaupt taugliches Tatobjekt einer Freiheitsberaubung sein kann, da er während der gesamten Zeit im Kofferraum bewusstlos war. 670

a) Umstritten ist, ob § 239 I StGB einen aktuellen Fortbewegungswillen voraussetzt,[32] der bei F zum Tatzeitpunkt ersichtlich nicht vorlag. 671

b) Die hM lässt jedoch bereits einen potentiellen Willen zur Fortbewegung genügen.[33] Danach muss jedoch weiter differenziert werden, ob das Opfer einen Fortbewegungswillen überhaupt hätte potentiell bilden können oder ob zum Tatzeitpunkt 672

32 Im Überblick etwa NK-StGB/*Sonnen* § 239 Rn. 5 ff.

33 BGHSt 14, 316; 32, 183; LK/*Träger/Schluckebier* § 239 Rn. 8 f.

ein natürlicher Wille nicht gebildet werden kann.[34] Hiernach liegt eine Freiheitsberaubung nur dann vor, wenn das Opfer tatsächlich den Willen hatte, seinen Aufenthaltsort zu verlassen oder diesen Willen zumindest hätte bilden können.[35]

673 **c)** Da F weder einen aktuellen Fortbewegungswillen hatte noch aufgrund seiner Bewusstlosigkeit einen derartigen Willen hätte bilden können, scheidet eine Freiheitsberaubung nach allen Ansichten aus. F ist schon nicht taugliches Tatobjekt.

2. Ergebnis

674 I ist nicht wegen Freiheitsberaubung gem. § 239 I StGB strafbar.

II. Gefährliche Körperverletzung, §§ 223, 224 I Nr. 2 Var. 2 StGB

675 Durch den Schlag mit der Wasserflasche könnte I sich einer gefährlichen Körperverletzung gem. §§ 223, 224 I Nr. 2 Var. 2 StGB schuldig gemacht haben.

1. Anwendbarkeit deutschen Strafrechts

676 Fraglich ist, ob deutsches Strafrecht überhaupt Anwendung findet, da der Schlag mit der Wasserflasche in den Niederlanden vorgenommen wurde.

677 **Hinweis:** §§ 3 ff. StGB – das deutsche Strafanwendungsrecht – regeln nicht die Anwendbarkeit des StGB als Ganzes; es ist stets nur die Anwendbarkeit der in concreto in Betracht kommenden Strafvorschrift(en) zu prüfen. Vgl. zum Ganzen, Graf/Jäger/Wittig/*Rotsch* Vor §§ 3 ff. Rn. 2.

678 **a)** Die Anwendbarkeit der §§ 223, 224 I Nr. 2 Var. 2 StGB kann sich zunächst nicht aus § 3 StGB ergeben. Danach gilt »das deutsche Strafrecht« für Taten, die im Inland begangen werden. Gem. § 9 StGB liegt der Ort, an dem die Tat begangen wurde, aber im Ausland, nämlich in den Niederlanden – sowohl die Körperverletzungshandlung, vgl. § 9 I Var. 1 StGB, wie auch der Körperverletzungserfolg, vgl. § 9 I Var. 3 StGB, sind in den Niederlanden vorgenommen worden bzw. eingetreten.

679 **Hinweis:** An welcher Stelle die Anwendbarkeit deutschen Strafrechts – genauer: einer konkreten Strafvorschrift – zu prüfen ist, wird uneinheitlich beantwortet. Richtig ist zwar der Einwand, dass ein Tatbestand erst dann geprüft werden kann, wenn seine Anwendbarkeit nicht mehr in Frage steht. Allerdings hängt – wie aus § 9 StGB deutlich wird – die Frage nach dem Tatort (und somit der Anwendbarkeit zumindest über das Territorialitätsprinzip gem. § 3 StGB) von der Deliktsstruktur des in Frage stehenden Tatbestandes ab. Insofern spricht einiges dafür, zunächst den Tatbestand unter dem Vorbehalt seiner noch zu erörternden Anwendbarkeit zu prüfen, vgl. Graf/Jäger/Wittig/*Rotsch* Vor §§ 3 ff. Rn. 19. Lässt sich aber – wie im vorliegenden Fall – der Tatort ohne genauere Prüfung eindeutig und unproblematisch bestimmen, bietet es sich an, die Prüfung der Anwendbarkeit des jeweiligen Straftatbestandes voranzustellen.

680 **b)** §§ 5 und 6 StGB kommen zur Begründung der Anwendbarkeit deutschen Strafrechts nicht in Betracht.

681 **c)** Allerdings könnte sich eine Anwendung der hier in Frage stehenden Körperverletzungsvorschriften aus § 7 StGB ergeben. Nun ist freilich § 7 I, II Nr. 1 StGB seiner-

34 *Fischer* § 239 Rn. 3.

35 *Otto* StrafR BT § 28 Rn. 3; *Bohnert* JuS 1977, 746.

seits nicht einschlägig, da F und I keine Deutschen (sondern Italiener) sind. Nach § 7 II Nr. 2 StGB gilt das deutsche Strafrecht jedoch auch, wenn der Täter einer Auslandstat im Inland betroffen wurde und eine zulässige Auslieferung nicht stattfindet. I wurde in Deutschland festgenommen, jedoch wurde von keinem Staat ein Auslieferungsersuchen gestellt. Mithin gilt deutsches Strafrecht für die in den Niederlanden begangenen Taten des I. §§ 223, 224 I Nr. 2 Var. 2 StGB sind anwendbar.

2. Objektiver Tatbestand

a) Der Schlag mit der Wasserflasche stellt eine üble und unangemessene Behandlung, **682**
die das körperliche Wohlbefinden nicht nur unerheblich beeinträchtigt[36] und damit eine körperliche Misshandlung dar. Die Tatsache, dass F bereits dem Tode geweiht war, ändert nichts an der Möglichkeit, an diesem noch eine Körperverletzung zu begehen.[37] Der Schlag stellt gleichermaßen eine Gesundheitsbeschädigung dar, da er bei F einen pathologischen Zustand hervorruft.

b) Diese Körperverletzung könnte I mittels eines gefährlichen Werkzeugs gem. **683**
§ 224 I Nr. 2 Var. 2 StGB begangen haben. Ein solches Werkzeug ist jeder Gegenstand, der nach der konkreten Art der Verwendung dazu geeignet ist, erhebliche Verletzungen hervorzurufen.[38] Ein Schlag mit einer harten Wasserflasche auf die empfindliche Kopfregion erfüllt diese Voraussetzungen. Die Fesselung an Händen und Füssen hat jedoch keinen konkret gefährlichen Charakter, sodass insofern eine qualifizierte Körperverletzung ausscheidet.

3. Subjektiver Tatbestand

I handelte vorsätzlich. **684**

4. Rechtswidrigkeit, Schuld, Ergebnis

I handelte rechtswidrig und schuldhaft. Er hat sich daher einer gefährlichen Körper- **685**
verletzung nach §§ 223, 224 I Nr. 2 Var. 2 StGB schuldig gemacht.

III. Freiheitsberaubung, §§ 239 I StGB (Fesselung)

Durch die Fesselung könnte I sich einer Freiheitsberaubung nach §§ 239 I StGB **686**
schuldig gemacht haben.

1. Anwendbarkeit deutschen Strafrechts

§ 239 I StGB ist anwendbar, das bei → Rn. 677, 679 Gesagte gilt sinngemäß. **687**

2. Objektiver Tatbestand

Da F zwischenzeitlich zu Bewusstsein gekommen ist, ist er mögliches Opfer einer **688**
Freiheitsberaubung. Durch das Fesseln der Füße wurde die Fortbewegungsfreiheit des F aufgehoben. Eine Freiheitsberaubung liegt vor. Während F noch der Freiheit beraubt war, ist sein Tod eingetreten. Damit könnte der Qualifikationstatbestand des

36 *Fischer* § 223 Rn. 3a.
37 *Fischer* § 223 Rn. 3a.
38 Schönke/Schröder/*Stree/Sternberg-Lieben* § 224 Rn. 4.

§ 239 IV StGB gegeben sein. Allerdings muss dafür zwischen den Umständen der Freiheitsberaubung und der Todesfolge ein unmittelbarer Zusammenhang bestehen.[39] Vorliegend hat sich aber gerade nicht das deliktsspezifische Risiko der Freiheitsberaubung im Tod des F realisiert, da dieser nach den Angaben im Sachverhalt völlig unbeeinflusst von der Fesselung eintrat.

3. Subjektiver Tatbestand

689 I handelte vorsätzlich.

4. Rechtswidrigkeit, Schuld, Ergebnis

690 I hat sich einer Freiheitsberaubung nach § 239 I StGB schuldig gemacht.

IV. Diebstahl in einem besonders schweren Fall, §§ 242 iVm 243 I 2 Nr. 6 StGB

691 Durch das Einstecken des Geldscheins könnte I sich eines Diebstahls gem. § 242 I StGB schuldig gemacht haben.

1. Anwendbarkeit deutschen Strafrechts

692 §§ 242 iVm 243 I 2 Nr. 6 StGB sind anwendbar (→ Rn. 676 ff.).

2. Objektiver Tatbestand

693 I müsste eine fremde, bewegliche Sache weggenommen haben.

694 **a)** Der 50 EUR-Schein ist als körperlicher Gegenstand eine Sache iSd § 90 BGB.

695 **b)** Außerdem ist der – bewegliche – Geldschein für I fremd, da er weder im Alleineigentum des I steht noch herrenlos ist.[40] Der Geldschein ist daher taugliches Tatobjekt iSd Diebstahlstatbestandes.

696 **c)** Eine Wegnahme iSd Diebstahlstatbestandes setzt den Bruch fremden und die Begründung neuen Gewahrsams voraus.[41]

697 **Hinweis:** Damit geht es beim Diebstahl um die Verschiebung des Gewahrsams vom ursprünglich Berechtigten auf einen Dritten, ohne dass der Berechtigte mit dieser Gewahrsamsverschiebung einverstanden ist. Sinnvollerweise prüft man diese Tathandlung des Diebstahlstatbestandes in drei Schritten: 1. Hatte im Tatzeitpunkt ein anderer als der Täter Gewahrsam an der Sache (fremder Gewahrsam), 2. Hat nach der Tathandlung ein anderer als der Berechtigte Gewahrsam an der Sache (neuer Gewahrsam), 3. Ist diese Gewahrsamsverschiebung ohne oder gegen den Willen des Berechtigten erfolgt (Bruch). Die ganz hM hält diese Prüfungsreihenfolge für richtig, sie wird auch hier für richtig gehalten. Sie entspricht aber der oben genannten Wegnahmedefinition der hM nicht, da sich nach dieser mit dem Merkmal des Bruchs der entgegenstehende Wille des Berechtigten nur auf die Aufhebung des Gewahrsams bezieht. Die Fälle, in denen der Berechtigte (nur) mit der Neubegründung des Gewahrsams durch den Täter nicht einverstanden ist, werden von ihr an sich nicht erfasst. Vgl. zum Ganzen *Rotsch* GA 2002, 165.

---

39 LK/*Träger*/*Schluckebier* § 239 Rn. 37.

40 Vgl. *Fischer* § 242 Rn. 5.

41 Schönke/Schröder/*Eser*/*Bosch* § 242 Rn. 22 ff. Differenzierend *Rotsch* GA 2002, 165.

Der Gewahrsamsbegriff wird unterschiedlich definiert: Eine Ansicht vertritt einen primär faktischen Gewahrsamsbegriff und versteht unter Gewahrsam die tatsächliche Sachherrschaft, die von einem natürlichen Herrschaftswillen getragen wird, wobei die Reichweite nach der Verkehrsauffassung bestimmt wird.[42] Eine andere Ansicht erhebt das sozial-normative Element zur eigenständigen Komponente des Gewahrsamsbegriffs und bestimmt das Herrschaftsverhältnis nicht tatsächlich, sondern nach der sozial-normativen Zuordnung einer Sache zur Herrschaftssphäre einer Person.[43] Ursprünglich trug F den Schein in seiner Tasche bei sich und hatte damit nach beiden Ansichten Gewahrsam an dem Schein. Spätestens nachdem I den Schein an sich genommen hat und sich auf den Heimweg macht, hat er alleinigen Gewahrsam an dem Geldschein. Diese Gewahrsamsverschiebung geschah gegen den Willen des F, mithin durch Bruch. I hat den Schein also weggenommen. **698**

3. Subjektiver Tatbestand

I handelte vorsätzlich. Er muss außerdem Zueignungsabsicht, also die Absicht zumindest vorübergehender Aneignung und den zumindest bedingten Vorsatz dauerhafter Enteignung des Berechtigten gehabt haben.[44] I wollte den Schein für sich verwenden. Zwar war von ihm von Anfang an geplant, den Schein wieder auszugeben, jedoch genügt bereits die vorübergehende Inbesitznahme der Sache zur wirtschaftlichen Verwertung. Insoweit handelte er mit dolus directus 1. Grades. Die dauernde Enteignung des F nahm er dabei mindestens billigend in Kauf. Die erstrebte Zueignung war auch rechtswidrig, da I keinen Anspruch auf das Geld hatte. Dies war I bekannt, er handelte also auch insoweit vorsätzlich. **699**

Hinweis: Die Voraussetzung und Prüfung der Zueignungsabsicht führt auch in Examensklausuren immer wieder zu Verwirrung. Bei der Zueignungsabsicht handelt es sich um eine sog. »überschießende Innentendenz«, dh sie hat – anders als der Vorsatz, der sich ja stets auf sämtliche Merkmale des objektiven Tatbestandes beziehen muss – keine Entsprechung im objektiven Tatbestand (sie »schießt« also über ihn hinaus). Die Zueignungsabsicht umschreibt das eigentliche Motiv des typischen Diebes; mit der Normierung als überschießende Innentendenz hat der Gesetzgeber sich dafür entschieden, die Strafbarkeit wegen Diebstahls nicht davon abhängig zu machen, dass die Zueignung der weggenommenen Sache auch tatsächlich stattgefunden hat. Vorausgesetzt ist vielmehr, dass der Täter die – zumindest vorübergehende – Aneignung im Zeitpunkt der Wegnahme erstrebt (dolus directus 1. Grades) und dabei die – dauernde – Enteignung des Opfers zumindest billigend in Kauf nimmt (dolus eventualis). Die häufig zu lesende Formulierung, der Täter müsse eine vorübergehende Aneignungsabsicht haben, ist schief, da damit erstens verkannt wird, dass nicht die Absicht zeitlich begrenzt vorliegen muss, sondern die mindestens für einen begrenzten Zeitraum stattfindende *Aneignung* beabsichtigt sein muss, und zweitens selbstverständlich bei keinem Straftatbestand vorausgesetzt wird, was mit der Formulierung als mögliche Voraussetzung impliziert wird, dass nämlich der Täter den einmal gefassten Vorsatz für alle Ewigkeit beibehält. Unzutreffend ist daher auch die Formulierung, der Täter müsse die vorübergehende Aneignung beabsichtigen, denn mit ihr ist *ausschließlich* die vorübergehende Aneignung und damit derjenige nicht erfasst, der sich auf unabsehbare Zeit an die Stelle des Berechtigten setzen will. Richtigerweise muss der Täter die Aneignung der Sache erstreben, dabei genügt es, wenn er sich für einige Zeit an die Stelle des Eigentümers setzen will. Das 700

42 Schönke/Schröder/*Eser/Bosch* § 242 Rn. 23 f.; *Maurach/Schröder/Maiwald* StrafR BT II § 33 Rn. 12 ff.; *Mitsch* StrafR BT II/1 § 1 Rn. 47.

43 BGHSt 16, 271; *Welzel* GA 1960, 257 (264 ff.); *Wessels/Hillenkamp* StrafR BT II Rn. 85.

44 Siehe nur Schönke/Schröder/*Eser/Bosch* § 242 Rn. 46 ff.

Gleiche gilt sinngemäß hinsichtlich des Merkmals der Enteignung: Es ist *zumindest* bedingter Vorsatz vorausgesetzt (eine stärkere Vorsatzform schadet nicht, sie erfüllt das Merkmal *erst recht*). Diese mindestens billigend in Kauf genommene Enteignung des Opfers muss auf Dauer gewollt sein. Damit lässt die oben genannte Aussage zu Motivation des typischen Diebes sich nun auch präzisieren: Das eigentliche Motiv wird durch die *An*eignungsabsicht des Täters umschrieben. Der Begriff der Zueignungsabsicht ist also auch ungenau, da die Vorsatzform der Absicht sich nur auf das Element der Aneignung, nicht hingegen auf dasjenige der Enteignung bezieht.
Darüber hinaus muss – nicht, wie man häufig liest: die Zueignungsabsicht, sondern – die beabsichtigte Zueignung rechtswidrig sein. Nach hM handelt es sich bei dieser Rechtswidrigkeit um ein normatives (objektives) Tatbestandsmerkmal, auf das sich wiederum der Vorsatz beziehen muss. An dieser Stelle wird also aufgrund Sachzusammenhangs ein objektives Tatbestandsmerkmal im subjektiven Tatbestand geprüft. Wer einen fälligen und einredefreien Anspruch auf die weggenommene Sache hat, beabsichtigt eine Zueignung, die nicht rechtswidrig ist, weil sie von der Rechtsordnung nicht missbilligt wird. Wer dies nicht weiß, macht sich wegen Versuchs strafbar. Noch schwieriger wird es, wenn der Täter bei Geldschulden irrtümlich glaubt, einen Anspruch gerade auf die weggenommenen Geldscheine zu haben. Siehe zu dieser Konstellation des bekannten »Moos raus«-Falls (BGHSt 17, 87***) etwa *Gropp*, FS Weber, 2004, 127 ff.

4. Rechtswidrigkeit und Schuld

701 I handelte rechtswidrig und schuldhaft.

5. Besonders schwerer Fall, § 243 I StGB

702 **a)** I könnte bei Begehung der Tat das Regelbeispiel des § 243 I 2 Nr. 6 StGB verwirklicht haben. Dazu müsste er die Hilflosigkeit des gefesselten F ausgenutzt haben. Hilflosigkeit ist dann zu bejahen, wenn das Opfer nicht in der Lage ist, einem Gewahrsamsbruch zu begegnen, wobei die Hilflosigkeit auch vom Täter verschuldet sein kann.[45] Vorliegend hat I den F gefesselt. Dies geschah zwar nicht vor dem Hintergrund, ihm den Geldschein abnehmen zu können, jedoch ist eine derartige Verknüpfung hier auch nicht erforderlich.

703 **Hinweis:** Vgl. dazu → Rn. 721 ff.

704 Ausreichend ist, dass F infolge der Fesselung hilflos war und I diesen Zustand zur Tatbegehung ausgenutzt hat.

705 **b)** Nach § 243 II StGB ist die Anwendung des Regelbeispiels jedoch ausgeschlossen, wenn sich die Tat auf eine geringwertige Sache bezieht. Dabei liegt nach hM ein derartiger Bagatellfall nur vor, wenn die entwendete Sache objektiv und subjektiv geringwertig ist.[46] Falschgeld hat zwar grundsätzlich keinen in dem Geldschein selbst verkörperten Wert, jedoch gilt dies nur, wenn die Fälschung auch als solche erkannt wird. Ansonsten – bei Verwendung des Geldscheins als Zahlungsmittel – kommt ihm hingegen durchaus ein Eigenwert zu. So verhält es sich auch im vorliegenden Fall, denn I konnte den Geldschein dafür einsetzen, später Zigaretten zu kaufen. Zumindest aber ging I im Zeitpunkt der Tat davon aus, einen echten Schein zu entwenden, der einen Wert von 50 EUR hat. Damit bezieht die Tat sich dann nicht auf eine ge-

45 *Mitsch* StrafR BT II/1 § 1 Rn. 205; *Fischer* § 243 Rn. 21.
46 LK/*Vogel* § 243 Rn. 62.

ringwertige Sache, wenn der vorgestellte Wert über der Grenze für die Geringwertigkeit liegt. Der dafür erforderliche Schwellenwert lässt sich der gesetzlichen Regelung nicht entnehmen, die Wertgrenze wird jedoch von der weitesten Ansicht bei 50 EUR gezogen.[47] Da aber grundsätzlich die Tendenz vorherrscht, die Geringwertigkeitsgrenze unterhalb dieser Schwelle anzunehmen ist bei Falschgeld im Nennwert von genau 50 EUR nicht mehr von einer geringwertigen Sache auszugehen. Die Anwendung des Regelbeispiels ist daher nicht gem. § 243 II StGB ausgeschlossen.

6. Ergebnis

I hat sich eines Diebstahls in einem besonders schweren Fall nach §§ 242 I iVm 243 I 2 Nr. 6 StGB schuldig gemacht. 706

V. Diebstahl mit Waffen, §§ 242, 244 I Nr. 1 lit. b StGB

1. Anwendbarkeit deutschen Strafrechts

Deutsches Strafrecht ist anwendbar (→ Rn. 676 ff.). 707

2. Diebstahl gem. § 242 StGB

I hat sich eines Diebstahls in einem besonders schweren Fall nach §§ 242 I iVm 243 I 2 Nr. 6 StGB schuldig gemacht (→ Rn. 706). 708

3. Diebstahl gem. § 244 StGB

a) I könnte mit dem Seil und der Wasserflasche ein gefährliches Werkzeug (genauer: zwei gefährliche Werkzeuge) bei sich geführt haben (§ 244 I Nr. 1 lit. a StGB). Die Begriffsbestimmung des gefährlichen Werkzeuges bei § 244 I Nr. 1 lit. a StGB ist umstritten, da der Tatbestand, anders als § 224 I Nr. 2 Var. 2 StGB, eine abstrakte Gefährlichkeit ausreichen lässt. 709

aa) Nach einer Ansicht ist die Gefährlichkeit des Werkzeugs objektiv zu bestimmen. Kriterien für die objektive Gefährlichkeit sollen dabei sein, ob das Werkzeug nach Art und Beschaffenheit einen gefährlichen Einsatz nahe legt, zur Herbeiführung erheblicher Verletzungen generell geeignet ist, in der konkreten Tatsituation keine andere Funktion als die Zweckentfremdung zu Körperverletzungen haben kann und erfahrungsgemäß auch so eingesetzt wird, oder die typische, gefährliche Anwendungsart eine »Waffenersatzfunktion« verleiht.[48] 710

bb) Nach anderer Ansicht ist eine rein objektive Bestimmung des Begriffs des gefährlichen Werkzeugs nicht möglich. Diese Ansicht greift daher auf eine subjektive Komponente zurück und verlangt, dass der Täter einen inneren Verwendungsvorbehalt haben muss, dh den Willen, notfalls von dem Werkzeug gefährlichen Gebrauch zu machen.[49] 711

cc) Nach beiden Ansichten unterfallen weder Seil noch Flasche dem Begriff des gefährlichen Werkzeugs, sodass sich eine Streitentscheidung erübrigt. 712

---

47 ZB OLG Hamm StV 2003, 672; verbreitet wird die Grenze bei 25 EUR angesetzt, Schönke/Schröder/*Eser/Bosch* § 248a Rn. 10; BGH, Beschl. v. 9.7.2004 – 2 StR 176/04.

48 *Fischer* § 244 Rn. 20 ff. mwN.

49 *Wessels/Hillenkamp* StrafR BT II Rn. 262b ff. mwN.

713 **b)** I könnte ein Werkzeug oder Mittel bei sich geführt haben, um den Widerstand einer anderen Person durch Gewalt zu verhindern (§ 244 I Nr. 1 lit. b StGB). Hiervon sind beliebige, auch objektiv ungefährliche Gegenstände erfasst, die der Täter bei Begehung der Tat mit sich führt, um sie zur Überwindung von Widerstand einzusetzen, wobei die Absicht auch während der Tatausführung gefasst werden kann.[50] Da I das Seil sogar tatsächlich zur Fesselung des F verwendet hat, ist § 244 I Nr. 1 lit. b StGB erfüllt, auch wenn nach dem Sachverhalt die Fesselung wohl in erster Linie erfolgt, um eine Tat im Mafia-Milieu vorzutäuschen. Dasselbe wird man hinsichtlich der Wasserflasche sagen müssen.

714 Hinweis: AA vertretbar.

715 **c)** I hat sich nach §§ 242, 244 I Nr. 1 lit. b StGB eines qualifizierten Diebstahls schuldig gemacht.

VI. Raub, § 249 I StGB

716 Indem I den F mit der Wasserflasche schlug, fesselte und den 50 EUR-Schein an sich nahm, könnte er sich wegen Raubes nach § 249 I StGB strafbar gemacht haben.

1. Anwendbarkeit deutschen Strafrechts

717 Deutsches Strafrecht ist anwendbar (→ Rn. 676 ff.).

2. Objektiver Tatbestand

718 I müsste mit Gewalt gegen eine Person eine fremde bewegliche Sache weggenommen haben.

719 **a)** Der Geldschein ist taugliches Tatobjekt (→ Rn. 694 f.).

720 **b)** Ferner müsste I ein qualifiziertes Nötigungsmittel eingesetzt haben. Gewalt liegt vor bei einer nicht nur unerheblichen Einwirkung auf den Körper des Opfers, die von diesem als Zwang empfunden wird.[51] Fesselung und Schlag fallen darunter.

721 **c)** Für die Annahme eines Raubes muss zusätzlich eine finale Verknüpfung von Nötigung und Wegnahme bestehen.[52]

722 **aa)** Hier hat I ursprünglich weder den Schlag noch die Fesselung vorgenommen, um eine Wegnahme zu ermöglichen, vielmehr den Wegnahmevorsatz erst nach der Fesselung des F gefasst. Damit fehlt es eigentlich an der finalen Verknüpfung. Jedoch ist umstritten, wie die Fälle eines Motivwechsels zu behandeln sind.

723 **bb)** Eine Ansicht geht davon aus, dass bereits die Fortwirkung der Gewalt die finale Verknüpfung idS begründet.[53] Dies wird von der Rechtsprechung zwar grundsätzlich abgelehnt, im hier zugrunde liegenden Fall (BGHSt 48, 365) vom 2. *Strafsenat* hingegen bejaht. Hier ließ auch der BGH den nach der Fesselung gefassten Vorsatz, dem Opfer Sachen wegzunehmen, genügen. Denn bei zeitlich dicht auf die Fesselung fol-

50 *Fischer* § 244 Rn. 25; § 250 Rn. 12.
51 BGHSt 23, 136; *Fischer* § 249 Rn. 4a.
52 *Wessels/Hillenkamp* StrafR BT II Rn. 350; BGHSt 48, 356 (366).
53 Schönke/Schröder/*Eser/Bosch* § 249 Rn. 6.

gender Wegnahme bestehe kein Unterschied im Unrechtsgehalt zu derjenigen Konstellation, in der der Täter den Wegnahmevorsatz bereits vor der Fesselung gefasst habe.[54]

cc) Diese Auffassung wird dafür kritisiert, dass sie die Grenze zwischen finalem Gewalteinsatz und bloßer Ausnutzung der Zwangslage des Opfers verwische.[55] Außerdem könne das Unterlassen der Beseitigung der Zwangslage nicht der Gewaltanwendung durch positives Tun gleichgestellt werden.[56] **724**

dd) Die letztgenannte Ansicht überzeugt. Denn der Schwerpunkt der Vorwerfbarkeit liegt hier darin, dass der Täter die Zwangslage des Opfers trotz seiner Garantenstellung aus Ingerenz pflichtwidrig nicht beendet.[57] **725**

3. Ergebnis

I hat sich bezüglich dieses Geschehens nicht wegen Raubes nach § 249 I StGB strafbar gemacht. **726**

VII. §§ 249 I, 13 I StGB

I könnte sich jedoch eines Raubes nach §§ 249 I, 13 I StGB schuldig gemacht haben, weil er den Geldschein an sich nahm und es unterließ, die Fesseln zu lösen. **727**

1. Anwendbarkeit deutschen Strafrechts

Deutsches Strafrecht ist anwendbar (→ Rn. 676 ff.). **728**

2. Objektiver Tatbestand

a) I hat eine fremde, bewegliche Sache weggenommen. **729**

b) Fraglich ist, ob dies mit Gewalt geschehen ist. Zwar dauert hier die körperliche Zwangswirkung auf F durch die Fesseln noch an, dies müsste allerdings als Gewalt iSd Raubtatbestandes zu verstehen sein. Nach einer Ansicht ist dies nicht der Fall, weil die Nichtbeendigung einer fortwirkenden Gewalt nicht dem positiven Tun entspreche, § 13 StGB, es also keine Gewalt durch Unterlassen gebe.[58] Nach anderer Ansicht liegt in der Fallkonstellation, in der nach einer ohne Wegnahmevorsatz geschaffenen, fortdauernden Gewaltlage (zB im Falle einer Fesselung) ein Gegenstand entwendet wird, der Einsatz von Gewalt zum Zweck der Wegnahme darin, dass es der Täter unterlässt, die Zwangslage zu beenden. Die letztgenannte Ansicht überzeugt, weil Gewalt auch durch die Aufrechterhaltung körperlichen Zwangs begangen werden kann.[59] **730**

c) Auch der Einwand fehlender Finalität überzeugt nicht, da der Unterlassungstäter gerade durch die Aufrechterhaltung des rechtswidrigen Zustands die Wehrlosigkeit **731**

54 BGHSt 48, 365 (371).
55 SK-StGB/*Sinn* § 249 Rn. 34.
56 *Wessels/Hillenkamp* StrafR BT II Rn. 363 ff.
57 Schönke/Schröder/*Eser/Bosch* § 249 Rn. 6a f.; *Seelmann* JuS 1986, 201 (203); BGHSt 48, 365 (369 ff.).
58 SK-StGB/*Sinn* § 249 Rn. 34; *Fischer* § 249 Rn. 9a mwN.
59 So einheitlich die Lösung bei § 240 StGB, vgl. BGHSt 48, 365 (370) mwN.

des Opfers zu Wegnahme ausnutzen will.[60] Dies spiegelt sich gerade in vorliegendem Sachverhalt besonders deutlich wider, da ohne die Aufrechterhaltung der Wirkung der Fesselung ein Durchwühlen der Taschen des Opfers kaum möglich erscheint.

732 **d)** I, der hier eine Garantenstellung aus Ingerenz aufgrund seines rechtswidrigen Vorverhaltens – Fesseln des F – innehat, hat also durch das Nichtlösen des Seiles Gewalt angewendet. Es bestand eine finale Verknüpfung zur Ermöglichung der Wegnahme.

3. Subjektiver Tatbestand

733 I handelte vorsätzlich und mit Zueignungsabsicht (→ Rn. 699).

4. Rechtswidrigkeit, Schuld, Ergebnis

734 I handelte rechtswidrig und schuldhaft. Er hat sich somit eines Raubes nach §§ 249 I, 13 I StGB schuldig gemacht.

VIII. Schwerer Raub, §§ 249 I, 250 I Nr. 1 lit. a und lit. b, II Nr. 1, 13 I StGB

735 Durch dieselbe Handlung könnte I sich eines schweren Raubes nach §§ 249 I, 250 I Nr. 1 lit. a und lit. b, II Nr. 1, 13 I StGB schuldig gemacht haben.

1. Objektiver Tatbestand

736 **a)** I könnte ein gefährliches Werkzeug verwendet haben (§ 250 II Nr. 1 StGB). In Betracht kommt dabei nur der Einsatz der Sprudelflasche als Schlagwerkzeug, die Fesseln an den Händen werden mangels näherer Hinweise im Sachverhalt nicht als gefährliches Werkzeug – wie zB bei einer Fesselung am Hals, oder Knebelung – verwendet.[61] Allerdings erfolgte der Schlag mit der Flasche nicht als Gewaltanwendung im Rahmen des Raubes (→ Rn. 721 ff.) und auch die entfaltete Zwangswirkung besteht im Zeitpunkt der Tathandlung nicht – anders als bei der Fesselung – fort. Es wurde also als Nötigungsmittel kein gefährliches Werkzeug verwendet.

737 **b)** I hat auch nicht ein gefährliches Werkzeug bei sich geführt, § 250 I Nr. 1 lit. a StGB. Insoweit gilt das im Rahmen des § 244 StGB Gesagte.

738 **c)** I hat jedoch ein Werkzeug oder Mittel bei sich geführt, um den Widerstand einer anderen Person durch Gewalt zu verhindern, § 250 I Nr. 1 lit. b StGB. Auch insoweit gelten die Ausführungen zu § 244 StGB entsprechend.

2. Subjektiver Tatbestand

739 I handelte vorsätzlich und mit Zueignungsabsicht.

3. Rechtswidrigkeit, Schuld, Ergebnis

740 I handelte rechtswidrig und schuldhaft. Er hat sich eines schweren Raubes nach §§ 249 I, 250 I Nr. 1 lit. b, 13 I StGB schuldig gemacht.

---

60 BGHSt 48, 365 (371) m. zust. Anm. *Gössel* JR 2004, 254; kritisch *Otto* JZ 2004, 364; *Baier* JA 2004, 431.

61 Zu einem Fall der »strammen Fesselung« allerdings BGH NStZ-RR 2004, 169.

IX. Nötigung, § 240 I StGB

I könnte sich durch die Fesselung des F einer Nötigung nach § 240 I StGB schuldig gemacht haben. 741

742

1. Anwendbarkeit deutschen Strafrechts

Deutsches Strafrecht ist anwendbar (→ Rn. 676 ff.). 743

2. Objektiver Tatbestand

Durch die Fesselung hat I Gewalt gegenüber F angewandt. Durch diese Gewaltanwendung müsste er F zu einer Handlung, Duldung oder Unterlassung genötigt haben. Einerseits duldete F erzwungenermaßen die Wegnahme des Scheines, anderseits wurde dadurch das Liegenbleiben im Wald erreicht. 744

3. Subjektiver Tatbestand

I handelte vorsätzlich. 745

4. Rechtswidrigkeit

Rechtfertigungsgründe sind nicht ersichtlich. Das Verhalten war verwerflich iSv § 240 II StGB, da Nötigungsmittel, Nötigungsziel und auch die Zweck-Mittel-Relation jeweils rechtswidrig waren. 746

5. Schuld und Ergebnis

I handelte schuldhaft. Er hat sich einer Nötigung nach § 240 I StGB schuldig gemacht. Diese wird in Bezug auf das Nötigungsziel Liegenbleiben im Wald nicht auf dem Konkurrenzweg von § 249 I StGB verdrängt, da eine Klarstellung in Hinblick auf die weitere Zwangslage durch Bestehen von Tateinheit gem. § 52 StGB geboten ist. 747

X. Totschlag, § 212 I StGB

Durch das Verbringen des F in den Wald könnte I sich wegen Totschlags nach § 212 I StGB strafbar gemacht haben. 748

1. Objektiver Tatbestand

a) Für die Verwirklichung des objektiven Tatbestandes genügt dabei, dass der Täter eine Lebensverkürzung – auch um eine geringe Zeitspanne – oder die Beschleunigung des Todeseintritts bewirkt.[62] 749

b) Laut Sachverhalt war F zwar bereits durch den Unfall unrettbar verletzt. Stellt man jedoch darauf ab, dass kausal für einen Erfolg diejenige Handlung ist, die nicht hinweggedacht werden kann, ohne dass der Erfolg in seiner konkreten Gestalt entfiele,[63] so kann die Kausalität des Verbringens in den Wald nicht bestritten werden. Denn der konkrete Todeserfolg – Tod im Wald – wäre anderenfalls nicht eingetreten. 750

62 BGHSt 21, 61; BGH NJW 1963, 1366; Schönke/Schröder/*Eser* § 212 Rn. 3.
63 *Wessels/Beulke* StrafR AT Rn. 156.

751 c) Jedoch ist F bereits durch den Unfall tödlich verletzt worden. Der atypische Kausalverlauf, der im Rahmen der objektiven Zurechnung eine Zurechnung der Unfallfolgen an I ausschließt (→ Rn. 596 ff.), muss sich jedoch auch hier zugunsten des I auswirken. Denn im Tod des F wirken allein die Unfallfolgen fort, einen weiteren Einfluss auf den Geschehensablauf haben die Ereignisse im Wald nicht.

2. Ergebnis

752 Durch das Verbringen in den Wald hat I sich nicht wegen Totschlags gem. § 212 I StGB strafbar gemacht.

XI. Konkurrenzen und Ergebnis zur Strafbarkeit des I im 2. Tatkomplex

753 I hat sich wegen gefährlicher Körperverletzung, §§ 223, 224 I Nr. 2 Var. 2 StGB, in Tatmehrheit mit jeweils tateinheitlicher Freiheitsberaubung, schwerem Raub und Nötigung strafbar gemacht. Der ebenfalls verwirklichte Diebstahl in einem besonders schweren Fall tritt dahinter im Konkurrenzwege zurück, ebenso der Diebstahl mit Waffen. I ist also strafbar gem. §§ 223, 224 I Nr. 2 Var. 2; 239 I, 249 I, 250 I Nr. 1 lit. b, 13 I, 240, 52; 53 StGB.

3. Tatkomplex: Die Beschädigung des Pkw des X

I. Sachbeschädigung, § 303 I StGB

754 I könnte sich durch das Aufwirbeln des Rollsplitts wegen Sachbeschädigung gem. § 303 I StGB strafbar gemacht haben.

1. Objektiver Tatbestand

755 Das Auto des X ist eine für I fremde Sache, die durch den Steinschlag in ihrer Substanz nicht unerheblich verletzt[64] und mithin beschädigt wurde.

2. Subjektiver Tatbestand

756 Jedoch handelte I unvorsätzlich.

3. Ergebnis

757 I hat sich nicht wegen Sachbeschädigung gem. § 303 I StGB strafbar gemacht.

II. Unerlaubtes Entfernen vom Unfallort, § 142 I Nr. 1 StGB (Erstes Weiterfahren)

758 I könnte sich wegen unerlaubten Entfernens vom Unfallort gem. § 142 I Nr. 1 StGB strafbar gemacht haben, indem er weiterfuhr, nachdem das überholte Fahrzeug Schäden durch den Rollsplitt erlitten hat.

1. Objektiver Tatbestand

759 I müsste sich als Unfallbeteiligter nach einem Unfall vom Unfallort entfernt haben und dabei gegen die Pflicht verstoßen haben, die im Gesetz genannten Feststellungen zu ermöglichen.

---

64 *Fischer* § 303 Rn. 6.

a) Ein Unfall ist dabei ein mit den Gefahren des Straßenverkehrs zusammenhängendes, plötzliches Ereignis, das einen nicht völlig belanglosen Personen- oder Sachschaden zur Folge hat.[65] Die Beschädigung des Pkw des X stellt ein derartiges Ereignis dar. **760**

b) I ist nach § 142 V StGB Unfallbeteiligter, da er zur Verursachung des Unfalls beigetragen haben kann. **761**

c) Da X sich während der Beschädigung in seinem Fahrzeug befand, waren andere Unfallbeteiligte am Unfallort anwesend. I trifft daher eine Anwesenheits- und Feststellungspflicht. Diese hat er verletzt, indem er weiterfuhr. **762**

2. Subjektiver Tatbestand

I hat von den Beschädigungen am Wagen des X nichts bemerkt, damit fehlt ihm die Kenntnis vom Vorliegen des Tatbestandsmerkmals »Unfall«, er hat also im Tatzeitpunkt keinen Vorsatz, § 16 I 1 StGB. **763**

3. Ergebnis

Insoweit hat I sich nicht wegen unerlaubten Entfernens vom Unfallort gem. § 142 I Nr. 1 StGB strafbar gemacht. **764**

III. Unerlaubtes Entfernen vom Unfallort, § 142 I Nr. 1 StGB (Zweites Weiterfahren)

Indem I von der Tankstelle nach Hause fuhr, ohne gegenüber X Angaben zu machen, könnte er sich jedoch wegen unerlaubten Entfernens vom Unfallort gem. § 142 I Nr. 1 StGB strafbar gemacht haben. **765**

1. Objektiver Tatbestand

a) I ist Unfallbeteiligter an einem Unfall im Straßenverkehr (→ Rn. 760 f.). **766**

b) Als solcher hätte er die Unfallstelle nicht verlassen dürfen. Fraglich ist daher, ob die Tankstelle als Unfallort angesehen werden kann, denn die Beschädigung durch den aufgewirbelten Rollsplitt fand in einem 500m entfernten Baustellenabschnitt statt. Allerdings ist Unfallort iSd § 142 StGB nicht nur der direkte Ort der Kollision, sondern auch die unmittelbare Umgebung sowie ein in unmittelbarer Nähe gelegener nicht verkehrsgefährdeter Platz.[66] Jedoch hängt der Radius des Unfalls von den Umständen des Einzelfalls ab.[67] Da sich das Geschehen in einem Baustellenabschnitt ohne weitere als die beteiligten Fahrzeuge abgespielt hat, beschränkt sich allerdings der Unfallort iSd Gesetzes auf diesen Streckenabschnitt, da dort problemlos eine Unfallaufnahme möglich gewesen wäre. Die Tankstelle ist daher nicht mehr als Unfallort anzusehen. **767**

2. Ergebnis

I hat sich daher auch insoweit nicht wegen unerlaubten Entfernens vom Unfallort gem. § 142 I Nr. 1 StGB strafbar gemacht. **768**

---

65 BGHSt 8, 263 (264 f.); NK-StGB/*Schild* § 142 Rn. 33.
66 *Fischer* § 142 Rn. 20.
67 *Fischer* § 142 Rn. 20.

IV. Unerlaubtes Entfernen vom Unfallort, § 142 II Nr. 2 StGB

769 I könnte sich aber wegen unerlaubten Entfernens vom Unfallort gem. § 142 II Nr. 2 StGB strafbar gemacht haben, indem er nach der Beschädigung des Pkw weiterfuhr und X gegenüber an der Tankstelle die Angaben verweigerte.

1. Objektiver Tatbestand

770 **a)** I müsste sich berechtigt oder entschuldigt vom Unfallort entfernt und die Feststellungen nicht unverzüglich nachträglich ermöglicht haben.

aa) Zunächst hat der Unfallbeteiligte I sich vom Unfallort entfernt (→ Rn. 760 ff.). Fraglich ist, ob dies berechtigt oder entschuldigt geschah. Denn ein Rechtfertigungs- oder Entschuldigungsgrund lag bei der Weiterfahrt nicht vor. Allerdings entfernte I sich unvorsätzlich. Fraglich ist, ob das unvorsätzliche Entfernen dem berechtigt oder entschuldigten Entfernen gleichgestellt werden kann.[68]

771 **(1)** Nach einer Ansicht kann auch in diesem Fall § 142 II Nr. 2 StGB Anwendung finden, da die Merkmale »berechtigt oder entschuldigt« ihrem natürlichen Wortsinn entsprechend aufgefasst werden könnten, sodass den Merkmalen auch die Fälle zu subsumieren seien, in denen der Unfallbeteiligte sich ohne Kenntnis des Unfalls vom Unfallort entfernt habe. Als einschränkende Voraussetzung für eine Strafbarkeit nimmt diese Ansicht an, dass der Unfallbeteiligte zumindest in zeitlichem und räumlichem Zusammenhang von dem Unfall Kenntnis erlangt haben muss.[69]

772 **(2)** Nach der zutreffenden Ansicht des BVerfG[70] liegt bei Einbeziehung des unvorsätzlichen Entfernens eine unzulässige Analogie vor. Denn mit »berechtigt und entschuldigt« habe der Gesetzgeber auf die anerkannten Ebenen der Rechtfertigung und Entschuldigung verwiesen, eine Einbeziehung des unvorsätzlich Handelnden überschreite daher die Grenze des Wortlauts. Damit verstößt die Ansicht des BGH gegen das Gesetzlichkeitsprinzip (Art. 103 II GG).[71] Außerdem ist diese Analogie bereits inhaltlich verfehlt, weil die psychologische Situation desjenigen, der gerechtfertigt oder entschuldigt, aber in Kenntnis des Unfalls weitergefahren ist, im Vergleich zu demjenigen, an den das Gebot anzuhalten wegen seines Irrtums von vornherein nicht herangetragen worden ist, eine völlig andere ist.[72]

2. Ergebnis

773 A ist nicht strafbar wegen unerlaubten Entfernens vom Unfallort gem. § 142 II Nr. 2 StGB.

V. Ergebnis zur Strafbarkeit des I im 3. Tatkomplex

774 I hat sich nicht strafbar gemacht.

68 BGHSt 28, 129*.
69 BGHSt 28, 129*.
70 BVerfG NJW 2007, 1666***.
71 Vgl. dazu insgesamt *Brüning* ZJS 2008, 148 (153).
72 Schönke/Schröder/*Sternberg-Lieben* § 142 Rn. 55.

4. Tatkomplex: Die Geschehnisse an der Tankstelle

I. Betrug, § 263 I StGB

Indem I mit dem gefälschten Geldschein Zigaretten kauft, könnte er sich wegen Betruges nach § 263 I StGB strafbar gemacht haben. 775

1. Objektiver Tatbestand

I müsste das Vermögen eines anderen dadurch beschädigt haben, dass er durch Vorspiegelung falscher oder durch Entstellung oder Unterdrückung wahrer Tatsachen einen Irrtum erregt hat. 776

a) Er müsste also zunächst über Tatsachen getäuscht haben. Dies ist der Fall, wenn der Täuschende – nach hM durch intellektuelle kommunikative Einwirkung auf das Vorstellungsbild eines anderen – über Tatsachen eine Fehlvorstellung erregt.[73] Tatsachen sind äußere oder innere Vorgänge der Gegenwart oder Vergangenheit, die dem Beweis zugänglich sind.[74] Bezugstatsache hier ist die Echtheit des Geldscheins. Eine Täuschung darüber kann ausdrücklich, konkludent oder durch Unterlassen begangen werden.[75] Ausdrücklich erklärt I allerdings nicht, dass der Schein echt sei. Er könnte aber konkludent täuschen, indem er den Schein als Zahlungsmittel hingibt. Konkludent täuscht der Täter dann, wenn er die Unwahrheit durch sein Verhalten schlüssig miterklärt[76], dh wenn dem Verhalten des Täters nach der Verkehrsanschauung ein entsprechender Erklärungswert beigemessen wird.[77] Bei Bezahlung mit einem Geldschein geht die Verkehrsauffassung von dem Normalfall aus, dass echtes Geld verwendet wird. Indem I den Schein wie einen echten benutzt, hat er konkludent über Tatsachen getäuscht. 777

Hinweis: Zur Problematik der konkludenten Täuschung im Rahmen des Betrugstatbestandes ausführlich Fall 19 → Rn. 2496 ff. 778

b) Kausal durch diese Täuschung müsste I einen Irrtum erregt haben. Unter einem Irrtum ist ein Widerspruch zwischen Vorstellung und Wirklichkeit zu verstehen.[78] Dabei muss der Getäuschte nicht in jedem Fall eine positive Vorstellung über die Tatsache haben, ausreichend ist, dass er die Vorstellung hat, hinsichtlich des konkreten Geschäfts sei alles in Ordnung.[79] Dabei wird vom sog. »sachgedanklichen Mitbewusstsein« gesprochen, bei dem der Getäuschte nicht über alle Einzelheiten des Vorgangs ein Vorstellungsbild aktualisiert. Dies ist insbesondere – wie hier – bei Massengeschäften und selbstverständlichen Verhaltensweisen der Fall. Der Kassierer hat hier also geirrt, da er den falschen Schein für echt hielt. 779

73 *Wessels/Hillenkamp* StrafR BT II Rn. 490; *Fischer* § 263 Rn. 14; Schönke/Schröder/*Cramer/Perron* § 263 Rn. 37; LK/*Tiedemann* § 263 Rn. 23; NK-StGB/*Kindhäuser* § 263 Rn. 98 mwN; aA *Mitsch* StrafR BT II/1 § 7 Rn. 52.

74 *Küper* StrafR BT 284 ff.; LPK-StGB/*Kindhäuser* § 263 Rn. 7, 52 ff.

75 LPK-StGB/*Kindhäuser* § 263 Rn. 3 ff.

76 *Wessels/Hillenkamp* StrafR BT II Rn. 496.

77 Schönke/Schröder/*Cramer/Perron* § 263 Rn. 14.

78 *Fischer* § 263 Rn. 54; *Wessels/Hillenkamp* StrafR BT II Rn. 510.

79 BGHSt 24, 289; *Fischer* § 263 Rn. 62.

780 c) Kausal auf diesem Irrtum beruhend müsste der Kassierer eine Vermögensverfügung vorgenommen haben.[80] Vermögensverfügung ist jedes tatsächliche Tun, Dulden oder Unterlassen des Getäuschten, das sich unmittelbar vermögensmindernd auswirkt.[81] Der Tankstellenkassierer erfüllt den Kaufvertrag über die Zigaretten, indem er diese und das Wechselgeld an I übereignet. Die Herausgabe von Geld und Zigaretten ist eine Vermögensverfügung.

781 d) Ein Vermögensschaden liegt dann vor, wenn die durch die Verfügung eingetretene Vermögensminderung nicht durch ein Äquivalent unmittelbar kompensiert wird.[82] Der Kassierer hat das Falschgeld erhalten, möglicherweise liegt unter wirtschaftlichen Gesichtspunkten also kein Äquivalent für Zigaretten und Wechselgeld vor. Zwar kann auch das Falschgeld als Zahlungsmittel verwendet werden, es ist jedoch mit dem Risiko behaftet, als solches erkannt und eingezogen zu werden. Dieser Umstand stellt jedoch allenfalls eine Vermögensgefährdung dar. Für diese wird, um einen Vermögensschaden annehmen zu können, allerdings gefordert, dass sie hinreichend konkret ist.[83] Dafür ist jedoch vorliegend nichts ersichtlich. Ein Vermögensschaden ist daher noch nicht eingetreten.

782 **Hinweis:** AA vertretbar; dann wäre wie folgt weiter zu erörtern:

2. Subjektiver Tatbestand

783 I handelte vorsätzlich. Ferner müsste er mit Bereicherungsabsicht gehandelt haben. Unter Bereicherungsabsicht versteht man die Absicht (im technischen Sinne als dolus directus ersten Grades), sich oder einem Dritten einen Vermögensvorteil zu verschaffen. Der Vermögensvorteil ist dabei jede günstigere Gestaltung der Vermögenslage als stoffgleiches Gegenstück zum Vermögensschaden des Geschädigten.[84] I kam es gerade darauf an, für sein wertloses Falschgeld die Zigaretten und das Wechselgeld zu erlangen. Er wollte sich einen Vermögensvorteil verschaffen und handelte daher mit Bereicherungsabsicht. Weil sein Anspruch wegen der Zahlung mit dem Falschgeld nicht einredefrei war (§ 320 BGB), war der Vermögensvorteil auch rechtswidrig. I, der um die Tatumstände wusste, handelte insoweit vorsätzlich.

784 **Hinweis:** Auch bei der Bereicherungsabsicht handelt es sich um eine überschießende Innentendenz. Hinsichtlich ihrer Voraussetzungen und ihrer Prüfung gilt daher das zur Zueignungsabsicht (→ Rn. 700) Gesagte sinngemäß.

785 **3. Rechtswidrigkeit, Schuld und Ergebnis**

I handelte rechtswidrig und schuldhaft. Er hat sich eines Betruges gem. § 263 I StGB schuldig gemacht.

2. Ergebnis

786 Mangels Vorliegens eines Vermögensschadens scheidet eine Strafbarkeit des I wegen Betruges gem. § 263 I StGB aus.

---

80 Obwohl der gesetzliche Tatbestand das Merkmal der Vermögensverfügung nicht enthält, ist allgemein anerkannt, das der Betrug als Selbstschädigungsdelikt eine solche voraussetzt, vgl. nur *Wessels/Hillenkamp* StrafR BT II Rn. 515 ff. mwN.

81 *Wessels/Hillenkamp* StrafR BT II Rn. 515.

82 Schönke/Schröder/*Cramer/Perron* § 263 Rn. 99b; *Wessels/Hillenkamp* StrafR BT II Rn. 538; *Fischer* § 263 Rn. 110.

83 *Fischer* § 263 Rn. 156.

84 Schönke/Schröder/*Cramer/Perron* § 263 Rn. 167 f.

II. Inverkehrbringen von Falschgeld, § 147 I StGB

Durch die Hingabe des Scheines könnte I sich eines Inverkehrbringens von Falschgeld gem. §147 I StGB schuldig gemacht haben. 787

1. Objektiver Tatbestand

I müsste falsches Geld als echt in Verkehr gebracht haben. 788

Hinweis: Ein Fall des § 146 StGB liegt eindeutig nicht vor, da I das Geld nicht selbst nachgemacht hat und bei Erlangen des Scheins gutgläubig war. Auf die Vorschrift muss daher nicht eingegangen werden. 789

Unter Inverkehrbringen versteht man jede Handlung, durch die Falschgeld aus der Verfügungsgewalt des Täters so entlassen wird, dass ein anderer in die Lage versetzt wird, mit ihm nach Belieben umzugehen.[85] Dies ist bei der Weitergabe des falschen Geldscheins zur Barzahlung der Fall. 790

2. Subjektiver Tatbestand

I handelte vorsätzlich. 791

3. Rechtswidrigkeit, Schuld und Ergebnis

I hat sich des Inverkehrbringens von Falschgeld gem. § 147 I StGB schuldig gemacht. 792

III. Urkundenfälschung, § 267 I Var. 3 StGB

Indem I mit dem falschen Geldschein bezahlte, könnte er sich einer Urkundenfälschung gem. § 267 I Var. 3 StGB schuldig gemacht haben. 793

1. Objektiver Tatbestand

I könnte eine unechte Urkunde gebraucht haben (zu den Definitionen → Rn. 580). Der falsche Geldschein ist eine verkörperte Gedankenerklärung, die zum Beweis im Rechtsverkehr geeignet und bestimmt ist und die ihren Aussteller erkennen lässt. Er ist daher eine Urkunde. Allerdings stammt der Geldschein nicht vom vermeintlichen Aussteller, der entsprechenden Zentralbank. Damit ist er eine unechte bzw. Scheinurkunde. Ein Gebrauchen liegt vor, wenn der Täter sie der sinnlichen Wahrnehmung zugänglich macht, zB durch Vorlegen oder Übergeben.[86] Hier hat I den Geldschein durch die Bezahlung gebraucht. 794

2. Subjektiver Tatbestand

I handelte vorsätzlich und zur Täuschung im Rechtsverkehr, da er wollte, dass der Kassierer den falschen Schein für echt hält. 795

---

85 BGHSt 1, 143 (144); BGH NStZ 2003, 423.
86 *Fischer* § 267 Rn. 36.

3. Rechtswidrigkeit, Schuld, Ergebnis

796 I handelte rechtswidrig und schuldhaft. Er hat sich einer Urkundenfälschung gem. § 267 I Var. 3 StGB schuldig gemacht.

IV. Konkurrenzen und Ergebnis zur Strafbarkeit des I im 4. Tatkomplex

797 § 147 StGB verdrängt § 267 StGB in seiner 3. Variante des Gebrauchmachens.[87] I hat sich daher im vierten Tatkomplex wegen Inverkehrbringens von Falschgeld nach § 147 I StGB strafbar gemacht.

Gesamtergebnis zur Strafbarkeit des I

798 Die einzelnen Tatkomplexe stehen zueinander im Verhältnis der Tatmehrheit, § 53 StGB.

I hat sich daher insgesamt gem. §§ 267 I Var. 1, 323a, 223, 224 I Nr. 2 Var. 2, 239 I, 249 I, 250 I Nr. 1 lit. b, 13 I; 240 I; 147 I; 52, 53 StGB strafbar gemacht.

87 Schönke/Schröder/*Sternberg-Lieben* § 147 Rn. 14.

Fall 6: Tödliche Flucht

Sechs »Neonazis« (A-F) bekommen in der Diskothek »Dance-Club« in der ostdeutschen Stadt G Streit mit den drei Ausländern X, Y und Z. Als die drei Kubaner die Auseinandersetzung beenden wollen, indem sie die Diskothek verlassen, beschließen die sechs Deutschen, sie zu verfolgen. Dabei sind sie sich einig, dass sie hierbei Gewalt anwenden und X, Y und Z möglicherweise verletzen werden. 799

Bei ihrer Fahrt in ihrem Pkw bemerken sie die drei Ausländer, die auf dem Heimweg sind. A bremst sein Fahrzeug ab und stürmt mit B, C und D laut schreiend aus dem Pkw auf X, Y und Z zu. Die drei ergreifen beim Anblick der mit »Bomberjacken« und Springerstiefeln bekleideten Angreifer angstvoll die Flucht. In Panik laufen sie in unterschiedliche Richtungen davon. Die Verfolger teilen sich entsprechend auf: A verfolgt X, B versucht Y einzuholen, C und D laufen hinter Z her. E und F bleiben im Fahrzeug sitzen, grölen und feuern ihre Kumpane an. 800

A gelingt es, den Abstand zu X immer weiter zu verringern. Als A noch 10 m von ihm entfernt ist, dreht X sich um und ruft: »Ich habe nichts getan. Bleib stehen.« Dabei zieht er eine Pistole. A kümmert sich nicht darum und springt X an. X schlägt mit der Pistole nach A, um sich zu wehren; dabei löst sich ungewollt ein Schuss, der A so schwer verletzt, dass er sein Augenlicht verliert. 801

Y kann unterdessen seinem Verfolger B entkommen. 802

Zwischenzeitlich haben C und D auch Z aus den Augen verloren. Sie geben die Verfolgung auf, weil sie davon ausgehen, Z nicht mehr einholen zu können. Z, der in Panik davongerannt ist, glaubt sich jedoch noch immer verfolgt. Er läuft auf ein Haus zu und versucht die Tür zu öffnen. Als ihm dies nicht gelingt, tritt er in Todesangst die untere Glasscheibe der Tür ein. Dabei verletzt er sich an den im Türrahmen verbliebenen Glasresten. Er zieht sich eine 8,5 cm tiefe Wunde und die Verletzung einer Schlagader zu. Innerhalb kürzester Zeit ist Z verblutet. 803

Aufgabe: Beurteilen Sie in einem ausführlichen Gutachten die Strafbarkeit der Beteiligten. 804

Bearbeitervermerk: § 231 StGB ist nicht zu prüfen. 805

Anmerkungen: Die wesentlichen Probleme des Falles sind: **1.** Einordnung von psychischen Beeinträchtigungen als Körperverletzung; **2.** Objektive Zurechnung bei Fluchtschäden; **3.** Erfolgsqualifizierter Versuch; **4.** Unmittelbares Ansetzen bei Mittäterschaft; **5.** Spezifischer Gefahrzusammenhang bei § 227 StGB. 806

Literaturhinweise: zu 1.: *Sowada* Jura 2003, 549; **zu 2.:** BGHSt 48, 34***; *Kühl* JZ 2003, 637; **zu 3.:** *Puppe* JR 2003, 123; *Laue* JuS 2003, 743; *Sowada* Jura 2003, 549; **zu 4.:** *Roxin* StrafR AT II § 29 Rn. 295 ff.; **zu 5.:** BGHSt 14, 110***. 807

A. Gliederung

A. Strafbarkeit von C und D (bzgl. der Verfolgung des Z)
I. § 223 I StGB (Panik) (-)
II. § 223 I StGB (Schnittverletzungen) (-)
III. §§ 223 I, II, 22, 23 I StGB (+)
IV. §§ 224 I, II, 22, 23 I StGB (+)
V. §§ 227 I, 223 I, 224 I, II, 22, 23 I, 25 II StGB (+)
VI. § 222 StGB (+)
B. Strafbarkeit des A
I. §§ 223 I, II, 22, 23 I StGB (bzgl. X) (+)
II. §§ 227 I, 223 I, 224 I, II, 22, 23 I, 25 II StGB (bzgl. Z) (+)
C. Strafbarkeit des B
I. §§ 223 I, II, 22, 23 I StGB (bzgl. Y) (+)
II. §§ 227 I, 22, 23 I, 25 II StGB (bzgl. Z) (+)
D. Nochmals: Strafbarkeit von C und D (bzgl. X und Y)
E. Nochmals: Strafbarkeit von A und B (bzgl. X und Y)
I. §§ 223 I, II, 22, 23 I StGB (bzgl. Y) (+)
II. §§ 223 I, II, 22, 23 I StGB (bzgl. X) (+)
F. Strafbarkeit von E und F
I. §§ 227 I, 22, 23 I, 25 II StGB (bzgl. Z) (+)
II. §§ 223 I, 224 I, II, 22, 23 I StGB (bzgl. X) (+)
III. §§ 223 I, 224 I, II, 22, 23 I StGB (bzgl. Y) (+)
G. Strafbarkeit des X
I. § 226 I Nr. 1 StGB (-)
II. Ergebnis
H. Konkurrenzen und Gesamtergebnis

B. Lösung

A. Strafbarkeit von C und D (bzgl. der Verfolgung des Z)

I. Vollendete Körperverletzung aufgrund der Angst- und Panikgefühle des Z, § 223 I StGB

C und D könnten sich schon allein deshalb wegen vollendeter Körperverletzung gem. § 223 I StGB strafbar gemacht haben, weil sie laut schreiend auf Z zuliefen und dieser in Panik geriet. Hierzu müssten sie eine andere Person körperlich misshandelt oder an der Gesundheit beschädigt haben. 808

1. Objektiver Tatbestand

a) Körperliche Misshandlung ist jede substanzverletzende Einwirkung auf den Körper des Opfers sowie jede üble, unangemessene Behandlung, durch die das körperliche Wohlbefinden oder die körperliche Unversehrtheit mehr als nur unerheblich beeinträchtigt wird.[1] 809

b) Gesundheitsschädigung ist das Hervorrufen oder Steigern eines vom Normalzustand der körperlichen Funktionen des Opfers nachteilig abweichenden krankhaften Zustandes körperlicher oder seelischer Art;[2] mit einer Schmerzempfindung braucht sie nicht verbunden zu sein.[3] 810

c) Das Hervorrufen von Angst und Panikgefühlen stellt weder einer körperliche Misshandlung noch eine Gesundheitsschädigung dar. Derartige rein psychische Empfindungen reichen nicht aus, um eine Körperverletzung iSd § 223 StGB zu begründen.[4] Denn psychische Einwirkungen auf das Opfer unterfallen der Strafnorm nur dann, wenn sie den Geschädigten in einen pathologischen, somatisch objektivierbaren Zustand versetzt haben.[5] Für eine solche Restriktion spricht neben dem Wortlaut des § 223 StGB vor allem auch die in § 225 III Nr. 2 StGB vorgenommene ausdrückliche Gegenüberstellung zwischen der Gefahr einer erheblichen Schädigung der »körperlichen« oder »seelischen« Entwicklung des Schutzbefohlenen.[6] Für solche körperlichen Wirkungen der vorhandenen psychischen Beeinträchtigungen lässt sich aber aus dem Sachverhalt nichts entnehmen. 811

2. Ergebnis

Eine Strafbarkeit wegen vollendeter Körperverletzung gem. § 223 I StGB scheidet insoweit aus. 812

1 BGHSt 14, 269 (271); *Wessels/Hettinger* StrafR BT I Rn. 255.
2 BGHSt 36, 1 (6).
3 BGHSt 25, 277 (278).
4 So der BGH für den vorliegenden Fall, BGHSt 48, 34*** (36).
5 Vgl. *Sowada* Jura 2003, 549 (550 mit Fn. 9).
6 *Sowada* Jura 2003, 549 (550).

II. Vollendete Körperverletzung aufgrund der (tödlichen) Schnittverletzungen des Z, § 223 I StGB

813 In Frage kommt aber eine Strafbarkeit wegen vollendeter Körperverletzung gem. § 223 I StGB, weil Z sich aufgrund der Verfolgung von C und D auf der Flucht (tödliche) Verletzungen zugezogen hat.

814 **Hinweis:** Es geht um die Zurechnung der Verletzungen, die das Opfer sich unmittelbar selbst zugezogen hat. Machen Sie dies durch die Formulierung in ihrem ersten Satz deutlich! Im Übrigen wird – in Klausuren, aber insbesondere auch mündlichen Prüfungen – von den Studenten immer wieder versäumt, zu Beginn der Prüfung zunächst klarzustellen, an welchen Sachverhalt die Prüfung anknüpft. Ohne eine solche Klarstellung hängt Ihre Prüfung aber in der Luft. Verdeutlichen Sie sich stets den Zweck des Subsumtionsvorgangs: Ein Ausschnitt der Lebenswirklichkeit (= Sachverhalt) ist daraufhin zu überprüfen, ob er von einer Strafnorm erfasst wird, ob also das tatsächliche Geschehen sämtliche (!) Voraussetzungen des in Frage kommenden Straftatbestandes erfasst. Diese Prüfung lässt sich aber solange nicht vornehmen, wie nicht geklärt ist, an welchen Ausschnitt der Lebenswirklichkeit sie anknüpfen. Das wird schon in so relativ einfach gelagerten Fällen wie dem vorliegenden deutlich (wo unter → Rn. 808 an das Hervorrufen der Panik, → Rn. 813 an die tödlichen Schnittverletzungen durch den Sprung durch die Tür angeknüpft wird), und ist in komplizierteren Fällen (in denen es zB um unterschiedliche Handlungen unterschiedlicher Beteiligter gehen kann) erst recht unerlässlich. Wer diese essentialia nicht beherzigt, kann sich gleich zu Beginn der Prüfung den Unmut der Prüfer zuziehen.

1. Objektiver Tatbestand

815 Bei den (letztlich zum Tode führenden) Schnittverletzungen, die Z sich auf seiner Flucht zuzog, handelt es sich um tatbestandsmäßige Körperverletzungserfolge. Durch ihre Verfolgung sind C und D hierfür auch kausal geworden.

816 **Hinweis:** An dieser Stelle ist eigentlich die objektive Zurechnung zu prüfen (vgl. etwa Fall 5 → Rn. 596). Der BGH verwendet aber die Lehre von der objektiven Zurechnung nicht (siehe bereits Fall 4 → Rn. 536 ff.), sondern erörtert die sich dort stellenden Fragen im Rahmen des subjektiven Tatbestandes. Um die Lösung der Rechtsprechung und die daraus resultierenden Schwierigkeiten in der Falllösung zu verdeutlichen, wird die objektive Zurechnung in der vorliegenden Lösung übergangen und stattdessen die Vorgehensweise des BGH zugrunde gelegt. Konsequenterweise entsprechen die Ergebnisse sich (inkonsequent bei der Lösung des Falles der BGH, vgl. dazu den Hinweis → Rn. 818).

2. Subjektiver Tatbestand

817 Fraglich ist aber, ob C und D insoweit vorsätzlich handelten. Der BGH verneint diese Frage im vorliegenden Fall mit der Begründung, »angesichts der gesamten Tatumstände lieg[e] insoweit eine wesentliche Abweichung zwischen vorgestelltem und tatsächlich eingetretenem Kausalverlauf vor«.[7] Freilich wird nicht recht deutlich, ob der BGH auf die »Erfolgsabweichung (Schnitt- statt Schlagverletzungen), auf die Verlaufsabweichung (Herbeiführung der Verletzungen durch das Fluchtverhalten des Opfers) oder auf die Kumulation beider Umstände abstellt.[8] Jedenfalls scheidet auch hier eine vollendete Körperverletzung aus.

---

7 BGHSt 48, 34*** (37).

8 *Sowada* Jura 2003, 549 (551).

Hinweis: Die objektive Zurechnungslehre müsste diese Umstände bereits im objektiven Tatbestand prüfen. Dann ist aber nicht ersichtlich, wie man diese Frage dort anders beantworten können soll als im Rahmen des gefahrspezifischen Zusammenhangs bei § 227 StGB. Wenn der BGH dort die Zurechnung bejaht, müsste man dies eigentlich auch hier tun. Dann liegt aber sogar eine vollendete Tat vor![9] Diese Lösung ist in der Klausur natürlich gut vertretbar. Nach ihr entfällt an sich das im Folgenden (→ Rn. 822 ff.) geschilderte Problem. Freilich lässt dieses sich sinngemäß auch im Rahmen des vollendeten Delikts diskutieren, etwa indem man aus dem Nichtvorliegen des unmittelbaren Ansetzens im Wege eines erst-recht-Schlusses auch die Vollendungshaftung problematisiert. Letztlich ist von einem solchen Vorgehen aber deshalb abzuraten, weil man sich dann das Problem des erfolgsqualifizierten Versuchs abschneidet. 818

III. Versuchte Körperverletzung in Mittäterschaft[10] durch die Verfolgung, §§ 223 I, II, 22, 23 I, 25 II StGB

C und D könnten sich aber einer versuchten Körperverletzung in Mittäterschaft gem. §§ 223 I, II, 22, 23 I, 25 II StGB schuldig gemacht haben, indem sie Z verfolgten. Die Tat ist nicht vollendet (siehe soeben → Rn. 808 ff. und → Rn. 813 ff.), die Strafbarkeit des Versuchs ist in § 223 II StGB geregelt. 819

1. Tatentschluss

C und D haben Z verfolgt und dabei dessen Verletzung mindestens billigend in Kauf genommen. Da dolus eventualis hier wie sonst genügt, hatten C und D Körperverletzungsvorsatz. C und D handelten auch vorsätzlich hinsichtlich einer auf einem gemeinsamen Tatplan basierenden gemeinschaftlichen und damit mittäterschaftlichen Tatausführung iSd § 25 II StGB. 820

Hinweis: Wir befinden uns im Prüfungsaufbau des Versuchs und dort bei der Erörterung des subjektiven Tatbestandes (»Tatentschluss«). Dieser muss sich auf sämtliche objektiven Tatbestandsmerkmale beziehen. Da es – was häufig übersehen wird – auch bei der Beteiligungsform (hier: Mittäterschaft gem. § 25 II StGB) um objektive Tatbestandsmerkmale geht, hat der Tatentschluss des Versuchstäters (hier: der beiden Versuchstäter) sich auch hierauf zu erstrecken. 821

2. Unmittelbares Ansetzen, § 22 StGB

Problematisch ist aber, ob C und D bereits iSv § 22 StGB unmittelbar zur Tatbestandsverwirklichung angesetzt haben, da sie Z lediglich verfolgten, darüber hinaus aber auf dessen Körper nicht unmittelbar einwirkten. 822

a) Im vorliegenden Fall verwendet der BGH zur Bejahung des Versuchsbeginns die gängigen Standardformeln: »Für ein unmittelbares Ansetzen ist nicht erforderlich, dass der Täter bereits ein Tatbestandsmerkmal verwirklicht. Es genügt, dass er Handlungen vornimmt, die nach seinem Tatplan der Erfüllung eines Tatbestandsmerkmals vorgelagert sind und unmittelbar in die tatbestandliche Handlung einmünden. Das Versuchsstadium erstreckt sich deshalb auch auf Handlungen, die in ungestörtem Fortgang unmittelbar zur Tatbestandsverwirklichung führen sollen oder in unmittelbarem räumlichen und zeitlichen Zusammenhang mit ihr stehen. Dies ist der Fall, 823

9 In dieser Richtung auch *Kühl* JZ 2003, 637 (640).
10 Beachte hierzu den Hinweis → Rn. 828.

wenn der Täter subjektiv die Schwelle zum ›jetzt geht es los‹ überschreitet, es eines weiteren ›Willensimpulses‹ nicht mehr bedarf und er objektiv zur tatbestandsmäßigen Angriffshandlung ansetzt, sodass sein Tun ohne Zwischenakte in die Erfüllung des Tatbestandes übergeht.«[11] Für den BGH liegt dieser Beginn des Versuchs idS spätestens in der Verfolgung der Flüchtenden zu Fuß und dem dem Verhalten der Flüchtenden angepassten arbeitsteiligen Vorgehen.[12]

824 **b)** In der Literatur wird diese Annahme zT bestritten. Zwar lasse sich mit der Formel von der »Schwelle zum jetzt geht es los« der Versuchsbeginn begründen, weil die Täter ohne weiteres Nachdenken mit Körperverletzungshandlungen beginnen müssten, sobald sie das Opfer erreicht haben, wenn es ihnen nicht entkommen solle. Trotzdem könne in der bloßen Verfolgung jedenfalls dann noch kein Versuch gesehen werden, wenn diese sich – wie hier – über längere Zeit hinziehe. Das Opfer müsse mindestens nach der Vorstellung des Täters in unmittelbarer Gefahr sein. Da dies im vorliegenden Fall noch nicht gegeben sei, scheide Versuch aus.[13]

825 **c)** Der Ansicht des BGH ist zu folgen. Gäbe es ein verbales Angriffssignal (»Auf sie mit Gebrüll«), so wäre dies der »Startschuss« für die Begehung der Straftat; exakt dieselbe Funktion hat aber das gemeinsame Losstürmen auf das Opfer. Man kann auch nicht etwa das Hinterherlaufen einem Auflauern gleichstellen und für das unmittelbare Ansetzen verlangen, dass das Opfer dem Angriff des Täters schutzlos ausgeliefert ist. Die Flucht des Opfers schiebt den Versuchsbeginn ebenso wenig hinaus, wie eine erfolgreiche Verteidigung gegen das Zuschlagen dem unmittelbaren Ansetzen entgegenstünde. Vielmehr handelt es sich hierbei gerade um die Reaktion auf die akut zugespitzte Angriffssituation.[14]

826 **Hinweis:** Auch wer – gut vertretbar – die Gegenansicht für überzeugender hält, sollte hier der Auffassung des BGH folgen. Andernfalls schneidet man sich die Probleme im Rahmen des erfolgsqualifizierten Versuchs ab, → Rn. 842 ff., 850 ff. Beachte auch bereits → Rn. 818 aE.

827 **d)** Da C und D den Z gemeinsam verfolgen, bedarf es auch einer Zurechnung über § 25 II StGB im Rahmen des unmittelbaren Ansetzens nicht. C und D haben unmittelbar zur Tatbestandsverwirklichung angesetzt.

828 **Hinweis:** Genau genommen bedarf es eines Rückgriffs auf § 25 II StGB dann nicht, wenn – wie hier – von mehreren Beteiligten bereits jeder für sich sämtliche Tatbestandsmerkmale erfüllt. Denn dann ist ohnehin jeder der Beteiligten Täter. In der Rechtsprechung des BGH und der Literatur wird in diesen Fällen freilich dennoch häufig § 25 II StGB zugrunde gelegt.

3. Rechtswidrigkeit und Schuld

829 Rechtswidrigkeit und Schuld liegen vor.

4. Rücktritt

830 Ein Rücktritt durch das Aufgeben der Verfolgung kommt nicht in Betracht, da der Versuch zu diesem Zeitpunkt – C und D haben Z aus den Augen verloren und gehen davon aus, dass sie Z nicht mehr einholen können – bereits fehlgeschlagen ist.

---

11 BGHSt 48, 34*** (35 f.).
12 BGHSt 48, 34*** (36).
13 *Puppe* JR 2003, 123 (125).
14 Diese Argumentation findet sich bei *Sowada* Jura 2003, 549 (551).

5. Ergebnis

C und D haben sich einer versuchten Körperverletzung (in Mittäterschaft) gem. §§ 223 I, II, 22, 23 I, 25 II StGB schuldig gemacht. 831

IV. Versuchte gefährliche Körperverletzung in Mittäterschaft durch dieselbe Handlung, §§ 223 I, 224 I, II, 22, 23 I, 25 II StGB

Möglicherweise kommt sogar der Versuch einer gefährlichen Körperverletzung in Mittäterschaft durch dieselbe Handlung in Betracht. 832

1. Tatentschluss

a) Mangels eindeutiger Angaben im Sachverhalt wird man davon ausgehen müssen, dass sich der Vorsatz von C und D nicht auf die Begehung einer Körperverletzung mittels eines gefährlichen Werkzeugs (§ 224 I Nr. 2 StGB: Tritte mit Springerstiefeln) richtete. 833

b) In Betracht kommt aber die Begehung einer Körperverletzung mit anderen Beteiligten gemeinschaftlich (§ 224 I Nr. 4 StGB). Da C und D als Mittäter handelten (→ Rn. 820, 827 f.), spielt der bekannte Streit über die Anforderungen an das Mitwirkungsverhalten der Beteiligten hier keine Rolle.[15] Fraglich ist freilich, auf welchen Zeitpunkt vorliegend abzustellen ist:[16] auf das Abbremsen des Pkw und das Losstürmen der vier Angreifer auf X, Y und Z oder die Verfolgung des Z durch C und D. Da beim Versuch der Tatentschluss im Zeitpunkt des unmittelbaren Ansetzens vorliegen muss und C und D schon mit dem Beginn der Verfolgung zur Tatbestandsverwirklichung unmittelbar angesetzt haben (→ Rn. 822 ff.), kommt es auch für die Frage nach dem Vorsatz bezüglich der Verwirklichung des Qualifikationsmerkmals iSd § 224 I Nr. 4 StGB allein auf diesen Zeitpunkt an. Da C und D vereinbarungsgemäß auf Z losstürmten, handelten sie auch insoweit vorsätzlich, insbesondere war ihnen bewusst, dass eine erhöhte Gefährlichkeit für Z bestand, der sich einer Übermacht an Angreifern gegenüber sah, hierdurch eingeschüchtert und deshalb in seinen Verteidigungsmöglichkeiten eingeschränkt war. 834

2. Unmittelbares Ansetzen

C und D haben unmittelbar zur Tatbestandsverwirklichung angesetzt, → Rn. 822 ff. 835

3. Rechtswidrigkeit und Schuld

C und D handelten rechtswidrig und schuldhaft. 836

4. Ergebnis

C und D haben sich einer versuchten gefährlichen Körperverletzung in Mittäterschaft gem. §§ 223 I, 224 I, II, 22, 23 I, 25 II StGB schuldig gemacht. 837

---

15 Die Frage ist auch nach der Neufassung des Tatbestandes umstritten. Dazu *Hillenkamp* 40 Probleme StrafR BT 5. Problem (S. 19 ff.); *Küper* StrafR BT 58 ff. (60).

16 Vgl. insoweit *Sowada* Jura 2003, 549 (551 f.).

V. Versuchte (gefährliche) Körperverletzung mit Todesfolge in Mittäterschaft, §§ 227 I, 223 I, 224 I, II, 22, 23 I, 25 II StGB

838 C und D könnten durch dieselbe Handlung mittäterschaftlich eine versuchte (gefährliche) Körperverletzung mit Todesfolge in Mittäterschaft gem. §§ 227 I, 223 I, 224 I, II, 22, 23 I, 25 II StGB begangen haben.

1. Tatentschluss bezüglich des Grunddelikts

839 C und D handelten vorsätzlich im Hinblick auf eine Verwirklichung der §§ 223, 224 StGB (→ Rn. 820, 833 f.).

2. Unmittelbares Ansetzen

840 C und D haben zur Verwirklichung der §§ 223, 224 StGB unmittelbar angesetzt (→ Rn. 835).

3. Verursachung einer (objektiv) eingetretenen qualifizierenden Folge

841 Durch die Verfolgung und die Veranlassung zur Flucht haben C und D den Z dazu gebracht, die Tür einzutreten, an deren Glasresten er sich so schwer verletzte, dass er innerhalb kürzester Zeit verblutete. Damit haben C und D die qualifizierende Folge iSd § 227 StGB – den Tod des Opfers – verursacht.

4. »Spezifischer Gefahrzusammenhang«

842 Fraglich ist aber, ob sich gerade die der versuchten (!) Körperverletzung anhaftende spezifische Gefahr im Tod des Z verwirklicht hat. Dafür müsste sich die einer Verfolgung eigentümliche Gefahr unmittelbar im tödlichen Ausgang niedergeschlagen haben.[17] Im Rahmen des hier gegebenen Versuchs stellen sich damit *zwei* Fragen: Zum einen ist zu klären, ob es einen erfolgsqualifizierten Versuch des § 227 StGB überhaupt geben kann, zum anderen ist – bejahendenfalls – immer noch zu klären, ob ein solcher im vorliegenden Fall gegeben ist.

843 **Hinweis:** In der Sache geht es auch bei dem spezifischen Gefahrzusammenhang – wie bei der objektiven Zurechnung im traditionellen Sinne – um eine normative Verknüpfung zwischen (hier: qualifizierendem) Erfolg und Tathandlung (hier: Grunddelikt). Die erste Frage ist identisch mit derjenigen nach der Strafbarkeit des Versuchs und kann daher auch gut gleich zu Beginn der Prüfung unter der Überschrift »Nichtvollendung und Versuchsstrafbarkeit« (beachte hierzu aber Fall 1 → Rn. 10 sowie Rn. 98) erörtert werden (zu einem solchen Aufbau und einer Systematisierung der Fallgruppen: Fall 15 → Rn. 1909 ff.).

844 **a)** Der Unmittelbarkeitszusammenhang zwischen nur versuchtem Grunddelikt und qualifizierender Folge lässt sich nur dann bejahen, wenn man die Körperverletzungshandlung in die Gefährlichkeitsbetrachtung mit einbezieht. Gerade hierüber besteht aber Streit:

845 **aa)** Ein Teil der Literatur verlangt insoweit einen gefahrspezifischen, unmittelbaren Zusammenhang zwischen dem Körperverletzungs*erfolg* und dem Todeseintritt. Danach ist maßgebend, ob sich in dem tödlichen Ausgang gerade diejenige Gefahr reali-

17 BGHSt 31, 96; BGH NJW 1995, 3194.

siert hat, die von der Art und Schwere der Verletzung herrührt (sog. »Letalitätslehre«).[18] Legt man diese Auffassung zugrunde, kann es einen erfolgsqualifizierten Versuch nicht geben, da es bei nur versuchtem Grunddelikt am primären Körperverletzungserfolg als unentbehrlichem Zwischenglied der zum Tode führenden Kausalkette definitionsgemäß fehlt.[19]

bb) Nichts anderes gilt nach der Auffassung, die eine sog. »Durchgangskausalität« verlangt. Danach soll es darauf ankommen, dass es zu einer Körperschädigung als unverzichtbarem Zwischenerfolg auf dem Weg zum Tod des Opfers gekommen ist.[20] Da es beim Versuch hieran fehlt, kann es den erfolgsqualifizierten Versuch nach dieser Ansicht ebenfalls nicht geben.[21] **846**

cc) Die neuere Rechtsprechung des BGH versteht dagegen unter »Körperverletzung« iSd § 227 StGB nicht lediglich den Körperverletzungserfolg, sondern den gesamten Vorgang unter Einschluss der die Verletzung bewirkenden bzw. begleitenden Ausführungshandlung. Damit reicht auch ein tatbestandsspezifischer Gefahrzusammenhang zwischen Verletzungs*handlung* und Todesfolge.[22] Das bedeutet für den hier gegebenen Fall eines nur versuchten Grunddeliktes, dass ein erfolgsqualifizierter Versuch grundsätzlich möglich ist. **847**

Hinweis: Vorsicht! Die Ansicht des BGH und die Gegenauffassungen aus der Literatur stehen nicht in einem Exklusivitätsverhältnis. Die Rechtsprechung bezieht vielmehr *auch* die Körperverletzungshandlung mit ein, kann also auf den Erfolg und/oder die Handlung abstellen, vgl. noch sogleich im Text → Rn. 849. **848**

dd) Da eine Körperverletzung ihre eigentümliche Gefahr nicht nur aus der Art des Verletzungserfolges, sondern auch aus ihrer konkreten Begehungsweise gewinnen kann (vgl. § 224 StGB), spricht mehr dafür, mit dem BGH darauf abzustellen, ob sich in der erschwerenden Folge die tatbestandsspezifische Gefährlichkeit des Verletzungserfolges oder der Verletzungshandlung niedergeschlagen hat.[23] Damit können C und D sich grundsätzlich gem. §§ 227 I, 223 I, 224 I, II, 22, 23 I, 25 II StGB strafbar gemacht haben.[24] **849**

b) Nunmehr bleibt aber immer noch zu klären, ob der »spezifische Gefahrzusammenhang« auch im vorliegenden Fall gegeben ist. Damit stellt sich die Frage nach der Bedeutung des Opferverhaltens. **850**

Stellt man auf den gesamten Vorgang der Körperverletzungshandlung ab, wird man mit der neueren Rechtsprechung des BGH auch dann von der unmittelbaren Verwirklichung einer tatbestandsspezifischen Gefahr ausgehen müssen, wenn das Opfer – wie hier – durch eigenes Verhalten auf der Flucht zu Tode kommt.[25] Zu den spezifischen Gefahren, denen das Gesetz begegnen will, gehört nach neuerer Ansicht des BGH auch der Umstand, dass das verängstigte Opfer bei einem gegenwärtigen An- **851**

18 Vgl. etwa *Lackner/Kühl* § 227 Rn. 2.
19 *Sowada* Jura 2003, 549 (552 mit Fn. 35).
20 Vgl. insbes. *Puppe*, Die Erfolgszurechnung im Strafrecht, 2000, 220 ff.
21 Differenzierend *Laue* JuS 2003, 743 (746 f.).
22 BGHSt 14, 110*** – Pistolenschlagfall; BGHSt 31, 96*** – Hochsitzfall.
23 *Wessels/Hettinger* StrafR BT I Rn. 298.
24 So im »Gubener Verfolgerfall« auch BGHSt 48, 34*** (37).
25 So jetzt BGHSt 48, 34*** (38 f.). Anders noch BGH NJW 1971, 152.

griff auf seine körperliche Unversehrtheit aus Furcht vor schweren Verletzungen unbesonnen reagiert und den Versuch unternimmt, sich in Sicherheit zu bringen. Kommt das Opfer dann nach einer solchen, dem menschlichen Selbsterhaltungstrieb entspringenden Reaktion um, ist auch der tatbestandsspezifische Zusammenhang iSd § 227 StGB zu bejahen.[26] Diese Wende in der Rechtsprechung des BGH wird von der Literatur zu Recht weithin begrüßt; dass die Kritik an der unterbliebenen Offenlegung dieser Rechtsprechungswende durch den BGH ebenso begründet ist, ändert an der Richtigkeit des Ergebnisses nichts. Das Verhalten des Z hat damit den Zurechnungszusammenhang nicht unterbrochen.

4. Fahrlässigkeit bezüglich der qualifizierenden Folge

852 Mit der Verfolgung haben C und D hinsichtlich des Todes des Z objektiv wie subjektiv fahrlässig gehandelt.

5. Rechtswidrigkeit und Schuld

853 Rechtswidrigkeit und Schuld liegen vor.

6. Ergebnis

854 C und D sind einer mittäterschaftlich begangenen versuchten Körperverletzung mit Todesfolge gem. §§ 227 I, 223 I, 24 I, II, 22, 23 I, 25 II StGB schuldig.

VI. Fahrlässige Tötung, § 222 StGB

855 Gegeben ist außerdem eine fahrlässige Tötung gem. § 222 StGB, da C und D den Tod des Z durch die Veranlassung zur Flucht sorgfaltswidrig sowie objektiv und subjektiv zurechenbar herbeigeführt haben. Das Delikt tritt freilich hinter den Versuch des § 227 StGB zurück.

B. Strafbarkeit des A

I. Versuchte Körperverletzung durch das Verfolgen und Anspringen des X, §§ 223 I, II, 22, 23 I StGB

856 A könnte sich durch die Verfolgung und das Anspringen des X einer versuchten Körperverletzung gem. §§ 223 I, II, 22, 23 I StGB schuldig gemacht haben.

1. Tatentschluss

857 A hatte Vorsatz hinsichtlich einer Körperverletzung des X. Für ihn gilt insoweit nichts anderes als für C und D (→ Rn. 820).

2. Unmittelbares Ansetzen, § 22 StGB

858 Anders als bei C und D, für die die Frage des unmittelbaren Ansetzens nicht einfach zu beantworten war, hat A – im Hinblick auf X – ohne Weiteres unmittelbar zur Tatbestandsverwirklichung angesetzt. Anders als C und D hat er den Ausländer nämlich

---

26 BGHSt 48, 34***; *Wessels/Hettinger* StrafR BT I Rn. 301; Schönke/Schröder/*Stree/Sternberg-Lieben* § 227 Rn. 5.

nicht nur verfolgt, sondern in unmittelbarer Konfrontation mit ihm diesen bereits angesprungen. Damit liegen die Voraussetzungen des § 22 StGB nach jeder Auffassung vor.

3. Rechtswidrigkeit und Schuld

A handelte auch rechtswidrig und schuldhaft. Insbesondere eine Rechtfertigung – etwa wegen Notwehr gem. § 32 StGB – kommt nicht in Frage. A hat X jedenfalls nicht etwa angesprungen, um sich eines von ihm befürchteten Angriffs auf sein Leben zu wehren, sondern allein, um X zu misshandeln. Denn nach dem Sachverhalt hat A sich um die Bedrohung mit der Pistole durch X überhaupt nicht gekümmert. Daher fehlt es mindestens am subjektiven Rechtfertigungselement. 859

Hinweis: Wer davon ausgeht, dass die Rechtfertigung ein subjektives Rechtfertigungselement nicht voraussetzt,[27] muss prüfen, ob ein gegenwärtiger rechtswidriger Angriff des X auf A vorliegt. In dem Vorhalten der Pistole liegt ein Angriff (§ 240 StGB). Dieser ist aber nur dann rechtswidrig, wenn X seinerseits nicht gerechtfertigt ist. Das ist aber deshalb der Fall, weil er sich gegen die Verfolgung (einen nicht gerechtfertigten Angriff) des A im Rahmen des § 32 StGB wehren durfte. Da es mithin bereits an einem rechtswidrigen Angriff des X auf A fehlt, kann A bereits objektiv nicht gem. § 32 StGB gerechtfertigt sein. Für diejenigen, die ein subjektives Rechtfertigungselement voraussetzen, ist der »Sprung« auf diese jedenfalls fehlende Voraussetzung die schnellere Lösung. Zum Springen im Gutachten oben Fall 1 → Rn. 89. 860

II. Versuchte (gefährliche) Körperverletzung mit Todesfolge in Mittäterschaft, §§ 227 I, 223 I, 224 I, II, 22, 23 I, 25 II StGB

A könnte sich darüber hinaus aufgrund des Todes des Z einer in Mittäterschaft begangenen versuchten Körperverletzung mit Todesfolge gem. §§ 227 I, 223 I, 224 I, II, 22, 23 I, 25 II StGB schuldig gemacht haben. 861

1. Tatentschluss

a) Fraglich ist freilich schon, ob A Vorsatz hinsichtlich der Körperverletzung (auch) des schließlich gestorbenen Z hatte. Dass er nur X verfolgte, kann ihn insoweit freilich nicht entlasten. Denn bereits im Zeitpunkt des Beginns der Verfolgung hatte A Körperverletzungsvorsatz bezüglich jedes der drei Kubaner; auch wenn er anschließend lediglich X verfolgte, wusste er doch, dass Z von seinen Kumpanen verfolgt wurde. Da man sich zuvor einig darüber war, dass man X, Y und Z möglicherweise verletzen wollte, wusste er auch um die Möglichkeit einer Verletzung des Z und fand sich mit ihr auch mindestens im Sinne bedingten Vorsatzes ab. A handelte vorsätzlich bezüglich der Begehung einer Körperverletzung gem. § 223 StGB gegenüber Z. 862

b) Problematisch ist aber darüber hinaus, ob er auch Vorsatz in Bezug auf die Begehung einer Körperverletzung mit anderen Beteiligten gemeinschaftlich (§ 224 I Nr. 4 StGB) hatte. Das ist jedenfalls der Fall, wenn er vorsätzlich hinsichtlich einer mittäterschaftlichen Begehung der Körperverletzung handelte.[28] Während bei der Prüfung der Strafbarkeit von C und D noch offen bleiben konnte, auf welchen Zeitpunkt insoweit abzustellen ist (→ Rn. 834), muss diese Frage für A entschieden werden, da er 863

27 So etwa LK/*Spendel*, 11. Aufl. 1992, § 32 Rn. 138; anders nun LK/*Rönnau/Hohn* § 32 Rn. 262.
28 → Rn. 834.

im Zeitpunkt, in dem er X ansprang, diesen allein verfolgte. Wenn man freilich mit dem BGH für richtig hält, dass der Versuch der Körperverletzung spätestens mit dem Beginn der Verfolgung gegeben ist, muss auch nur zu diesem Zeitpunkt der Vorsatz bezüglich der mittäterschaftlichen Tatausführung gegeben sein. Dass A wusste, dass er im Moment der unmittelbaren Konfrontation mit X diesem allein gegenüberstand, ist also irrelevant und ändert an seinem – im Zeitpunkt des Beginns der Verfolgung – vorliegenden Vorsatz bezüglich der Tatbegehung iSd § 25 II StGB gegenüber Z nichts. Damit liegt der Vorsatz bezüglich einer gem. § 25 II mittäterschaftlichen und somit auch einer gem. § 224 I Nr. 4 StGB gemeinschaftlichen Begehung einer »Gesamttat« vor.

2. Unmittelbares Ansetzen

864 Zwar hat A mit dem Sprung auf X nach jeder Ansicht unmittelbar zur Körperverletzung in Bezug auf X angesetzt (→ Rn. 858). Fraglich ist aber, ob auch das unmittelbare Ansetzen iSv § 22 StGB hinsichtlich der hier erörterten Körperverletzung gegenüber Z bejaht werden kann.

865 **a)** Stellt man für den Versuchsbeginn auf den Beginn der Verfolgung ab, ist das unmittelbare Ansetzen freilich zu bejahen. Denn zu diesem Zeitpunkt sind A, B, C und D auf alle drei Kubaner losgestürmt; auch A hätte dann zur Körperverletzung hinsichtlich jedes Ausländers angesetzt.

866 **b)** Ist man hingegen der Ansicht, der Versuch beginne erst in dem Augenblick, in dem die Verfolger sich aufteilen – die Argumentation des BGH ist insofern nicht ganz eindeutig –, so lässt der Versuchsbeginn für A sich nur über die Zurechnungsnorm des § 25 II StGB begründen. Dann stellt sich die Frage, wann im Falle der Mittäterschaft die Grenze zum Versuch überschritten wird.

867 **aa)** Nach der sog. Einzellösung[29] ist der Versuchsbeginn für jeden Mittäter gesondert danach zu bestimmen, ob er bereits zu seinem eigenen Tatbeitrag angesetzt hat. Damit ist hier freilich nicht der eigene Beitrag zur Körperverletzung des X, sondern derjenige im Rahmen der hier konkret zu prüfenden Tat – also der Körperverletzung an Z – gemeint. Insoweit hat A aber noch keinen eigenen Tatbeitrag erbracht. Nach der Einzellösung ist das unmittelbare Ansetzen iSv § 22 StGB für A daher zu verneinen.

868 **bb)** Richtigerweise wird man jedoch der herrschenden Gesamtlösung[30] folgen müssen. Diese bejaht den Versuchsbeginn für sämtliche Mittäter bereits dann, wenn auch nur einer von ihnen im Rahmen des gemeinsamen Tatentschlusses zur Verwirklichung des gesetzlichen Tatbestandes unmittelbar ansetzt. Für diese Ansicht spricht, dass Mittäter im Wege des bewussten und gewollten Zusammenwirkens gemeinsam eine Tat begehen, deren Versuch und Vollendung sich einheitlich vollzieht, weil jedem Mittäter nicht nur sein eigener Tatbeitrag, sondern auch das zugerechnet wird, was die übrigen Beteiligten zum Zwecke der Planverwirklichung tun.[31] Da C und D mit ihrer Verfolgung des Z zu dessen Körperverletzung unmittelbar angesetzt haben, ist auch das unmittelbare Ansetzen für A zu bejahen.

869 **c)** Damit hat A unmittelbar zur Tatbestandsverwirklichung iSd § 22 StGB angesetzt.

29 *Roxin* StrafR AT II § 29 Rn. 297.
30 *Wessels/Beulke* StrafR AT Rn. 611.
31 *Wessels/Beulke* StrafR AT Rn. 611.

3. Verursachung einer (objektiv) eingetretenen qualifizierenden Folge

Die qualifizierende Folge – der Tod des Z – ist eingetreten. Fraglich ist aber, ob A hierfür kausal geworden ist. In seiner Beurteilung des Sachverhaltes stellt der BGH hierzu fest: »Der Tod des [... Z ...] ist im Rahmen des § 227 StGB allen Angeklagten als Mittätern zuzurechnen (§ 25 II StGB). Anders als bei Fahrlässigkeitsdelikten bedarf es bei der Körperverletzung mit Todesfolge nicht des Nachweises, dass ein jeder von mehreren Beteiligten einen für den Erfolg kausalen Beitrag erbracht hat. Es macht sich nach § 227 StGB nämlich auch derjenige strafbar, der die Verletzung nicht mit eigener Hand ausführt, jedoch aufgrund eines gemeinschaftlichen Tatentschlusses mit dem Willen zur Tatherrschaft zum Verletzungserfolg beiträgt. Voraussetzung ist allerdings, dass – wie vorliegend festgestellt – die Handlung der anderen im Rahmen des allseitigen ausdrücklichen oder stillschweigenden Einverständnisses lag.«[32] 870

Es hat den Anschein, als wolle der BGH eine vermeintlich fehlende Kausalität des A für den Tod des Z – ähnlich wie in den Fällen der Kollegialentscheidungen[33] – über die Zurechnungsnorm des § 25 II StGB überbrücken. Das impliziert an sich, dass Kausalität *eigentlich* notwendig ist. Dem widerspricht freilich die Formulierung des BGH, wonach es eines solchen Nachweises gerade nicht bedarf. Diese unklare Argumentation ist in zweierlei Hinsicht klarzustellen. Kausalität ist als grundlegende Strafbarkeitsvoraussetzung sehr wohl erforderlich, sie ist aber auch gegeben. Denn durch die mit Körperverletzungsvorsatz getroffene Einigung mit B-F, die Kubaner zu verfolgen, ist A sehr wohl kausal für deren Flucht, die Panikreaktion des Z und somit auch für dessen Tod geworden. Es ist unverständlich, weshalb der BGH meint, hier mit der Zurechnungsnorm des § 25 II StGB argumentieren zu müssen. Diese könnte sich ohnehin nur auf das Grunddelikt iSd § 223 StGB beziehen (weil es nur dort um die vorsätzliche Vornahme einer tatbestandsmäßigen Handlung geht), im Rahmen der Erörterung der fahrlässig herbeigeführten schweren Folge hat sie nichts zu suchen. 871

4. Spezifischer Gefahrzusammenhang

Wenn man die versuchten Körperverletzungen an X, Y und Z als eine Gesamttat betrachtet, derentwegen die Verfolger aufgrund ihrer gemeinsamen Verfolgung der Opfer als Mittäter haften, dann kann hinsichtlich des spezifischen Gefahrzusammenhanges für A nichts anderes gelten als für C und D: Auch A ist der Tod des Z im Rahmen des § 227 StGB zuzurechnen. 872

5. Fahrlässigkeit bezüglich der schweren Folge

A müsste des weiteren Fahrlässigkeit hinsichtlich der schweren Folge zur Last fallen. 873

a) Der BGH hat es im vorliegenden Fall für ausreichend erachtet, dass der Erfolg für alle Beteiligten nicht außerhalb aller Lebenserfahrung liege. Alle konkreten Einzelheiten brauchten nicht vorhersehbar zu sein. Es genüge die Voraussehbarkeit des Erfolges im Allgemeinen.[34] Danach hat A auch hinsichtlich der schweren Folge fahrlässig gehandelt, da die letztlich tödliche Verletzung des Z nicht außerhalb jeglicher Lebenserfahrung lag. 874

32 BGHSt 48, 34*** (39).
33 BGHSt 37, 106***.
34 BGHSt 48, 34*** (39).

875 **b)** In der Literatur werden zT schärfere Anforderungen an die Vorhersehbarkeit gestellt. Zum Teil wird Leichtfertigkeit im Sinne grober Fahrlässigkeit,[35] zT gar Vorsatz bezüglich der die Lebensgefahr begründenden Merkmale vorausgesetzt.[36] Danach wäre A die eingetretene Folge subjektiv nicht zurechenbar, da er insoweit weder leichtfertig noch vorsätzlich (auch nicht mit nur bedingtem Vorsatz) handelte.

876 **c)** Es erscheint überzeugender, der Ansicht des BGH zu folgen. Abgesehen davon, dass die Gegenansichten dem Willen des Gesetzgebers widersprechen,[37] ist es inkonsequent, hinsichtlich der gleichermaßen als Mittäter Beteiligten einen unterschiedlichen Fahrlässigkeitsmaßstab anzulegen. Dass im Rahmen der konkreten Fluchtaktionen den an der Verfolgung eines bestimmten Opfers nicht Beteiligten die hierbei eingetretene schwere Folge zugerechnet wird, ist Konsequenz der über § 25 II StGB erfolgten Verknüpfung des Geschehens zu einer Gesamttat. Begehen mehrere Beteiligte eine gemeinschaftliche Körperverletzung gem. § 223 StGB, dann setzt die Zurechnung einer eingetretenen schweren Folge im Rahmen des § 227 StGB wie auch sonst voraus, dass der spezifische Gefahrzusammenhang gegeben ist und der Eintritt der schweren Folge voraussehbar war. Diese Haftungsvoraussetzungen für den Mittäter einzuschränken, besteht kein Anlass.

6. Ergebnis

877 A ist einer mittäterschaftlich begangenen versuchten Körperverletzung mit Todesfolge gem. §§ 227, 223 I, 224 I, II, 22, 23 I, 25 II StGB schuldig.

C. Strafbarkeit des B

I. Versuchte Körperverletzung, §§ 223 I, II, 22, 23 I StGB

878 Auch B könnte sich einer versuchten Körperverletzung gem. §§ 223 I, II, 22, 23 I StGB schuldig gemacht haben. In Frage kommt dies zunächst in Bezug auf den von ihm verfolgten Y.

1. Tatentschluss

879 B handelte vorsätzlich hinsichtlich einer Körperverletzung des Y.

2. Unmittelbares Ansetzen

880 Fraglich ist aber, ob B zur Tatbestandsverwirklichung bereits unmittelbar angesetzt hat, da er Y offensichtlich nicht nur nicht unmittelbar angegriffen, sondern aus den Augen verloren hat, sodass dieser ihm ohne Weiteres entkommen konnte.

881 In der Literatur wird zT bezweifelt, dass der BGH im »Gubener Verfolgerfall« unmittelbares Ansetzen auch dann bejaht hätte, wenn es zu keinerlei Verletzung gekommen wäre.[38] Damit ist freilich kein dogmatischer, sondern allenfalls ein kriminalpolitischer Gegeneinwand erhoben. Denn der Eintritt des Erfolges hat mit dem unmittelbaren Ansetzen nichts zu tun. Im Gegenteil folgt aus seinem Ausbleiben erst

35 Vgl. NK-StGB/*Paeffgen* § 227 Rn. 17.
36 *Sowada* Jura 2003, 549 (554 f.).
37 Vgl. *Küpper*, FS Hirsch, 1999, 615 (624 f.).
38 So *Puppe* JR 2003, 123 (125).

die Versuchsstrafbarkeit. Es mag sein, dass der BGH bei seiner Entscheidungsfindung nicht unberücksichtigt lassen wollte, dass eine schwere Folge iSd § 227 StGB eingetreten ist. Das unmittelbare Ansetzen zum Grunddelikt des § 223 StGB lässt sich aber dogmatisch durchaus – wie bei A bereits gesehen – entweder bereits mit Beginn der Verfolgung oder aber spätestens nach der Aufteilung der Verfolger bejahen.

3. Rechtswidrigkeit und Schuld

B handelte rechtswidrig und schuldhaft. **882**

4. Ergebnis

B hat sich einer versuchten Körperverletzung gem. §§ 223 I, II, 22, 23 I StGB schuldig gemacht. **883**

II. Versuchte Körperverletzung mit Todesfolge, §§ 227 I, 223 I, II, 22, 23 I StGB

Nach dem im Rahmen der Strafbarkeit des A Gesagten ist auch B der Tod des von C **884** und D verfolgten Opfers Z zuzurechnen. Damit ist B auch einer Körperverletzung mit Todesfolge schuldig.

D. Nochmals: Strafbarkeit von C und D (bzgl. X und Y)

C und D sind jeweils einer versuchten Körperverletzung gem. §§ 223 I, II, 22, 23 I **885** StGB gegenüber X und Y schuldig.

E. Nochmals: Strafbarkeit von A und B (bzgl. X und Y)

Auch A und B ist die versuchte Körperverletzung gegenüber Y (für A) bzw. X (für B) **886** zuzurechnen.

F. Strafbarkeit von E und F

I. Versuchte Körperverletzung mit Todesfolge, §§ 227 I, 223 I, II, 22, 23 I, 25 II StGB

Fraglich ist, ob die im Auto verbliebenen E und F ebenfalls einer versuchten Körper- **887** verletzung mit Todesfolge in Mittäterschaft schuldig sind.

1. Tatentschluss

E und F hatten Vorsatz bezüglich einer Körperverletzung (→ Rn. 820). **888**

2. Unmittelbares Ansetzen

Ein unmittelbares Ansetzen zur Körperverletzung lässt sich für E und F – wie schon **889** für B – nur dann annehmen, wenn man ihnen die etwa von C und D erbrachten Tatbeiträge – also die Verfolgung des Z – über § 25 II StGB zurechnet. Folgt man auch hier der bereits oben favorisierten Gesamtlösung, spielt es keine Rolle, dass E und F noch weniger getan haben als B. Der Versuchsbeginn der anderen Mittäter wird ihnen im Rahmen des unmittelbaren Ansetzens zugerechnet.

3. Rechtswidrigkeit und Schuld

890 E und F handelten rechtswidrig und schuldhaft.

4. Ergebnis

891 E und F sind ebenfalls einer Körperverletzung mit Todesfolge, verwirklicht in Mittäterschaft gem. §§ 227 I, 223 I, II, 22, 23 I, 25 II StGB, schuldig.

II. Versuchte (gefährliche) Körperverletzung, §§ 223 I, 224 I, II, 22, 23 I StGB

892 Hinsichtlich der von A an X und der von B an Y begangenen versuchten (gefährlichen) Körperverletzung kann dann nichts anderes als das bisher Gesagte gelten: Auch E und F sind jeweils einer versuchten (gefährlichen) Körperverletzung an X und Z schuldig.

G. Strafbarkeit des X

I. Schwere Körperverletzung, § 226 I Nr. 1 StGB

893 X könnte sich seinerseits einer schweren Körperverletzung gem. § 226 I Nr. 1 StGB strafbar gemacht haben, indem er mit der Pistole nach A schlug, wobei sich ungewollt ein Schuss löste, der A so schwer traf, dass dieser sein Augenlicht verlor.

894 **Hinweis:** Hierbei handelt es sich um eine Abwandlung des »Pistolenschlag-Falles« (BGHSt 14, 110***). Der einzige Unterschied liegt freilich darin, dass das Opfer nicht stirbt. Daher kommt nicht § 227 StGB (nF), sondern § 226 StGB in Frage.

1. Tatbestand

895 **a)** Mit dem Verlust des Augenlichtes ist ein Körperverletzungserfolg iSd § 223 StGB eingetreten.

896 **b)** Bezüglich der Körperverletzung nach § 223 StGB handelte X vorsätzlich.

897 **c)** Indem A sein Augenlicht verloren hat, ist ein qualifizierender Erfolg iSd § 226 I Nr. 1 StGB eingetreten.

898 **d)** Fraglich ist, ob der eingetretene Erfolg X auch objektiv zugerechnet werden kann. In Frage steht auch hier genau genommen der spezifische Gefahrzusammenhang. Die Beantwortung der Frage hängt nun wieder davon ab, ob man allein auf den Körperverletzungserfolg abstellt oder auch die Körperverletzungshandlung berücksichtigt (→ Rn. 844 ff.). Richtigerweise kann auch auf die Körperverletzungshandlung abgestellt werden (→ Rn. 849).

899 **Hinweis:** Da bereits im Rahmen der Prüfung der Strafbarkeit von C und D der Ansicht des BGH gefolgt worden ist (→ Rn. 849), muss diese Auffassung konsequenterweise auch hier zugrunde gelegt werden.

Damit ist § 226 StGB auch dann anwendbar, wenn der Täter mit einer geladenen Pistole nach seinem Opfer schlägt und dieses sein Augenlicht verliert, weil sich beim Aufschlagen mit der Waffe ungewollt ein Schuss löst.[39] 900

e) Fahrlässigkeit

Der eingetretene Erfolg war objektiv vorhersehbar. 901

2. Rechtswidrigkeit

Möglicherweise ist X aber gerechtfertigt. In Betracht kommt Notwehr, § 32 StGB. 902
Das setzt eine Notwehrlage und eine den Voraussetzungen des § 32 StGB entsprechende Notwehrhandlung voraus.

a) Ein gegenwärtiger rechtswidriger Angriff liegt spätestens in dem Augenblick vor, 903
in dem A den X anspringt.

b) X müsste sich im Rahmen seiner Notwehrbefugnisse gewehrt haben. Das ist dann 904
der Fall, wenn die Verteidigungshandlung des X erforderlich und geboten war.

aa) Der Schlag mit der Pistole war geeignet, den Angriff des A sofort und endgültig 905
zu beenden. Der Schlag mit der Waffe war auch das mildeste der zur Verfügung stehenden Mittel. Daran ändert sich auch nichts dadurch, dass sich bei dem Schlag mit der Pistole ungewollt ein Schuss löste, durch den A sein Augenlicht verliert. Hält die Verteidigung sich – wie hier – in den Grenzen des durch § 32 StGB eingeräumten Notwehrrechts, nehmen ungewollte Auswirkungen der Abwehrhandlung, die sich aus der typischen Gefährlichkeit des in zulässiger Weise eingesetzten Abwehrmittels ergeben und den Angreifer über das gewollte Maß hinaus verletzen, der Notwehrhandlung nicht die Rechtmäßigkeit.[40]

bb) An der Gebotenheit der Notwehrhandlung bestehen ebenfalls keine Zweifel. 906

c) Da X auch handelte, um den Angriff von sich abzuwehren, handelte er auch mit 907
dem erforderlichen Verteidigungswillen. X ist gem. § 32 StGB gerechtfertigt.

II. Ergebnis

X hat sich nicht strafbar gemacht. 908

Konkurrenzen und Gesamtergebnis

A, B, C und D sowie E und F sind allesamt strafbar gem. §§ 223 I, II, 22, 23 I (bzgl. 909
X); 223 I, II, 22, 23 I (bzgl. Y); 52; 227 I, 223 I, 224 I, II, 22, 23 I, 25 II; 53 StGB.

X bleibt straflos. 910

---

39 So für § 227 StGB bereits BGHSt 14, 110***. Vgl. *Wessels/Hettinger* StrafR BT I Rn. 300.

40 *Wessels/Beulke* StrafR AT Rn. 336.

Fall 7: Der kontaminierte Recyclingbetrieb

911 A ist Eigentümer eines von Fremdbetrieben genutzten Hallenkomplexes. Da er die Grundstücke benötigt, entschließt er sich, den Gebäudekomplex zerstören zu lassen. Er bittet daher die beiden Ukrainer X und Y, gegen Zahlung von Geld die Zerstörung der Hallen zu übernehmen. In der nächsten Nacht bereiten X und Y die Gebäude zur Zerstörung vor. Sie schütten eine größere Menge Benzin in den Hallen aus, montieren ein von A überlassenes Schlauchsystem an die Gasleitung zur Erzeugung eines Luft-Gas-Gemisches und bauen mit Zeitschaltuhren versehene Elektrogeräte auf. Gegen Mitternacht erscheint A am Tatort und fordert X und Y auf, die Tatvorbereitungen abzubrechen. Daraufhin setzen X und Y die Vorrichtungen nicht in Betrieb, sondern entfernen sich vom Tatort und fliegen in ihre Heimat zurück. Die Vorrichtungen werden am nächsten Tag entdeckt und entfernt. Einem Recyclingbetrieb, der den überwiegenden Teil der Hallenfläche von A angemietet hatte, entsteht jedoch durch die Kontaminierung von Kunststoffgranulat mit Benzindämpfen ein Schaden in Millionenhöhe.

912 **Aufgabe: Beurteilen Sie die Strafbarkeit des A.**

913 **Bearbeitervermerk: §§ 303, 305 StGB sind nicht zu prüfen.**

914 **Anmerkung**: Die wesentlichen Probleme des Falles sind: **1.**: Versuchsbeginn bei Mittäterschaft; **2.**: Anforderungen an den Rücktritt vom Versuch gem. § 24 II StGB; **3.**: Rücktritt vom Versuch der Beteiligung gem. § 31 I StGB.

915 **Literaturhinweise: zu 1.**: BGH NStZ 2004, 614; *Engländer* JuS 2003, 641; *Rotsch/Sahan* JA 2005, 171; *Roxin* StrafR AT II § 29 Rn. 295–317; **zu 2.**: *Rotsch* GA 2002, 165; **zu 3.**: Schönke/Schröder/*Heine* § 31 Rn. 3 ff.

A. Gliederung

A. Strafbarkeit des A

I. Versuchte Brandstiftung in Mittäterschaft, §§ 306 I Nr. 3, 22, 23 I, 25 II StGB (-)
   1. Tatentschluss
      a) Warenlager bzw. Warenvorräte (+)
      b) fremd (+)
      c) In Brand gesetzt (+)
      d) § 25 II StGB (-)
   [2. Unmittelbares Ansetzen, § 22 StGB (-)
   3. Rechtswidrigkeit und Schuld (+)
   4. Rücktritt (+)]
   5. Ergebnis: §§ 306 I Nr. 3, 22, 23 I, 25 II StGB (-)

II. Versuchte Herbeiführung einer Sprengstoffexplosion in Mittäterschaft, §§ 308 I, 22, 23 I, 25 II StGB (-)

III. Verabredung zur Brandstiftung, §§ 306 I Nr. 3, 30 II Var. 3 StGB (-)
   1. Tatbestand
      a) Verabredung zur Brandstiftung (+)
      b) Verabredung zur mittäterschaftlichen Begehung (-)
   2. Ergebnis: §§ 306 I Nr. 3, 30 II Var. 3 StGB (-)

IV. Versuchte Anstiftung zur Brandstiftung, §§ 306 I Nr. 3, 30 I 1 StGB (-)
   1. Tatentschluss (+)
   2. Unmittelbares Ansetzen (+)
   3. Rechtswidrigkeit und Schuld (+)
   4. Rücktritt (+)
   5. Ergebnis: §§ 306 I Nr. 3, 30 I 1 StGB (-)

V. Verabredung zur Herbeiführung einer Sprengstoffexplosion bzw. versuchte Anstiftung zur Herbeiführung einer Sprengstoffexplosion, §§ 308 I, 30 II Var. 3 bzw. 308 I, 30 I 1 StGB (-)

VI. Herbeiführen einer Brandgefahr in Mittäterschaft, §§ 306f I Nr. 1, 25 II StGB (-)
   1. Objektiver Tatbestand
      a) fremde feuergefährdete Anlage (+)
      b) in sonstiger Weise in Brandgefahr gebracht (+)
      c) Zurechnung über § 25 II StGB (-)
   2. Ergebnis: §§ 306f I Nr. 1, 25 II StGB (-)

VII. Anstiftung zur Herbeiführung einer Brandgefahr, §§ 306f I Nr. 1, 26 StGB (+)

VIII. Vorbereitung eines Explosionsverbrechens, § 310 I Nr. 2 iVm § 308 I StGB (+)
   1. Objektiver Tatbestand (+)
   2. Subjektiver Tatbestand (+)
   3. Rechtswidrigkeit und Schuld (+)
   4. Tätige Reue, § 314a III Nr. 2 StGB (-)
   5. Ergebnis: § 310 I Nr. 2 iVm § 308 I StGB (+)

B. Konkurrenzen und Gesamtergebnis

B. Lösung

A. Strafbarkeit des A

I. Versuchte Brandstiftung in Mittäterschaft, §§ 306 I Nr. 3, 22, 23 I, 25 II StGB

916 A könnte sich durch die Beauftragung der beiden Ukrainer und die Überlassung des Schlauchsystems wegen in Mittäterschaft begangener versuchter Brandstiftung gem. §§ 306 I Nr. 3, 22, 23 I, 25 II StGB strafbar gemacht haben. Die Tat ist nicht vollendet; die Strafbarkeit ergibt sich aus dem Verbrechenscharakter der Brandstiftung, vgl. §§ 306 I, 23 I, 12 I StGB.

1. Tatentschluss

917 A müsste vorsätzlich hinsichtlich des mittäterschaftlichen Inbrandsetzens eines fremden Warenlagers oder -vorrats gehandelt haben.

918 **a)** Da der dem A gehörende Hallenkomplex von Fremdbetrieben genutzt wurde, ist davon auszugehen, dass die Hallen als Warenlager dienten bzw. Warenvorräte iSd § 306 I Nr. 3 StGB beherbergten.

919 **Hinweis:** Der Sachverhalt sagt dies zwar nicht ausdrücklich, eine lebensnahe Sachverhaltsauslegung legt dies aber nahe. Vgl. zum Sachverhalt den zugrunde liegenden Fall BGH NStZ 2004, 614.

920 **b)** Diese Waren bzw. Warenvorräte standen auch jedenfalls nicht im Alleineigentum des A, sodass sie für A fremd waren. Auf die Zerstörung von – fremden – Gebäuden iSd § 306 I Nr. 1 StGB kann der Vorsatz des A sich nicht gerichtet haben, da die Hallen in seinem Eigentum stehen, also für ihn nicht fremd waren, was A auch wusste.

921 **c)** In Brand gesetzt ist eine Sache, wenn sie derart vom Feuer ergriffen ist, dass sie auch nach Entfernung oder Erlöschen des Zündstoffs selbständig weiterbrennen kann.[1] Durch die Vorbereitungen der beiden Ukrainer sollte offensichtlich eine Explosion herbeigeführt werden, um den Hallenkomplex abzubrennen. Der Vorsatz des A richtete sich damit auf die Verursachung eines Branderfolges und somit ein Inbrandsetzen.

922 **d)** Fraglich ist, ob der Vorsatz des A sich auf eine mittäterschaftliche Tatbegehung bezog, da die beiden Ukrainer offensichtlich alleine am Tatort tätig werden sollten. Damit steht in Frage, ob A mit X und Y eine gemeinschaftliche Tatbegehung verabreden wollte.

923 **Hinweis:** Zum in diesem Buch präferierten Prüfungsstandort der Beteiligungsformen vgl. Fall 2, → Rn. 311 ff. Die dort angeführten Argumente für eine vom objektiven und subjektiven Tatbestand getrennte Prüfung auf einer eigenständigen Prüfungsebene – Vermeidung der Kollision objektiver und subjektiver Abgrenzungstheorien – verfängt beim Versuch nicht, da hier ohnehin subjektiv (iRd Tatentschlusses) zu prüfen ist, → Rn. 199.

924 **aa)** Die Rechtsprechung des BGH hat mit der Annahme von Mittäterschaft in Fällen wie dem vorliegenden naturgemäß keine Probleme, da sie insbesondere im Rahmen des § 25 II StGB weiterhin sehr stark der bereits vom Reichsgericht geprägten sub-

1 BGHSt 7, 37* (38); 18, 363* (364).

jektiven Theorie anhängt.[2] Indem der BGH – auch im vorliegenden Fall[3] – auf das Interesse der Beteiligten am Taterfolg abstellt, kann er auch für A von mittäterschaftlicher Strafbarkeit ausgehen. Denn es lag gerade im Interesse des Eigentümers des Hallenkomplexes, dass dieser durch Feuer zerstört wurde, um an die Grundstücke zu gelangen.

bb) Dieser Ansicht folgt jedenfalls im Ergebnis aber auch ein Teil der Literatur, die im Übrigen freilich der Tatherrschaftslehre anhängt. Habe der am Tatort nicht anwesende Beteiligte die Planung oder Organisation der Tat geleistet, sei er Mittäter.[4] Der Plan zeichne das Verhalten der Beteiligten im Ausführungsstadium vor, gestalte die einzelnen Rollen und beteilige den Organisator deshalb an der Tatherrschaft.[5] Ein »Minus im Ausführungsstadium« könne daher durch ein »Plus im Vorbereitungsstadium« kompensiert werden.[6] Auch nach dieser Ansicht ist A als derjenige, der offenbar die Tat geplant hat, Mittäter. **925**

cc) Beiden Auffassungen kann nicht gefolgt werden. Richtiger Weise ist mit der restriktiven Tatherrschaftslehre ein – wesentlicher – Tatbeitrag im Ausführungsstadium zu verlangen. Mittäterschaft ist funktionelle Tatherrschaft, diese Tatherrschaft muss aber im Ausführungszeitraum gegeben sein. Insbesondere kann nicht ein gewichtiger Beitrag im Vorbereitungsstadium – hier evtl. die federführende Planung durch A – den mangelnden Tatbeitrag ersetzen.[7] Daher kann der am Tatort nicht anwesende A nicht Mittäter gewesen sein (wollen). **926**

e) Selbst wenn man dieser Ansicht nicht folgen wollte, weil man entweder für richtig hält, dass eine Strafbarkeit wegen bloßer Anstiftung der Verantwortlichkeit des planenden und lenkenden Hintermannes nicht gerecht wird (extensive Tatherrschaftslehre) oder die Verantwortung des Beteiligten nur in wertender Gesamtbetrachtung festgestellt werden kann (Rechtsprechung des BGH), kommt man im Ergebnis freilich ebenfalls nicht zur Strafbarkeit wegen Versuchs: **927**

Hinweis: Grundsätzlich ist die Prüfung im Gutachten sofort abzubrechen, wenn eine Voraussetzung der Strafbarkeit nicht vorliegt. Im Ausnahmefall kann es jedoch geboten sein, zur Bestärkung des gefundenen Ergebnisses auch das Nichtvorliegen der nächsten Voraussetzung zu belegen. Damit kann dann das gefundene Ergebnis argumentativ abgesichert werden. Diese Vorgehensweise muss dann aber durch eine entsprechende Formulierung deutlich gemacht werden. In der didaktischen Literatur ist die Zulässigkeit dieses Vorgehens umstritten,[8] sodass insoweit Zurückhaltung geboten ist und nur dann, wenn man sich seiner Argumentation und des Ergebnisses wirklich sicher ist, von ihr Gebrauch gemacht werden sollte. **928**
Wer sich auf diese Art der unterstützenden gutachterlichen Stellungnahme nicht einlassen mag, lehnt (mit der Argumentation unter → Rn. 927 die restriktive Tatherrschaftslehre ab (wobei dann eine Stellungnahme zwischen der extensiven Tatherrschaftslehre und der Rechtsprechung offen zu bleiben hat, da die beiden Ansichten zu demselben Ergebnis kommen) und kann dann die Prüfung ohne Weiteres ebenfalls wie folgt fortsetzen:

---

2 Vgl. bereits insbes. BGHSt 11, 268 (271)**; 37, 289 (292)**.
3 BGH NStZ 2004, 614.
4 *Stratenwerth/Kuhlen* StrafR AT § 12 Rn. 91 ff.
5 *Stratenwerth/Kuhlen* StrafR AT § 12 Rn. 94.
6 Exemplarisch SSW-StGB/*Murmann* § 25 Rn. 42 mwN.
7 Hierzu insbes. *Roxin* StrafR AT II § 25 Rn. 198 ff.
8 Eingehend dazu *Arzt* Strafrechtsklausur 228 ff. (232) ff.

2. Unmittelbares Ansetzen, § 22 StGB

929 Problematisch ist nämlich darüber hinaus, ob A zur Tatbestandsverwirklichung bereits unmittelbar angesetzt hat, da er am Tatort überhaupt nicht anwesend war. Er selbst hat am Tatort nicht gehandelt; da er aber vorsätzlich hinsichtlich einer Tatbegehung in Mittäterschaft gem. § 25 II StGB gehandelt hat, könnte ihm das Handeln der am Tatort anwesenden Ukrainer zuzurechnen sein.

930 **Hinweis:** Das Zurechnungsinstrument des § 25 II StGB hilft nach hM auch beim Versuch weiter, indem nämlich auch diejenige Handlung des Mittäters, die den Versuchsbeginn markiert – das unmittelbare Ansetzen iSv § 22 StGB – als auch von dem jeweils anderen Mittäter vorgenommen fingiert wird (sog. Gesamtlösung, dazu sogleich im Text → Rn. 932). Vgl. auch bereits Fall 6 → Rn. 864 ff.

931 **a)** Nach der sog. Einzellösung ist bei der Beantwortung der Frage, wann der Versuch des Mittäters beginnt, der jeweils einzelne Tatbeitrag zugrunde zu legen. Nur und erst dann, wenn der Betreffende Beteiligte selbst zur Tatbestandsverwirklichung angesetzt hat, kann für ihn die Schwelle zum Versuchsbeginn überschritten sein.[9] Danach hat A noch nicht iSd § 22 StGB unmittelbar zur Tatbestandsverwirklichung angesetzt.

932 **b)** Dem entgegnet die herrschende Gesamtlösung, dass diese Auffassung der Struktur der Mittäterschaft nicht gerecht werde. Sie sei einerseits zu weit, wenn ein Mittäter nur im Vorbereitungsstadium tätig werden soll. Er müsse nach dieser Ansicht auch dann als Mittäter bestraft werden, wenn er zwar seinen Tatbeitrag geleistet habe, die Tat aber insgesamt im Vorbereitungsstadium stecken bleibe. Andererseits sei sie zu eng. Habe bereits der eine Mittäter seinen Tatbeitrag im Ausführungsstadium voll erbracht, so sei ein anderer, dessen Beitrag erst später erbracht werden soll, nicht gem. § 25 II StGB strafbar, selbst wenn das Rechtsgut bereits konkret gefährdet sei.[10]

933 Auch der BGH folgt traditionell dieser überwiegenden Auffassung der Gesamtlösung,[11] er sieht im vorliegenden Fall auch keinen Grund, sonstige Bedenken zu erheben und rechnet das Verhalten der beiden Ukrainer A zu;[12] A habe iSv § 22 StGB unmittelbar zur Tatbestandsverwirklichung angesetzt.

934 Dieser Auffassung des BGH kann nicht zugestimmt werden: Zwar trifft es zu, dass über die herrschende Gesamtlösung auch dem am Tatort nicht anwesenden Beteiligten die Tatbeiträge anderer Mittäter zugerechnet werden können, was grundsätzlich auch der Struktur des § 25 II StGB gerecht werden mag. Das gilt aber selbstverständlich nur, wenn zumindest irgendein anderer Mittäter bereits zur Tatbestandsverwirklichung unmittelbar angesetzt hat. Daran fehlt es aber im vorliegenden Fall offensichtlich. X und Y haben lediglich die »Tatvorbereitungen« abgebrochen. Wer seine Vorbereitungen zur Tatbegehung abbricht, befindet sich aber gerade noch bei den Vorbereitungen zur Tat, nicht bereits im Versuchsstadium. Überschreitet nun aber von den am Tatort anwesenden Beteiligten noch niemand die Grenze zum Versuch, kann keinesfalls der am Tatort nicht anwesende A als Mittäter strafbar sein.[13]

---

9 So vor allem *Roxin* StrafR AT II § 29 Rn. 297; SK-StGB/*Rudolphi* § 22 Rn. 19a.
10 Zu dieser Argumentation *Wessels/Beulke* StrafR AT Rn. 611.
11 Siehe bereits BGHSt 36, 249; 39, 236.
12 BGH NStZ 2003, 253.
13 *Rotsch/Sahan* JA 2005, 171 (172).

c) Damit kann A nach beiden Auffassungen nicht iSv § 22 StGB unmittelbar zur Tatbestandsverwirklichung angesetzt haben, weshalb eine Entscheidung zwischen der Einzel- und der Gesamtlösung hier entbehrlich ist. 935

936 **Hinweis:** Folgt man der hier für unzutreffend gehaltenen Ansicht des BGH zur Anwendbarkeit der Gesamtlösung, kommen die beiden Gegenpositionen zu unterschiedlichen Ergebnissen mit der Folge, dass der Streit entschieden werden muss.
Hat man bereits den Tatentschluss verneint und das unmittelbare Ansetzen »nur« zur Bekräftigung dieses Ergebnisses geprüft, muss man in jedem Fall zur Ablehnung des unmittelbaren Ansetzens kommen, weil sonst freilich gerade der bei → Rn. 928 beabsichtigte Unterstreichungseffekt nicht eintritt.
Folgt man dem BGH, ist die Prüfung wie im Folgenden dargestellt fortzusetzen. Dies geschieht hier allein aus didaktischen Gründen (obwohl die Prüfung ja eigentlich an dieser Stelle zu Ende wäre), um die vom *Senat* problematisierte Frage des Rücktritts im Rahmen des § 306 StGB darstellen zu können; in Wahrheit kommt es hierauf nach dem Gesagten freilich gar nicht an.

3. Rechtswidrigkeit und Schuld

A handelte rechtswidrig und schuldhaft. 937

4. Rücktritt

Möglicherweise ist A aber strafbefreiend vom Versuch der Brandstiftung zurückgetreten, als er gegen Mitternacht am Tatort erschien und X und Y aufforderte, die Tatvorbereitungen abzubrechen. 938

a) Da es hier um die Beteiligung Mehrerer geht, ist – wie der BGH richtig sieht[14] – § 24 II StGB einschlägig. 939

940 **Hinweis:** Vorsicht! § 24 II StGB regelt den Rücktritt bei Tatbeteiligung Mehrerer, nicht den Rücktritt Mehrerer. Die Vorschrift ist also auch dann einschlägig, wenn nur einer von mehreren Beteiligten zurücktritt!

b) Es liegt kein fehlgeschlagener Versuch vor.[15] 941

c) Da die Tat weder ohne Zutun des A nicht vollendet (§ 24 II 2 Var. 1 StGB) noch unabhängig von seinem früheren Tatbeitrag begangen wurde (§ 24 II 1 Var. 2 StGB), kommt nur ein Rücktritt gem. § 24 II 1 StGB in Frage. Danach müsste A die Vollendung der Tat freiwillig verhindert haben. Fraglich ist, ob es genügt, dass A die beiden Ukrainer X und Y lediglich aufforderte, die Tatvorbereitungen abzubrechen. Da diese daraufhin ihre Tätigkeit ohne Weiteres einstellten, die bereits installierten Vorrichtungen aber nicht abbauten, kam es durch offensichtlich bereits entstandene Dämpfe zur Kontaminierung von Kunststoffgranulat, wodurch einem Fremdbetrieb ein Schaden in Millionenhöhe entstand. Damit stellt sich die Frage, ob A genug getan, um in den Genuss der Strafbefreiung des § 24 StGB zu kommen. 942

aa) Aufgrund der den Rücktritt des A ablehnenden landgerichtlichen Entscheidung[16] sah der *Senat* sich im vorliegenden Fall veranlasst, darauf hinzuweisen, dass auch 943

14 BGH NStZ 2004, 614.
15 Zum Fehlschlag *Roxin* JuS 1981, 1.
16 LG Lüneburg, Urt. v. 10.12.2003 – 21 KLs – 607 Js 16323/00 (2/03).

nach der Rechtsprechung des BGH für die Bejahung des Rücktritts nicht mehr als die kausale Verursachung der Nichtvollendung verlangt werde.

944 **Hinweis:** »Soweit das Landgericht den Rücktritt verneint hat, weil der Angeklagte über das bloße Beenden der Aktivitäten hinaus noch weitere Maßnahmen hätte ergreifen können, um – etwa durch Lüften des Hallenkomplexes oder durch Alarmierung von Polizei und Feuerwehr – das bereits vorhandene Gefährdungspotential zu beseitigen, überspannt es die Anforderungen, die § 24 II 1 StGB an den Rücktritt stellt.«[17]

945 Damit ist das seit langem kontrovers diskutierte Problem angesprochen, welche Anforderungen an das Rettungsverhalten des Täters zu stellen sind.[18] Hier findet sich eine Vielzahl von Meinungen, die zwischen den Polen von bloß (mit)kausaler Handlung auf der einen und optimalem Rettungsverhalten auf der anderen Seite die unterschiedlichsten Anforderungen zu begründen versuchen.[19] In positiver Hinsicht hat die vom *Senat* auch vorliegend in Bezug genommene jüngere Grundsatzentscheidung des BGH[20] insoweit aber kaum Klärung gebracht. Denn mit der bloß negativen Aussage, es sei kein optimales Rettungsbemühen notwendig, ist eben immer noch nicht gesagt, was denn nun vorausgesetzt wird.

946 **Hinweis:** Für unseren Fall ist dies aber in Wahrheit auch ohne Bedeutung. Abgesehen davon, dass man eigentlich gar nicht bis zur Frage des Rücktritts kommt (→ Rn. 936), wird die Diskussion um die Anforderungen an das Rücktrittsverhalten nämlich bislang an sich nur im Rahmen des § 24 I StGB geführt. Geht es aber um die Tatbeteiligung Mehrerer, so wird das Anforderungsprofil an das Rücktrittsverhalten – wie der BGH selbst richtig sieht – von § 24 II StGB festgelegt. Nach ganz herrschender Meinung in Rechtsprechung und Literatur genügt aber für einen Rücktritt nach § 24 II 1 StGB, wenn ein Tatbeteiligter mit dem die Tatvollendung verhindernden Rücktritt eines anderen einverstanden ist.[21] Daher muss auch nach Ansicht des BGH der Mittäter im Rahmen eines Rücktritts nach § 24 II 1 StGB noch nicht einmal kausal für das Ausbleiben des Taterfolges geworden sein.[22] Der Hinweis des *Senats* auf die vermeintliche Klarstellung durch BGHSt 48, 147 trifft also nicht ganz. Vielmehr hätte der BGH nur feststellen müssen, dass er in Fällen wie dem vorliegenden nicht nur nicht mehr als Kausalität, sondern noch nicht einmal diese verlangt. Aus diesem Grunde, und nicht weil A nicht auf die »bestmögliche« Art und Weise zurückgetreten ist, hätte das LG keinesfalls mehr als – die gegebene – bloße Kausalität fordern dürfen.

947 **bb)** Da A durch seine Aufforderung an X und Y, die Tatvorbereitungen abzubrechen, kausal für die Verhinderung der Tatvollendung geworden ist und er im Übrigen auch freiwillig gehandelt hat, ist er jedenfalls gem. § 24 II 1 StGB strafbefreiend vom in Mittäterschaft begangenen Versuch der Brandstiftung zurückgetreten.

948 **Hinweis:** Im Ergebnis scheidet eine Strafbarkeit wegen versuchter mittäterschaftlicher Brandstiftung daher in jedem Fall aus.

17 BGH NStZ 2004, 614 (615).
18 Zum Überblick vgl. NK-StGB/*Zaczyk* § 24 Rn. 58 ff.
19 Siehe *Engländer* JuS 2003, 641; *Zwiehoff* StV 2003, 631.
20 BGHSt 48, 147.
21 BGHSt 44, 204. Vgl. LK/*Vogler*, 10. Aufl. 1985, § 24 Rn. 170; diff. jetzt LK/*Lilie/Albrecht* § 24 Rn. 402. Eingehend und krit. *Rotsch* GA 2002, 165.
22 *Rotsch* GA 2002, 165 (170).

5. Ergebnis

A ist nicht strafbar wegen versuchter Brandstiftung in Mittäterschaft gem. §§ 306 I Nr. 3, 22, 23 I, 25 II StGB. 949

II. Versuchte Herbeiführung einer Sprengstoffexplosion in Mittäterschaft, §§ 308 I, 22, 23 I, 25 II StGB

Daher ist A auch jedenfalls im Hinblick auf eine versuchte Herbeiführung einer Sprengstoffexplosion in Mittäterschaft gem. §§ 308 I, 22, 23 I, 25 II StGB straflos, weil es entweder am unmittelbaren Ansetzen iSd § 22 StGB fehlt oder er aber im Falle der Annahme eines Versuchs von diesem strafbefreiend zurückgetreten ist. Insoweit gelten die Ausführungen unter I. sinngemäß. 950

III. Verabredung zur Brandstiftung, §§ 306 I Nr. 3, 30 II Var. 3 StGB

Mit der Aufforderung an X und Y, den Hallenkomplex zu zerstören, könnte A sich jedoch wegen Verabredung zur Brandstiftung gem. §§ 306 I Nr. 3, 30 II Var. 3 StGB strafbar gemacht haben. 951

1. Tatbestand

a) A hat mit X und Y verabredet, das Verbrechen der Brandstiftung zu begehen. 952

b) Nach der hier vertretenen Literaturansicht hat A mit X und Y aber keine – iSd § 30 II Var. 3 StGB nach hA notwendige[23] – mittäterschaftliche Begehung verabredet. Daher scheidet eine Verabredung zur Brandstiftung aus. 953

Hinweis: Folgt man dem BGH – der konsequenterweise die Frage der Verbrechensverabredung nicht erörtert – oder der extensiven Literaturansicht und nimmt Mittäterschaft an (→ Rn. 924 f.), ist ein Rücktritt gem. § 31 I Nr. 3 Var. 1 StGB zu erörtern, der A letztlich wiederum von Strafe befreit (insoweit zu § 31 I Nr. 1 StGB sogleich → Rn. 963 ff.). 954

2. Ergebnis

A hat sich nicht wegen einer Verabredung zur Brandstiftung gem. §§ 306 I Nr. 3, 30 II Var. 3 StGB strafbar gemacht. 955

IV. Versuchte Anstiftung zur Brandstiftung, §§ 306 I Nr. 3, 30 I 1 StGB

Hinweis: Der BGH erörtert die versuchte Anstiftung konsequenterweise nicht, weil der *Senat* Mittäterschaft annimmt. 956

Hinweis: Eine (vollendete) Anstiftung zum Versuch kommt nicht in Betracht, da die Tat von X und Y schon nicht ins Versuchsstadium gelangt ist. Die Strafbarkeit der versuchten Anstiftung ist in § 30 I 1 StGB geregelt und kommt danach nur in Betracht, wenn es sich bei der ins Auge gefassten Tat um ein Verbrechen handelt. Dabei geht es um die Fragen der Nichtvollendung und Versuchsstrafbarkeit, worauf – wie üblich beim Versuch – sogleich zu Beginn einzugehen ist (zur – untunlichen – Bezeichnung als »Vorprüfung« vgl. Fall 1 → Rn. 10). 957

23 *Rotsch* ZJS 2012, 680 (681) mwN. Vgl. dazu noch ausführlich Fall 17 → Rn. 2214 ff.

958 A könnte sich aber durch die Aufforderung an X und Y, den Hallenkomplex zu zerstören, wegen versuchter Anstiftung zur Brandstiftung gem. §§ 306 I Nr. 3, 30 I 1 StGB strafbar gemacht haben. Die Anstiftung ist nicht vollendet, da die Haupttat noch nicht versucht ist, → Rn. 929 ff. Die versuchte Anstiftung zur Brandstiftung ist gem. § 30 I 1 StGB strafbar, weil es sich bei § 306 I StGB aufgrund der Strafmindestandrohung von einem Jahr Freiheitsstrafe um ein Verbrechen iSd § 12 I StGB handelt.

1. Tatentschluss

959 Durch die Aufforderung an X und Y, die Gebäude zu zerstören, hat A die beiden Ukrainer zu bestimmen versucht, ein Verbrechen zu begehen.

2. Unmittelbares Ansetzen

960 A müsste zur Bestimmungshandlung unmittelbar angesetzt haben. Da er X und Y bereits aufgefordert hat, die Hallen zu zerstören, hat er zum Anstiftungsversuch nach jeder Ansicht bereits unmittelbar angesetzt.

961 **Hinweis:** Die Tathandlung der Anstiftung gem. § 26 StGB ist das Bestimmen eines anderen zur Begehung einer vorsätzlichen rechtswidrigen Tat. Zeigen Sie durch Ihre Formulierung (»müsste zur Bestimmungshandlung unmittelbar angesetzt haben«), dass Sie das verstanden haben.

3. Rechtswidrigkeit und Schuld

962 Rechtswidrigkeit und Schuld sind gegeben.

4. Rücktritt

963 Möglicherweise ist A aber vom Versuch der Anstiftung strafbefreiend zurückgetreten. Der Rücktritt vom Anstiftungsversuch gem. § 30 I 1 StGB ist in § 31 I Nr. 1 StGB geregelt. A müsste demnach den Versuch aufgegeben haben, einen anderen zu einem Verbrechen zu bestimmen und eine etwa bestehende Gefahr, dass der andere die Tat begeht, abgewendet haben.

964 **a)** Mit der Aufforderung an X und Y, die Tatvorbereitungen abzubrechen, hat A den Versuch der Anstiftung aufgegeben.[24]

965 **b)** Darüber hinaus muss er aber auch die Gefahr der Tatbegehung abgewendet haben. Fraglich ist, was hierunter zu verstehen ist. Denn durch das bereits entstandene Luft-Gas-Gemisch war die Gefahr entstanden, dass es etwa durch das fahrlässige Handeln eines Dritten zur Explosion kommt.[25] Im Rahmen des § 31 I Nr. 1 StGB ist man sich allerdings – entsprechend dem Wortlaut der Vorschrift – einig, dass der Täter nur und gerade die Gefahr der Tatbegehung durch den oder die von ihm Angestifteten beseitigt haben muss. Das hat A durch den Abbruch der Tatvorbereitungen von X und Y getan.[26]

---

24 Zu den Voraussetzungen eines Rücktritts nach § 31 StGB vgl. insgesamt Schönke/Schröder/*Heine* § 31 Rn. 3 ff.

25 Vgl. die Auseinandersetzung des BGH mit dem – freilich im Rahmen des § 24 StGB – diesbezüglich geäußerten Einwand des Landgerichts, BGH NStZ 2004, 614 (615).

26 *Rotsch/Sahan* JA 2005, 171 (172).

5. Ergebnis

A ist von der versuchten Anstiftung zur Brandstiftung iSd §§ 306 I Nr. 3, 30 I 1 StGB gem. § 31 I Nr. 1 StGB strafbefreiend zurückgetreten und bleibt daher auch insoweit straflos. 966

V. Verabredung zur Herbeiführung einer Sprengstoffexplosion bzw. versuchte Anstiftung zur Herbeiführung einer Sprengstoffexplosion, §§ 308 I, 30 II Var. 3 bzw. 308 I, 30 I 1 StGB

Insoweit gilt das zu → Rn. 951 ff. und → Rn. 956 ff. Gesagte. Auch hier scheidet eine Strafbarkeit jedenfalls aus. 967

Hinweis: Legte man daher nur die vom BGH in Betracht gezogenen Strafnormen zu Grunde, wäre A straflos. Der Sachverhalt legt aber die Prüfung weiterer Vorschriften nahe (dazu im Folgenden), die vom BGH offenbar übersehen wurden: Zwar hatte im zugrunde liegenden Fall der Angeklagte, der vom LG wegen mittäterschaftlich begangener versuchter Herbeiführung einer Sprengstoffexplosion in Tateinheit mit versuchter Brandstiftung zu einer Freiheitsstrafe von drei Jahren verurteilt worden war, Revision eingelegt. Allerdings verbietet das dann gem. § 358 II StPO geltende Verbot der reformatio in peius nur die nachteilige Abänderung der Rechtsfolgen, nicht aber hingegen die Abänderung des Schuldspruchs (die gem. § 354 I StPO möglich ist). Es wäre also möglich gewesen, die Versuchsstrafbarkeit aufzuheben und gleichzeitig einen Schuldspruch hinsichtlich eines der nachfolgend geprüften Delikte zu formulieren, ohne das Verbot der reformatio in peius zu verletzen. 968

VI. Herbeiführen einer Brandgefahr in Mittäterschaft, §§ 306f I Nr. 1, 25 II StGB

A könnte sich wegen Herbeiführens einer Brandgefahr in Mittäterschaft gem. §§ 306f I Nr. 1, 25 II StGB strafbar gemacht haben. 969

1. Objektiver Tatbestand

a) Bei den in dem Hallenkomplex lagernden Gegenständen handelt es sich um eine – fremde – feuergefährdete Anlage. 970

b) Durch die Kontaminierung des Kunststoffgranulats mit den bei den Tatvorbereitungen entstandenen Benzindämpfen ist diese Anlage auch – in sonstiger Weise – in Brandgefahr gebracht worden. 971

c) Da diese Brandgefahr unmittelbar aber nur von X und Y herbeigeführt worden ist, kann A nur Mittäter sein, wenn ihm die Handlungen der beiden Ukrainer über § 25 II StGB zuzurechnen sind. Nach der Ansicht des BGH, der in diesen Fällen Mittäterschaft bejaht (→ Rn. 924), wäre A Mittäter. Bleibt man bei der oben (→ Rn. 926) favorisierten Literaturansicht, scheidet eine Strafbarkeit des A wegen mittäterschaftlicher Herbeiführung einer Brandgefahr gem. §§ 306f I Nr. 1, 25 II StGB aus. 972

2. Ergebnis

A ist nicht strafbar wegen Herbeiführens einer Brandgefahr in Mittäterschaft gem. §§ 306f I Nr. 1, 25 II StGB. 973

VII. Anstiftung zur Herbeiführung einer Brandgefahr, §§ 306f I Nr. 1, 26 StGB

974 Da dann aber jedenfalls Anstiftung gegeben ist, ist A einer Anstiftung zur Herbeiführung einer Brandgefahr gem. §§ 306f I Nr. 1, 26 StGB schuldig.

VIII. Vorbereitung eines Explosionsverbrechens, § 310 I Nr. 2 iVm § 308 I StGB

975 Durch die Überlassung des Schlauchsystems zur Zerstörung der Hallen könnte A sich des Weiteren der Vorbereitung eines Explosionsverbrechens schuldig gemacht haben.

1. Objektiver Tatbestand

976 A hat X und Y mit dem Schlauchsystem zur Ausführung der Zerstörung der Hallen erforderliche besondere Vorrichtungen überlassen.

2. Subjektiver Tatbestand

977 Dies geschah vorsätzlich und auch – wie in § 310 I StGB vorausgesetzt – zur Vorbereitung einer Straftat, und zwar zu einer solchen iSd § 310 I Nr. 2 StGB, nämlich nach § 308 I StGB.

3. Rechtswidrigkeit und Schuld

978 Rechtswidrigkeit und Schuld liegen vor.

4. Tätige Reue, § 314a III Nr. 2 StGB

979 A könnte freilich von dem vollendeten Delikt des § 310 im Wege der tätigen Reue gem. § 314a III Nr. 2 StGB »zurückgetreten« sein. Dazu müsste er in einem Fall des § 310 StGB freiwillig die weitere Ausführung der Tat aufgegeben oder sonst die Gefahr abgewendet haben.

980 Die Formulierung der Vorschrift »sonst« die Gefahr abgewendet haben zeigt, dass es nicht genügt, wenn der Täter nur die Ausführung der Tat aufgibt, er muss in jedem Fall (damit) »die Gefahr« abgewendet haben. Fraglich ist, was mit »der Gefahr« hier gemeint ist. Im Rahmen des Rücktritts nach § 31 I Nr. 1 StGB stand es der Strafbefreiung des A nicht entgegen, dass die durch das Luft-Gas-Gemisch entstandene Gefahr von A nicht beseitigt worden war, da es dort nur darauf ankam, gerade die Gefahr der Tatbegehung durch die von A angestifteten Personen abzuwenden. Das ist hier anders. Bei § 314a III StGB muss die »tatbestandsmäßige Gefahr« abgewendet werden. Diese besondere Gefahr besteht aber darin, dass das in Bezug genommene vorbereitete Delikt des § 308 StGB tatsächlich zur Ausführung kommt. Da es hier eine Beschränkung darauf, dass die Tat gerade von dem Angestifteten ausgeführt wird, nicht gibt, hätte A im Rahmen der tätigen Reue auch die durch das entstandene Luft-Gas-Gemisch entstandene Gefahr beseitigen müssen. Da dies nicht geschehen ist, kann A nicht im Wege der tätigen Reue von der Vorbereitung eines Explosionsverbrechens zurückgetreten sein.[27]

27 Zum Ganzen *Rotsch/Sahan* JA 2005, 171 (173).

5. Ergebnis

A ist der Vorbereitung eines Explosionsverbrechens gem. § 310 I Nr. 2 iVm § 308 I StGB schuldig. 981

B. Konkurrenzen und Gesamtergebnis

A ist jedenfalls strafbar wegen einer Anstiftung zur Herbeiführung einer Brandgefahr gem. §§ 306f I Nr. 1, 26 StGB und der Vorbereitung eines Explosionsverbrechens gem. § 310 StGB. 982

Die Taten stehen in Tateinheit. A ist also strafbar gem. §§ 306f I Nr. 1, 26, § 310, § 52 StGB. 983

Fall 8: Die Tötung des Familientyrannen

984 O, Anführer der berüchtigten Rockerbande »81«, misshandelt seine Ehefrau E seit Jahren schwer. Seit Beginn ihrer Beziehung im Jahre 1984 hat E die sich immer weiter steigernden Demütigungen und Gewalttätigkeiten stets ohne Widerworte oder gar Gegenwehr hingenommen. Im Sommer 1993 gehen die Gewalttaten des O so weit, dass er E den Arm bricht. Einige Monate später misshandelt er sie so schwer, dass die schwangere E das gemeinsame Kind verliert. E empfindet ihre Lage nunmehr als völlig aussichtslos, zumal O sie für den Verlust des Kindes verantwortlich macht. Schließlich befürchtet sie, dass O die mittlerweile 13 und 15 Jahre alten Töchter der E ebenfalls misshandeln könnte. Ihre Eltern haben E bereits mehrfach angeboten, sie bei sich aufzunehmen; E ist sich freilich sicher, auch dort dem Zugriff des O ungeschützt ausgesetzt zu sein. Selbst bei Inanspruchnahme eines in der Nähe befindlichen Frauenhauses hält sie es nicht für möglich, vor ihrem Mann Schutz zu finden. Auch von der Polizei erwartet sie keine Hilfe, da sie glaubt, dass diese von der Rockerbande eingeschüchtert wird und sogar deren strafbare Handlungen deckt. Dies trifft tatsächlich freilich nicht zu; im Gegenteil ist es der Polizei bereits mehrfach gelungen, führende Mitglieder der Gruppe festzunehmen.

985 B, der jüngere und etwas schwächliche Bruder der E, erträgt die Situation seiner Schwester nicht mehr, fühlt sich aber selbst nicht in der Lage, O zur Rechenschaft zu ziehen. Deshalb entschließt er sich, O durch einen »Auftragsmörder« töten zu lassen. Durch Vermittlung eines Bekannten kommt er in Kontakt mit V, der sich als Auftragsmörder ausgibt, in Wahrheit aber verdeckt ermittelnder Polizeibeamter ist. Nachdem alle Einzelheiten geklärt sind, übergibt B dem V als Anzahlung 4.000 EUR. Nach erfolgreicher Tatausführung soll V weitere 8.000 EUR erhalten. Da B noch mit sich ringt, ob er E einweihen soll, behält er sich vor, den »Startschuss« zur Tatausführung zu geben und vereinbart deshalb mit V, dass dieser sich alle zwei Wochen bei ihm melden solle; B wolle ihm dann mitteilen, ob der Auftrag ausgeführt werden könne. Dabei ist B sicher, dass V die Tat ohne erneute Aufforderung nicht begehen wird. Kurz darauf wird B auf Initiative des V festgenommen.

986 Als E, die von den Plänen wie auch der Verhaftung ihres Bruders nichts weiß, am nächsten späten Abend beim Aufräumen den Revolver des O findet, entschließt sie sich nach längerem Ringen, die von ihr bereits seit einiger Zeit in Aussicht genommene Tat zu begehen und O zu töten. In der Vergangenheit hatte E bereits drei Selbsttötungsversuche unternommen, erst die Sorge um ihre beiden Töchter, die im Falle ihres Todes dem Ehemann schutzlos ausgeliefert gewesen wären, hatte ihr vor Augen geführt, dass eine Selbsttötung keine Lösung sei. Die Tötung des O erscheint ihr nunmehr als die einzige Lösungsmöglichkeit. Sie betritt daher das Schlafzimmer und feuert aus einer Entfernung von ca. 60 cm den gesamten Inhalt der Trommel des achtschüssigen Revolvers in Sekundenschnelle auf den schlafenden O ab. Zwei der Geschosse treffen.

987 Durch den Lärm der Revolverschüsse wird der Nachbar N – ein Rockerkumpan des O – aufgeweckt. Da O von N sofort ins Krankenhaus gebracht wird, lebt er noch, als er dort ankommt. Obwohl der Oberarzt A damit rechnet, dass O eine Notoperation nicht überleben wird, versucht er den Patienten P, der dieselbe seltene Blutgruppe wie O besitzt, zur Blutspende zu überreden. Als P, der nichts Genaueres über den Zustand des O weiß und sich hierfür auch nicht interessiert, sich weigert, erklärt A – allerdings erst auf Drängen des N –

wider besseres Wissen, P müsse mit schwerer Bestrafung rechnen, wenn er sich weigere, das lebensnotwendige Blut zu spenden. Obwohl A bei P nicht den Eindruck erweckt, er – A – werde für dessen Bestrafung sorgen, gibt P nun nach. Die von A sodann – lege artis – vorgenommene Bluttransfusion verlängert zwar das Leben des O unwesentlich, vermag ihn jedoch nicht mehr zu retten. Aufgrund der Transfusion verlangsamt sich der Heilungsprozess des P erheblich, auch verbleiben nicht unerhebliche dauernde Beschwerden; auf diese Möglichkeit hatte ihn A bereits bei seiner Bitte um Hilfe hingewiesen.

Aufgabe: Beurteilen Sie die Strafbarkeit von E, B, P, A und N nach dem StGB. 988

Bearbeitervermerk: § 263 StGB ist nicht zu prüfen. 989

Anmerkung: Die wesentlichen Probleme des Falles sind: **1.**: Rechtfertigung und Entschuldigung in 990
den sog. »Haustyrannen-Fällen« (BGHSt 48, 255***; BGH NStZ 2005, 154); **2.**: Einschränkungen des Heimtückemerkmals bei Mord; **3.**: Drohungsmerkmal bei der Nötigung; **4.**: Tötungsbegriff; **5.**: Willensmängel bei der Einwilligung; **6.**: Körperverletzung bei ärztlichem Heileingriff.

Literaturhinweise: zu 1.: *Rotsch* JuS 2005, 12; **zu 2.**: *Küper* StrafR BT 104 ff.; **zu 3.**: Schönke/ 991
Schröder/*Eser/Eisele* § 240 Rn. 9; **zu 4.**: *Samson* StrafR I 25; **zu 5.**: *Arzt*, Willensmängel bei der Einwilligung, 1970; **zu 6.**: *Wessels/Hettinger* StrafR BT I Rn. 323 ff.

A. Gliederung

1. Tatkomplex: Die Schüsse auf O

A. Strafbarkeit der E

I. Vollendeter Totschlag, § 212 I StGB (+)
   1. Objektiver Tatbestand (+)
   2. Subjektiver Tatbestand (+)
   3. Rechtswidrigkeit (+)
      a) Notwehr, § 32 StGB (-)
      b) Rechtfertigender Notstand, § 34 StGB (-)
   4. Schuld (+)
      a) Entschuldigender Notstand, § 35 StGB (-)
      b) Notwehrexzess, § 33 StGB (-)
      c) Irrtum über entschuldigende Umstände, § 35 II 1 StGB (-)
   5. Ergebnis (+)

II. Mord, § 211 StGB (+)

B. Ergebnis zur Strafbarkeit der E

2. Tatkomplex: Das Anheuern des V durch B

I. Versuchte Anstiftung zum Totschlag, §§ 212 I, 30 I 1 Var. 1 StGB (-)

II. Ergebnis zur Strafbarkeit des B

3. Tatkomplex: Die Geschehnisse im Krankenhaus

A. Strafbarkeit des P

I. Unterlassene Hilfeleistung, § 323c StGB (-)

II. Ergebnis zur Strafbarkeit des P

B. Strafbarkeit des A

I. Nötigung, § 240 I, II StGB (-)

II. Totschlag, § 212 I StGB (-)

III. Körperverletzung durch die Blutentnahme bei P, § 223 I StGB (-)

IV. Körperverletzung durch die Bluttransfusion bei O, § 223 I StGB (-)

V. Ergebnis zur Strafbarkeit des A

C. Strafbarkeit des N

Gesamtergebnis zur Strafbarkeit der Beteiligten

B. Lösung

1. Tatkomplex: Die Schüsse auf O

A. Strafbarkeit der E

Hinweis: An diesem Punkt stellt sich zunächst die Frage, ob § 212 StGB und § 211 StGB zusammen oder getrennt geprüft werden sollten. Die getrennte Prüfung hat den Vorteil, dass hiermit jedenfalls nicht implizit von einem Qualifikationsverhältnis ausgegangen wird. Im vorliegenden Fall kommt es darauf freilich nicht an, weil zum einen nur die Heimtücke als tatbezogenes Mordmerkmal im Raume steht und zum anderen § 28 StGB überhaupt nicht geprüft werden muss, sodass das Verhältnis von Mord und Totschlag nicht relevant wird. 992
Allerdings empfiehlt sich die getrennte Prüfung auch aus folgendem Grund: Es kommen Rechtfertigungs- bzw. Entschuldigungsgründe in Frage. Auch wenn man von einem Qualifikationsverhältnis ausgeht, muss daher zunächst geklärt werden, ob überhaupt ein qualifizierbares Grunddelikt vorliegt oder ob dieses bereits gerechtfertigt oder entschuldigt ist.

I. Vollendeter Totschlag, § 212 I StGB

E könnte sich eines Totschlags gem. § 212 I StGB schuldig gemacht haben, indem sie acht Schüsse auf den schlafenden O abgab. 993

1. Objektiver Tatbestand

Hierzu muss sie zunächst den Tod des O objektiv zurechenbar verursacht haben. 994

a) O ist tot. 995

b) Für diesen tatbestandsmäßigen Erfolg ist E kausal geworden, da die Schüsse auf ihren Ehemann unter Anwendung der conditio-sine-qua-non-Formel nicht hinweggedacht werden können, ohne dass der konkrete Erfolg entfiele. 996

c) Der Tod des O ist E aber auch objektiv zuzurechnen, da sie mit der Abgabe der Schüsse ein rechtlich missbilligtes Risiko gesetzt hat, das sich auch im Tod des O realisiert hat. Dass O erst nach (genauer: trotz) einer Notoperation stirbt, ändert hieran nichts. 997

2. Subjektiver Tatbestand

E handelte vorsätzlich; da es ihr auf den Tod des O bei der Abgabe der Schüsse gerade ankam, liegt sogar dolus directus 1. Grades vor. 998

3. Rechtswidrigkeit

Die Rechtswidrigkeit des Verhaltens der E wird durch seine Tatbestandsmäßigkeit indiziert. Möglicherweise ist die Tat der E jedoch gerechtfertigt. 999

a) Notwehr, § 32 StGB

In Betracht kommt zunächst Notwehr gem. § 32 StGB. Fraglich ist aber schon, ob eine Notwehrlage gegeben ist. Eine solche zur Notwehrhandlung berechtigende Situa- 1000 tion liegt vor, wenn ein gegenwärtiger rechtswidriger Angriff des O gegeben ist. Hieran bestehen Zweifel.

1001 **aa)** Fraglich ist schon, ob ein Angriff vorliegt. Dies setzt die Bedrohung eines notwehrfähigen Rechtsgutes voraus.[1] Eine Bedrohung in diesem Sinn lässt sich vorliegend freilich auf zweierlei Weise begründen. Zum einen ist ein Angriff dann gegeben, wenn der Ehemann die Täterin bereits in der Vergangenheit mehrfach misshandelt hat. Damit liegt eine Verletzung der körperlichen Unversehrtheit der späteren Täterin vor (!). Zum anderen ist ein Angriff aber auch gegeben, sofern im Zeitpunkt der Tat zu befürchten war, dass die körperlichen Attacken des Ehemannes auch in Zukunft stattfinden und sich möglicherweise – wie schon zuvor – immer weiter verstärken würden. Das Vorliegen eines Angriffs lässt sich daher nicht verneinen.

1002 **bb)** Freilich stellt die zuerst genannte Bedrohung deshalb keinen *gegenwärtigen* Angriff iSd § 32 StGB dar, weil es sich dabei um abgeschlossene Vorgänge der Vergangenheit handelt. Gegenwärtig ist aber nur derjenige Angriff, der unmittelbar bevorsteht, begonnen hat oder noch fortdauert.[2] Ob man den anderen Angriff als gegenwärtig bezeichnet, hängt von der Präzisierung des Anfangszeitpunktes der Notwehrlage ab. Einigkeit besteht weithin noch insoweit, als es – wie richtigerweise für die Notwehrlage insgesamt[3] – auch für die Bestimmung der zeitlichen Grenzen des notwehrfähigen Angriffs auf die objektive, ex post zu beurteilende Sachlage ankommen soll.[4] Da Rechtsgüter der Täterin vom Ehemann weder aktuell beeinträchtigt werden noch eine stattfindende Beeinträchtigung fortdauert, muss ex post beurteilt werden, ob ein solcher Angriff im Moment der Tötung unmittelbar bevorstand.

1003 **Hinweis:** Ein gegenwärtiger notwehrfähiger Angriff lässt sich nicht mit dem Argument begründen, dass eine *Beeinträchtigung der Willensfreiheit* durch die ständigen Drohungen des späteren Opfers fortdauerte. Zwar liegt der Gedanke nicht fern, dass die Täterin häufig aufgrund der jahrelangen Misshandlungen und Drohungen nicht mehr in der Lage gewesen sein wird, ihrem eigenen Willen entsprechend zu handeln, also zB den Ehemann zu verlassen, ein Frauenhaus aufzusuchen oder die Polizei zu benachrichtigen. Eine solche Beeinträchtigung basierte aber lediglich auf den weiterwirkenden Folgen einer abgeschlossenen Handlung, welche die bereits durch die Handlung eingetretene Rechtsgutsverletzung nicht mehr vertiefen. § 32 StGB gestattet aber nicht, sich wegen andauernder Wirkungen gegen einen beendeten Angriff zu verteidigen. Und hinsichtlich einer Beeinträchtigung der Willensfreiheit durch zu befürchtende weitere Drohungen und Schläge gilt das oben im Text zur Beeinträchtigung der Rechtsgüter körperliche Unversehrtheit und Leben Gesagte.

1004 Eine solche Feststellung scheitert nicht etwa daran, dass man nicht nachträglich beurteilen könnte, was im Zeitpunkt der Tathandlung erst noch bevorstand. Ex-post-Feststellung bedeutet ja lediglich, dass *unter Kenntnis aller Umstände des Einzelfalles* für den Zeitpunkt der Tathandlung festgestellt werden muss, ob eine Beeinträchtigung eines geschützten Rechtsgutes unmittelbar bevorstand oder nicht. Steigern die Drohungen und Verletzungen durch das spätere Opfer sich innerhalb eines längeren Zeitraums immer weiter, so ist zu besorgen, dass jederzeit ein neuerlicher Angriff auf die körperliche Unversehrtheit oder gar das Leben der Täterin von Seiten des Ehemannes erfolgen wird. Damit steht ein Angriff bevor.

1 Vgl. *Rotsch* JuS 2005, 12 (15).
2 BGH NJW 1973, 255; *Otto* Jura 1999, 552.
3 Das ist umstritten, vgl. SK-StGB/*Günther* § 32 Rn. 22.
4 SK-StGB/*Günther* § 32 Rn. 65.

Hinweis: Dass es sich hierbei um eine Prognoseurteil handelt, bedeutet also nicht etwa einen Widerspruch zur hier propagierten ex-post-Betrachtung, sondern liegt schlichtweg daran, dass man ein nachträgliches Urteil über ein zukünftiges hypothetisches Ereignis – eben den bevorstehenden, durch die Tötung aber verhinderten Angriff – abgeben muss. 1005

Fraglich ist allerdings, ob er *unmittelbar* bevorsteht. *Das* ist die Frage, die in den Fällen der Tyrannisierung von Familienmitgliedern gemeinhin verneint wird, da die Tötungshandlung regelmäßig und auch hier zu einem Zeitpunkt erfolgt, zu dem weder von einem unmittelbaren Ansetzen zur Verletzungshandlung iSv § 22 StGB[5] noch von einer »versuchsnahen Vorbereitungsphase«[6] gesprochen werden kann, da in den allermeisten Fällen – wie hier – ein schlafendes Opfer getötet wird. Bleibt man in diesen Fällen bei der zum zeitlichen Beginn der Notwehrlage allgemein anerkannten Definition stehen, scheidet eine Rechtfertigung gem. § 32 StGB mangels Notwehrlage also aus. 1006

Hinweis: Das gilt freilich dann nicht, wenn die Tötung des Tyrannen tatsächlich im Rahmen der Abwehr einer aktuellen Bedrohung zB des Lebens erfolgt. Um solche Fälle geht es im hier interessierenden Kontext aber regelmäßig und auch vorliegend nicht.[7] 1007

cc) Vereinzelt wird versucht, dieser Konsequenz dadurch zu entgehen, dass man im Rahmen der Diskussion zur Gegenwärtigkeit des Angriffs eine sog. »Effizienzlösung« vertritt. Danach soll eine Notwehrlage gegeben und somit eine Rechtfertigung gem. § 32 StGB bereits dann zulässig sein, wenn eine spätere Abwehr nicht mehr möglich wäre, das weitere Zuwarten die letzte oder sicherste Abwehrchance verstreichen ließe.[8] Ähnlich argumentiert eine Auffassung, die von einer »notwehrähnlichen Lage« spricht und deshalb von der Gegenwärtigkeit des Angriffs ausgeht.[9] Überwiegend wird diesen Ansichten, die im Ergebnis zur Zulässigkeit der Präventiv-Notwehr führen, die die Schneidigkeit des Verteidigungsrechtes aus § 32 StGB auch bloßen Vorsorgemaßnahmen zugesteht, zu Recht jedoch deshalb nicht gefolgt, weil sie den Vorrang staatlicher Abwehrmaßnahmen gegen erst in der weiteren Zukunft drohende Angriffe unterminieren.[10] 1008

dd) Eine Rechtfertigung gem. § 32 StGB kommt daher nicht in Frage. 1009

b) Rechtfertigender Notstand, § 34 StGB

Möglicherweise greift aber § 34 StGB ein. 1010

aa) Auch hier ist aber bereits fraglich, ob die von einer Rechtfertigung gem. § 34 StGB vorausgesetzte Notstandssituation gegeben ist. Hierzu müsste eine gegenwärtige nicht anders abwendbare Gefahr für eines der in § 34 StGB geschützten Rechtsgü- 1011

5 IdS die Vertreter der »strengen Versuchslösung«; vgl. etwa SK-StGB/*Günther* § 32 Rn. 70 mwN.
6 Zu dieser Begriffsbestimmung durch die Vertreter der »erweiterten Versuchslösung« Schönke/Schröder/*Perron* § 32 Rn. 14 mwN.
7 Vgl. aber zB BGHSt 3, 194 (195).
8 *Schmidhäuser* StrafR AT 9/94; LK/*Baldus*, 9. Aufl. 1974, § 32 Rn. 10; ähnlich auch SK-StGB/*Samson*, 5. Aufl. 1992, § 32 Rn. 26 ff.
9 *Suppert*, Studien zur Notwehr und »notwehrähnlichen Lage«, 1973, 256 ff.
10 Vgl. *Hillenkamp*, FS Miyazawa, 1995, 141 (152 ff.); weitere Argumente gegen eine Rechtfertigungslösung bei *Ludwig*, »Gegenwärtiger Angriff«, »drohende« und »gegenwärtige Gefahr« im Notwehr- und Notstandsrecht, 1990, 42, 169 ff., insbes. 186 ff.

ter vorliegen. Ausführungen zu diesen hier problematischen Voraussetzungen erübrigen sich freilich, wenn eine Voraussetzung im Rahmen der Notstandshandlung eindeutig nicht gegeben ist. Dies könnte vorliegend der Fall sein.

1012 **Hinweis:** Die Zulässigkeit des sog. »Springens« im Gutachten ist seit jeher umstritten[11] (siehe hierzu auch bereits Fall 1 → Rn. 89). Hier bietet es sich deshalb an, weil man sich keine Prüfungspunkte abschneidet: Die übersprungene Problematik der »Dauergefahr« und der Möglichkeit der Täterin, die Gefahr anders abzuwenden, stellt sich auch im Rahmen des anschließend zu prüfenden § 35 StGB (dazu → Rn. 1017 ff.).

1013 **bb)** Eine Rechtfertigung gem. § 34 StGB scheitert nämlich nach zutreffender und ganz hA daran, dass im Rahmen der beim rechtfertigenden Notstand erforderlichen Interessenabwägung eine Kollision gleichrangiger Rechtsgüter nicht zugunsten des Notstandstäters aufgelöst werden kann. Denn nach § 34 S. 1 StGB muss das geschützte Interesse das beeinträchtigte wesentlich überwiegen. Wenn der BGH im zugrundeliegenden Fall insoweit ausführt, dass selbst im Falle einer »zugespitzte[n] Situation mit akuter Lebensgefahr für einen Familienangehörigen« die Interessenabwägung nicht zugunsten der Angeklagten ausfallen würde, so kann er hierbei auf die Zustimmung der ganz hL zählen. Weil das Rechtsgut Leben nicht quantifizierbar[12] ist, spielt es auch keine Rolle, dass die Angeklagte nicht nur ihr eigenes, sondern auch das Leben ihrer beiden Töchter retten wollte. Diejenigen, die beim Defensivnotstand im Ausnahmefall auch die Tötung des Gefahrverursachers zulassen wollen,[13] nehmen die Tötung des Familientyrannen hiervon häufig gerade wieder aus.[14] Nur ganz vereinzelt wird expressis verbis bei grundsätzlicher Anerkennung der Lehre von der mangelnden Quantifizierbarkeit des Rechtsgutes Leben ein Überwiegen des Interesses des Handelnden angenommen. Dies soll insbesondere dann gelten, wenn – wie dies auch hier der Fall ist – der Täter die einem Angehörigen (hier: Töchter der Angeklagten) drohende Gefahr nicht durch Einsatz des eigenen Lebens abwenden kann.[15] Denn nach dem Tod der Angeklagten hätte der Ehemann die gemeinsamen Töchter misshandeln können, ohne noch von der Angeklagten Widerstand befürchten zu müssen.

1014 Die besseren Gründe sprechen hier freilich für die mit der hA übereinstimmende Ansicht des BGH. Denn wenn der konkret in Frage stehende Rechtsgutsangriff des späteren Opfers noch nicht einmal als strafrechtlich relevante Versuchshandlung erfasst werden kann, weil die Voraussetzungen des § 22 StGB nicht erfüllt sind, kann dessen Abwehr durch Tötung auch im Defensivnotstand nicht gerechtfertigt sein.[16]

1015 **c)** Eine Rechtfertigung der E scheidet aus.

---

11 Vgl. hierzu *Arzt* Strafrechtsklausur 209 ff.

12 Schönke/Schröder/*Perron* § 34 Rn. 23 aE.

13 So zB *Küper*, Grund- und Grenzfragen der rechtfertigenden Pflichtenkollision im Strafrecht, 1979, 74; *Roxin* StrafR AT I § 16 Rn. 78.

14 Dabei spielt die Einordnung des Defensivnotstandes als Unterfall des § 34 StGB einerseits bzw. als selbständiger, § 228 BGB nachgebildeter Rechtfertigungsgrund andererseits keine Rolle; vgl. *Hillenkamp*, FS Miyazawa, 1995, 141 (155).

15 Vgl. *Geerds* Jura 1992, 321 (322 f.).

16 IdS auch *Roxin*, FS Jescheck, 1985, 483. Ebenso *Hillenkamp*, FS Miyazawa, 1995, 141 (156); *Küper*, Grund- und Grenzfragen der rechtfertigenden Pflichtenkollision im Strafrecht, 1979, 74.

4. Schuld

Möglicherweise entfällt aber die Schuld. 1016

a) Entschuldigender Notstand, § 35 StGB

In Betracht kommt zunächst ein entschuldigender Notstand, § 35 StGB. 1017

aa) Zunächst müsste eine »gegenwärtige Gefahr« für Leben, Leib oder Freiheit gegeben sein. Während § 32 StGB eine »akut zugespitzte Bedrohungslage« verlangt, genügt wie bei § 34 StGB im Rahmen des § 35 StGB eine »gegenwärtige Gefahr«. Insoweit verlangt man einen dynamischen, auf Veränderung angelegten Vorgang, der bei ungestörtem Verlauf in die Schädigung eines notstandsfähigen Rechtsgutes zu münden droht,[17] also eine solche Schädigung wahrscheinlich macht[18] bzw. nahe legt.[19] Hier begnügt man sich gemeinhin auch mit einer »Dauergefahr«: Eine Notstandslage iSd § 35 StGB liegt bereits dann vor, wenn – wie hier – die »Rücksichtslosigkeit, Rohheit und Gewalttätigkeit« eines Familienangehörigen sich bis zu einem Grade entwickelt hat, dass »sein Betragen, seine ganze Eigenart für die Familie einen *dauernden Gefahrenzustand* entstehen lässt, weil nach dem erfahrungsmäßigen Lauf der Dinge eine an Gewissheit grenzende Wahrscheinlichkeit vorliegt, dass er sich aus geringstem Anlass oder selbst ganz ohne solchen zu schweren Misshandlungen seiner Angehörigen hinreißen lässt, deren erfolgreiche Abwehr diesen dann nach Lage der Umstände nicht mehr möglich ist«.[20] Hier muss das Entstehen einer *Notwehr*lage nicht abgewartet werden, »wenn nur die Dauergefahr an sich nach Maßgabe ihres Entwicklungsgrades bereits zu einer »gegenwärtigen« (unmittelbar bedrohlichen) geworden ist.«[21] 1018

bb) Freilich darf die Gefahr für E nicht anders abwendbar gewesen sein. Während im vom BGH entschiedenen Ausgangsfall hierüber durchaus gestritten werden kann,[22] war die Gefahr für E sehr wohl anders abwendbar. Denn nach der Schilderung des Sachverhaltes kommt als andere Abwendungsmöglichkeit jedenfalls der Umzug der E zu ihren Eltern in Betracht, die ihr diese Möglichkeit bereits mehrfach angeboten haben. Auch die Inanspruchnahme polizeilicher Hilfe erscheint erfolgversprechend. Ganz offensichtlich geht die Polizei erfolgreich gegen Mitglieder der Rockerbande vor und lässt sich von dieser gerade nicht einschüchtern. Dass E davon überzeugt ist, ihr könne niemand helfen, ändert hieran objektiv nichts. 1019

cc) Eine Entschuldigung gem. § 35 I StGB kommt damit nicht in Betracht. 1020

b) Notwehrexzess, § 33 StGB

E könnte aber gem. § 33 StGB entschuldigt sein. Überschreitet der Täter die Grenzen der Notwehr aus Verwirrung, Furcht oder Schrecken, so wird er nicht bestraft. Frag- 1021

---

17 SK-StGB/*Günther* § 34 Rn. 18.
18 BGHSt 26, 176 (179).
19 BGHSt 18, 271 (272).
20 RGSt 60, 318 (319 f.). *Hervorhebung* dort.
21 RGSt 60, 318 (321). Zur Nähe dieser Auffassung zur Effizienzlösung vgl. *Hillenkamp*, FS Miyazawa, 1995, 141 (154).
22 Vgl. BGHSt 48, 255***, einerseits; *Rotsch* JuS 2005, 12 (16) andererseits (»spricht alles dafür […], dass die Gefahr für die Angeklagte nicht anders abwendbar gewesen ist«.).

lich ist freilich, ob die jedenfalls den sog. »intensiven Notwehrexzess« (Überschreitung der Notwehrbefugnis im Rahmen einer tatsächlich gegebenen Notwehrlage) regelnde Vorschrift[23] auch auf diejenigen Konstellationen anwendbar ist, die hier eine Rolle spielen: den nachzeitig-extensiven Notwehrexzess – also die Überschreitung der Notwehr nach beendetem rechtswidrigen Angriff – und die Präventivnotwehr – also die vor einem rechtswidrigen Angriff vorgenommene Rechtsgutsverletzung.[24] Die ganz hM lehnt dies zutreffend ab. Der extensive Notwehrexzess lässt sich bereits begrifflich nicht unter § 33 StGB fassen, da man ein Notwehrrecht, das nach Beendigung eines Angriffs nicht mehr besteht, auch nicht mehr ausüben und dabei überschreiten kann. Der Notwehrexzess setzt also immer eine wirkliche Notwehrlage voraus.[25] Auch im Hinblick auf die Präventivnotwehr wird eine Anwendung des § 33 StGB zu Recht bereits aus sprachlichen Gründen abgelehnt. Wo ein Angriff noch gar nicht begonnen hat, lässt sich nicht von einer »Überschreitung« der Notwehr sprechen.

1022 Eine Entschuldigung gem. § 33 StGB scheidet aus.

c) Irrtum über entschuldigende Umstände, § 35 II 1 StGB

1023 Es könnte aber ein Irrtum über entschuldigende Umstände gem. § 35 II 1 StGB vorliegen.

1024 **aa)** Dazu müsste E Umstände irrig angenommen haben, bei deren Vorliegen sie gem. § 35 I StGB entschuldigt gewesen wäre. Hier könnte E sich vorgestellt haben, die Gefahr für ihr Leben und das der Töchter sei nicht anders als durch die Tötung des Ehemannes abwendbar. So hatte sie bis zur Tat bereits drei Selbsttötungsversuche unternommen und erst die Sorge um ihre beiden Töchter, die im Falle ihres Todes dem Ehemann schutzlos ausgeliefert gewesen wären, hatte ihr vor Augen geführt, dass Selbstmord keine Lösung sei. Auch spricht der Sachverhalt davon, dass E ihre Situation für »völlig aussichtslos« hielt. Sie glaubte, sie könne sich und ihre Kinder vor weiteren Übergriffen nur durch Tötung des Ehemannes schützen; die Tötung sei die »einzige Lösungsmöglichkeit«. Hält man daher die Gefahr objektiv für »anders abwendbar«, handelte E demnach im sog. Putativnotstand.

1025 **bb)** Damit stellt sich die Frage, ob der Irrtum der E vermeidbar war. Bekanntlich verlangt der BGH hier – insoweit meist in Übereinstimmung mit der Literatur[26] – eine gewissenhafte Prüfung der der Angeklagten zur Verfügung stehenden möglichen Auswege.[27] Hier spricht alles für eine Vermeidbarkeit: Zunächst ist die Tötung eines Menschen eine der am schwersten wiegenden Straftaten, die sich gegen das höchste Individualrechtsgut richtet. Auch dem – langen – Zeitraum, der E zur Verfügung stand, um sich für oder gegen die Tatbegehung zu entscheiden, kommt Gewicht zu. Je länger die Überlegungsfrist, desto eher kommt Vermeidbarkeit des Irrtums in Be-

---

23 Vgl. LK/*Zieschang* § 33 Rn. 2.

24 Zum Ganzen LK/*Zieschang* § 33 Rn. 4 ff. und 10 f.

25 StRspr., vgl. bereits RGRspr. 6 (1884) 576. Aus der Literatur siehe zB SK-StGB/*Rogall* § 33 Rn. 4; *Geilen* Jura 1981, 370 (379).

26 Siehe SK-StGB*Rogall* § 35 Rn. 49, der die Prüfungspflicht freilich, anders als die Rechtsprechung des BGH, auf die Frage der Vermeidbarkeit beschränken will. Vgl. andererseits Schönke/Schröder/*Perron* § 35 Rn. 43.

27 Vgl. schon BGHSt 18, 311.

tracht. Da E vor der Tat länger mit sich gerungen hat, ihren Tötungsentschluss auszuführen, lässt sich insgesamt an der Vermeidbarkeit nicht zweifeln.

cc) Damit kommt nach dieser vorzugswürdigen Ansicht kein Freispruch, sondern lediglich eine – obligatorische – Strafmilderung gem. §§ 35 II 2, 49 I Nr. 1 StGB in Betracht.[28] E kann nicht entschuldigt sein. 1026

5. Ergebnis

E hat sich eines Totschlags gem. § 212 I StGB schuldig gemacht. 1027

II. Mord, § 211 StGB

Möglicherweise ist die Tat gem. § 211 StGB qualifiziert. 1028

Hinweis: Da die Heimtücke ein tat- und kein täterbezogenes Mordmerkmal ist, kommt es auf das (bei täterbezogenen Mordmerkmalen im Rahmen des § 28 StGB relevante) Verhältnis von Mord und Totschlag hier nicht an, sodass die Einordnung des § 211 StGB als Qualifikation nichts vorwegnimmt. 1029

In Betracht kommt Heimtücke. Heimtückisch tötet grundsätzlich, wer die objektiv gegebene Arg- und Wehrlosigkeit des Opfers bewusst zu dessen Tötung ausnutzt.[29] 1030

1. Objektiver Tatbestand

E müsste also zunächst die Arg- und Wehrlosigkeit des O zur Tatbegehung ausgenutzt haben. Arglos ist, wer sich bei Beginn des ersten, mit Tötungsvorsatz geführten Angriffs keines solchen Angriffs auf sein Leben oder seine körperliche Unversehrtheit versieht.[30] 1031

Hinweis: Schon hier entstehen freilich erste Unsicherheiten: Muss tatsächlich ein Angriff auf das Leben vorliegen[31] oder genügt ein Angriff auf die körperliche Unversehrtheit?[32] Der Streit[33] spielt vorliegend keine Rolle. Dann ist aber auch auf eine Erwähnung im Text zu verzichten. 1032

Wehrlos ist, wer keine oder nur eine reduzierte Möglichkeit zur Verteidigung besitzt.[34] Es muss Arglosigkeit *und* Wehrlosigkeit vorliegen, wobei die Wehrlosigkeit gerade auf der Arglosigkeit beruhen muss: die beiden Elemente stehen also in kumulativer und kausaler Verknüpfung.[35] 1033

a) Der BGH hat schon früher[36] die Tötung des schlafenden Opfers als den klassischen Fall des Heimtückemordes bezeichnet. Auch in der Familientyrannen-Entscheidung BGHSt 48, 255*** behaupten die Richter wieder, das Opfer habe seine Arglosigkeit gleichsam »mit in den Schlaf genommen«. Zu dieser wenig überzeugen- 1034

28 Zum Verhältnis zur Rechtsfolgenlösung *Rotsch* JuS 2005, 12 (17) und → Rn. 1055.
29 *Küper* StrafR BT 191 ff.
30 Schönke/Schröder/*Eser* § 211 Rn. 24 mwN.
31 So noch BGHSt 7, 218 (221); 23, 119 (120).
32 IdS etwa BGHSt 20, 301 (302); 33, 363 (365).
33 Vgl. hierzu *Küper* StrafR BT 194 (196).
34 Schönke/Schröder/*Eser* § 211 Rn. 24a.
35 Zum Erfordernis kumulativen Vorliegens BGHSt 19, 321 (322); 32, 382 (388); zum Kausalzusammenhang BGH NStZ 1997, 490 (491); krit. zu Letzterem zB SK-StGB/*Sinn* § 211 Rn. 41.
36 BGHSt 23, 119 (121).

den Konstruktion sieht der BGH sich deshalb gezwungen, weil er verlangt, dass das Opfer noch bei Beginn der Tötungshandlung arglos sein muss. *Dreher*[37] hat bereits vor mehr als 40 Jahren die Differenzierung der Rechtsprechung zwischen Besinnungslosen und Schlafenden mit dem Argument kritisiert, dass Arglosigkeit nicht das positive Bewusstsein (oder besser: die – unzutreffende – Vorstellung) voraussetzt, von Seiten des Täters nicht gefährdet zu sein. Vielmehr zeichnet Arglosigkeit sich lediglich negativ durch das Fehlen von Argwohn – also der Abwesenheit von Misstrauen[38] – aus. Während *Dreher* aus diesem Grund sowohl den Besinnungslosen wie auch den Schlafenden gleichermaßen als arglos betrachtet,[39] geht ein Teil der neueren Literatur davon aus, dass in beiden Fällen keine Arglosigkeit vorliegen könne. Denn wenn elementare Voraussetzung der Arglosigkeit sein soll, dass überhaupt die »Fähigkeit zum Argwohn«[40] besteht, könne man eine solche Fähigkeit weder dem Besinnungslosen noch dem Schlafenden zusprechen, da es ihnen am hierzu notwendigen Bewusstsein fehle.[41]

1035 Eine solche Lösung überzeugt freilich schon deshalb nicht, weil dann eben jede Tötung eines schlafenden Opfers – nicht nur die des hier in Frage stehenden Familientyrannen – von § 211 StGB jedenfalls dann nicht mehr erfasst wird, wenn durch die Tat nicht noch ein weiteres Mordmerkmal verwirklicht wird.

1036 O war also arglos.

1037 **b)** Aufgrund dieser Arglosigkeit war O auch wehrlos.

1038 **c)** Da die Arg- und Wehrlosigkeit des O die Tötung durch E erleichtert hat, hat E diese auch zur Tötung ausgenutzt. Dass E lediglich eine bereits vorgefundene Situation – O schlief im Schlafzimmer – ausgenutzt hat, um die Tötung auszuführen, ändert hieran nichts.

1039 Danach liegt an sich objektiv Heimtücke vor.

2. Subjektiver Tatbestand

1040 **a)** E handelte vorsätzlich, da sie die äußeren Umstände, die die Arg- und Wehrlosigkeit des O begründeten, kannte.

1041 **b)** Weiterhin ist ein spezifischer »Heimtückevorsatz« erforderlich, nämlich das *bewusste* Ausnutzen der auf Arglosigkeit beruhenden Wehrlosigkeit des Opfers durch den Täter.[42]

1042 In früheren Urteilen, die sich mit der Tötung eines Familientyrannen befassten, hat der BGH häufig eine »Vermeidungsstrategie« zur Umgehung des Heimtückemordes verfolgt, indem er den spezifischen Heimtückevorsatz der Täterin in Frage stellte.[43] Allerdings wird man davon ausgehen müssen, dass dies bei den »atypischen Bezie-

37 *Dreher* MDR 1970, 248.
38 *Küper* JuS 2000, 740 (745).
39 *Dreher* MDR 1970, 248 (249).
40 Hieran soll es zB bei Kleinkindern fehlen; vgl. *Küper* JuS 2000, 740 (744 mwN zur Rspr. in Fn. 42); *ders.* StrafR BT 197 f. mwN.
41 So zB *Küper* JuS 2000, 740 (745).
42 *Küper* JuS 2000, 740 (741).
43 So in BGH NJW 1966, 1823; StV 1981, 523; 1983, 458.

hungsdelikten« – Tötung des Mannes durch die Frau – meist nicht funktioniert, da die Tötung hier regelmäßig unter Umständen begangen wird, die nahe legen, dass die Täterin sehr wohl in Kenntnis der Tatsache gehandelt hat, dass die Arg- und Wehrlosigkeit des Opfers die Tötung erleichtert, sie also Ausnutzungsbewusstsein gehabt hat.[44] Dies gilt auch für E.

c) Die Rechtsprechung des BGH[45] verlangt für die Annahme von Heimtücke – über die hier in Frage stehenden Fälle hinaus –, dass der Täter in feindseliger Willensrichtung gehandelt hat. Damit sollen die Tötungen zum vermeintlich Besten des Opfers – etwa die aus Mitleid begangene Tötung des unheilbar Kranken – aus dem Mordtatbestand herausgenommen werden. 1043

Nach dieser Ansicht entfällt das Merkmal der Heimtücke bei E jedenfalls nicht. Zum vermeintlich Besten des O hat E nicht gehandelt. 1044

3. Weitere Voraussetzungen der Heimtücke?

Gerade im Hinblick auf das Mordmerkmal der Heimtücke wird freilich heftig und äußerst kontrovers diskutiert, ob die mit der Annahme des Mordtatbestandes zwingende Verhängung lebenslanger Freiheitsstrafe in Einzelfällen nicht durch ein (noch) restriktiveres Heimtückeverständnis vermieden werden kann.[46] Im Rahmen der hier in Frage stehenden »Tötung des Familientyrannen« werden die unterschiedlichsten Ansätze vertreten. 1045

Das BVerfG hat 1977 in BVerfGE 45, 187*** die lebenslange Freiheitsstrafe zwar für verfassungsgemäß erklärt.[47] Danach ist die in § 211 StGB für jeden Fall der heimtückischen Tötung angedrohte lebenslange Freiheitsstrafe aber nur dann mit dem Verhältnismäßigkeitsgrundsatz vereinbar, wenn die Vorschrift restriktiv ausgelegt wird. Da das BVerfG sich freilich der Entscheidung der Frage enthalten hat, auf welche Weise dies zu geschehen hat,[48] wird bis heute über den richtigen Weg gestritten: 1046

a) Ein großer Teil der Literatur vertritt – mit Unterschieden im Einzelnen – die Ansicht, dass nur derjenige heimtückisch handele, der mit der Tötung des Opfers diesem gegenüber einen besonders verwerflichen Vertrauensbruch begehe.[49] Das über das Tötungsunrecht hinausgehende Qualifikationskriterium, das die Tat zum Mord macht, soll danach darin liegen, dass der Täter ein Vertrauensverhältnis ausgenutzt oder begründetes Vertrauen des Opfers zur Ausführung der Tötung missbraucht hat.[50] 1047

Der BGH ist dieser Ansicht nun zwar aus guten Gründen nicht gefolgt. Nicht zu Unrecht moniert er, dass die Vieldeutigkeit des Vertrauensbegriffs zu einer unsicheren und ungleichmäßigen Rechtsprechung führt.[51] Auch ist auf diese Weise gerade in 1048

44 *Frommel* StV 1987, 292 (293). Diesbezügliche Zweifel des BGH aber zB in BGH StV 1981, 523 (524). Zum Merkmal des Ausnutzungsbewusstseins Schönke/Schröder/*Eser* § 211 Rn. 25.
45 StRspr. seit BGHSt 9, 385.
46 Zur gesamten Diskussion vgl. *Rotsch* JuS 2005, 12.
47 BVerfGE 45, 187*** (260 ff.).
48 BVerfGE 45, 187*** (267).
49 Vgl. zB Schönke/Schröder/*Eser* § 211 Rn. 26; *Otto* StrafR BT § 4 Rn. 25; SK-StGB/*Sinn* § 211 Rn. 44 f.
50 *Otto* StrafR BT § 4 Rn. 25.
51 BGHSt 30, 105*** (116).

Grenzfällen kein wirklicher Fortschritt erbracht. Insbesondere ist es »unerträglich, den Überfall auf einen Ahnungslosen allein deshalb nicht als heimtückisch anzusehen, weil Täter und Opfer bis dahin in keiner persönlichen Beziehung zueinander gestanden haben«.[52]

1049 Freilich wird man unter Zugrundelegung dieser Ansicht in den Fällen der Tötung eines schlafenden Ehepartners heimtückisches Vorgehen kaum verneinen können. Denn auch dann, wenn der Täter keine besonderen Maßnahmen getroffen hat, um den Partner einzuschläfern, liegt dieses besondere Vertrauensverhältnis in den hier interessierenden Fällen jedenfalls den vor, wenn das Opfer in dem Bewusstsein eingeschlafen ist, von seinem Ehegatten nichts befürchten zu müssen.[53] Geht man mit dem BGH für den vorliegenden Fall davon aus, dass das spätere Opfer – wie hier – von dem schwächeren Part deshalb keinen Angriff zu befürchten hat, weil »die Angeklagte [...] in der Vergangenheit die Demütigungen und Misshandlungen durch ihren Mann ohne Gegenwehr [hatte] über sich ergehen lassen« und es »deshalb außer Betracht [lag], dass dieser zum Zeitpunkt seines Einschlafens mit einer erheblichen körperlichen Attacke durch die Angeklagte gerechnet hätte«, und teilt man dann noch die Auffassung, dass das schlafende Opfer seine Arglosigkeit »mit in den Schlaf nimmt« (→ Rn. 1034), so ist mit dem Merkmal des besonders verwerflichen Vertrauensbruchs in Fällen wie dem vorliegenden nichts gewonnen. E handelte heimtückisch.

1050 **b)** Während die vorstehende Auffassung also bereits das Merkmal der Heimtücke auf der Ebene des Tatbestandes einzuschränken versucht, geht ein anderer Teil der Literatur im Rahmen einer sog. »negativen Typenkorrektur« anders vor: In den Fällen, in denen das Mordmerkmal der Heimtücke erfüllt *ist*, soll eine Bestrafung wegen Mordes gleichwohl ausscheiden, wenn die Tötungshandlung aufgrund umfassender Gesamtwürdigung aller Tatumstände und der Täterpersönlichkeit als nicht besonders verwerflich erscheint.[54] Da dieser Ansatz nicht auf das Mordmerkmal der Heimtücke beschränkt ist, haben die Fälle des § 211 II StGB nur »symptomatisch-indizielle« Bedeutung.[55] Der BGH vermochte sich schon früher dieser Ansicht nicht anzuschließen, weil er auch hier die Gefahr sieht, dass »Berechenbarkeit und Gleichmäßigkeit der die *Tatbestandsfrage* betreffenden Rechtsanwendung in einem zentralen Bereich des Strafrechts in Frage gestellt« würden.[56] Mit dem Merkmal der »besonderen Verwerflichkeit« seien feste Maßstäbe für die geforderte Gesamtwürdigung nicht zu gewinnen.[57]

1051 Die Vertreter der negativen Typenkorrektur gelangen im typischen Fall der Tötung des Familientyrannen zur Verneinung der besonderen Verwerflichkeit und bestrafen daher nicht wegen Mordes. Die Kritik des BGH an dieser Auffassung trifft freilich insoweit, als es aus Gründen der Rechtssicherheit überzeugender erscheint, an dem geschlossenen Charakter des Mordtatbestandes festzuhalten.[58]

---

52 BGHSt 28, 210 (212).
53 Vgl. auch BGH JR 1951, 687.
54 Schönke/Schröder/*Eser* § 211 Rn. 10 mwN.
55 Schönke/Schröder/*Eser* § 211 Rn. 10.
56 BGHSt 30, 105*** (115), *Hervorhebung* dort.
57 BGHSt 30, 105*** (115).
58 Ebenso und ausführlicher etwa *Rengier* NStZ 1982, 225 (226).

c) Man wird dem BGH zugeben müssen, dass keine der in der Literatur vertretenen Ansichten zur Einschränkung des Heimtückemordes wirklich überzeugt. Die Rechtsprechung des BGH hat denn auch im Anschluss an die oben (→ Rn. 1046) genannte Entscheidung des Bundesverfassungsgerichts folgerichtig versucht, einen anderen Weg zur Begrenzung insbesondere des Heimtückemerkmals einzuschlagen. So ist die bekannte, freilich selbst im Zentrum heftigster Kontroversen stehende »Rechtsfolgenlösung« entstanden.[59] 1052

Nach der Lösung des BGH sollen die von allen anerkannten Einschränkungen bei der Anwendbarkeit des § 211 StGB erst auf der Ebene der Strafzumessung erfolgen. Auf diese Weise wird dann zwar wegen Heimtückemordes verurteilt, jedoch der Strafrahmen des § 49 I Nr. 1 StGB angewandt.[60] An die Stelle lebenslanger Freiheitsstrafe tritt damit Freiheitsstrafe von drei bis fünfzehn Jahren (beachte § 38 II StGB). Voraussetzung für die Anwendung dieses Strafrahmens ist das Vorliegen von Entlastungsfaktoren, die den Charakter »außergewöhnlicher Umstände« haben. Freilich hält die der Einzelfallgerechtigkeit besonders verpflichtete Rechtsprechung des BGH eine abschließende Definition oder Aufzählung solcher außergewöhnlichen Umstände, die in Fällen heimtückischer Tötung zur Verdrängung der absoluten Strafdrohung des § 211 I StGB führen sollen, nicht für möglich. Beispielhaft nennt der BGH Taten, die durch eine notstandsnahe, ausweglos erscheinende Situation motiviert, in großer Verzweiflung, aus tiefem Mitleid oder aus »gerechtem Zorn« aufgrund einer schweren Provokation verübt worden sind; ebenso sollen hierher solche Taten gehören, die in einem vom Opfer verursachten und ständig neu angefachten, zermürbenden Konflikt oder in schweren Kränkungen des Täters durch das Opfer, die das Gemüt immer wieder heftig bewegen, ihren Grund haben.[61] 1053

Der Beschluss des *Großen Senats* hat nicht zu Unrecht – zum Teil heftigste – Kritik erfahren.[62] Das betrifft insbesondere die Frage nach der Zulässigkeit richterlicher Rechtsschöpfung[63] sowie den Vorwurf der »Auflösung richterlicher Gesetzesbindung in den ‚sozialen Gestaltungsakt' der Strafzumessung«[64] und damit die Gefahr, das Rechtssicherheitsprinzip zugunsten der Einzelfallgerechtigkeit auszuhöhlen.[65] Auch in der Sache kann es kaum überzeugen, wenn der BGH der Literatur Konturenlosigkeit und Beliebigkeit der Ergebnisse vorwirft. Abgesehen davon, dass selbstverständlich auch nach der Lösung des BGH eine bewertende Gesamtbetrachtung vorzunehmen ist, lässt das Kriterium der »außergewöhnlichen Umstände« seinerseits an »Vagheit nichts zu wünschen übrig.«[66] Man wird akzeptieren müssen, dass keiner der vertretenen Lösungsansätze wirklich zu befriedigen vermag. 1054

Fraglich ist, ob diese Rechtsfolgenlösung hier überhaupt noch eine Rolle spielen kann. Dies ist zu verneinen: Bereits im Rahmen der Prüfung des Totschlages wurde ja 1055

59 *Rotsch* JuS 2005, 12 (17).
60 BGHSt 30, 105*** (120 f.).
61 BGHSt 30, 105*** (119). Vgl. insoweit auch jüngst die Entscheidung »Familientyrann II«, BGH NStZ 2005, 154.
62 Vgl. zum Ganzen Schönke/Schröder/*Eser* § 211 Rn. 10a, 10b mwN.
63 Schönke/Schröder/*Eser* § 211 Rn. 10b.
64 *Hassemer* JZ 1983, 967 (968).
65 Schönke/Schröder/*Eser* § 211 Rn. 10b mwN; SK-StGB/*Sinn* § 211 Rn. 9 ff., 43 ff.; *Hassemer* JZ 1983, 967 (968).
66 *Hassemer* JZ 1983, 967 (968).

aufgrund des – wenn auch vermeidbaren – Irrtums iSd § 35 II 2 StGB auf die obligatorische Strafmilderung nach § 49 I StGB hingewiesen. Diese Milderung geht der Rechtsfolgenlösung vor.[67] Damit ist auch das regelmäßig vom BGH verfolgte Ziel erreicht: Unter Zugrundelegung der gesetzlichen Milderungsverpflichtung aus § 35 II StGB bestehen wesentlich mehr Möglichkeiten, »mit der Strafe nach unten zu gehen«, als dies nach der »außerordentlichen Strafmilderung« im Sinne der Rechtsfolgenlösung möglich wäre – auch wenn die Strafrahmen grundsätzlich identisch sind.[68]

4. Ergebnis

1056 E hat einen heimtückischen Mord begangen. Die Strafe ist gem. §§ 35 II 2, 49 I StGB zu mildern.

B. Ergebnis zur Strafbarkeit der E

1057 E ist strafbar wegen Mordes gem. § 211 StGB. Die Strafe *muss* – und zwar gem. §§ 35 II 2, 49 I StGB – gemildert werden.

1058 **Hinweis:** In der Praxis hat die Rechtsfolgenlösung des BGH dazu geführt, dass die Tatgerichte – anders als in dieser gutachterlichen Lösung – immer wieder vorschnell auf sie rekurrieren, ohne die vorrangig in Betracht kommenden Strafausschließungsgründe zu prüfen. Letzteres muss der BGH daher immer wieder anmahnen, vgl. zB BGHSt 48, 255 (263). Der Fall gibt ein gutes Beispiel für das Spannungsverhältnis vernünftiger kriminalpolitischer Überlegungen – niemand hält in Fällen wie dem vorliegenden die Verhängung der lebenslangen Freiheitsstrafe für angemessen – und in Grenzfällen erreichter Belastbarkeit der Strafrechtsdogmatik. An der Auffassung des BGH wird insbesondere auch die im Urteil wie hier im Gutachten zum Ausdruck kommende Verurteilung der Täterin als *Mörderin* beanstandet. Im konkreten Fall erhielt die Täterin nach der Neuverhandlung eine Freiheitsstrafe von vier Jahren und sechs Monaten.[69]

2. Tatkomplex: Das Anheuern des V durch B

I. Versuchte Anstiftung zum Totschlag, §§ 212 I, 30 I 1 Var. 1 StGB

1059 Durch die Verhandlungen mit V und die Übergabe einer Anzahlung in Höhe von 4.000 EUR könnte B sich wegen versuchter Anstiftung zum Totschlag gem. §§ 212 I, 30 I 1 Var. 1 StGB strafbar gemacht haben. Dazu müsste er einen anderen zu bestimmen versucht haben, ein Verbrechen zu begehen. Der Versuch der Beteiligung setzt jedenfalls voraus, dass es nicht mindestens zum Versuch der Haupttat gekommen ist; da V zur Tatbegehung nicht einmal unmittelbar angesetzt hat, ist dies der Fall. § 212 I StGB ist Verbrechen, vgl. § 12 I StGB. Eine Strafbarkeit gem. §§ 212 I, 30 I 1 Var. 1 StGB kommt damit grundsätzlich in Betracht.

1060 **Hinweis:** Es geht um versuchte Anstiftung, daher ist der Aufbau des Versuchs zu wählen. Zur »Vorprüfung« beim Versuch siehe Fall 1 → Rn. 10. Im Rahmen der knappen Ausführungen zur Nichtvollendung der Tat kann gezeigt werden, dass man verstanden hat, wann eine versuchte Anstiftung (im Gegensatz zu einer Anstiftung zum Versuch) in Betracht kommt.

---

67 BGHSt 48, 255.
68 *Rotsch* JuS 2005, 12 (17).
69 Berichtet bei *Rengier* NStZ 2004, 233 (239).

1. Tatentschluss

Der Tatentschluss des Bestimmungsversuchs gem. § 30 I 1 Var. 1 setzt einen Vorsatz mit mehrfacher Bezugsrichtung voraus. Zum einen muss der Bestimmende wollen, dass der Anzustiftende den Entschluss zur Begehung der angesonnenen Haupttat fasst (Bestimmungsvorsatz), zum anderen muss er darüber hinaus auch die (vollendete) Haupttat wollen (Tatvorsatz).[70] Es genügt – wie auch sonst – bedingter Vorsatz. Eine darüber hinausgehende besondere Ernstlichkeit des Anstiftungsversuchs ist nicht erforderlich.[71] 1061

Hinweis: Zum häufig – unzutreffend – als »doppelter« Teilnehmervorsatz bezeichneten Vorsatz des Anstifters (bzw. Gehilfen) vgl. bereits Fall 2 → Rn. 294. 1062

Der BGH hat im zugrundeliegenden Fall diese in subjektiver Hinsicht erforderlichen Voraussetzungen ohne Weiteres bejaht. Das ist aber nicht richtig. Zwar lässt der Bestimmungsvorsatz des B sich noch bejahen; seine eigene Handlung wollte B vornehmen und hat dies ja auch getan. Es fehlt allerdings am Tatvorsatz. Wie der BGH in früheren Entscheidungen selbst zutreffend ausgeführt hat, lässt eine versuchte Anstiftung sich dann nicht bejahen, wenn der Bestimmende die Ausführung der Tat noch nicht endgültig freigegeben hat. Hat der mit Bestimmungsvorsatz Handelnde die Begehung der Haupttat durch den Vordermann – wie hier – von einer endgültigen Aufforderung abhängig gemacht, richtet sein Vorsatz sich (noch) nicht auf die Begehung der Haupttat.[72] 1063

Da es B bereits am notwendigen Vorsatz fehlt, kommt es auf die Frage nach dem unmittelbaren Ansetzen schon nicht mehr an. 1064

Hinweis: Auch ein möglicher Rücktritt muss nicht mehr erörtert werden. Diese Frage stellt den eigentlichen Schwerpunkt der Entscheidung BGH ZIS 2006, 99 dar. Er richtet sich nach § 31 II Var. 1 StGB. Auch insoweit liegt der BGH mit seiner Verneinung des Rücktritts falsch. § 31 II Var. 1 StGB setzt zunächst voraus, dass der präsumtive Teilnehmer seinen Entschluss zur Tatbegehung – dh den Bestimmungsversuch – aufgegeben hat. Außerdem muss er sich ernsthaft bemüht haben, die Tat zu verhindern. Beides ist der Fall.[73] 1065

2. Zwischenergebnis

B hat sich nicht wegen versuchter Anstiftung zum Totschlag gem. §§ 212 I, 30 I 1 Var. 1 StGB strafbar gemacht. 1066

II. Ergebnis zur Strafbarkeit des B

B bleibt straflos. 1067

70 BGH NStZ 1998, 347.
71 BGHSt 44, 99 (101 ff.).
72 Im Ergebnis ebenso BGHR StGB § 30 Beteiligung 1, wo der *3. Senat* freilich das unmittelbare Ansetzen verneint. Zutreffend und wie hier *Mosenheuer* ZIS 2006, 99 (100 f.).
73 Vgl. eingehender *Mosenheuer* ZIS 2006, 99 (104).

3. Tatkomplex: Die Geschehnisse im Krankenhaus

A. Strafbarkeit des P

I. Unterlassene Hilfeleistung, § 323c StGB

1068 P könnte sich wegen unterlassener Hilfeleistung gem. § 323c StGB strafbar gemacht haben, indem er sich zunächst weigerte, eine Bluttransfusion vornehmen zu lassen.

1. Objektiver Tatbestand

1069 Hierzu müsste P zunächst bei einem Unglücksfall nicht Hilfe geleistet haben, obwohl dies erforderlich und ihm den Umständen nach zuzumuten war.

1070 **a)** Es müsste zunächst ein Unglücksfall vorgelegen haben. Ein Unglücksfall ist ein plötzlich eintretendes Ereignis, das erhebliche Gefahren für Menschen oder Sachen herbeiführt.[74] O ist bei dem Anschlag auf sein Leben schwer verletzt worden. Damit liegt ein Unglücksfall vor. Dass die Verletzung auf einem deliktischen Angriff beruht, ändert hieran nichts.[75]

1071 **b)** Fraglich ist aber schon, ob P tatsächlich nicht Hilfe geleistet hat, denn schließlich ist er der Aufforderung zur Blutspende – wenn auch erst nach der Ankündigung des A, andernfalls mache P sich strafbar – nachgekommen.

1072 Damit stellt sich die nicht einfach zu beantwortende Frage, ob P durch seine erste Weigerung die tatbestandliche Handlung – das Unterlassen – bereits vollständig vorgenommen hat (den Eintritt eines Erfolges verlangt das echte Unterlassungsdelikt des § 323c StGB nicht!). Die Frage kann freilich dann dahinstehen, wenn der objektive Tatbestand aus einem anderen Grund nicht erfüllt ist.[76]

1073 **c)** Möglicherweise ist P die Hilfeleistung nämlich nicht zumutbar gewesen.[77] Problematisch ist allerdings, woraus sich der Maßstab der Zumutbarkeit ergibt. Der BGH und ein Teil der Literatur entnehmen ihn dem allgemeinen Sittlichkeitsempfinden.[78] Das ist nicht unproblematisch, da es bei der Begrenzung der Hilfspflicht nicht um die Konkretisierung eines allgemeinen Sittengesetzes geht, sondern um die Festlegung der gegenseitigen Solidarität, die die Bürger sich untereinander schulden.[79] Hierbei handelt es sich um rechtliche, nicht um sittliche Pflichten, weshalb ihre Grenzen maßgeblich von der Ausgestaltung der jeweiligen Rechtsordnung abhängen.

1074 Zwar kennt das Gesetz in bestimmten Fällen (zB § 81a StPO) die Pflicht zur Aufopferung der körperlichen Integrität, es knüpft diese Pflicht aber an enge Voraussetzungen, erlaubt nur geringfügige Eingriffe, fordert die Aufopferung der körperlichen Integrität nur zugunsten von Interessen der Allgemeinheit (Strafverfolgungsinteresse, Seuchenbekämpfung) und lässt – etwa im Rahmen des § 81a StPO – den Eingriff nur zu, soweit kein Nachteil für die Gesundheit des Betroffenen zu befürchten ist. All diese Voraussetzungen sind im vorliegenden Fall nicht erfüllt: Es geht um die Rettung

74 Etwa MüKoStGB/*Freund* § 323c Rn. 18.

75 Vgl. SK-StGB/*Rudolphi/Stein* § 323c Rn. 7.

76 Zum »Springen« im Gutachten vgl. bereits oben den Hinweis → Rn. 1012.

77 Zur umstrittenen Einordnung des Zumutbarkeitsmerkmals vgl. SK-StGB/*Rudolphi/Stein* § 323c Rn. 24.

78 Vgl. BGHSt 11, 135 (136); Schönke/Schröder/*Sternberg-Lieben/Hecker* § 323c Rn. 20.

79 *Samson* StrafR I 85.

eines Einzelnen und einen recht schwer wiegenden Eingriff, der mit einigem Blutverlust verbunden ist. Auch sind (schließlich auch eingetretene) Folgeschäden bei P zu erwarten. All dies spricht dafür, die Zumutbarkeit einer Hilfeleistung durch P abzulehnen. Hierfür sprechen auch die Konsequenzen der gegenteiligen Auffassung. So müsste nach ihr jeder, der eine seltene Blutgruppe besitzt, jederzeit mit der zwangsweisen Vorführung zum Zwecke der Blutspende rechnen.[80]

2. Zwischenergebnis

Da es bereits an der Hilfeleistungspflicht des P fehlt, kann der Tatbestand des § 323c **1075**
nicht erfüllt sein. Eine Strafbarkeit wegen unterlassener Hilfeleistung gem. § 323c kommt mithin nicht in Betracht.

II. Ergebnis zur Strafbarkeit des P

Da andere Straftatbestände nicht in Betracht kommen – insbesondere scheidet eine **1076**
Strafbarkeit wegen eines vorsätzlichen unechten Unterlassungsdeliktes (§§ 212 I, 13 StGB bzw. §§ 223 I, 13 StGB) aus, aber auch für eine Fahrlässigkeitsstrafbarkeit (§§ 222, 13 StGB bzw. §§ 229, 13 StGB) gibt der Sachverhalt nichts her –, bleibt P straflos.

B. Strafbarkeit des A

Hinweis: Grundsätzlich ist zwar innerhalb der Prüfung der Strafbarkeit eines Beteiligten mit dem **1077**
schwersten Delikt zu beginnen; hierbei handelt es sich im Fall des A um den Totschlag gem. § 212 I StGB (→ Rn. 1086 ff.). Aus Zweckmäßigkeitserwägungen bietet es sich hier jedoch an, ausnahmsweise die Nötigung an erster Stelle zu prüfen: Denn die im Rahmen der Nötigung zu treffenden Aussagen hinsichtlich des Drohungsmerkmals werden wiederum im Rahmen der Prüfung der Körperverletzung relevant, wenn es um die Frage nach Willensmängeln bei der Einwilligung geht (→ Rn. 1104 ff.). Wenn aber die Nötigung daher jedenfalls vor der Körperverletzung zu prüfen ist, sollte sie ganz an den Anfang der Erörterungen gestellt werden.

I. Nötigung, § 240 I, II StGB

A könnte eine Nötigung gem. § 240 StGB dadurch begangen haben, dass er P mit der **1078**
wider besseres Wissen abgegebenen Erklärung zur Blutspende veranlasste, P habe im Weigerungsfalle mit schwerer Bestrafung zu rechnen.

1. Objektiver Tatbestand

Dazu müsste er P durch eine Drohung mit einem empfindlichen Übel zu einer Hand- **1079**
lung genötigt haben.

a) Fraglich ist aber bereits, ob A gedroht hat. Eine Drohung liegt vor, wenn der Täter **1080**
ein Übel in Aussicht stellt, auf dessen Eintritt er Einfluss zu haben vorgibt.[81]

aa) A hat P ein zukünftiges Übel in Aussicht gestellt, als er ihn auf die zu erwartende **1081**
Bestrafung hinwies. Dabei ist es unerheblich, ob das in Aussicht gestellte Übel tat-

---

80 *Samson* StrafR I 85.
81 Vgl. etwa LK/*Träger/Altvater* § 240 Rn. 56 f.

sächlich eintreten kann. Entscheidend ist nur, dass das Nötigungsopfer – wie hier offensichtlich P – mit dem Eintritt des Übels gerechnet hat. Dass P – wie unter A. gezeigt – tatsächlich keine Strafe zu fürchten hatte, ist insoweit also irrelevant.

1082 **bb)** Allerdings müsste A bei P den Eindruck erweckt haben, dass der Eintritt des Übels von seinem Willen abhängig war. Dies kann man seiner Äußerung aber nicht entnehmen. A hat nach dem Sachverhalt nicht zum Ausdruck gebracht, *er* werde dafür sorgen, dass P zur Rechenschaft gezogen werde. Vielmehr ist sein Hinweis so zu verstehen, dass die Weigerung zur Bluttransfusion auch ohne seine Mitwirkung bekannt werde, sodass er selbst nicht über den Eintritt des Übels zu entscheiden haben werde.

1083 Damit hat A dem P nicht gedroht. Vielmehr stellt sein Hinweis eine nicht vom Tatbestand des § 240 StGB erfasste Warnung dar.[82]

1084 **b)** Da A dem P nicht im Sinne des Nötigungstatbestandes gedroht hat, kommt eine Strafbarkeit gem. § 240 StGB nicht in Betracht.

2. Ergebnis

1085 Eine Strafbarkeit des A wegen seines Hinweises, P müsse mit schwerer Bestrafung rechnen, scheidet aus.

II. Totschlag, § 212 I StGB

1086 A könnte sich aber wegen Totschlags gem. § 212 I StGB strafbar gemacht haben, als er O einer Notoperation unterzog, nach der O verstarb.

1. Tatbestand

1087 **a)** O ist tot. Fraglich ist, ob damit der tatbestandsmäßige Erfolg des Totschlags eingetreten ist. Das ist dann der Fall, wenn der Erfolg des Totschlagstatbestandes sich tatsächlich im Eintritt des Todes eines anderen Menschen erschöpft. Dies wird von Teilen der Literatur bestritten. Da der Tod eines jeden Menschen sicher sei, könne tatbestandsmäßiger Erfolg im Sinne des Totschlagstatbestandes nicht der Tod eines Menschen sein. Bleibe man bei dieser Definition stehen, erfülle auch jede lebensverlängernde Maßnahme den Tatbestand. Jegliche ärztliche Behandlung einer lebensgefährlichen Krankheit oder – wie vorliegend – einer schweren Verletzung müsse dann als tatbestandsmäßiger Totschlag bezeichnet werden. Dieses »merkwürdige« Ergebnis lasse sich nur dadurch vermeiden, dass man als Erfolg iSv § 212 StGB nicht den konkreten Tod eines Menschen, sondern die *Lebensverkürzung* ansehe.[83]

1088 Da nach dem Sachverhalt die Bluttransfusion das Leben des O – wenn auch nur unwesentlich – verlängert hat, ist eine Lebensverkürzung durch A nicht gegeben, es liegt also nach dieser Ansicht bereits der Erfolg des Totschlagstatbestandes nicht vor.

1089 Die Auffassung vermag nicht zu überzeugen. Zum einen verkennt sie Aufgabe und Funktion der Lehre von der objektiven Zurechnung. Selbst wenn man nämlich behaupten wollte, auch der erfolglos operierende Arzt habe den konkreten Tod des Op-

---

82 Zur Warnung in Abgrenzung von der Drohung vgl. SK-StGB/*Horn/Wolters* § 240 Rn. 17.
83 So insb. *Samson* StrafR I 25 mwN.

fers verursacht, muss sich außerdem gerade das vom Arzt mit seiner Operation gesetzte Risiko im Erfolg verwirklicht haben. Es ist bezeichnend, dass die Vertreter der dargestellten Auffassung der Lehre von der objektiven Zurechnung schon grundsätzlich nicht folgen. Das von ihnen für notwendig und unbillig erachtete Ausweichen auf die Ebene der Rechtfertigung muss aber von der objektiven Zurechnungslehre gerade nicht praktiziert werden.

Zum anderen vermögen auch die Ergebnisse dieser Auffassung nicht zu überzeugen. 1090
Wenn es nämlich tatsächlich auf die Verkürzung der Lebensdauer ankommen soll, muss diese Ansicht zwei Todeszeitpunkte gegenüberstellen. Der konkrete Zeitpunkt des tatsächlich eingetretenen Todes ist (nicht bei der Kausalität, sondern im Rahmen der Subsumtion unter den Erfolgsbegriff!)[84] demjenigen Todeszeitpunkt gegenüberzustellen, zu dem der Tod ohne die Tathandlung eingetreten wäre. Bei der Ermittlung dieses hypothetischen Zeitpunktes sollen dann ausnahmsweise hypothetische Kausalverläufe berücksichtigt werden dürfen.[85] Es überzeugt aber nicht, den Eintritt des tatbestandsmäßigen Erfolges von dem durchaus zufälligen konkreten Todeszeitpunkt abhängig machen zu wollen. So wäre in dem klassischen Schulbeispiel des Wohnungsbrandes der Eintritt des tatbestandsmäßigen Erfolges zu bejahen, wenn der Vater sein Kind in Erkenntnis der Möglichkeit, es werde dabei sterben, aus dem Fenster der brennenden Wohnung in die Arme eines fangbereiten Retters wirft, dieser nicht richtig zugreift und das Kind einen Schädelbruch erleidet, an dem es sofort verstirbt, sofern nur der (hypothetische) Zeitpunkt des ansonsten zu befürchtenden Verbrennungstodes zeitlich später liegt. Wird das Kind hingegen durch den Wurf zufälligerweise nur so schwer verletzt, dass es noch zwei Tage überlebt, wäre der Eintritt des tatbestandsmäßigen Erfolges zu verneinen, weil der Verbrennungstod des Kindes zeitlich früher eingetreten wäre.

Kann dieser Ansicht mithin nicht gefolgt werden, kommt es also nicht auf eine Le- 1091
bensverkürzung an, reduziert der tatbestandsmäßige Erfolg des § 212 StGB sich auf den Tod eines anderen Menschen. Dieser ist eingetreten.

b) Fraglich ist aber des Weiteren, ob A hierfür kausal geworden ist. Denkt man unter 1092
Anwendung der conditio-sine-qua-non-Formel die Operation hinweg, wäre O ebenfalls – wenn auch etwas früher – gestorben. Stellt man aber – wie dies die mittlerweile hA tut[86] – auf den Erfolg »in seiner konkreten Gestalt« ab, so wird man insoweit auch den Todeszeitpunkt zu berücksichtigen haben. Für den Tod des O zu dem Zeitpunkt nach der Operation ist A daher kausal geworden.

c) Der Erfolg müsste A aber auch objektiv zuzurechnen sein. Das ist dann der Fall, 1093
wenn A eine rechtlich missbilligte Gefahr gesetzt hat, die sich auch tatsächlich im konkreten Erfolg verwirklicht hat. Fraglich ist bereits die Risikosetzung. Selbst wenn man davon ausgehen wollte, dass mit einer Notoperation immer auch Risiken für das Leben des Patienten gesetzt werden,[87] so wird man diese Risiken jedoch nicht für rechtlich missbilligt halten können. Denn die zur Rettung eines schwer verletzten Opfers geleistete Hilfe ist von der Rechtsordnung gerade gewollt.

84 Vgl. *Samson* StrafR I 25.
85 *Samson* StrafR I 25.
86 Vgl. *Kühl* StrafR AT § 4 Rn. 15.
87 Schon das ist zweifelhaft, vgl. hierzu auch → Rn. 1112 ff.

1094 Nach alledem liegt – im Übrigen entgegen der oben (→ Rn. 1087) referierten Ansicht – bereits eine tatbestandsmäßige Tötung nicht vor. Auf etwaige Rechtfertigungsgründe einzugehen erübrigt sich daher.

2. Ergebnis

1095 Eine Strafbarkeit gem. § 212 I StGB scheidet aus.

III. Körperverletzung durch die Blutentnahme bei P, § 223 I StGB

1096 A könnte sich jedoch wegen Körperverletzung gem. § 223 I StGB strafbar gemacht haben, indem er P Blut entnahm.

1. Tatbestand

a) Objektiver Tatbestand

1097 A müsste P körperlich misshandelt oder an der Gesundheit beschädigt haben.

1098 **aa)** Die Blutentnahme erforderte einen Einstich in den Körper des P. Bereits hierin könnte die für § 223 I StGB erforderliche körperliche Misshandlung liegen. Körperliche Misshandlung ist eine Behandlung, durch die das körperliche Wohlbefinden mehr als nur unerheblich beeinträchtigt wird.[88] Der in den Körper des P erfolgte Einstich erzeugt Schmerzen und beeinträchtigt damit das körperliche Wohlbefinden. Allerdings ist dieser Einstich von dem Arzt A vorgenommen worden, sodass es sich um einen »Heileingriff« handeln könnte, für den äußerst umstritten ist, ob er den Tatbestand der Körperverletzung erfüllt. Während die Rechtsprechung des BGH die Auffassung vertritt, dass auch der ärztliche Heileingriff tatbestandsmäßige Körperverletzung ist, die allenfalls durch eine Einwilligung des Patienten gerechtfertigt werden könne, ist die hM in der Literatur der Ansicht, der Heileingriff erfülle schon den Tatbestand der Körperverletzung nicht.[89]

1099 Diese Kontroverse bezieht sich freilich nur auf den echten Heileingriff, also einen solchen, der zum einen zu Heilzwecken indiziert und zum anderen nach den Regeln der ärztlichen Kunst vorgenommen worden ist. Zu Heilzwecken indiziert sind aber nur solche Eingriffe, die der Heilung desjenigen Patienten dienen, in dessen körperliche Integrität eingegriffen wird.[90] Der Einstich in den Körper des P ist von A (zwar lege artis, aber) nicht zu dessen Heilung, sondern zur Rettung des O vorgenommen worden. Damit liegt schon kein Heileingriff vor, auf den Streit zwischen Rechtsprechung und Literatur kommt es hier nicht an.

A hat P körperlich misshandelt.

1100 **bb)** A könnte darüber hinaus P auch an der Gesundheit beschädigt haben. Gesundheitsbeschädigung ist die Verursachung einer nicht ganz unerheblichen Verschlechterung des Gesundheitszustandes eines anderen Menschen.[91] Aufgrund der Transfusion hat sich der Heilungsprozess des P erheblich verlangsamt, auch sind nicht unerheb-

88 SK-StGB/*Horn/Wolters* § 223 Rn. 4.
89 Vgl. zunächst nur *Samson* StrafR I 82.
90 *Samson* StrafR I 82.
91 SK-StGB/*Horn/Wolters* § 223 Rn. 18.

liche dauernde Beschwerden verblieben. A hat P daher auch an der Gesundheit beschädigt.

b) Subjektiver Tatbestand

A handelte vorsätzlich, da er den Einstich vornehmen wollte und um die damit verbundenen Schmerzen wusste. Auch war ihm klar, dass die Möglichkeit nicht unerheblicher dauernder Beschwerden bei P bestand, laut Sachverhalt hatte er P vor der Vornahme der Transfusion auf diese Möglichkeit auch hingewiesen. 1101

2. Rechtswidrigkeit

A könnte aber durch eine Einwilligung des P gerechtfertigt sein. Die rechtfertigende Einwilligung ist die erklärte Zustimmung des Rechtsgutsträgers zur Beeinträchtigung seines Rechtsgutes.[92] 1102

a) P hat der Blutentnahme schließlich zugestimmt. Da es sich um einen Eingriff in seine körperliche Integrität handelte, er also Rechtsgutsträger war, war er auch zur Disposition über das Rechtsgut befugt. Eine Einwilligung liegt daher vor. 1103

b) Fraglich ist aber, ob diese Einwilligung wirksam war. Wirksam ist eine durch den Rechtsgutsträger erteilte Einwilligung nur dann, wenn sie frei von Willensmängeln zustande gekommen ist. Beruht sie hingegen auf Drohung oder Täuschung, so kann sie unwirksam sein. 1104

aa) Eine Drohung des A liegt – wie bereits gezeigt, → Rn. 1088 ff. – nicht vor. A könnte P aber getäuscht haben. A hat P erklärt, er habe mit schwerer Strafe zu rechnen, wenn er sich weigere, die Bluttransfusion vornehmen zu lassen. Da dies nicht zutrifft – → Rn. 1074 –, hat A getäuscht. 1105

bb) Fraglich ist nun aber immer noch, ob diese Täuschung die Einwilligung unwirksam macht. Richtigerweise ist dies nur der Fall, wenn die Einwilligung auf einem rechtsgutsbezogenen Willensmangel beruht.[93] Dafür ist im Rahmen des § 223 StGB vorausgesetzt, dass der Einwilligende sich gerade über Art oder Umfang der Rechtsgutsverletzung irrt. Nach dem Sachverhalt fehlt es daran aber: P wusste um die mit der Transfusion verbundenen Schmerzen und war auch über mögliche Folgen aufgeklärt worden. P unterliegt daher lediglich einem sog. Motivirrtum – er handelte, um nicht bestraft zu werden –, der aber im Rahmen der Einwilligung keine Berücksichtigung finden kann. 1106

Hinweis: Stellt man darauf ab, dass die Täuschung des A bewirkt, dass P sich nicht mehr frei gegen eine Bluttransfusion entscheiden kann, lässt sich auch ein rechtsgutsbezogener Willensmangel annehmen. Mit dieser Ansicht kommt man dann ebenso wie nach der Auffassung, die schon nicht zwischen rechtsgutsbezogenen und anderen Willensmängeln unterscheidet, zur Unwirksamkeit der Einwilligung. A hat sich dann wegen Körperverletzung strafbar gemacht; in Betracht kommt mithin noch eine Anstiftung hierzu durch N. 1107

---

92 Zum nach wie vor relevanten Unterschied zwischen tatbestandsausschließendem Einverständnis und (lediglich) rechtfertigender Einwilligung vgl. etwa die Übersicht bei *Samson* StrafR I 83. Siehe auch *Heinrich* StrafR AT § 16 I.

93 Str., vgl. Schönke/Schröder/*Lenckner*/*Sternberg-Lieben* Vor § 32 Rn. 46 ff.

1108 Die Einwilligung ist daher nicht wegen Täuschung unwirksam. Da das Vorliegen der weiteren Voraussetzungen der Einwilligung nicht zweifelhaft ist,[94] ist die durch A begangene Körperverletzung gerechtfertigt.

1109 **Hinweis:** Wer dies anders sieht, muss eine mögliche Rechtfertigung gem. § 34 StGB prüfen, die wohl in paralleler Argumentation zur Zumutbarkeit im Rahmen des § 323c StGB an der Verhältnismäßigkeit innerhalb der Güterabwägung scheitert. Denn dann wird man anerkennen müssen, dass das gerettete das beeinträchtigte Interesse nicht wesentlich überwiegt.[95]

3. Ergebnis

1110 Wegen der Blutentnahme bei P hat A sich nicht wegen Körperverletzung gem. § 223 I StGB strafbar gemacht.

IV. Körperverletzung durch die Bluttransfusion bei O, § 223 I StGB

1111 A könnte sich aber wegen Körperverletzung gem. § 223 I StGB strafbar gemacht haben, indem er die Bluttransfusion bei O vornahm.

1. Tatbestand

1112 Fraglich ist aber bereits, ob A eine tatbestandsmäßige Körperverletzung begangen hat, da er die Bluttransfusion an O vorgenommen hat, um diesen zu retten.

a) Objektiver Tatbestand

1113 Ob der zu Heilzwecken vorgenommene Eingriff den Tatbestand der Körperverletzung erfüllt und dementsprechend allenfalls gerechtfertigt sein kann, ist heillos umstritten.

1114 **aa)** Seit RGSt 25, 375 erblickt die Rechtsprechung in jedem ärztlichen Eingriff, der die körperliche Unversehrtheit mehr als nur unerheblich beeinträchtigt – was bei einem Einstich in den Körper der Fall ist, → Rn. 1098 –, eine tatbestandsmäßige Körperverletzung. Dabei kommt es nicht darauf an, ob die in Frage stehende Maßnahme zu Heilzwecken angezeigt ist, sachgerecht ausgeführt wird und erfolgreich verläuft.[96] Ein Strafbarkeitsausschluss lässt sich hier nur noch auf der Ebene der Rechtswidrigkeit erreichen.

1115 Nach dieser Ansicht hat A mit der Bluttransfusion an O eine tatbestandsmäßige Körperverletzung begangen, weil er durch den Einstich in dessen Körper die körperliche Unversehrtheit des O mehr als nur unerheblich beeinträchtigt hat.

1116 **bb)** Die hM in der Literatur ist dagegen der Auffassung, dass die zu Heilzwecken vorgenommene Behandlung, die nach den Erkenntnissen der Wissenschaft angezeigt ist und deren Ausführung den Regeln der ärztlichen Kunst entspricht, schon tatbestandlich keine Körperverletzung darstellt.[97] Hinsichtlich der Bewertung des Heil-

94 Zu den Voraussetzungen der Einwilligung vgl. *Samson* StrafR I 83.

95 Zum Ganzen *Samson* StrafR I 86 f. Andere behandeln die Frage erst unter dem Gesichtspunkt der Angemessenheit gem. § 34 S. 2 StGB; vgl. zB *Wessels/Beulke* StrafR AT Rn. 319.

96 BGHSt 11, 111; 16, 309; 43, 306.

97 Vgl. den knappen Überblick bei *Wessels/Hettinger* StrafR BT I Rn. 323 ff.

eingriffs komme es nicht – wie die Rechtsprechung annehme – auf dessen Einzelakte (Injektion, Betäubung, Einschnitt, Entfernung kranker Organe etc.), sondern auf den Gesamtakt als Eingriff zur Wiederherstellung oder Erhaltung der Gesundheit an.

Bei dieser Betrachtungsweise stellt jedenfalls die erfolgreiche Heilbehandlung keine tatbestandsmäßige Körperverletzung iSd § 223 StGB dar. 1117

Fraglich ist aber, was gilt, wenn der Eingriff – wie hier – nicht erfolgreich war. Im Wesentlichen wird – mit deutlichen Unterschieden im Einzelnen – von der insoweit überwiegenden Ansicht darauf abgestellt, ob der Eingriff zu einer Verschlechterung des gesundheitlichen Zustandes geführt hat. Ist dies der Fall, sei der Tatbestand des § 223 StGB erfüllt.[98] 1118

So einfach liegt der Fall hier freilich nicht. Nach den Angaben im Sachverhalt hat die Transfusion das Leben des O unwesentlich verlängert, ohne den Eintritt des Todes verhindern zu können. Man wird daher annehmen müssen, dass – wie von A ja auch befürchtet – das Leben des O bereits vor der Notoperation verloren war; die Bluttransfusion durch A aber kein neues Risiko für das Leben des O gesetzt hat.[99] Daher lässt sich vorliegend mit einer zum Teil in der Literatur vertretenen Ansicht, die zutreffend gerade auf die Schaffung neuer Gefahren für das betreffende Rechtsgut abstellt, eine tatbestandsmäßige Körperverletzung verneinen.[100] 1119

Hinweis: Wer dies – vertretbar – anders sieht, kann den objektiven Tatbestand bejahen und anschließend jedenfalls den Körperverletzungsvorsatz verneinen, weil A nicht mit dem Willen auf Herbeiführung, sondern gerade mit dem Willen zur Vermeidung der nachteiligen Folgen handelte.[101] Wer – ebenfalls gut vertretbar – den (objektiven und subjektiven) Tatbestand bejaht, kommt über die Annahme einer mutmaßlichen Einwilligung zur Rechtfertigung und somit ebenfalls zum Ausschluss der Strafbarkeit. Für die im Folgenden noch zu prüfende Strafbarkeit des N macht dies keinen Unterschied, vgl. sogleich unter → Rn. 1125. 1120

cc) Die Rechtsprechung überzeugt nicht. Erfolgt die Behandlung des Patienten zur Wiederherstellung seiner Gesundheit, so ist das Interesse des Patienten an seiner körperlichen Unversehrtheit schon nicht verletzt. Dies aber ist bereits eine Frage der Tatbestandsmäßigkeit des § 223 StGB. Es ist daher der hM zu folgen, schon der Tatbestand des § 223 StGB ist nicht erfüllt. 1121

b) A hat sich demnach auch durch die Bluttransfusion bei O nicht wegen Körperverletzung gem. § 223 I StGB strafbar gemacht. 1122

2. Ergebnis

Eine Strafbarkeit des A wegen Körperverletzung gem. § 223 I StGB scheidet aus. Nach dem Gesagten kommt auch eine Strafbarkeit wegen fahrlässiger Körperverletzung gem. § 229 StGB nicht in Betracht, da A kein Sorgfaltsverstoß zur Last gelegt werden kann. Insbesondere stellt die Tatsache, dass A vor der Bluttransfusion »nicht damit rechnet«, dass O diese überleben wird, keinen fahrlässigkeitsbegründenden 1123

98 *Wessels/Hettinger* StrafR BT I § 6 Rn. 327.
99 Vgl. bereits → Rn. 1093.
100 IdS insb. *Meyer* GA 1998, 415.
101 Vgl. *Wessels/Hettinger* StrafR BT I § 6 Rn. 326.

Umstand dar. Denn dass A sich hinsichtlich der Erfolgsaussichten seiner Operation unsicher ist, kann diese nicht unzulässig machen.

V. Ergebnis zur Strafbarkeit des A

1124 A hat sich nicht strafbar gemacht.

C. Strafbarkeit des N

1125 Hinsichtlich N kommt allenfalls eine Strafbarkeit wegen Anstiftung zu einer von A begangenen Straftat in Betracht, indem er diesen drängte, die Notoperation vorzunehmen. Da – wie gezeigt – A hinsichtlich aller für ihn in Betracht kommenden Tathandlungen aber mindestens gerechtfertigt ist, fehlt es an einer nach den Grundsätzen der limitierten Akzessorietät für eine Strafbarkeit des N notwendigen vorsätzlichen und rechtswidrigen Haupttat. Auch N hat sich also nicht strafbar gemacht.

Gesamtergebnis zur Strafbarkeit der Beteiligten

1126 E hat sich wegen Mordes gem. § 211 StGB strafbar gemacht. Die Strafe ist gem. §§ 35 II 2, 49 I StGB zu mildern.

1127 B, P, A und N bleiben straflos.

Fall 9: Der vermeintliche Rockerangriff

A ist der für Disziplin und Ordnung zuständige »Sergeant at Arms« im »Chapter B« des Motorrad- und Rockerclubs »Hells Angels«. Im Februar und März 2010 kursieren in Rockerkreisen Gerüchte, dass ein Mitglied des Motorradclubs »Bandidos« ein Mitglied der verfeindeten »Hells Angels« töten oder zumindest schwer verletzen wolle, um sich einen Aufnäher mit dem Schriftzug »Expect no Mercy« sowie eine Prämie von 25.000 EUR zu verdienen. Zuvor war am 8.10.2009 von X, der Mitglied der »Hells Angels« war, ein Mitglied der »Bandidos« erschossen worden. Aufgrund glaubhafter Informationen des Z, seinerseits als sog. »Hang-around« Anwärter auf eine Vormitgliedschaft bei den »Bandidos«, der aber zugleich Kontakte zu Mitgliedern der »Hells Angels« unterhielt, ist A schließlich davon überzeugt, dass ein Mitglied der »Bandidos« tatsächlich einen Angriff auf ein Mitglied der »Hells Angels« plant. 1128

In der Zwischenzeit ermitteln die Strafverfolgungsbehörden wegen anderer Taten gegen Mitglieder der »Hells Angels«. Das zuständige Amtsgericht erlässt zehn Durchsuchungsbeschlüsse gegen verschiedene Mitglieder der »Hells Angels«. Einer der Beschlüsse betrifft die Durchsuchung von Wohnhaus und Fahrzeug des A. Ziel der Maßnahme ist das Auffinden von Beweismitteln. Aus taktischen Gründen sollen alle Durchsuchungen zur gleichen Zeit stattfinden. Weil A als gewaltbereit eingeschätzt wird und – mit behördlicher Erlaubnis – über Schusswaffen verfügt, beschließt das Landeskriminalamt, dass ein Spezialeinsatzkommando eingesetzt werden soll, um gewaltsam in das Haus des A einzudringen, diesen im Schlaf zu überraschen, eine »stabile Lage« herzustellen und eine ungestörte Durchsuchung zu ermöglichen. Dazu werden zehn Beamte des Spezialeinsatzkommandos kurz vor 6.00 Uhr am 17.3.2010 am Zugriffsort eingesetzt. Sie umstellen das Haus des A, wodurch Fluchtmöglichkeiten ausgeschlossen werden. Fünf Beamte, denen das Eindringen in das Haus als erste Einsatzkräfte obliegt, postieren sich an der Vorderfront nahe der Eingangstür dicht an der Hauswand. Darunter befindet sich der Polizeibeamte P als Türöffnungsspezialist. P soll mit einem hydraulischen Gerät das Türschloss sowie zwei Zusatzverriegelungen zerstören, die A nach früheren Einbrüchen in sein Haus angebracht hatte, die Tür dann mit einer Ramme aus dem Rahmen drücken und so das Eindringen ermöglichen. Alle Beamten sind bewaffnet, mit Sturmhauben zur Tarnung und mit Helmen nebst Visier sowie Schutzwesten mit der Aufschrift »Polizei« ausgerüstet. In einiger Entfernung halten sich weitere Einsatzkräfte der Sondereinheit, ein Notarztteam, der Einsatzleiter und der ermittelnde Staatsanwalt sowie Beamte der Polizei bereit. 1129

Der Einsatz beginnt um 6.00 Uhr bei Dämmerung. Im Haus des A brennt kein Licht. Die Rollläden der Fenster sind ganz oder teilweise geschlossen. Der Beamte P setzt, vor der Haustür kniend, das hydraulische Gerät zur Türöffnung zwischen Zarge und Türblatt an und bedient die Hydraulik, worauf eine der Verriegelungen mit lautem Knacken zerbricht. P bringt das Gerät danach an der rechten Türseite in Höhe des Türschlosses an, das sodann wiederum mit lautem Knacken aufgebrochen wird. Schließlich muss in einem dritten Arbeitsgang noch eine letzte Türverriegelung an der Oberkante der Tür geöffnet werden. Die Ramme zum Eindrücken der Tür wird bereits herbeigeholt. 1130

Inzwischen ist A, der zusammen mit seiner Verlobten im Obergeschoss geschlafen hatte, von dieser geweckt worden, weil sie Geräusche gehört hatte. A versucht vergeblich, durch 1131 das Schlafzimmerfenster Personen zu erkennen, er hört aber Geräusche sowie Stimmen an der Haustür. Er nimmt an, dass er das Opfer des angekündigten Überfalls der »Bandidos« werden soll. Er nimmt eine Pistole, über die er mit behördlicher Waffenbesitzerlaubnis verfügt, lädt sie mit einem Magazin mit acht Patronen und betätigt den Lichtschalter für die Beleuchtung von Flur und Treppe. Seine Verlobte, die ihm folgen will, weist er an, ins Schlafzimmer zurückzugehen, die Tür zu schließen und mit dem Mobiltelefon ihre Mutter und seinen Bruder von dem Überfall zu benachrichtigen. Er geht dann die Treppe hinab und nimmt wahr, dass trotz des eingeschalteten Lichts weiter an der Haustür gearbeitet wird. Die Beamten erhalten über die Hörsprecheinrichtung ihrer Helme die Meldung »Licht!«, gehen aber gleichwohl weiter verdeckt vor und geben sich nicht zu erkennen. Aus der Fortsetzung der Aufbruchtätigkeiten an der Haustür trotz Einschaltung der Beleuchtung im Hause schließt A, dass es sich nicht um normale Einbrecher handelt, sondern um den befürchteten, gegen sein Leben und das seiner Verlobten gerichteten Angriff von »Bandidos«. Es kommt ihm nicht in den Sinn, dass es sich um einen Polizeieinsatz handelt. Durch zwei Ornamentgläser in der Haustür kann er keine Einzelheiten erkennen, nimmt aber Umrisse einer Person wahr. Er bleibt am Treppenabsatz in Deckung stehen und ruft: »Verpisst euch«. Die Beamten hören dies jedoch nicht und setzen das Aufbrechen der Haustür fort. In dieser von ihm als lebensbedrohlich empfundenen Situation gibt A, der damit rechnet, er könne alsbald durch die Tür oder sofort nach dem unmittelbar drohenden Aufbrechen der Tür von den Angreifern beschossen werden, zu seiner Verteidigung zwei Schüsse auf die Tür ab, die der Bewegung der Person folgen, die sich an der Tür zu schaffen macht und die sich gerade aus gebückter Position aufrichtet. Bei der Schussabgabe nimmt A billigend in Kauf, dass ein Mensch tödlich getroffen werden könnte. Beide Schüsse durchschlagen die Haustür; die Geschosse dringen durch die Öffnung des Schutzpanzers am linken Oberarm in den Brustkorb des P ein und verletzen ihn tödlich. Nun ruft ein anderer Beamter: »Sofort aufhören zu schießen. Hier ist die Polizei.« A legt die Waffe sofort weg, läuft zum Fenster und ruft: »Wie könnt ihr so was machen? Warum habt ihr nicht geklingelt? Wieso gebt ihr euch nicht zu erkennen?« Er lässt sich widerstandslos verhaften. In dem Obduktionsbericht werden beide Schüsse als tödlich bezeichnet; P sei an den durch die beiden Schüsse entstandenen Organverletzungen gestorben.

1132 **Aufgabe: Hat A sich wegen Totschlags gem. § 212 StGB strafbar gemacht?**

1133 **Anmerkung:** Die wesentlichen Probleme des Falles sind: **1.**: Alternative Kausalität und objektive Zurechnung; **2.**: Rechtswidrigkeit des Angriffs iRd § 32 StGB; **3.**: Verhältnismäßigkeit einer strafprozessualen Zwangsmaßnahme; **4.**: Einschränkungen des Notwehrrechts; **5.**: Irrtum über rechtfertigende Umstände.

1134 **Literaturhinweise: zu 1.** (»Rechtsanwalts«-Fall: BGHSt 39, 195**): *Murmann/Rath* NStZ 1994, 215; *Rogall* JZ 1993, 1066; *Toepel* JuS 1994, 1009; *Wolter* JR 1994, 468; grundsätzlich zur alternativen Kausalität *Rotsch*, FS Roxin II, 2011, 377; *Samson* StrafR I 22 f.; *Kühl* StrafR AT § 4 Rn. 19 ff.; **zu 2.-5.** (»Hells Angels«-Fall): BGH, Urt. v. 2.11.2011 – 2 StR 375/11 = NStZ 2012, 272***; *Engländer* NStZ 2012, 272; *Hecker* JuS 2012, 263; *Jäger* JA 2012, 227; *Mandla* StV 2012, 332; *van Rienen* ZIS 2012, 377; *Rotsch* ZJS 2012, 109; grundsätzlich zur Lehre von der objektiven Zurechnung: *Otto* Jura 1992, 90; SK-StGB/*Rudolphi* vor § 1 Rn. 57 ff.; **zu 5.**: *Samson* StrafR I 118 ff.; *Wessels/Beulke* StrafR AT Rn. 467 ff.; *Gasa* JuS 2005, 890.

A. Gliederung

A. Strafbarkeit des A

I. Vollendeter Totschlag, § 212 I StGB, durch den ersten Schuss (-)
   1. Objektiver Tatbestand (-)
      a) Erfolg (+)
      b) Kausalität (+)
      c) Objektive Zurechnung (-)
   2. Ergebnis (-)

II. Versuchter Totschlag, §§ 212, 22, 23 StGB, durch den ersten Schuss (-)
   1. Tatentschluss (+)
   2. Unmittelbares Ansetzen, § 22 StGB (+)
   3. Rechtswidrigkeit (+)
      a) Notwehr, § 32 StGB (-)
         aa) Notwehrlage (-)
            (1) Angriff (+)
            (2) gegenwärtig (+)
            (3) rechtswidrig (-)
         bb) Zwischenergebnis zu § 32 StGB(-)
      b) Ergebnis zur Rechtswidrigkeit (+)
   4. Schuld (-)
      a) Notwehrexzess, § 33 StGB (-)
      b) Irrtum über rechtfertigende Umstände (+)
         aa) Vorliegen eines Irrtums über rechtfertigende Umstände (+)
         bb) Konsequenzen eines Irrtums über rechtfertigende Umstände
   5. Ergebnis zur Strafbarkeit (-)

III. Vollendeter Totschlag, § 212 I StGB, durch den zweiten Schuss (-)
   1. Objektiver Tatbestand (+)
      a) Erfolg (+)
      b) Kausalität (+)
      c) Objektive Zurechnung (+)
   2. Subjektiver Tatbestand (+)
   4. Rechtswidrigkeit (+), s. oben
   5. Schuld (-), s. oben

B. Ergebnis zur Strafbarkeit des A (-)

B. Lösung

A. Strafbarkeit des A

1135 **Hinweis:** Der Sachverhalt verbindet mit dem »Rechtsanwalts«-Fall (BGHSt 39, 195**) und der »Hells Angels«-Entscheidung (BGH NStZ 2012, 272***) des BGH zwei examensrelevante höchstrichterliche Urteile zu schwierigen Fragen des Allgemeinen Teils. Während es in der ersten Entscheidung um Probleme im Rahmen von Kausalität und objektiver Zurechnung geht, werden in der zweiten insbesondere Fragen der objektiven Rechtfertigung sowie eines Irrtums über rechtfertigende Umstände relevant. Aufgrund der Besonderheiten des »Rechtsanwalts«-Falls sind die in dem BGH-Urteil zur Tötung eines Polizeibeamten durch ein Mitglied der »Hells Angels« auftauchenden Fragen hier – anders als dort – im Rahmen einer nur versuchten Tat zu erörtern. Ein Unterschied in der Sache resultiert daraus nicht. Vgl. dazu → Rn. 1162 ff.

I. Vollendeter Totschlag, § 212 I StGB

1136 A könnte sich durch die Abgabe des ersten Schusses wegen – vollendeten – Totschlags gem. § 212 I StGB strafbar gemacht haben.

1137 **Hinweis:** In Fällen wie dem vorliegenden ist es ganz besonders wichtig, deutlich zu machen, an welchen Ausschnitt des Sachverhalts (hier: Abgabe des ersten oder des zweiten Schusses) im Hinblick auf den strafrechtlichen Vorwurf anzuknüpfen ist, vgl. dazu bereits Fall 6 → Rn. 814. Durch die Verwendung einer Parenthese (» – vollendeten – «) lässt sich beim Leser außerdem bereits Sensibilität für den Fortgang der weiteren Prüfung wecken (scil.: im Hinblick auf die sich unter → Rn. 1162 ff. anschließende Prüfung des versuchten Totschlags).

1. Objektiver Tatbestand

1138 A müsste zunächst den Tod des P objektiv zurechenbar verursacht haben.

1139 **Hinweis:** § 212 StGB ist Verursachungsdelikt. Obwohl der Wortlaut des Gesetzes voraussetzt, dass der Täter einen anderen Menschen »tötet«, ist man sich einig darüber, dass damit keine spezifisch konturierte Tathandlung beschrieben ist (wie dies etwa bei der »Täuschung« iSd § 263 StGB der Fall ist); vielmehr genügt es, wenn der Täter den konkret in Frage stehenden Erfolg kausal iSe conditio sine qua non verursacht hat und ihm dieser Erfolg objektiv zurechenbar ist. Noch deutlicher wird dies bei § 222 StGB, der dasselbe Verhalten dann (milder) bestraft, wenn der Tod des Opfers (nur) fahrlässig herbeigeführt wird: Dort spricht das Gesetz ausdrücklich davon, dass der Täter den Tod eines Menschen »verursacht« haben muss (lesen Sie das Gesetz!). Das heißt: Die Prüfung von Kausalität und objektiver Zurechnung stellt nichts anderes dar als die strafrechtsdogmatische Aufspaltung der Tathandlung »töten«, oder, noch anders ausgedrückt: Mit der Feststellung von Kausalität und objektiver Zurechnung haben Sie die Tathandlung »töten« bejaht. Deshalb ist es auch mindestens missverständlich, wenn man in Examensklausuren im Rahmen des ersten Prüfungspunktes immer wieder liest, zunächst müsse der Täter »gehandelt« haben. Das ist aber kein spezifisches Merkmal gerade des Tötungstatbestandes, sondern grundlegende – außertatbestandsmäßige – Voraussetzung eines jeden strafrechtlichen Vorwurfs. Sinnvoller erscheint daher die – auch im Folgenden gewählte – Vorgehensweise, zunächst den Eintritt des tatbestandsmäßigen Erfolges festzustellen (andernfalls kommt eine vollendetes Delikt ohnehin nicht mehr in Frage) und anschließend zu erörtern, ob der Täter diesen tatbestandsmäßigen Erfolg kausal und objektiv zurechenbar verursacht hat. Liegen diese Voraussetzungen vor, ist der objektive Tatbestand – abgesehen von etwaigen Beteiligungsfragen, vgl. dazu

Fall 2 → Rn. 312 – erfüllt. (Das ändert aber nichts daran, dass man sich die Floskel »Die Voraussetzungen des objektiven Tatbestandes sind erfüllt« im Gutachten sparen kann, siehe dazu bereits oben Fall 5 → Rn. 595).

a) P ist tot. 1140

b) Fraglich ist aber bereits, ob die Abgabe des ersten Schusses kausal für den Tod des P war. Insbesondere die Rechtsprechung des BGH wendet bei der Beurteilung der Kausalität des Täterverhaltens für den eingetretenen Erfolg seit jeher auf der Grundlage der Äquivalenztheorie die conditio-sine-qua-non-Formel an. 1141

Hinweis: Immer wieder liest man in Klausuren, nach der Äquivalenztheorie sei jede Bedingung kausal, die nicht hinweg gedacht werden könne, ohne dass der Erfolg entfiele. Diese Formulierung verkennt den Inhalt der Äquivalenztheorie, die nicht mehr und nicht weniger besagt, als dass sämtliche Bedingungen für einen Erfolg gleichwertig (äquivalent) sind. Die gedankliche Operation des Hinwegdenkens basiert aber erst auf der conditio-Formel, die ihrerseits auf der Äquivalenztheorie beruht. Es ist gerade die im Laufe der strafrechtlichen Dogmengeschichte gewonnene Erkenntnis, dass Bedingungen sich nicht bereits auf der naturgesetzlichen Kausalebene unterscheiden lassen, die nach hM zur Notwendigkeit eines normativen Begrenzungsmaßstabes – auf der Ebene der objektiven Zurechnung – führt. Vgl. dazu *Roxin* StrafR AT I § 11 Rn. 44 ff. mwN. Siehe auch noch den Hinweis → Rn. 1154. 1142

Danach ist haftungsbegründende Ursache eines strafrechtlich relevanten Erfolgs jede Bedingung, die nicht hinweggedacht werden kann, ohne dass der Erfolg entfällt.[1] Nach dem Obduktionsbericht ist P an den durch die beiden Schüsse entstandenen Organverletzungen gestorben. Beide Schüsse wurden von dem Sachverständigen als tödlich bezeichnet. Fraglich ist, ob damit die Kausalität des ersten Schusses für den Tod des P feststeht. 1143

aa) Werden – wie hier – zwei per se erfolgsgeeignete Bedingungen gleichermaßen für den Eintritt eines tatbestandsmäßigen Erfolges ursächlich, spricht man gemeinhin von »alternativer Kausalität«. Insbesondere in Abgrenzung zu Fällen sog. »kumulativer Kausalität«, in denen mehrere Bedingungen einen Erfolg nur gemeinsam herbeizuführen geeignet seien, liege ein solcher Fall dann vor, wenn bereits jede der mehreren Bedingungen für sich gesehen erfolgstauglich gewesen wäre.[2] In diesen Fällen der alternativen Kausalität funktioniert die Anwendung der conditio-sine-qua-non-Formel nach überwiegender Ansicht freilich nicht: Würden zwei Bedingungen gleichermaßen für einen Erfolg in der Weise ursächlich, dass bereits jede der Ursachen für sich gesehen geeignet gewesen wäre, den Erfolg herbeizuführen,[3] führe die strikte Anwendung der conditio-Formel zu dem absurden Ergebnis, dass der tatsächlich eingetretene Erfolg ohne ursächliche Handlung zustande gekommen wäre. Denn denke man sich die erste Ursache hinweg, wäre der Erfolg gleichwohl eingetreten; die erste Handlung – hier: die Abgabe des ersten Schusses – könne also nicht kausal gewesen sein. Dasselbe gelte nun aber hinsichtlich der zweiten Bedingung (hier: Abgabe des zweiten Schusses). Denn auch sie könne man sehr wohl hinwegdenken, ohne dass der Erfolg entfiele.[4] In der Literatur ist man daher weithin der Ansicht, für die Fälle 1144

1 StRspr. seit BGHSt 1, 332.
2 Zum Ganzen *Rotsch,* FS Roxin II, 2011, 377 (381).
3 Daher findet sich verbreitet auch der Ausdruck »alternative Kausalität«, siehe *Kühl* StrafR AT § 4 Rn. 19.
4 Vgl. *Kühl* StrafR AT § 4 Rn. 19.

der alternativen Kausalität müsse – wolle man bei der Anwendung der Äquivalenztheorie bleiben – die conditio-Formel umformuliert werden: »Von mehreren Bedingungen, die zwar alternativ, nicht aber kumulativ hinweggedacht werden können, ohne dass der Erfolg entfiele, ist jede für den Erfolg ursächlich.«[5]

1145 Nach dieser Ansicht ist die Abgabe des ersten Schusses kausal für den Tod des P. Denn denkt man die beiden Schüsse kumulativ hinweg, bleibt der Tod des P aus.

1146 **Hinweis:** In dem klassischen Schulfall »alternativer Kausalität« wird das Opfer durch zwei Täter vergiftet, die ihm unabhängig voneinander eine jeweils tödliche Menge Gift in ein Getränk geschüttet haben.[6] Der Umstand, dass – wie hier – ein Täter zwei Ursachen setzt, die sich nach dem Sachverhalt allerdings ebenfalls beide – vollständig – im Erfolg verwirklicht haben sollen, macht für sich gesehen keinen Unterschied. Entscheidend ist nämlich allein, ob und dass mehrere Kausalverläufe sich zeitgleich und gemeinsam in einem tatbestandsmäßigen Erfolg verwirklichen. Ob das überhaupt denkbar ist, ist freilich eine andere Frage (dazu noch der Hinweis → Rn. 1150).

1147 **bb)** *Samson*[7] hat bereits vor Jahren zutreffend gezeigt, dass es in sämtlichen denkbaren Konstellationen einer Umformulierung der conditio-Formel in Wahrheit nicht bedarf.[8] Legt man eine tödliche Giftmenge von 1 g zugrunde, so sind folgende Fälle denkbar: O hat 1 g des von A gegebenen Giftes (1. Möglichkeit) oder 1 g des Giftes von B (2. Möglichkeit) oder den Bruchteil eines Gramms des Giftes von A und den Bruchteil eines Gramms des Giftes von B (3. Möglichkeit) resorbiert. Im 1. Fall ist nur A kausal geworden. Denkt man sich seine Giftgabe hinweg, hätte O diesen Giftanteil nicht resorbiert und wäre nicht gestorben. Dass er dann den von B gegebenen Giftanteil resorbiert hätte, darf als hypothetische Ersatzursache nicht hinzugedacht werden. Die gleiche Überlegung führt im 2. Fall zur Kausalität der Handlung des B. Auch im 3. Fall – der vermeintlichen »alternativen Kausalität« – bedarf es allein der korrekten Anwendung der traditionellen conditio-Formel, um zum zutreffenden Ergebnis zu gelangen. Denkt man die Giftgabe des A hinweg, dann wäre O nicht (!) gestorben, da er dann tatsächlich nur den Bruchteil des tödlichen Giftquantums des B resorbiert hat. Dass er den für das Erreichen der tödlichen Dosis notwendigen weiteren Bruchteil des Giftes des B resorbiert hätte, darf nicht hinzugedacht werden. Die Handlung des A ist also kausal. Da diese Überlegung genauso auf B zutrifft, ist auch dieser kausal für den Tod des O. Eine Umformulierung der conditio-Formel ist also nicht notwendig.[9]

1148 **Hinweis**: Diese Erkenntnis sei an der Konstellation des »Rechtsanwalts«-Falles verdeutlicht. Dabei sei der Einfachheit halber folgender Sachverhalt unterstellt: Das Opfer O wird um 20.00 Uhr von dem ersten Schuss getroffen, der zu inneren Verletzungen führt, was erheblichen Blutverlust zur Folge hat. Weiter sei unterstellt, dass der Tod des O bei einem Blutverlust von 3 l eintreten wird. Ebenso sei weiter angenommen, dass O in zehn Minuten 1 l Blut verliert. O wird also an den tödlichen Verletzungen, die ihm durch den ersten Schuss beigebracht worden sind, um 20.30 Uhr sterben. Nun wollen wir weiter davon ausgehen, dass der zweite Schuss um 20.15 abgegeben wird (für die im hier vorliegenden Sachverhalt der unmittelbar aufeinanderfolgenden Schüsse gilt nichts anderes, bei einer größe-

5 *Welzel* StrafR 45.
6 Vgl. Fall 5 bei *Samson* StrafR I 22 f.
7 Hierzu und zum Folgenden *Samson* StrafR I 22 f.
8 Siehe zum Ganzen auch *Rotsch*, FS Roxin II, 2011, 377 (383 f.).
9 Zweifelnd *Kühl* StrafR AT § 4 Rn. 20; aA *Kuhlen* NStZ 1990, 570 in Fn. 70.

ren zeitlichen Zäsur wird der Gedankengang nur deutlicher). Zu diesem Zeitpunkt hat O bereits 1,5 l Blut aufgrund der ersten Schussverletzung verloren. Nun bestehen zwei Möglichkeiten. Zunächst lässt sich der – nicht besonders lebensnahe – Fall denken, dass der zweite Schuss dazu führt, dass die erste Wunde aufhört zu bluten. O stirbt dann zwar ebenfalls um 20.30 Uhr, allerdings addiert sich der Blutverlust des O erst aufgrund der durch den zweiten Schuss verlorenen Blutmenge von 1,5 l zum tödlichen Quantum. Für diese Konstellation gilt vollständig die oben dargelegte Argumentation von *Samson*. Beide Schüsse sind kausal. Nichts anderes gilt nun aber hinsichtlich der zweiten denkbaren – lebensnäheren – Möglichkeit: O blutet nach dem zweiten Schuss (der Einfachheit halber: gleichmäßig) aus beiden Wunden. Das führt dazu, dass die tödliche Menge von 3 l verlorenen Blutes bereits um 20.22 Uhr erreicht ist. Hier hat O aufgrund des ersten Schusses 2,25 l, aufgrund des zweiten Schusses 0,75 l Blut verloren. Die oben gemachten Ausführungen zur – fehlenden – Notwendigkeit, die traditionelle conditio-Formel umzuformulieren, gelten also auch hier.

Auch diese Ansicht kommt damit zu dem Ergebnis, dass die Abgabe des ersten **1149**
Schusses kausal für den Tod des P ist.

Hinweis: Es ist sogar äußerst fraglich, ob die Fälle der kumulativen und diejenigen der alternativen **1150**
Kausalität sich überhaupt unterscheiden. Denn auf eine von der hM insinuierte ex-ante-Sicht kann es richtigerweise nicht ankommen; Kausalität ist vielmehr immer *ex post* festzustellen. Kumulative und alternative Kausalität unterscheiden sich aber in ihrer *tatsächlichen* Wirkweise (ex post) gerade nicht, sodass die Fälle – entgegen der hM – auch im Ergebnis gleich zu behandeln sind. Zum Ganzen *Rotsch*, FS Roxin II, 2011, 371 (384 ff.) (lesen!).

cc) Diese vermeintlichen und einige tatsächliche[10] Schwierigkeiten bei der Anwen- **1151**
dung der conditio-Formel haben dazu geführt, dass die überwiegende Literatur bereits seit geraumer Zeit eine von der höchstrichterlichen Rechtsprechung abweichende Kausalitätslehre vertritt. Nach dieser Theorie von der gesetzmäßigen Bedingung ist ein Verhalten »dann Ursache eines Erfolges, wenn dieser Erfolg mit dem Verhalten durch eine Reihe von Veränderungen gesetzmäßig verbunden ist.«[11] Diese Ansicht kommt deshalb zur Bejahung der Kausalität der ersten Schussabgabe, weil nach dem Sachverhalt der erste Schuss zu tödlichen Organverletzungen geführt hat.[12]

dd) Einer Entscheidung zwischen den unterschiedlichen Auffassungen bedarf es **1152**
nicht. Die Abgabe des ersten Schusses ist kausal für den Tod des P.

10 Vgl. etwa *Jescheck/Weigend* StrafR AT § 28 II 4. Dass der konkrete Kausalnachweis nicht geführt werden kann, wenn der generelle Wirkmechanismus nicht nachweisbar ist (also das allgemeine Kausalgesetz nicht bekannt ist), gilt freilich auch für die Theorie von der gesetzmäßigen Bedingung. Als Einstieg zu den Problemen im berühmten »Contergan«- und im nicht minder kontrovers diskutierten »Lederspray-Fall« vgl. etwa *Rotsch* wistra 1999, 321 (322).

11 *Puppe* ZStR 107 (1990) 148 in Fn. 9, nach *Engisch*, Die Kausalität als Merkmal der strafrechtlichen Tatbestände, 1931, 21 (25 f.).

12 Vgl. insoweit die vielsagende Bemerkung von *Otto* JK 1993, StGB, vor § 13 Nr. 2: Bei der vom BGH mit erheblichem Aufwand begründeten Kausalität handele es sich um eine »Selbstverständlichkeit«. Zu fragen sei »nicht, ob der Erfolg auch ohne die Handlung eingetreten wäre, sondern ob die konkrete Handlung im konkreten Fall tatsächlich wirksam geworden ist«. Ein solches Vorgehen setzt freilich die Kenntnis der Kausalität ebenfalls bereits voraus. Dabei handelt es sich um die eigentliche Schwäche jeglicher juristischer Kausalitätsfeststellung auf der Ebene der naturgesetzlichen Verursachung: sie kann allenfalls bereits bekannte Kausalität nachvollziehbar machen, niemals aber unbekannte Kausalität begründen, vgl. dazu ausführlich *Rotsch*, FS Roxin II, 2011, 377 (386 ff.). Siehe auch noch die ausführlichen Erläuterungen bei *Roxin* StrafR AT I § 11 Rn. 1 ff.

1153 c) Fraglich ist nun aber außerdem, ob A der Tod des P auch objektiv zurechenbar ist. Nach der Lehre von der objektiven Zurechnung muss der Täter, der für den Erfolgseintritt kausal geworden ist, eine rechtlich missbilligte Gefahr geschaffen haben, und es muss sich gerade diese Gefahr im tatbestandsmäßigen Erfolg verwirklicht haben.[13]

1154 **Hinweis:** Dass die Ergebnisse der Äquivalenztheorie korrigiert werden müssen, ist unbestritten (vgl. bereits den Hinweis, → Rn. 1142), allein über das Wie (bereits im objektiven Tatbestand über die Lehre von der objektiven Zurechnung oder erst im subjektiven Tatbestand über das Kriterium der wesentlichen Abweichung des tatsächlichen vom vorgestellten Kausalverlauf) herrscht Uneinigkeit, vgl. *Kühl* StrafR AT § 4 Rn. 36 ff.; *Samson* StrafR I 17; *Roxin* StrafR AT I § 12 Rn. 140 ff. mwN. Zum Ganzen siehe auch bereits Fall 4. Machen Sie sich klar, dass die Ebene der normativen objektiven Zurechnung diejenige ist, auf der Sie originär juristisch argumentieren müssen, aber auch können, wohingegen die Feststellung der naturgesetzlichen Kausalität der juristischen Bewertung – wie gezeigt – entzogen ist. Da man über die auf der normativen Zurechnungsebene virulenten Fragen der Abgrenzung personaler Verantwortungsbereiche naturgemäß streiten kann, zeigt sich in der gutachterlichen Falllösung hier häufig die Qualität Ihrer Argumentationsfähigkeit. An dieser Stelle erkennt der Leser, wie »gut« Sie juristisch sind!

1155 **aa)** A hat durch die Abgabe des ersten Schusses die rechtlich verbotene[14] Gefahr gesetzt, dass P gerade an den durch den ersten Schuss beigebrachten Verletzungen stirbt.

1156 **Hinweis:** Fraglich ist, ob man in Fällen, in denen – wie hier – die »rechtliche Missbilligung« der Gefahrsetzung offensichtlich ist, diese näher begründen sollte. Wer dies tut, muss darauf achten, dass er bei der Prüfung der Strafbarkeit wegen Totschlags die rechtliche Missbilligung nicht aus § 212 StGB selbst herleitet. Da dessen Voraussetzungen gerade geprüft werden, stellt es einen Zirkelschluss dar, im Rahmen der Gefahrsetzung als Voraussetzung der objektiven Zurechnung, die ihrerseits Voraussetzung der Tatbestandsmäßigkeit des § 212 StGB ist, auf die Existenz derjenigen Norm zu rekurrieren, deren Voraussetzungen in Frage stehen. Begründen lässt sich die rechtliche Missbilligung im Rahmen des § 212 StGB daher am besten mit dem allgemeinen Tötungsverbot, das sich aus der Schutzpflicht des Staates gem. Art. 2 II 1 GG, Art. 2 EMRK sowie im Umkehrschluss aus verschiedenen Normen des einfachen Rechts (zB § 823 I BGB) ergibt.

1157 **bb)** Problematisch erscheint aber, ob sich tatsächlich die durch die Abgabe des ersten Schusses von A gesetzte Gefahr im Tod des P verwirklicht hat. Denn nach dem Obduktionsbericht ist P nicht an den durch die Abgabe des ersten Schusses bewirkten Verletzungen allein gestorben. In Begründungsnöte gerät man hier nur und gerade deshalb, weil es sich »einfachkausal« nicht um wirklich alternative, sondern vielmehr um kumulative Kausalität handelt. Denn wäre tatsächlich jede Bedingung vollumfänglich im Erfolg wirksam geworden – hätte also jeder Schuss zeitgleich zu 3 l Blutverlust geführt –, stellte sich ein Problem auf der Ebene der normativen Zurechnung

13 Vgl. *Kühl* StrafR AT § 4 Rn. 36 ff. (43).

14 Zu der insoweit divergierenden Terminologie, die nicht zu Unterschieden in der Sache führt, vgl. *Kühl* StrafR AT § 4 Rn. 43. Vgl. auch Schönke/Schröder/*Lenckner* vor §§ 13 ff. Rn. 92, der darauf hinweist, dass der Begriff der »rechtlich missbilligten Gefahr« ungenau sei, weil auch etwa durch Notwehr herbeigeführte Erfolge zurechenbar seien. Da es sich hier um eine Tatbestands- und nicht um eine Rechtswidrigkeitsfrage handelt, ändert eine etwaige Rechtfertigung mithin an der Möglichkeit objektiver Zurechnung nach überwiegender Ansicht nichts (Schönke/Schröder/*Lenckner* vor §§ 13 ff. Rn. 92).

nicht: Das mit der Ersthandlung gesetzte Risiko – Tod durch 3 l Blutverlust aufgrund der ursprünglichen Schusswunden – hätte sich im Erfolg verwirklicht. Dieses Risiko hat sich nun aber bei der hier gegebenen kumulativen Kausalität jedenfalls hinsichtlich des ersten Schusses nicht realisiert. Denn zwar war der erste Schuss für sich gesehen geeignet, einen per se tödlichen Blutverlust herbeizuführen, tatsächlich aber – und nur darauf kommt es an – hat erst der durch beide Schüsse zusammen bewirkte Blutverlust den Tod herbeigeführt. Aber auch dass der zweite tödliche Schuss des A bereits in der Ersthandlung selbst – Abgabe des ersten Schusses – mit angelegt war, wird man beim besten Willen nicht behaupten können.[15] Auch objektiv voraussehbar war der weitere Geschehensablauf nicht. Bei normativer Betrachtung kann daher von einer Gefahrrealisierung im Erfolg nicht gesprochen werden.[16]

Hinweis: In der Ausgangsentscheidung des BGH zum »Rechtsanwalts«-Fall tritt dies nur deshalb deutlicher hervor, weil zwischen der Abgabe des ersten und des zweiten Schusses eine größere Zeitspanne lag, vgl. *Rotsch*, FS Roxin II, 2011, 377 (389 ff.). Hat der Täter aber die Vornahme der Zweithandlung nicht von Anfang an geplant – wofür hier trotz der unmittelbar aufeinanderfolgenden Schüsse nichts ersichtlich ist –, lässt sich nicht wirklich überzeugend behaupten, dass bereits mit der Ersthandlung die Gefahr der Zweithandlung gesetzt worden sei (dies müsste dann im Übrigen bereits bei der Gefahrsetzung und nicht erst der Gefahrrealisierung erörtert werden). Anders ist dies etwa in denjenigen dolus generalis-Fällen, in denen der Täter die Verbergehandlung des (von ihm irrtümlich für tot gehaltenen) Opfers von Anfang an geplant hat, vgl. bereits Fall 4 → Rn. 539. Anders ist dies auch bei der Beurteilung der Zweithandlung selbst, dazu → Rn. 1209 ff. (1212). 1158

Hinweis: Auch für diejenigen, die nicht der Lehre von der objektiven Zurechenbarkeit folgen, muss nach hier vertretener Ansicht eine Zurechnung (dann auf der Ebene des subjektiven Tatbestandes) ausscheiden: Weder waren die tödlichen Verletzungen durch den zweiten Schuss im Zeitpunkt der Abgabe des ersten Schusses vorhersehbar noch waren sie typischerweise in der Ersthandlung angelegt. Damit liegt eine wesentliche Abweichung des tatsächlichen Kausalverlaufs vom vorgestellten Ablauf vor.[17] 1159

2. Ergebnis

Eine Strafbarkeit wegen vollendeten Totschlags gem. § 212 I StGB aufgrund der Abgabe des ersten Schusses scheidet aus. 1160

Hinweis: Ein Argument gegen dieses Ergebnis liegt freilich auf der Hand und ist demgemäß auch in der Literatur geäußert worden: Gebe der Täter nach der Ersthandlung seinen Vorsatz auf und handele nicht weiter, so sei ihm der eingetretene Erfolg zweifellos zuzurechnen. Er sei wegen vollendeten Totschlags strafbar. Dann müsse dies aber jedenfalls auch dann gelten, wenn der Täter dem ursprüngli- 1161

15 Vgl. aber *Wolter* JR 1994, 469, der die Konstellation für einen klassischen Fall des dolus generalis hält, dabei aber die vom BGH angenommene Fahrlässigkeit bei der Abgabe des zweiten Schusses unterstellt. Dagegen *Rogall* JZ 1993, 1068. Siehe aber auch noch *ders.* JZ 1993, 1068 in Fn. 35: »Die vom Täter erkannte Gefahr (der Ersthandlung) hat sich vollständig im Erfolg verwirklicht …«. Dass dies nach hier vertretener Ansicht nicht richtig ist, wurde oben dargelegt. Damit zeigt sich auch, worauf der Streit über die Möglichkeit, einen Menschen zweimal töten zu können (siehe dazu *Murmann/Rath* NStZ 1994, 217; *Rogall* JZ 1993, 1068; *Toepel* JuS 1994, 1011), beruht: nämlich auf der unzutreffenden Annahme, zwei Bedingungen könnten tatsächlich vollumfänglich im Erfolg wirksam werden.

16 Ebenso *Otto* JK 1993, StGB, vor § 13 Nr. 2. Siehe auch *Wolter* JR 1994, 470.

17 Zutreffend *Otto* JK 1993, StGB, vor § 13 Nr. 2.

chen Kausalverlauf vorsätzlich durch einen zweiten Akt Fortgang gebe (idS *Wolter* JR 1994, 469, der dann aber [in Fn. 8] dennoch zur richtigen Annahme eines Versuchs durch die Ersthandlung gelangt). Der Gedanke, der hinter diesem Argument steht, besagt, dass der Täter sich nicht durch vorsätzliches oder fahrlässiges Verhalten von den Folgen seines Erstverhaltens freimachen könne. Es verfängt indes nur, wenn nicht wenigstens das Zweitverhalten dazu führt, dass der Tatbestand des vollendeten Totschlags erfüllt ist. Dass dies jedoch der Fall ist, wird bei der Prüfung des zweiten Schusses (→ Rn. 1209 ff.) auszuführen sein.

II. Versucher Totschlag, §§ 212 I, 22, 23 I StGB

1162 A könnte sich durch die Abgabe des ersten Schusses wegen versuchten Totschlags gem. § 212 I, 22, 23 I StGB strafbar gemacht haben.

1163 Die Tat ist A nicht als vollendeter Totschlag zurechenbar; die Strafbarkeit des Versuchs ergibt sich aus §§ 212 I, 23 I iVm § 12 I StGB.

1164 **Hinweis:** Ein Versuch kommt immer dann in Betracht, wenn es an *irgendeinem* objektiven Tatbestandsmerkmal fehlt. Das ist häufig der tatbestandsmäßige Erfolg (etwa weil das Opfer überlebt oder der Schuss fehlgeht), es kann – wie hier – aber insbesondere zB auch an der objektiven Zurechenbarkeit fehlen. Wer unter Zugrundelegung der Ansicht des BGH erst den subjektiven Zurechnungszusammenhang verneint, muss beachten, dass danach nicht (!) der subjektive Tatbestand entfällt. Wäre das richtig, käme eine Versuchsstrafbarkeit – die Vorsatz voraussetzt – nicht mehr in Betracht. Tatsächlich fehlt es an der zwischen objektivem und subjektivem Tatbestand vorausgesetzten *Kongruenz*. Das ändert aber nichts daran, dass im Zeitpunkt der Tathandlung (Simultaneitätsprinzip!) der Vorsatz des Täters auf die Verwirklichung der objektiven Tatbestandsmerkmale gerichtet war. Zur Prüfung des Versuchs bei mangelnder objektiver Zurechenbarkeit vgl. *Kühl* StrafR AT § 15 Rn. 10.

1. Tatentschluss

1165 Bei der Abgabe des ersten Schusses erkannte und nahm A billigend in Kauf, dass ein Mensch tödlich getroffen werden könnte. A handelte damit vorsätzlich iSv dolus eventualis.

1166 **Hinweis:** Der Umstand, dass A davon ausging, rivalisierende Bandidos wollten sich gewaltsam Zutritt zu seiner Wohnung verschaffen, A also über die Identität des Opfers irrt, spielt im Rahmen des Versuchs richtigerweise keine Rolle, vgl. dazu bereits Fall 2 → Rn. 197.

2. Unmittelbares Ansetzen, § 22 StGB

1167 Durch die Abgabe des ersten Schusses hat A die Tathandlung vorgenommen und damit nach sämtlichen Auffassungen unmittelbar iSv § 22 StGB zur Tatbestandsverwirklichung angesetzt.

3. Rechtswidrigkeit

1168 A müsste aber auch rechtswidrig gehandelt haben. Möglicherweise ist er jedoch gem. § 32 StGB gerechtfertigt.

1169 **Hinweis:** Der BGH nimmt in der Ausgangsentscheidung einen (erst) die Vorsatzschuld ausschließenden »Erlaubnistatbestandsirrtum« an (dazu → Rn. 1185 ff.). Die Frage stellt sich freilich dann schon gar nicht, wenn bereits eine Rechtfertigung des A gem. § 32 StGB eingreift. Der BGH hat zur Frage der Rechtswidrigkeit des Polizeieinsatzes als Voraussetzung einer Notwehrlage (»rechtswidriger Angriff«) nicht abschließend Stellung genommen (krit. *Mandla* StV 2012, 332 [335]); führt man sich die zum Teil empörten Reaktionen auf die Entscheidung vor Augen (dazu *Rotsch* ZJS 2012, 109), kann man sich leicht ausmalen, wie auf eine höchstrichterlich abgesegnete Tötungserlaubnis aufgrund der Zubilligung eines Notwehrrechts reagiert worden wäre. Im Gutachten kann man es sich so einfach nicht machen. Daher ist zu der – schwierigen – Frage der Rechtfertigung Stellung zu beziehen (dazu sogleich insbes. unter → Rn. 1174 ff.), bevor auf einen etwaigen Schuldausschließungsgrund eingegangen werden kann. Auch wenn hier die Annahme eines Notwehrrechts für richtig gehalten wird (vgl. dazu den Hinweis → Rn. 1179 und die Angaben in Fn. 40), sollte aus klausurtaktischen Erwägungen auf den Irrtum zugeprüft (und also eine Rechtfertigung zuvor abgelehnt) werden. Auch hier gilt: Die stringente und möglichst alle im Sachverhalt angelegten Probleme umfassende Prüfung geht der – (nicht nur) in einer Klausur ohnehin nicht zu leistenden – letztgültigen und für alle Zeiten alle befriedigenden Problemlösung vor, vgl. dazu bereits oben Fall 1 → Rn. 35, Fall 3 → Rn. 406 f.

a) Dazu müsste zunächst eine Notwehrlage für A bestehen, also ein gegenwärtiger rechtswidriger Angriff durch P vorliegen. 1170

aa) Ein Angriff ist jede von einem Menschen drohende Verletzung irgendeines Rechtsguts.[18] Als notwehrfähiges Rechtsgut kommen hier das Leben des A sowie sein Hausrecht bzw. seine Fortbewegungsfreiheit in Betracht. 1171

Ein Angriff auf das Leben des A liegt objektiv nicht vor.[19] Es liegt aber ein Angriff auf das Hausrecht und die Fortbewegungsfreiheit des A vor, da ihm mit dem Eindringen und der Herstellung einer »stabilen Lage« und der damit bezweckten Ermöglichung einer ungestörten Durchsuchung die Ausübung seines Hausrechts und die Veränderung seines Aufenthaltsortes unmöglich gemacht werden sollte. 1172

bb) Der Angriff des P steht unmittelbar bevor und ist daher nach allen Ansichten gegenwärtig.[20] 1173

cc) Äußerst problematisch ist aber, ob der Angriff auch rechtswidrig ist. Wann ein Angriff rechtswidrig ist, ist sehr umstritten. Während zum Teil auf den Erfolgsunwert abgestellt und für entscheidend gehalten wird, ob der Angegriffene den bevorstehenden Erfolg dulden muss,[21] beurteilen andere das Verhalten des Angreifers danach, ob es einen Verhaltensunwert verwirklicht.[22] Ein Unterschied zwischen beiden Auffassungen besteht vor allem in denjenigen Fällen, in denen jemand zwar die Rechtsgüter anderer durch sein Verhalten bedroht, sich dabei aber den rechtlichen Verhaltensregeln entsprechend verhält, also etwa die im Verkehr erforderliche Sorgfalt einhält.[23] 1174

18 Etwa NK-StGB/*Herzog* § 32 Rn. 3 mwN.

19 Die ganz überwiegende Ansicht geht hier – anders als beim ex ante zu beurteilenden Begriff der Gefahr iSd § 34 StGB – zu Recht von einer ex-post-Betrachtung aus; nur so lassen sich die weitreichenden Notwehrbefugnisse begründen, vgl. zB SK-StGB/*Günther* § 32 Rn. 22. Anders *Murmann/Rath* NStZ 1994, 215 f.

20 Zur Gegenwärtigkeit des Angriffs bei der Notwehr vgl. *Roxin* StrafR AT I § 15 Rn. 21 ff.

21 Vgl. etwa *Wessels/Beulke* StrafR AT Rn. 331.

22 *Roxin* StrafR AT I § 15 Rn. 14; *Sinn* GA 2003, 96 (105 ff.).

23 *Kühl* StrafR AT § 7 Rn. 56.

1175 Die Frage spielt hier jedenfalls dann keine Rolle, wenn das Eingreifen des Spezialeinsatzkommandos nicht von einer strafprozessualen Eingriffsnorm gedeckt ist.[24] Denn in diesem Fall liegt nach allen Ansichten ein rechtswidriger Angriff vor.

1176 Als mögliche Erlaubnisnormen kommen allein §§ 102 ff., 164 StPO in Frage. § 164 StPO scheidet freilich ohne Weiteres aus. Die Vorschrift gestattet lediglich in eng umschriebenen Fällen die Festnahme von Störern: Bei Amtshandlungen an Ort und Stelle ist der Beamte, der sie leitet, befugt, Personen, die seine amtliche Tätigkeit vorsätzlich stören oder sich den von ihm innerhalb seiner Zuständigkeit getroffenen Anordnungen widersetzen, festnehmen und bis zur Beendigung seiner Amtsverrichtungen, jedoch nicht über den nächstfolgenden Tag hinaus, festhalten zu lassen. Der BGH weist zunächst zu Recht darauf hin, dass § 164 StPO ein Einschreiten nur gegen eine tatsächlich vorliegende oder konkret bevorstehende Störung der Durchsuchung gestattet.[25] Da hierfür keine Anhaltspunkte ersichtlich sind, scheidet jedenfalls § 164 StPO als Ermächtigungsgrundlage für das Vorgehen der Polizei aus.[26]

1177 Fraglich ist, ob sich aus §§ 102 ff. StPO etwas anderes ergibt. Der BGH selbst wirft auch Zweifel bezüglich der Vereinbarkeit des Polizeieinsatzes »in seiner konkreten Gestalt« mit den Voraussetzungen der §§ 102 ff. StPO auf. Unter Hinweis auf eine frühere Entscheidung[27] weist der *2. Senat* darauf hin, dass es sich bei einer Durchsuchung um eine grundsätzlich offene Maßnahme handelt, weshalb der *3. Senat* in dem in Bezug genommenen Beschluss vom 31.1.2007 es auch ablehnt, eine heimliche Online-Durchsuchung auf die Ermächtigungsgrundlage des § 102 StPO zu stützen.[28] Allerdings erfasst § 105 StPO als Annexkompetenz bei der Anordnung der Durchsuchung nach hM sämtliche Maßnahmen, die typischerweise zur Erreichung des Anordnungszwecks notwendig sind.[29] Das gilt jedenfalls insoweit, als die in Rede stehende Maßnahme, die – wie hier – auch in dem gewaltsamen Zutritt zum Durchsuchungsobjekt bestehen kann,[30] verhältnismäßig ist.[31] Mit der Garantie der Unverletzlichkeit der Wohnung durch Art. 13 GG erfährt die räumliche Lebenssphäre des einzelnen einen besonderen grundrechtlichen Schutz. Durchsuchungsmaßnahmen enthalten einen erheblichen Eingriff in die grundrechtlich geschützte Lebenssphäre des Betroffenen. Sie sind insbesondere dann nicht verhältnismäßig, wenn sie nicht erforderlich sind, wenn also andere, weniger einschneidende Maßnahmen zur Verfügung stehen.[32] Mit dem BGH wird man durchaus Zweifel an der Verhältnismäßigkeit der Maßnahme im konkreten Fall deshalb haben dürfen, weil die Beamten des Spezi-

24 Vgl. *Kühl* StrafR AT § 7 Rn. 70 ff.

25 BGH, Urt. v. 2.11.2011 – 2 StR 375/11, Rn. 19. Vgl. LG Frankfurt a. M., Beschl. v. 26.2.2008 – 5/26 Qs 6/08 = Beck RS 2008, 05006 mit Anm. *Jahn* JuS 2008, 649.

26 *Rotsch* ZJS 2012, 109 (112); *Mandla* StV 2012, 332 (335).

27 BGHSt 51, 211.

28 BGHSt 51, 211. Vgl. insoweit *Beulke* StPO § 12 Rn. 253c. An § 104 StPO scheitert die Rechtmäßigkeit der Maßnahme nicht, da die Vorschrift sich nur auf nächtliche Hausdurchsuchungen bezieht und § 104 III StPO die Nachtzeit im fraglichen Zeitraum zwischen dem 1. Oktober und 31. März beschränkt auf die Stunden von neun Uhr abends bis sechs Uhr morgens. Daraus erklärt sich auch, weshalb mit dem Beginn des Polizeieinsatzes bis sechs Uhr morgens gewartet wurde.

29 AnwK-StPO/*Löffelmann* § 105 Rn. 9.

30 AnwK-StPO/*Löffelmann* § 105 Rn. 9.

31 BVerfGE 20, 162 (186 f.); LG München StraFo 2009, 146; LR/*Schäfer* § 105 Rn. 58; AK-StPO/*Amelung* § 105 Rn. 38; *Müller*, Rechtsgrundlagen und Grenzen zulässiger Maßnahmen bei der Durchsuchung von Wohn- und Geschäftsräumen, 2003, 72.

32 BVerfGE 96, 44 (54).

aleinsatzkommandos sich selbst nach dem Einschalten des Lichts durch A nicht zu erkennen gegeben hatten und weiter verdeckt vorgingen.[33] Selbst das Landgericht äußert ausdrücklich die Auffassung, der Entschluss, auch noch nach diesem Zeitpunkt weiter verdeckt vorzugehen und sich nicht zu erkennen zu geben, »erscheine [...] nachträglich als Fehleinschätzung«[34]. Hält man freilich das nachträglich vorhandene bessere Wissen für irrelevant[35], ändert dies nichts an der Verhältnismäßigkeit der Maßnahme.

Ist die Maßnahme aber verhältnismäßig, ist das Vorgehen des Einsatzkommandos von §§ 102 ff. StPO gedeckt. 1178

Hinweis: Letztlich überzeugend ist dies freilich nach hier für richtig gehaltener Ansicht nicht. Denn ganz so einfach wird man es sich nicht machen dürfen. Tatsächlich liegt hier ein schwieriges Problem verborgen: Nach ganz überwiegender Meinung ist das Vorliegen der Notwehrlage objektiv ex post zu bestimmen.[36] Es kommt also darauf an, dass ein gegenwärtiger rechtswidriger Angriff zum Zeitpunkt der Abwehrhandlung tatsächlich vorlag.[37] Damit entsteht nun aber eine nicht einfach aufzulösende Kollision mit demjenigen Beurteilungsmaßstab, der für die Frage nach der Rechtmäßigkeit der staatlichen Eingriffsmaßnahme gilt. Hält man – wie hier – für zutreffend, dass – und sei es auf dem Boden eines eigenständigen strafrechtlichen Rechtmäßigkeitsbegriffs[38] – eine polizeiliche Zwangsmaßnahme nur dann rechtmäßig sein kann, wenn sie verhältnismäßig ist,[39] so ist die dann in den Blick geratende Erforderlichkeit des polizeilichen Vorgehens richtigerweise objektiv ex ante zu beurteilen.[40] Das führt zu der Situation, dass die Notwehrlage objektiv ex post, die auf die Rechtswidrigkeit des Angriffs zurückwirkende Frage der Erforderlichkeit der Eingriffshandlung im Rahmen von deren Verhältnismäßigkeit aber objektiv ex ante zu beurteilen ist. Damit lässt sich jedenfalls nicht argumentieren, dass die durchgeführte Maßnahme deshalb nicht verhältnismäßig gewesen sein kann, weil sich nachträglich herausgestellt hat, dass die Maßnahme nicht hätte durchgeführt werden müssen, da auch ein milderer Eingriff gleichermaßen zum Erfolg geführt hätte. Ob nun aber gegebenenfalls das objektiv ex ante getroffene Urteil der Verhältnismäßigkeit des Polizeieinsatzes die Annahme der objektiv ex post zu beurteilenden Rechtswidrigkeit des Angriffs zu hindern vermag, ist hiermit noch nicht geklärt. Die beschriebene Kollision träte freilich dann schon gar nicht auf, wenn man auch unter Zugrundelegung einer objektiven ex-ante-Perspektive zu dem Ergebnis gelangte, dass der Polizeieinsatz nicht erforderlich und damit nicht verhältnismäßig war. In diesem Fall wäre dann auch die Rechtswidrigkeit des Angriffs zu bejahen. Ein genauerer Blick lässt nun aber tatsächlich kaum einen anderen Schluss zu: Für die Beurteilung der Verhältnismäßigkeit der polizeilichen Maßnahme ist nämlich nicht etwa auf deren Beginn abzustellen – zu diesem Zeitpunkt mag das Vorgehen aus der Sicht eines objektiven Beobachters noch erforderlich gewesen sein –; maßgebend ist vielmehr in zeitlicher Hinsicht der Moment, in dem A sich gegen den Angriff wehrt, also die beiden Schüsse auf P abgibt. Zu diesem Zeitpunkt hatte A aber das Licht bereits eingeschaltet, wovon die Beamten des Spezialeinsatzkommandos auch über die Hörsprecheinrichtung ihrer Helme Mitteilung erhalten hatten. Spätestens jetzt hätten die Beamten ihr verdecktes Vorgehen aufgeben und sich zu erkennen geben müssen. Der Entschluss, auch noch nach diesem Zeitpunkt verdeckt vorzugehen, erweist sich daher nicht nur – wie 1179

33 Durchgreifende Zweifel bei *Rotsch* ZJS 2012, 109 (113).
34 BGH, Urt. v. 2.11.2011 – 2 StR 375/11, Rn. 10.
35 So jedenfalls ausdrücklich das Landgericht, vgl. BGH, Urt. v. 2.11.2011 – 2 StR 375/11, Rn. 10.
36 Schönke/Schröder/*Lenckner* Vor §§ 32 ff. Rn. 10a.
37 Schönke/Schröder/*Lenckner/Perron* § 32 Rn. 27.
38 Vgl. hierzu Schönke/Schröder/*Lenckner* Vor §§ 32 ff. Rn. 86.
39 Schönke/Schröder/*Eser* § 113 Rn. 27.
40 Schönke/Schröder/*Lenckner* Vor §§ 32 ff. Rn. 86; Schönke/Schröder/*Eser* § 113 Rn. 27.

das Landgericht glaubt – »nachträglich als Fehleinschätzung«, vielmehr ist er bereits aus einer objektiven ex-ante-Sicht falsch.
Hält man mit dieser Argumentation das Vorgehen der Polizeikräfte für rechtswidrig, so ist aber an der Notwehrsituation des A nicht zu zweifeln. Denn dann droht mindestens eine nicht mehr von der Rechtsordnung gedeckte Verletzung des Hausrechts (und ggf. des Eigentums und der Fortbewegungsfreiheit des A).[41]

1180 **Hinweis:** Es lassen sich also folgende Wege gehen: 1. Man beurteilt die Notwehrlage mit der hM ex post und bejaht (mit *Rotsch* und *Mandla*) die Rechtswidrigkeit des Angriffs. In diesem Fall stellt sich dann die Frage, ob die von A vorgenommene Notwehrhandlung den Voraussetzungen des § 32 StGB entspricht. Auch darüber lässt sich wieder streiten (vgl. dazu *Rotsch* ZJS 2012, 109 [114]; *van Rienen* ZIS 2012, 377 [380 ff.] mwN). Bejaht man dies entgegen der Auffassung des Landgerichts, aber in Übereinstimmung mit der Rechtsprechung des BGH (dazu ebenfalls *Rotsch* ZJS 2012, 109 [114]), ist A gerechtfertigt. 2. Man beurteilt die Notwehrlage abweichend von der hA (mit *Freund* StrafR AT § 3 Rn. 9 ff.; *Armin Kaufmann*, FS Welzel, 1974, 393 [399]; *Frisch*, Vorsatz und Risiko, 1983, 419 [424]; *Herzberg* JA 1989, 243 [247]) ex ante und legt daher auch insoweit (wie die hM dies beim Irrtum über rechtfertigende Umstände tut) die Vorstellung des A zugrunde. Dann gelangt man ebenfalls zur Annahme eines gegenwärtigen rechtswidrigen Angriffs (vgl. *Freund/Telöken* ZJS 2012, 796 [804 f.]). Die weitere Prüfung entspricht sodann der soeben unter 1. dargestellten Erörterung der Notwehrhandlung mit dem entsprechenden Ergebnis. 3. Man bejaht – wie hier im Text – die Verhältnismäßigkeit der polizeilichen Maßnahme. Dann muss man freilich noch die – oben im Text unter cc) → Rn. 1174 f. zunächst noch offen gelassene – Frage klären, ob damit die Rechtswidrigkeit des Angriffs bejaht ist. Dazu sogleich im Text → Rn. 1181. Einzig der vom BGH gewählte Weg, sogleich und ohne Problematisierung der Rechtswidrigkeit auf einen »Erlaubnistatbestandsirrtum« abzustellen, ist im Gutachten versperrt, vgl. bereits den Hinweis → Rn. 1169.

1181 Entspricht die Aktion des Sondereinsatzkommandos aber den Voraussetzungen der §§ 102 ff. StPO, so stellt sich nun die Frage, was daraus für die Rechtswidrigkeit des Angriffs folgt. Da es an einem Verhaltensunwert in diesen Fällen gerade fehlt, gelangt zunächst diejenige Auffassung nicht zur Annahme der Rechtswidrigkeit des Angriffs, die für entscheidend hält, ob das Verhalten des Angreifers den rechtlichen Verhaltensnormen entspricht.[42] Aber auch die Ansicht, die auf den Erfolgsunwert abstellt,[43] kommt hier zu keinem anderen Ergebnis. Denn wenn insofern von einem rechtswidrigen Angriff nur dann gesprochen werden kann, wenn der Angegriffene den drohenden Erfolg – hier also die Beeinträchtigung des Hausrechts und der Fortbewegungsfreiheit des A – nicht dulden muss, kann ein rechtswidriger Angriff dann nicht gegeben sein, wenn dem Angreifer – wie hier mit §§ 102 ff. StPO – ein Eingriffsrecht zur Verfügung steht.[44] Dieses Eingriffsrecht des Angreifers begründet nämlich umgekehrt eine Duldungspflicht des Angegriffenen, die auch den Erfolgsunwert des Angriffs entfallen lässt.

41 Diese Argumentation findet sich bei *Rotsch* ZJS 2012, 109 (113). Im Ergebnis ebenso *Mandla* StV 2012, 332 (335). Einen gegenwärtigen rechtswidrigen Angriff bejahen auch *Freund/Telöken* ZJS 2012, 796 (804 f.), freilich auf dem Boden einer subjektiven ex-ante-Beurteilung der Notwehrlage. Für diese Auffassung kann es einen Irrtum über rechtfertigende Umstände bei § 32 StGB schon nicht geben.

42 Siehe bei Rn. 1174 und in Fn. 22.

43 Siehe bei Rn. 1174 und in Fn. 21.

44 Vgl. *Roxin* StrafR AT I § 15 Rn. 14.

Da beide Ansichten zu demselben Ergebnis kommen, kann eine Entscheidung zwischen ihnen unterbleiben. Da der Einsatz des Polizeikommandos nicht rechtswidrig ist, kann auch das Verhalten des P nicht rechtswidrig sein. Fehlt es aber an einem rechtswidrigen Angriff, liegt schon eine Notwehrlage nicht vor. Eine Rechtfertigung des A gem. § 32 StGB kommt mithin nicht in Frage. A handelte rechtswidrig. **1182**

4. Schuld

Möglicherweise entfällt aber die Schuld. **1183**

a) Zunächst kommt eine Entschuldigung wegen Überschreitung der Notwehr gem. § 33 StGB nicht in Betracht. Denn die Anwendbarkeit des § 33 StGB setzt voraus, dass überhaupt eine Notwehrlage gegeben ist. Fehlt es bereits – wie hier – an einer objektiv gegebenen Notwehrlage, kommt nur eine Putativnotwehr in Betracht.[45] Diese richtet sich nach den allgemeinen Irrtumsregeln: **1184**

b) Es könnte ein Irrtum über rechtfertigende Umstände vorliegen. **1185**

aa) A müsste sich also sämtliche Voraussetzungen eines Rechtfertigungsgrundes vorgestellt haben. In Betracht kommt § 32 StGB. **1186**

Hinweis: Im Zusammenhang mit dem häufig sogenannten »Erlaubnistatbestandsirrtum« ist fast alles umstritten: Prüfungsstandort, Terminologie, Prüfungssystematik, sachliche Behandlung des Irrtums. Einigkeit besteht wohl nur insoweit, als man einräumt, dass eine völlig widerspruchsfreie Prüfung im Gutachten kaum möglich ist. Bei der folgenden Darstellung handelt es sich daher um einen Vorschlag, der nach hier vertretener Ansicht eine möglichst weitgehende stringente und überzeugende Erörterung der Problematik ermöglicht.[46] **1187**

Hinweis (zum Prüfungsstandort): Nach der hM entfällt (erst) die sog. Vorsatzschuld im Rahmen der Schuld (zu den Gründen vgl. noch den Hinweis → Rn. 1191). Will man sich dieser Ansicht anschließen, sollte der Irrtum im Rahmen der Schuld erörtert werden. Aber auch dann, wenn eine Entscheidung zugunsten der hM gar nicht notwendig ist – weil der Irrtum unvermeidbar ist und deshalb nach allen Ansichten jedenfalls die Strafbarkeit entfällt, vgl. noch → Rn. 1206 – lässt sich so vorgehen. **1188**

Hinweis (zur Terminologie): Die Bezeichnung als Erlaubnistatbestandsirrtum ist ungenau (vgl. insoweit und zum Ganzen *Gasa* JuS 2005, 890 – lesen!), aber auch eine vorschnelle Bezeichnung des Irrtums mit dem exakteren Begriff des Erlaubnistat*um*standsirrtums zu Beginn der Prüfung sollte unterbleiben. Denn damit ist erst das Ergebnis der – nach den unterschiedlichen Ansichten gerade umstrittenen – Einordnung des Irrtums über rechtfertigende Umstände bezeichnet. Wer aber den Irrtum über rechtfertigende Umstände nach § 17 StGB behandelt, sollte auch nicht von einem Erlaubnistatumstandsirrtum sprechen. Daraus folgt: **1189**

Hinweis (zur Prüfungssystematik): Die Prüfung wird am besten in zwei deutlich voneinander zu trennenden Schritten vorgenommen: Zunächst ist zu untersuchen, ob der Täter sich tatsächlich einen Sachverhalt vorgestellt hat, der einen Rechtfertigungsgrund vollständig[47] (!) ausfüllt (siehe hier → Rn. 1186 ff.). **1190**

---

45 *Wessels/Beulke* StrafR AT § 10 Rn. 448.

46 Vgl. auch *Rotsch* ZJS 2012, 109 (115).

47 Das wird häufig übersehen, vgl. insoweit die instruktive Darstellung bei *Kühl* StrafR AT § 13 Rn. 63 ff.

Nur wenn dies bejaht worden ist, kann man sich in einem zweiten Schritt der Auseinandersetzung mit den in diesem Zusammenhang vertretenen Theorien widmen (→ Rn. 1204 ff.).[48]

1191 **Hinweis** (zur sachlichen Behandlung des Irrtums): Unabhängig von der Überzeugungskraft der unterschiedlichen Auffassungen zur Behandlung des Irrtums über rechtfertigende Umstände[49] machen Sie sich auch den pragmatischen Hintergrund klar, vor dem die hM der rechtsfolgenverweisenden eingeschränkten Schuldtheorie entstanden ist: Lässt man nämlich nicht erst – wie die hA – die Schuld, sondern bereits den Vorsatz oder die Rechtswidrigkeit entfallen, so entsteht eine Strafbarkeitslücke in denjenigen Fällen, in denen ein den tatsächlichen Sachverhalt überblickender Dritter den Irrtum des Täters zu einer Straftatbegehung ausnutzt.

1192 **Beispiel:** Bei beginnender Dunkelheit kommt T und A im Park der Nachbar N entgegen, der T mit erhobenem Spazierstock freudig begrüßen möchte. Obwohl A dies zutreffend erkennt, warnt er T vor einem Angriff des ihm unliebsamen N, in der Hoffnung, A werde dem vermeintlichen Angriff des N mit einem Schlag mit dem Regenschirm zuvorkommen. Aufgrund des Warnrufs des A schlägt T dem N den Spazierstock aus der Hand, wobei er ihn nicht unerheblich verletzt. So richtig es ist, T aufgrund seines Irrtums von der Strafbarkeit auszunehmen, so wenig überzeugend wäre dieses Ergebnis für den bösgläubigen A. Zu diesem Ergebnis gelangt man aber zwangsläufig, wenn man im Rahmen der Strafbarkeit des T bereits den Vorsatz oder die Rechtswidrigkeit entfallen lässt. Denn nach dem Grundsatz der limitierten Akzessorietät setzt die Strafbarkeit des Teilnehmers eine vorsätzliche und rechtswidrige Haupttat voraus. Lässt man mit der hM erst die Schuld des T entfallen, bleibt die Körperverletzung des T an N eine teilnahmefähige Haupttat und die Bestrafung des A als Anstifter bleibt möglich.

1193 **(1)** Im Zeitpunkt der Schussabgabe hat A sich einen rechtswidrigen Angriff auf sein Leben vorgestellt, weil er davon ausging, dass Mitglieder der verfeindeten Bandidos sich Zugang zu seiner Wohnung verschaffen wollten, um den befürchteten, gegen sein Leben gerichteten Anschlag auszuführen.

1194 **(2)** Nach der Vorstellung des A war dieser Angriff auch gegenwärtig, da er – aus der Sicht des A – unmittelbar bevorstand.

1195 **(3)** Fraglich ist, ob die Verteidigungshandlung des A auf der Grundlage seiner Vorstellung erforderlich gewesen wäre. Dass A die Abgabe eines Schusses für eine geeignete Abwehrmaßnahme gehalten hat, bedarf keiner Erörterung. Nicht so einfach zu beantworten ist die Frage, ob er sich mit der Benutzung der Waffe den Einsatz des mildesten Mittels vorgestellt hat.

1196 **Hinweis:** Anders als hier handelt es sich in Examensklausuren bei der verwendeten Schusswaffe häufig um eine illegal erworbene Pistole (vgl. etwa den Sachverhalt bei RNPW/*Rotsch* Klausur im 1. Staatsexamen Fall 19, 269 ff. [281]). Die Tatsache, dass es sich bei der verwendeten Schusswaffe um eine illegal erworbene Waffe handelt, kann an der Erforderlichkeit einer im Übrigen zulässigen Verteidigungshandlung freilich nichts ändern. Denn das insoweit verwirklichte Unrecht wird mit dem Verstoß gegen das WaffG erfasst, ändert aber nichts daran, dass der rechtswidrig Angegriffene Notwehr üben darf.[50] Hier spielt die Frage deshalb keine Rolle, weil A nach dem Sachverhalt – wie in der Ausgangsentscheidung – mit behördlicher Erlaubnis über Schusswaffen verfügt.

---

48 Vgl. auch *Beulke* KK StrafR I Rn. 155 ff.

49 Vgl. dazu etwa Baumann/Weber/Mitsch/*Mitsch* StrafR AT § 21 Rn. 29 ff., 43 f.

50 Allgemeine Meinung, vgl. zB BGH StV 1991, 63; Schönke/Schröder/*Lenckner*/*Perron* § 32 Rn. 36.

Grundsätzlich muss die Benutzung einer Schusswaffe – verbal oder durch Warnschuss – angedroht werden.[51] Außerdem kann ein möglicherweise tödlicher Schuss immer nur ultima ratio sein: sofern dies möglich ist, muss ein weniger gefährlicher Einsatz – zB Schuss ins Bein – versucht werden.[52] Auf der Grundlage der Vorstellung des A können diese Grundsätze an der Erforderlichkeit der sofortigen lebensgefährdenden Schussabgabe nichts ändern: Eine Androhung des Waffeneinsatzes kommt nicht in Betracht, da A befürchtete, der Eindringling werde in unmittelbarem Anschluss an das Aufbrechen der Tür seinerseits einen Schuss auf ihn abgeben. Ein gezielter Schuss auf eine für den Angreifer weniger gefährliche Körperregion war aufgrund der Situation offensichtlich schon nicht möglich. Das Risiko, den Angreifer zu verfehlen, muss der Angegriffene nicht auf sich nehmen. Der – auch unter Umständen tödliche – Schuss auf den Rumpf des Angreifers ist in diesem Fall zulässig.[53] 1197

So erstaunt es denn auch sehr, dass das Tatgericht im Ausgangsfall die Erforderlichkeit des sofortigen Schusswaffeneinsatzes durch A verneint hat.[54] Völlig zu Recht bestätigt der BGH in der »Hells Angels«-Entscheidung dagegen seine ständige Rechtsprechung zur Erforderlichkeit der Notwehrhandlung. So besteht in der höchstrichterlichen Rechtsprechung ebenso wie in der strafrechtswissenschaftlichen Literatur seit geraumer Zeit Einigkeit, dass der Täter sich auch bei einem gezielt tödlichen Schusswaffeneinsatz nicht mit der Anwendung weniger gefährlicher Verteidigungsmittel begnügen muss, wenn deren Abwehrwirkung zweifelhaft ist.[55] Da das ursprüngliche Aggressionspotential vom Angreifer ausgeht, sind Rechtsprechung und Literatur bei der Beurteilung der Erforderlichkeit zugunsten des Verteidigers großzügig.[56] Wird die Person rechtswidrig angegriffen, so ist sie grundsätzlich dazu berechtigt, dasjenige Abwehrmittel zu wählen, das eine endgültige Beseitigung der Rechtsgutsbedrohung gewährleistet.[57] Nur wenn dem Angegriffenen mehrere wirksame Abwehrmaßnahmen zur Verfügung stehen, hat er das für den Angreifer am wenigsten gefährliche zu wählen.[58] Dabei ist freilich die konkrete »Kampflage« entscheidend.[59] Stehen dem Angegriffenen mehrere Abwehrmöglichkeiten zur Verfügung, bleibt ihm aber keine Zeit zur Wahl des Mittels sowie zur Abschätzung der Lage, so darf er das für den Angreifer gefährlichste anwenden.[60] Bei einem Schusswaffeneinsatz bedeutet dies zwar in der Regel, dass der Angegriffene den Gebrauch der Waffe zunächst anzudrohen bzw. vor einem möglicherweise tödlichen Schuss einen weniger gefährlichen Einsatz zu versuchen hat. Reicht aber – wie hier – ein Warnschuss oder etwa ein Schuss ins Bein des Angreifers nicht aus, um den Angriff endgültig abzuwehren, so ist auch der sofortige tödliche Schusswaffeneinsatz gerechtfertigt.[61] Dies alles gilt entsprechend, wenn es im Rahmen eines Irrtums über 1198

51 Schönke/Schröder/*Lenckner/Perron* § 32 Rn. 37.
52 Schönke/Schröder/*Lenckner/Perron* § 32 Rn. 37; BGH StV 1997, 291.
53 Schönke/Schröder/*Lenckner/Perron* § 32 Rn. 37 mwN.
54 Vgl. zum Ganzen *Rotsch* ZJS 2012, 109 (113 f.).
55 BGH, Urt. v. 2.11.2011 – 2 StR 375/11, Rn. 23.
56 *Wessels/Beulke* StrafR AT Rn. 335 mwN.
57 BGH, Urt. v. 2.11.2011 – 2 StR 375/11, Rn. 23.
58 BGH, Urt. v. 2.11.2011 – 2 StR 375/11, Rn. 23.
59 BGH NJW 1991, 503 (504).
60 BGH, Urt. v. 2.11.2011 – 2 StR 375/11, Rn. 23. IdS bereits zuvor zB BGHR StGB § 32 II Erforderlichkeit 17.
61 BGH, Urt. v. 2.11.2011 – 2 StR 375/11, Rn. 23, unter Hinweis auf BGH StV 1993, 241 (242). Vgl. auch *van Rienen* ZIS 2012, 377 (381).

rechtfertigende Umstände um die Vorstellung des Angegriffenen hinsichtlich der tatsächlichen Voraussetzungen des in Frage stehenden Rechtfertigungsgrundes geht.[62]

1199 **(4)** Fraglich ist, ob die Notwehrhandlung des A – auf der Grundlage seiner Vorstellung – geboten war.

1200 **(aa)** Zum Teil wird – entgegen der hM – schon eine solche Einschränkung des Notwehrrechts nicht zugelassen.[63]

1201 **(bb)** Aber auch, wenn man mit der Gegenauffassung einen Unterschied zwischen Erforderlichkeit und Gebotenheit konstatiert,[64] und dementsprechend unter normativen und sozialethischen Erwägungen das schneidige Notwehrrecht in Ausnahmefällen beschränkt,[65] liegt ein solcher Ausnahmefall hier nicht vor: Zunächst ist ein »krasses Missverhältnis« zwischen beeinträchtigtem und verteidigtem Rechtsgut (Leben des Angreifers vs. Leben des A) nicht gegeben.[66] Auch eine mögliche Einschränkung der Gebotenheit der Notwehrhandlung bei der Verteidigung gegen rechtswidrig vorgehende Hoheitsträger[67] kann im Rahmen der Putativnotwehr keine Rolle spielen. Denn einen Angriff eines Hoheitsträgers hat A sich ja gerade nicht vorgestellt.[68] Da aber für die Beurteilung eines Irrtums über rechtfertigende Umstände allein die Vorstellung des Angegriffenen maßgeblich ist, kann eine zwar objektiv bestehende, diesem aber unbekannte Sachlage nicht zu einer Einschränkung seines Putativnotwehrrechts führen.[69] Und schließlich ist auch für eine Einschränkung des Notwehrrechts wegen einer vorangegangenen Provokation aus dem Sachverhalt nichts ersichtlich.[70] Im Ergebnis ist daher dem BGH zuzustimmen, wenn er in der Ausgangsentscheidung die Frage der Gebotenheit der Notwehrhandlung nicht problematisiert.[71]

1202 Die Tötung des P durch A war geboten.

1203 **(5)** Da A sich sämtliche sachlichen Voraussetzungen des Rechtfertigungsgrundes der Notwehr gem. § 32 StGB vorgestellt hat, hielt er mithin irrig Umstände für gegeben, die im Falle ihres wirklichen Bestehens den von A begangenen Totschlag gerechtfertigt hätten. A befand sich daher in einem Irrtum über rechtfertigende Umstände.

1204 **bb)** Fraglich ist, was aus diesem Irrtum des A folgt.

1205 **(1)** Für die Vertreter der Vorsatztheorie entfällt der Vorsatz iSd dolus malus gem. § 16 I 1 StGB.[72] Für diejenigen, die der strengen Schuldtheorie folgen, liegt ein Verbotsirrtum vor, der bei Unvermeidbarkeit gem. § 17 StGB die Schuld entfallen lässt.[73] Nach der eingeschränkten Schuldtheorie entfällt nach allen Varianten ebenfalls die Strafbarkeit wegen vorsätzlicher Tat: Die Lehre von den negativen Tatbestands-

62 Vgl. *Rotsch* ZJS 2012, 109 (115).
63 *van Rienen*, Die »sozialethischen« Einschränkungen des Notwehrrechts, 2009, 151 ff. (167 ff.).
64 *Roxin* StrafR AT I § 15 Rn. 56; *Wessels/Beulke* StrafR AT Rn. 342.
65 BGHSt 39, 374 (378).
66 *Rotsch* ZJS 2012, 109 (114); *van Rienen* ZIS 2012, 377 (382).
67 Vgl. *Rotsch* ZJS 2012, 109 (114).
68 Vgl. *van Rienen* ZIS 2012, 377 (382).
69 *van Rienen* ZIS 2012, 377 (382). Vgl. noch Schönke/Schröder/*Perron* § 32 Rn. 65.
70 Vgl. ausführlicher noch *van Rienen* ZIS 2012, 377 (382 f.).
71 Kritisch *Jäger* JA 2012, 227 (229 f.).
72 Zur überholten Vorsatztheorie vgl. *Wessels/Beulke* StrafR AT Rn. 463 ff.
73 *Welzel* StrafR 168 ff.

merkmalen lässt den Vorsatz unmittelbar gem. § 16 I 1 StGB entfallen.[74] Die eingeschränkte Schuldtheorie wendet § 16 StGB analog an; auch danach entfällt der Vorsatz.[75] Die überwiegende Ansicht vertritt dagegen zu Recht eine sog. rechtsfolgenverweisende eingeschränkte Schuldtheorie, nach der erst die Vorsatzschuld entfällt.[76]

(2) Eine Entscheidung des Streits ist letztlich nur erforderlich, wenn die verschiedenen Auffassungen zu unterschiedlichen Ergebnissen führen. Das ist dann nicht der Fall, wenn der Irrtum für A unvermeidbar war. In diesem Fall kommen nämlich sämtliche Ansichten zur Straflosigkeit. Da für A angesichts der Situation selbst bei größter Gewissensanspannung das Unrecht seines Tuns nicht erkennbar war und ihm aufgrund der im allernächsten Moment zu befürchtenden Schussabgabe durch den Angreifer nicht zugemutet werden konnte, sich um eine Aufklärung der Situation zu bemühen, war sein Irrtum unvermeidbar.[77] 1206

Nach hier vertretener Ansicht entfällt die Vorsatzschuld. Jedenfalls aber hat A durch die Abgabe des ersten Schusses nach allen Ansichten keinen versuchten Totschlag begangen. 1207

5. Ergebnis

A hat sich durch die Abgabe des ersten Schusses auch nicht wegen versuchten Totschlags gem. §§ 212 I, 22, 23 I StGB strafbar gemacht. 1208

III. Vollendeter Totschlag, § 212 I StGB

A könnte sich jedoch durch die Abgabe des zweiten Schusses wegen vollendeten Totschlags gem. § 212 I StGB strafbar gemacht haben. 1209

1. Objektiver Tatbestand

A müsste den Tod des P durch die Abgabe des zweiten Schusses objektiv zurechenbar verursacht haben. 1210

a) Nach den Ausführungen zur Kausalität im Rahmen der Abgabe des ersten Schusses[78] ist auch der zweite Schuss (kumulativ) kausal für den Tod des P. 1211

b) Fraglich ist aber, ob der eingetretene Erfolg A auch objektiv zugerechnet werden kann. Das scheint deshalb problematisch zu sein, weil hier zunächst einmal dasselbe gilt wie bei der Abgabe des ersten Schusses. Zwar hat A durch den tödlichen zweiten Schuss eine rechtlich verbotene Gefahr gesetzt, diese allein hat sich jedoch nicht im Erfolg realisiert. Dennoch lässt sich die Zurechnung des Erfolgs hier nicht verneinen: Wer an ein von ihm selbst vorsätzlich in Gang gesetztes Kausalgeschehen vorsätzlich anknüpft, und die von ihm ursprünglich selbst gesetzte Gefahr sogar noch erhöht, hat für den hierdurch bewirkten konkreten Erfolg einzustehen. Denn mit der vorsätzlichen Vornahme der Zweithandlung im Anschluss an eine vorsätzlich vorgenommene Ersthandlung setzt der Täter das Risiko, dass das Opfer an einem Zusammenwirken 1212

74 *Samson* StrafR I 122 ff.
75 *Roxin* StrafR AT I § 14 Rn. 54, 62, 68 mwN.
76 *Wessels/Beulke* StrafR AT Rn. 478 ff. mwN.
77 Zu den Anforderungen an die Unvermeidbarkeit knapp *Wessels/Beulke* StrafR AT Rn. 466 m. zahlr. wN. Für den Ausgangsfall ebenso BGH, Urt. v. 2.11.2011 – 2 StR 375/11, Rn. 25.
78 → Rn. 1141 ff.

dieser beiden Bedingungen stirbt. Sind – wie hier nach Aussage des Obduktionsberichts – beide Verletzungen tödlich, hat sich auch gerade dieses Risiko im Erfolg verwirklicht. Damit erledigt sich aber auch der Einwand, der Täter könne sich durch eine der ersten nachfolgende zweite vorsätzliche Tötungshandlung trotz Eintritts des Erfolgs selbst von der Erfolgshaftung befreien.

1213 **Hinweis:** Siehe den Hinweis → Rn. 1161.

2. Subjektiver Tatbestand

1214 A handelte vorsätzlich.

1215 **Hinweis:** Im »Rechtsanwalts«-Fall hatte der BGH[79] in Übereinstimmung mit dem Tatgericht den Tötungsvorsatz bei der Abgabe des zweiten Schusses – aus Erwägungen, die hier keine Rolle spielen – abgelehnt. Die Annahme bloßer Fahrlässigkeit ist in allen Anmerkungen zu dieser Entscheidung des BGH zu Recht auf Unverständnis gestoßen.[80] Zum Ganzen ausführlich *Rotsch*, FS Roxin II, 2011, 377.

1216 Im Übrigen liegt ein unbeachtlicher error in persona vor.

1217 **Hinweis:** Vgl. den Hinweis → Rn. 1166.

3. Rechtswidrigkeit

1218 A handelte rechtswidrig, → Rn. 1168 ff.

4. Schuld

1219 A handelte aber in einem Irrtum über rechtfertigende Umstände, der als Erlaubnistatumstandsirrtum die Vorsatzschuld entfallen lässt → Rn. 1185 ff.

5. Ergebnis

1220 Eine Strafbarkeit des A wegen vollendeten Totschlags gem. § 212 I StGB durch die Abgabe des zweiten Schusses scheidet aus.

1221 **Hinweis:** Aufgrund des weiterhin bestehenden Irrtums des A scheidet eine Strafbarkeit insgesamt aus (eine erneute Prüfung einer Strafbarkeit wegen versuchten Totschlags [durch die Abgabe des zweiten Schusses] kann in einem professionellen Gutachten nach dem gerade zum Irrtum Gesagten daher unterbleiben). Über die Richtigkeit dieses Ergebnisses der BGH-Entscheidung sind sich alle juristischen Anmerkungen einig (vgl. *Engländer* NStZ 2012, 272; *Hecker* JuS 2012, 263; *Jäger* JA 2012, 227; *Mandla* StV 2012, 332; *van Rienen* ZIS 2012, 377; *Rotsch* ZJS 2012, 109). Zum zutreffenden Ergebnis im »Rechtsanwalts«-Fall vgl. *Rotsch*, FS Roxin II, 2011, 377.

B. Ergebnis zur Strafbarkeit des A

1222 A hat sich nicht strafbar gemacht.

---

79 BGHSt 39, 195*** (198). Der BGH beanstandete insoweit die rechtliche Bewertung des Schwurgerichts nicht. Dieses war allerdings von einem versuchten Totschlag durch den ersten Schuss in Tateinheit mit einer fahrlässigen Tötung durch den zweiten Schuss ausgegangen. Der BGH nimmt einen vollendeten Totschlag und eine subsidiäre fahrlässige Tötung an (vgl. BGHSt 39, 196 [198]). Siehe auch noch RNPW/*Rotsch* Klausur im 1. Staatsexamen 285.

80 Vgl. *Rogall* JZ 1993, 1066; *Toepel* JuS 1994, 1013; *Wolter* JR 1994, 468 in Fn. 8.

Fall 10: Der gefährliche Architekt

Mit dem Architekten A geht es seit einiger Zeit beruflich wie privat bergab. Auch bei Frauen hat er schon lange keinen Erfolg mehr. Er beschließt, dagegen etwas zu unternehmen. Schon seit längerem hat er es auf die attraktive F – die Frau des Polizeibeamten P – abgesehen. Von dem mit ihm befreundeten Polizisten X hat A erfahren, dass F es mit der ehelichen Treue nicht so genau nehme – was A zwar glaubt, tatsächlich aber nicht zutrifft. Nachdem er herausgefunden hat, dass P an diesem Wochenende Dienst hat, leiht A sich von X dessen kriminalpolizeilichen Ausweis und fährt gegen 21 Uhr zu dem 10 km entfernten Haus des P. Als F die Tür öffnet, zeigt A ihr den Dienstausweis und stellt sich als Hauptkommissar vor. Mit der Behauptung, wegen dienstlicher Probleme ihres Mannes mit ihr sprechen zu müssen, erreicht er, dass F ihn in die Wohnung lässt. Kaum befindet A sich mit F im Wohnzimmer, umarmt er sie und fordert sie auf, geschlechtlich mit ihm zu verkehren. Als F sich wehrt, schreit A sie an, er wisse doch, dass sie »es nicht so genau nehme«. F versucht in die Küche zu flüchten. In dem Entschluss, sie zu vergewaltigen, springt A die F an und reißt sie zu Boden. Dabei verletzt F sich erheblich am Arm. Als sie die sexuellen Absichten des A erkennt und ihr klar wird, dass sie dem körperlich überlegenen A ausgeliefert ist, spiegelt sie ihm aus Angst vor weiteren Misshandlungen ihr Einverständnis mit dem von A beabsichtigten Geschlechtsverkehr vor. Sie erklärt ihm, dass er ihr wie gerufen komme, da ihr Ehemann schon lange nicht mehr mit ihr schlafe. A, der ihr glaubt, geht nunmehr davon aus, dass F freiwillig zu sexuellem Kontakt bereit sei. F schlägt A vor, alles auf den nächsten Tag zu verschieben, da ihr Mann heute früher nach Hause komme. A ist einverstanden. 1223

Als A am nächsten Morgen erneut bei F erscheint, öffnet der von F informierte P die Haustüre, um A festzunehmen. A schlägt P, der ihn festhalten will, ins Gesicht, reißt sich los, springt in seinen Wagen und rast davon. P fährt A sofort hinterher. In der nächsten scharfen Kurve überschlägt P sich mit seinem Fahrzeug und landet – unverletzt – im Graben. Obwohl P sich nur 20 m hinter ihm befindet, bemerkt A hiervon nichts. 1224

Nachdem A meint, P abgeschüttelt zu haben, beschließt er aufgrund des bisher so unbefriedigenden Morgens spontan, die wohlhabende O um einige ihrer Ersparnisse zu erleichtern. Auch ihr stellt er sich unter Legitimation des geliehenen Ausweises als Hauptkommissar vor. Mit der Behauptung, es seien gefälschte Geldscheine im Umlauf, weshalb er alle 100-EUR-Scheine beschlagnahmen müsse, erreicht er die Herausgabe von 2.000 EUR. 1225

Kurz bevor A seine Wohnung erreicht, wird er von dem Kriminalbeamten K angehalten. K meint in A den gesuchten Verbrecher V – dem A sehr ähnlich sieht – zu erkennen und fordert ihn ohne Angabe von Gründen auf, sich auszuweisen. A zeigt K den Dienstausweis des X. Da K mit X bekannt ist, nimmt er A fest. Am nächsten Tag wird A unweit seiner Wohnung von Z vernommen. Als er hierbei von dem Unfall des P erfährt, streitet er zunächst seine Beteiligung daran ab. Nachdem er aber auch mit dem Überfall auf die F und der Sache mit O konfrontiert wird, gibt er alles zu. 1226

Aufgabe: Wie hat A sich strafbar gemacht? 1227

1228 **Anmerkungen:** Die wesentlichen Probleme des Falles sind: **1.**: § 123 StGB bei erschlichenem Einverständnis; **2.**: Beleidigungsdelikte; **3.**: Rücktritt vom Vergewaltigungsversuch bei vorgetäuschtem Einverständnis in den Beischlaf; **4.**: Rechtmäßigkeitsbegriff bei § 113 StGB; **5.**: Festnahmerecht nach § 127 StPO; **6.**: Unvorsätzliches Entfernen vom Unfallort; **7.**: Abgrenzung von Betrug und Diebstahl.

1229 **Literaturhinweise: zu 1.**: OLG München NJW 1972, 2275; **zu 2.**: BGH NJW 1989, 3028; **zu 3.**: BGHSt 39, 244; **zu 4.**: LK/*Rosenau* § 113 Rn. 28 ff.; **zu 5.**: *Wagner* ZJS 2011, 465; **zu 6.**: BVerfG NJW 2007, 1666; *Brüning* ZJS 2009, 442; **zu 7.**: *Wessels/Hillenkamp* StrafR BT II Rn. 103, 627 ff.

A. Gliederung

1. Tatkomplex: Die Benutzung des Dienstausweises gegenüber F
I. § 132 Var. 1 StGB (-)
II. § 132a I Nr. 1 StGB (-)
III. § 123 I StGB (-/+)
IV. Ergebnis zur Strafbarkeit des A im 1. Tatkomplex

2. Tatkomplex: Der Überfall auf F
I. § 185 StGB (Umarmung und Aufforderung zum Geschlechtsverkehr) (-)
II. § 185 StGB (Ausruf) (-)
III. § 223 I StGB (+)
IV. §§ 177, 22, 23 I StGB (-)
V. §§ 240 I, III, 22, 23 I StGB (-)
VI. Ergebnis zur Strafbarkeit des A im 2. Tatkomplex

3. Tatkomplex: Die Konfrontation mit P und dessen Unfall
I. § 113 I Var. 1 StGB (+)
II. § 223 I StGB (+)
III. §142 I Nr. 1 StGB (Weiterfahren) (-)
IV. § 142 I Nr. 1 StGB (Abstreiten) (-)
V. § 142 II Nr. 2 StGB (Weiterfahren und Abstreiten) (-)
VI. Konkurrenzen und Ergebnis zur Strafbarkeit des A im 3. Tatkomplex

4. Tatkomplex: Die Mitnahme der 2.000 EUR von O
I. § 242 I StGB (+)
II. § 132 Var. 1 StGB (+)
III. § 132a I Nr. 1 StGB (-)
IV. Kokurrenzen und Ergebnis zur Strafbarkeit des A im 4. Tatkomplex

5. Tatkomplex: Die Kontrolle durch K und die Festnahme des A
I. § 132 Var. 1 StGB (-)
II. § 132a I Nr. 1 StGB (-)
III. Ergebnis zur Strafbarkeit des A im 5. Tatkomplex

Gesamtergebnis

B. Lösung

1230 **Hinweis:** Es ist allein nach der Strafbarkeit des A gefragt (siehe Aufgabenstellung → Rn. 1227). Auf eine etwaige (und nach dem Sachverhalt unklare) Kenntnis des X von dem geplanten Vorhaben des A kommt es deshalb nicht an, weil dessen Strafbarkeit nicht zu prüfen ist. Es stellt einen ebenso grundlegenden wie leicht zu vermeidenden Fehler vieler Examenskandidaten dar, dass sie die Aufgabenstellung nicht aufmerksam lesen. Daher gilt es zunächst, Aufgabenstellung und Bearbeitungshinweise sorgfältig zu beachten! Zur Verdeutlichung ein Erlebnis aus der Praxis der Examensklausurenkorrektur: Ist die Prüfung der Strafbarkeit wegen Mordes gem. § 211 StGB von der Aufgabenstellung ausdrücklich ausgenommen, stellt es einen kapitalen Fehler dar, nach der Bejahung des § 212 StGB den Mord gem. § 211 StGB zu prüfen, die Mordmerkmale über mehrere Seiten zu problematisieren, zwei von ihnen (»an sich») zu bejahen, nur um dann festzustellen, dass eine Strafbarkeit wegen Mordes gem. § 211 StGB nach der Aufgabenstellung aber ausscheide und es deshalb bei der Strafbarkeit wegen Totschlags gem. § 212 StGB bleibe. Dass der Kandidat aufgrund dieses verfehlten Vorgehens außerdem nicht mehr der Zeit fand, die eigentlichen Probleme des Falles zu bearbeiten und die Klausur nicht bestand, muss wohl kaum betont werden.

1. Tatkomplex: Die Benutzung des Dienstausweises gegenüber F

I. Amtsanmaßung, § 132 Var. 1 StGB

1231 A könnte sich wegen Amtsanmaßung gem. § 132 StGB strafbar gemacht haben, indem er sich unter Legitimation des von X geliehenen Dienstausweises F als Hauptkommissar vorstellte und behauptete, wegen dienstlicher Probleme ihres Mannes mit ihr sprechen zu müssen.

1232 Dann müsste A sich unbefugt mit der Ausübung eines öffentlichen Amtes befasst (Var. 1) oder eine Handlung vorgenommen haben, welche nur kraft eines öffentlichen Amtes vorgenommen werden darf (Var. 2). Hier kommt Var. 1 in Betracht.

1. Objektiver Tatbestand

1233 A müsste sich unbefugt mit der Ausübung eines öffentlichen Amtes befasst haben. Erforderlich ist dafür zweierlei: Der Täter muss sich ausdrücklich oder schlüssig als Inhaber eines öffentlichen Amtes ausgeben und eine in dem Tätigkeitsbereich dieses angemaßten Amtes liegende Handlung vornehmen.[1]

1234 a) Dadurch, dass A der F den Dienstausweis gezeigt und sich ihr gegenüber als »Hauptkommissar« ausgegeben hat, hat er sich ausdrücklich als Inhaber eines öffentlichen Amtes ausgegeben.

1235 b) Er müsste darüber hinaus aber auch eine in dem Tätigkeitsbereich von Hauptkommissaren liegende Handlung vorgenommen haben. Da A lediglich behauptet hat, mit F über dienstliche Probleme ihres Mannes sprechen zu wollen, fehlt es hieran.

1236 **Hinweis:** Aus demselben Grund scheidet auch § 132 Var. 2 StGB aus.

1237 c) A hat sich nicht unbefugt mit der Ausübung eines öffentlichen Amtes befasst.

1 Schönke/Schröder/*Sternberg-Lieben* § 132 Rn. 5.

2. Ergebnis

A ist nicht strafbar wegen Amtsanmaßung gem. § 132 Var. 1 StGB. 1238

II. Missbrauch von Titeln, Berufsbezeichnungen und Abzeichen, § 132a I Nr. 1 StGB

Dadurch, dass A sich mittels Dienstausweises als »Hauptkommissar» vorgestellt hat, 1239 könnte er jedoch einen Missbrauch von Titeln, Berufsbezeichnungen und Abzeichen gem. § 132a I Nr. 1 StGB begangen haben. Dabei ist aber äußerst zweifelhaft, ob er eine förmliche Amtsbezeichnung geführt hat. Zwar hat A die Bezeichnung »Hauptkommissar« durch aktive Äußerung gegenüber seiner Umwelt in Anspruch genommen. Dies geschah aber nur gegenüber F, sodass fraglich ist, ob dadurch Interessen der Allgemeinheit berührt wurden.[2] Da dies bei einer Äußerung allein gegenüber F zu verneinen ist, scheidet auch eine Strafbarkeit gem. § 132a I Nr. 1 StGB aus.

Hinweis: Im Ergebnis liegt eine Verneinung des § 132a StGB näher. Das gegenteilige Ergebnis ist aber ebenso vertretbar. 1240

III. Hausfriedensbruch, § 123 I StGB

A könnte einen Hausfriedensbruch gem. § 123 I StGB begangen haben, indem er F 1241 durch die Aussage, er müsse wegen dienstlicher Probleme ihres Mannes mit ihr sprechen, dazu brachte, ihm den Zutritt in die Wohnung von F und P zu gestatten.

1. Objektiver Tatbestand

A müsste in die Wohnung von F und P – eine geschützte Räumlichkeit iSd § 123 I 1242 StGB – eingedrungen sein. Eindringen ist das Gelangen in die Wohnung ohne oder gegen den Willen des Berechtigten.[3]

a) Hausrechtsinhaber ist grundsätzlich derjenige, der die jeweiligen Räume bewohnt.[4] 1243 Bei gemeinsamer Nutzung von Wohnräumen durch mehrere Personen steht jeder dieser Personen das Hausrecht in gleicher Weise zu.[5] F ist daher Hausrechtsinhaberin.

b) F hat A allerdings den Zutritt in die Wohnung gestattet. Dies geschah freilich allein 1244 deshalb, weil sie A für einen Kollegen ihres Mannes hielt, der wegen dessen dienstlicher Probleme mit ihr reden wollte. Ob auch das durch Täuschung erschlichene Einverständnis des Hausrechtsinhabers mit dem Betreten der geschützten Räumlichkeiten das Tatbestandsmerkmal des Eindringens entfallen lässt, ist umstritten.

aa) Zum Teil wird dem durch Täuschung erschlichenen Einverständnis die Wirksam- 1245 keit abgesprochen und demgemäß in diesen Fällen ein Eindringen bejaht.[6] Der wahre

2 Zu diesem Erfordernis vgl. OLG Saarbrücken NStZ 1992, 236.
3 Etwa MüKoStGB/*Schäfer* § 123 Rn. 25.
4 SK-StPO/*Rudolphi/Stein* § 123 Rn. 14.
5 OLG Hamm NJW 1965, 2067.
6 OLG München NJW 1972, 2275; LK/*Schäfer*, 11. Aufl. 2001, § 123 Rn. 27, 50 (anders nun aber LK/*Lilie* § 123 Rn. 50); SK-StGB/*Rudolphi*, 5. Aufl. 1994, § 123 Rn. 18 (anders nun aber SK-*Rudolphi/Stein*, 2001, § 123 Rn. 18b).

Wille des Berechtigten stehe hier dem Betreten gerade entgegen, sodass § 123 StGB verwirklicht sei.[7]

1246 **bb)** Die herrschende Meinung geht dagegen zu Recht davon aus, dass auch das durch Täuschung erschlichene Einverständnis wirksam ist und dementsprechend das Tatbestandsmerkmal des Eindringens entfallen lässt. Maßgeblich muss iSd § 123 StGB der tatsächliche Wille sein, dieser ist aber auf die Erlaubnis des Betretens gerichtet.[8] Demnach ist A nicht in die Wohnung von F und P eingedrungen.

1247 **Hinweis:** AA sehr gut vertretbar.

1248 **Hinweis:** Zur Erinnerung: Als Einverständnis lässt die Zustimmung des Rechtsgutsinhabers bereits den Tatbestand dann entfallen, wenn der Tatbestand ein Handeln gegen oder ohne den Willen des Berechtigten voraussetzt (= tatbestandsausschließendes Einverständnis). Denn dann entfällt mit der Zustimmung des Berechtigten das Tatbestandsmerkmal »gegen oder ohne den Willen« und damit insgesamt der objektive Tatbestand (neben § 123 StGB zB bei der Wegnahme iSd § 242 StGB). Spielt der entgegenstehende Wille nicht bereits auf Tatbestandsebene eine Rolle (zB bei § 223 StGB vgl. Fall 8 → Rn. 1102 ff.), handelt es sich um eine (nur) rechtfertigende Einwilligung. Vgl. zum Ganzen *Kühl* StrafR AT § 9 Rn. 20 ff. und 42 ff.

2. Ergebnis

1249 Eine Strafbarkeit wegen Hausfriedensbruchs gem. § 123 I StGB scheidet aus.

IV. Ergebnis zur Strafbarkeit des A im 1. Tatkomplex

1250 A bleibt straflos.

2. Tatkomplex: Der Überfall auf F

I. Beleidigung, § 185 StGB (Umarmung und Aufforderung zum Geschlechtsverkehr)

1251 A könnte sich wegen Beleidigung gem. § 185 StGB strafbar gemacht haben, indem er F umarmte und sie aufforderte, mit ihm geschlechtlich zu verkehren.

1. Objektiver Tatbestand

1252 Durch das Verhalten des A müsste zunächst die Ehre der F betroffen sein. Einigkeit besteht allerdings zunächst darin, dass die Ehre nur ein Aspekt der Personenwürde und nicht mit ihr deckungsgleich ist.[9] Demgemäß ist nicht jede Persönlichkeitsverletzung zugleich eine Ehrverletzung. Erst wenn der Täter zu erkennen gibt, dass er die Betroffene als eine Person einschätzt, mit der man »so etwas ohne Weiteres machen kann«, liegt in der Aufforderung zu einem bestimmten sexuellen Verhalten eine Beleidigung.[10] Diese Grenze hat A durch die Umarmung und die verbale Aufforderung zum Geschlechtsverkehr noch nicht überschritten.

---

7 SK-StGB/*Rudolphi*, 5. Aufl. 1994, § 123 Rn. 18.
8 Vgl. nur Schönke/Schröder/*Lenckner/Sternberg-Lieben* § 123 Rn. 22.
9 BGHSt 36, 145 (148).
10 Schönke/Schröder/*Lenckner/Eisele* § 185 Rn. 4.

Hinweis: Unabhängig von der strafrechtlichen Einordnung des Versuchs des A, den Geschlechtsverkehr zu erzwingen, kann auch hierin allein keine tätliche Beleidigung gesehen werden. § 185 StGB schützt allein das Rechtsgut der Ehre. Die sexuelle Selbstbestimmung ist in den §§ 174 ff. StGB geschützt. Eine Beleidigung scheidet daher in solchen Fällen grundsätzlich aus.[11] Im Übrigen dokumentiert der Täter bereits durch die Anwendung des Zwangsmittels Gewalt, dass er die sittliche Integrität des Opfers positiv in Rechnung stellt. Das schließt eine herabsetzende Bewertung aus.[12] 1253

2. Ergebnis

Eine Strafbarkeit wegen Beleidigung gem. § 185 StGB scheidet insoweit aus. 1254

II. Beleidigung, § 185 StGB (Ausruf)

A könnte sich jedoch wegen Beleidigung gem. § 185 StGB strafbar gemacht haben, indem er F anschrie, er wisse doch, dass sie »es nicht so genau nehme«. 1255

1. Objektiver Tatbestand

Durch die Behauptung, F »nehme es nicht so genau«, hat A der F ihre Minderwertigkeit in sittlicher Hinsicht attestiert. Es handelt sich hierbei um eine – unwahre – ehrverletzende Tatsachenbehauptung gegenüber dem Ehrträger selbst. 1256

2. Subjektiver Tatbestand

Da A an die Wahrheit des Behaupteten geglaubt hat, fehlt der Beleidigungsvorsatz. 1257

Hinweis: Die hM sieht in der Unwahrheit einer Tatsachenäußerung ein ungeschriebenes Tatbestandsmerkmal des § 185 StGB.[13] Daher muss sich auch der Vorsatz des Täters darauf beziehen. 1258

3. Ergebnis

Auch hier scheidet eine Strafbarkeit wegen Beleidigung gem. § 185 StGB aus. 1259

III. Körperverletzung, § 223 I StGB

Dadurch, dass A die F niedergerissen und diese sich erheblich am Arm verletzt hat, hat A die F vorsätzlich, rechtswidrig und schuldhaft körperlich misshandelt und an der Gesundheit geschädigt und sich mithin einer Körperverletzung gem. § 223 I StGB schuldig gemacht. 1260

Hinweis: In solch eindeutigen Fällen ist eine ausführliche Prüfung nicht nur überflüssig, sondern kostet auch wertvolle Zeit. 1261

IV. Versuchte sexuelle Nötigung, §§ 177 I Nr. 1, 22, 23 I StGB[14]

A könnte sich wegen versuchter sexueller Nötigung gem. §§ 177 I Nr. 1, 22, 23 I StGB strafbar gemacht haben, indem er den Geschlechtsverkehr mit F erzwingen wollte. 1262

11 Vgl. etwa BGH NJW 1989, 3028 f.
12 *Kiehl* NJW 1989, 3003 (3005).
13 Schönke/Schröder/*Lenckner*/*Eisele* § 185 Rn. 6 mwN.
14 Dem Sachverhalt liegt insoweit BGHSt 39, 244 zugrunde.

1. Nichtvollendung und Versuchsstrafbarkeit

1263 Zum Beischlaf ist es nicht gekommen; die Strafbarkeit des Versuchs ergibt sich gem. §§ 23 I Var. 1, 12 I StGB aus dem Verbrechenscharakter des § 177 I StGB.

2. Tatentschluss

1264 A wollte F – in dem Zeitpunkt, in dem er sie ansprang – mit Gewalt zum Beischlaf mit ihm nötigen. Er hatte daher Tatentschluss zur Begehung einer sexuellen Nötigung.

3. Unmittelbares Ansetzen

1265 Durch das Niederreißen der F hat A nach jeder Auffassung Gewalt verübt. Wer aber bereits ein Tatbestandsmerkmal verwirklicht, der setzt auch jedenfalls unmittelbar an iSv § 22 StGB.

4. Rechtswidrigkeit, Schuld

1266 A handelte rechtswidrig und schuldhaft.

5. Rücktritt

1267 Möglicherweise ist A aber gem. § 24 I 1 Var. 1 StGB vom Versuch der sexuellen Nötigung zurückgetreten.

1268 **a)** Es könnte jedoch ein – die Rücktrittsmöglichkeit ausschließender – fehlgeschlagener Versuch vorliegen.

1269 **aa)** Nach einem Teil der Literatur soll – auch bei nur vorgetäuschtem Einverständnis – rechtliche Unmöglichkeit der Zielerreichung vorliegen. Bei einem Tatbestand, dessen Erfüllung ein Handeln gegen den Willen des Rechtsgutsträgers voraussetze, sei dem Täter die Möglichkeit strafbefreienden Rücktritts abgeschnitten, wenn das Tatopfer sein Einverständnis erteile. Dies gelte auch in Fällen nur vorgetäuschten Einverständnisses.[15] Nach dieser Ansicht liegt ein Fehlschlag vor.

1270 **bb)** Der BGH[16] lehnt diese Auffassung zu Recht ab. Tatsächliche und rechtliche Unmöglichkeit können nicht gleichgesetzt werden, weil bei Letzterer eine in § 24 StGB vorausgesetzte Wahlmöglichkeit, die Tat mit Aussicht auf den angestrebten Erfolg weiter auszuführen oder sie aufzugeben, durchaus besteht.

1271 **cc)** Folgt man daher der Ansicht des BGH, so ist A der Rücktritt gem. § 24 I 1 Var. 1 StGB nicht wegen Fehlschlags verwehrt.

1272 **Hinweis:** Die gegenteilige Auffassung ist selbstverständlich vertretbar. Wer dieser Ansicht folgt, muss §§ 177 I Nr. 1, 22, 23 I StGB bejahen und anschließend noch die Strafzumessungsregel des § 177 II Nr. 1 StGB erörtern. Es ist dann die umstrittene Frage zu klären, ob eine sexuelle Nötigung in einem

---

15 *Ulsenheimer*, Grundfragen des Rücktritts vom Versuch in Theorie und Praxis, 1976, 328; *Bottke*, Strafrechtswissenschaftliche Methodik und Systematik bei der Lehre vom strafbefreienden und strafmildernden Täterverhalten, 1979, 355 f.

16 BGHSt 39, 244. Im Ergebnis ebenso *Streng* NStZ 1993, 582.

besonders schweren Fall auch dann vorliegt, wenn weder die sexuelle Nötigung noch das in Aussicht genommene Regelbeispiel (Vergewaltigung) über das Versuchsstadium hinausgelangt sind.[17]

b) Bejaht man mit der Rechtsprechung generell eine Rücktrittsmöglichkeit und geht man weiter von einem unbeendeten Versuch aus, weil A noch nicht alles zur Verwirklichung des Tatbestandes getan hat, stellt sich nun die Frage, ob A die geplante Ausführung der Tat iSd § 24 I 1 Var. 1 StGB aufgegeben hat. Das ist zu bejahen: A hat sich von F auf den nächsten Tag vertrösten lassen. **1273**

c) Problematisch ist aber, ob dies freiwillig geschah. **1274**

Hinweis: Wer der Lehre vom fehlgeschlagenen Versuch als negativer Anwendbarkeitsvoraussetzung des Rücktritts nicht zu folgen vermag (vgl. dazu *Kühl* StrafR AT § 16 Rn. 10), kann auch das oben unter a) (→ Rn. 1268 ff.) diskutierte Problem erst hier unter c) (→ Rn. 1274 ff.) erörtern. **1275**

Das lässt sich hier mit guten Gründen bejahen. Anders als in dem vom BGH entschiedenen Fall (wo der Täter auf sofortigen Vollzug des Geschlechtsverkehrs drängte[18]), hat A sein Handlungsziel dadurch gefährdet, dass er das Opfer zunächst aus seinem Einflussbereich entlassen hat, um mit ihm später einvernehmlich zu verkehren. In dieser Konstellation ist nämlich schon eine innere Distanzierung darin zu erkennen, dass der Täter nicht umstandslos zur gewaltfreien Durchführung des Geschlechtsverkehrs übergeht. Er leistet hier mehr als nur ein formal autonomes Nachvollziehen der vorgegebenen situativen Veränderung, der zufolge Gewaltanwendung nun überflüssig ist. Denn er verzichtet aus freien Stücken auf eine Anwendung von Gewalt, ohne dass bezüglich seines Handlungszieles Erfolgsgarantie bestünde. **1276**

Hinweis: Auch hier ist natürlich die Gegenansicht vertretbar. **1277**

6. Ergebnis

A ist strafbefreiend gem. § 24 I 1 Var. 1 StGB vom Versuch der sexuellen Nötigung zurückgetreten und daher nicht wegen versuchter sexueller Nötigung gem. §§ 177, 22, 23 I StGB strafbar. **1278**

V. Versuchte Nötigung, §§ 240 I, III, 22, 23 I StGB

Auch hinsichtlich §§ 240 I, III, 22, 23 I StGB greift § 24 I 1 Var. 1 ein; A ist daher auch nicht strafbar wegen versuchter Nötigung. **1279**

Hinweis: Im Übrigen träte § 240 StGB ohnehin hinter § 177 StGB zurück. **1280**

VI. Ergebnis zur Strafbarkeit des A im 2. Tatkomplex

A ist im zweiten Tatkomplex strafbar wegen Körperverletzung gem. § 223 I StGB. **1281**

17 Vgl. zum Problem grds. *Wessels/Hillenkamp* StrafR BT II Rn. 206 ff., 211.
18 BGHSt 39, 244.

3. Tatkomplex: Die Konfrontation mit P und dessen Unfall

I. Widerstand gegen Vollstreckungsbeamte, § 113 I Var. 1 StGB

1282 A könnte sich, indem er P ins Gesicht schlug, als dieser ihn festhalten wollte, des Widerstands gegen Vollstreckungsbeamte gem. § 113 I Var. 1 StGB schuldig gemacht haben.

1. Objektiver Tatbestand

1283 Dazu müsste A einem Amtsträger, der zur Vollstreckung von Gesetzen, Rechtsverordnungen, Urteilen, Gerichtsbeschlüssen oder Verfügungen berufen ist, bei der Vornahme einer solchen Diensthandlung mit Gewalt Widerstand geleistet haben.

1284 a) Der Polizeibeamte P gehört als Vollzugskraft zum geschützten Personenkreis.

1285 b) P muss sich bei Vornahme einer solchen Diensthandlung befunden haben. Erforderlich ist eine konkrete Vollstreckungshandlung, also eine solche, die auf die Verwirklichung des auf den Einzelfall anzuwendenden, notfalls durch Zwang durchzusetzenden Staatswillens gerichtet ist.[19] Bei der Vollstreckungshandlung befindet der Beamte sich, wenn diese unmittelbar bevorsteht oder bereits begonnen hat, aber noch nicht beendet ist. Die versuchte Festnahme des A durch P sollte der Verfolgung einer von A begangenen Straftat (A hat sich jedenfalls wegen Körperverletzung gem. § 223 I StGB strafbar gemacht, siehe 2. Tatkomplex → Rn. 1260) dienen. P befand sich daher bei einer Vollstreckungshandlung.

1286 c) Als Tathandlung kommt hier Widerstandleisten mit Gewalt in Betracht. Widerstand ist jede aktive Tätigkeit gegenüber dem Vollstreckungsbeamten, die die Durchführung der Maßnahme verhindern oder erschweren soll.[20] Gewalt bedeutet hier die durch tätiges Handeln gegen den Beamten gerichtete Kraftäußerung.[21] Indem A dem P ins Gesicht schlug, hat er Gewalt angewendet. Da diese Handlung seine Festnahme verhindern sollte, hat A objektiv Widerstand mit Gewalt geleistet.

1287 **Hinweis:** Zwar liegt diese Annahme nach dem Sachverhalt näher, es erscheint jedoch auch möglich, das Vorliegen eines tätlichen Angriffs zu bejahen. Im Ergebnis macht dies keinen Unterschied: Der objektive Tatbestand ist erfüllt.

2. Subjektiver Tatbestand

1288 A handelte hinsichtlich aller objektiven Tatbestandsmerkmale vorsätzlich.

3. § 113 III StGB[22]

1289 Gem. § 113 III StGB scheidet eine Strafbarkeit nach § 113 StGB bei Rechtswidrigkeit der Diensthandlung aus. Welche Anforderungen an die Rechtmäßigkeit der Diensthandlung zu stellen sind, ist umstritten. Die hM vertritt einen speziellen strafrechtlichen Rechtmäßigkeitsbegriff. Damit soll einerseits verhindert werden, dass der Beamte bei geringfügigen, zur verwaltungsrechtlichen Rechtswidrigkeit führenden

19 LK/*Rosenau* § 113 Rn. 18.
20 LK/*Rosenau* § 113 Rn. 22.
21 Schönke/Schröder/*Eser* § 113 Rn. 42 mwN.
22 Zur umstrittenen dogmatischen Einordnung des § 113 III StGB vgl. LK/*Rosenau* § 113 Rn. 28 ff.

Fehlern schutzlos gestellt wird, andererseits will man den Bürger nicht zur Duldung jedes Rechtsirrtums zwingen. Rechtmäßig ist eine Diensthandlung nach hM, wenn der Amtsträger sachlich und örtlich zuständig war, die wesentlichen Förmlichkeiten des »Ob« und »Wie« der fraglichen Maßnahme beachtet und ein etwa bestehendes Ermessen pflichtgemäß ausgeübt hat.[23]

a) An der sachlichen und örtlichen Zuständigkeit des P bestehen keine Zweifel. 1290

b) Fraglich ist, ob P die wesentlichen Förmlichkeiten des »Ob« und »Wie« der frag- 1291
lichen Maßnahme beachtet hat. Bei der in Frage stehenden Maßnahme handelt es sich um eine vorläufige Festnahme gem. § 127 StPO. Ist die Festnahme gem. § 127 StPO rechtmäßig, hätte P auch die wesentlichen Förmlichkeiten eingehalten.

aa) Ob die Vorschrift des § 127 I StPO auch den Beamten des Polizeidienstes die 1292
Möglichkeit einräumt, einen auf frischer Tat Betroffenen oder Verfolgten, der der Flucht verdächtig ist oder dessen Identität nicht sofort festgestellt werden kann, auch ohne richterliche Anordnung vorläufig festzunehmen, ist umstritten.[24] Diese Frage wird aber überhaupt nur relevant, wenn die Voraussetzungen des allgemeinen Festnahmerechts im Übrigen vorliegen.

Dazu müsste zunächst A auf frischer Tat betroffen sein. Auf frischer Tat betroffen ist, 1293
wer bei Begehung einer Straftat oder unmittelbar danach noch am Tatort oder in dessen unmittelbarer Nähe gestellt wird.[25] Hier kommen zwei Anknüpfungspunkte in Betracht: Zum einen die im Rahmen des Überfalls auf F am vorangegangenen Abend begangene(n) Tat(en), zum anderen die zu besorgende (etwaige) versuchte Vergewaltigung am nächsten Morgen. Beide scheiden aus: Bezüglich der ersten Tat fehlt es am unmittelbaren zeitlichen Zusammenhang, hinsichtlich der zweiten Tat ist A – unabhängig von der rechtlichen Bewertung des dann vollzogenen Geschlechtsverkehrs – noch nicht einmal in das Versuchsstadium eingetreten. Ein Festnahmerecht gem. § 127 I StPO scheidet daher in jedem Fall aus, sodass es auf die umstrittene Frage der Anwendbarkeit des Festnahmerechts gem. § 127 I StPO auf Polizeibeamte nicht ankommt.

bb) In Betracht kommt aber ein Festnahmerecht gem. § 127 II StPO. P als Polizeibe- 1294
amter kann A nach dieser Vorschrift bei Gefahr im Verzuge auch unter den Voraussetzungen eines Haftbefehls vorläufig festnehmen.

(1) Zunächst müsste dringender Tatverdacht vorliegen, vgl. § 112 I 1 StPO. Dieser 1295
bestand zumindest hinsichtlich einer Körperverletzung gem. § 223 I StGB.

Hinweis: § 223 StGB wurde in den Fall eingebaut, damit die Bearbeiter sich nicht mit der Frage aus- 1296
einandersetzen mussten, ob hier Tatverdacht bezüglich einer nur versuchten Tat, von welcher der Täter strafbefreiend zurückgetreten ist (siehe oben → Rn. 1262 ff.), ausreicht.

(2) Des Weiteren bedarf es eines Haftgrundes, § 112 I 1 StPO. Hier bestand Flucht- 1297
gefahr gem. § 112 II Nr. 2 StPO, was sich schon daraus ergibt, dass A sich losriss, um zu entkommen.

23 Vgl. Schönke/Schröder/*Eser* § 113 Rn. 21 ff. mwN.
24 Dazu *Wagner* ZJS 2011, 465 (466).
25 *Wagner* ZJS 2011, 465 (471).

1298 (3) Fraglich ist, ob Gefahr im Verzug vorlag, dh, es dürfte keine Zeit bestanden haben, einen richterlichen Haftbefehl einzuholen.[26] Da zwischen dem ersten und dem zweiten Besuch des A bei F nur wenige Stunden liegen und es sich obendrein um ein Wochenende handelt, kann davon ausgegangen werden, dass ein richterlicher Haftbefehl nicht mehr eingeholt werden konnte. Damit lag auch Gefahr im Verzug vor.

1299 c) Die Diensthandlung des P ist daher rechtmäßig. Somit scheitert eine Strafbarkeit des A nicht an § 113 III StGB.

4. Rechtswidrigkeit und Schuld

1300 A handelte rechtswidrig und schuldhaft.

5. Ergebnis

1301 A hat sich wegen Widerstands gegen Vollstreckungsbeamte gem. § 113 I Var. 1 StGB schuldig gemacht.

II. Körperverletzung, § 223 I StGB

1302 Durch den Schlag in das Gesicht des P hat A diesen körperlich misshandelt. Da A vorsätzlich, rechtswidrig und schuldhaft gehandelt hat, ist er der Körperverletzung gem. § 223 I StGB schuldig.

III. Unerlaubtes Entfernen vom Unfallort, §142 I Nr. 1 StGB

1303 A könnte sich wegen unerlaubten Entfernens vom Unfallort gem. § 142 I Nr. 1 StGB strafbar gemacht haben, indem er weiterfuhr, als der ihn verfolgende P sich mit seinem Wagen überschlug.

1. Objektiver Tatbestand

1304 A müsste sich als Unfallbeteiligter nach einem Unfall unter Verstoß gegen die im Gesetz normierte aktive Vorstellungs- und Feststellungsduldungspflicht gegenüber anwesenden feststellungsbereiten Personen vom Unfallort entfernt haben.

1305 a) P hat sich mit seinem Fahrzeug überschlagen. Es liegt ein Unfall im Straßenverkehr vor.

1306 b) Gem. § 142 V StGB ist A Unfallbeteiligter, da er zur Verursachung des Unfalls beigetragen haben kann.

1307 c) Durch die Weiterfahrt hat A sich auch vom Unfallort entfernt.

2. Subjektiver Tatbestand

1308 A wusste jedoch nicht, dass P sich mit seinem Wagen überschlagen hatte. Es fehlte ihm also der Tatvorsatz hinsichtlich des Tatbestandsmerkmals »Unfall«.

26 KK/*Schultheis* § 127 Rn. 35.

3. Ergebnis

A ist insoweit nicht strafbar wegen unerlaubten Entfernens vom Unfallort gem. § 142 I Nr. 1 StGB. 1309

IV. Unerlaubtes Entfernen vom Unfallort, § 142 I Nr. 1 StGB

A könnte sich allerdings gem. § 142 I Nr. 1 StGB schuldig gemacht haben, indem er nach Kenntniserlangung des Unfalls zunächst seine Beteiligung daran abstritt. 1310

1. Objektiver Tatbestand

a) A ist Unfallbeteiligter eines Unfalls im Straßenverkehr. 1311

b) A hat sich jedoch nicht vom Unfallort entfernt, da er sich in dem Zeitpunkt, in dem er von dem Unfall erfuhr, gar nicht mehr am Unfallort befand. 1312

Hinweis: A erfuhr erst unweit seiner vom Unfallort etwa 10 km entfernten Wohnung von dem Unfall des P. Eine saubere Prüfung sollte die soeben unter III. und IV. dargestellten unterschiedlichen zeitlichen Anknüpfungspunkte beachten. Ganz professionelle Bearbeiter können aber auch sofort § 142 II Nr. 2 StGB prüfen, sofern sie dort kurz darlegen, weshalb § 142 I Nr. 1 StGB scheitert. 1313

2. Ergebnis

A ist auch insoweit nicht strafbar wegen unerlaubten Entfernens vom Unfallort gem. § 142 I Nr. 1 StGB. 1314

V. Unerlaubtes Entfernen vom Unfallort, § 142 II Nr. 2 StGB

A könnte sich jedoch wegen unerlaubten Entfernens vom Unfallort gem. § 142 II Nr. 2 StGB strafbar gemacht haben, indem er weiterfuhr, als der ihn verfolgende P sich mit seinem Wagen überschlug und A auch später zunächst seine Beteiligung abstritt. 1315

1. Objektiver Tatbestand

A müsste sich berechtigt oder entschuldigt vom Unfallort entfernt und die Feststellungen nicht unverzüglich nachträglich ermöglicht haben. 1316

a) A hat sich als Unfallbeteiligter bei einem Unfall im Straßenverkehr vom Unfallort entfernt. 1317

b) Fraglich ist, ob dies berechtigt oder entschuldigt geschah. Grundsätzlich liegt etwa entschuldigtes Sichentfernen vor, wenn für den Unfallbeteiligten § 35 StGB eingreift (zB durch ernste Bedrohung), wenn er sich in einem Erlaubnistatumstandsirrtum befindet, der die Vorsatzschuld ausschließt (zB bei irriger Annahme eines wirksamen Feststellungsverzichts) oder wenn der Täter sich in einem unvermeidbaren Verbotsirrtum befindet. Ob es auch als »berechtigtes oder entschuldigtes Sichentfernen« angesehen werden kann, wenn der Täter – wie hier – den Unfallort ohne Tatbestandsvorsatz verlassen hatte, ist heftig umstritten: 1318

aa) In einer dazu ergangenen Grundsatzentscheidung bejaht der BGH diese Frage. Die Merkmale »berechtigt oder entschuldigt« könnten ihrem natürlichen Wortsinn 1319 entsprechend aufgefasst werden, sodass darunter auch die Fälle zu subsumieren seien, in denen der Unfallbeteiligte sich ohne Kenntnis des Unfalls vom Unfallort entfernt habe. Einschränkende Voraussetzung ist danach aber, dass der Unfallbeteiligte in diesem Fall in zeitlichem und räumlichem Zusammenhang von dem Unfall Kenntnis erlangt hat.[27]

1320 **bb)** Das strafrechtliche Schrifttum lehnt diese Ansicht überwiegend ab. Neben dem Vorwurf verbotener Analogie wird vor allem auf die unterschiedliche psychologische Situation desjenigen, der gerechtfertigt oder entschuldigt, aber in Kenntnis des Unfalls weitergefahren ist, im Vergleich zu demjenigen, an den das Gebot anzuhalten wegen seines Irrtums von vornherein nicht herangetragen worden ist, hingewiesen.[28]

1321 **cc)** Das BVerfG hat die Ansicht des BGH mittlerweile wegen verbotener Analogie zulasten des Täters für mit Art. 103 II GG unvereinbar erklärt.[29]

1322 **dd)** Im vorliegenden Fall hat der Streit keine Auswirkungen: Die vom BGH geforderte Einschränkung der Kenntniserlangung in zeitlichem und räumlichem Zusammenhang ist nämlich nicht gegeben: A hat erst am nächsten Tag unweit seiner vom Unfallort etwa 10 km entfernten Wohnung von dem Unfall erfahren. Eine Streitentscheidung erübrigt sich daher.

1323 **Hinweis:** Hier musste erkannt werden, dass auch die vom BGH vertretene Auffassung nicht zur Strafbarkeit kommt. Im Übrigen war zu beachten, dass das objektive Tatbestandsmerkmal »berechtigtes oder entschuldigtes Sichentfernen« in Frage steht, auch wenn dabei freilich rein subjektiv argumentiert wird. Vgl. bereits Fall 5 → Rn. 770 ff.

2. Ergebnis

1324 A ist nicht strafbar wegen unerlaubten Entfernens vom Unfallort gem. § 142 II Nr. 2 StGB.

VI. Konkurrenzen und Ergebnis zur Strafbarkeit des A im 3. Tatkomplex

1325 Im 3. Tatkomplex hat A sich wegen Körperverletzung gem. § 223 I StGB und Widerstands gegen Vollstreckungsbeamte gem. § 113 I Var. 1 StGB strafbar gemacht. Die beiden Delikte stehen in Tateinheit, § 52 StGB.[30]

4. Tatkomplex: Die Mitnahme der 2.000 EUR von O

I. Diebstahl, § 242 I StGB

1326 Durch die Mitnahme der 2.000 EUR könnte A sich eines Diebstahls gem. § 242 I StGB schuldig gemacht haben.

1. Objektiver Tatbestand

1327 A müsste eine fremde bewegliche Sache weggenommen haben.

27 BGHSt 28, 129* (135).
28 Vgl. zB MüKoStGB/*Zopfs* § 142 Rn. 105.
29 BVerfG NJW 2007, 1666***.
30 Vgl. auch LK/*Rosenau* § 113 Rn. 98.

a) Die Geldscheine standen im Eigentum der O und waren daher für A fremd. 1328

b) Fraglich ist aber, ob A die Geldscheine auch weggenommen hat. Wegnahme ist Bruch fremden und Begründung neuen Gewahrsams.[31] 1329

Hinweis: Bei der seit der Gänsebuchtenentscheidung RGSt 48, 58*** verbreiteten Formulierung »Wegnahme ist Bruch fremden und Begründung neuen, *nicht notwendig tätereigenen* Gewahrsams« handelt es sich jedenfalls dann um eine Floskel, wenn – wie hier – der Täter selbst den neuen Gewahrsam *bei sich* begründet. Denn dann spielt die Frage, ob auch die Begründung des Gewahrsams durch den Täter bei einem Dritten genügt – wovon heute jeder ausgeht – keine Rolle. Daher sollte man den Zusatz »nicht notwendig tätereigenen« Gewahrsam in die Definition nur dann mit aufnehmen, wenn es auf ihn auch ankommt. 1330

Hinweis: Im Übrigen impliziert die Formulierung, dass das Merkmal »Bruch« – also der entgegenstehende Wille des Berechtigten – sich nur auf die Aufhebung des fremden Gewahrsams, nicht hingegen auf die Begründung neuen Gewahrsams beziehen müsse. Tatsächlich wird aber – wie hier auch – der Gewahrsamswechsel regelmäßig in den drei Schritten »1. Ursprünglicher Gewahrsam, 2. Neuer Gewahrsam, 3. Gewahrsamswechsel durch Bruch« geprüft. Diese Prüfungsreihenfolge ist auch richtig, entspricht aber, wie gesagt, der Definition nicht. Hier verbergen sich schwierige (eher akademische) Fragen (was gilt zB in den Fällen, in denen der Berechtigte zwar mit der Aufhebung, nicht aber der Neubegründung des Gewahrsams einverstanden ist?), die hier keine Rolle spielen. Siehe zum Ganzen *Rotsch* GA 2008, 65. Vgl. auch bereits Fall 5 → Rn. 697. 1331

aa) Ursprünglich hatte O an den Geldscheinen Gewahrsam. 1332

bb) Nach der Mitnahme durch A übte dieser den Gewahrsam aus. 1333

cc) Dieser Gewahrsamswechsel müsste ohne oder gegen den Willen der O erfolgt sein. 1334

Allerdings hat O die Scheine an A herausgegeben. Fraglich ist daher, ob nicht vielmehr eine Vermögensverfügung iSd § 263 I StGB vorliegt, die nach hM eine Wegnahme iSd Diebstahlstatbestandes ausschließt. Trotz der bewussten Mitwirkung an einer Gewahrsamsverschiebung lehnt die herrschende Ansicht jedoch ausnahmsweise eine Vermögensverfügung ab, wenn das Opfer durch die falsche Behauptung einer behördlichen Beschlagnahme zu der Vorstellung gebracht wird, es müsse den Verlust der Sache dulden und Widerstand insoweit für zwecklos hält.[32] Ein für die Vornahme einer Vermögensverfügung erforderlicher freier Willensentschluss, der allein auf einem Irrtum basiert, liegt hier nicht vor. Vielmehr beugt das Opfer sich dem vermeintlichen Zwang.[33] Da O glaubte, den Verlust der 2.000 EUR hinnehmen zu müssen, liegt eine Vermögensverfügung iSd § 263 I StGB nicht vor. Vielmehr ist eine unfreiwillige Gewahrsamsverschiebung und damit eine Wegnahme iSd § 242 I StGB gegeben. 1335

2. Subjektiver Tatbestand

A handelte vorsätzlich und in der Absicht rechtswidriger Zueignung. 1336

31 Schönke/Schröder/*Eser/Bosch* § 242 Rn. 22.
32 Schönke/Schröder/*Cramer/Perron* § 263 Rn. 63 mit zahlreichen Nachweisen.
33 BGHSt 18, 221 (223); *Wessels/Hillenkamp* StrafR BT II Rn. 631 ff.

3. Rechtswidrigkeit und Schuld

1337 Rechtswidrigkeit und Schuld sind gegeben.

4. Ergebnis

1338 A hat sich eines Diebstahls gem. § 242 I StGB schuldig gemacht.

II. Amtsanmaßung, § 132 Var. 1 StGB

1339 A könnte sich einer Amtsanmaßung gem. § 132 StGB schuldig gemacht haben, indem er sich unter Legitimation des von X geliehenen Dienstausweises der O als Hauptkommissar vorstellte und behauptete, es seien gefälschte Geldscheine in Umlauf und so die Herausgabe von 2.000 EUR erreichte. Auch hier kommt Var. 1 in Betracht.

1. Objektiver Tatbestand

1340 A müsste sich unbefugt mit der Ausübung eines öffentlichen Amtes befasst haben.

1341 **a)** Dadurch, dass A der O den Dienstausweis gezeigt und sich ihr gegenüber als »Hauptkommissar« ausgegeben hat, hat er sich ausdrücklich als Inhaber eines öffentlichen Amtes ausgegeben.

1342 **b)** Mit der »Beschlagnahme« der 2.000 EUR hat A auch eine in dem Tätigkeitsbereich von Hauptkommissaren liegende Handlung vorgenommen.

1343 **c)** Da A hierzu die öffentlich-rechtliche Befugnis fehlte, handelte er auch unbefugt.

2. Subjektiver Tatbestand, Rechtswidrigkeit und Schuld

1344 A handelte vorsätzlich, rechtswidrig und schuldhaft.

3. Ergebnis

1345 A hat sich einer Amtsanmaßung gem. § 132 Var. 1 StGB schuldig gemacht. § 132 Var. 2 StGB tritt nach hM als lex generalis zurück.[34]

III. Missbrauch von Titeln, Berufsbezeichnungen und Abzeichen, § 132a I Nr. 1 StGB

1346 Eine Strafbarkeit gem. § 132a I Nr. 1 StGB scheidet aus; es gilt das oben (→ Rn. 1239) Gesagte entsprechend.

IV. Konkurrenzen und Ergebnis zur Strafbarkeit des A im 4. Tatkomplex

1347 Im 4. Tatkomplex ist A strafbar gem. §§ 132 Var. 1, 242 I, 52 StGB.

---

34 Schönke/Schröder/*Sternberg-Lieben* § 132 Rn. 2.

5. Tatkomplex: Die Kontrolle durch K und die Festnahme des A

I. Amtsanmaßung, § 132 Var. 1 StGB

Eine Strafbarkeit gem. § 132 StGB scheitert aus denselben Gründen wie im 1. Tatkomplex. 1348

II. Missbrauch von Titeln, Berufsbezeichnungen und Abzeichen, § 132a I Nr. 1 StGB

Eine Strafbarkeit gem. § 132a I Nr. 1 StGB scheidet auch hier aus. 1349

Hinweis: Hier müssen die Bearbeiter zum selben Ergebnis kommen wie im 1. und 4. Tatkomplex. 1350

III. Ergebnis zur Strafbarkeit des A im 5. Tatkomplex

A bleibt straflos. 1351

Gesamtergebnis zur Strafbarkeit des A

A ist insgesamt strafbar gem. §§ 223 I; 113 I Var. 1, 223 I, 52; 242 I, 132 Var. 1, 52; 53 StGB. 1352

Fall 11: Ärger bei eBay

1353 V ist »silberner Powerseller« bei eBay. Über sog. »Internet-Auktionen« tätigt er jeden Monat durchschnittlich 1.000 Verkäufe. Dabei geht er gemäß den Vorgaben von eBay so vor, dass er den betreffenden Artikel zu einem Mindestgebot ins Internet stellt und die Laufzeit der Auktion festlegt. Interessenten haben nun die Möglichkeit, innerhalb dieses Zeitraumes Gebote zum Kauf des betreffenden Artikels abzugeben. V behält sich ausdrücklich vor, gegen sogenannte »Spaßbieter« gerichtlich vorzugehen. Nachdem die Frist abgelaufen ist, erhält derjenige, der das Höchstgebot abgegeben hat, per automatisierter E-Mail von eBay die zuvor autorisierten Kontodaten des V. Sobald bei diesem das Geld eingegangen ist, erfolgt die Versendung der Ware.

1354 Am 7.8.2005 »ersteigert« K bei V einen von Joseph Ratzinger getragenen Schlafanzug zum Preis von 1.446,80 EUR. Nachdem K noch am selben Tag die Kontodaten des V elektronisch zugänglich gemacht worden sind, widerruft er seinen »irrationalen Kauf« form- und fristgerecht. V ist der Ansicht, dass K »wegen des EU-Rechts« keine Widerrufsmöglichkeit zustehe und fordert K nachdrücklich auf, das Geld zu überweisen. K zahlt nicht.

1355 Nachdem auch nach geraumer Zeit das Geld bei V noch nicht eingegangen ist, erforscht dieser Name und Adresse des K. Als er auf diese Weise erfährt, dass K nur 50 Kilometer von ihm entfernt wohnt, beschließt er, sich das Geld selbst zu verschaffen. An einem späten Novemberabend begibt er sich daher auf den Weg zu K. Nachdem ihm auf sein Klingeln hin nicht geöffnet wird, verschafft er sich durch das Kellerfenster Zugang zu dem einsam gelegenen Einfamilienhaus. Obwohl er davon ausgeht, nur einen Anspruch auf 1.446,80 EUR zu haben, hat er vor, 2.000 EUR »mitgehen« zu lassen, damit K die Verbindung zu ihm nicht ziehen kann. Obwohl er fest damit rechnet, kann er im ganzen Haus kein Bargeld finden. In der unverschlossenen Schreibtischschublade im Arbeitszimmer stößt er jedoch auf die EC-Karte des K und einen Zettel, auf dem notiert ist: Tel. Karola: 1805. Da V zutreffend erkennt, dass es sich bei der Nummer 1805 um die PIN der EC-Karte handelt, nimmt er die Karte an sich und verlässt das Haus.

1356 Erfreut über seinen Fund betritt V die nächste Sparkasse, gibt EC-Karte und PIN ein und will nunmehr 2.000 EUR abheben. Nachdem V sämtliche Eingaben bestätigt hat, zeigt der Geldautomat die Meldung »Heute ist leider keine Verfügung in dieser Höhe mehr möglich« an. Obwohl V es – unzutreffend – für möglich hält, dass die Auszahlung von 500 EUR noch erfolgen könnte, bekommt er ein schlechtes Gewissen und beschließt daher, die Beitreibung des Geldes doch lieber auf dem Rechtswege zu versuchen. Er begibt sich daher nochmals in das Haus des K, legt wie von vornherein beabsichtigt die Karte an ihren Platz zurück und tritt den Heimweg an.

1357 In der Woche darauf erhebt V Klage auf Zahlung des Kaufpreises für den Schlafanzug durch K aus § 433 II BGB.

1358 **Aufgabe: Beurteilen Sie die Strafbarkeit des V.**

Anmerkungen: Die wesentlichen Probleme des Falles sind: **1.**: Zueignungsabsicht bei missbräuchlicher Verwendung einer EC-Karte; **2.**: Rechtswidrigkeit der beabsichtigten Zueignung bei Vertragsschluss im Internet und Bargeldabhebung; **3.**: Unbefugtheit bei § 263a StGB; **4.**: Irrtum über die Person des Geschädigten; **5.**: »hinkender« Fehlschlag des Versuchs und Rücktritt. 1359

Literaturhinweise: zu 1.: *Stein* JuS 1990, 914; *Wessels/Hillenkamp* StrafR BT II Rn. 166; **zu 2.**: SK-StGB/*Hoyer* § 242 Rn. 98 ff.; BGH JZ 2005, 464; *Eser* StrafR IV Fall 4 (39 ff.); BGHSt 35, 152; **zu 3.**: *Kraatz* Jura 2010, 36 (41 ff.); **zu 5.**: *Bergmann* ZStW 100 (1998), 329. 1360

A. Gliederung

A. Strafbarkeit des V

I. Vollendeter Diebstahl wegen der Mitnahme der EC-Karte, § 242 I StGB (-)

II. Vollendete Urkundenunterdrückung, § 274 I Nr. 1 und Nr. 2 StGB (-)

III. Datenveränderung, § 303a StGB (+)

IV. Ausspähen von Daten, § 202a I StGB (-)

V. Versuchter Diebstahl durch das Suchen nach Geld, §§ 242 I, II, 22, 23 I StGB (+)

VI. Versuchter Diebstahl durch die misslungene Abhebung der 2.000 EUR, §§ 242 I, II, 22, 23 I StGB (-)

VII. Versuchter Betrug durch die misslungene Abhebung der 2.000 EUR, §§ 263 I, II, 22, 23 I StGB (-)

VIII. Versuchter Automatenmissbrauch durch die misslungene Abhebung der 2.000 EUR, §§ 265a I, II, 22, 23 I StGB (-)

IX. Missbrauch von Scheck- und Kreditkarten, § 266b StGB (-)

X. Missbrauch von Ausweispapieren, § 281 StGB (-)

XI. Versuchter Computerbetrug durch die misslungene Abhebung der 2.000 EUR, § 263a I, II iVm §§ 263 II, 22, 23 I StGB (+)

XII. Versuchte Unterschlagung, §§ 246 I, III, 22, 23 I StGB (-)

XIII. Hausfriedensbruch, § 123 I Var. 1 StGB (+)

B. Gesamtergebnis

B. Lösung

A. Strafbarkeit des V

I. Vollendeter Diebstahl wegen der Mitnahme der EC-Karte, § 242 I StGB

V könnte sich wegen vollendeten Diebstahls gem. § 242 I StGB strafbar gemacht haben, indem er die EC-Karte des K aus dessen Haus mitnahm. Hierzu müsste er eine fremde bewegliche Sache einem anderen in der Absicht weggenommen haben, sie sich rechtswidrig zuzueignen. 1361

1. Objektiver Tatbestand

a) Bei der EC-Karte des K handelt es sich um eine für V fremde, bewegliche Sache. 1362

Hinweis: Auch wenn die Karte im Eigentum der Bank stünde, wäre sie für V fremd.[1] 1363

b) Durch die Mitnahme der Karte müsste V diese iSd Diebstahlstatbestandes weggenommen haben. Wegnahme ist Bruch fremden und Begründung neuen Gewahrsams. 1364

Hinweis: Zur Definition der Wegnahme vgl. bereits Fall 10 → Rn. 1329 ff. 1365

Dazu müsste zunächst der zum Zeitpunkt der Tat in der Wohnung nicht anwesende K Gewahrsam an der EC-Karte gehabt haben. 1366

Was unter Gewahrsam zu verstehen ist, ist umstritten. Während die hL von einem eher faktischen Gewahrsamsbegriff ausgeht,[2] definiert ein anderer Teil der Literatur und auch die Rechtsprechung des BGH den Gewahrsamsbegriff unter sozial-normativen Gesichtspunkten[3]. Das bedeutet, dass man einerseits Gewahrsam verstehen kann als das von einem Herrschaftswillen getragene, in Umfang und Grenzen nach den Anschauungen des betreffenden Lebenskreises geformte Herrschaftsverhältnis eines Menschen über eine Sache.[4] Oder man betont (noch) stärker die sozial-normative Komponente und stellt damit allein auf die sozial-normative Zuordnung einer Sache zur Herrschaftssphäre einer Person ab.[5] In Schwierigkeiten gerät ein faktischer Gewahrsamsbegriff schon in Fällen wie dem vorliegenden, weil der abwesende Wohnungsinhaber auf Gegenstände, die sich in seiner Wohnung befinden, aktuell gerade nicht zugreifen kann, er also in Wahrheit eine faktische Herrschaft nicht ausübt. Es erscheint wenig konsequent[6], wenn die hM in diesen Fällen weithin nunmehr die bloße Möglichkeit zur Ausübung der Sachherrschaft genügen lässt.[7] Auch wenn es daher überzeugender ist, nicht mit einer Fiktion tatsächlicher Zugriffsmöglichkeit 1367

1 Vgl. BGH NJW 2001, 1508 m. zust. Anm. *Wohlers* NStZ 2001, 539.
2 *Lackner/Kühl* § 242 Rn. 8 ff.; *Mitsch* StrafR BT II/1 § 1 Rn. 40 ff.; *Rengier* StrafR BT I § 2 Rn. 11, 13.
3 SK-StGB/*Samson*, 4. Aufl. 1990, § 242 Rn. 20 ff.; *Welzel* GA 1960, 257 (264); *Wessels/Hillenkamp* StrafR BT II Rn. 82; BGHSt 16, 271 (273).
4 *Maurach/Schroeder/Maiwald* StrafR BT I § 33 II. B. 1. Rn. 12; ähnlich Schönke/Schröder/*Eser* § 242 Rn. 25; *Mitsch* StrafR BT II/1 § 1 Rn. 39 ff.
5 Im Anschluss an *Welzel* GA 1960, 257.
6 Vgl. *Wessels/Hillenkamp* StrafR BT II Rn. 82.
7 Vgl. noch RNPW/*Rotsch* Klausur im 1. Staatsexamen 350 in Fn. 4.

zu arbeiten,[8] sondern das für den Gewahrsam erforderliche Herrschaftsverhältnis aus der sozial-normativen Zuordnung der Sache zur Herrschaftssphäre einer Person herzuleiten, hat der Meinungsstreit vorliegend keine Auswirkungen. Denn während der modifizierte faktische Gewahrsamsbegriff die Möglichkeit des Zugriffs des K bejaht, leitet die Gegenansicht den Gewahrsam des K aus dem Begriff unmittelbar her, weil die Verkehrsauffassung die Wohnung als Gewahrsamssphäre des Wohnungsinhabers begreift und den Zugriff Dritter auf die dort befindlichen Sachen als rechtfertigungsbedürftige Störung dieser – sozial-normativen – Zuordnung begreift.[9]

1368 **Hinweis:** Vgl. zu weiteren Schwierigkeiten eines faktischen Gewahrsamsbegriffs noch Fall 13 → Rn. 1723.

1369 Trotz der Abwesenheit des K hatte dieser daher Gewahrsam an der EC-Karte. Mit der Mitnahme der Karte hat V diesen fremden Gewahrsam gebrochen und neuen – eigenen – Gewahrsam begründet.

1370 V hat die Karte weggenommen.

2. Subjektiver Tatbestand

1371 **a)** V handelte vorsätzlich.

1372 **b)** V müsste darüber hinaus in der Absicht rechtswidriger Zueignung gehandelt haben. Das setzt voraus, dass er mit dolus directus 1. Grades bezüglich einer mindestens vorübergehenden Aneignung und mit mindestens dolus eventualis hinsichtlich der dauernden Enteignung des K gehandelt hat.

1373 **Hinweis:** Hier werden immer wieder Fehler gemacht. Es kommt darauf an, dass der Täter die dauernde Enteignung mindestens als Möglichkeit erkannt und billigend in Kauf genommen hat; handelt der Täter mit mehr als dolus eventualis, liegt der Enteignungsvorsatz *erst recht* vor. Bezüglich einer als mindestens vorübergehend gewollten Aneignung ist dolus directus 1. Grades vorausgesetzt. Dieses Element der Zueignungsabsicht beschreibt die eigentliche Motivation des typischen Diebes. Diesem kommt es eben nicht auf die Enteignung des Opfers an, sondern darauf, dass er in Zukunft mit der Sache – zumindest für eine Zeit – wie der Eigentümer umgehen kann. Damit wird auch deutlich, dass der Begriff der Zueignungsabsicht ungenau ist, da Zueignung die Ent- und Aneignung umfasst, das Absichtsmerkmal sich aber nur auf die Aneignung beziehen muss. Vgl. bereits Fall 5 → Rn. 700.

1374 **aa)** Allerdings beabsichtigte V von vornherein, die EC-Karte nach Benutzung zurückzulegen. Da ihm somit aber klar war, dass er K nicht dauernd enteignen wollte, handelte er nach der Substanztheorie insoweit auch nicht wenigstens mit dolus eventualis.[10] Aber auch nach der Sachwerttheorie kommt man zu keinem anderen Ergebnis. Denn die Karte sollte nach dem Willen des V ohne Wertminderung und ohne Eigentumsleugnung an den Berechtigten K zurückgelangen. Anders als ein Sparbuch, das über seinen stofflichen Substanzwert hinaus einen wirtschaftlichen Wert verkörpert, um den der Berechtigte enteignet werden kann – das auf dem betreffenden Konto befindliche Guthaben –, stellt eine Geldautomatenkarte letztlich nur einen Schlüssel dar, der die tatsächliche Möglichkeit eröffnet, über das betreffende Konto zu

8 So zu Recht *Wessels/Hillenkamp* StrafR BT II Rn. 83.
9 SK-StGB/*Samson*, 4. Aufl. 1990, § 242 Rn. 20.
10 Vgl. *Wessels/Hillenkamp* StrafR BT II Rn. 144.

verfügen. Durch eine missbräuchliche Verwendung erleidet die Karte keine Werteinbuße. Da V dies bewusst war, handelte er also auch auf dem Boden dieser Ansicht nicht mit bedingtem Vorsatz hinsichtlich einer dauernden Enteignung.[11]

bb) Dass auch – was freilich kaum diskutiert wird – die Aneignungsabsicht äußerst problematisch ist, weil V möglicherweise geglaubt hat, die Bank – und nicht V – sei Eigentümerin der Karte, und sich dementsprechend vorstellte, die Karte nur als Fremdbesitzer zu benutzen, muss daher nicht mehr erörtert werden.[12] **1375**

Hinweis: Grundsätzlich ist es durchaus statthaft, zur Unterfütterung des gefundenen Ergebnisses ein zusätzliches (Hilfs-)Argument anzuführen, vgl. bereits Fall 7 → Rn. 928. Das gilt aber nur dann, wenn man sich ganz sicher ist, dass das zusätzliche Argument auch tatsächlich zu demselben Ergebnis wie das Hauptargument führt und es sich außerdem auch aus dem mitgeteilten Sachverhalt eindeutig herleiten lässt. An Letzterem fehlt es hier, weshalb man den Gesichtspunkt auch gänzlich unerwähnt lassen kann. **1376**

3. Ergebnis

Da V die fremde bewegliche Sache ohne die erforderliche Zueignungsabsicht weggenommen hat, scheidet ein vollendeter Diebstahl gem. § 242 I StGB aus. **1377**

Hinweis: Aus demselben Grund kommt auch ein – gem. § 242 II StGB grundsätzlich möglicher – versuchter Diebstahl nicht in Frage. **1378**

Hinweis: Es liegt lediglich eine – straflose – Gebrauchsanmaßung vor. **1379**

II. Vollendete Urkundenunterdrückung, § 274 I Nr. 1 und Nr. 2 StGB

Durch das Ansichnehmen der EC-Karte könnte V eine Urkundenunterdrückung gem. § 274 I Nr. 1 und Nr. 2 StGB begangen haben. **1380**

1. Objektiver Tatbestand

a) Bei der EC-Karte des K handelt es sich um eine Urkunde, die V überhaupt nicht gehört (§ 274 I Nr. 1 StGB); auf ihrer Rückseite (im Magnetstreifen) sind beweiserhebliche Daten iSd § 202a II StGB gespeichert, über die V nicht verfügen darf (§ 274 I Nr. 2 StGB). **1381**

b) Indem V dem K die Benutzung der Karte als Beweismittel entzogen hat, hat er Urkunde und Daten unterdrückt. Dass dies für eine nur vorübergehende Zeit geschah, ist für das Merkmal des Unterdrückens irrelevant.[13] **1382**

2. Subjektiver Tatbestand

a) V handelte vorsätzlich, insbesondere war ihm – in laienhafter Parallelwertung – die Urkundeneigenschaft der EC-Karte bewusst. **1383**

11 Siehe zum Ganzen *Wessels/Hillenkamp* StrafR BT II Rn. 142 ff.
12 Es fehlte dann am »Se-ut-dominum-gerere«, vgl. *Stein* JuS 1990, 914 (916 in Fn. 8).
13 Vgl. Schönke/Schröder/*Cramer/Heine* § 274 Rn. 10.

1384 **b)** Es fehlt aber an der Nachteilszufügungsabsicht. Unter Nachteil ist jede Beeinträchtigung fremder Rechte zu verstehen; diese müssen nicht notwendig vermögensrechtlicher Natur sein.[14] Unter Absicht iSd § 274 StGB versteht die hM direkten Vorsatz (dolus directus 2. Grades).[15] Wer aber – wie V – eine EC-Karte von vornherein nur zum Zwecke des Geldabhebens an sich nimmt und davon ausgeht, dass in dieser kurzen Zeit der Berechtigte auf die Karte nicht zugreifen kann und will (etwa weil er – wie K – nicht zu Hause ist), der geht sicher davon aus, dass der Berechtigte in der Zeit, in der ihm die Karte entzogen wird, diese auch nicht benötigt. Damit kann aber V nicht sicher wissen, dass K durch die Ansichnahme der Karte der in § 274 StGB vorausgesetzte Nachteil entsteht.[16]

3. Ergebnis

1385 Mangels Nachteilszufügungsabsicht scheidet vollendete Urkundenunterdrückung gem. § 274 I Nr. 1 und Nr. 2 StGB aus.

1386 **Hinweis:** Aus demselben Grund kommt auch eine – gem. § 274 II StGB grundsätzlich mögliche – versuchte Urkundenunterdrückung nicht in Frage.

III. Datenveränderung, § 303a StGB

1387 Durch die Ansichnahme der EC-Karte hat V jedoch rechtswidrig[17] – nämlich ohne Einverständnis des K – Daten iSd § 202a II StGB gem. § 303a StGB unterdrückt. Dass die Karte K nur vorübergehend entzogen wurde, ändert hieran nichts. Er hat sich daher einer Datenveränderung gem. § 303a StGB schuldig gemacht.

1388 **Hinweis:** Dieser Auffassung ist zumindest die ganz hM.[18] In der Literatur wird zT eine teleologische Reduktion deshalb erwogen, weil die Daten ohne Aufwand rekonstruierbar seien.[19] Wer dies sieht, kann § 303a StGB gut ablehnen.

IV. Ausspähen von Daten, § 202a I StGB

1389 V könnte sich darüber hinaus wegen Ausspähens von Daten gem. § 202a I StGB strafbar gemacht haben, indem er die EC-Karte des K aus dessen Haus mitnahm.

1. Objektiver Tatbestand

1390 **a)** In dem Magnetstreifen auf der Rückseite der EC-Karte sind Daten iSd § 202a II StGB gespeichert.

1391 **b)** Diese Daten sind nicht für V bestimmt.

1392 **c)** Fraglich ist, ob die Daten gegen unberechtigten Zugang besonders gesichert sind. Ob die Verschlüsselung der Kontodaten eine besondere Zugangssicherung iSd Vor-

---

14 RGSt 22, 283 (285); 55, 74 (76).
15 Schönke/Schröder/*Cramer/Heine* § 274 Rn. 15.
16 Vgl. Schönke/Schröder/*Cramer/Heine* § 274 Rn. 10.
17 Zum Streit um die Einordnung des Merkmals der Rechtswidrigkeit siehe Schönke/Schröder/*Stree/Hecker* § 303a Rn. 10.
18 Vgl. Schönke/Schröder/*Stree/Hecker* § 303a Rn. 6; LK/*Wolff* § 303a Rn. 24.
19 IdS etwa *Stein* JuS 1990, 914 (916).

schrift darstellt, ist zweifelhaft, weil der Gesetzgeber die bloße Überwindung der Zugangssicherung (sog. »Hacking«) bewusst straflos gelassen hat. Da es im Hinblick auf diese bewusste Entscheidung des Gesetzgebers zu einem Wertungswiderspruch führen würde, das Sich-Verschaffen des Datenträgers mit der auf ihm angebrachten Zusatzsicherung als tatbestandsmäßigen Verschaffungsakt anzusehen, ist der Meinung der Vorzug zu geben, die das vorliegend in Frage stehende Verhalten als nicht tatbestandsmäßig ansieht.[20]

2. Ergebnis

Da die auf der EC-Karte gespeicherten Daten nicht gegen unberechtigten Zugang **1393** besonders gesichert sind, handelt es sich um ein untaugliches Tatmittel. V kann sich nicht wegen Ausspähens von Daten gem. § 202a I StGB strafbar gemacht haben.

Hinweis: Der Versuch ist im Umkehrschluss aus § 23 I StGB nicht strafbar, weil es sich bei § 202a **1394** StGB weder um ein Verbrechen iSd § 12 I StGB handelt noch die Versuchsstrafbarkeit speziell gesetzlich angeordnet ist.

V. Versuchter Diebstahl durch das Suchen nach Geld, §§ 242 I, II, 22, 23 I StGB

V könnte sich aber eines versuchten Diebstahls gem. §§ 242 I, II, 22, 23 I StGB schul- **1395** dig gemacht haben, indem er im Haus des K nach Geld suchte. Die Tat ist nicht vollendet, da V kein Geld gefunden hat, der Versuch ist strafbar, vgl. § 242 II StGB.

1. Tatentschluss

a) V wollte K gehörendes Geld und damit fremde bewegliche Sachen wegnehmen. **1396**

b) Äußerst problematisch ist nun aber, ob V auch in der Absicht rechtswidriger Zu- **1397** eignung handelte.

Hinweis: Vorsicht! Die sog. »Zueignungsabsicht« ist subjektives Tatbestandsmerkmal. Steht – wie **1398** hier – eine Versuchsstrafbarkeit im Raum, ist ihr Vorliegen nach dem Vorsatz im Tatentschluss zu prüfen. Das bedeutet nun aber nicht – wie man in Klausuren immer wieder einmal liest –, dass der Vorsatz des Täters sich auf die Zueignungsabsicht beziehen müsse. Wie stets lassen sich solche Fehler vermeiden, wenn man den gutachterlichen Prüfungsaufbau nicht nur auswendig zu lernen, sondern auch zu verstehen versucht: Beim Versuch liegt der subjektive Tatbestand vollständig, der objektive jedoch nur teilweise vor.[21] Der subjektive Tatbestand beim Versuch *ist* der Tatentschluss, er enthält also sämtliche subjektiven Tatbestandsmerkmale. Wird neben dem Vorsatz – wie im Rahmen des § 242 StGB – eine Absicht als überschießende Innentendenz vorausgesetzt, so ist diese insoweit Teil des Tatentschlusses, als sie *neben* dem Vorsatz im Übrigen vorliegen muss.

aa) V handelte mindestens mit bedingtem Vorsatz hinsichtlich einer dauernden Ent- **1399** eignung und mit dolus directus 1. Grades bezüglich einer mindestens vorübergehenden Aneignung.

---

20 Vgl. *Frommel* JuS 1987, 667 (668).

21 Im Übrigen muss es im objektiven Tatbestand nicht notwendig am Eintritt des Erfolges fehlen. Auch wenn dies sicher der häufigste Fall ist, kann es etwa auch an der objektiven Zurechnung fehlen – was freilich eine Versuchsstrafbarkeit ebenfalls nicht ausschließt.

1400 **Hinweis:** Beachte den Hinweis → Rn. 1371.

1401 **bb)** V müsste aber darüber hinaus vorsätzlich hinsichtlich der objektiven Rechtswidrigkeit der Zueignung gehandelt haben. Damit ist zunächst zu klären, ob die von V erstrebte Zueignung objektiv rechtswidrig war.

1402 **Hinweis:** Nach hA handelt es sich bei der Rechtswidrigkeit der beabsichtigten Zueignung um ein normatives – objektives – Tatbestandsmerkmal.[22] Dieses wird im subjektiven Tatbestand geprüft!

1403 Daran fehlt es, wenn dem Täter ein allgemeiner Rechtfertigungsgrund zusteht oder er einen fälligen und einredefreien Anspruch besitzt.[23] Erst wenn diese Frage geklärt ist, kann anschließend danach gefragt werden, inwieweit der Vorsatz des V sich auf diese objektive Rechtswidrigkeit der Zueignung bezieht und die Bedeutung eines möglichen Irrtums des V beurteilt werden.

1404 **Hinweis:** Bei dem letzten Satz handelt es sich strenggenommen nicht um eine das Gutachten weiterführende Aussage. Sie scheint hier aber zulässig, um dem Leser deutlich zu machen, dass man das Problem verstanden hat.

1405 **(1)** Ein allgemeiner Rechtfertigungsgrund besteht nicht. Insbesondere liegen die Voraussetzungen des § 229 BGB nicht vor, da V sehr wohl obrigkeitliche Hilfe in Anspruch hätte nehmen können und auch nicht ohne sofortiges Eingreifen die Gefahr bestand, dass die Verwirklichung des Anspruchs vereitelt oder wesentlich erschwert werde. Im Übrigen geht jedenfalls der BGH davon aus, dass Selbsthilfe nur zur Sicherung, nicht aber zur endgültigen Befriedigung eines Gattungsanspruchs zulässig ist.[24]

1406 **(2)** Fraglich ist also, ob V einen Anspruch auf die 2.000 EUR hat, die er mitnehmen wollte.

1407 **(a)** Das ist zunächst unproblematisch hinsichtlich der Summe zu verneinen, die die Differenz zwischen dem Kaufpreis des Schlafanzuges und der von V ins Auge gefassten Summe von 2.000 EUR ausmacht. Bezüglich dieser 553,20 EUR stand V kein Anspruch zu.

1408 **(b)** Nicht einfach zu beantworten ist hingegen die Frage, ob V ein Anspruch in Höhe des Kaufpreises zustand.

1409 **Hinweis:** Diese Frage muss im Gutachten geklärt werden. Zwar ließe sich im Hinblick auf die bereits festgestellte objektive Rechtswidrigkeit der erstrebten Zueignung und einen insoweit nicht bestehenden Irrtum des V argumentieren, damit seien die Voraussetzungen einer Strafbarkeit gem. § 242 I StGB bereits gegeben. Dabei würde jedoch verkannt, dass die Frage, auf welche Höhe der Geldsumme die Vorstellung des V gerichtet war, entscheidend für die richterliche Strafzumessung sein kann. Dagegen lässt sich nicht einwenden, der Student müsse – was richtig ist – im Gutachten keine Ausführungen zur Strafzumessung machen. Denn das Gutachten stellt die Grundlage der richterlichen Strafzumessung dar. Die Frage nach der Höhe der vom Täter erstrebten Zueignung muss daher beantwortet werden. Wer dies übersieht, schneidet sich das schwierigste Problem des Falles ab.

---

22 Vgl. SK-StGB/*Hoyer* § 242 Rn. 96 mwN.
23 SK-StGB/*Hoyer* § 242 Rn. 98 ff., 102 ff.
24 Vgl. BGH JuS 2011, 940 f. m. Anm. *Hecker*.

(aa) V könnte einen Anspruch gem. § 433 II BGB haben. Ein solcher Anspruch besteht jedoch dann nicht, wenn K seine auf den Abschluss eines Kaufvertrages gerichtete Willenserklärung wirksam widerrufen hat. 1410

(α) Es kommt ein Widerruf gem. §§ 312d I, 355 BGB in Frage. § 355 BGB regelt das Widerrufsrecht bei Verbraucherverträgen. Gem. § 312d I BGB kommt ein solches Widerrufsrecht in Betracht, sofern es sich bei dem zwischen den Parteien geschlossenen Vertrag um einen Fernabsatzvertrag handelt. Gem. § 312b I 1 BGB sind Fernabsatzverträge unter anderem Verträge über die Lieferung von Waren, die zwischen einem Unternehmer und einem Verbraucher unter ausschließlicher Verwendung von Fernkommunikationsmitteln abgeschlossen werden. Da der Vertrag über den Kauf des Schlafanzuges zwischen dem Unternehmer V – V ist silberner Powerseller und tätigt im Monat durchschnittlich 1.000 Verkäufe[25] – und dem Verbraucher K ausschließlich unter Verwendung des Internets abgeschlossen worden ist, liegt ein Fernabsatzvertrag vor, vgl. § 312b II BGB. 1411

(β) Möglicherweise entfällt das Widerrufsrecht jedoch gem. § 312d IV Nr. 5 BGB. Dann müsste der Fernabsatzvertrag zwischen V und K in der Form einer Versteigerung gem. § 156 BGB geschlossen worden sein. Gem. § 156 S. 1 BGB kommt der Vertrag bei einer Versteigerung erst durch den Zuschlag zustande. Stellte die Internet-Auktion des V daher eine Versteigerung dar, bestünde ein Widerrufsrecht des K nicht. V hätte dann einen Anspruch gegen K auf Zahlung des Kaufpreises für den Schlafanzug gem. § 433 II BGB. Der BGH hat zu der Frage, ob es sich bei Internet-Auktionen wie derjenigen von eBay um Versteigerungen iSd § 156 BGB handelt, in seiner grundlegenden Entscheidung vom 3.11.2004 Stellung bezogen und überzeugend den Ausschluss eines Widerrufsrechts gem. § 312d IV Nr. 5 BGB verneint.[26] 1412

Die Argumentation des BGH erfolgt in dreierlei Hinsicht. Zum einen stellen die Richter klar, dass es in Fällen wie dem vorliegenden an einem Zuschlag fehlt. Der Zuschlag ist die Willenserklärung des Auktionators, mit der dieser das Gebot eines Bieters annimmt.[27] Der bei einer Internet-Auktion geschlossene Kaufvertrag der Parteien komme aber nicht nach § 156 BGB durch den Zuschlag eines Auktionators, sondern durch Willenserklärungen – Angebot und Annahme – der Parteien gem. §§ 145 ff. BGB zustande.[28] Auch ein »Zuschlag durch Zeitablauf« komme nicht in Frage. Mit der Festlegung der Laufzeit habe der Verkäufer vielmehr gem. § 148 BGB eine Frist zur Annahme seines Angebotes durch den Meistbietenden bestimmt. Die vertragliche Bindung der Parteien beruhe nicht auf dem Ablauf dieser Frist, sondern auf ihren – innerhalb der Laufzeit der Auktion wirksam abgegebenen – Willenserklärungen. Der bei der Internet-Auktion geschlossene Vertrag komme daher durch die Abgabe des Höchstgebotes, mit dem der Käufer das befristete Angebot des Verkäufers annehme, zustande. Dass das Angebot des Verkäufers an den Meistbietenden gerichtet sei und damit erst nach Auktionsende feststehe, wer als Meistbietender Ver- 1413

25 Zu den Voraussetzungen der Unternehmereigenschaft (§ 14 BGB) – Nachhaltigkeit und Dauerhaftigkeit der Betätigung, nicht nur gelegentlicher Verkauf von Privat an Privat – vgl. *Mankowski* JZ 2005, 444 (451) mwN.

26 BGH JZ 2005, 464 m. abl. Anm. *Mankowski* JZ 2005, 444.

27 BGHZ 138, 339 (342).

28 BGH JZ 2005, 464.

tragspartner des Verkäufers geworden sei, berühre die Wirksamkeit des Angebotes nicht.[29]

1414 Auf seiner zweiten Argumentationsschiene schließt der BGH eine Erweiterung des Ausschlusses des Widerrufsrechts nach § 312d IV Nr. 5 BGB auf andere – von der dispositiven Vorschrift des § 156 BGB abweichende – Formen des Vertragsschlusses im Rahmen einer Versteigerung aus. Dies begründet er schulmäßig mit dem Wortlaut des § 312d IV Nr. 5 BGB, seiner systematischen Stellung und dem Telos der Norm.[30]

1415 Auf der dritten Argumentationsebene schließlich lehnen die Richter eine analoge Anwendung des § 312d IV Nr. 5 BGB auf Internet-Versteigerungen der vorliegenden Art ab.[31] Hierfür fehle es an einer planwidrigen Regelungslücke. Wie aus den Materialien zum Fernabsatzgesetz ersichtlich sei, habe der Gesetzgeber den Abschluss von Fernabsatzverträgen bei Internet-Auktionen gesehen und dafür bewusst eine Regelung getroffen, die lediglich solche Verträge von dem gesetzlichen Widerrufsrecht des Verbrauchers ausnehme, die durch Gebot und Zuschlag gem. § 156 BGB zustande kämen.[32]

1416 Nach zutreffender Ansicht ist daher das Widerrufsrecht des K gem. § 312d BGB nicht nach § 312d IV Nr. 5 BGB ausgeschlossen.

1417 (γ) Dieses Widerrufsrecht hat K auch wirksam ausgeübt (vgl. → Rn. 1354).

1418 **(bb)** Der Anspruch des V gem. § 433 II BGB auf Zahlung des Kaufpreises für den Schlafanzug besteht nicht.

1419 **Hinweis:** AA mit entsprechender Argumentation natürlich gut vertretbar.[33]

1420 (c) Möglicherweise hatte V darüber hinaus jedenfalls keinen Anspruch auf gerade das konkrete Geld, das der Geldautomat hätte ausgeben sollen. Nach hM bestimmt sich die Rechtswidrigkeit der Zueignung allein danach, ob der Täter einen materiell rechtmäßigen Endzustand herbeiführen will; ob er sich hierbei unerlaubter Mittel bedient, ist irrelevant.[34] Allerdings stellt sich die Frage, ob man diese bei dinglichen Herausgabeansprüchen anerkannten Grundsätze auf schuldrechtliche Übereignungsansprüche auf Geld übertragen kann. Die hM geht davon aus, dass die Rechtswidrigkeit der Zueignung zu verneinen ist, wenn der Täter einen Übereignungsanspruch durchsetzen will, der sich gerade auf die weggenommene Sache konkretisiert (sog. Stückschuld), der Schuldner also ohnehin keinerlei Auswahl- oder Dispositionsbefugnis mehr hat. Denn in diesem Fall will der Täter »den von der Rechtsordnung gewollten Zustand« herbeiführen.[35] Bei Gattungsschulden hingegen geht die hL davon aus, dass ihre Zueignung grundsätzlich rechtswidrig ist, denn hier hat der Schuldner noch eine materiell-rechtliche Auswahlbefugnis. Da Geldansprüche nicht auf bestimmte Geldscheine fixiert sind, wird dem entsprechend auch die Geldschuld als Gattungsschuld behandelt. Der BGH hat sich dieser Auffassung in dem bekannten »Moos-raus-Fall« angeschlossen und kommt daher konsequent zur objektiven Rechts-

29 BGH JZ 2005, 464 f.; vgl. auch bereits BGHZ 149, 129 (135).
30 Vgl. ausführlich BGH JZ 2005, 464 (465 f.).
31 BGH JZ 2005, 464 (466 f.).
32 BGH JZ 2005, 464 (466 f.).
33 Vgl. zum Ganzen (und im Sinne der Gegenmeinung) *Mankowski* JZ 2005, 444.
34 *Eser* StrafR IV 40 A 21.
35 Vgl. nur *Eser* StrafR IV 40 A 21.

widrigkeit der Zueignung:[36] Nehme der Täter als Gläubiger einer auf Geld, also einer Gattungsschuld, gerichteten Forderung irgendwelche Geldscheine zur Befriedigung seines Anspruchs weg, verletze er die Eigentumsordnung. Denn die Befugnis, aus der Gattung die zur Erfüllung der Schuld erforderlichen bestimmten Sachen (hier die einzelnen Geldscheine) auszuwählen und zu leisten, stehe nur dem Schuldner zu, vgl. § 243 BGB.[37]

Hinweis: Hier kommt noch hinzu, dass das Geld gar nicht im Eigentum des Schuldners K, sondern im 1421
Eigentum der Bank steht.[38]

Von einem Teil der Literatur wird dem entgegengehalten, Geld- könnten mit Gat- 1422
tungsschulden deshalb nicht gleichgestellt werden, weil es bei Geld weniger um Stück oder Gattung, sondern um Schuldung einer Wertsumme gehe. Bei eigenmächtiger Realisierung einer solchen »Wertsummenschuld« werde dem Geldschuldner im Grunde nichts weggenommen, was zu behalten er im Ergebnis vernünftigerweise weder wollen noch legitimerweise beanspruchen könnte.[39]

Bleibt man bei der Ansicht der hL und des BGH, weil richtiger Weise der Gesichts- 1423
punkt der Verletzung der Eigentumsordnung im Vordergrund stehen muss, ist die von V erstrebte Zueignung objektiv rechtswidrig.

(d) Damit ist zunächst festzuhalten: Nach hier vertretener Ansicht besaß V weder 1424
einen Anspruch auf den Kaufpreis in Höhe von 1.446,80 EUR noch auf den Differenzbetrag von 553,20 EUR.

Hinweis: Das ist der Unterschied zum bekannten, noch sogleich → Rn. 1430 zu behandelnden 1425
»Moos-raus«-Fall, in dem der Täter tatsächlich einen Anspruch als Gastwirt gegen einen Gast hatte.

Damit ist die erstrebte Zueignung bereits aus diesem Grunde objektiv rechtswidrig. 1426
Darüber hinaus ist die erstrebte Zueignung aber auch deshalb objektiv rechtswidrig, weil V keinen Anspruch auf die konkreten, von ihm anvisierten Geldscheine hatte. Hieran änderte sich auch nichts, wenn man – anders als hier – davon ausginge, dass ein Anspruch zumindest auf den Kaufpreis besteht. Da andere, auch hier zu prüfende allgemeine Rechtfertigungsgründe (zB §§ 229 BGB, 32 StGB, § 904 BGB, → Rn. 1405) ebenfalls nicht eingreifen, bleibt in jedem Fall die objektive Rechtswidrigkeit der erstrebten Bereicherung bestehen.

(3) Allerdings ging V offensichtlich davon aus, dass er einen Anspruch auf die Kauf- 1427
preisforderung gegen K hatte.

Hinweis: Hier nun sogleich und ausschließlich auf die aus der »Moos-raus«-Entscheidung bekannte 1428
Irrtumsproblematik zu rekurrieren, wäre jedoch verfehlt. Denn anders als in dem diesem BGH-Urteil zugrundeliegenden Sachverhalt irrt V vorliegend gleich mehrfach: Zum einen irrt er darüber, dass ihm überhaupt ein Anspruch zusteht. Offenbar glaubt er zum anderen irrig, dass er einen Anspruch gerade auf die Geldscheine habe, die er im nächsten Augenblick im Geldausgabeschacht erwartet. Schließlich irrt er – möglicherweise – über das Bestehen eines Selbsthilferechts.

36 BGHSt 17, 87**.

37 BGHSt 17, 87** (88 f.).

38 Zum Ganzen äußerst instruktiv *Eser* StrafR IV Fall 4, S. 39 ff.

39 *Eser* StrafR IV 40 A 26. Zu den Vertretern dieser Ansicht vgl. vor allem *Roxin*, FS H. Mayer, 1966, 467 (479 ff.).

1429 **(a)** Misst der Täter sich einen ihm objektiv nicht zustehenden Anspruch zu, so handelt er ohne den erforderlichen dolus eventualis bezüglich der Rechtswidrigkeit der Zueignung.[40] Denn die Rechtswidrigkeit der Zueignung ist kein allgemeines Deliktsmerkmal,[41] sondern normatives Tatbestandsmerkmal.[42] In diesen Fällen entfällt aber sowohl bei einem Irrtum über tatsächliche Umstände wie auch bei einem Irrtum über die Zivilrechtslage gem. § 16 I 1 StGB der Vorsatz.[43]

1430 **(b)** Über die Behandlung des zweiten Irrtums herrscht Unsicherheit. Geht man mit der im Rahmen des § 242 StGB hM davon aus, dass es sich auch bei der objektiven Rechtswidrigkeit der Zueignung um ein normatives Tatbestandsmerkmal handelt, muss man die Vorstellung des Täters kennen – war sie auf eine Stück- oder Gattungsschuld gerichtet? (nur im ersten Fall kommt ein echter Tatumstandsirrtum, im zweiten Fall hingegen ein Rechtfertigungsirrtum, auch als bloßer Verbotsirrtum in Betracht) – und schwierigste Einzelfallerwägungen anstellen. Der BGH hat eine pragmatische Lösung eingeschlagen. Nimmt der Täter irrtümlich eine Gattungsschuld oder ein so nicht anerkanntes Selbsthilferecht an, so kommt auch der BGH nur zum Verbotsirrtum. Hat der Täter sich hingegen einen Stückanspruch vorgestellt, so liegt kein echter Tatumstandsirrtum, sondern ein Erlaubnistatumstandsirrtum vor. Der BGH argumentiert hierbei offen kriminalpolitisch. Einem rechtsunkundigen Täter sei nicht zu widerlegen, dass er geglaubt habe, einen Anspruch gerade auf das konkrete Geld gehabt zu haben. Bei eigenmächtiger Durchsetzung von Geldansprüchen müsse der Täter so behandelt werden, als habe er an das Vorliegen einer Stückschuld geglaubt. Daher sei ihm ein Erlaubnistatumstandsirrtum zuzubilligen, der auf dem Boden der vom BGH vertretenen eingeschränkten Schuldtheorie freilich wie ein Tatumstandsirrtum behandelt wird.[44]

1431 **Hinweis:** Die Ausführungen des BGH sind schwierig und verbinden die Ansichten zu den Konsequenzen der »Tatbestandslösung« mit denjenigen der »Rechtswidrigkeitslösung«. Für die Bearbeitung des Falles genügt es völlig, wenn die Studenten erkennen, dass letztlich jedenfalls der Vorsatz entfällt. Dabei lässt sich auch die Annahme eines »echten« Tatumstandsirrtums vertreten.

1432 Aufgrund des Irrtums des V entfällt sein Vorsatz.

1433 **(c)** Ein möglicher Irrtum über ein nicht bestehendes Selbsthilferecht kann den Vorsatz nicht ausschließen.

1434 **Hinweis:** Vgl. dazu noch → Rn. 1440.

1435 **(4)** Nach alledem gilt Folgendes: V hatte keinen Anspruch auf die Differenz zwischen Kaufpreis und anvisiertem Geldbetrag in Höhe von 553,20 EUR, was er auch wusste. Insoweit ist die erstrebte Zueignung objektiv rechtswidrig, ein Irrtum liegt diesbezüglich nicht vor. Ein Anspruch auf den Kaufpreis in Höhe von 1.446,80 EUR bestand zwar ebenfalls nicht, der diesbezüglich bestehende Irrtum führt jedoch als

---

40 Siehe zB SK-StGB/*Hoyer* § 242 Rn. 110.

41 So aber noch *Welzel* StrafR 350; *Schröder* DRiZ 1956, 69 (71 f.); *ders.* JR 1962, 347; *Hirsch* JZ 1963, 149 (162).

42 BGH GA 1962, 144; 1968, 121; *Lackner/Kühl* § 242 Rn. 28; *Fischer* § 242 Rn. 49; SK-StGB/*Hoyer* § 242 Rn. 96.

43 SK-StGB/*Hoyer* § 242 Rn. 110.

44 BGHSt 17, 87** (90 f.).

Tatumstandsirrtum zum Vorsatzausschluss. Schließlich hatte V auch keinen Anspruch auf die konkret ins Auge gefassten Geldscheine; auch insoweit unterfiel V aber einem Irrtum, der seinen Vorsatz entfallen lässt. Dieser Irrtum kann sich aber nur auf den Betrag in Höhe von 1.446,80 EUR beziehen: Wenn V weiß, dass ihm in Bezug auf die Summe von 553,20 EUR schon grundsätzlich kein Anspruch zusteht, kann er auch nicht davon ausgehen, ihm stehe (auch) insoweit die Befugnis der Aussonderung der Geldscheine zu. Daher scheidet ein Irrtum, wie er hinsichtlich des Kaufpreises besteht, in Bezug auf die 553,20 EUR aus, der Vorsatz bleibt insoweit bestehen.

Hinweis: Damit liegt der subjektive Tatbestand (wenn auch nur in Bezug auf die Summe von 553,20 EUR) vor! 1436

2. Unmittelbares Ansetzen, § 22 StGB

Fraglich ist allerdings, ob V zur Tatbestandsverwirklichung bereits unmittelbar angesetzt hat, weil er über das Betreten des Hauses und der Suche nach dem Geld hinaus keine auf Wegnahme des Geldes gerichtete Handlung vorgenommen hat. Nach heute vorherrschender Auffassung liegt unmittelbares Ansetzen vor, wenn der verbrecherische Wille in einer Handlung zutage getreten ist, die nach dem gesamten Plan des Täters unmittelbar zur Gefährdung des Schutzobjektes des jeweiligen Tatbestandes führt oder nach der Vorstellung des Täters führen soll.[45] Dieser individuell-objektiven Theorie folgt im Wesentlichen auch die Neufassung des § 22 StGB. Gestritten wird heute vor allem noch über die Konkretisierung der Legaldefinition. Zum einen ist der Ausgangspunkt durch die Bezugnahme auf die »Vorstellung von der Tat« ein subjektiver, zum anderen wird aber durch die Ansatzformel[46] den teilweise unhaltbaren Ergebnissen einer rein subjektiven Theorie eine klare Absage erteilt. HL und Rechtsprechung vertreten demnach folgerichtig eine Auffassung, die objektive und subjektive Gesichtspunkte kombiniert. So müsse der Täter subjektiv die Schwelle zum »Jetzt-geht-es-los« überschritten und objektiv zur tatbestandsmäßigen Angriffshandlung angesetzt haben.[47] Dabei soll nur ein solches Verhalten des Täters genügen, das nach seinem Gesamtplan so eng mit der tatbestandlichen Handlung (hier: Wegnahme) verknüpft ist, dass es bei ungestörtem Fortgang unmittelbar zur Verwirklichung des gesamten Straftatbestandes führen soll oder im unmittelbaren räumlichen und zeitlichen Zusammenhang mit ihr steht.[48] Das alles soll anhand eines objektiven Bewertungsmaßstabes auf subjektiver Beurteilungsgrundlage, nämlich dem Vorsatz des Täters, festgestellt werden.[49] Legt man diese Konkretisierungen der Beurteilung des vorliegenden Sachverhaltes zugrunde, so wird man ein unmittelbares Ansetzen zur Tatbestandsverwirklichung durch die Suche nach dem Geld bejahen müssen. Denn obwohl V das Geld noch nicht gefunden hatte, war nach dem Sachverhalt – auf dem Boden seiner Vorstellung – das Rechtsgut des § 242 StGB bereits unmittelbar gefährdet. Denn V rechnete fest damit, die von ihm anvisierten 2.000 EUR im Haus des K zu finden. Obwohl V kein Geld gefunden hat, liegt eine Versuchshandlung iSd § 22 StGB vor. 1437

45 Aus der Rspr. etwa BGHSt 37, 294 (297); aus der Lit. vgl. nur Schönke/Schröder/*Eser* § 22 Rn. 32 ff.

46 Die Ansatzformel geht zurück auf *Welzel* StrafR 190 f.

47 BGH wistra 2000, 379; *Wessels/Beulke* StrafR AT Rn. 601.

48 BGHSt 31, 178 (182); 43, 177 (179).

49 *Wessels/Beulke* StrafR AT Rn. 601 mwN.

1438 **Hinweis:** Eine aA ist nach den Angaben im Sachverhalt nur schwer vertretbar.

3. Rechtswidrigkeit

1439 V handelte rechtswidrig.

4. Schuld

1440 Möglicherweise irrte V sich aber außerdem darüber, dass ihm kein Selbsthilferecht iSd § 229 BGB zustand. Selbst wenn dies der Fall sein sollte – der Sachverhalt sagt hierüber ausdrücklich nichts – wäre ein solcher Erlaubnisirrtum als umgekehrter Verbotsirrtum aber vermeidbar (§ 17 StGB).

5. Ergebnis

1441 V hat sich eines versuchten Diebstahls gem. §§ 242 I, II, 22, 23 I StGB wegen der Suche nach dem Geld im Hause des K schuldig gemacht. Dass er unzutreffend davon ausging, einen Anspruch in Höhe von 1.446,80 EUR zu haben und dementsprechend eine Strafbarkeit nur wegen der überschießenden 553,20 EUR gegeben ist, kann bei der Strafzumessung berücksichtigt werden.

VI. Versuchter Diebstahl durch die misslungene Abhebung der 2.000 EUR, §§ 242 I, II, 22, 23 I StGB

1442 In Frage kommt des Weiteren eine Strafbarkeit wegen versuchten Diebstahls gem. §§ 242 I, II, 22, 23 I StGB durch die misslungene Abhebung der 2.000 EUR.

1. Tatentschluss

1443 V müsste Tatentschluss zur Begehung eines Diebstahls gehabt haben.

1444 **a)** Zunächst müsste es sich bei den Geldscheinen um bewegliche Sachen gehandelt haben, die im Eigentum eines anderen standen. Ob die vom Geldautomaten ausgegebenen Scheine für den Täter im Zeitpunkt der Tathandlung (noch) fremd sind, ist auch heute noch nicht unumstritten. Schon für die Zeit vor Einführung des Tatbestandes des Computerbetruges gem. § 263a StGB wurde dies überwiegend mit der Begründung verneint, bei ordnungsgemäßer Bedienung des Automaten finde eine Übereignung der Scheine gem. § 929 S. 1 BGB statt.[50] Der BGH hatte freilich zunächst in einer wenig überzeugenden Differenzierung die einverständliche Gewahrsamsübertragung bejaht, die Übertragung des Eigentums aber verneint.[51] Danach wäre zwar die Fremdheit der Geldscheine zu bejahen, es fehlte aber an einer Wegnahme der Scheine. Während die höchstrichterliche Rechtsprechung für die Zeit bis zum 1.8.1986 aus diesem Grunde Unterschlagung annahm,[52] hat der BGH nunmehr klargestellt, dass weder Diebstahl noch Betrug, sondern Computerbetrug in Betracht kommt.[53] Dogmatisch am überzeugendsten erscheint aber die Auffassung, die seit jeher die Frage der Eigentumsübertragung und der Gewahrsamsverschaffung einheit-

50 Siehe *Wessels/Hillenkamp* StrafR BT II Rn. 182 mit Fn. 317.
51 BGHSt 35, 152 (161).
52 BGHSt 35, 152 (161).
53 BGHSt 38, 120 (124 f.).

lich in dem Sinne beantwortet hat, dass sowohl Eigentum wie auch Gewahrsam auf den Täter übertragen werden.[54] Für den Diebstahl bedeutet dies, dass es bereits an der Fremdheit der Sache mangelt. Da aus dem Sachverhalt nichts dafür ersichtlich ist, dass V sich hierüber irrte, wusste er dies auch.

Hinweis: Es lässt sich selbstverständlich auch gut erst die Wegnahme verneinen; das Ergebnis bezüglich einer (fehlenden) Strafbarkeit wegen versuchten Diebstahls bleibt dasselbe. **1445**

b) V handelte nicht mit Tatentschluss hinsichtlich der Fremdheit der Geldscheine, **1446**
sodass bereits der subjektive Versuchstatbestand nicht erfüllt ist.

2. Ergebnis

Ein versuchter Diebstahl scheidet insoweit aus. **1447**

VII. Versuchter Betrug durch die misslungene Abhebung der 2.000 EUR, §§ 263 I, II, 22, 23 I StGB

Ein versuchter Betrug scheidet aus, da V sowohl bereits der Vorsatz hinsichtlich der **1448**
Tathandlung Täuschung (die einen Menschen als Adressaten voraussetzt) wie auch bezüglich des Hervorrufens eines Irrtums (auch irrendes Opfer einer Täuschungshandlung kann nur ein Mensch sein) fehlt.

VIII. Versuchter Automatenmissbrauch durch die misslungene Abhebung der 2.000 EUR, §§ 265a I, II, 22, 23 I StGB

Auch ein versuchter Automatenmissbrauch kommt nicht in Frage. Ein Erschleichen **1449**
der Leistung iSd Vorschrift setzt nämlich voraus, dass der Automat ordnungswidrig, also unter Missachtung der für seine Benutzung geltenden Regeln in Betrieb genommen wird.[55] V hat den Geldautomaten jedoch funktionsgerecht bedient; allein die Befugnis, über das Konto des K zu verfügen, fehlte ihm.

IX. Missbrauch von Scheck- und Kreditkarten, § 266b StGB

Auch ein Missbrauch von Scheck- und Kreditkarten scheidet aus. Zum einen ist **1450**
§ 266b StGB Sonderdelikt und kann nur von dem formell berechtigten Karteninhaber – das ist vorliegend ausschließlich K – verwirklicht werden. Denn nur diesem (»ihm«) ist durch Überlassung der Karte die Möglichkeit eingeräumt worden, »den Aussteller zu einer Zahlung zu veranlassen«. Zum andern kommt auch im Hinblick auf § 266b StGB nur eine Versuchsstrafbarkeit in Frage (es fehlt am tatbestandlich vorausgesetzten Schaden); der Versuch ist bei § 266b StGB jedoch nicht unter Strafe gestellt.

X. Missbrauch von Ausweispapieren, § 281 StGB

Ein Missbrauch von Ausweispapieren gem. § 281 StGB entfällt ebenfalls. Die EC- **1451**
Karte ist kein hoheitlich ausgestellter »Ausweis« iSd § 281 I StGB und gehört auch

54 So auch zB *Wessels/Hillenkamp* StrafR BT II Rn. 184. Für die Zeit vor Einführung des § 263a StGB bedeutete dies freilich, dass in Fällen wie dem vorliegenden eine Strafbarkeitslücke bestand. Diese hat der Gesetzgeber mit dem 2. WiKG v. 15.5.1986 geschlossen.

55 Vgl. *Wessels/Hillenkamp* StrafR BT II Rn. 181.

nicht zu den in § 281 II StGB gleichgestellten Urkunden, da sie nicht den Nachweis über die Identität einer Person, sondern nur ihrer Forderungsberechtigung erbringt.[56]

XI. Versuchter Computerbetrug durch die misslungene Abhebung der 2.000 EUR, § 263a I, II iVm §§ 263 II, 22, 23 I StGB

1452 In Betracht kommt aber eine Strafbarkeit wegen versuchten Computerbetruges gem. § 263a I, II iVm §§ 263 II, 22, 23 I StGB wegen der misslungenen Abhebung der 2.000 EUR.

1. Tatentschluss

1453 V müsste Tatentschluss zur Begehung eines Computerbetruges gehabt haben.

1454 **a)** V müsste zunächst Daten unbefugt verwendet haben wollen.

1455 **aa)** Bei den auf dem Magnetstreifen der Karte gespeicherten Informationen handelt es sich um Daten.

1456 **bb)** Durch die Eingabe der Karte in den Geldautomaten der Bank wollte V fremde Daten verwenden.

1457 **cc)** Fraglich ist, ob dies unbefugt geschehen sollte. Während eine extensive Literaturansicht von unbefugter Verwendung immer schon dann ausgeht, wenn der Täter Daten vertragswidrig nutzt,[57] deutet die neuere Rechtsprechung des BGH das Merkmal eher subjektiv und stuft eine Datenverwendung dann als unbefugt ein, wenn sie dem erklärten oder zu mutmaßenden Willen des geschädigten Rechtsgutsinhabers widerspricht.[58] Eine sehr restriktive Literaturansicht deutet das Merkmal »computerspezifisch« und verlangt, dass die eingegebenen Daten gerade in Bezug auf ihre Funktion im Programm oder auf computerspezifische Vorgänge unbefugt verwendet werden.[59] Die hL und Teile der höchstrichterlichen Rechtsprechung weisen zu Recht auf die Nähe des § 263a StGB zu § 263 StGB und die Notwendigkeit der parallelen Auslegung hin und verlangen täuschungsäquivalentes Verhalten.[60] Ein solches liegt vor, wenn die Verwendung der Daten gegenüber einer Person Täuschungscharakter hätte.[61]

1458 Vorliegend hat der Meinungsstreit keine Auswirkungen. Zum einen war V zivilrechtlich nicht ermächtigt, die Daten zu verwenden, zum anderen widerspricht die Verwendung der Daten auch dem mutmaßlichen Willen des K. Auch wollte V die Daten computerspezifisch verwenden, da er sie gerade in ihrer Funktion als Schlüssel zur Erlangung eines Bargeldbetrages verwenden wollte. Und schließlich müsste V einem Bankangestellten im vorliegenden Fall seine fehlende Berechtigung mindestens konkludent vortäuschen.[62]

---

56 Siehe *Lackner/Kühl* § 281 Rn. 2.

57 *Maurach/Schroeder/Maiwald* StrafR BT I § 41 Rn. 233. Siehe auch *Otto* StrafR BT § 52 III. 3. c) Rn. 40.

58 BGHSt 40, 331 (334 f.).

59 Vgl. zB *Achenbach* JR 1994, 295; *ders.* FS Gössel, 2002, 494 f.

60 Grdl. *Lackner*, FS Tröndle, 1989, 52 ff.

61 *Wessels/Hillenkamp* StrafR BT II Rn. 613 mwN in Fn. 41.

62 Zum Ganzen LK/*Tiedemann* § 263a Rn. 48 f.

V wollte daher nach sämtlichen vertretenen Ansichten Daten unbefugt verwenden. 1459

b) Durch dieses tatbestandsmäßige Verhalten müsste V als tatbestandliche Zwischenfolge[63] das Ergebnis eines Datenverarbeitungsvorganges beeinflusst haben wollen. 1460

Hinweis: Während die unbefugte Verwendung von Daten der Täuschung beim Betrug entspricht, tritt die Beeinflussung des Datenverarbeitungsvorgangs bei § 263a StGB an die Stelle von Irrtum und Verfügung iSd Betrugstatbestandes.[64] Zum speziellen Aufbau des § 263 StGB vgl. Fall 13 → Rn. 1742. 1461

Entgegen einer teilweise in der Literatur vertretenen Ansicht setzt die Beeinflussung des Datenverarbeitungsvorganges keinen bereits in Gang befindlichen Datenverarbeitungsvorgang voraus.[65] Vielmehr kann der Täter – wie hier – auch durch Auslösung des Vorganges auf den Prozess der Datenverarbeitung Einfluss nehmen.[66] Da die eingegebenen Daten von dem Geldautomaten mit der Folge verarbeitet werden sollten, dass es zu einer EDV-gesteuerten Auszahlung von Bargeld kommt, wollte V das Ergebnis eines Datenverarbeitungsvorganges auch in unmittelbar vermögensmindernder Weise beeinflussen. 1462

c) V müsste schließlich als tatbestandlichen Erfolg im eigentlichen Sinne einen Vermögensschaden herbeigeführt haben wollen. Erreicht der Täter die Auszahlung des Geldes, tritt der Schaden nach Ansicht des BGH[67] bei der kontoführenden Bank, nicht etwa bei der automatenbetreibenden Bank oder dem Kontoinhaber K ein. 1463

Hinweis: BGH NJW 2001, 1508: »Das durch den Geldautomaten ausgezahlte Bargeld wird aus dem Vermögen des Geldinstituts ausgefolgt. Geschieht die Auszahlung durch den Geldautomaten eines fremden Geldinstituts, wird sie dem kartenausgebenden Institut zugerechnet. Grundsätzlich hat die Bank gegenüber dem Kontoinhaber, auf dessen Konto ohne seinen Auftrag oder sonstigen Rechtsgrund Belastungsbuchungen vorgenommen werden, keinen Aufwendungsersatzanspruch nach den §§ 670, 675 I BGB; denn die Auszahlung ist nicht aufgrund wirksamer Weisung des Berechtigten (iSd § 665 BGB), sondern durch das Handeln eines Unbefugten erfolgt. Der Kontoinhaber hat Anspruch auf Rückbuchung. Ob die Bank ihrerseits einen Ersatzanspruch gegen den Kontoinhaber wegen einer etwaigen Pflichtverletzung bei der Aufbewahrung von Scheckkarte und schriftlich niedergelegter Geheimzahl hat, ist eine Frage des Einzelfalles. [...] Das hat aber keinen Einfluss darauf, dass der Vermögensschaden zunächst unmittelbar bei der kontoführenden Bank eintritt. Dies gilt auch dann, wenn die den Geldautomaten betreibende Bank nicht das kartenausgebende Institut ist. Denn die automatenbetreibende (sog. fremde) Bank tritt nur als Erfüllungsgehilfe des kartenausgebenden Instituts auf; die Auszahlung ist – wie erwähnt – der kartenausgebenden Bank zuzurechnen. Der unmittelbar bei der Bank eintretende Vermögensschaden wird durch einen etwaigen Schadensersatzanspruch der Bank gegen den Karten- und Kontoinhaber nicht in rechtserheblicher Weise kompensiert und so – gleichsam mit seiner Entstehung – auf den Kontoinhaber verlagert. [...] Ein Schadensersatzanspruch ist unter den hier gegebenen Umständen regelmäßig eine unsichere Rechtsposition, die den Vermögensverlust durch die Auszahlung nicht sogleich vollends auszugleichen geeignet wäre.« 1464

63 Hierzu LK/*Tiedemann* § 263a Rn. 65.
64 Vgl. SK-StGB/*Hoyer* § 263a Rn. 5.
65 IdS aber zB *Ranft* wistra 1987, 79 (83); *Kleb-Braun* JA 1986, 249 (259).
66 HM, vgl. BGHSt 38, 120 (121); SK-StGB/*Hoyer* § 263a Rn. 12; *Cramer* JZ 1992, 1032; *Otto* JR 1987, 221 (224).
67 BGH NJW 2001, 1508.

1465 Diese der Auffassung des BGH zugrunde liegenden schwierigen rechtlichen Erwägungen hat V aber ganz sicher nicht nachvollzogen. Vielmehr wird man im Hinblick auf das Vorstellungsbild des V folgendermaßen differenzieren müssen:

1466 **aa)** Mit dem Verlust jedenfalls des Besitzes des Geldes hat V sich den Verlust einer betrugsrelevanten Vermögensposition und damit einen Schaden vorgestellt.[68]

1467 **bb)** Fraglich ist, ob es relevant ist, wen V sich als Opfer seiner Tathandlung vorgestellt hat. Regelmäßig macht der Täter sich in Fällen wie dem vorliegenden entweder überhaupt keine Gedanken darüber, bei wem der Vermögensschaden eintritt oder aber er geht davon aus, der Kontoinhaber werde geschädigt. Sollte V davon ausgegangen sein, K werde geschädigt, hätte er sich insoweit geirrt. In den einfacheren Fällen der Abgrenzung von hier in Betracht kommender aberratio ictus und error in persona nimmt die ganz überwiegende Ansicht einen unbeachtlichen Identitätsirrtum an, wenn anvisiertes und tatsächlich getroffenes Opfer »tatbestandlich gleichwertig« sind. In Fällen wie dem vorliegenden, in denen es an einer Konfrontation zwischen Täter und Opfer fehlt, entsteht freilich größter Streit. Die üblichen Tötungs- und Körperverletzungsfälle lassen sich aber dennoch recht trennscharf danach entscheiden, inwieweit der Täter ein bestimmtes Zielkriterium konkretisiert hat. Steht dem Täter etwa ein ganz bestimmtes Opfer vor Augen, das er durch eine Sprengfalle töten möchte, dann spricht viel dafür, die Identität der Person für das maßgebliche Konkretisierungskriterium zu halten und dementsprechend von einer aberratio ictus auszugehen, wenn das »falsche« Opfer von der Sprengfalle getötet wird, ohne dass eine vorherige visuelle Konfrontation zwischen Täter und Opfer stattgefunden hat. Ging die Vorstellung des Täters hingegen dahin, denjenigen zu töten, der sich als nächster in den Bereich der Sprengfalle begibt, läge bei einem Irrtum über die betreffende Person ein unbeachtlicher error in persona vor.

1468 **Hinweis:** Das alles gilt freilich nur, wenn man einen error in persona beim Versuch überhaupt für möglich hält; vgl. hierzu bereits Fall 2 → Rn. 197. Siehe auch noch Fall 1 → Rn. 12.

1469 Auf Fälle wie den vorliegenden, in denen es dem Täter nicht in erster Linie um die Schädigung einer Person, sondern die Erlangung von Geld geht, passt diese Argumentation offenbar zwar nicht ganz. Allerdings wird man doch sagen können, dass derjenige, dem es primär um die Erlangung eines Vermögensvorteils geht, eine Opferkonkretisierung nicht vornimmt. Letztlich geht es offensichtlich um die Intensität des Vorsatzes im Hinblick auf die Opferidentität: Kommt es dem Täter gerade auf die Schädigung einer bestimmten Person an, liegt eine aberratio ictus vor, ist ihm das Opfer gleichgültig, ist ein unbeachtlicher error in persona gegeben.

1470 Damit entfällt vorliegend der Vorsatz des V aufgrund eines möglichen Irrtums über die Person des Geschädigten nicht.

1471 **cc)** Fraglich ist dann nur noch, ob es eine Rolle spielt, auf welche Schadenssumme sich die Vorstellung des V bezog, der ja davon ausging, einen Anspruch in Höhe von 1446,80 EUR zu haben, tatsächlich aber 2.000 EUR abheben wollte. Stellte V sich vor, der Schaden trete bei der kontoführenden Bank ein, bezöge sich seine Vorstellung auf einen Vermögensschaden in Höhe von 2.000 EUR. Ginge V jedoch, was realistischer ist (→ Rn. 1467) davon aus, der Schaden trete bei K ein, so war ihm klar,

68 Zum Besitz als Schaden vgl. SK-StGB/*Hoyer* § 263 Rn. 124 mwN.

dass er nicht 2.000 EUR, sondern allenfalls 1.446,80 EUR abheben durfte. Unterstellt man diesen Fall als den lebensnäheren, so handelte V vorsätzlich hinsichtlich eines Vermögensschadens in Höhe von 553,20 EUR, da er sich bezüglich des Kaufpreises schon keinen Schaden bei K vorstellte.

Hinweis: Das Ergebnis entspricht demjenigen im Rahmen des versuchten Diebstahls aufgrund der Suche nach dem Geld im Hause des K. Die hM würde die hier behandelte Frage erst im Rahmen der objektiven Rechtswidrigkeit der erstrebten Bereicherung erörtern.[69] 1472

dd) Im Ergebnis handelte V vorsätzlich hinsichtlich der Verursachung eines Vermögensschadens. 1473

d) Nicht mehr besonders problematisch ist nun, ob V auch in der Absicht handelte, sich einen rechtswidrigen Vermögensvorteil zu verschaffen. 1474

Hinweis: Das Merkmal ist mit demjenigen des Betrugstatbestandes identisch, es geht also um die Absicht rechtswidriger Bereicherung.[70] 1475

aa) Zunächst müsste V hinsichtlich der Bereicherung dolus directus 1. Grades aufweisen. Er muss die Bereicherung also als End- oder Zwischenziel erstreben.[71] V kam es gerade auf die Erlangung des Geldes an, er handelte daher absichtlich iSd § 263a StGB. 1476

bb) V müsste aber darüber hinaus vorsätzlich hinsichtlich der objektiven Rechtswidrigkeit der Bereicherung gehandelt haben. Damit wäre an sich zunächst zu klären, ob und inwieweit der erstrebte Vermögensvorteil, sofern er tatsächlich einträte, unter den konkreten Umständen objektiv von der Rechtsordnung missbilligt würde.[72] Daran fehlt es nach hM, wenn dem Täter ein allgemeiner Rechtfertigungsgrund zur Seite steht oder er einen fälligen und einredefreien Anspruch auf den Vermögensvorteil besitzt.[73] Zu beachten ist dabei, dass es hier aufgrund der Irrtumskonstellation ohnehin nur noch um den Betrag in Höhe von 553,20 EUR geht, da V nur insofern vorsätzlich handelte. Insoweit hatte V aber keinen Anspruch und wusste dies auch. Hinsichtlich des verbleibenden strafrechtlichen Unrechts handelte V daher vorsätzlich in Bezug auf die objektive Rechtswidrigkeit der Bereicherung. 1477

cc) V ging auch von der Stoffgleichheit der Bereicherung aus. 1478

dd) V handelte in der Absicht, sich einen rechtswidrigen Vermögensvorteil zu verschaffen. 1479

2. Unmittelbares Ansetzen, § 22 StGB

V hat mit der Eingabe der Geldkarte in den Geldautomaten nach jeder Ansicht unmittelbar zur Tatbestandsverwirklichung angesetzt. 1480

3. Rechtswidrigkeit und Schuld

Rechtswidrigkeit und Schuld liegen vor. 1481

69 Dagegen zutreffend SK-StGB/*Hoyer* § 263 Rn. 275.
70 Vgl. SK-StGB/*Hoyer* § 263a Rn. 53.
71 HM, vgl. zB SK-StGB/*Hoyer* § 263 Rn. 272.
72 Hierzu SK-StGB/*Hoyer* § 263 Rn. 274.
73 Vgl. aber SK-StGB/*Hoyer* § 263 Rn. 274 mwN.

4. Rücktritt, § 24 StGB

1482 Möglicherweise ist V jedoch vom Versuch des Computerbetruges strafbefreiend zurückgetreten, da er nach der misslungenen Abhebung der 2.000 EUR auf einen weiteren Versuch des Geldabhebens verzichtete, obwohl er es für möglich hielt, dass die Auszahlung von 500 EUR noch erfolgen könnte.

1483 **a)** Allerdings könnte ein den Rücktritt hindernder Fehlschlag vorliegen. Ein Fehlschlag liegt vor, wenn der Täter nach seiner Vorstellung die Erfolgsverwirklichung nicht mehr erreichen kann. Dabei kommt es darauf an, dass der Täter weiß oder annimmt, dass sein Ziel im Rahmen der konkreten Tat unerreichbar geworden ist.[74] V nimmt an, noch 500 EUR abheben zu können. Dass dies nicht zutrifft, ist für die Beurteilung eines Fehlschlags irrelevant, da es, wie gesagt, nur auf seine Vorstellung ankommt. Damit glaubt er aber auch, dass er 553,20 EUR nicht mehr abheben kann – und nur auf diese Summe kommt es hier noch an. Fraglich ist nun, ob ein Fehlschlag bezüglich der gesamten 553,20 EUR oder nur hinsichtlich eines Teilbetrages in Betracht kommt.

1484 **aa)** Nach der sog. Einzelakttheorie scheidet in diesen Fällen ein Rücktritt insgesamt aus. Trotz der vom Täter erkannten Fortsetzungsmöglichkeiten geht sie dann von einem fehlgeschlagenen Versuch aus, wenn der Täter durch den ersten misslungenen Einzelakt das Handlungsgeschehen bereits in einer Weise aus der Hand gegeben hatte, dass er für den Fall des Gelingens den Vollendungseintritt nicht mehr hätte hindern können.[75] Da der Erfolg des Computerbetrugs in der Herbeiführung eines Vermögensschadens besteht und der Schaden – unabhängig von der möglicherweise unzutreffenden Vorstellung des V über die Person des Geschädigten (→ Rn. 1467 ff.) – auch nach der Vorstellung des V in dem Augenblick eintritt, in dem das Geld in dem Ausgabeschacht liegt, hat V mit der abgeschlossenen Eingabe von PIN und Geldbetrag den Kausalverlauf so aus seinem Einwirkungsbereich entlassen, dass er die Auswirkungen nicht mehr zu beherrschen imstande war. Danach liegt hier ein »nicht mehr revozierbarer Einzelakt«[76] und nach der hier dargestellten Ansicht ein Fehlschlag im Hinblick auf den Gesamtbetrag in Höhe von 553,20 EUR vor.

1485 **bb)** Einer solchen Sichtweise tritt die sog. Gesamtbetrachtungslehre grundsätzlich zu Recht entgegen. Der Zweck des § 24 StGB fordert die von der Einzelaktlehre vorgenommene Einengung der Rücktrittsmöglichkeiten nicht. Denn zumindest in der auch hier gegebenen Konstellation eines engen räumlichen und zeitlichen Zusammenhanges der Handlungsmöglichkeiten stellt das bewusste Unterlassen dieser weiteren Handlungsmöglichkeiten eine Rückkehr auf den Boden des Rechts dar und lässt sowohl die spezial- wie die generalpräventive Strafbedürftigkeit entfallen.[77] Auch lässt sich gegen die rücktrittsfreundliche Auffassung nicht einwenden, in Fällen wie dem vorliegenden eröffne lediglich der Zufall des Fehlschlags des ersten Einzelakts und der daraus folgenden Möglichkeit, weitere Einzelakte vorzunehmen, dem Täter die Rücktrittsmöglichkeit. Existenz und Konzeption der §§ 22 ff. StGB lassen nämlich eine strafmildernde bzw. strafausschließende Berücksichtigung von Zufälligkeiten gerade zu: So kann das Ausbleiben des Erfolges immer auf Zufall beruhen, dennoch

---

74 *Roxin* JuS 1981, 1.
75 Schönke/Schröder/*Eser* § 24 Rn. 10.
76 *Bergmann* ZStW 100 (1998), 329 (340, 344, 351).
77 *Stein* JuS 1990, 914 (918).

wird dem Täter unterschiedslos die Möglichkeit des Rücktritts eingeräumt. Auch Erfolgsverhinderungsmöglichkeiten können zufällig entstehen, dasselbe gilt für die Vorstellung des Täters von einer Verhinderungsmöglichkeit.

cc) Allerdings unterscheidet sich der vorliegende Fall von den traditionellen Konstellationen dadurch, dass es – wie etwa im Rahmen des § 212 StGB – nicht um die Herbeiführung ein und desselben (Todes)Erfolges geht. Vielmehr steht hier ein quantifizierbarer Erfolg in Frage, nämlich die Höhe des Vermögensschadens. Während also zB bei § 212 StGB der Täter den ursprünglich anvisierten Erfolg durch erneutes Handeln noch erreichen kann, ist V diese Möglichkeit vorliegend verwehrt: Die Abhebung der ursprünglich ins Auge gefassten Summe in Höhe von 2.000 EUR ist ihm nicht mehr möglich, ein Vermögensschaden in dieser Höhe also nicht mehr bewirkbar. Das spricht dafür, dass V nur insoweit vom Versuch des Computerbetruges zurückgetreten ist, wie dies der Höhe derjenigen Summe entspricht, deren Abhebung er noch für möglich hielt. V ist also vom Versuch des Computerbetruges insoweit zurückgetreten, als er auf einen erneuten Abhebungsversuch eines Betrages in Höhe von 500 EUR verzichtet hat; bezüglich der Differenz in Höhe von 53,20 EUR liegt freilich ein Fehlschlag vor. **1486**

b) Da ein Rücktritt wegen Fehlschlages, der jedenfalls bezüglich der 53,20 EUR vorliegt, ausgeschlossen ist, könnte V gem. § 24 I 1 Var. 1 StGB Strafbefreiung nur noch bezüglich des Betrages erlangt haben, auf dessen Abhebung er dann verzichtete, in Bezug auf 500 EUR also. **1487**

Ein »Aufgeben der weiteren Ausführung der Tat« kann eine Bestrafung des V aber nur dann ausschließen, wenn es sich bei der misslungenen Geldabhebung um einen noch unbeendeten Versuch handelt. Ein unbeendeter Versuch liegt vor, wenn der Täter noch nicht alles getan hat, was nach seiner Vorstellung zum Erfolgseintritt notwendig ist.[78] Hinsichtlich des Betrages, dessen Erlangung V noch für möglich hielt, war V klar, dass er erneut die Karte samt PIN und dem betreffenden Geldbetrag eingeben musste. Insoweit liegt also ein unbeendeter Versuch vor. Indem V von einer weiteren Geldabhebung absah, hat er die weitere Tatausführung – freiwillig – aufgegeben. **1488**

V ist demnach vom Versuch des Computerbetruges gleichsam nur zum Teil zurückgetreten. An der grundsätzlichen Strafbarkeit wegen versuchten Computerbetruges kann dies nichts ändern. **1489**

5. Ergebnis

V ist wegen der misslungenen Abhebung der 2.000 EUR strafbar wegen versuchten Computerbetruges gem. § 263a I, II iVm §§ 263 II, 22, 23 I StGB. Bei der Strafzumessung ist zugrunde zu legen, dass – wenn man so will – ein »Teilrücktritt« vorliegt. **1490**

Fraglich ist, ob Strafantrag zu stellen ist. Gem. § 263a II StGB gelten § 263 II bis V StGB entsprechend. § 263 IV StGB verweist auf § 248a StGB, sodass § 248a StGB auch im Rahmen des Computerbetruges anwendbar ist. Die Tat kann also nur verfolgt werden, wenn – sofern kein besonderes öffentliches Interesse besteht – ein Strafantrag gestellt ist. Freilich ist nicht ganz klar, wo derzeit die Grenze der Gering- **1491**

78 Vgl. zum Ganzen *Kühl* StrafR AT § 16 Rn. 23 ff.

wertigkeit liegt. Während die Literatur überwiegend von 25 bis 30 EUR ausgeht,[79] geht die obergerichtliche Rechtsprechung erst bei einer Höhe von 50 EUR nicht mehr von Geringwertigkeit aus.[80] Da die Tat des V sich nur mehr auf eine Summe von 53,20 EUR bezieht, ist aber wohl nach allen Ansichten die Grenze der Geringwertigkeit überschritten. Ein Strafantrag ist daher nicht erforderlich.

XII. Versuchte Unterschlagung, § 246 I, III StGB

1492 Eine versuchte Unterschlagung gem. § 246 I, III StGB wegen der misslungenen Abhebung der 2.000 EUR scheidet aus. Dies gilt auch dann, wenn man – anders als hier (siehe bereits im Rahmen des § 242 StGB → Rn. 1444) – davon ausgehen wollte, dass der Tatentschluss des V sich auf die Fremdheit der Geldscheine bezog, weil die Unterschlagung bezüglich des allein noch relevanten »Teil«-Unrechts aufgrund der Subsidiaritätsklausel in § 246 I StGB hinter den versuchten Computerbetrug zurücktritt.

XIII. Hausfriedensbruch, § 123 I Var. 1 StGB

1493 Freilich hat V sich mit seinem »Besuch« bei K wegen Hausfriedensbruchs gem. § 123 I Var. 1 StGB strafbar gemacht. Insbesondere ein Rechtfertigungsgrund steht ihm – wie gezeigt – nicht zur Seite.

B. Gesamtergebnis

1494 V hat sich wegen einer vollendeten Datenunterdrückung gem. § 303a StGB, wegen versuchten Diebstahls gem. §§ 242 I, II, 22, 23 I StGB, versuchten Computerbetruges gem. § 263a I, II iVm §§ 263 II, 22, 23 I StGB und Hausfriedensbruchs gem. § 123 I Var. 1 StGB strafbar gemacht. Die Taten stehen in Tatmehrheit gem. § 53 StGB.

---

79 So etwa Schönke/Schröder/*Eser* § 248a Rn. 10 (25 EUR); LK/*Vogel* § 248a Rn. 6 (25 EUR); *Fischer* § 248a Rn. 3a (25 bzw. 30 EUR).

80 OLG Zweibrücken NStZ 2000, 536; OLG Hamm StV 2003, 672. Ebenso *Lackner/Kühl* § 248a Rn. 3.

Fall 12: Vorfall in Moskau

Der deutsche Tourist O ist mit seiner deutschen Freundin F in Moskau mit der U-Bahn unterwegs. Nachdem die Bahn an der Station Semjonowskaja gehalten hat, springen plötzlich A und B, bei denen es sich offenbar um Kasachen oder Tadschiken handelt und die O bereits zuvor verdächtig vorgekommen sind, aus dem Wagen. O wird deshalb misstrauisch und entdeckt, dass das Portemonnaie der F aus der Seitentasche seines Rucksacks entwendet worden ist. Es gelingt O und F gerade noch, den Wagen zu verlassen, um A und B zu verfolgen. F und O beschuldigen A und B, das Portemonnaie gestohlen zu haben. Als A und B hierauf nicht reagieren, drohen F und O laut, die Polizei zu rufen. In der Menschenmenge auf der Rolltreppe, auf der A, B, O und F sich mittlerweile befinden, entsteht sofort große Unruhe. A und B wird klar, dass F und O sich nicht abschütteln lassen. Plötzlich tippt A den O an und deutet auf die Rolltreppe. Dort liegt das Portemonnaie der F. O erkennt sofort zutreffend, dass A oder B es dort abgelegt haben, um »ihre Haut zu retten«. Nachdem O sich versichert hat, dass der Inhalt der Geldbörse – mehrere Hundert Euro – vollständig ist, ist er zufrieden. Daher überredet er F, die Polizei nicht zu benachrichtigen. 1495

Ausgangsfall: Wie haben die Beteiligten sich strafbar gemacht? 1496

Bearbeitervermerk: Gehen Sie bei der Beantwortung dieser Frage von folgendem aus: 1497

1. **A und B haben sich bereits vor geraumer Zeit zur Begehung von Diebstählen dieser Art zusammengeschlossen.**
2. **Es lässt sich nicht klären, ob A oder B das Portemonnaie aus dem Rucksack des O genommen hat; jedenfalls hat einer der beiden O abgelenkt, während der andere das Portemonnaie entwendet hat.**
3. **Sämtliche in Betracht kommenden Straftaten sind auch in Russland mit Strafe bedroht.**

Abwandlungen: Erörtern Sie die Strafbarkeit der Beteiligten – außer derjenigen von O und F – in den folgenden Konstellationen, wenn A, B und C eine Bande iSd § 244 I Nr. 2 StGB bilden: 1498

1. A entwendet das Portemonnaie ohne jede Beteiligung von B und C.
2. A entwendet das Portemonnaie allein nach Tatplan, Anweisung und im Interesse des nicht am Tatort anwesenden C.
3. N, der nicht Mitglied der Bande ist, entwendet das Portemonnaie mit Unterstützung (iSv § 27 I StGB) von A und B nach Tatplan, Anweisung und im Interesse des nicht am Tatort anwesenden C.
4. X, der Mitglied einer anderen Diebesbande ist, entwendet das Portemonnaie mit Unterstützung (iSv § 27 I StGB) des A nach Tatplan, Anweisung und im Interesse des nicht am Tatort anwesenden C.

Anmerkung: Die wesentlichen Probleme des Falles sind: **1.** Vollendung der Wegnahme bei § 242 StGB; **2.** Probleme des Bandendiebstahls gem. § 244 I Nr. 2 StGB; **3.** Mittäterschaft gem. § 25 II StGB aufgrund Mitwirkung im Vorbereitungsstadium. 1499

Literaturhinweise: zu 1.: BGH NStZ 2008, 624; *Wessels/Hillenkamp* StrafR BT II Rn. 111 ff.; *Rotsch* GA 2008, 65; **zu 2.:** *Dessecker* NStZ 2009, 184; *Wessels/Hillenkamp* StrafR BT II Rn. 295 ff.; *Küper* StrafR BT 47 ff.; MüKoStGB/*Schmitz* § 244 Rn. 34 ff.; **zu 3.:** *Zieschang* ZStW 107 (1995) 361. 1500

A. Gliederung

Ausgangsfall

A. Strafbarkeit von A und B
I. §§ 242 I, 243 I 2 Nr. 3, 25 II StGB (+)
II. §§ 242 I, 244 I Nr. 2 StGB (-)
III. Ergebnis

B. Strafbarkeit der F
I. § 164 I StGB (-)
II. §§ 186, 187 StGB (-)
III. § 185 StGB (-)
IV. § 240 I, II StGB (-)
V. § 259 I StGB (-)
VI. § 261 I 2 Nr. 4 lit. a, II Nr. 1 StGB (-)
VII. §§ 258 I, 13 I StGB (-)
VIII. Ergebnis zur Strafbarkeit der F

C. Strafbarkeit des O
I. §§ 164 I, 186, 187, 185, 240, 259, 261 StGB (-)
II. § 258 I (-)
III. Ergebnis zur Strafbarkeit des O

Abwandlungen

1. Abwandlung

A. Strafbarkeit des A
I. §§ 242 I, 243 I Nr. 3 StGB (+)
II. Bandendiebstahl, §§ 242 I, 244 I Nr. 2 StGB (-)

B. Ergebnis

2. Abwandlung

A. Strafbarkeit des A
I. §§ 242 I StGB, 243 I 2 Nr. 3 StGB (+)
II. §§ 242 I, 244 I Nr. 2 StGB (+)

B. Strafbarkeit des C
I. Diebstahl in Mittäterschaft, §§ 242 I, 25 II StGB (+)
II. Bandendiebstahl, §§ 242 I, 244 I Nr. 2 StGB (+)

C. Ergebnis

3. Abwandlung

A. Strafbarkeit des N
I. § 242 I StGB (+)
II. § 244 I Nr. 2 StGB (-)

B. Strafbarkeit von A und B
I. §§ 242 I, 27 I StGB (+)
II. § 244 I Nr. 2 StGB (-)

C. Strafbarkeit des C
I. §§ 242 I, 25 II StGB (+)
II. § 244 I Nr. 2 StGB (+)

D. Nochmals: Strafbarkeit des N
§ 244 I Nr. 2, 27 I StGB (+)

E. Nochmals: Strafbarkeit von A und B
§ 244 I Nr. 2, 27 I StGB (+)

4. Abwandlung

A. Strafbarkeit des X
I. § 242 I StGB (+)
II. § 244 I Nr. 2 StGB (-)

B. Strafbarkeit des A
§§ 242, 27 StGB (+)

C. Strafbarkeit des C
I. §§ 242 I, 25 II StGB (+)
II. § 244 I Nr. 2 StGB (+)

D. Nochmals: Strafbarkeit des X
§§ 244 I Nr. 2, 27 I StGB (+)

E. Nochmals: Strafbarkeit des A
§§ 244 I Nr. 2, 27 I StGB (+)

Gesamtergebnis

B. Lösung

Ausgangsfall

A. Strafbarkeit von A und B

I. Diebstahl in Mittäterschaft, §§ 242 I, 25 II StGB

A und B könnten sich zunächst wegen Diebstahls in Mittäterschaft gem. §§ 242 I, 25 II StGB strafbar gemacht haben, indem einer von beiden das Portemonnaie der F entwendete und der andere O ablenkte. 1501

Fraglich ist aber schon, ob überhaupt deutsches Strafrecht Anwendung finden kann, da sich das gesamte Geschehen gem. § 9 StGB im Ausland, nämlich in Russland, abgespielt hat. 1502

Hinweis: Bei Sachverhalten mit Auslandsbezug (schon diese Formulierung ist ungenau, vgl. Graf/Jäger/Wittig/*Rotsch* Vor §§ 3 ff. Rn. 3) spielt – wie hier – zunächst die Frage eine Rolle, ob die in concreto in Betracht kommenden Tatbestände des deutschen Strafrechts überhaupt Anwendung finden. Die oben gewählte Formulierung – ob »deutsches Strafrecht« Anwendung finden kann – kann in der gutachterlichen Lösung verwendet werden, wenn der Umstand deutlich gemacht wird, dass natürlich nicht die Anwendbarkeit »des deutschen Strafrechts« insgesamt, sondern lediglich diejenige des betreffenden Straftatbestandes geprüft wird (Graf/Jäger/Wittig/*Rotsch* Vor §§ 3 ff. Rn. 2). Das ist hier zunächst nur § 242 StGB. Gelten die insoweit gemachten Ausführungen – wie hier – für sämtliche in Betracht kommenden Delikte, kann dies am Ende der strafanwendungsrechtlichen Ausführungen sogleich deutlich gemacht werden. Dann muss diese Frage nicht jedes Mal erneut problematisiert werden. 1503

Hinweis: Nicht ganz unproblematisch ist aber auch die Frage, an welcher Stelle des Gutachtens – vor oder nach der Prüfung der tatbestandlichen Voraussetzungen des betreffenden Straftatbestandes – die Frage der Anwendbarkeit zu erörtern ist. An sich ist diese Frage vorrangig, da es wenig Sinn macht, die Voraussetzungen eines nicht anwendbaren Tatbestandes zu erörtern. Allerdings ist das deutsche Strafanwendungsrecht so konstruiert, dass die Anwendbarkeit eines Straftatbestandes sich aus dessen Deliktsstruktur ergibt. Daher kann es erforderlich sein, in schwierigeren Fällen zunächst die Voraussetzungen des Tatbestandes zu prüfen, in einem Zwischenergebnis festzuhalten, dass »an sich« eine Strafbarkeit (bzw. eine vorsätzliche, rechtswidrige und schuldhafte Verwirklichung des Straftatbestandes, vgl. Fall 2 → Rn. 193) gegeben ist, und erst anschließend die Anwendbarkeit der Vorschrift zu problematisieren. In einfach gelagerten Fällen wie dem vorliegenden, in denen eindeutig ist, dass die Tat ausschließlich im Ausland begangen worden ist, kann die Frage der Strafrechtsanwendung vorab geprüft werden. Vgl. zum Ganzen Graf/Jäger/Wittig/*Rotsch* Vor §§ 3 ff.– § 9 StGB. 1504

Damit liegt der Tatort nicht im Inland, sodass deutsches Strafrecht jedenfalls nicht gem. § 3 (bzw. § 4) StGB in Betracht kommt. 1505

Hinweis: Da der Fall hier einfach liegt, muss auf die einigermaßen komplizierte Regelung des § 9 StGB nicht eingegangen werden. Vgl. noch ausführlicher Fall 17 → Rn. 2206. 1506

Liegt – wie hier – eine Auslandstat vor, kann die Anwendbarkeit deutschen Strafrechts sich nur aus §§ 5 ff. StGB ergeben. Da vorliegend die Voraussetzungen der §§ 5, 6 StGB nicht gegeben sind, kann die Anwendbarkeit deutschen Strafrechts damit nur noch aus § 7 StGB folgen. § 7 I StGB erklärt deutsches Strafrecht auf solche 1507

Taten für anwendbar, die im Ausland (Russland) gegen einen Deutschen (T und O sind deutsche Staatsbürger iSd Art. 116 GG) begangen werden, sofern die Tat am Tatort mit Strafe bedroht ist. Da dies nach dem Bearbeitervermerk unter Nr. 3 (→ Rn. 1497) der Fall ist, ist deutsches Strafrecht anwendbar. Das gilt zunächst für den hier in Betracht kommenden § 242 StGB, aber auch für alle anderen möglicherweise verwirklichten Delikte, da sämtliche in Betracht kommenden Straftaten auch in Russland mit Strafe bedroht sind.

1508 **Hinweis:** Zum letzten Satz siehe Hinweis → Rn. 1503 aE.

1509 Da § 242 I StGB also anwendbar ist, ist damit zunächst Voraussetzung, dass eine fremde bewegliche Sache weggenommen worden ist.

1. Objektiver Tatbestand

1510 **a)** Bei dem Portemonnaie handelt es sich ebenso wie bei den Geldscheinen um bewegliche Sachen iSd § 90 BGB, die für A und B deshalb fremd sind, weil beide im Alleineigentum der F stehen.

1511 **b)** Die Geldscheine und das Portemonnaie müssten weggenommen worden sein. Wegnahme ist Bruch fremden und Begründung neuen Gewahrsams.

1512 **Hinweis:** Zur Definition der Wegnahme vgl. bereits Fall 10 → Rn. 1329 ff.

1513 **aa)** Es müsste also zunächst fremder Gewahrsam bestehen. Was unter Gewahrsam zu verstehen ist, ist umstritten. Während zum Teil von einem eher faktischen Gewahrsamsbegriff ausgegangen wird,[1] definiert ein anderer Teil der Literatur[2] den Gewahrsamsbegriff unter sozial-normativen Gesichtspunkten.

1514 **Hinweis:** Vgl. bereits Fall 11 → Rn. 1367.

1515 Nach allen Ansichten ist Gewahrsam freilich jedenfalls dann gegeben, wenn das Opfer – wie hier O – als unmittelbarer Besitzer die tatsächliche Sachherrschaft ausübt und diese auch ausüben will. Daneben hatte auch die Eigentümerin F Gewahrsam, da sie sich in unmittelbarer räumlicher Nähe befand und davon auszugehen ist, dass sie ebenfalls Herrschaft über ihr in der Tasche von O befindliches Portemonnaie ausüben wollte. O und F sind daher Mitgewahrsamsinhaber.[3]

1516 **Hinweis:** Dass Portemonnaie und Geld im Eigentum der F stehen, sich hingegen (jedenfalls) im Gewahrsam des O befinden, ist an dieser Stelle zwar irrelevant. Da es aber im Rahmen der Prüfung des Gewahrsamsbruchs auf beide Gewahrsamsinhaber ankommt (→ Rn. 1524 ff.), bietet es sich an, bereits hier klarzustellen, dass auch F Gewahrsam hat. Dabei ist zu beachten, dass der Gewahrsam der F sich nicht aus ihrer (zivilrechtlichen) Eigentümerposition ableitet, sondern vielmehr aus ihrer tatsächlichen – also faktischen – Sachherrschaft.

1517 **bb)** Fraglich ist aber, ob durch das Entwenden des Portemonnaies und der Geldscheine neuer Gewahrsam begründet worden ist.

---

1 Schönke/Schröder/*Eser/Bosch* § 242 Rn. 25; *Mitsch* StrafR BT II/1 § 1 Rn. 39 ff.

2 Im Anschluss an *Welzel* GA 1960, 257 (lesen!).

3 Zum Mitgewahrsam Schönke/Schröder/*Eser/Bosch* § 242 Rn. 32 f.; *Lackner/Kühl* § 242 Rn. 13; *Mitsch* StrafR BT II/1 § 1 Rn. 52 ff.; *Wessels/Hillenkamp* StrafR BT II Rn. 96 ff.

Hinweis: Eine Schwierigkeit des Falles besteht darin, dass nicht klar ist, wer das Portemonnaie entwendet hat. Da dies im Rahmen der Täterschaft zu erörtern ist, bietet sich eine solche vorsichtige Formulierung an. Denn an dieser Stelle geht es zunächst einmal nur darum, ob A und B einen Gewahrsamswechsel verursacht haben, siehe dazu noch den Hinweis → Rn. 1528. 1518

(1) Hält man hier an einem rein faktischen Gewahrsamsbegriff fest, wird man zur Beantwortung der Frage, ob bereits ein vollendeter Gewahrsamswechsel vorliegt, darauf abstellen müssen, dass A und B offensichtlich keine Möglichkeit sahen, mit dem entwendeten Portemonnaie zu entkommen. Nach dieser Auffassung liegt damit eine Neubegründung des Gewahrsams durch A und B nicht vor.[4] 1519

(2) Ein rein faktischer Gewahrsamsbegriff ist aber ebenso wie ein auch nur primär faktischer Gewahrsamsbegriff dem Einwand ausgesetzt, das für den Gewahrsam notwendige Herrschaftsverhältnis nach den zufälligen Komponenten tatsächlicher Macht zu bestimmen.[5] Außerdem lässt sich in den klassischen Schulfällen – Gewahrsam des Bauern an seinem Pflug auf dem Felde, Gewahrsam des verreisten Wohnungsinhabers an seinen in der Wohnung befindlichen Sachen – unter Zugrundelegung eines wirklich faktischen Verständnisses der Gewahrsam in Wahrheit nicht aus dem Gewahrsamsbegriff selbst herleiten. Denn dass in diesen Fällen der Berechtigte gerade keine tatsächliche Herrschaftsmacht ausübt, ist evident.[6] 1520

Hinweis: Vgl. zu dieser Argumentation bereits Fall 11 → Rn. 1367. 1521

Stellt man daher mit der herrschenden Ansicht auf einen zumindest auch sozialnormativen Gewahrsamsbegriff ab, kommt es darauf an, wem die Geldbörse und das Geld normativ-sozial zugeordnet waren. Nach dieser Ansicht wird neuer Gewahrsam dadurch begründet, dass der bisherige Gewahrsamsinhaber auf die Sache nicht mehr einwirken kann, ohne zuvor die Verfügungsgewalt des Täters zu beseitigen.[7] So liegt es hier: O und F hatten keine Verfügungsgewalt mehr über das Portemonnaie und mussten ihrerseits die Verfügungsgewalt von A und B wieder beseitigen, um ihren Gewahrsam zurückzuerlangen. Mit dieser zutreffenden herrschenden Ansicht ist daher ein vollendeter Gewahrsamswechsel zu bejahen.[8] Indem entweder A oder B die Geldbörse des F aus dem Rucksack entwendete, wurde die Sachherrschaft von O und F aufgehoben und neuer Gewahrsam begründet. 1522

Hinweis: Wer sich mit entsprechender Argumentation einem rein faktischen Gewahrsamsbegriff anschließt, kommt zum versuchten Diebstahl. Ein dann möglicher Rücktritt von A und B scheidet im Ergebnis mangels Freiwilligkeit aus[9] (aA vertretbar). 1523

cc) Der Wechsel des Gewahrsams von O und F auf A bzw. B müsste durch Bruch erfolgt sein. Gewahrsamsbruch ist die Aufhebung des Gewahrsams ohne oder gegen den Willen des Berechtigten.[10] 1524

4 Zum faktischen Gewahrsamsbegriff *Wessels/Hillenkamp* StrafR BT II Rn. 82 ff. mwN.
5 *Wessels/Hillenkamp* StrafR BT II Rn. 82.
6 RNPW/*Rotsch* Klausur im 1. Staatsexamen 350 in Fn. 4.
7 *Küper* StrafR BT 441; Schönke/Schröder/*Eser/Bosch* § 242 Rn. 38.
8 Vgl. nur *Wessels/Hillenkamp* StrafR BT II Rn. 121.
9 Vgl. insoweit *Roxin* StrafR AT II § 30 Rn. 395 ff.
10 *Fischer* § 242 Rn. 16; *Wessels/Hillenkamp* StrafR BT II Rn. 115 ff.

1525 **Hinweis:** Zur Prüfungsreihenfolge vgl. bereits Fall 10 → Rn. 1331.

1526 Indem sie die Geldbörse mitsamt dem Geld unbemerkt entwendeten, hoben A und B den Gewahrsam von O und F gegen deren beider Willen auf.

1527 **dd)** A und B haben also fremde bewegliche Sachen weggenommen.

1528 **Hinweis:** Auch der Diebstahl lässt sich als reines Verursachungsdelikt definieren. Wegnahme ist dann nichts anderes als die (objektiv zurechenbare) kausale Herbeiführung des Gewahrsamswechsels (daher handelt es sich auch – anders als manche älteren Literaturstimmen noch annahmen – bei § 242 StGB nicht um ein Tätigkeits-, sondern um ein Erfolgsdelikt!). Unabhängig von ihrer konkreten Beteiligtenstrafbarkeit haben A und B aber jedenfalls einen solchen Verursachungsbeitrag erbracht. Auf die Sachverhaltsungewissheit – es ist nicht klar, wer die tatbestandsmäßige Wegnahmehandlung vorgenommen und wer lediglich O abgelenkt hat – kann dann im Rahmen der Prüfung der Täterschaft (→ Rn. 1535 ff.) eingegangen werden.

2. Subjektiver Tatbestand

1529 **a)** A und B handelten vorsätzlich.

1530 **b)** Fraglich ist, ob sie Zueignungsabsicht hatten, dh die Absicht wenigstens vorübergehender Aneignung der Sache und den – mindestens bedingten – Vorsatz der dauernden Enteignung des Eigentümers.[11]

1531 **Hinweis:** Zu den Voraussetzungen der »Zueignungsabsicht« vgl. bereits Fall 11 → Rn. 1373.

1532 A und B hatten den zielgerichteten Willen, jedenfalls das in der Börse enthaltene Geld wenigstens vorübergehend für eigene Zwecke zu nutzen und nahmen dabei mindestens billigend in Kauf, es nicht an F zurückgelangen zu lassen. A und B handelten demnach jedenfalls hinsichtlich des Geldes mit der für den Diebstahl erforderlichen Zueignungsabsicht. Die beabsichtigte Zueignung war auch rechtswidrig. A und B waren weder Eigentümer des Geldes, noch hatten sie einen Anspruch auf dessen Übereignung, sodass die von ihnen erstrebte Zueignung in Widerspruch zur Rechtsordnung stand. Auch darauf erstreckte sich ihr Vorsatz. Hinsichtlich der Geldbörse wird man bei lebensnaher Sachverhaltsauslegung allerdings zu einem anderen Ergebnis kommen müssen. Da die Aneignung nicht auf Dauer erstrebt sein muss, kann Aneignungsabsicht zwar auch dann vorliegen, wenn der Täter den entwendeten Gegenstand nicht unbedingt behalten will. Davon wird man vorliegend deshalb ausgehen müssen, weil es A und B ersichtlich nur auf den Inhalt der Geldbörse ankam.

1533 **Hinweis:** AA bei entsprechender Argumentation vertretbar.

1534 Kommt es dem Täter aber allein auf den Inhalt des von ihm mit der Tathandlung entwendeten Behältnisses an und hat er in der Eile der Tatausführung lediglich nicht die Zeit, Behältnis und Inhalt zu trennen, so liegt die erforderliche Vorsatzintensität hinsichtlich der Aneignungskomponente – dolus directus 1. Grades – nicht vor.[12] Damit handelten A und B nur hinsichtlich des Geldes mit der für den Diebstahlstatbestand erforderlichen Zueignungsabsicht. Ein Diebstahl an der Geldbörse scheidet

11 Zu diesen Erfordernissen *Wessels/Hillenkamp* StrafR BT II Rn. 140.
12 BGH StV 1990, 205 (206).

aus. Freilich kommt immer noch für beide die täterschaftliche Verwirklichung des § 242 StGB hinsichtlich des Geldes in Betracht. Dazu müssten A und B Täter iSd § 25 StGB sein.

3. Täterschaft

Hinweis: Zum Aufbau – Prüfung der Täterschaft nach dem subjektiven Tatbestand – vgl. RNPW/ *Rotsch* Klausur im 1. Staatsexamen 304 mit Fn. 111, sowie oben Fall 2 → Rn. 312. Die Frage kann selbstverständlich auch bei der Tathandlung im Rahmen des objektiven Tatbestandes (→ Rn. 1511) erörtert werden. Inhaltlich ändert sich nichts. 1535

Der Sachverhalt gibt keinen Aufschluss darüber, wie A und B an das Portemonnaie gekommen sind. Es sind zwei Varianten denkbar: entweder entwendete A das Portemonnaie, während B O und F ablenkte, oder es war umgekehrt. 1536

Hinweis: Hier liegt eine unaufklärbare Sachverhaltsungewissheit vor. Daher sind beide Möglichkeiten zu prüfen. 1537

a) 1. Variante

Hat A das Portemonnaie entwendet und B den O abgelenkt, gilt Folgendes: A ist hier unmittelbarer Täter gem. § 25 I Var. 1 StGB, da er die tatbestandsmäßige Handlung eigenhändig und vollständig selbst ausgeführt hat. Fraglich ist nur, ob B Mittäter iSd § 25 II StGB ist. Insoweit ist wiederum nur die Qualität des objektiven Tatbeitrages des B problematisch, da jedenfalls die nach hL erste Voraussetzung mittäterschaftlichen Handelns – der gemeinsame Tatplan – vorlag. Nach hM können auch im Ausführungsstadium erbrachte Tatbeiträge, die – wie hier – der Handlungsbeschreibung des besonderen Deliktstatbestandes (»weg*nehmen*«) nicht unterfallen, Mittäterschaft begründen; Voraussetzung soll dann freilich sein, dass der Tatbeitrag bei einer ex-ante-Betrachtung »erheblich« erscheint.[13] Diese »Erheblichkeit« darf nicht mit bloßer Kausalität gleichgesetzt werden; liegt diese – wie hier – vor, bedeutet das zunächst nur, dass die grundsätzlichen Voraussetzungen des besonderen Delikts-tatbestandes erfüllt sind. 1538

Hinweis: Nach neuerer Ansicht gilt die umgekehrte Aussage freilich nicht. So soll Mittäterschaft auch dann in Betracht kommen, wenn es an der Kausalität des Einzelbeitrages fehlt.[14] 1539

Stellt man demnach darauf ab, dass der Tatbeitrag des potentiellen Mittäters »wichtig«[15] für die Tatbestandserfüllung sein muss, so liegt diese Voraussetzung hier offensichtlich vor. Denn durch das Verhalten des B war O dermaßen abgelenkt, dass er die Wegnahme der Geldbörse nicht mitbekommen hat; B hat daher einen für die erfolgreiche Ausführung wichtigen Tatbeitrag erbracht. 1540

Hinweis: AA gut vertretbar. Macht man sich klar, dass § 27 StGB den Gehilfen bestraft, der die Tatausführung durch den unmittelbaren Täter zumindest fördert, lassen sich erhebliche Zweifel an der 1541

13 *Roxin* StrafR AT II § 25 Rn. 211 f.

14 Zu dieser (bestrittenen) Möglichkeit vgl. grds. nur *Roxin* StrafR AT II § 25 Rn. 213. Eingehend jüngst *Rotsch*, FS Puppe, 2011, 887.

15 *Roxin* StrafR AT II § 25 Rn. 211.

im Text dargestellten Auffassung vorbringen. Wenn diese § 27 StGB nur in den Fällen anwenden will, in denen ein »irrelevanter« oder »unwichtiger« bzw. bereits bei der Planung »praktisch unbedeutend erscheinender« Beitrag erbracht wird, der dennoch wenigstens unterstützend wirkt, drängt sich schon die Frage auf, welche Fälle damit gemeint sein sollen.

1542 Die Rechtsprechung, die jedenfalls in den Fällen des § 25 II StGB noch immer sehr subjektiv argumentiert, kommt zu keinem anderen Ergebnis, da sie entweder – durchaus wechselhaft – auf das Eigeninteresse des Handelnden abstellt oder aber in Annäherung an die Tatherrschaftslehre vielfach zumindest davon spricht, dass Indizien für die Annahme von Täterschaft der Umfang der Tatbeteiligung, die Tatherrschaft oder zumindest der Wille zur Tatherrschaft seien. Das bedeutet dann aber, dass der BGH ebenfalls nur ganz untergeordnete Beiträge von der täterschaftlichen Strafbarkeit ausnehmen kann.[16] Ein solcher ganz untergeordneter Beitrag liegt hier aber nicht vor.

1543 Da beide Ansichten zum gleichen Ergebnis – Mittäterschaft von A und B – kommen, hat eine Streitentscheidung zu unterbleiben. A und B sind nach allen Ansichten Mittäter iSd § 25 II StGB.

1544 **Hinweis:** Von eher akademischem Interesse ist die (bislang, soweit ersichtlich, nicht diskutierte) Frage, inwieweit eine Annahme von Mittäterschaft auch für denjenigen überhaupt zulässig ist, der – wie in der 1. Variante A (in der 2. Variante gilt das Gesagte für B gleichermaßen) – den Tatbestand bereits unmittelbar eigenhändig und vollständig verwirklicht hat, also an sich (ohnehin) unmittelbarer Täter iSd § 25 I Var. 1 StGB ist. Seinem Wortlaut nach ist aber für einen Beteiligten nur entweder die Annahme von § 25 I Var. 1 (»wer die Straftat *selbst* begeht«) oder § 25 II StGB (»Begehen mehrere die Straftat *gemeinschaftlich*«) zulässig, da man eine Straftat an sich nicht gleichzeitig selbst und gemeinschaftlich mit einem anderen begehen kann. Es stellt eine der wesentlichen Schwierigkeiten einer guten Falllösung dar zu erkennen, wann und wie eingehend eine Frage im Gutachten zu erörtern ist. Grundsätzlich gilt: Je spezieller und abgelegener ein Problem erscheint, desto weniger sollte es in einer Klausurenlösung traktiert werden (in einer Hausarbeit mag etwas anderes gelten). Daher: Auch wenn einem ein Problem noch so reizvoll erscheint, wird es – wie hier – selbst in der Wissenschaft nicht erörtert, bleibt es auch im Gutachten unerwähnt.

b) 2. Variante

1545 Liegt der Fall umgekehrt – B hat weggenommen, A hat abgelenkt – gilt freilich das Entsprechende: Dann ist B unmittelbarer Täter und A Mittäter.

c) Ergebnis

1546 Da in beiden Varianten A wie auch B jeweils Täter iSd § 25 StGB sind, liegt hier eine Sachverhaltsungewissheit vor, die nicht zu einer Rechtsnormungewissheit führt. Daraus folgt dann, dass eine eindeutige Verurteilung im Wege sogenannter »unechter Wahlfeststellung«[17] erfolgen kann. Da die Verletzung eines bestimmten Strafgesetzes nachgewiesen ist und die bloße »Tatsachenalternativität« die Eindeutigkeit des Schuldspruchs nicht berührt, handelt es sich nicht um eine Wahlfeststellung im ei-

16 Vgl. BGHSt 34, 124 (125).

17 Sie wird auch »gleichartige Wahlfeststellung« genannt. Lesenswert zur Einführung in die Thematik von (echter und unechter) Wahlfeststellung, Präpendenz und Postpendenz *Nourouzi* JuS 2008, 17.

gentlichen Sinne. Dem entsprechend ist es in diesen Fällen nach hM nicht notwendig, deren materiell-rechtliche Voraussetzung zu prüfen.[18]

4. Rechtswidrigkeit und Schuld

A und B handelten rechtswidrig und schuldhaft. 1547

5. § 243 I 2 Nr. 3 StGB

Da A und B – die sich laut Sachverhalt bereits vor einiger Zeit zur Begehung von Diebstählen dieser Art zusammengeschlossen haben – sich aus der wiederholten Tatbegehung eine fortlaufende Einnahmequelle von einigem Umfang und einer gewissen Dauer verschaffen wollen,[19] handelten sie auch gewerbsmäßig iSd § 243 I 2 Nr. 3 StGB. 1548

Hinweis: Die Formulierung bezieht sich natürlich auf die qualitativen Voraussetzungen des Bandenbegriffs iSd § 244 I Nr. 2 StGB, kann aber auch bereits hier fruchtbar gemacht werden. Die Annahme der Gewerbsmäßigkeit ergibt sich bei lebensnaher Sachverhaltsauslegung so zwanglos, dass man dies nicht großartig problematisieren muss. Das gilt umso mehr, als der Schwerpunkt der Aufgabenstellung eindeutig im Bereich des Bandendiebstahls liegt. 1549

II. Bandendiebstahl, §§ 242 I, 25 II, 244 I Nr. 2 StGB

Der mittäterschaftlich begangene Diebstahl gem. §§ 242 I, 25 II StGB könnte gem. § 244 I Nr. 2 StGB qualifiziert sein. Dann müssten A und B jeweils als Mitglied einer Bande, die sich zur fortgesetzten Begehung von Raub oder Diebstahl zusammengeschlossen hat, unter Mitwirkung eines anderen Bandenmitglieds gestohlen haben. 1550

1. Zunächst müsste es sich bei A und B um eine Bande handeln. 1551

a) In *qualitativer* Hinsicht setzt die Bande iSd § 244 StGB voraus, dass eine gewisse Anzahl von Personen aufgrund ausdrücklicher oder konkludenter Vereinbarung eine Verbindung eingeht, die für eine gewisse Dauer vorgesehen und auf die künftige Begehung mehrerer selbstständiger, im Einzelnen noch unbestimmter Taten gerichtet ist.[20] Die Verbindung muss über die Planung einer konkreten Einzeltat oder die Ausnutzung einer bestimmten Gelegenheit und über ein nur ganz kurzfristiges Zusammenwirken hinausgehen.[21] Da A und B sich bereits vor geraumer Zeit zur Begehung von Diebstählen zusammengeschlossen haben, sind diese Voraussetzungen erfüllt. Die »Unbestimmtheit« der geplanten Taten wird durch allgemein gehaltene Beschränkungen – wie vorliegend auf »Diebstähle dieser Art« – nicht ausgeschlossen.[22] 1552

b) Äußerst umstritten ist freilich die Frage, wie die Bande in *quantitativer* Hinsicht beschaffen sein muss. Dieses Element betrifft die Frage, wie viele Personen notwen- 1553

---

18 Siehe dazu BGHSt 2, 351 (352); 13, 70; Schönke/Schröder/*Eser/Hecker* § 1 Rn. 61. Zur Formulierung in Anklageschrift und Urteil siehe BayObLG NJW 1991, 3163; BGH NStZ 1981, 31.

19 Zu dieser Definition der Gewerbsmäßigkeit vgl. BGHSt 1, 383; BGH NStZ 1996, 285; NJW 1998, 2913 (2914).

20 Vgl. *Küper* StrafR BT 44.

21 *Küper* StrafR BT 44.

22 *Küper* StrafR BT 44.

dig sind, um von einer Bande sprechen zu können, sofern sie einen Zusammenschluss im oben dargestellten Sinne bilden.

1554 **aa)** Die Rechtsprechung[23] hat lange Zeit die Ansicht vertreten, es genügten bereits zwei Personen, um von einer »Bande« iSd § 244 StGB sprechen zu können. Denn bereits in diesem Fall liege die einer Bande immanente spezifische Gefährlichkeit vor.[24] Für diesen traditionellen Bandenbegriff – der auch heute noch in der Literatur vertreten wird[25] – werden im Wesentlichen folgende Argumente vorgebracht: Schon das Reichsgericht hatte unter »Mehreren« iSd Vorgängervorschrift des § 244 I Nr. 2 StGB auch bereits zwei Personen verstanden.[26] Der BGH übernahm diese Ansicht und übertrug sie auf den Begriff der Bande.[27] Gesetzessystematischer Anhaltspunkt für diese Auffassung ist auch die Tatsache, dass es nach §§ 244 I Nr. 2, 250 I Nr. 2 StGB für die jeweilige Bandenqualifikation jedenfalls ausreicht, wenn nur zwei Mitglieder die Tat ausführen bzw. an ihr mitwirken.[28] Auch dass die Verbindung von drei Personen notwendig gefährlicher ist als diejenige von zweien, wird man kaum behaupten können.[29] Schließlich lassen auch andere Tatbestände, bei denen es ebenfalls auf eine durch die Anzahl der beteiligten Personen gesteigerte Gefährlichkeit ankommen soll – etwa §§ 224 I Nr. 4, 231 I StGB – genügen, wenn die Personenmehrheit sich lediglich aus zwei Personen ergibt.[30] Der BGH vertrat explizit die Ansicht, dass die wesentliche Ursache der besonderen Gefährlichkeit nicht in der Vielzahl der Personen liege, sondern es vielmehr auf eine besonders enge Bindung zwischen den Personen ankomme, die dazu führe, dass ein ständiger Anreiz zur Fortsetzung des deliktischen Treibens bestehe.[31] Eine solche enge Bindung könne aber schon dann bestehen, wenn es sich lediglich um zwei Personen handele.[32]

1555 **bb)** Von dieser Rechtsprechung hat der *Große Senat* des BGH sich mit seinem Beschluss vom 22.3.2001 verabschiedet.[33] Nunmehr sollen drei Personen notwendig sein, um eine Bande iSd § 244 StGB bilden zu können. Wesentliche Teile der Literatur haben sich dieser Auffassung angeschlossen, sodass sie jetzt hM ist. Für sie wird – neben dem Wortlaut (frz. Bande = Truppe) und der historischen Entwicklung des Tatbestandes (Abgrenzung zur engeren Vorgängervorschrift des § 218 preußStGB, nach der ein Zusammenschluss von mindestens zwei Personen genügte)[34] – vor allem der Unterschied zur Mittäterschaft geltend gemacht. Die gegenüber § 25 II StGB deutlich erhöhte Strafe könne nur gerechtfertigt werden, wenn man für eine Bande den Zusammenschluss von mindestens drei Personen verlange. Auch fehle es im Zwei-Personen-Verhältnis an der maßgeblichen Gruppendynamik, aus der sich die

23 Siehe noch BGH NJW 2000, 2907.
24 Knapper und guter Überblick zum Folgenden bei *Küper* StrafR BT 44.
25 Schönke/Schröder/*Eser/Bosch* § 244 Rn. 24 ff.
26 RGSt 16, 173 (175); 66, 236 (238).
27 BGHSt 23, 239 f.
28 *Küper* StrafR BT 45.
29 Vgl. *Küper* StrafR BT 45 f.
30 Vgl. *Küper* StrafR BT 46.
31 BGHSt 23, 239 (240).
32 Zur einschränkenden Voraussetzung des »übergeordneten Bandeninteresses« bzw. des »gefestigten Bandenwillens« vgl. *Küper* StrafR BT 46. Mit der Entscheidung des *Großen Senats* v. 22.3.2001 (→ Rn. 1555) sind diese Voraussetzungen aufgegeben worden.
33 BGHSt 46, 321**.
34 Siehe hierzu *Schmitz* NStZ 2000, 477.

signifikant erhöhte Wahrscheinlichkeit der Tatbegehung ergeben soll.[35] Schließlich seien die bislang praktizierten Einschränkungen (»Bandenwille«, »Bandeninteresse«) unklar und unangemessen.[36] Auch führe das Drei-Personen-Erfordernis zu größerer Rechtssicherheit.[37]

2. Nach hA handelt es sich damit bei A und B schon nicht um eine Bande. Im Ausgangsfall können A und B sich daher nicht gem. § 244 StGB strafbar gemacht haben. **1556**

III. Ergebnis

A und B haben sich gem. §§ 242 I, 243 I 2 Nr. 3, 25 II StGB strafbar gemacht. **1557**

B. Strafbarkeit der F

Hinweis: F und O sollten getrennt geprüft werden, weil hinsichtlich des einzigen ernsthafter in Betracht kommenden Tatbestandes – § 258 StGB – F allenfalls Unterlassungstäterin sein kann, für O hingegen entweder eine eigene unmittelbar täterschaftliche Haftung oder eine Teilnahmestrafbarkeit in Betracht kommt. Aus dem letztgenannten Grund sollte zunächst die Strafbarkeit der F erörtert werden; insoweit bietet es sich dann an, chronologisch zu prüfen. **1558**

I. Falsche Verdächtigung, § 164 I StGB

F könnte sich wegen falscher Verdächtigung gem. § 164 I StGB strafbar gemacht haben, indem sie A und B beschuldigte, das Portemonnaie gestohlen zu haben. **1559**

1. Objektiver Tatbestand

F könnte A und B öffentlich einer rechtswidrigen Tat verdächtigt haben. **1560**

a) Verdächtigen ist unter anderem das Hervorrufen eines Verdachts durch ausdrückliches oder konkludentes Verhalten.[38] Indem F A und B in der U-Bahn-Station mit dem Vorwurf konfrontierte, sie hätten das Portemonnaie der F gestohlen, hat sie durch ausdrückliches Verhalten den Verdacht hervorgerufen, A und B hätten (mindestens) einen Diebstahl gem. § 242 I StGB begangen. Ein Verdächtigen liegt somit vor. **1561**

b) Bei einem Diebstahl gem. § 242 I StGB handelt es sich um ein einem Straftatbestand unterfallendes rechtswidriges Handeln – schuldhaft und strafbar muss es nicht notwendig sein – und damit einen tauglichen Gegenstand der Verdächtigung.[39] **1562**

c) Erforderlich ist weiter die Eignung der rechtswidrigen Tat, ein behördliches Verfahren zu veranlassen. Hieran können bei dem Diebstahl des A und B keine Zweifel bestehen. **1563**

d) Freilich muss die Verdächtigung objektiv unwahr sein. Das ist dann der Fall, wenn der Verdächtigte die rechtswidrige Tat, deren er verdächtigt wird, tatsächlich nicht **1564**

35 Hierzu MüKoStGB/*Schmitz* § 244 Rn. 38. Zweifelnd zB *Schöch* NStZ 1996, 166 (169 f.).
36 BGHSt 46, 321** (327 f.).
37 BGHSt 46, 321** (329).
38 SK-StGB/*Rudolphi/Rogall* § 164 Rn. 11.
39 Zu diesen wie auch den folgenden Voraussetzungen vgl. weiter SK-StGB/*Rudolphi/Rogall* § 164 Rn. 19 ff.

begangen hat. A und B haben – täterschaftlich (→ Rn. 1535 ff.) – einen Diebstahl begangen. Dass dieser Diebstahl sich tatsächlich allein auf den Inhalt der Geldbörse bezog – hinsichtlich des Portemonnaies selbst fehlte es an der Zueignungsabsicht von A und B – kann nicht dazu führen, dass die Verdächtigung der F nicht wahr ist. Denn erforderlich ist, dass der sich aus den falschen Tatsachenbehauptungen ergebende Verdacht in seinem wesentlichen Inhalt unwahr ist. Abgesehen davon, dass es sich bei der Äußerung, man habe »das Portemonnaie« gestohlen, um eine laienhafte Aussage handelt, die selbstverständlich die Aussage, der Inhalt sei ebenso gestohlen, mitenthält, betrifft die Unrichtigkeit der Behauptung der F insoweit einen unwesentlichen Nebenpunkt, als diese den Deliktscharakter der den Gegenstand der im Übrigen wahren Verdächtigung bildenden konkreten Tat nicht verändert.[40] Damit ist die Verdächtigung der F objektiv nicht unwahr. Bereits der objektive Tatbestand ist damit nicht erfüllt.

2. Ergebnis

1565 Eine Strafbarkeit der F wegen falscher Verdächtigung gem. § 164 StGB scheidet aus.

II. Üble Nachrede, § 186 StGB; Verleumdung, § 187 StGB

1566 Üble Nachrede und Verleumdung kommen nicht in Betracht, da die von F behauptete Tatsache bewiesen ist.[41]

III. Beleidigung, § 185 StGB

1567 Auch § 185 StGB liegt nicht vor, da das Äußern der Wahrheit für sich allein keine Ehrenkränkung und keine Missachtenskundgabe enthält. Ob man die Unwahrheit der Tatsache als objektives Tatbestandsmerkmal betrachtet oder sie nicht als vom Beleidigungsvorsatz umfasst ansieht, ändert an diesem Ergebnis nichts.[42]

IV. Nötigung, § 240 I, II StGB

1568 F könnte allerdings eine Nötigung gem. § 240 I, II StGB begangen haben, indem sie drohte, die Polizei zu rufen.

1. Objektiver Tatbestand

1569 **a)** Durch die Drohung, die Polizei zu rufen, wollte F zumindest konkludent erreichen, dass A bzw. B das Portemonnaie wieder herausgeben. Dieses Ziel hat F erreicht, der Nötigungserfolg iSd § 240 I StGB ist eingetreten.

1570 **b)** Mit der Drohung, die Polizei zu rufen, hat F ein – empfindliches – Übel angekündigt.

1571 **c)** Zwischen dem Nötigungsmittel und dem Nötigungserfolg besteht auch der notwendige nötigungsspezifische Zusammenhang, da sich in der Reaktion des Opfers

40 Vgl. insoweit LK/*Ruß* § 164 Rn. 11.

41 Zur umstrittenen Einordnung des Merkmals der Nichterweislichkeit der Tatsache siehe SK-StGB/*Rudolphi/Rogall* § 186 Rn. 19.

42 Siehe einerseits SK-StGB/*Rudolphi/Rogall* § 185 Rn. 4 mwN; andererseits *Tenckhoff* JuS 1989, 35 (36 f.).

– der Aufgabe der Tat und dem Hinweis auf das am Boden liegende Portemonnaie – gerade die dem Nötigungsmittel – Drohung mit der Polizei – eigentümliche Kraft der Willensbeugung niedergeschlagen hat.[43]

2. Subjektiver Tatbestand

a) F handelte hinsichtlich des Nötigungsmittels vorsätzlich, insoweit genügt dolus eventualis. **1572**

b) Umstritten ist, mit welcher Intensität der Nötigungserfolg gewollt sein muss. Da es F vorliegend iSv dolus directus 1. Grades auf die Wiedererlangung des Portemonnaies ankam, hat der Streit hier keine Bedeutung. Auch nach der insoweit engsten Auffassung hat F auch insofern vorsätzlich gehandelt.[44] **1573**

3. Rechtswidrigkeit

Rechtswidrig ist die Tat des § 240 StGB nur dann, wenn die Voraussetzungen iSd § 240 II StGB gegeben sind. Eine Prüfung der sog. »Zweck-Mittel-Relation« erübrigt sich freilich dann, wenn bereits ein anerkannter Rechtfertigungsgrund eingreift. Denn ein gerechtfertigtes und damit von der Rechtsordnung ausdrücklich erlaubtes Verhalten kann nicht verwerflich sein.[45] **1574**

a) Hier kommt Notwehr gem. § 32 StGB in Betracht. **1575**

aa) Notwehrlage **1576**

Eine Rechtfertigung gem. § 32 StGB setzt zunächst das Vorliegen eines gegenwärtigen rechtwidrigen Angriffs voraus. Fraglich ist hier allein, ob der rechtswidrige Angriff von A und B auf das Eigentum der F (noch) gegenwärtig ist. Denn der Diebstahl ist bereits vollendet (→ Rn. 1527). Da die Verletzung des Eigentums jedoch noch alsbald rückgängig gemacht werden kann und der Angreifer sie durch sein Verhalten intensiviert, darf unstreitig auch nach vollendetem Diebstahl gegen den auf frischer Tat betroffenen, mit der Beute flüchtenden Dieb noch Notwehr (und Notwehrhilfe) längstens bis zur Beendigung des Diebstahls geübt werden.[46] **1577**

bb) Notwehrhandlung

Am Vorliegen der Voraussetzungen, die an die Notwehrhandlung iSd § 32 StGB zu stellen sind, ist nicht zu zweifeln. So war die Drohung der F, die Polizei zu rufen, erforderlich – nämlich geeignet und das mildeste zur Verfügung stehende Mittel – und auch geboten. **1578**

cc) Subjektives Rechtfertigungselement

Die subjektiven Notwehrvoraussetzungen – Kenntnis der Notwehrlage und Verteidigungswille[47] – sind ebenfalls gegeben. **1579**

---

43 Zu dieser Voraussetzung vgl. Schönke/Schröder/*Eser/Eisele* § 240 Rn. 14.
44 Vgl. SK-StGB/*Horn/Wolters* § 240 Rn. 7 mwN.
45 *Fischer* § 240 Rn. 38.
46 Siehe nur SK-StGB/*Günther* § 32 Rn. 81 mwN.
47 Hierzu SK-StGB/*Horn/Wolters* § 240 Rn. 131 ff.

1580 **b)** F ist gem. § 32 StGB gerechtfertigt.

4. Ergebnis

1581 Eine Strafbarkeit wegen Nötigung gem. § 240 I, II StGB scheidet aus, da F gem. § 32 StGB gerechtfertigt ist.

1582 **Hinweis:** Zwar scheidet hier eine Strafbarkeit wegen Nötigung offensichtlich aus. Immer wieder verkannt wird bei der gutachterlichen Prüfung des § 240 StGB aber, dass die traditionellen Rechtfertigungsgründe der Verwerflichkeitsklausel iSd § 240 II StGB vorgehen (→ Rn. 1574). Dass man dies weiß, kann hier gut gezeigt werden.

V. Hehlerei, § 259 I StGB

1583 Eine Strafbarkeit wegen Hehlerei gem. § 259 I StGB scheidet – natürlich – aus. Denn wenn das Opfer der Vortat sich – im Einklang mit der Rechtsordnung (→ Rn. 1574 ff.) – den entwendeten Gegenstand zurückholt, sind die von § 259 StGB geschützten Rechtsgüter nicht betroffen. Zum einen erfolgt in diesem Fall gerade keine von § 259 StGB erfasste Schadensvertiefung, sondern die Wiederherstellung des ursprünglichen Zustandes. Zum anderen ist aber auch das Vermögen möglicher Opfer zukünftiger Vermögensdelikte nicht (auch nicht abstrakt) gefährdet, da F durch ihre Handlung nicht verursacht, dass die Vortat sich für den Täter »gelohnt« hat und dass etwaige Nachahmer sich deshalb an der Vortat ein Beispiel nehmen könnten.[48] F kann daher schon nicht taugliche Täterin einer Hehlerei sein.[49]

VI. Geldwäsche, § 261 I 2 Nr. 4 lit. a, II Nr. 1 StGB

1584 Auch Geldwäsche scheidet aus. Zwar handelt es sich bei dem Portemonnaie um einen Gegenstand, der aus einer rechtswidrigen Tat iSd § 261 I 2 Nr. 4 lit. a herrührt[50] – scil. einem gewerbsmäßigen Diebstahl gem. §§ 242 I, 243 I 2 Nr. 3 StGB (→ Rn. 1557). Freilich gelten die bereits iRd Prüfung des Hehlereitatbestandes angestellten Überlegungen hier sinngemäß. Denn auch hier wird das geschützte Rechtsgut nicht verletzt: Einerseits wird der materiell-rechtliche Anspruch der Eigentümerin F auf Herausgabe des Geldes durch die Handlung der F gerade nicht gefährdet, sondern im Gegenteil – im Einklang mit der Rechtsordnung (→ Rn. 1574 ff.) – befriedigt. Andererseits wird die Prävention gegenüber neuen Straftaten der organisierten Kriminalität[51] nicht gefährdet. F kann schon nicht taugliche Täterin einer Geldwäsche gem. § 261 StGB sein.

VII. Strafvereitelung durch Unterlassen, §§ 258 I, 13 I StGB

1585 F könnte sich aber wegen Strafvereitelung durch Unterlassen gem. §§ 258 I, 13 I StGB strafbar gemacht haben, als sie nach Erhalt des Portemonnaies davon absah, die Polizei zu rufen.

---

48 Zu diesem »doppelten« Rechtsgut der Hehlerei vgl. SK-StGB/*Hoyer* § 259 Rn. 1 ff.

49 Für O gilt das Gesagte sinngemäß, sodass dessen Strafbarkeit insoweit nicht noch eigenständig geprüft werden muss.

50 Zum Begriff des »Herrührens« vgl. SK-StGB/*Hoyer* § 261 Rn. 10 ff.

51 Hierzu SK-StGB/*Hoyer* § 261 Rn. 2.

1. Objektiver Tatbestand

a) Die rechtswidrige Tat eines anderen liegt mit dem durch A und B begangenen Diebstahl vor. 1586

b) Der Strafvereitelungserfolg ist eingetreten, da der aufgrund dieses Diebstahls begründete staatliche Sanktionsanspruch nicht durchgesetzt werden kann. 1587

c) Dadurch, dass F es unterlassen hat, die Polizei zu rufen, ist sie für den Eintritt des vom Tatbestand des § 258 StGB vorausgesetzten Strafvereitelungserfolges auch (quasi-)ursächlich geworden. Denn hätte F die Polizei gerufen, wären A und B mit an Sicherheit grenzender Wahrscheinlichkeit bestraft worden. Der Eintritt des tatbestandsmäßigen Erfolgs – Vereitelung des staatlichen Strafanspruchs – wäre also mit der beim Unterlassungsdelikt notwendigen Sicherheit verhindert worden. 1588

d) Für dieses Unterlassen muss F freilich nur dann einstehen, wenn sie rechtlich zur Abwendung des tatbestandsmäßigen Erfolges iSd § 258 StGB verpflichtet war. Daran fehlt es hier deshalb, weil F nicht die danach notwendige Garantenstellung innehat. Das Opfer einer Straftat muss eben nicht dafür sorgen, dass der Täter der, wenn auch verdienten Strafe zugeführt wird. Das zeigt sich schon daran, dass es eine Anzeigepflicht hinsichtlich bereits begangener Taten nicht gibt. 1589

Hinweis: Bezüglich geplanter, noch zu verhindernder Taten ist dies unter gewissen Voraussetzungen bekanntlich anders; vgl. § 138 StGB.[52] Eine ausnahmsweise strafbewehrte Pflicht zur Anzeige *begangener* Straftaten existiert hingegen im Völkerstrafrecht, vgl. § 14 VStGB, allerdings nur für einen beschränkten, insoweit besonders verpflichteten Täterkreis (militärische Befehlshaber oder zivile Vorgesetzte). 1590

2. Ergebnis

Mangels Garantenstellung scheidet auch eine Strafbarkeit der F wegen Strafvereitelung durch Unterlassen gem. §§ 258 I, 13 I StGB aus. 1591

VIII. Ergebnis zur Strafbarkeit der F

F ist nicht strafbar. 1592

C. Strafbarkeit des O

I. Strafbarkeit gem. §§ 164 I, 186, 187, 185, 240, 259, 261 StGB

Auch O hat sich wegen der genannten Delikte nicht strafbar gemacht. Insoweit gelten die Ausführungen zu F entsprechend. 1593

II. Strafvereitelung, § 258 I StGB

Hinweis: Es liegt auf der Hand, dass auch O unmöglich eine strafbare Strafvereitelung gem. § 258 StGB begangen haben kann. Eine dogmatisch überzeugende Begründung hierfür ist freilich alles andere als einfach. In einer Klausur wird man hier sicher nur noch Pluspunkte sammeln können, indem man versucht, die tatbestandlich an sich indizierte Strafbarkeit zu korrigieren. 1594

52 Vgl. dazu auch noch SK-StGB/*Hoyer* § 258 Rn. 32.

1595 O könnte sich aber seinerseits wegen Strafvereitelung durch aktives Tun gem. § 258 I StGB strafbar gemacht haben, indem er F überredete, die Benachrichtigung der Polizei zu unterlassen.

1. Objektiver Tatbestand

1596 **a)** A und B haben einen Diebstahl begangen (→ Rn. 1557).

1597 **b)** Der Strafvereitelungserfolg ist eingetreten, da der aufgrund dieses Diebstahls begründete staatliche Sanktionsanspruch – mangels Benachrichtigung der Polizei – nicht durchgesetzt werden kann, → Rn. 1587.

1598 **c)** Fraglich ist, ob das strafrechtlich relevante Verhalten des O in einem aktiven Tun oder in einem Unterlassen besteht. Stellt man auf das Überreden der F, die Polizei nicht zu rufen, ab, liegt aktives Tun vor. Hält man für ausschlaggebend, dass auch O – wie F – die Polizei nicht gerufen hat, handelt es sich um ein Unterlassen. Welches Verhalten maßgeblich ist, richtet sich nach hM[53] nach dem Schwerpunkt der Vorwerfbarkeit. Der Schwerpunkt des vorwerfbaren Verhaltens liegt hier freilich in den Überredungsaktivitäten des O, da er damit nicht nur davon abgesehen hat, selbst die Polizei zu rufen, sondern darüber hinaus auch noch F dazu veranlasst hat, es ihm gleich zu tun. Damit kann die Strafbarkeit des O jedenfalls – anders als diejenige der F – nicht an seiner fehlenden Garantenstellung scheitern.

1599 **Hinweis:** Machen Sie stets die Relevanz Ihrer Ausführungen deutlich. Zwar ist die Festlegung des Anknüpfungspunktes für den strafrechtlichen Vorwurf – siehe sogleich im Text – insbesondere deshalb erforderlich, weil dieser für die Beantwortung nach dem kausalen Verursachungsakt notwendige Voraussetzung ist. Mit der oben gewählten Formulierung erläutern Sie aber eine weitere Konsequenz der Anknüpfung an das aktive Tun des O, die im Folgenden dazu führt, dass ein »Ausweg« aus der Strafbarkeit nur über die objektive Zurechnung (→ Rn. 1601 ff.) gesucht werden kann.

1600 Da O durch seine Überredungsaktivitäten F davon abgehalten hat, die Polizei zu rufen, ist sein Handeln kausal für das quasi-kausale Unterlassen der F und damit auch ursächlich für den Eintritt des Strafvereitelungserfolges geworden.

1601 **d)** Möglicherweise kann O der eingetretene Erfolg nicht objektiv zugerechnet werden. Bekanntlich verlangt die als Restriktion zur bloßen naturgesetzlichen Kausalität entwickelte Lehre von der objektiven Zurechnung im Rahmen ihrer normativen Abgrenzung personaler Verantwortungsbereiche zweierlei: Zum einen muss der Täter ein rechtlich missbilligtes Risiko gesetzt haben, zum anderen muss gerade dieses Risiko sich im tatbestandlichen Erfolg verwirklicht haben.[54]

1602 **aa)** Dadurch, dass O durch seine Überredungsaktivitäten F davon abgehalten hat, die Polizei zu rufen, hat er das Risiko gesetzt, dass A und F nicht bestraft werden.

1603 **bb)** Fraglich erscheint aber bereits, ob dieses Risiko rechtlich missbilligt ist. Keinesfalls kann die rechtliche Missbilligung aus der Tatsache hergeleitet werden, dass die Handlung des O in § 258 StGB unter Strafe gestellt ist. Ein solches Vorgehen wäre zirkelschlüssig, da die objektive Zurechnung ja gerade erst klären soll, ob die Hand-

---

53 Vgl. die umfassenden Nachw. bei *Kühl* StrafR AT § 18 Rn. 14; Anders und zutreffend freilich Baumann/Weber/Mitsch/*Mitsch* StrafR AT § 15 Rn. 27.

54 Dazu eingehend *Kühl* StrafR AT § 4 Rn. 43 ff.

lung des Täters in ihrem Unrechtsgehalt tatsächlich dem Anwendungsbereich des in Frage stehenden Deliktstatbestandes unterfällt. Die rechtliche Missbilligung muss sich also aus einer vorgelagerten Erwägung ergeben, etwa einer allgemeinen rechtlichen Verpflichtung zur Anzeige von Straftaten. Eine solche generelle Verpflichtung existiert aber nicht. Auch Sondervorschriften, die eine Ausnahme diesbezüglich bilden, sind nicht einschlägig, weshalb es bereits an der rechtlichen Missbilligung des von O gesetzten Risikos fehlt.

Hinweis: Diese Ansicht ist gut vertretbar. Wer das – mit entsprechender Begründung – anders sieht, muss entscheiden, ob sich das vom Täter gesetzte Risiko tatsächlich im Erfolg verwirklicht hat. Hier stellen sich schwierigste rechtsphilosophische Fragen (liegt möglicherweise Unbeherrschbarkeit des Kausalverlaufes deshalb vor, weil dieser sich über das Handeln [Unterlassen] der F vermittelt und somit die freie Willensentscheidungsfähigkeit eines Menschen einer Beherrschbarkeit in diesem Sinne entgegen steht?), mit denen man sich im Rahmen einer Klausurlösung selbstverständlich nicht beschäftigen kann. Lässt man hier eine Beeinflussung der F durch O genügen, kommt man zur Bejahung der objektiven Zurechenbarkeit. Dann ist auch der subjektive Tatbestand zu bejahen und sodann die Täterschaft des O zu problematisieren. Einfach ist freilich auch das nicht. Legt man nämlich mit der hA hier die Tatherrschaftslehre zugrunde, ist täterschaftskonstituierendes Element die Herrschaft über die Tatausführung. Es lässt sich nun alles andere als einfach darlegen, dass dies etwas anderes sein soll, als die – oben verneinte – Beherrschbarkeit im Rahmen der objektiven Zurechenbarkeit. Die hM freilich behauptet schlicht, dass derjenige, der – wie hier O – einen rettenden Kausalverlauf (Rufen der Polizei durch F) abbricht, nur dann (unmittelbarer!) Täter sein könne, wenn er dies mit den Mitteln mittelbarer Täterschaft – also Täuschung oder Zwang – tue. Daran fehlt es vorliegend, weil O die F lediglich überredet hat. Damit kann also O nicht Täter einer Strafvereitelung sein. Dieses Ergebnis hält auch einer »normativen Überprüfung« stand, denn wertungsmäßig ist das, was O hier tut, selbstverständlich nichts anderes als eine Anstiftungshandlung. Da es aber an einer vorsätzlich rechtswidrigen Haupttat der F fehlt (→ Rn. 1592), kann O auch nicht wegen Anstiftung zur Strafvereitelung gem. §§ 258 I, 26 StGB strafbar sein. 1604

4. Ergebnis

Eine Strafbarkeit des O wegen Strafvereitelung gem. § 258 I StGB scheidet also aus. 1605

III. Ergebnis zur Strafbarkeit des O

Auch O hat sich nicht strafbar gemacht. 1606

Abwandlungen

1. Abwandlung: A entwendet das Portemonnaie ohne jede Beteiligung von B und C

Hinweis: B und C können sich nicht strafbar gemacht haben, da A das Portemonnaie laut Sachverhalt »ohne jede Beteiligung« von B und C entwendet hat. 1607

A. Strafbarkeit des A

I. Diebstahl, §§ 242 I, 243 I Nr. 3 StGB

1608 A hat einen Diebstahl gem. § 242 I StGB begangen. Die Strafe ist auch hier dem Strafrahmen des § 243 StGB zu entnehmen.

II. Bandendiebstahl, §§ 242 I, 244 I Nr. 2 StGB

1609 **1.** Bei A, B und C handelt es sich nach der Vorgabe im Sachverhalt um eine Bande iSd § 244 I Nr. 2 StGB.

1610 **Hinweis:** Mit dieser Vorgabe soll verhindert werden, dass Studenten, die – gut vertretbar – im Ausgangsfall die Existenz einer Bande in lediglich negativer Abgrenzung zur traditionellen Ansicht (zwei Personen genügen) abgelehnt haben, ohne sich positiv festzulegen, wie viele Mitglieder eine Bande denn nun haben muss, in der Abwandlung nun lang und breit darlegen, weshalb auch drei Personen nicht genügen und sich dann sämtliche weiteren Probleme abschneiden. Denn warum die von der neuen Rechtsprechung und Teilen der Literatur verwandten Argumente nun bedeuten sollen, dass gerade drei Personen eine Bande bilden, erscheint zumindest selbst erläuterungsbedürftig.

1611 **2.** A müsste als Mitglied einer Bande unter Mitwirkung eines anderen Bandenmitglieds gestohlen haben.

1612 **a)** A ist Mitglied der aus A, B und C bestehenden Bande.

1613 **b)** A hat den Grundtatbestand des § 242 I StGB verwirklicht, indem er das Portemonnaie entwendet hat (→ Rn. 1608). A hat iSd § 244 I Nr. 2 StGB gestohlen.

1614 **c)** Freilich fehlt es an der Mitwirkung eines anderen Bandenmitglieds, denn B und C waren in keiner Weise an der Ausführung des Diebstahls beteiligt.

1615 **Hinweis:** Diese Fallkonstellation ist eindeutig und unstreitig. Dass sie in die Aufgabenstellung übernommen worden ist, hat seinen Grund vor allem darin, Ihnen die Möglichkeit zu geben, einen »sanften« Einstieg in die Problematik der – für studentische Bearbeiter häufig nicht einfach zu bewältigenden – Abwandlungen zu ermöglichen.

B. Ergebnis

1616 A kann sich nicht gem. §§ 242 I, 244 I Nr. 2 StGB strafbar gemacht haben. Es bleibt also bei seiner Strafbarkeit wegen Diebstahls in einem besonders schweren Fall gem. §§ 242 I, 243 I Nr. 3 StGB.

2. Abwandlung: A entwendet das Portemonnaie allein nach Tatplan und Anweisung des nicht am Tatort anwesenden C

A. Strafbarkeit des A

I. Diebstahl, § 242 I StGB

1617 A hat einen Diebstahl gem. § 242 I StGB (in einem besonders schweren Fall gem. § 243 I 2 Nr. 3 StGB) begangen (→ Rn. 1608).

II. Bandendiebstahl, §§ 242 I, 244 I Nr. 2 StGB

A könnte einen Bandendiebstahl gem. §§ 242 I, 244 I Nr. 2 StGB begangen haben, indem er das Portemonnaie zwar allein, aber nach Tatplan und Anweisung des nicht am Tatort anwesenden Bandenmitglieds C entwendete. **1618**

1. Objektiver Tatbestand

a) A hat als Mitglied der aus A, B und C bestehenden Bande durch das Entwenden der Geldbörse einen Diebstahl begangen. **1619**

b) Fraglich ist aber, ob dies unter Mitwirkung eines anderen Bandenmitglieds geschah. Dieses andere Bandenmitglied kann nur C gewesen sein, denn nach der Aufgabenstellung war in dieser Variante B an der Tat überhaupt nicht beteiligt. Problematisch erscheint aber, ob die Ausarbeitung des Tatplanes und die Erteilung der Anweisung genügen, um von einer Mitwirkung des – nicht am Tatort anwesenden – C iSd § 244 I Nr. 2 StGB zu sprechen. **1620**

aa) Dieses Mitwirkungserfordernis, das den Tatbestand des § 244 I Nr. 2 StGB von zahlreichen anderen Bandentaten (etwa der Bandenhehlerei gem. § 260 StGB) unterscheidet, wurde von der hM lange in dem Sinne interpretiert, dass der Tatbestand nur bei örtlich und zeitlich gemeinsamer Begehung von wenigstens zwei Bandenmitgliedern erfüllt sein sollte.[55] Nach dieser Ansicht ist eine Mitwirkung durch C nicht gegeben, § 244 I Nr. 2 StGB also nicht erfüllt. **1621**

Hinweis: Die damals darüber hinaus umstrittene Frage, ob nur derjenige Täter des Bandendiebstahls sein könne, der auch vor Ort agiere, spielt im Rahmen der Strafbarkeitsprüfung des A keine Rolle, weil dieser ja vor Ort tätig ist. Die Frage kann daher erst bei C relevant werden, vgl. → Rn. 1633 ff. **1622**

bb) Nach der Gegenansicht soll es nicht darauf ankommen, dass das zweite Bandenmitglied bei der Begehung des Diebstahls am Tatort anwesend ist, solange neben dem Täter nur ein weiteres Bandenmitglied irgendwie an dem Diebstahl mitwirkt.[56] Da danach auch die Planung und Anweisung durch ein nicht am Tatort anwesendes Bandenmitglied genügt, hat C nach dieser Ansicht an der Begehung des Diebstahls mitgewirkt iSd § 244 I Nr. 2 StGB. **1623**

cc) Da die beiden Ansichten zu unterschiedlichen Ergebnissen gelangen, bedarf es einer Entscheidung: **1624**

Hinweis: Siehe zur favorisierten Streitdarstellung oben Fall 1 → Rn. 35. **1625**

(1) Die erstgenannte Auffassung, die in der Literatur[57] auch nach der anderslautenden Entscheidung des *Großen Senats* vom 22.3.2001 vehement vertreten wird, stützt sich vor allem auf folgende Argumente: Wer das restriktive Verständnis des Tatbestandsmerkmals der Mitwirkung, es müssten wenigstens zwei Bandenmitglieder vor Ort die Wegnahmehandlung zusammen begehen, aufgebe, der ebne den Unterschied zwischen dem Bandendiebstahl und denjenigen Delikten, die das dort normierte Mitwir- **1626**

55 Vgl. MüKoStGB/*Schmitz* § 244 Rn. 46 mwN in Fn. 120.
56 BGHSt 46, 321***.
57 Siehe vor allem *Engländer* GA 2000, 578 (580 ff.); MüKoStGB/*Schmitz* § 244 Rn. 48; (dort auch die weiteren Nachw. in Fn. 123).

kungserfordernis nicht voraussetzten, unzulässig ein.[58] Das spezifische Unrecht des Bandendiebstahls ergebe sich nicht nur aus der der Bande immanenten Organisationsgefahr, sondern auch aus einer spezifischen Ausführungsgefahr, durch die die Effizienz der Wegnahmehandlung gesteigert werde.[59] Die neue Rechtsprechung des BGH verzichte auf dieses zweite Erfordernis der Ausführungsgefahr.[60] Das sei aber deshalb unzulässig, weil es hier gewissermaßen um zwei Steigerungsstufen gehe; die erste betreffe die Initiative zur Tatbegehung, die zweite die Tatausführung.[61] Die Wegnahme fremder Sachen und damit die Rechtsgutsverletzung werde aber gerade deshalb wahrscheinlicher, weil der Täter nicht allein vor Ort agiere, sondern sich auf die Mitwirkung des weiteren Bandenmitglieds verlassen könne.[62]

1627 **(2)** Der *Große Senat* des BGH hat sich in seiner Entscheidung vom 22.3.2001[63] – im Ergebnis zu Recht – über diese Bedenken hinweggesetzt. Das Mitwirkungserfordernis ist bereits dann als erfüllt anzusehen, wenn neben dem Täter ein zweites Bandenmitglied »irgendwie« an der Tat mitwirkt:

1628 Zunächst steht der Wortlaut einem extensiven Verständnis im hier vertretenen Sinne nicht entgegen.[64] Das ist sicher richtig und wird von den Vertretern der Gegenauffassung auch zugestanden.[65] Dem in der Literatur geäußerten Einwand, die besondere Gefährlichkeit der Tat liege nur bei räumlicher Anwesenheit von mindestens zwei Bandenmitgliedern vor, entgegnet der BGH zutreffend mit der Erwägung, dass diesem Einschüchterungseffekt sowie der gesteigerten Durchsetzungsmacht mehrerer Täter gegenüber dem Opfer beim Bandendiebstahl nur sekundäre Bedeutung zukommt. Eine potentielle Täter-Opfer-Konfrontation ist dem Tatbestand des Diebstahls nicht von vornherein immanent.[66] Schließlich ist eine erhöhte Gefährdung der von § 242 StGB geschützten Rechtsgüter Eigentum und Gewahrsam auch dann gegeben, wenn bei Planung und Vorbereitung arbeitsteilig zusammengewirkt wird. Auch dann liegt also eine erhöhte Aktions- und Ausführungsgefahr vor.[67] Im Übrigen wird auch mit dieser weiten Auslegung des Mitwirkungsmerkmals – anders als dies die Literatur behauptet – dem Gesichtspunkt der gesteigerten Ausführungsgefahr Rechnung getragen. Denn die Tatbeiträge der einzelnen Bandenmitglieder fließen in die Tatausführung ein und verstärken sich in ihrer Wirkung gegenseitig. Diese die Effizienz der Tathandlung erhöhende bandenmäßige Ausführungsgefahr ist aber nicht gleichzusetzen mit der schon vom bandenmäßigen Zusammenschluss ausgehenden Organisationsgefahr.[68] Denn die abstrakte Gefährlichkeit der Bandenabrede liegt in der engen Bindung, die die Mitglieder für die Zukunft und für eine gewisse Dauer eingehen und die einen ständigen Anreiz zur Fortsetzung bildet.[69] Die Effektivitäts-

58 MüKoStGB/*Schmitz* § 244 Rn. 48.
59 *Zopfs* GA 1995, 320 (327).
60 *Engländer* GA 2000, 578 (581 f.).
61 MüKoStGB/*Schmitz* § 244 Rn. 48.
62 So ausdrücklich MüKoStGB/*Schmitz* § 244 Rn. 48 aE.
63 BGHSt 46, 321*** (332 ff.).
64 BGHSt 46, 321*** (333).
65 Vgl. etwa MüKoStGB/*Schmitz* § 244 Rn. 48, der diesem Argument freilich keine entscheidende Bedeutung beimessen will.
66 BGHSt 46, 321*** (334).
67 BGHSt 46, 321*** (334 f.).
68 BGHSt 46, 321*** (336).
69 Siehe bereits BGHSt 23, 239 (240).

steigerung der Tatausführung ist ein hiervon unabhängiges Gefährlichkeitselement, das die Bandendelikte, die die Mitwirkung eines anderen Bandenmitglieds bei der Tatbegehung vorsehen, nach wie vor von denjenigen Bandendelikten unterscheiden, die kein ausdrücklich im Tatbestand genanntes Mitwirkungsmerkmal enthalten. Bei diesen genügt die Realisierung der im bandenmäßigen Zusammenschluss liegenden Organisationsgefahr, indem ein Bandenmitglied die Tat für die Bande begeht.[70]

Ein weiterer Einwand gegen die Gegenansicht liegt auf der Hand: Wer das Zusammenwirken von zwei Personen am Tatort verlangt und dies mit der erhöhten Ausführungsgefahr begründet, kann kaum überzeugend erklären, warum diese nicht auch dann gegeben sein soll, wenn lediglich zwei Mittäter des § 242 I StGB am Tatort anwesend sind. Denn wenn man die Organisationsgefahr tatsächlich von der Ausführungsgefahr trennen will, kann sich Letztere in der Tat nur daraus ergeben, dass die Tathandlung des Grundtatbestandes – also die Wegnahme – effektiver ausgeführt werden kann. Warum dies aber dann nicht in gleichem Maße gewährleistet sein soll, wenn zwei Mittäter, von denen wenigstens einer nicht Bandenmitglied ist, am Tatort anwesend sind, lässt sich nicht überzeugend erklären. 1629

(3) Schließt man sich nach alledem der neuen Rechtsprechung des BGH an, so hat A unter Mitwirkung eines anderen Bandenmitglieds, nämlich des C, gestohlen, obwohl Letzterer nicht selbst am Tatort anwesend war. 1630

2. Subjektiver Tatbestand, Rechtswidrigkeit, Schuld

A handelte vorsätzlich, mit Zueignungsabsicht, rechtswidrig und schuldhaft. 1631

3. Ergebnis

A ist demnach strafbar wegen Bandendiebstahls gem. §§ 242 I, 244 I Nr. 2 StGB; § 243 StGB wird von § 244 StGB verdrängt. 1632

B. Strafbarkeit des C

I. Diebstahl in Mittäterschaft, §§ 242 I, 25 II StGB

C könnte sich durch die Ausarbeitung des Tatplans und seine Anweisungen zur Tatbegehung eines Diebstahls in Mittäterschaft gem. §§ 242 I, 25 II StGB schuldig gemacht haben, obwohl er bei der Ausführung des Diebstahls selbst nicht am Tatort anwesend war. 1633

Hinweis: Mit dieser Formulierung lassen Sie bereits im Einführungssatz Problembewusstsein erkennen. 1634

1. Objektiver Tatbestand

C hat durch seinen Tatplan und die Anweisung zur Tatbegehung die Wegnahme einer fremden beweglichen Sache verursacht. 1635

Hinweis: Lesen Sie nochmals den Hinweis → Rn. 1528. 1636

70 BGHSt 46, 321*** (336).

2. Subjektiver Tatbestand

1637 C handelte vorsätzlich und mit Zueignungsabsicht.

3. Täterschaft

1638 Fraglich ist, ob C täterschaftlich gehandelt hat. In Betracht kommt Mittäterschaft, § 25 II StGB. Ob deren Voraussetzungen vorliegen, ist hier freilich deshalb fraglich, weil C im Ausführungsstadium selbst nicht tätig geworden ist, sondern sich mit der Planung der Tat und der Anweisung zur Tatbegehung auf eine Mitwirkung im Vorbereitungsstadium beschränkt hat. Ob eine solche Mitwirkung für die Annahme gemeinsamer Tatausführung genügt, um (Mit-)Täterschaft zu begründen, ist bekanntlich umstritten.

1639 a) Insbesondere *Roxin* als maßgeblicher Vertreter der Tatherrschaftslehre verteidigt eine restriktive Interpretation des § 25 II StGB. Täterschaft sei Tatbestandsverwirklichung; daher könne auch Mittäterschaft nur Mitherrschaft bei der Verwirklichung der Tatbestandshandlung, dh bei der Ausführung selbst sein.[71] Hierbei soll allerdings körperliche Anwesenheit nicht unbedingt erforderlich sein. Soweit der Bandenchef durch Telefon- oder Funkkontakt aus der Ferne in der Lage sei, während der Ausführung selbst Anweisungen zu geben, bejaht diese Auffassung Tatherrschaft.[72] Nach dieser, auf einem faktischen Tatherrschaftsverständnis beruhenden Auffassung kann C nicht Mittäter gewesen sein, da er keine Mitherrschaft bei der Ausführungshandlung im hier vorausgesetzten Sinne hatte.

1640 b) Die Rechtsprechung des BGH hat die Möglichkeit mittäterschaftlicher Strafbarkeit in Fällen wie dem vorliegenden im Anschluss an die ständige reichsgerichtliche Judikatur seit jeher jedenfalls grundsätzlich bejaht. Danach können bereits geringfügigste Mitwirkungen im Vorbereitungsstadium zur Anwendung des § 25 II StGB führen.[73] Mittäterschaft liege vor, wenn ein Tatbeteiligter nicht bloß fremdes Tun fördern wolle, sondern sein Beitrag Teil einer gemeinschaftlichen Tätigkeit sein solle. Dabei müsse der Beteiligte seinen Beitrag als Teil der Tätigkeit des anderen und umgekehrt dessen Tun als Ergänzung seines eigenen Tatanteils wollen. Ob ein Beteiligter dieses enge Verhältnis zur Tat habe, sei nach den gesamten Umständen, die von seiner Vorstellung umfasst sind, in wertender Betrachtung zu beurteilen. Wesentliche Anhaltspunkte für diese Beurteilung könnten gefunden werden im Grad des eigenen Interesses am Erfolg der Tat, im Umfang der Tatbeteiligung und in der Tatherrschaft oder wenigstens dem Willen zur Tatherrschaft, sodass Durchführung und Ausgang der Tat maßgeblich von seinem Willen abhingen.[74]

1641 Wendet man diese Grundsätze im vorliegenden Fall auf den Tatbeitrag des C an, kommt man zur Strafbarkeit des C als Mittäter gem. § 25 II StGB. Denn mit der Pla-

---

71 LK/*Roxin*, 11. Aufl. 1993, § 25 Rn. 181 ff.; ähnlich nun auch LK/*Schünemann* § 25 Rn. 180 ff., 182).

72 *Roxin* Täterschaft und Tatherrschaft 299, 658 f.; *ders.* JA 1979, 519 (522); *Herzberg*, Täterschaft und Teilnahme, 1977, 68; SK-StGB/*Samson*, 5. Aufl. 1993, § 25 Rn. 122 (vgl. aber jetzt SK-StGB/*Hoyer* § 25 Rn. 112 ff.).

73 Insbes. BGHSt 11, 268**; 16, 12; 37, 289** (zu dieser Entscheidung krit. *Herzberg* JZ 1991, 856; *Puppe* NStZ 1991, 571; *Roxin* JR 1991, 206; *Erb* JuS 1992, 197); BGH NStZ 1995, 285. Siehe auch BGH NStZ 1999, 609.

74 BGH NStZ 1995, 285.

nung der Tat und seinen konkreten Anweisungen zur Tatbegehung ist C erheblich an der Tat beteiligt, an deren Erfolg er nach dem Bearbeitervermerk auch ein ausgeprägtes Eigeninteresse hatte. Durchführung und Ausgang der Tat waren daher so maßgeblich von seinem Willen abhängig, dass dem nur die Annahme mittäterschaftlicher Strafbarkeit hinreichend Rechnung trägt.

Hinweis: Es geht hier um die bekannte »Bandenchefproblematik«, vgl. *Stratenwerth/Kuhlen* StrafR AT § 13 Rn. 91, 93. Vgl. auch die neuere differenzierende Ansicht von SK-StGB/*Hoyer* § 25 Rn. 112 ff., die derjenigen des BGH nahe steht und im vorliegenden Fall ebenfalls zur Annahme von Mittäterschaft kommt. 1642

c) Auch ein Großteil der Vertreter der objektiven Tatherrschaftslehre lässt Mittäterschaft grundsätzlich schon dann zu, wenn lediglich eine vorbereitende Mitwirkung vorliegt.[75] Dafür soll allerdings Voraussetzung sein, dass entweder der betreffende Tatbeitrag im Ausführungsstadium »weiterwirke«[76] oder aber »das ›Beteiligungsminus‹ bei der Tatausführung durch das ›Plus‹ der mitgestaltenden Deliktsplanung ausgeglichen«[77] werde. 1643

Auch diese Auffassung kommt auch im vorliegenden Fall zur Annahme von Mittäterschaft, da Tatplanung und Anweisung des C im Ausführungsstadium ebenso weitergewirkt haben wie sie die Deliktsplanung entscheidend mitgestaltet und deshalb das Beteiligungsminus bei der Tatausführung selbst ausgeglichen haben. 1644

d) Gegen die erstgenannte Ansicht wird zutreffend vorgebracht, dass sie einen Rückfall in die formal-objektive Theorie mit zum Teil unbefriedigenden Ergebnissen bedeutet, da sie zum Ausschluss wichtiger Tatbeteiligter (zB eben des Bandenchefs) führe.[78] Zudem wird ihr zu Recht entgegen gehalten, dass sie eine unzulässige Parallele zur Einzeltäterschaft zieht und dem Wesen der Mittäterschaft als Tatherrschaft einer Personengesamtheit nicht hinreichend Rechnung trägt.[79] Andererseits spricht für die Annahme von Mittäterschaft auch bei bloßer Mitwirkung im Vorbereitungsstadium, dass nicht der Zeitpunkt der Erbringung des Tatbeitrages, sondern der Eintritt von dessen Wirkung entscheidend ist. Auch lässt sich so die Mittäterschaft besser von der Teilnahme abgrenzen.[80] Nach alledem ist die Meinung, die für die Bejahung der Mittäterschaft eine Mitwirkung im Ausführungsstadium verlangt, abzulehnen. 1645

Sowohl die Rechtsprechung als auch die Vertreter einer extensiv verstandenen objektiven Tatherrschaftslehre kommen zu demselben Ergebnis, nämlich der Mittäterschaft des C. Eine Streitentscheidung ist daher insoweit entbehrlich. C ist Mittäter eines Diebstahls gem. §§ 242 I, 25 II StGB. 1646

Hinweis: Selbstverständlich ist auch die Auffassung der restriktiven Tatherrschaftslösung – mit entsprechender Begründung – (sehr) gut vertretbar. Für die hier gewählte Lösung sprechen vor allem klausurtaktische Erwägungen. Wer nämlich § 25 II StGB ablehnt (und dem entsprechend zur Strafbarkeit gem. §§ 242 I, 27 I StGB kommt), schneidet sich die Prüfung des Bandendiebstahls des C und 1647

75 So zB Schönke/Schröder/*Heine* § 25 Rn. 66 mwN.
76 *Stratenwerth/Kuhlen* StrafR AT § 12 Rn. 93.
77 *Wessels/Beulke* StrafR AT Rn. 528.
78 *Jakobs* StrafR AT 21/51; *Seher* JuS 2009, 304 (308).
79 *Maurach/Gössel/Zipf* StrafR AT II § 49 Rn. 32.
80 Schönke/Schröder/*Heine* § 25 Rn. 66.

damit die bislang noch unerörterte Frage ab, ob nur Täter des Bandendiebstahls sein kann, wer selbst am Tatort anwesend ist (→ Rn. 1657 ff.). Denn dass derjenige, der nicht Täter des Grundtatbestandes ist, nicht Täter des Bandendiebstahls sein kann (weil er nicht »stiehlt« iSd § 244 I Nr. 2 StGB), ist unumstritten. Die Frage der Anwesenheit des Täters des § 244 StGB am Tatort ist von der oben behandelten Problematik der Mitwirkung (die sich ja auf ein anderes Bandenmitglied bezieht) zu unterscheiden!

4. Rechtswidrigkeit und Schuld

1648 C handelte rechtswidrig und schuldhaft.

5. Ergebnis

1649 C hat zunächst einen einfachen Diebstahl, und zwar mittäterschaftlich gem. § 25 II StGB mit A, begangen.

II. Bandendiebstahl, §§ 242 I, 25 II, 244 I Nr. 2 StGB

1650 Möglicherweise ist der Diebstahl gem. § 244 I Nr. 2 StGB qualifiziert.

1651 **1.** Bei A, B und C handelt es sich um eine Bande iSd § 244 I Nr. 2 StGB.

1652 **2.** C müsste als Bandenmitglied unter Mitwirkung eines anderen Bandenmitglieds gestohlen haben.

1653 **a)** C ist (selbstverständlich auch als Bandenchef) Bandenmitglied.

1654 **b)** C hat gestohlen iSd § 244 I Nr. 2 StGB, da er Mittäter des durch A eigenhändig begangenen Diebstahls ist (→ Rn. 1646).

1655 **c)** Fraglich ist, ob er unter Mitwirkung eines anderen Bandenmitglieds gestohlen hat. Hier sind zwei Fragen zu trennen. Zum einen wird die bereits oben entschiedene Frage relevant, ob zwei Bandenmitglieder am Tatort anwesend sein müssen (→ Rn. 1656). Zum anderen muss nun – erstmals – entschieden werden, ob nur derjenige Täter des Bandendiebstahls sein kann, der selbst am Tatort anwesend ist (→ Rn. 1657 ff.).

1656 **aa)** Dass der Bandendiebstahl iSd § 244 I Nr. 2 nicht voraussetzt, dass zwei Bandenmitglieder am Tatort anwesend sein müssen, wurde bereits dargelegt (→ Rn. 1620 ff.).

1657 **bb)** Möglicherweise kann aber C deshalb nicht Täter des § 244 I Nr. 2 StGB gewesen sein, weil er selbst nicht am Tatort anwesend war.

1658 **(1)** Die Rechtsprechung des BGH hat in der Tat lange Zeit – wie dies Teile der Literatur jedenfalls im Ergebnis auch heute noch tun[81] – vertreten, dass Täter eines Bandendiebstahls in der Regel nur sein könne, wer an der Tat, d.h. an der Wegnahmehandlung, vor Ort selbst mitwirke.[82] Freilich wurde der Grund hierfür darin erblickt, dass das Mitwirkungserfordernis als »Sonderregelung der Täterschaft beim Bandendiebstahl« aufgefasst wurde.[83] Daraus folgte dann, dass für einen nicht an der Wegnahme selbst Beteiligten täterschaftlicher Bandendiebstahl ausschied, jedoch nach dem weiten Täterschaftsverständnis der Rechtsprechung (→ Rn. 1640) eine Mittäter-

81 Vgl. nur MüKoStGB/*Schmitz* § 244 Rn. 52.
82 Siehe BGHSt 33, 50 (54); BGH NStZ 1999, 571.
83 BGHSt 8, 205 (208).

schaft am Grunddelikt in Betracht kam.[84] Schon seit geraumer Zeit hatten Teile der Literatur dieses gespaltene Täterschaftsverständnis – zu Recht – angegriffen.[85]

(2) Mit seiner Entscheidung vom 9.8.2000[86] hat der BGH das Erfordernis des örtlichen und zeitlichen Zusammenwirkens als täterschaftsbegründendes Merkmal aufgegeben. Der *Große Senat* hat an dieser Ansicht festgehalten.[87] Nunmehr gilt richtigerweise, dass »ein Mitglied einer Diebesbande auch dann Täter eines Bandendiebstahls sein kann, wenn es zwar nicht an der Ausübung des Diebstahls unmittelbar beteiligt war, aber auf eine andere *als täterschaftlicher Tatbeitrag zu wertende Weise* daran mitgewirkt hat.«[88] Das bedeutet, dass die Frage, ob C Täter eines Bandendiebstahls sein kann, bereits mit der Bejahung mittäterschaftlicher Begehung des Grunddeliktes des § 242 I StGB positiv entschieden ist. Das heißt: Der überkommene Einwand, der BGH vertrete im Rahmen des § 244 I Nr. 2 StGB einen gespaltenen Täterbegriff, hat sich erledigt; kritisieren lässt sich allein noch die Ansicht, auch das nicht am Tatort anwesende, sich auf eine bloße Mitwirkungshandlung im Vorbereitungsstadium beschränkende Bandenmitglied erbringe einen mittäterschaftlichen Beitrag. Bejaht man diese Frage aber – wie hier –, 1659

Hinweis: und zwar bereits bei der Prüfung des § 242 I StGB, → Rn. 1645 f. 1660

dann steht auch die täterschaftliche Haftung im Rahmen des Bandendiebstahls fest.[89] 1661

cc) Mit A, der die Wegnahmehandlung vorgenommen hat, hat ein anderes Bandenmitglied am Diebstahl mitgewirkt.

3. C handelte vorsätzlich bzgl. der Begehung eines Diebstahls als Mitglied einer Bande unter Mitwirkung des A. Wie bereits gezeigt, handelte er auch in Zueignungsabsicht, rechtswidrig und schuldhaft. 1662

4. Ergebnis

C ist strafbar wegen gemeinschaftlich begangenen Bandendiebstahls gem. §§ 242 I, 25 II, 244 I Nr. 2 StGB. 1663

3. Abwandlung: N, der nicht Mitglied der Bande ist, entwendet das Portemonnaie mit Unterstützung (iSv § 27 I StGB) von A und B nach Tatplan und Anweisung des nicht am Tatort anwesenden C.

A. Strafbarkeit des N

I. Diebstahl, § 242 I StGB

N hat einen Diebstahl begangen (→ Rn. 1608). 1664

84 Vgl. etwa BGHSt 25, 18 (19); 33, 50 (52 f.).
85 Siehe zB MüKoStGB/*Schmitz* § 244 Rn. 40 mwN.
86 Nicht etwa erst – wie MüKoStGB/*Schmitz* § 244 Rn. 53 meint – mit der Entscheidung des *Großen Senats* v. 22.3.2001.
87 BGHSt 46, 321*** (332).
88 BGHSt 46, 321*** (332). *Hervorhebung* nur hier.
89 Dementsprechend bezieht sich dann auch die Kritik von MüKoStGB/*Schmitz* § 244 Rn. 54 an dieser hM auf die grundsätzlichen Voraussetzungen mittäterschaftlicher Tatbegehung.

1665 **Hinweis:** Dass auch N das Merkmal der Gewerbsmäßigkeit iSd § 243 I 2 Nr. 3 StGB erfüllt hätte, lässt sich dem Sachverhalt nicht entnehmen.

II. Bandendiebstahl, § 244 I Nr. 2 StGB

1666 N kann keinen (täterschaftlichen) Bandendiebstahl begangen haben, da er nicht Mitglied der Bande von A, B und C ist. Somit hat er nicht *als Bandenmitglied* gestohlen.

1667 **Hinweis:** Dies ist unstreitig!

B. Strafbarkeit von A und B

I. Beihilfe zum Diebstahl, §§ 242 I, 27 I StGB

1668 Schon nach dem Sachverhalt, der ausdrücklich von einer Unterstützung des N durch A und B iSv § 27 I StGB spricht, sind A und B einer Beihilfe zum Diebstahl des N gem. §§ 242 I, 27 I StGB schuldig.

1669 **Hinweis:** Ob man hier von »mittäterschaftlicher Beihilfe« deshalb spricht, weil A und B den N gemeinsam am Tatort unterstützt haben, ist eine eher akademische Frage. Nimmt man die Differenzierung in verschiedene Beteiligungsformen ernst, kann man zwar von einer gemeinschaftlichen Unterstützung, nicht aber von mittäterschaftlicher Beihilfe sprechen, weil eine Teilnahme nicht in täterschaftlicher Form begangen werden kann.

II. Bandendiebstahl, § 244 I Nr. 2 StGB

1670 Täter eines Bandendiebstahls können A und B hingegen nicht gewesen sein, da sie nicht Täter (sondern eben lediglich Gehilfen) eines einfachen Diebstahls sind, weshalb sie das Tatbestandsmerkmal »stehlen« iSd § 244 I Nr. 2 StGB nicht erfüllt haben.

C. Strafbarkeit des C

I. Diebstahl in Mittäterschaft, §§ 242 I, 25 II StGB

1671 C hat einen Diebstahl in Mittäterschaft begangen (→ Rn. 1633).

II. Bandendiebstahl, § 244 I Nr. 2 StGB

1672 C könnte sich wegen Bandendiebstahls gem. § 244 I Nr. 2 StGB strafbar gemacht haben.

1673 **1.** Bei A, B und C handelt es sich um eine Bande iSd § 244 I Nr. 2 StGB.

1674 **2.** C müsste als Bandenmitglied unter Mitwirkung eines anderen Bandenmitglieds gestohlen haben.

1675 **a)** C ist Bandenmitglied.

1676 **b)** C hat gestohlen (→ Rn. 1638 ff.).

1677 **c)** Dies müsste er unter Mitwirkung eines anderen Bandenmitglieds getan haben.

1678 **aa)** Dass C selbst nicht am Tatort anwesend gewesen ist, hindert die Möglichkeit täterschaftlicher Verwirklichung des § 244 I Nr. 2 StGB nicht (→ Rn. 1620 ff.).

bb) Da A und B am Tatort anwesend sind, stellt sich die – oben bereits verneinte – Frage, ob *zwei* Bandenmitglieder am Tatort anwesend sein müssen, hier nicht. Fraglich ist aber, ob darüber hinaus weitere Voraussetzungen erfüllt sein müssen, damit das Merkmal der Mitwirkung erfüllt ist. 1679

(1) Dass mit N Täter der Wegnahmehandlung iSd § 242 I StGB ein Nichtmitglied der Bande ist, steht der Tatsache, dass A und B am täterschaftlich begangenen Diebstahl des C mitgewirkt haben, nicht entgegen.[90] 1680

(2) Fraglich ist, was es bedeutet, dass A und B lediglich als Gehilfen verantwortlich sind. Allerdings ist man sich einig, dass Mitwirkung nicht notwendig mittäterschaftliche Unterstützung meint. Vielmehr genügt es, wenn neben mindestens einem Täter (hier: C) ein weiteres Bandenmitglied als Gehilfe an der Ausführung beteiligt ist.[91] 1681

Hinweis: Vorsicht: Die Formulierung in BGHSt 46, 120, Täter eines Bandendiebstahls könne nur sein, wer in einer als täterschaftlicher Beitrag zu wertenden Weise an der Ausübung des Diebstahls mitgewirkt hat, betrifft also nur die Frage, wer Täter des § 244 I Nr. 2 StGB sein kann. Die oben im Text erörterte Problematik bezieht sich hingegen auf die Frage, auf welche Weise das andere Bandenmitglied am Diebstahl mitgewirkt haben muss! 1682

C hat also unter Mitwirkung (mindestens) eines anderen Bandenmitglieds (vorsätzlich, rechtswidrig und schuldhaft) gestohlen, im vorliegenden Fall unter Mitwirkung der Bandenmitglieder A und B. 1683

3. Ergebnis

C ist auch hier strafbar wegen Bandendiebstahls gem. § 244 I Nr. 2 StGB. 1684

D. Nochmals: Strafbarkeit des N

Durch seinen einfachen Diebstahl hat N den Bandendiebstahl des C vorsätzlich, rechtswidrig und schuldhaft verursacht. Er ist daher strafbar gem. §§ 244 I Nr. 2, 27 I StGB. 1685

Hinweis: Damit zeigt sich auch, dass die Mitgliedschaft in der Bande bei identischer Tathandlung über die Beteiligungsform entscheiden kann. Während das Bandenmitglied A in der 2. Abwandlung Täter eines Bandendiebstahls gewesen ist, ist N, der genau das gleiche tut wie A, nur Gehilfe! Zur – hier verneinten – Frage, ob § 28 II StGB auf den Extraneus anwendbar ist, vgl. NK-StGB/*Kindhäuser* § 244 Rn. 48 mit weiteren Nachweisen auch zur wohl überwiegenden Gegenansicht. 1686
Wer der Ansicht zur Anwendbarkeit des § 28 II StGB folgt (die Mitgliedschaft in einer Bande also nicht für ein tatbezogenes, sondern ein besonderes persönliches Merkmal hält), kommt zur Strafbarkeit gem. §§ 242 I, 243 I 2 Nr. 3, 27 I StGB.

Die Tat steht in Tateinheit gem. § 52 StGB zu dem von ihm begangenen einfachen Diebstahl. 1687

---

90 Einhellige Ansicht, vgl. nur BGHSt 46, 321 (338); MüKoStGB/*Schmitz* § 244 Rn. 47.

91 IdS MüKoStGB/*Schmitz* § 244 Rn. 51.

E. Nochmals: Strafbarkeit von A und B

1688 Mit ihrer Unterstützungshandlung haben A und B auch eine Beihilfe zum Bandendiebstahl des C begangen. Die Tat verdrängt die Beihilfe zum einfachen Diebstahl des N.

4. Abwandlung: X, der Mitglied einer anderen Diebesbande ist, entwendet das Portemonnaie mit Unterstützung (iSv § 27 I StGB) des A nach Tatplan und Anweisung des nicht am Tatort anwesenden C.

A. Strafbarkeit des X

I. Diebstahl, § 242 I StGB

1689 X hat einen Diebstahl gem. § 242 I StGB begangen.

II. Bandendiebstahl, § 244 I Nr. 2 StGB

1690 **1.** Bei A, B und C handelt es sich um eine Bande iSd § 244 I Nr. 2 StGB.

1691 **2.** X müsste als Bandenmitglied unter Mitwirkung eines anderen Bandenmitglieds gestohlen haben.

1692 **a)** X ist zwar Bandenmitglied, gehört aber nicht der Bande von A, B und C an. Fraglich ist, welche Konsequenzen dies hat. Geht man von der übereinstimmenden Prämisse aller Ansichten aus, dass die besondere Gefährlichkeit des Bandendiebstahls sich aus der Ausführungsgefahr *und* der Organisationsgefahr ergibt, könnte es vorliegend an der spezifischen Organisationsgefahr fehlen.

1693 **Hinweis:** Gestritten wird allein darüber, wann diese Gefahren gegeben sind.

1694 Wenn für diese Gefahr kennzeichnend ist, dass die Tat besonders sorgfältig geplant und durchgeführt wird, eine zweckmäßige Arbeitsteilung erfolgt sowie umfassende Absicherung und gegenseitige Kontrolle, aber auch gegenseitiger Schutz der Bandenmitglieder besteht,[92] so ergibt sich diese erhöhte Organisationsgefahr bereits aus der Bandenmitgliedschaft des Täters.[93] Wenn das so ist, kann es aber nur auf die Mitgliedschaft *in ein und derselben Bande* ankommen, da die soeben beschriebenen Mechanismen auch nur in diesem Fall funktionieren.

1695 **b)** Damit kommt es auf die weiteren Voraussetzungen des Bandendiebstahls nicht mehr an. X kann nicht gem. § 244 I Nr. 2 StGB strafbar sein.

B. Strafbarkeit des A

1696 A hat eine Beihilfe zum Diebstahl des X begangen.

C. Strafbarkeit des C

I. Diebstahl in Mittäterschaft, §§ 242 I, 25 II StGB

1697 C hat einen Diebstahl in Mittäterschaft begangen (→ Rn. 1633).

---

92 BGHSt 38, 26 (30).
93 *Engländer* GA 2000, 578 (581).

II. Bandendiebstahl, § 244 I Nr. 2 StGB

1. Fraglich ist nur, ob C unter Mitwirkung eines anderen Bandenmitglieds gestohlen hat. **1698**

a) C muss nicht selbst am Tatort anwesend gewesen sein (→ Rn. 1633 ff.). **1699**

b) Es müssen nicht zwei Bandenmitglieder am Tatort anwesend gewesen sein (→ Rn. 1620 ff.). **1700**

c) Die Tatsache, dass X als Mitglied einer anderen Bande die Wegnahmehandlung vorgenommen hat, steht der Möglichkeit der Mitwirkung des anderen Bandenmitglieds A genauso wenig entgegen wie dies oben bei der Tatausführung durch N hinsichtlich A und B der Fall gewesen ist (vgl. → Rn. 1680). **1701**

d) A kann auch als bloßer Gehilfe Mitwirkender iSd § 244 I Nr. 2 StGB sein. **1702**

Hinweis: Dies gilt nur, wenn man – wie hier – nicht der Auffassung ist, dass es sich bei der Bandenmitgliedschaft um ein besonderes persönliches Merkmal gem. § 28 II StGB handelt (→ Rn. 1686). **1703**

e) C hat unter Mitwirkung eines anderen Bandenmitglieds – des A – gestohlen. **1704**

2. Ergebnis

C ist strafbar gem. § 244 I Nr. 2 StGB. **1705**

D. Nochmals: Strafbarkeit des X

Wie bereits N im Rahmen der 3. Abwandlung hat auch X sich tateinheitlich zu dem von ihm begangenen einfachen Diebstahl wegen Beihilfe zum Bandendiebstahl des C strafbar gemacht. **1706**

E. Nochmals: Strafbarkeit des A

A ist Gehilfe des von C begangenen Bandendiebstahls. Die Beihilfe zum einfachen Diebstahl des X wird verdrängt. **1707**

Gesamtergebnis

Im Ausgangsfall haben A und B sich wegen mittäterschaftlich begangenen Diebstahls in einem besonders schweren Fall gem. §§ 242 I, 25 II, 243 I 2 Nr. 3 StGB strafbar gemacht. F und O sind straflos. **1708**

In der ersten Abwandlung ist A (ebenfalls) wegen Diebstahls in besonders schwerem Fall gem. §§ 242 I, 243 I Nr. 3 StGB strafbar. **1709**

In der zweiten Abwandlung ist A strafbar wegen Bandendiebstahls gem. §§ 242 I, 244 I Nr. 2 StGB, C wegen gemeinschaftlich begangenen Bandendiebstahls gem. §§ 242 I, 25 II, 244 I Nr. 2 StGB. **1710**

In der dritten Abwandlung ist C strafbar wegen gemeinschaftlich begangenen Bandendiebstahls gem. §§ 242 I, 25 II, 244 I Nr. 2 StGB, N ist strafbar wegen tateinheitlich begangenen Diebstahls und Beihilfe zum Bandendiebstahl gem. §§ 242 I, 244 I Nr. 2, 27 I; 52 StGB. A und B sind strafbar wegen Beihilfe zum Bandendiebstahl des C gem. §§ 242 I, 244 I Nr. 2, 27 StGB. **1711**

1712 In der vierten Abwandlung ist C strafbar wegen Bandendiebstahls gem. §§ 242 I, 244 I Nr. 2 StGB. X ist strafbar wegen Diebstahls in Tateinheit mit Beihilfe zum Bandendiebstahl gem. §§ 242 I; 244 I Nr. 2, 27 StGB; § 52 StGB. A ist strafbar wegen Beihilfe zum Bandendiebstahl gem. §§ 242 I, 244 I Nr. 2, 27 StGB.

Fall 13: Der Aldi-Computer

T benötigt einen neuen Computer. Da er kein Geld hat, beschließt er, sich das neue Topangebot bei Aldi günstig zu »besorgen«. In einem unbeobachteten Moment schneidet er einen großen Karton mit Windeln auf, nimmt die Hälfte der Windeln heraus und legt den Rechner auf die obere Lage der noch im Karton befindlichen Windeln. Den Rest des Kartons stopft er mit einem Teil der herausgenommenen Windeln aus, die übrigen versteckt er hinter einem Regal. Dann verklebt er den Karton wieder und stellt ihn in seinen Einkaufswagen. Da er unbedingt auch die separat angebotene Funk-Tastatur mitnehmen will, legt er diese so in den Einkaufswagen, dass die Kassiererin sie unmöglich sehen kann. Anschließend stellt er noch sechs in Folie eingeschweißte kleine Wasserflaschen auf den Windelkarton. Da er nun schon einigermaßen ins Schwitzen geraten ist, trinkt er eine der Flaschen bereits auf dem Weg zur Kasse aus, obwohl er ein im Laden deutlich sichtbar angebrachtes Schild wahrgenommen hat, das Öffnung und Verzehr von Waren erst nach Bezahlung gestattet. Die Kassiererin K hat zwar beobachtet, wie T die Flasche geleert hat, unternimmt aber nichts. An der Kasse bezahlt T wie von vornherein geplant den Preis für die sechs Wasserflaschen und den Windelkarton, von dem er ausdrücklich behauptet, er enthalte nur Windeln. 1713

Aufgabe: Beurteilen Sie die Strafbarkeit von T und K. 1714

Bearbeitervermerk: § 123 StGB ist nicht zu prüfen. Eventuell erforderliche Strafanträge sind gestellt. 1715

Anmerkung: Die wesentlichen Probleme des Falles sind: **1.** Diebstahl in den sog. Selbstbedienungsfällen; **2.** Abgrenzung von Diebstahl und Betrug; **3.** Beteiligung durch Unterlassen. 1716

Literaturhinweise: zu 1.: OLG Düsseldorf NStZ 1993, 286; **zu 2.:** *Roßmüller/Rohrer* Jura 1994, 469; **zu 3.:** *Hillenkamp* 32 Probleme StrafR AT 20. Problem. 1717

A. Gliederung

A. Strafbarkeit des T

I. Diebstahl, § 242 I StGB (Verbergen des Rechners im Windelkarton) (-)
II. Diebstahl, § 242 I StGB (Nichtbezahlen des Rechners an der Kasse) (-)
III. Betrug, § 263 I StGB (Nichtbezahlen des Rechners an der Kasse) (+)
IV. Diebstahl, § 242 I StGB (Verbergen der Tastatur im Einkaufswagen) (-)
V. Diebstahl, § 242 I StGB (Nichtbezahlen der Tastatur an der Kasse) (+)
VI. Diebstahl, § 242 I StGB (Austrinken der Wasserflasche) (+)
VII. Konkurrenzen und Ergebnis zur Strafbarkeit des T

B. Strafbarkeit der K

I. Beihilfe zum Diebstahl, §§ 242 I, 27 I StGB (-)
II. Diebstahl durch Unterlassen, §§ 242 I, 13 StGB (-)
III. Begünstigung, § 257 StGB (-)
IV. Ergebnis zur Strafbarkeit der K

B. Lösung

A. Strafbarkeit des T

I. Diebstahl, § 242 I StGB (Verbergen des Rechners im Windelkarton)

T könnte sich bereits durch das Verbergen des Rechners in dem Windelkarton wegen Diebstahls gem. § 242 I StGB strafbar gemacht haben. 1718

Hinweis: In den klassischen Selbstbedienungsfällen ist zunächst die Frage zu erörtern, ob nicht bereits durch das Verbergen der Ware im Einkaufswagen ein vollendeter Diebstahl vorliegt[1] (vgl. dazu noch → Rn. 1746), bevor auf die Frage der Abgrenzung von Diebstahl und Betrug wegen des Durchschleusens durch den Kassenbereich eingegangen werden kann. Wird die Ware aber nicht im Einkaufswagen, sondern – wie hier – in einem Behältnis verborgen, stellt sich diese Frage ebenfalls. 1719

1. Objektiver Tatbestand

T müsste eine fremde bewegliche Sache weggenommen haben. 1720

a) Bei dem Rechner handelt es sich um eine für T fremde – bewegliche – Sache. 1721

b) Fraglich ist, ob T diese Sache bereits durch das Verstecken im Windelkarton weggenommen hat. Wegnahme ist Bruch fremden und Begründung neuen Gewahrsams.[2] Was unter Gewahrsam zu verstehen ist, ist umstritten. Während die hL von einem eher faktischen Gewahrsamsbegriff ausgeht, definiert ein anderer Teil der Literatur den Gewahrsamsbegriff unter sozial-normativen Gesichtspunkten. Das bedeutet, dass man einerseits Gewahrsam verstehen kann als das von einem Herrschaftswillen getragene, in Umfang und Grenzen nach den Anschauungen des betreffenden Lebenskreises geformte Herrschaftsverhältnis eines Menschen über eine Sache.[3] Oder man betont (noch) stärker die sozial-normative Komponente und stellt damit allein auf die sozial-normative Zuordnung einer Sache zur Herrschaftssphäre einer Person ab.[4] 1722

In Schwierigkeiten gerät ein faktischer Gewahrsamsbegriff im vorliegenden Fall auch dann, wenn er – wie dies weithin geschieht[5] – die bloße Möglichkeit zur Ausübung der Sachherrschaft genügen lässt. Denn an dieser Möglichkeit lässt sich zweifeln, wenn der Täter einen ursprünglich im Gewahrsam einer anderen Person stehenden Gegenstand, wenn auch in dessen »Gewahrsamsenklave«, für diesen unauffindbar verbirgt.[6] Richtigerweise wird man unter Betonung der sozial-normativen Komponente aber einen Gewahrsamswechsel allein durch das Verbergen noch zu bezahlender Ware im Herrschaftsbereich des ursprünglich Berechtigten dann verneinen müssen, wenn – wie hier – der Täter mit seiner sperrigen Ware noch eine Kontrolle (Kasse) durchlaufen muss und der Berechtigte oder sein Vertreter (Kassiererin) jederzeit Zugriff nehmen kann. 1723

---

1 Dazu *Hillenkamp* JuS 1997, 217 (220 f.); OLG Düsseldorf NStZ 1993, 286.

2 *Wessels/Hillenkamp* StrafR BT II Rn. 82.

3 *Maurach/Schroeder/Maiwald* StrafR BT II § 33 Rn. 12; Schönke/Schröder/*Eser/Bosch* § 242 Rn. 25; *Mitsch* StrafR BT II/1 § 1 Rn. 39 ff.

4 Im Anschluss an *Welzel* GA 1960, 257.

5 Vgl. RNPW/*Rotsch* Klausur im 1. Staatsexamen 350 in Fn. 4.

6 Vgl. zu einer ähnlichen Konstellation *Rotsch* JuS 2004, 607 (609).

1724 Mangels Gewahrsamswechsels kann T den Rechner durch das Verbergen im Windelkarton noch nicht weggenommen haben.

2. Ergebnis

1725 T hat sich durch das Verbergen des Rechners im Windelkarton nicht wegen Diebstahls gem. § 242 I StGB strafbar gemacht.

II. Diebstahl, § 242 I StGB (Nichtbezahlen des Rechners an der Kasse)

1726 T könnte sich aber wegen Diebstahls des Rechners gem. § 242 I StGB strafbar gemacht haben, als er an der Kasse lediglich die Wasserflaschen bezahlte und den im Vergleich zum Rechner wesentlich geringeren Preis für einen Karton mit Windeln entrichtete.

1. Objektiver Tatbestand

1727 Es fragt sich, ob T hiermit eine fremde bewegliche Sache weggenommen hat.

1728 **a)** Bei dem Rechner handelt es sich um eine für T fremde bewegliche Sache, an der ursprünglich der Ladeninhaber Gewahrsam hatte. Mit dem Verlassen der Kassenzone hat T neuen Gewahrsam begründet. An einem Bruch fremden Gewahrsams – also dem Gewahrsamswechsel ohne oder gegen den Willen des Berechtigten – fehlt es freilich dann, wenn ein tatbestandsausschließendes Einverständnis der Kassiererin vorliegt.

1729 Zwar ist in erster Linie der Ladeninhaber Gewahrsamsinhaber; die Kassiererin hat lediglich Mitgewahrsam. Allerdings kann nicht nur der Gewahrsamsinhaber selbst, sondern auch ein Dritter das tatbestandsausschließende Einverständnis erteilen.[7] Dies ist nach einhelliger Auffassung jedenfalls dann der Fall, wenn eine Vertretungsberechtigung des Dritten besteht. Da eine solche Vertretungsberechtigung im Falle der Kassiererin gegeben ist, kann daher auch diese grundsätzlich ein Einverständnis erteilen.

1730 **Hinweis:** Hier wird der Unterschied zwischen (bereits) tatbestandausschließendem Einverständnis und (erst) rechtfertigender Einwilligung gut deutlich. Setzt – wie hier mit dem Merkmal »Bruch« – bereits der Tatbestand ein Handeln gegen oder ohne den Willen des Berechtigten voraus (andere Beispiele sind etwa der Hausfriedensbruch gem. § 123 StGB oder die Freiheitsberaubung gem. § 239 StGB), so handelt der Täter mit Zustimmung des Berechtigten eben nicht »ohne oder gegen den Willen«, sondern mit Willen des Berechtigten, sodass das entsprechende Tatbestandsmerkmal (bei § 242 StGB das Merkmal »Bruch«, bei § 123 StGB das Merkmal »Eindringen«) entfällt und damit diese – dann Einverständnis genannte – Zustimmung schon den Tatbestand ausschließt. Bei Straftatbeständen, bei denen – wie etwa iRd Körperverletzung gem. § 223 StGB – ein solches Handeln gegen oder ohne den Willen nicht vorausgesetzt wird, kann die Zustimmung des Opfers dementsprechend – als Einwilligung – erst die Rechtswidrigkeit ausschließen. Diese lange Zeit konsentierten Grundsätze geraten in jüngerer Zeit zunehmend ins Wanken. Zum Ganzen *Rönnau*, Willensmängel bei der Einwilligung im Strafrecht, 2001, passim.

1731 Nun war K zwar mit dem Übergang des Gewahrsams hinsichtlich des Windelkartons einverstanden. Fraglich ist aber, wie es sich auswirkt, dass sie von dem darin versteck-

7 Vgl. MüKoStGB/*Schmitz* § 242 Rn. 94.

ten Rechner nichts wusste. Dieser Irrtum muss jedoch unbeachtlich sein: Für das Einverständnis im Rahmen des § 242 StGB genügt es, wenn der Berechtigte das Behältnis wahrnimmt, in dem der betreffende Gegenstand vom Täter versteckt worden ist. Der Irrtum der Kassiererin über Gattung und Wert des Objekts bezieht sich nämlich allein auf das Rechtsgut Eigentum, das Einverständnis betrifft aber lediglich den Gewahrsamswechsel. Es liegt also gewissermaßen ein unbeachtlicher error in objecto vor.[8] Das Einverständnis der K bezieht sich daher auch auf den von ihr nicht wahrgenommenen Rechner.

b) Mangels Bruchs fremden Gewahrsams kann T auch durch den Vorgang an der Kasse den Rechner nicht iSd Diebstahlstatbestandes weggenommen haben. **1732**

2. Ergebnis

Auch hier scheidet eine Strafbarkeit wegen Diebstahls gem. § 242 I StGB aus. **1733**

III. Betrug, § 263 I StGB (Nichtbezahlen des Rechners an der Kasse)

T könnte sich aber durch dieselbe Handlung eines Betruges gem. § 263 I StGB schuldig gemacht haben. **1734**

1. Objektiver Tatbestand

a) T müsste zunächst über Tatsachen getäuscht haben. T hat behauptet, der Windelkarton enthalte ausschließlich – im Vergleich zum Wert des Rechners wesentlich günstigere – Windeln. Da dies nicht der Wahrheit entspricht, hat er – ausdrücklich und nicht nur konkludent – über eine Tatsache getäuscht. **1735**

Hinweis: Der Sachverhalt in den Selbstbedienungsfällen wird (auch in der Praxis!) häufig so liegen, dass der Täter sich bei der Vorlage der Ware nicht äußert (um kein Aufsehen zu erregen oder weil er aufgeregt ist). Dann stellt sich – anders als hier – die Frage, ob in diesem Verhalten eine sog. Täuschung durch konkludentes Tun liegt. Vgl. zu dieser, seit der »Hoyzer«-Entscheidung[9] wieder ins Blickfeld gerückten Problematik unten Fall 19 ⟶ Rn. 2499. **1736**

b) Die Täuschung müsste bei K einen Irrtum erregt haben. Dabei ist nicht erforderlich, dass K positiv den Gedanken reflektiert, dass sich in dem Karton ausschließlich Windeln befinden. Es reicht aus, dass ein sog. »sachgedankliches Mitbewusstsein« vorliegt, K mithin generell davon ausgeht, dass »alles in Ordnung sei«.[10] Da K Windeln abrechnet, weil sie zumindest in diesem Sinne davon ausgeht, dass sich in dem Windelkarton (ausschließlich) Windeln befinden, hat sie sich auch entsprechend geirrt. **1737**

c) Auch fehlt es nicht an einer objektiven Vermögensverfügung der Kassiererin bzw. ihrem Verfügungsbewusstsein, da sie den Windelkarton wahrnimmt und mit der Herausgabe an T auch über seinen Inhalt verfügt. Dass sie sich über den Inhalt irrt, ändert hieran nichts, da es insoweit allein auf die Bildung eines – wenn auch fehlerhaften – Willens ankommt. Was für die Strafbarkeit gem. § 242 StGB bedeutet, dass trotz der Täuschung des Täters ein die Wegnahme ausschließendes wirksames Ein- **1738**

8 Vgl. *Roßmüller/Rohrer* Jura 1994, 469 (475); *Rotsch* JA 2004, 532 (538).
9 BGH NJW 2007, 782*. Dazu *Heissler/Marzahn* ZJS 2008, 638.
10 Vgl. Schönke/Schröder/*Cramer/Perron* § 263 Rn. 39.

verständnis vorliegt, weil sich der Irrtum der Kassiererin über Gattung und Wert der Objekte auf das Eigentum, das Einverständnis aber allein auf den Gewahrsamswechsel bezieht (→ Rn. 1731), heißt für § 263 StGB umgekehrt: Es liegt eine Verfügung, nicht eine Wegnahme vor.

1739 **Hinweis:** Geht man lebensnah davon aus, dass die Kassiererin nicht Eigentümerin der Waren ist, so verfügt sie über das Vermögen des Ladeninhabers, was als Dreiecksbetrug ein Näheverhältnis voraussetzt, das hier – dh im Falle rechtlicher Befugnis – unproblematisch gegeben ist. Zum Dreiecksbetrug unten Fall 14.

1740 **d)** Der Vermögensschaden besteht in der Höhe der Differenz zwischen dem Wert der abgerechneten billigeren Windeln und demjenigen des tatsächlich herausgegebenen wesentlich teureren Rechners (abzüglich des Wertes der im Laden zurückgelassenen Windeln).

1741 **Hinweis:** Die Höhe des Schadens ist die einzige Auswirkung, die das nur teilweise Ersetzen der Windeln im Gegensatz zu den Fällen hat, in denen der Täter die Ware komplett durch teurere ersetzt. Geht man freilich davon aus, dass die im Laden zurückgelassenen Windeln für den Ladeninhaber deshalb keinen Wert mehr haben, weil er sie nicht mehr verkaufen kann, ist der Wert dieser Windeln bei der Berechnung des Schadens nicht in Ansatz zu bringen. Am Ergebnis – Bejahung des Vermögensschadens – ändert dies nichts.

1742 **Hinweis:** § 263 StGB ist nach hM kein bloßes Verursachungsdelikt, weil nicht lediglich die kausale Verursachung eines Vermögensschadens vorausgesetzt wird, sondern der Schaden gerade durch *Täuschung* verursacht worden sein muss. Bei diesem verhaltensgebundenen Delikt prüft die hM – anders als etwa iRd § 212 StGB, wo sinnvollerweise zunächst der Eintritt des tatbestandsmäßigen Erfolges und erst anschließend die kausale und objektive Zurechenbarkeit des Erfolgs (also die Tathandlung) geprüft wird – zuerst die Tathandlung (Täuschung) und erst am Ende den Eintritt des tatbestandsmäßigen Erfolgs (Vermögensschaden). Der Grund für dieses Vorgehen liegt offenbar darin, dass man bei § 212 StGB den Eintritt des Erfolgs, bei § 263 StGB hingegen das Vorliegen der Täuschung für derart charakteristisch hält, dass man die Prüfungsreihenfolge daran ausrichtet. Machen Sie sich aber klar, dass man ebenso bei § 212 StGB zuerst die Tathandlung und erst anschließend den Eintritt des Erfolgs prüfen wie man bei § 263 StGB zunächst den Vermögensschaden und erst danach die Täuschungshandlung erörtern könnte. Falsch ist beides nicht, ökonomischer erscheint die auch hier favorisierte Vorgehensweise (so auch der Aufbauhinweis bei *Wessels/Beulke* StrafR AT Rn. 872; anders iRd § 211 StGB aber zB *Wessels/Hettinger* StrafR BT I Rn. 137). § 263 StGB ist als Erfolgsdelikt aber darüber hinaus insofern außergewöhnlich konstruiert, als der Tatbestand nicht lediglich die Vornahme einer Tathandlung verlangt, die kausal zum Eintritt des tatbestandsmäßigen Erfolgs führt. Vielmehr sind zwischen die Tathandlung der Täuschung und den Erfolg des Vermögensschadens mit dem Irrtum des Opfers und dessen Vermögensverfügung zwei *tatbestandsmäßige Zwischenerfolge* dazwischengeschaltet. Damit wird der selbstschädigende Charakter des Betrugstatbestandes gesetzgeberisch ausgestaltet. Verdeutlicht man sich, dass es sich für den Täter bei dem Irrtum und der Vermögensverfügung des Opfers um tatbestandsmäßige Zwischen*erfolge* handelt, wird auch leicht verständlich, dass zwischen sämtlichen Merkmalen des objektiven Betrugstatbestandes eine kausale Verknüpfung bestehen muss. Damit ist dann gewährleistet, dass nicht jede Täuschung, die für den Eintritt eines Vermögensschadens ursächlich wird, dem Betrugstatbestand unterfällt, sondern nur eine solche, die zu einem Irrtum des Opfers geführt hat, der wiederum das Opfer zur Vornahme der Vermögensverfügung veranlasst hat. Zum Ganzen MüKoStGB/*Hefendehl* § 263 Rn. 9 f.

2. Subjektiver Tatbestand

T handelte vorsätzlich und mit der Absicht rechtswidriger Bereicherung. 1743

3. Rechtswidrigkeit und Schuld

Rechtswidrigkeit und Schuld sind gegeben. 1744

4. Ergebnis

T hat sich eines Betruges gem. § 263 I StGB schuldig gemacht. 1745

IV. Diebstahl, § 242 I StGB (Verbergen der Tastatur im Einkaufswagen)

Eine Strafbarkeit wegen Diebstahls gem. § 242 I StGB durch das Verbergen der Tastatur im Einkaufswagen kommt nach zutreffender hM nicht in Betracht. Denn ebenso wenig wie sich bereits mit dem Verstecken von Ware in einem Behältnis ein Gewahrsamswechsel vollzieht (→ Rn. 1718 ff.), liegt ein solcher dann vor, wenn der Täter die Ware im Einkaufswagen des Ladeninhabers so verbirgt, dass sie nicht ohne Weiteres wahrgenommen werden kann.[11] 1746

V. Diebstahl, § 242 I StGB (Nichtbezahlen der Tastatur an der Kasse)

T könnte sich aber eines Diebstahls gem. § 242 I StGB schuldig gemacht haben, indem er den Kassenbereich passierte, ohne die Tastatur zu bezahlen. 1747

1. Objektiver Tatbestand

a) Auch bei der Tastatur handelt es sich um eine für T fremde bewegliche Sache. 1748

b) Fraglich ist, ob T diese weggenommen hat. Ursprünglich hatte der Ladeninhaber Gewahrsam an der Tastatur. Mit dem Verlassen der Kassenzone hat T neuen Gewahrsam begründet. Auch hier würde es an einem Bruch fremden Gewahrsams freilich fehlen, wenn ein tatbestandsausschließendes Einverständnis der K vorläge. Ein solches kann aber in dieser Konstellation deshalb nicht gegeben sein, weil die Kassiererin hinsichtlich der Tastatur von einem Gewahrsamsverlust schon nichts weiß.[12] Auch die Annahme eines »generellen Einverständnisses«, bezogen auf den gesamten Inhalt des Einkaufswagens, scheidet als reine Fiktion aus. Damit liegt ein Bruch fremden Gewahrsams und also insgesamt eine Wegnahme iSd Diebstahlstatbestandes vor. 1749

2. Subjektiver Tatbestand

T handelte vorsätzlich und in Zueignungsabsicht. 1750

3. Rechtswidrigkeit und Schuld

Rechtswidrigkeit und Schuld liegen vor. 1751

---

11 *Hillenkamp* JuS 1997, 217 (221).

12 So zutreffend *Roßmüller/Rohrer* Jura 1994, 469 (472); aA noch OLG Düsseldorf NStZ 1993, 286** – »Milchkasten«-Fall.

4. Ergebnis

1752 T hat sich auch wegen Diebstahls gem. § 242 I StGB schuldig gemacht, indem er die Tastatur durch den Kassenbereich »schmuggelte«.

VI. Diebstahl, § 242 I StGB (Austrinken der Wasserflasche)

1753 Einen weiteren Diebstahl gem. § 242 I StGB könnte T dadurch begangen haben, dass er die Wasserflasche noch vor Bezahlung im Laden austrank, obwohl ein auch von T wahrgenommenes Schild dies verbot.

1. Objektiver Tatbestand

1754 T müsste eine fremde bewegliche Sache weggenommen haben.

1755 **a)** Bei dem Wasser handelt es sich um eine fremde bewegliche Sache. Dass es sich bei Wasser um eine Flüssigkeit handelt, ändert an der Sacheigenschaft (iSd § 90 BGB) nichts; der Aggregatzustand ist unerheblich.[13] Maßgeblich ist allein die räumliche Abgrenzbarkeit, die bei einer bestimmten Menge Wasser innerhalb einer Flasche gegeben ist.[14]

1756 **b)** Fraglich ist aber, ob T das Wasser – also den Inhalt der Wasserflasche – iSd § 242 I StGB weggenommen hat.

1757 **aa)** Ursprünglich stand das Wasser im Gewahrsam des Ladeninhabers.

1758 **bb)** Möglicherweise hat T mit dem Austrinken neuen Gewahrsam begründet.

1759 **(1)** Nicht ganz unproblematisch ist das zunächst deshalb, weil T beim Austrinken von K beobachtet worden ist. *Eser* vertritt auf dem Boden eines eher faktischen Gewahrsamsbegriffs die Ansicht, ein beobachteter Täter könne keine vollendete Wegnahme begehen, weil eine Beobachtung verhindere, dass der Einwirkung des Täters auf die betreffende Sache keine Hindernisse mehr entgegenstünden.[15] Doch selbst diese Auffassung kann, nimmt man sie beim Wort, im konkreten Fall der Beobachtung durch K eine vollendungshindernde Wirkung nicht beimessen. Denn bei der die Tat beobachtenden K handelt es sich offensichtlich um niemanden, der gewillt ist, zugunsten des Ladeninhabers einzuschreiten und T an der Ausführung seiner Tat zu hindern. Die ganz hM billigt der Beobachtung ohnehin keine Bedeutung zu, freilich regelmäßig gestützt auf das alles andere als zwingende »Argument«, Diebstahl sei keine heimliche Tat.[16]

1760 **(2)** Einig ist man sich hingegen über die Möglichkeit der Gewahrsamsneubegründung in fremder »Gewahrsamsenklave« schon für den Fall, dass der Täter einen handlichen Gegenstand in der eigenen Körpersphäre – etwa in der Jackentasche – verbirgt. Das muss aber erst recht gelten, wenn der Täter – wie hier – den Gegenstand in den Körper verbringt, etwa indem er ihn trinkt.

1761 **cc)** Wie das deutlich sichtbar im Laden angebrachte Schild zeigt, war der Ladeninhaber mit dem Austrinken erst noch zu bezahlender Ware auch nicht einverstanden.

13 Schönke/Schröder/*Eser/Bosch* § 242 Rn. 9.

14 Vgl. Jauernig/*Jauernig* Vor § 90 Rn. 4.

15 Schönke/Schröder/*Eser/Bosch* § 242 Rn. 40.

16 BGHSt 16, 271. Zum Ganzen *Hillenkamp* 40 Probleme StrafR BT 20. Problem.

Dass K das Trinken beobachtete und nicht einschritt, kann an dem gegen den Willen des Berechtigten erfolgten Gewahrsamswechsel nichts ändern. Denn K hatte allenfalls untergeordneten Mitgewahrsam, mit dessen Übertragung sie hätte einverstanden sein können. So wie einerseits der untergeordnete Mitgewahrsamsinhaber übergeordneten Mitgewahrsam brechen kann, kann andererseits das Einverständnis des untergeordneten Mitgewahrsamsinhabers den entgegenstehenden Willen des übergeordneten Gewahrsamsinhabers nicht beseitigen.

dd) T hat das Wasser weggenommen. 1762

2. Subjektiver Tatbestand

a) T handelte vorsätzlich. 1763

b) Fraglich ist, ob er auch in Zueignungsabsicht gehandelt hat. Dafür ist zunächst Voraussetzung, dass T mindestens bedingt vorsätzlich hinsichtlich einer dauernden Enteignung und mit dolus directus 1. Grades bezüglich einer mindestens vorübergehenden Aneignung handelte. 1764

aa) Indem T das Wasser austrank, nahm er dem Ladeninhaber auf Dauer jede Möglichkeit, mit der in seinem Eigentum stehenden Sache umzugehen. Das wusste er auch und nahm es auch zumindest »billigend in Kauf«. 1765

bb) T trank das Wasser, um seinen Durst zu löschen. Damit eignete er sich den Inhalt der Wasserflasche auch zumindest vorübergehend an. Da es ihm hierauf auch gerade ankam, liegt zielgerichtetes Handeln iSv dolus directus 1. Grades vor. 1766

Hinweis: Auch mit Erörterungen zum Sachwert lässt sich die Zueignung kaum verneinen: Einerseits eignet T sich hier die Sache der Substanz nach selbst zu, sodass nach verbreiteter Ansicht Sachwertgesichtspunkte schon gar nicht mehr zum Tragen kommen. Zum anderen lässt sich kaum bestreiten, dass T sich vorliegend auch den spezifischen Sachwert des Wassers (scil. als Durstlöscher) aneignet. 1767

cc) Die erstrebte Zueignung war rechtswidrig, da T – zum Zeitpunkt der Tathandlung – keinen Anspruch auf sie hatte. 1768

Hinweis: Der Anspruch kommt erst durch den Vertragsschluss an der Kasse zustande; zu diesem Zeitpunkt ist die Tat aber bereits vollendet. 1769

dd) T kann sich auch nicht irrig vorgestellt haben, zum Austrinken noch im Laden und vor Bezahlung der Ware berechtigt zu sein, da er das Schild, mit dem der Ladeninhaber Öffnung und Verzehr der Ware vor Bezahlung untersagte, wahrgenommen hatte. 1770

3. Rechtswidrigkeit und Schuld

T hat rechtswidrig und schuldhaft gehandelt. 1771

4. Rücktritt

Das Delikt ist vollendet. Ein Rücktritt gem. § 24 StGB kommt daher nicht in Betracht. Eine (analoge) Anwendung der Vorschriften über die tätige Reue scheidet aus. 1772

5. Strafantrag, § 248a StGB

1773 Der gem. § 248a StGB erforderliche Strafantrag ist gestellt (→ Rn. 1715).

1774 **Hinweis:** Im Umgang mit dem Strafantragserfordernis haben Studenten in der gutachterlichen Lösung immer wieder Schwierigkeiten. Dabei gibt es letztlich nur zwei Möglichkeiten. Weist – wie hier – der Bearbeitervermerk ausdrücklich darauf hin, dass eventuell erforderliche Strafanträge gestellt sind, genügt die oben gewählte Formulierung unter Angabe der jeweils einschlägigen Norm. Schweigt der Bearbeitervermerk hingegen zum Vorliegen eines eventuell erforderlichen Strafantrages, so genügt die folgende Formulierung: Gem. § 248a StGB (bzw. der in concreto einschlägigen Norm) ist Strafantrag zu stellen.

6. Ergebnis

1775 T hat sich durch das Austrinken des Wassers eines Diebstahls gem. § 242 I StGB schuldig gemacht.

1776 **Hinweis:** Dass T das Wasser später an der Kasse bezahlte, ändert hieran nichts. Dieser Umstand ist in praxi allerdings für die Strafzumessung relevant. Gem. § 46 II 2 StGB ist insbesondere »sein Verhalten nach der Tat, besonders sein Bemühen, den Schaden wiedergutzumachen« zugunsten des T zu berücksichtigen. Er kann mit dem folgenden Satz verdeutlicht werden:

1777 Dass T das Wasser an der Kasse wie von vornherein beabsichtigt bezahlt hat, kann bei der Strafbemessung berücksichtigt werden.

VII. Konkurrenzen und Ergebnis zur Strafbarkeit des T

1778 Der Betrug bzgl. des Rechners und der Diebstahl an der Tastatur werden durch eine Handlung im natürlichen Sinne, nämlich das Passieren der Kasse mit dem Einkaufswagen, begangen; die Delikte stehen demnach in Idealkonkurrenz, §§ 242 I, 263 I, 52 StGB.

1779 Der Diebstahl des Wassers ist davon räumlich und zeitlich abgrenzbar. Er steht zu den anderen Taten in Tatmehrheit, § 53 StGB.

1780 T ist demnach strafbar gem. §§ 242 I, 263 I, 52; 242 I; 53 StGB.

B. Strafbarkeit der K

1781 **Hinweis:** Grundsätzlich ist zwar auch innerhalb der Strafbarkeitsprüfung eines Beteiligten Täterschaft vor Teilnahme zu erörtern. Stehen aber – wie im Folgenden – Unterlassungsdelikte im Raum, ist es nicht immer sinnvoll, auf diese Weise vorzugehen. Häufig bietet es sich in diesen Fällen an, nach der Begehungsweise zu differenzieren, auch wenn hinsichtlich des aktiven Tuns nur Teilnahme, hinsichtlich des Unterlassens aber Täterschaft in Betracht kommt. Im Einzelfall ist danach zu entscheiden, mit welchem Aufbau Wiederholungen bestmöglich vermieden werden können und der Fall sich am effizientesten lösen lässt. Das führt nach der hier vertretenen Lösung im vorliegenden Fall dazu, dass zunächst eine Beihilfe der K durch aktives Tun zum Diebstahl des Wassers durch T und erst anschließend ein (täterschaftlicher) Diebstahl der K durch Unterlassen geprüft wird. An der grundsätzlich richtigen und auch hier vorgenommenen Reihenfolge Täterschaft vor Teilnahme bei mehreren Beteiligten (Diebstahl durch T, Beihilfe zum Diebstahl durch K) ändert dies nichts!

I. Beihilfe zum Diebstahl, §§ 242 I, 27 I StGB

K könnte sich wegen Beihilfe zum Diebstahl des Wassers durch T (→ Rn. 1753 ff.) gem. §§ 242 I, 27 I StGB strafbar gemacht haben, indem sie diesen trotz Beobachtung nicht am Austrinken der Wasserflasche hinderte. 1782

1. Objektiver Tatbestand

a) Zunächst müsste der Erfolg der Teilnahmestrafbarkeit iSd § 27 StGB – eine vorsätzliche rechtswidrige Tat eines anderen – vorliegen. Das ist mit dem Diebstahl des T der Fall. 1783

b) Fraglich ist aber, ob K zu diesem Diebstahl Hilfe geleistet hat. Im Rahmen des § 27 StGB ist zwar umstritten, ob der Gehilfe die Haupttat nur gefördert[17] oder kausal verursacht[18] haben muss. Hier fehlt es aber selbst am Fördern: K hat das Austrinken lediglich nicht verhindert. Ein aktives Fördern der Handlung des T liegt darin nicht. Eine kausale Verursachung durch aktives Tun muss daher erst recht ausscheiden, weshalb es auf den Streit nicht ankommt. 1784

2. Ergebnis

K hat sich nicht wegen Beihilfe zum Diebstahl des T gem. §§ 242 I, 27 I StGB strafbar gemacht. 1785

II. Diebstahl durch Unterlassen, §§ 242 I, 13 StGB

Möglicherweise hat K sich aber wegen Diebstahls durch Unterlassen gem. §§ 242 I, 13 StGB strafbar gemacht. Dazu müsste sie in Zueignungsabsicht einen gegen den Willen des Berechtigten erfolgten Gewahrsamswechsel durch Unterlassen verursacht haben. 1786

1. Objektiver Tatbestand

a) Auch für K handelt es sich bei dem Wasser um eine fremde bewegliche Sache, da es jedenfalls nicht in ihrem Alleineigentum stand. 1787

b) Fraglich ist, ob eine Wegnahme – durch Unterlassen – vorliegt. 1788

aa) K hätte T ohne Weiteres – etwa durch lauten Zuruf – von dem Austrinken der Flasche abhalten können. Damit hat sie die zur Erfolgsabwendung objektiv gebotene und ihr auch mögliche Handlung unterlassen. 1789

bb) Das Wasser stand ursprünglich im Gewahrsam des Ladeninhabers. Selbst wenn man davon ausgeht, dass K ebenfalls Gewahrsam gehabt haben sollte, kann es sich dabei nur um gegenüber L untergeordneten Mitgewahrsam handeln. Das ändert aber am Vorliegen fremden Gewahrsams nichts. 1790

cc) Nach dem Austrinken hatte T Gewahrsam. 1791

---

17 So die Rechtsprechung, vgl. etwa BGHSt 2, 129 (130).
18 IdS die herrschende Literatur, vgl. Schönke/Schröder/*Heine* § 27 Rn. 10.

1792 **Hinweis:** Dass der Täter nicht eigenen Gewahrsam begründet haben muss, sondern auch fremden begründet haben kann, ist seit der »Gänsebucht«-Entscheidung des Reichsgerichts anerkannt.[19]

1793 **dd)** Der Gewahrsamswechsel erfolgte gegen den Willen des Ladeninhabers (→ Rn. 1761).

1794 **ee)** Dadurch, dass K den T nicht am Austrinken der Wasserflasche gehindert hat, hat sie den Gewahrsamswechsel auch verursacht. Da T mit an Sicherheit grenzender Wahrscheinlichkeit erst die Ware bezahlt und dann das Wasser ausgetrunken hätte, wenn K – etwa durch lautes Zurufen – auf das Schild im Laden hingewiesen hätte (schon um nicht weiter aufzufallen und die erfolgreiche Mitnahme des Rechners nicht zu gefährden), ist K »quasi-kausal« für die Vollendung des Diebstahls durch T geworden.

1795 **ff)** Da K im Laden als Kassiererin beschäftigt war, ergibt sich ihre Garantenstellung aus ihrem Arbeitsvertrag.

1796 **gg)** Geht man von der Erkenntnis aus, dass § 242 StGB nichts anderes bestraft als die Verursachung eines Gewahrsamswechsels – wie die Abgrenzung von Raub und räuberischer Erpressung und die Argumentation der Literatur in den Beschlagnahmefällen zeigt, setzt § 242 StGB eine Tathandlung des Wegnehmens gerade nicht voraus[20] –, muss man die Verursachung des Gewahrsamswechsels durch Unterlassen derjenigen durch aktives Tun auch unter Berücksichtigung des § 13 StGB gleichstellen.

1797 **hh)** Fraglich ist allerdings, ob K Unterlassungstäterin oder nur Gehilfin (durch Unterlassen) des aktiv handelnden T ist.

1798 **Hinweis:** Hier muss die Frage der Täterschaft vor Erörterung des subjektiven Tatbestandes geprüft werden, da für denjenigen, der lediglich Teilnehmer ist, die Frage problematisch wird, inwieweit er selbst Zueignungsabsicht aufweisen oder nur von der Zueignungsabsicht des Täters wissen muss.

1799 Die Abgrenzung von Täterschaft und Teilnahme beim Nichthandeln des Garanten ist umstritten:[21]

1800 **a)** Die subjektive Theorie der Rechtsprechung entscheidet nach der inneren Haltung des Unterlassenden.[22] Da der Sachverhalt zur inneren Einstellung der K nichts sagt, wird man ihr Täterwillen nicht unterstellen können. Nach der subjektiven Theorie der Rechtsprechung kommt daher lediglich Beihilfe in Betracht.

1801 **b)** Einige Vertreter der Tatherrschaftslehre wenden diese auch auf die Unterlassungsdelikte an.[23] Da K nicht Zentralgestalt des Geschehens ist, kann sie auch nach dieser Ansicht lediglich Gehilfin sein.

---

19 RGSt 48, 58***.

20 Vgl. dazu (mit Blick auf Art. 103 II GG) *Rotsch* ZJS 2008, 132 (135). Zur Wegnahme beim Diebstahl *ders.* GA 2008, 65.

21 Zum Folgenden *Hillenkamp* 32 Probleme StrafR AT 20. Problem (S. 154 ff.).

22 *Arzt* JA 1980, 558; Baumann/Weber/Mitsch/*Weber* StrafR AT § 29 Rn. 58, 71 f., 89; aus der Rspr. zB BGHSt 43, 381 (396).

23 *Beulke* KK StrafR II Rn. 29; *ders.* KK StrafR III Rn. 139; *Wessels/Beulke* StrafR AT Rn. 517 f., 522 f., 734; MüKoStGB/*Joecks* § 25 Rn. 269; *Rengier* StrafR AT § 51 Rn. 18 ff.

c) Ein Teil der Literatur vertritt – meist unter Tatherrschaftsgesichtspunkten – den Standpunkt, ein unterlassender Garant könne neben einem vorsätzlichen Begehungstäter grundsätzlich nur Gehilfe sein.[24] 1802

d) Eine weitere Meinungsgruppe in der Literatur grenzt Täterschaft und Teilnahme durch Unterlassen nach dem jeweiligen Inhalt der Garantenpflicht ab: Der Beschützergarant soll Unterlassungstäter, der Überwachungsgarant lediglich Gehilfe sein.[25] K ist Beschützergarantin und daher nach dieser Ansicht Täterin. 1803

e) Nunmehr beginnt sich im Anschluss an *Roxin* auch im Unterlassungsbereich die sog. Pflichtdeliktslehre durchzusetzen.[26] Danach ist jeder Täter, der die ihm obliegende Erfolgsabwendungspflicht verletzt.[27] K ist nach dieser Auffassung Täterin. 1804

f) Der subjektiven Ansicht der Rechtsprechung kann nicht gefolgt werden, da sie die Abgrenzung von Täterschaft und Teilnahme in das Belieben des Rechtsanwenders stellt und sie damit völlig konturenlos macht. Der Tatherrschaftslehre kann aber ebenfalls nicht gefolgt werden. Versteht man unter »Tatherrschaft« die Möglichkeit der Erfolgsabwendung, so ist diese bei der Unterlassungstat immer gegeben, denn Haftungsvoraussetzung dafür ist ja gerade die Möglichkeit, den Erfolg zu verhindern. Danach müssten Unterlassung und Tatherrschaft immer identisch sein. Versteht man unter »Tatherrschaft« eine Gestaltung des Geschehensablaufs, so fehlt diese im Falle des Nichtstuns völlig.[28] Die Ansicht, die grundsätzlich nur eine Strafbarkeit wegen Beihilfe zulassen will, kann schon wegen ihrer pauschalen Behandlung durchaus ganz unterschiedlicher Sachverhalte nicht überzeugen. 1805

Hinweis: Vgl. noch ausführlich Fall 20, → Rn. 2623 ff. 1806

Damit ist K Unterlassungstäterin. Eine Unterscheidung zwischen der nach Garantenpflichten unterscheidenden und der von *Roxin* begründeten Literaturauffassung kann unterbleiben. 1807

2. Subjektiver Tatbestand

a) K handelte vorsätzlich. 1808

b) Fraglich ist, ob sie auch mit Zueignungsabsicht handelte. 1809

aa) Dafür ist zunächst Voraussetzung, dass sie wenigstens Eventualvorsatz in Bezug auf die dauernde Enteignung des Ladeninhabers aufwies. Da K wusste, dass mit dem Austrinken der Wasserflasche der Ladeninhaber um jegliche Verfügungsmöglichkeit gebracht wurde und sie dies auch mindestens billigend in Kauf nahm, hatte sie wenigstens Eventualvorsatz bezüglich der dauernden Enteignung des Ladeninhabers. 1810

---

24 So etwa *Gallas* JZ 1960, 687; *Jescheck/Weigend* StrafR AT § 64 IV 5.; *Lackner/Kühl* § 27 Rn. 5.

25 IdS *Herzberg*, Die Unterlassung im Strafrecht und das Garantenprinzip, 1972, 259 ff.; *ders.*, Täterschaft und Teilnahme, 1977, 98 f.; Schönke/Schröder/*Eser/Heine* vor §§ 25 ff. Rn. 103 ff.; *Eser* StrafR II Fall 27 Rn. 22 ff.

26 Zur Entwicklung der Ansicht *Roxin* Täterschaft und Tatherrschaft 458 ff., zum gegenwärtigen Stand *ders.* Täterschaft und Tatherrschaft 702 ff.

27 LK/*Roxin*, 11. Aufl. 1993, § 25 Rn. 206. Ihm folgend zB SK-StGB/*Rudolphi* vor § 13 Rn. 40.

28 LK/*Schünemann* § 25 Rn. 209.

1811 **bb)** Weiter müsste K in der Absicht gehandelt haben, das Wasser sich oder einem Dritten wenigstens vorübergehend anzueignen.

1812 **(1)** Da unter Aneignung die wirtschaftliche Nutzung einer Sache zu verstehen ist und da K selbst keinerlei eigenen Vorteil erstrebte,[29] scheidet die Absicht der »Selbstaneignung« aus.

1813 **(2)** K könnte aber das Wasser T angeeignet haben wollen. Dies würde für den subjektiven Tatbestand dann ausreichen, wenn man annehmen könnte, dass unter der Formulierung »oder einem Dritten [...] zuzueignen« die Aneignung an einen Dritten zu verstehen ist.

1814 Allerdings hatte K lediglich den Vorsatz, T – durch Unterlassen – die Möglichkeit zu verschaffen, eine Selbstaneignung vorzunehmen. Ob dies für die Drittaneignung iSd Neufassung des § 242 StGB ausreichend ist, ist aus zwei Gründen zweifelhaft:

1815 **(a)** Im Rahmen der Täterschaft durch aktives Tun ist umstritten, um wessen Aneignungshandlung es gehen muss, wenn der Täter eine Drittaneignung erstrebt. In Betracht kommen hier zwei Auslegungsergebnisse:

1816 Man kann entweder die Auffassung vertreten, es genüge, wenn der Täter der Wegnahme direkten Vorsatz 1. Grades in Bezug auf eine vom Dritten vorzunehmende Selbstaneignungshandlung besitzt.[30] Man kann aber auch der Ansicht sein, es sei erforderlich, dass der Täter der Wegnahmehandlung beabsichtige, die Handlung, die dem Dritten einen wirtschaftlichen Vorteil verschafft, selbst vorzunehmen.[31] Die hA lässt es freilich in der Tat genügen, wenn es dem Täter darauf ankam, die Selbstaneignung durch eine andere Person zu ermöglichen.[32]

1817 Dieser Streit lässt sich allerdings auf Unterlassungsfälle kaum übertragen. Lässt man einen Diebstahl durch Unterlassen zu, erkennt man damit notwendig Konstellationen an, in denen neben einem durch aktives Tun Wegnehmenden auch ein Unterlassungstäter existiert. Da bereits der aktiv Handelnde die weggenommene Sache sich (oder einem Dritten) zueignen will, kann im Falle des Unterlassens überhaupt nur die im Rahmen aktiven Tuns bestrittene Ermöglichung der Selbst- (oder Dritt-)Aneignung in Frage kommen. Es genügt zur Annahme der Zueignungsabsicht also, wenn der Unterlassungstäter mit der Nichthinderung der Wegnahme eine Selbstaneignung eines Anderen mit dolus directus 1. Grades ermöglichen wollte.

1818 **(b)** Selbst wenn man also der Meinung ist, dass die Vorstellung, der Dritte werde die Aneignungshandlung selbst vornehmen, für § 242 StGB ausreichend ist, ist aber immer noch zweifelhaft, ob im vorliegenden Falle K in Bezug auf diese Handlung des T Absicht aufwies. Nach allgemeiner Ansicht setzt nämlich die Aneignungsabsicht direkten Vorsatz 1. Grades voraus, da es sich bei der Aneignung um das treibende Motiv des Täters handeln muss. Direkter Vorsatz 1. Grades ist aber nur in Bezug auf solche Erfolge bzw. Zwischenerfolge gegeben, auf deren Verwirklichung es dem Täter

29 Zu diesem Verständnis der beabsichtigten Aneignung SK-StGB/*Samson*, 4. Aufl. 1990, § 242 Rn. 74 ff. Vgl. auch SK-StGB/*Hoyer* § 242 Rn. 67 ff. (81 ff.); *Wessels/Hillenkamp* StrafR BT II Rn. 150 ff.

30 IdS etwa SK-StGB/*Hoyer* § 242 Rn. 92.

31 *Rönnau* GA 2000, 410.

32 *Küper* StrafR BT 481.

ankommt, die für ihn Ziel oder Zwischenziel sind. Dies kann K nach dem Sachverhalt aber nicht unterstellt werden.

(c) Nach alledem handelte K nicht in der Absicht der Drittaneignung in der für den subjektiven Diebstahlstatbestand erforderlichen Form von dolus directus 1. Grades. Zueignungsabsicht ist nicht gegeben. 1819

Hinweis: An sich lässt die Zueignungsabsicht der K sich im vorliegenden Fall auch sogleich durch einen Vorgriff auf die fehlende Vorsatzintensität verneinen. Zum einen schneidet man sich bei einer solchen Vorgehensweise aber die Möglichkeit ab, zu der umstrittenen Frage der Ermöglichung der Selbstaneignung Stellung zu beziehen, zum anderen ist der Bezugsgegenstand der Absicht iSv dolus directus 1. Grades – Drittaneignung – auch systematisch vorrangig zu prüfen, weil die Erörterung der Vorsatzintensität sonst »in der Luft hängt«. Auch erscheint das Nichtvorliegen von dolus directus 1. Grades bei K nicht so augenscheinlich, dass die hier vorgenommene Prüfungsreihenfolge von vornherein überflüssig erschiene. Legt man dann noch den Umstand zugrunde, dass die Zulässigkeit des »Springens« im Gutachten ohnehin umstritten ist (vgl. dazu bereits Fall 1 → Rn. 89), spricht insgesamt mehr für die hier favorisierte Prüfungsreihenfolge. 1820

3. Ergebnis

Eine Strafbarkeit der K wegen Diebstahls durch Unterlassen gem. §§ 242 I, 13 StGB scheidet aus. 1821

III. Begünstigung, § 257 StGB

K könnte sich aber durch dasselbe Verhalten wegen Begünstigung gem. § 257 StGB strafbar gemacht haben. 1822

Allerdings fehlt es bereits an einer Hilfeleistung iSd Begünstigungstatbestandes. Denn in Abgrenzung zu § 27 StGB kann § 257 StGB nur solche Handlungen erfassen, die nicht noch mitkausal für den Eintritt des tatbestandsmäßigen Erfolges der Vortat geworden sind.[33] Die Handlung der K – die in einem Unterlassen besteht (→ Rn. 1788 ff.) – ist aber für die Vollendung des Diebstahls durch T noch (quasi-)kausal geworden. K kann daher auch keine Begünstigung begangen haben. 1823

IV. Ergebnis zur Strafbarkeit der K

K bleibt straflos. 1824

33 SK-StGB/*Hoyer* § 257 Rn. 22.

Fall 14: Der clevere Polizeibeamte

1825 Der etwas lebensfremde Professor P möchte Geld von seinem Konto abheben. Da P ständig Angst hat, Opfer einer Straftat zu werden, bittet er den T, den er auf dem Weg zur Bank kennen lernt und der ihm vertrauenswürdig erscheint, ihn zur Bank zu begleiten. Der ehemalige Polizeibeamte T sagt gerne zu, weil er die Möglichkeit erkennt, sich endlich ohne großen Aufwand seiner finanziellen Sorgen entledigen zu können. Er wartet wie von P gewünscht auf der Straße, bis P mit dem Geld aus dem Bankgebäude tritt. Sofort fragt er ihn, ob P denn das ganze Geld nachgezählt habe, schließlich könne man heute auch Bankmitarbeitern nicht mehr trauen. Als P ängstlich verneint, bietet T ihm an, das Geld nachzuzählen. Beim Zählen stutzt T plötzlich, zieht einen 100 EUR-Schein aus dem Bündel, hält ihn gegen das Licht und übergibt ihn P mit ernstem Gesicht und dem Hinweis, dass der Schein eindeutig gefälscht sei. P müsse ihn sofort umtauschen; er – T – warte derweil vor dem Gebäude. Der aufgeregte P begibt sich sofort wieder in das Bankgebäude zurück. Das nutzt T aus, indem er das Geldbündel mit nun noch 49 100 EUR-Scheinen einsteckt und damit verschwindet.

1826 T hat an dieser einfachen Art der Geldbeschaffung so viel Gefallen gefunden, dass er nunmehr beschließt, den Umstand auszunutzen, dass er zu Hause noch eine alte Dienstmarke liegen hat. Er begibt sich mit dieser Dienstmarke zu einer anderen Bank, wartet dort in der Schalterhalle, bis eine ältliche Dame (D) einen höheren Barbetrag abgehoben hat, und tritt ihr sodann unter Vorzeigen des Dienstausweises entgegen. Er fordert D auf, ihm das Geld auszuhändigen, da es wegen des Verdachts der Steuerhinterziehung beschlagnahmt sei. Als die völlig entsetzte D zunächst zurück zu dem Bankbeamten gehen will, erklärt T, man müsse die Angelegenheit im Polizeipräsidium klären. Da er sie beschwichtigt und versichert, dort werde sich alles aufklären, glaubt D dem T und folgt ihm zum Präsidium. Nachdem T mit ihr mehrere Abteilungen durchquert hat, wobei er von zahlreichen ehemaligen Kollegen gegrüßt wird, weist er D an, auf einer Bank vor dem Zimmer des Polizeipräsidenten Platz zu nehmen, ihm das Geld zu übergeben und zu warten, bis sie hereingerufen werde. D tut, was T von ihr verlangt. T selbst geht durch eine Flügeltür weiter und verschwindet mit seiner Beute durch den Notausgang.

1827 Als der mit T befreundete mittellose Obdachlose O durch T von dessen erfolgreichem Tag erfährt, beschließt er, dieses Wissen auszunutzen, um in der kalten Jahreszeit ein Dach über dem Kopf und eine geregelte Verpflegung zu haben. Er spiegelt deshalb dem Ermittlungsrichter vor, er habe die tatsächlich von T verübten Taten begangen. O hofft, aufgrund seiner Angaben in Untersuchungshaft genommen zu werden. Da der Ermittlungsrichter ihm nicht glaubt, gelingt der Plan nicht.

1828 **Aufgabe: Haben T und O sich gem. §§ 242, 263 StGB strafbar gemacht?**

1829 **Anmerkungen:** Die wesentlichen Probleme des Falles sind: **1.** Abgrenzung von Betrug und Diebstahl beim »Trickdiebstahl« (BGH GA 1987, 307); **2.** Abgrenzung von Betrug und Diebstahl bei vorgetäuschter Beschlagnahme; **3.** Betrug durch Hafterschleichung (BGHSt 14, 170).

Literaturhinweise: zu 1.: *Wessels/Hillenkamp* StrafR BT II Rn. 622 ff.; *Mitsch* StrafR BT II/1 § 7 Rn. 68; OLG Düsseldorf NJW 1990, 923; **zu 2.:** *Samson* StrafR II Fall 4; *Wessels/Hillenkamp* StrafR BT II Rn. 631 ff.; **zu 3.:** *Eser* StrafR IV Fall 12; *Mittelbach* JR 1960, 384. 1830

A. Gliederung

A. Strafbarkeit des T

1. Tatkomplex: Die Erlangung der 4.900 EUR

I. § 263 I StGB (-)

II. § 242 I StGB (+)

2. Tatkomplex: Die Überrumpelung der D

I. § 242 I StGB (+)

II. § 263 I StGB (-)

B. Ergebnis zur Strafbarkeit des T

C. Strafbarkeit des O

I. §§ 263 I, II, 22, 23 I StGB

II. Ergebnis zur Strafbarkeit des O

B. Lösung

A. Strafbarkeit des T

1. Tatkomplex: Die Erlangung der 4.900 EUR

I. Betrug, § 263 I StGB

T könnte sich wegen Betrugs gem. § 263 I StGB strafbar gemacht haben, indem er P dazu brachte, ihm das soeben abgehobene Geld zu überreichen, um damit zu verschwinden. 1831

1. Objektiver Tatbestand

a) Zunächst müsste T den P über Tatsachen getäuscht haben. Täuschung ist die intellektuelle Einwirkung auf das Vorstellungsbild eines anderen, durch die eine unrichtige Vorstellung über Tatsachen erzeugt oder aufrecht erhalten werden soll.[1] Tatsachen sind alle konkreten Geschehnisse und Zustände der Vergangenheit oder Gegenwart, die die Außenwelt oder psychische Vorgänge betreffen und dem Beweis zugänglich sind.[2] 1832

aa) Als Täuschungsgegenstand kommt die Absicht des T in Betracht, das Geld zurückzugeben. Dieser – aktuelle – Rückgabewille ist eine konkrete psychische Gegebenheit, die auch dem Beweis zugänglich ist, da sie zumindest anhand objektiver Indizien nachgewiesen werden kann. Der aktuelle Rückgabewille ist damit eine – innere – Tatsache. 1833

bb) T hat zwar nicht ausdrücklich gegenüber T erklärt, dass er das Geld zurückgeben wolle. In Betracht kommt aber eine Täuschung hierüber durch konkludentes Verhalten. 1834

Durch sein vermeintlich hilfsbereites Verhalten wollte T erreichen, dass ihm P in der Annahme, das Geld von T nachgezählt zurückzuerhalten, die Geldscheine übereiche. Er wollte damit eine von der Wirklichkeit abweichende Vorstellung bei P hervorrufen. Dass sich dies nur aus seinem auf Irreführung gerichteten Gesamtverhalten ergibt, ohne dass T sich ausdrücklich äußert, ist unschädlich, da ein konkludentes Verhalten unstreitig dann den objektiven Betrugstatbestand erfüllt, wenn es – wie hier – nach der Verkehrsanschauung als stillschweigende Erklärung über eine Tatsache zu verstehen ist. T hat mithin über eine Tatsache getäuscht. 1835

Hinweis: Zum Problem der »konludenten Täuschung« siehe ausführlich Fall 19 → Rn. 2496 ff. 1836

b) Durch die Täuschung müsste T einen Irrtum bei P erregt oder unterhalten haben. Unter einem Irrtum ist eine Divergenz zwischen der (subjektiven) Vorstellung des Opfers und den objektiven Gegebenheiten zu verstehen.[3] 1837

Da P aufgrund des Verhaltens des T fälschlicherweise davon ausging, er werde das Geld zurückerhalten, hat er T geglaubt, sich also insoweit geirrt, wofür die Täuschung des T kausal war. 1838

---

1 Vgl. nur *Lackner/Kühl* § 263 Rn. 6 mwN.
2 LK/*Tiedemann* § 263 Rn. 9.
3 Etwa Schönke/Schröder/*Cramer/Perron* § 263 Rn. 33.

1839 c) Die ganz hA verlangt über den Wortlaut des Gesetzes hinaus eine irrtumsbedingte Vermögensverfügung.[4] Fraglich ist aber, ob P mit der Übergabe des Geldes an T eine solche Vermögensverfügung vorgenommen hat.

1840 Eine Vermögensverfügung ist jedes Tun, Dulden oder Unterlassen, das sich unmittelbar vermögensmindernd auswirkt.[5] Bleibt man bei dieser Definition stehen, lässt sich vorliegend eine Vermögensverfügung kaum verneinen. Hat sich freilich der Täter – wie im vorliegenden Fall – eine Sache durch Täuschung verschafft, muss diese allgemeine Definition weiter präzisiert werden, um das Selbstschädigungsdelikt des Betruges von dem Fremdschädigungsdelikt des Diebstahls sinnvoll abgrenzen zu können. Allein an das äußere Geschehen des Gebens oder Nehmens kann hierfür nicht angeknüpft werden, da auch eine bloße Gewahrsamslockerung durch den äußeren Akt des Gebens begründet werden kann. Bei einer solchen Gewahrsamslockerung verbleibt freilich immer noch ein Restgewahrsam, der gebrochen werden kann. Betrachtete man in solchen Fällen schon jede Gewahrsamslockerung als minderungsgleiche Vermögensgefährdung, führte dies dazu, dass praktisch jeder durch Täuschung eingefädelte Diebstahl zugleich ein Betrug wäre. Das zwischen den Tatbeständen des Diebstahls und des Betruges nach hA bestehende Exklusivitätsverhältnis[6] wäre somit aufgehoben.

1841 **Hinweis:** Die Rechtsprechung des BGH, der sich die hL angeschlossen hat, unterscheidet daher wie folgt:
»Hat sich der Täter […] eine Sache durch Täuschung verschafft, so ist für die Abgrenzung von Wegnahme (§ 242 StGB) und Vermögensverfügung (§ 263 StGB) auch die Willensrichtung des Getäuschten und nicht nur das äußere Erscheinungsbild des Tatgeschehens maßgebend. Der BGH hat mehrfach Fälle entschieden, in denen das Verhalten des Täters trotz Nehmens der Sache als Betrug wie auch umgekehrt trotz eines Gebens als Diebstahl beurteilt worden ist […]. Betrug liegt vor, wenn der Getäuschte aufgrund freier nur durch Irrtum beeinflusster Entschließung Gewahrsam übertragen will und überträgt. In diesem Fall wirkt sich der Gewahrsamsübergang, dem ein Handeln, Dulden oder Unterlassen zugrunde liegen kann, unmittelbar vermögensmindernd aus. Diebstahl ist gegeben, wenn die Täuschung lediglich dazu dienen soll, einen gegen den Willen des Berechtigten gerichteten eigenmächtigen Gewahrsamsbruch des Täters zu ermöglichen oder wenigstens zu erleichtern […]. Von der Vorschrift des § 242 StGB werden insbesondere auch solche Fallgestaltungen erfasst, in denen der Gewahrsamsinhaber mit der irrtumsbedingten Aushändigung der Sache eine Wegnahmesicherung aufgibt, gleichwohl aber noch mindestens Mitgewahrsam behält, der vom Täter gebrochen wird. Vollzieht sich der Gewahrsamsübergang mithin in einem mehraktigen Geschehen, so ist die Willensrichtung des Getäuschten in dem Zeitpunkt maßgebend, in dem er die tatsächliche Herrschaft über die Sache vollständig verliert. Hat der Gewahrsamsinhaber, der die wahren Absichten des Täuschenden nicht erkannt hat, den Gegenstand übergeben, ohne seinen Gewahrsam völlig preiszugeben, und bringt der Täter die Sache nunmehr in seinen Alleingewahrsam, kommt eine Vermögensverfügung in Gestalt einer Duldung nur in Betracht, wenn auch dieses Geschehen noch von einem freien, der Handlung des Täters zustimmenden Willen des Getäuschten getragen wird. Findet der Ausschluss des Berechtigten von der faktischen Sachherrschaft ohne oder gegen dessen Willen statt, ist Wegnahme gegeben.«[7]

4 Etwa MüKoStGB/*Hefendehl* § 263 Rn. 230; NK-StGB/*Kindhäuser* § 263 Rn. 195.
5 LK/*Tiedemann* § 263 Rn. 97.
6 Vgl. nur BGHSt 18, 221***.
7 BGH GA 1987, 307.

aa) P hat T zwar das Geld aufgrund freier Willensentschließung ausgehändigt. Dadurch trat freilich noch kein vollständiger Gewahrsamsverlust, sondern lediglich eine Gewahrsamslockerung ein. Denn P hat das Geld T lediglich zum Nachzählen und nur für wenige Minuten in seiner Anwesenheit überlassen. Nach den Anschauungen des täglichen Lebens besaß P für die Zeit des Nachzählens des Geldes nach wie vor die Sachherrschaft. Ob T zu diesem Zeitpunkt Gewahrsam erlangt hat, ist ohne Belang. Es könnte sich hier allenfalls um Erlangung von Mitgewahrsam handeln. Die freiwillige Übertragung von Mitgewahrsam bewirkt aber keine unmittelbare Vermögensminderung, sondern stellt lediglich eine Gewahrsamslockerung dar.[8] **1842**

bb) Auch mit der kurzfristigen Rückkehr in die Bank hat P den (Rest-)Gewahrsam noch nicht verloren. Auch zu diesem Zeitpunkt besaß P nach den Anschauungen des täglichen Lebens noch eine von einem entsprechenden Willen getragene Sachherrschaft. **1843**

cc) Den Gewahrsam an dem Geld tatsächlich verloren hat P erst, als T sich damit entfernte. Dieses Verhalten des T erfolgte nun aber ohne den Willen des P. Da dieser Ausschluss von der Sachherrschaft des P durch T von dem Willen des P nicht mehr getragen war, kann mithin keine Vermögensverfügung iSd § 263 StGB vorgelegen haben. **1844**

Hinweis: Beachten Sie, dass es in der Sache hier zwar um die Abgrenzung von Betrug und Diebstahl geht, im Rahmen der Prüfung des § 263 StGB zunächst aber nur die Vermögensverfügung abgelehnt (und nicht zugleich die Wegnahme iSd § 242 StGB bejaht) werden muss. **1845**

2. Ergebnis

Eine Strafbarkeit des T wegen Betrugs gem. § 263 I StGB scheidet aus. **1846**

II. Diebstahl, § 242 I StGB

T könnte sich jedoch eines Diebstahls gem. § 242 I StGB schuldig gemacht haben, indem er sich mit dem ihm von P übergebenen Geld entfernte. **1847**

1. Objektiver Tatbestand

Hierzu müsste er zunächst eine fremde bewegliche Sache weggenommen haben, § 242 I StGB. **1848**

a) Bei den Geldscheinen handelt es sich um körperliche Gegenstände und damit um Sachen (§ 90 BGB), die auch beweglich sind. Sie sind für T fremd, wenn sie eigentumsfähig sind, nicht in seinem Alleineigentum stehen und nicht herrenlos sind.[9] **1849**

Ursprünglich war jedenfalls P der Eigentümer der Geldscheine. In der kurzzeitigen Überlassung des Geldes zum Zwecke des Nachzählens liegt allerdings keine Übereignung iSd § 929 S. 1 BGB; P ist Eigentümer geblieben. Die Geldscheine waren für T fremd. **1850**

b) T müsste das Geld weggenommen haben. Wegnahme ist Bruch fremden und Begründung neuen Gewahrsams.[10] Ursprünglich hatte P Gewahrsam an dem von sei- **1851**

8 Vgl. BGH GA 1987, 307.
9 *Jäger* Examens-Repetitorium StrafR BT Rn. 188.
10 *Lackner/Kühl* § 242 Rn. 8.

nem Konto abgehobenen Geld. Indem T mit den 49.100 EUR-Scheinen verschwindet, hat er neuen, eigenen Gewahrsam begründet. Da P als Berechtigter mit diesem konkreten Gewahrsamswechsel – wie bereits gezeigt, → Rn. 1844 – nicht einverstanden war, handelte T ohne den Willen des P. Es liegt daher auch ein Bruch fremden Gewahrsams und somit eine Wegnahme iSd § 242 I StGB vor.

2. Subjektiver Tatbestand

1852 T handelte vorsätzlich und in der Absicht rechtswidriger Zueignung.

3. Rechtswidrigkeit und Schuld

1853 Auch handelte T rechtswidrig und schuldhaft.

4. Ergebnis

1854 T hat sich eines Diebstahls gem. § 242 I StGB schuldig gemacht.

2. Tatkomplex: Die Überrumpelung der D

I. Diebstahl, § 242 I StGB

1855 T könnte einen weiteren Diebstahl gem. § 242 I StGB dadurch begangen haben, dass er die D im Polizeipräsidium dazu brachte, ihm ihr Geld auszuhändigen.

1. Objektiver Tatbestand

1856 **a)** Die Geldscheine der D waren – für T fremde – bewegliche Sachen.

1857 **b)** T müsste die Scheine weggenommen haben.

1858 Wegnahme ist Bruch fremden und Begründung neuen Gewahrsams, → Rn. 1851. Die Scheine standen ursprünglich im Gewahrsam der D. Spätestens nachdem T das Polizeipräsidium durch den Notausgang mit dem Geld verlassen hatte, hatte er neuen, eigenen Gewahrsam begründet.

1859 Fraglich ist aber, ob dieser Gewahrsamswechsel durch Bruch des Gewahrsams der D erfolgte. Gewahrsamsbruch ist die Aufhebung des Gewahrsams ohne oder gegen den Willen des Gewahrsamsinhabers.[11] Ob dieses Merkmal hier vorliegt, ist deshalb zweifelhaft, weil D der Mitnahme des Geldes zugestimmt hatte. Es liegt also ein Einverständnis der D vor, das bereits den objektiven Tatbestand ausschließt, wenn es wirksam ist.

1860 Man könnte erwägen, die Wirksamkeit eines Einverständnisses (etwa bei Willensmängeln) ebenso zu beurteilen wie bei der Einwilligung. Da Letztere nach hA bei Drohung und Täuschung unwirksam ist,[12] hätte eine Übertragung dieser Regeln auf das Einverständnis im vorliegenden Fall die Unwirksamkeit des von D abgegebenen Einverständnisses schon deshalb zur Folge, weil D über die Befugnis des T zur Beschlagnahme des Geldes getäuscht wurde und deshalb der Mitnahme des Geldes zugestimmt hatte.

---

11 *Küper* StrafR BT 441.

12 Vgl. BGHSt 4, 118; 16, 309.

Eine unveränderte Übertragung der Einwilligungsregeln auf das Einverständnis ist aber aus mehreren Gründen bedenklich.[13] Zwar kommt es – wie auch bei der Einwilligung[14] – nicht auf die Geschäftsfähigkeit an, maßgebend ist vielmehr die Fähigkeit, einen natürlichen Willen zu bilden.[15] Allerdings bedarf das Einverständnis in den Täuschungsfällen abweichender Behandlung. Die Unwirksamkeit eines auf Täuschung beruhenden Einverständnisses würde zur Annahme von Diebstahl führen und damit die täuschende Sachentziehung aus dem Betrugstatbestand völlig herausnehmen. Es geht also bei der Frage, ob ein durch Täuschung bewirktes Einverständnis wirksam ist, um die Abgrenzung von Diebstahl und Betrug, so wie die Behandlung eines durch Gewalt oder Drohung bewirkten Einverständnisses die Grenze zwischen Raub (bzw. Diebstahl) und räuberischer Erpressung (bzw. Erpressung) betrifft. **1861**

Nach ständiger, von der Literatur überwiegend gebilligter Rechtsprechung ist das Einverständnis wirksam, wenn es das Ergebnis eines zwar durch Irrtum erzeugten, im Übrigen aber innerlich freien Willensentschlusses ist. Ein innerlich freier Willensentschluss liegt nach dieser Auffassung vor, wenn das Opfer glaubt, es könne über das »Ob« des Gewahrsamsüberganges allein entscheiden. Hat es dagegen die Vorstellung, der Gewahrsam werde ihm – gleichgültig wie es sich entscheide – auf jeden Fall entzogen, dann fehlt es an einem wirksamen Einverständnis. Im ersten Fall scheidet Wegnahme aus, und es kommt Betrug in Betracht, im zweiten Fall liegt mangels wirksamen Einverständnisses Wegnahme und damit Diebstahl vor.[16] **1862**

Hinweis: Hinter dieser Differenzierung steht eine bestimmte Vorstellung von der Deliktsnatur des Betruges. Der Betrug zeichnet sich dadurch aus, dass der Täter nur unter Einsatz des getäuschten Opfers an das Vermögensstück herankommen kann. Beim Diebstahl bedarf es dieses »Schlüssels« nicht, der Dieb kann auch unter Verzicht auf eine bestimmte Willensbildung beim Opfer die Sache wegnehmen. Das hat dann zur Folge, dass Diebstahl und Betrug nicht nach dem äußeren Verhalten des Opfers (ob dieses die Sache gibt oder sie ihm genommen wird) zu unterscheiden sind, sondern maßgeblich ist, ob der Täter die Willensentscheidung des Opfers einsetzt oder ohne sie an die Sache herankommt.[17] **1863**

D hielt T für einen Polizeibeamten, den sie deshalb für befugt hielt, das Geld zu »beschlagnahmen«. Dieser Eindruck wurde beim Gang durch das Polizeipräsidium noch verstärkt. D hatte daher die Vorstellung, sie werde den Gewahrsam an dem Geld auf jeden Fall verlieren, gleichgültig wie sie sich verhalte. Ihr Einverständnis mit der Mitnahme des Geldes durch T ist daher – nicht wegen der Täuschung, sondern wegen der dadurch bedingten vorgestellten Zwangslage – unwirksam. Wo aber ein unwirksames Einverständnis vorliegt, kann dieses das Vorliegen des Tatbestandsmerkmals »Bruch« nicht hindern. D hat also trotz äußerlicher Weggabe nicht über ihr Vermögen verfügt; vielmehr hat T der D das Geld weggenommen iSd § 242 I StGB.[18] **1864**

---

13 Grundlegend zur Differenzierung zwischen Einwilligung und Einverständnis *Geerds*, Einwilligung und Einverständnis des Verletzten, 1953; *ders.* GA 1954, 262.

14 *Amelung* ZStW 104 (1992) 525 (526 ff.).

15 *Samson* StrafR I 79.

16 Zum Ganzen *Samson* StrafR II 28 mwN.

17 *Samson* StrafR II 28.

18 BGH NJW 1952, 796; 1953, 73.

b) Subjektiver Tatbestand

1865 T handelte vorsätzlich und in der Absicht rechtswidriger Zueignung.

2. Rechtswidrigkeit und Schuld

1866 Auch handelte T rechtswidrig und schuldhaft.

3. Ergebnis

1867 T hat sich eines Diebstahls gem. § 242 I StGB schuldig gemacht.

II. Betrug, § 263 I StGB, gegenüber und zum Nachteil der D

1868 Eine Strafbarkeit wegen Betrugs gem. § 263 I StGB kommt nach dem zuvor Gesagten daneben nicht mehr in Betracht. Da die Gewahrsamsverschiebung nicht lediglich durch einen Irrtum veranlasst war (→ Rn. 1862 ff.), kann eine freiwillige Vermögensverfügung, wie sie der objektive Betrugstatbestand als ungeschriebenes Tatbestandsmerkmal voraussetzt, nicht vorliegen.[19]

B. Ergebnis zur Strafbarkeit des T

1869 T hat sich im ersten Tatkomplex ebenso wie im zweiten jeweils eines Diebstahls gem. § 242 I StGB schuldig gemacht. Die Taten stehen in Realkonkurrenz, § 53 StGB. T ist daher strafbar gem. §§ 242 I, 242 I, 53 StGB.

C. Strafbarkeit des O

I. Versuchter Betrug gegenüber dem Ermittlungsrichter zum Nachteil der Staatskasse, §§ 263 I, II, 22, 23 I StGB

1870 O könnte sich eines versuchten Betruges gem. §§ 263 I, II, 22, 23 I StGB schuldig gemacht haben, indem er E, um in Untersuchungshaft genommen zu werden, weismachen wollte, er habe die tatsächlich von P begangenen Taten verübt.

1871 Die Tat ist nicht vollendet; da E dem O nicht geglaubt hat, kann bereits kein Irrtum gegeben sein. Die Strafbarkeit des Versuchs ergibt sich aus §§ 263 II, 23 I Var. 2 StGB.

1872 **Hinweis:** Zur »Vorprüfung« beim Versuch beachte Fall 1, → Rn. 10 mwN.

1. Tatentschluss

1873 **a)** T war die Unrichtigkeit seiner Aussage bewusst und er wollte in E eine Fehlvorstellung über seine Täterschaft an den beiden von T begangenen Diebstählen (siehe oben) hervorrufen. T hatte also Täuschungsvorsatz.

1874 **b)** Damit O sein Ziel – Erlass eines Haftbefehls durch E – erreichen konnte, musste E ihm glauben. O wollte also, dass E sich irrt.

1875 **c)** Fraglich ist aber, ob O sich die Vornahme einer Vermögensverfügung durch E vorgestellt hat.

19 BGH NJW 1953, 73 (74).

aa) Dass ein Hoheitsakt, wie der in Frage stehende, Verfügungsqualität hat, ist unproblematisch. 1876

bb) Vorausgesetzt wird aber darüber hinaus, dass die Verfügung einen wirtschaftlichen Bezug hat: Die Verfügung muss vermögensmindernde Wirkung haben.[20] Entgegen dem BGH geht ein Teil der Literatur für den vorliegenden Fall davon aus, dass es hieran fehle. Die Haftanordnung diene nicht der Fürsorge für den Häftling, sondern sei auf Freiheitsentzug gerichtet und die damit verbundenen, für das Staatsvermögen nachteiligen Unterbringungskosten seien lediglich Folgeerscheinungen des auf ein ganz anderes Ziel gerichteten Hoheitsaktes.[21] Indes könnte eine solche Differenzierung nur überzeugen, wenn es weniger auf den objektiv-vermögensmindernden Effekt als vielmehr auf die subjektive Zielsetzung des Verfügenden ankäme. Gegen diese Annahme spricht jedoch die Tatsache, dass nach heute hM zu Recht sowohl bewusste wie auch unbewusste Verfügungen den Verfügungsbegriff des Betrugstatbestandes ausfüllen, sofern sie sich nur objektiv vermögensmindernd auswirken.[22] 1877

Hinweis: Zum Unterschied zwischen Unbewusstheit der Verfügung einerseits und Unbewusstheit der Selbstschädigung andererseits vgl. *Eser* StrafR IV 124. 1878

Nur so lassen sich auch Verfügungen durch Unterlassen – bei denen es häufig am Verfügungsbewusstsein fehlen wird – und auch diejenigen Fälle von § 263 StGB erfassen, in denen dem Getäuschten – etwa dadurch, dass er vermeintlich ein Autogramm gibt, in Wahrheit aber einen verpflichtenden Vertrag unterschreibt – die rechtliche oder wirtschaftliche Bedeutung seiner Unterschrift verschleiert bleibt. 1879

Da sich der verfügende Haftrichter also keineswegs der vermögensmäßigen Auswirkungen seiner Anordnung bewusst gewesen zu sein braucht, kann es auf seine subjektive Zielrichtung nicht ankommen; ausreichend ist vielmehr bereits deren objektiv vermögensmindernde Wirkung.[23] Da die Unterbringungskosten von – dem mittellosen – O nicht ohne Weiteres eintreibbar waren, kann der von O sich vorgestellten Haftanordnung eine solche nicht abgesprochen werden.[24] 1880

Hinweis: Die Gegenauffassung ist mit entsprechender Begründung vertretbar. 1881

cc) Dass – nach der Vorstellung des O – die Vortäuschung von Straftaten ursächlich für die Haftanordnung werden sollte, steht außer Frage. 1882

dd) Nach hL muss dem Getäuschten darüber hinaus der schädigende Charakter seiner Verfügung verborgen geblieben sein. Das ist vorliegend deshalb der Fall, weil E nach der Vorstellung des O nicht bewusst werden sollte, dass O unberechtigterweise auf Staatskosten leben wollte. 1883

ee) Allgemein anerkannt ist heute, dass die Verfügung die Vermögensminderung unmittelbar herbeiführen muss.[25] Freilich liegt eine solche Unmittelbarkeit bereits dann vor, wenn die Verfügung des Getäuschten zu einer Vermögensminderung führt, ohne 1884

20 Vgl. *Eser* StrafR IV 122.
21 *Mittelbach* JR 1960, 384.
22 Vgl. nur LK/*Tiedemann* § 263 Rn. 118 mwN.
23 Vgl. LK/*Tiedemann* § 263 Rn. 118.
24 *Eser* StrafR IV 123.
25 BGHSt 14, 170 (171).

dass dafür noch zusätzliche deliktische Zwischenhandlungen des Täters erforderlich wären.[26] Nach der – insoweit zutreffenden – Vorstellung des O wären mit der Hafteinweisung Unterbringungs- und Verpflegungskosten angefallen. Einer weiteren deliktischen Handlung bedurfte es auch nach der Vorstellung des O nicht. Die Hafteinweisung als die von O angestrebte Vermögensverfügung hätte daher auch unmittelbar zu einer Vermögensminderung geführt.

1885 **ff)** Fraglich ist nun noch, welche Bedeutung dem Umstand zukommt, dass vorliegend der Getäuschte und Verfügende E nicht sich selbst, sondern die Landeskasse schädigen sollte.

1886 **Hinweis:** Hierbei handelt es sich nun um den Problemkreis der drittschädigenden Verfügungen, also des sog. Dreiecksbetruges.[27]

1887 Zwar müssen beim Betrug iSd § 263 I StGB Getäuschter und Verfügender identisch sein, weil es sonst an der Kausalbeziehung zwischen Irrtum und Vermögensverfügung fehlen würde. Dagegen brauchen Verfügender und Geschädigter nicht identisch zu sein; denn dass die Täuschung eines anderen zwecks Schädigung eines Dritten nicht nur kausal möglich, sondern auch praktisch häufig ist, liegt auf der Hand. Damit nun aber der Betrugstatbestand nicht zu einem konturenlosen Delikt mittelbarer Schädigung durch ein irregeleitetes Werkzeug wird – also die Grenze zum Diebstahl in mittelbarer Täterschaft nicht verwischt wird –, wird für den Betrug durch fremdschädigende Verfügung iSe sog. Dreiecksbetruges eine ganz bestimmte Verfügungsfähigkeit des Getäuschten über das Vermögen des Opfers gefordert. Das danach vorausgesetzte Näheverhältnis liegt freilich unstreitig jedenfalls dann vor, wenn – wie vorliegend – der Verfügende die rechtliche Befugnis hat, Rechtsänderungen mit unmittelbarer Wirkung für das fremde Vermögen vorzunehmen oder kraft hoheitlicher Stellung Anordnungen darüber zu treffen.[28]

1888 **Hinweis:** Insbesondere die Frage des Näheverhältnisses in den Fällen, in denen eine solche Befugnis kraft Gesetzes, behördlichen Auftrages oder Rechtsgeschäftes nicht gegeben ist, ist äußerst klausurrelevant. Dazu unbedingt lesen: *Eser* StrafR IV 127 ff. mwN. Siehe auch insbes. BGHSt 18, 221***.

1889 Nach alledem sollte E nach der Vorstellung des O eine den Anforderungen des Betrugstatbestandes entsprechende Vermögensverfügung – und zwar über das Vermögen der Staatskasse – vornehmen.

1890 **d)** Durch die von O erstrebte Unterbringung und Verpflegung des O wäre dem Staat nach dessen Vorstellung auch ein Vermögensschaden entstanden.

1891 **e)** O erstrebte iSv dolus directus 1. Grades einen rechtswidrigen Vermögensvorteil, da er auf die Erstattung der Unterbringungs- und Verpflegungskosten – wie er wusste – keinen Anspruch hatte.[29] Dieser Vermögensvorteil war nach der Vorstellung des O auch mit dem von ihm als sicher vorausgesehenen Vermögensschaden des Staates stoffgleich, da die Vermögensbeschädigung auf der Gegenseite dem erstrebten rechtswidrigen Vermögensvorteil entsprechen sollte.

26 IdS *Eser* StrafR IV 125.
27 Hierzu *Eser* StrafR IV 127 ff.
28 Vgl. LK/*Tiedemann* § 263 Rn. 113.
29 Vgl. BGHSt 14, 170 (171).

Hinweis: Beachten Sie, dass bei Delikten mit überschießender Innentendenz im Tatentschluss nicht nur der Vorsatz, sondern eben auch jene überschießende Innentendenz geprüft werden muss (zu vermeidbaren Fehlern bei der Prüfung vgl. zunächst bereits den Hinweis in Fall 11 → Rn. 1373!). Weitere prominente Beispiele solcher subjektiven Voraussetzungen, die – anders als der Vorsatz, der sich stets auf jedes einzelne objektive Tatbestandsmerkmal beziehen muss – keine Entsprechung im objektiven Tatbestand haben, sind etwa die Zueignungsabsicht iRd § 242 StGB, die Täuschungsabsicht iRd § 267 StGB oder auch die Völkermordabsicht iRd § 6 VStGB (lesen Sie zunächst den Gesetzeswortlaut!). Da der Vorsatz sich auf die Merkmale des objektiven Tatbestandes bezieht (an deren Verwirklichung es beim Versuch naturgemäß zumindest teilweise fehlt), die überschießende Innentendenz hingegen über den objektiven Tatbestand hinausreicht und meist die eigentliche Motivation des Täters beschreibt, ist es sinnvoll, zunächst den Vorsatz und erst anschließend die überschießende Innentendenz zu prüfen. Ob im Übrigen insoweit (wie bei §§ 242, 263 StGB) dolus directus 1. Grades erforderlich ist oder (wie bei § 267 StGB) dolus directus 2. Grades genügt, kann man sich anhand folgender Grundregel recht einfach merken: Richtet die Absicht sich auf eine Besserstellung des Täters (Zueignung iSd § 242 StGB, Bereicherung iSd § 263 StGB) ist dolus directus 1. Grades erforderlich, bezieht der Vorsatz des Täters sich hingegen lediglich auf eine Schlechterstellung des Opfers (Täuschung iSd § 267 StGB), so genügt dolus directus 2. Grades. Vgl. dazu ausführlicher *Witzigmann* JA 2009, 488. 1892

2. Unmittelbares Ansetzen

O hat nach allen Ansichten zur Tatbestandsverwirklichung bereits unmittelbar angesetzt iSv § 22 StGB, da er mit dem täuschenden Einwirken auf das Vorstellungsbild des E bereits mit der Ausführung der tatbestandsmäßigen Handlung – der Täuschung – begonnen hatte. 1893

3. Rechtswidrigkeit und Schuld

Rechtswidrigkeit und Schuld sind gegeben. 1894

4. Ergebnis

O hat sich eines versuchten Betruges gem. §§ 263 I, 22, 23 I StGB gegenüber E zum Nachteil der Staatskasse schuldig gemacht. 1895

II. Ergebnis zur Strafbarkeit des O

Weitere Delikte des O kommen nicht in Betracht bzw. sind nicht zu prüfen. O ist daher strafbar gem. §§ 263 I, 22, 23 I StGB. 1896

Fall 15: Der passionierte Sammler

1897 A ist passionierter Sammler amerikanischer Kriminal- und Detektivfilme der 30er und 40er Jahre. Besonders angetan hat es ihm die berühmte »Charlie Chan«-Reihe. A besitzt nahezu sämtliche dieser zwischen 1929 und 1949 gedrehten »Mysteries«. Allerdings fehlen ihm vier Filme, die in Fachkreisen als verloren gelten. Aus sicherer Quelle erfährt A, dass die beiden Sammler X und Y alte Original-Filmrollen der für vermisst gehaltenen Filme besitzen. A will sich unbedingt in den Besitz der Filme bringen.

1898 In einer der nächsten Nächte begibt A sich daher zum Anwesen des X, um die Filmrollen an sich zu bringen. Sicherheitshalber nimmt er eine Pistole mit, um einem ihm möglicherweise entgegengebrachten Widerstand durch einen Warnschuss entgegenzuwirken. Durch ein halb geöffnetes Kellerfenster verschafft er sich Zutritt zu der Villa des X. Er begibt sich in dessen bekannte Filmbibliothek. Da dort sämtliche Filme systematisch geordnet in Regalen stehen, hat er die wertvollen Filmrollen bald gefunden. Er will sie gerade an sich nehmen, als er plötzlich Schritte hört. Unmittelbar darauf steht X vor ihm. Als X erkennt, was A vorhat, will er auf A zugehen, um ihn an der Mitnahme der Filme zu hindern. A gibt einen Warnschuss ab, damit X ihn nicht daran hindern kann, die Filme mitzunehmen. Die Kugel dringt 2 m vor X in den Boden ein. Daraufhin springt X den A an. A, der in diesem Moment nicht mehr an die Mitnahme der Filme, sondern nur noch an seine Verteidigung denkt, schlägt X mit der Pistole auf den Kopf. Da er den Finger am Abzug hat, löst sich dabei ein Schuss, der X auf der Stelle tötet. Bestürzt verlässt A das Haus. Die Filme lässt er liegen, obwohl er sie ohne Weiteres hätte mitnehmen können. Aufgrund des Zwischenfalls ist ihm die Lust an ihnen vergangen.

1899 Nachdem A sich nach einigen Tagen wieder beruhigt hat und klar wird, dass die Polizei hinsichtlich des Todes des X völlig im Dunkeln tappt, fasst A neuen Mut und beschließt, sich die Filme von Y zu »besorgen«. Dieses Mal ist er fest entschlossen, sich nicht überrumpeln zu lassen. Er nimmt sich daher von vornherein vor, Y mit vorgehaltener Pistole zur Herausgabe der Filme zu zwingen. Er begibt sich zur Villa des Y, zieht seine Pistole und klingelt an der Haustüre. Die Tür wird jedoch zu seinem großen Erstaunen von der Haushälterin H geöffnet. Nachdem A sich von seinem Schrecken erholt hat, zwingt er H mit vorgehaltener Pistole, ihn in den Filmraum zu führen. Da H auch für die Archivierung der Filme zuständig ist, findet sie die Rollen sogleich. A hat sich die Filme gerade herausgeben lassen und unter seinen weiten Mantel gesteckt, als Y hereinkommt. A, der es nicht fassen kann, dass seine neuen Errungenschaften schon wieder gefährdet sind, schießt Y mit bedingtem Tötungsvorsatz nieder, bevor dieser ihn bemerken kann. A flieht mit den Filmen; Y überlebt zwar, bleibt aber auf einem Ohr taub.

1900 **Aufgabe: Beurteilen Sie die Strafbarkeit des A.**

1901 **Bearbeitervermerk: §§ 211, 240 StGB sind nicht zu prüfen. Auf § 127 StPO ist nicht einzugehen. Evtl. erforderliche Strafanträge sind gestellt.**

1902 **Anmerkung**: Die wesentlichen Probleme des Sachverhaltes sind: **1.** Erfolgsqualifizierter Versuch und Rücktritt (BGH NJW 1996, 2663; BGH JZ 2003, 637 = BGHSt 48, 34); **2.** Tatbestandsspezifischer Gefahrzusammenhang bei Erfolgsqualifikationen (BGHSt 14, 110, BGH NStZ 1998, 511); **3.** Abgrenzung Raub – räuberische Erpressung (BGH NStZ-RR 2011, 80).

Literaturhinweise: **zu 1.**: *Hillenkamp* 32 Probleme StrafR AT 16. Problem; *Wessels/Beulke* StrafR AT Rn. 617; *Roxin* StrafR AT II § 29 Rn. 332–338; **zu 2.**: *Kühl* StrafR AT § 17a Rn. 14 ff.; *Wessels/Hillenkamp* StrafR BT II Rn. 387; **zu 3.**: *Hillenkamp* 40 Probleme StrafR BT 33. Problem; *Wessels/Hillenkamp* StrafR BT II Rn. 728–733. 1903

A. Gliederung

1. Tatkomplex: Das Geschehen im Haus des X

I. §§ 251, 249 I, 22, 23 I StGB
II. §§ 249 I, 250 I Nr. 1 lit. a, II Nr. 1, 22, 23 I StGB
III. §§ 253 I, II, 255, (250 I Nr. 1 lit. a), 22, 23 I StGB
IV. Weitere Delikte
V. §§ 227 I, 223 I, 224 StGB
VI. § 222 StGB
VII. § 123 I Var. 1 StGB

Konkurrenzen und Ergebnis zur Strafbarkeit des A im 1. Tatkomplex

2. Tatkomplex: Das Geschehen im Haus des Y

I. §§ 249 I, 250 II Nr. 1 StGB
II. §§ 253 I, II, 255 StGB
III. §§ 252, 249 StGB
IV. §§ 252, 250 StGB
V. §§ 212 I, 22, 23 I StGB
VI. §§ 223 I, 224 I Nr. 2, Nr. 5 StGB
VII. § 226 I Nr. 1 StGB
VIII. § 123 I Var. 1 StGB

Konkurrenzen und Ergebnis zur Strafbarkeit des A im 2. Tatkomplex

Konkurrenzen und Gesamtergebnis

B. Lösung

1. Tatkomplex: Das Geschehen im Haus des X

I. Versuchter Raub mit Todesfolge, §§ 251, 249 I, 22, 23 I StGB

A könnte sich durch die beabsichtigte Mitnahme der Filmrollen und die Abgabe des Warnschusses wegen versuchten Raubes mit Todesfolge gem. §§ 251, 249 I, 22, 23 I StGB strafbar gemacht haben. 1904

Hinweis: Zur Formulierung des Obersatzes vgl. noch den Hinweis → Rn. 1944. 1905

1. Nichtvollendung und Versuchsstrafbarkeit

a) Das Grunddelikt – der Raub gem. § 249 I StGB – ist nicht vollendet, da es nicht zur Wegnahme der Filme gekommen ist. 1906

b) Der Versuch des Raubes ist strafbar gem. §§ 249 I iVm 12 I, 23 I Var. 1 StGB. 1907

Hinweis: Die Milderungsmöglichkeit gem. § 249 II StGB ist für den Verbrechenscharakter des Raubes gem. § 12 III StGB irrelevant. 1908

Fraglich ist aber, ob auch der versuchte Raub mit Todesfolge unter Strafe gestellt ist. Ob der damit in Frage stehende erfolgsqualifizierte Versuch möglich ist, ist umstritten. 1909

Hinweis: Zum Prüfungsstandort vgl. zunächst Fall 6 → Rn. 843. 1910

Hinweis: Das »erfolgsqualifizierte Delikt« setzt sich aus einem Grunddelikt und einer qualifizierenden Folge zusammen (vgl. grds. nur *Roxin* StrafR AT I § 10 Rn. 108 ff.). Im Hinblick auf deren jeweiliges Verwirklichungsstadium lassen sich vier Fallkonstellationen unterscheiden: 1911
1. Unproblematisch ist zunächst der Fall, in dem sowohl das Grunddelikt wie auch die qualifizierende Folge vollendet sind. Es handelt sich dann um den *Normalfall eines vollendeten* (zusammengesetzten) *Delikts*. Die erfolgsqualifizierten Delikte treten häufig als Vorsatz-Fahrlässigkeitskombination auf (vgl. etwa § 227 StGB, der sich aus einer vorsätzlichen Körperverletzung gem. § 223 StGB und einer fahrlässigen Tötung gem. § 222 StGB zusammensetzt; im Hinblick auf § 251 StGB beachte insoweit noch → Rn. 1916).
Da sowohl im Hinblick auf das Grunddelikt wie auch die Erfolgsqualifikation jedenfalls konstruktiv die Tat im Versuch steckengeblieben sein kann, ergeben sich drei weitere Kombinationen, deren Strafwürdigkeit in unterschiedlichem Maße umstritten ist:
2. Der sog. »erfolgsqualifizierte Versuch«. Er ist dann gegeben, wenn das Grunddelikt nur versucht, der qualifizierende Erfolg aber bereits eingetreten ist (Versuch des Grunddelikts und – mindestens[1] – fahrlässige Bewirkung der qualifizierenden Folge). Um diesen Fall handelt es sich hier. Dabei ist zunächst umstritten, ob der erfolgsqualifizierte Versuch überhaupt strafbar ist. Ferner streitet man sich

1 Zwar ist auch der Fall denkbar, dass der Täter bei versuchtem Grunddelikt auch hinsichtlich der besonderen Folge (etwa: bedingt) vorsätzlich handelt; in diesem Fall liegt dann aber ein vollendetes Vorsatzdelikt vor (Beispiel: Versuch des § 223 StGB bei gleichzeitigem Inkaufnehmen des für möglich gehaltenen eingetretenen Todes des Opfers = § 212 StGB). Ein Rückgriff auf § 227 StGB ist hier nicht erforderlich; dieser tritt im Wege der Spezialität zurück (vgl. MüKoStGB/*Hardtung* § 227 Rn. 26).

heftig über die Frage, ob auch der straflose Versuch des Grunddelikts bei Verursachung der besonderen Folge zu einem strafbaren erfolgsqualifizierten Versuch führen kann (die Frage stellt sich heute insbesondere noch bei § 221 StGB). Weiter ist in diesem Zusammenhang streitig, ob Anknüpfungspunkt für die Erfolgsqualifikation die Gefährlichkeit der Tathandlung oder die des -erfolges ist (dazu weiter → Rn. 1914 ff.). Und schließlich ist auch umstritten, ob ein strafbefreiender Rücktritt vom Versuch noch möglich ist, wenn die schwere Folge bereits eingetreten ist (dazu → Rn. 1958 ff.).[2]

3. »Versuch der Erfolgsqualifikation«. Von dieser Konstellation spricht man, wenn der Täter bei vollendetem oder versuchtem (!) Grunddelikt hinsichtlich der qualifizierenden Folge mit mindestens dolus eventualis handelt (die Kombination von nur versuchtem Grunddelikt und bloßer Fahrlässigkeit bezüglich einer nicht eingetretenen schweren Folge ist mangels Versuchs der Folge – der Vorsatz voraussetzt – nicht erfasst!).

a) Vollendetes Grunddelikt und Versuch der qualifizierenden Folge: Die Variante der Kombination von vollendetem Grunddelikt und versuchter qualifizierender Folge kommt deshalb in Betracht, weil die schwere Folge vorsätzlich herbeigeführt werden kann. Denn sie muss (zB bei § 227 iVm § 18 StGB) entweder »wenigstens fahrlässig« oder (zB bei § 251 StGB) »wenigstens leichtfertig« verursacht worden sein; dann kann sie aber erst recht vorsätzlich herbeigeführt werden. Wenn die qualifizierende Folge aber vorsätzlich herbeigeführt werden kann, kann sie auch »versucht« werden.[3] In diesem Fall ist die Strafbarkeit daher auch weitgehend anerkannt.[4]

b) Versuchtes Grunddelikt und Versuch der qualifizierenden Folge: Auch die Kombination von nur versuchtem Grunddelikt und versuchter qualifizierender Folge ist nach zutreffender hM als zweiter Unterfall des Versuchs der Erfolgsqualifikation strafbar. Denn da sowohl das Grunddelikt wie auch eine »erst recht« (siehe soeben unter a) vorsätzlich gewollte Folge »versucht« werden können, stellt die Kombination zweier »Versuche« einen Versuch des erfolgsqualifizierten Delikts in Form einer Vorsatz-Vorsatz-Kombination dar.[5] Zum Teil wird auch hier die Strafbarkeit bei isoliert betrachtetem straflosen Grunddeliktsversuch (siehe zB § 221 I StGB) bestritten.[6] Nicht zu überzeugen vermag die vereinzelt geäußerte Behauptung, dem Versuch des Grunddelikts bei versuchter Erfolgsqualifikation komme neben dem (strafbaren) Grunddeliktsversuch keine eigenständige Bedeutung bei. Denn ein auf die Herbeiführung einer qualifizierenden Folge gerichteter Vorsatz steigert das Handlungsunrecht gegenüber einem nur versuchten Grunddelikt, bei dem es an einem solchen weitergehenden Vorsatz fehlt.

1912 **a)** Zum Teil wird die Möglichkeit eines erfolgsqualifizierten Versuchs grundsätzlich geleugnet. Dies wird von Teilen der Literatur[7] damit begründet, dass es sich bei erfolgsqualifizierten Delikten mit vorsätzlichem Handlungs- und fahrlässigem Erfolgsbestandteil um fahrlässige Straftaten handele; bei fahrlässigen Taten aber sei der Versuch nicht strafbar. Andere wenden ein, dass jeder Versuch gem. § 22 StGB die Vorstellung des Täters von der Tat voraussetze; daran fehle es beim erfolgsqualifizierten Versuch aber, da der Täter hinsichtlich der verursachten qualifizierenden Folge nicht vorsätzlich, sondern nur fahrlässig handele. Die Vorstellung des Täters beziehe sich daher nicht auf die gesamte Tat.[8]

2 Zum Ganzen instruktiv *Kühl* StrafR AT § 17a Rn. 39 ff.
3 *Kühl* StrafR AT § 17a Rn. 33
4 Vgl. BGH NStZ 2001, 534; *Wessels/Beulke* StrafR AT Rn. 617.
5 *Kühl* StrafR AT § 17a Rn. 37
6 *Kühl* StrafR AT § 17a Rn. 37 mwN in Fn. 73a.
7 *Maurach/Gössel/Zipf* StrafR AT II § 43 Rn. 117; jüngst wieder *Gössel* ZIS 2011, 286.
8 MüKoStGB/*Hardtung* § 18 Rn. 78.

Nach dieser Ansicht kommt ein versuchter Raub mit Todesfolge im vorliegenden Fall, in dem weder das Grunddelikt vollendet noch hinsichtlich des Todes des X auch nur mit dolus eventualis gehandelt wurde, nicht in Betracht. 1913

bb) Die hA dagegen differenziert: Genüge zur Tatbestandserfüllung, dass die Folge durch die tatbestandsmäßige Handlung verursacht ist, reiche für den Versuch die Verursachung der schweren Folge durch die Versuchshandlung. Müsse sich hingegen die Folge nach der Struktur des Delikts gerade aus dem vorsätzlich herbeigeführten Erfolg des Grunddelikts entwickeln, 1914

Hinweis: Das ist insbesondere umstritten für § 227 I StGB; vgl. hierzu oben Fall 6 → Rn. 844 ff. 1915

so führe der Eintritt der Folge aufgrund des versuchten Grundtatbestandes nicht zum erfolgsqualifizierten Versuch.[9]

Da § 251 StGB den Tod des Opfers nicht an den »Rauberfolg«, sondern an die Gefährlichkeit der Raubhandlung – also die Drohung oder Gewaltanwendung – anknüpft, ist danach ein strafbarer Versuch gem. §§ 251, 22, 23 I StGB grundsätzlich möglich.[10] 1916

cc) Der erstgenannten Ansicht ist zwar darin beizupflichten, dass eine Versuchsstrafbarkeit für Fahrlässigkeitsdelikte ausscheidet. Nicht zu überzeugen vermag freilich die Behauptung, erfolgsqualifizierte Delikte in der Form der Vorsatz-Fahrlässigkeits-Kombination seien Fahrlässigkeitsdelikte. § 11 II StGB legt im Gegenteil ausdrücklich fest, dass es sich bei ihnen um vorsätzliche Taten handelt. Diese gesetzgeberische Entscheidung ist hinzunehmen.[11] Auch der Einwand *Hardtungs* überzeugt nicht. Der von dieser Auffassung in Bezug genommene § 22 StGB definiert nicht den Versuch, sondern dient lediglich der Abgrenzung von Vorbereitung und Versuch; die Vorschrift lässt sich daher nicht als Beleg für die Behauptung heranziehen, der Vorsatz des Täters müsse sich auf die gesamte Tat beziehen.[12] Im Übrigen ist mit der »Tat« iSd § 22 StGB das vollendete vorsätzliche Begehungsdelikt gemeint, an erfolgsqualifizierte Delikte in Form von Vorsatz-Fahrlässigkeits-Kombinationen hat der Gesetzgeber bei seiner Normierung überhaupt nicht gedacht.[13] 1917

dd) Eine Strafbarkeit des A wegen versuchten Raubes mit Todesfolge gem. §§ 251, 249 I, 22, 23 I StGB kommt also grundsätzlich in Betracht. 1918

2. Tatentschluss

A müsste vorsätzlich hinsichtlich der Begehung eines Raubes iSd § 249 StGB gehandelt haben. 1919

a) Der Vorsatz des A müsste sich zunächst auf die Wegnahme einer fremden beweglichen Sache gerichtet haben. 1920

aa) A war (zutreffend) der Auffassung, dass es sich bei den Filmrollen um im Eigentum des X stehende und daher für ihn fremde – bewegliche – Sachen handelt. 1921

9 BGH NStZ 2001, 534; 2003, 149; *Wessels/Beulke* StrafR AT Rn. 617.
10 Zum Ganzen *Roxin* StrafR AT II § 29 Rn. 322 ff.
11 Ebenso *Kühl* StrafR AT § 17a Rn. 41.
12 IdS auch *Kühl* StrafR AT § 17a Rn. 43.
13 *Kühl* StrafR AT § 17a Rn. 43.

1922 **bb)** Fraglich ist aber, ob A diese wegnehmen wollte: Unter einer Wegnahme versteht man den Bruch fremden und die Begründung neuen Gewahrsams.[14]

1923 **Hinweis:** In Zwei-Personen-Konstellationen ist die Floskel »Begründung neuen *nicht notwendig tätereigenen* Gewahrsams« überflüssig, siehe Fall 10 → Rn. 1330.

1924 **(1)** A wusste, dass die Filme sich im Gewahrsam des X befanden; durch die Mitnahme wollte er neuen – eigenen – Gewahrsam begründen.

1925 **(2)** Fraglich ist aber, ob die Gewahrsamsverschiebung gegen oder jedenfalls ohne den Willen des Berechtigten[15] – also durch Bruch – erfolgen sollte. Das ist deshalb zweifelhaft, weil A durch die Abgabe des Warnschusses X gerade dazu bringen wollte, die Ansichnahme der Filme zu dulden. Ob der Vorsatz hinsichtlich einer solchen Duldung den Tatentschluss hinsichtlich der Wegnahme ausschließt, wird uneinheitlich beantwortet:

1926 **Hinweis:** Diskutiert wird diese Frage natürlich regelmäßig objektiv insoweit, als danach gefragt wird, ob die Duldung der Ansichnahme das Merkmal Bruch und damit die Wegnahme ausschließt. Da die Tat des A im Versuchsstadium steckengeblieben ist, muss die Frage hier – im Rahmen des Tatentschlusses – subjektiv erörtert werden.

1927 **(aa)** Die Rechtsprechung bestimmt die Wegnahme iSd § 249 StGB – in Abgrenzung zur räuberischen Erpressung nach §§ 253, 255 StGB – grundsätzlich nach dem äußeren Erscheinungsbild des vermögensschädigenden Verhaltens des Verletzten.[16] Danach liegt eine Wegnahme vor, wenn der Täter die Sache selbst an sich nimmt und das Opfer dies lediglich dulden muss; verneint wird eine Wegnahme hingegen, wenn der Täter sich die Sache vom Opfer geben lässt.

1928 Da A sich die Filme des X selbst nehmen wollte, wollte er nach Ansicht der Rechtsprechung eine Wegnahme vornehmen.

1929 **(bb)** Die hL beurteilt den Gewahrsamsbruch unabhängig vom äußeren Akt des Gebens oder Nehmens.[17] Für sie ist die innere Willensrichtung des Opfers entscheidend. Es kommt hiernach darauf an, ob X dem A die Filme geben wollte oder nicht. Da X hier – auch nach der Vorstellung des A – mit der Mitnahme der Filme nicht einverstanden war, steht der Wille des Berechtigten einem Gewahrsamswechsel entgegen.

1930 Auch nach dieser Ansicht sollte es nach der Vorstellung des A also zum Gewahrsamsbruch kommen.

1931 **(cc)** Da beide Auffassungen zum selben Ergebnis kommen, kann eine Stellungnahme unterbleiben.

1932 **Hinweis:** Zu unterschiedlichen Ergebnissen kommen die widerstreitenden Positionen insbesondere in denjenigen Fällen, in denen dem Opfer insoweit eine Schlüsselrolle zukommt, als ohne das Zutun des Opfers der Täter die Sache nicht an sich nehmen kann (zB weil nur das Opfer weiß, wo der Schlüssel ist oder mit welchem Code der Safe geöffnet werden kann).

---

14 Statt aller MüKoStGB/*Schmitz* § 242 Rn. 41 mwN.

15 MüKoStGB/*Schmitz* § 242 Rn. 74 mwN.

16 BGH NStZ 1999, 350.

17 Vgl. *Wessels/Hillenkamp* StrafR BT II Rn. 729 ff.

A war mithin entschlossen, fremde bewegliche Sachen wegzunehmen. 1933

b) A müsste außerdem eines der in § 249 StGB genannten qualifizierten Nötigungsmittel (Drohung mit gegenwärtiger Gefahr für Leib oder Leben oder Gewalt gegen eine Person) eingesetzt haben wollen. 1934

aa) Drohung ist die Inaussichtstellung eines Übels, auf das der Drohende Einfluss zu nehmen behauptet.[18] Indem A dem X die Waffe vorhielt und einen Warnschuss abgab, wollte er diesem in Aussicht stellen, dass er schießen und dabei den Leib oder gar das Leben des X gefährden werde. Eine Drohung iSd § 249 StGB lag also vor. 1935

bb) Fraglich ist, ob das Vorhalten der Pistole nach der Vorstellung des A sogar als Gewalt iSd § 249 StGB anzusehen ist. 1936

Hinweis: Auch wenn Sie das Nötigungsmittel »Drohung« bereits bejaht haben, müssen Sie auch das zweite nach dem Tatbestand mögliche Nötigungsmittel der »Gewalt« prüfen. In einem Gutachten sind *alle* in Betracht kommenden Tatbestandsvarianten zu prüfen. Außerdem kann die Frage, ob der Täter nur gedroht oder auch Gewalt angewendet hat, für die Strafzumessung eine Rolle spielen.[19] 1937

Gewalt gegen eine Person wird verübt, wenn körperlich wirkender Zwang durch eine unmittelbare oder mittelbare Einwirkung auf einen anderen ausgeübt wird, die nach der Vorstellung des Täters dazu geeignet ist, einen tatsächlich geleisteten oder erwarteten Widerstand zu überwinden oder unmöglich zu machen.[20] A wollte die mitgeführte Schusswaffe lediglich zur Abgabe von Warnschüssen benutzen. Der BGH hat eine solche Drohung mit einem (auf den Körper des Opfers gerichteten) Schusswaffeneinsatz als Gewaltausübung iSd § 249 StGB eingestuft, wenn die Bedrohung mit einer Waffe vom Opfer »als gegenwärtiges Übel sinnlich empfunden« wurde.[21] Mittlerweile sind jedoch sowohl das BVerfG wie auch der BGH zu Recht zu einem restriktiveren Gewaltbegriff zurückgekehrt und verlangen nunmehr physischen Zwang oder eine körperliche Kraftentfaltung.[22] Eine solche Wirkung des Warnschusses stellte A sich aber gerade nicht vor; er hatte somit keinen Tatentschluss hinsichtlich einer Gewaltanwendung. 1938

cc) A wollte also mit gegenwärtiger Gefahr für Leib und Leben des X drohen, um dessen Widerstand gegen die Mitnahme der Filme zu brechen. 1939

c) Schließlich handelte A auch in Zueignungsabsicht, weil er eine dauerhafte Verdrängung des X aus seiner Eigentümerposition zumindest in Kauf nahm und eine zumindest vorübergehende Aneignung der Filme gerade anstrebte. Die erstrebte Zueignung war objektiv rechtswidrig, was A auch wusste. 1940

d) A wollte mit der Drohung auch gerade eine Wegnahme ermöglichen. 1941

Hinweis: Hierbei handelt es sich um den sog. Finalzusammenhang, also die finale Verknüpfung von Nötigungsmittel und Wegnahme. Sowohl die Frage, ob insoweit allein auf die subjektive Zweckset- 1942

18 LK/*Vogel* § 249 Rn. 13.
19 *Fischer* § 46 Rn. 32 mwN.
20 *Wessels/Hillenkamp* StrafR BT II Rn. 347.
21 BGHSt 23, 126 (127).
22 BVerfGE 92, 1; BGHSt 41, 231.

zung des Täters abzustellen oder objektiv Kausalität erforderlich ist, wie auch der Prüfungsstandort sind umstritten.[23] Bei der vorliegenden Versuchsprüfung wirkt sich dies nicht aus.

1943 e) A war im Zeitpunkt des Vorhalts der Waffe und der Abgabe des Warnschusses

1944 **Hinweis:** Dies ist der maßgebliche Zeitpunkt (siehe bereits die entsprechende Formulierung → Rn. 1905)! Anders liegen die Dinge nämlich im Zeitpunkt des Schlags mit der Pistole (vgl. dazu → Rn. 1955).

zur Wegnahme entschlossen.

3. Unmittelbares Ansetzen, § 22 StGB

1945 A müsste zur Verwirklichung des Grunddeliktes – also des § 249 StGB – unmittelbar angesetzt haben. Das ist nach jeder Ansicht der Fall, wenn der Täter bereits ein Tatbestandsmerkmal verwirklicht hat. Da A durch die Abgabe des Schusses bereits iSd § 249 StGB gedroht hat, hat er gem. § 22 StGB unmittelbar zur Tatbestandsverwirklichung angesetzt.

4. Verursachung der objektiv eingetretenen qualifizierenden Folge

1946 a) Der in § 251 StGB vorausgesetzte Erfolg – der Tod eines Menschen – ist eingetreten, X ist durch den Schuss, der sich nach dem Schlag mit der Pistole durch A gelöst hat, getötet worden.

1947 **Hinweis:** § 251 StGB lässt – anders als § 227 I StGB (»Tod *der verletzten Person*«) – den »Tod *eines anderen Menschen*« genügen.

1948 b) Hätte A den X nicht mit der Pistole bedroht, hätte X den A nicht angegriffen. Somit hätte A sich nicht zur Wehr gesetzt und X nicht mit der Pistole geschlagen; es hätte sich der Schuss nicht gelöst und X wäre nicht tödlich verletzt worden, sodass das Vorhalten der Waffe und der Warnschuss kausal für den Eintritt des Todes des X waren.

5. Spezifischer Gefahrzusammenhang

1949 Fraglich ist, ob außerdem der in Ansehung des im Vergleich zu § 249 StGB hohen Strafmaßes des § 251 StGB erforderliche gefahrspezifische Zurechnungszusammenhang zwischen versuchtem Grunddelikt und der schweren Folge vorliegt. Der Tod muss »durch den Raub« verursacht worden sein, wobei sich gerade das für den Raub typische Risiko im Todeserfolg niedergeschlagen haben muss. Das ist hier deshalb problematisch, weil der Tod des X nicht durch die Drohung – Abgabe des Warnschusses –, sondern erst durch den späteren Schlag mit der Pistole eintrat.

1950 **Hinweis:** Es wäre falsch, hierbei auf den Zeitpunkt des Pistolenschlages abzustellen, da dieser nicht mehr zur Ermöglichung der Wegnahme und damit zur Verwirklichung des Grunddeliktes – Raub –, sondern allein zur Verteidigung erfolgte.

1951 Rechtsprechung und Literatur sind sich uneins, worin das für den Raub typische Risiko liegen muss. Wenn man im Rahmen des § 251 StGB – wie hier – die Ansicht vertritt, dass es einen erfolgsqualifizierten Versuch gerade deshalb geben kann, weil der

23 Eingehend dazu (auch zur Relevanz des Streits) LK/*Vogel* § 249 Rn. 36 ff., 43 ff. mwN.

Versuchshandlung eine spezifische Gefährlichkeit anhaftet, so kann man zunächst den gefahrspezifischen Zusammenhang jedenfalls nicht mit der Erwägung ablehnen, der Tod des Opfers ergebe sich nicht aus dem Erfolg der Nötigung. Denn nach dieser, hier für richtig gehaltenen Auffassung kann sich die Gefahr grundsätzlich auch gerade dann noch unmittelbar in der qualifizierenden Folge niedergeschlagen haben, wenn sie nicht unmittelbar auf dem Erfolg des angewandten Raubmittels – hier der Drohung durch Abgabe des Warnschusses – beruht.

Problematisch ist aber, dass darüber hinaus der Tod des X erst aufgrund einer Reak- 1952
tion des Opfers auf den Warnschuss und das wiederum hierauf folgende Abwehrverhalten des Täters eintritt. Nun hat der BGH zwar in seinem Urteil zum »Gubener Verfolgerfall« das Opferverhalten dann für irrelevant erklärt, wenn es sich als nahe liegende und nachvollziehbare Reaktion auf ein Verhalten des Täters darstellt.[24] Allerdings lag der Fall dort so, dass im Rahmen einer gewissermaßen zweiaktigen Reaktion auf einen Angriff des Täters (»Hetzjagd«) das Opfer zunächst flüchtete und dann in Panik eine Tür eintrat, an deren im Rahmen verbliebenen Glasresten es sich beim Einsteigen so schwer verletzte, dass es innerhalb kürzester Zeit verblutete. Im vorliegenden Sachverhalt reagiert das Opfer auf den Angriff des Täters (Warnschuss) allerdings nicht mit Flucht, sondern vielmehr mit einem Gegenangriff, auf den dann erneut der Täter reagiert. Unter diesem Gesichtspunkt spricht viel dafür, den Gefahrzusammenhang auch vorliegend noch zu bejahen: Während im »Gubener Verfolgerfall« der Tod des Opfers durch eine zweite Handlung des Opfers selbst eintritt, greift hier nochmals der Täter ein, der so gewissermaßen erst recht zuständig für den Eintritt der schweren Folge wird. Zu diesem Ergebnis müsste wohl auch der BGH kommen. Denn es ist nicht fernliegend, dass ein Hausherr, der beraubt werden soll, mit einem Angriff auf den Täter reagiert und aufgrund dessen Reaktion zu Tode kommt. Stellt man daher, wie der BGH dies tut, auf die Deliktstypizität des Verhaltens ab, wird man nicht davon ausgehen können, dass der Zurechnungszusammenhang hier unterbrochen wird.

Hinweis: Die Gegenansicht ist mit entsprechender Argumentation sehr gut vertretbar. Dann muss 1953
hier § 251 StGB abgelehnt und die Frage des Rücktritts im Folgenden im Rahmen der §§ 249, 250 StGB erörtert werden.

6. Fahrlässigkeit bezüglich der schweren Folge

Der Tod des X war objektiv vorhersehbar und vermeidbar. Auch die von § 251 StGB 1954
geforderte Leichtfertigkeit im Sinne grober Fahrlässigkeit[25] wird man noch bejahen müssen. Denn wer im Rahmen einer von ihm verübten nächtlichen Raubtat einen Warnschuss in Richtung des Opfers abgibt, muss damit rechnen, dass dieses dadurch nicht eingeschüchtert ist, zum Gegenangriff übergeht und es bei der dann folgenden Auseinandersetzung zum Tod des Opfers kommt. Auch subjektiv war A die Sorgfaltspflichtverletzung vorwerfbar, der mögliche und eingetretene Erfolg auch für ihn vorhersehbar.

Hinweis: Auch hier ist die Gegenansicht gut vertretbar. Wichtig ist in jedem Fall, dass auf das in Frage 1955
stehende Verhalten – also die Abgabe des Warnschusses – und nicht auf den Schlag mit der Pistole

24 BGHSt 48, 34***. Zum »Gubener Verfolgerfall« siehe Fall 6.
25 Vgl. *Wessels/Hillenkamp* StrafR BT II Rn. 389.

auf den Kopf des Opfers abgestellt wird, weil bei Letzterem kein Finalzusammenhang (A denkt nicht mehr an die Mitnahme der Filme, sondern nur noch an seine Verteidigung) und somit schon kein Raub mehr vorlag.

7. Rechtswidrigkeit und Schuld

1956 A handelte rechtswidrig und schuldhaft.

1957 **Hinweis:** Zu einer möglichen Rechtfertigung gem. § 32 StGB vgl. → Rn. 1991 ff. Im Rahmen des § 249 StGB kommt eine solche Rechtfertigung nicht in Betracht, weil insoweit auf den Zeitpunkt des unmittelbaren Ansetzens – Wegnahme bzw. Drohung durch Abgabe eines Warnschusses – abzustellen ist (→ Rn. 1944), zu diesem Zeitpunkt aber kein Angriff gegen A und somit keine Notwehrlage vorliegt.
Die Prüfung eines Irrtums über rechtfertigende Umstände oder eines vorzeitig extensiven Notwehrexzesses ist fernliegend; ersterer scheitert in Ermangelung einer entsprechenden Vorstellung des A und Letzterer jedenfalls, weil keine asthenischen Affekte (Verwirrung, Furcht oder Schrecken) vorliegen.

8. Rücktritt

1958 A könnte aber strafbefreiend vom versuchten Raub mit Todesfolge zurückgetreten sein, da er die Filme schließlich nicht mitnahm.

1959 **a)** Ob die Regelungen des § 24 StGB beim hier gegebenen erfolgsqualifizierten Versuch überhaupt anwendbar sind, ist umstritten. Denn zwar wurde die Wegnahme nicht vollendet, der qualifizierende Todeserfolg ist jedoch eingetreten.

1960 **aa)** Ein Teil der Literatur vertritt die Ansicht, in diesen Fällen sei kein Rücktritt mehr möglich. Dies gelte insbesondere auch im Fall des § 251 StGB, in dem – wie hier – die tatbestandsmäßige Handlung, von der die Gefährdung ausgeht, die schwere Folge des Todes leichtfertig bewirkt hat. Wesentlich für die Erfolgsqualifizierung sei bei § 251 StGB allein die tatbestandsmäßige Handlung (Drohung!), da allein von ihr die Gefahr ausgehe, dass die besondere Folge eintrete. Das noch fehlende Stück des Grundtatbestandes, also die Wegnahme, sei für die Qualifikation nicht mehr erforderlich, sodass zwar keine formelle, immerhin aber die materielle Vollendung des Delikts gegeben sei. Dies genüge zur Annahme eines vollendeten Delikts, dann aber sei der Rücktritt ausgeschlossen.[26]

1961 **bb)** Dieser Ansicht kann nicht gefolgt werden. Der Wortlaut des § 24 StGB lässt den Rücktritt vom Grunddelikt zu. Daran ändert auch der Eintritt der qualifizierenden Folge nichts. Entfällt aber der Grundtatbestand, so besteht kein Anknüpfungspunkt mehr für eine Strafbarkeit nach § 251 StGB. Wer einen materiellen Vollendungsbegriff einführt, deutet den Grundtatbestand des § 249 I StGB in ein Unternehmensdelikt um. Damit wird der Vollendungszeitraum entgegen der gesetzgeberischen Entscheidung vorverlagert. Auf diese Weise wird § 24 StGB zu Lasten des Täters teleologisch reduziert. Das ist ebenso unzulässig wie eine Analogie zuungunsten des Täters.[27] Schließlich entstehen dadurch auch keine unerträglichen Strafbarkeitslücken,

26 *Jäger* NStZ 1998, 161 (162 ff.); *Wolter* JuS 1981, 168 (178).
27 BGHSt 42, 158 (161); *Wagner* ZJS 2009, 419 (423) mwN.

da die qualifizierende Folge im Rahmen des § 222 StGB berücksichtigt werden kann, von dem ein Rücktritt nicht möglich ist.

cc) Es ist damit mit der hM davon auszugehen, dass ein Rücktritt trotz Eintritt der Erfolgsqualifikation grundsätzlich möglich ist.[28] **1962**

b) Da A allein gehandelt hat, kommt ein Rücktritt nach § 24 I StGB in Betracht. **1963**

aa) Der Rücktritt ist nicht wegen Fehlschlags ausgeschlossen, da A nach seiner (zutreffenden) Vorstellung die Tat ohne Weiteres hätte vollenden können. **1964**

bb) Fraglich ist, welche konkrete Rücktrittsvorschrift einschlägig ist. Das richtet sich im Rahmen des Abs. 1 danach, ob ein beendeter oder unbeendeter Versuch vorliegt. Zur Abgrenzung von unbeendetem und beendetem Versuch ist nach hM auf die Vorstellung des Täters vom Verwirklichungsgrad seiner Tat abzustellen.[29] Danach kommt es auf die Einschätzung der Erfolgstauglichkeit seiner Tathandlung durch den Täter nach Abschluss der letzten, von ihm vorgenommenen Ausführungshandlung an.[30] A hatte zwar durch die Abgabe eines Warnschusses gedroht, musste aber die Filme noch an sich nehmen. Damit hat A die Tathandlung des § 242 StGB (als Bestandteil des § 249 I StGB) noch nicht vorgenommen. Da ihm klar war, dass der Erfolg deshalb noch nicht eintreten konnte, handelt es sich um einen unbeendeten Versuch. Von diesem kann der Täter gem. § 24 I 1 Var. 1 StGB zurücktreten, indem er die weitere Ausführung der Tat freiwillig aufgibt. Fraglich ist, ob A dies getan hat. **1965**

(1) A hat es unterlassen, die Filme mitzunehmen und ist ohne Beute geflüchtet. Damit hat er die weitere Ausführung der Tat aufgegeben. **1966**

(2) Fraglich ist, ob dies auch freiwillig geschehen ist. Freiwillig tritt der Täter zurück, der von der Tatausführung absieht, weil er sie nicht mehr will, hingegen nicht, weil die Tat in seiner Vorstellung unausführbar geworden ist. **1967**

(a) Nach der sog. *Frank*schen Formel galt früher: Freiwillig tritt zurück, wer denkt: »Ich will nicht zum Ziel kommen, selbst wenn ich könnte.« Unfreiwillig handelt, wer denkt: »Ich kann nicht zum Ziel kommen, selbst wenn ich wollte.«[31] **1968**

(b) *Roxin* will nur den Rücktritt zulassen, der nach den »Maßstäben der Verbrechervernunft« als nicht zwingend geboten erscheint.[32] **1969**

(c) Die heute ganz hA unterscheidet nach autonomen und heteronomen Motiven: Freiwillig ist danach ein Rücktritt, der auf autonomen, dh selbstgesetzten Motiven beruht und nicht dem Täter durch äußere Umstände aufgezwungen wird. Dabei kommt es nicht darauf an, dass die Tätermotive sittlich hochwertig sind. Der Verdienst des Täters besteht schon in der nicht erzwungenen Rückkehr in die Legalität. Der Anstoß zum Umdenken kann auch von außen kommen, solange dem Täter noch ein echtes Wahlrecht zwischen Durchführung und Aufgabe der Tat verbleibt. Unfreiwillig ist dagegen der durch heteronome, außerhalb des Täterwillens liegende Gründe veranlasste Rücktritt, dh wenn die Tatausführung objektiv unmöglich ist **1970**

28 BGHSt 42, 158 (160); SK-StGB/*Rudolphi/Stein* § 18 Rn. 40; MüKoStGB/*Hardtung* § 18 Rn. 85 f. mwN.
29 Vgl. nur Schönke/Schröder/*Eser* § 24 Rn. 13 mwN.
30 Grundlegend BGHSt 31, 170.
31 *v. Frank* § 46 Anm. II.
32 *Roxin*, FS Heinitz, 1972, 251 ff.

oder der Täter aus psychischen Gründen nicht mehr Herr seiner Entschlüsse ist oder sich die Situation so zu seinen Ungunsten verändert hat, dass er die mit der Tatausführung verbundenen Risiken nicht mehr für tragbar hält.[33]

1971 **(d)** Danach ist A nach sämtlichen Ansichten freiwillig zurückgetreten. Dem Rücktritt des A stand kein zwingendes Hindernis im Weg. Obwohl eine gewisse Zwangslage infolge der Entdeckung vorlag, hatte sie auf A keine Auswirkungen in der Form, dass er sich nicht mehr in der Lage sah, die Filmrollen wegzunehmen, die Tat also zu vollenden. Er verlor allein den Willen dazu, sodass iSd *Frank*schen Formel von Freiwilligkeit auszugehen ist. *Roxin* würde darauf abstellen, dass nach der Verbrechervernunft ein »abgebrühter« Verbrecher die Tat noch vollendet hätte, solange sie objektiv möglich war. Indem A auf eine Wegnahme verzichtete, erwies er sich als weniger gefährlich und hat es danach verdient, in den Genuss der Strafbefreiung zu kommen. Legt man die hA zugrunde, kommt man zu dem Ergebnis, dass A aus autonomen Motiven gehandelt hat. A war zwar durch X entdeckt worden, ein Rücktritt allein aus diesem Grunde wäre daher heteronom motiviert und daher unfreiwillig gewesen. Allerdings ist X ohnehin getötet worden, sodass A seine Identifizierung nicht fürchten musste. Trotz der Entdeckung hätte A also seine Tat zu Ende führen können. Entscheidendes Motiv des Aufgebens war aber sein aufgrund des Zwischenfalls verlorenes Interesse an den Filmen und damit ein autonomes Motiv. Da A mithin nach sämtlichen Ansichten freiwillig zurückgetreten ist, bedarf es einer Entscheidung zwischen ihnen nicht.

1972 A ist gem. § 24 I 1 StGB strafbefreiend vom versuchten Raub mit Todesfolge zurückgetreten.

9. Ergebnis

1973 A ist nicht strafbar wegen versuchten Raubes mit Todesfolge gem. §§ 251, 249 I, 22, 23 I StGB.

II. Versuchter schwerer Raub, §§ 249 I, 250 I Nr. 1 lit. a, II Nr. 1, 22, 23 I StGB

1974 Sofern ein solcher einschlägig ist, ist A jedenfalls auch von einem versuchten schweren Raub gem. §§ 249 I, 250 I Nr. 1 lit. a, II Nr. 1, 22, 23 I StGB strafbefreiend gem. § 24 I 1 StGB zurückgetreten.

III. Versuchte räuberische Erpressung, §§ 253 I, II, 255, (250 I Nr. 1 lit. a), 22, 23 I StGB

1975 Dasselbe gilt für eine etwaige verwirklichte versuchte (schwere) räuberische Erpressung.

1976 **Hinweis:** Es ist in der strafrechtlichen Ausbildungsliteratur umstritten, ob mit diesem »Sprung« unter Vernachlässigung der chronologischen Prüfung der Tatbestandsvoraussetzungen die Strafbarkeit abgelehnt werden kann. Das gilt umso mehr, als hier sämtliche Stufen der Tatbestandsmäßigkeit, der Rechtswidrigkeit und der Schuld übersprungen werden. Im vorliegenden Fall ist dieses »Springen im Gutachten« deshalb unproblematisch, weil hier nur die Abgrenzung des Raubes von der räuberischen

33 Vgl. nur *Bockelmann/Volk* StrafR AT 213 f.; *Lackner/Kühl* § 24 Rn. 16; Schönke/Schröder/*Eser* § 24 Rn. 42 ff.

Erpressung zu erörtern wäre. Diese Erörterung muss aber unten (2. Tatkomplex → Rn. 2034 ff.) ohnehin noch geleistet werden. Mit der sofort getroffenen Feststellung, dass vorliegend ein Rücktritt gegeben ist, schneidet man sich also auch kein vom Sachverhaltersteller offensichtlich gewolltes Problem ab.

IV. Weitere Delikte

Ebenfalls vom Rücktritt erfasst sind – soweit verwirklicht – ein versuchter Diebstahl mit Waffen (§§ 242 I, II, 244 I Nr. 1, Nr. 3, II, 22, 23 I) bzw. eine versuchte Unterschlagung (§§ 246 I, III, 22, 23 I StGB). 1977

V. Gefährliche Körperverletzung mit Todesfolge, §§ 227 I, 223 I, 224 StGB

A könnte sich durch den Schlag mit der Pistole, der zur Abgabe des für X tödlichen Schusses führte, einer gefährlichen Körperverletzung mit Todesfolge gem. §§ 227 I, 223 I, 224 StGB schuldig gemacht haben. 1978

Hinweis: § 227 StGB verweist in Bezug auf die Körperverletzung auf §§ 223 bis 226 StGB. Damit kommt hier eine »gefährliche Körperverletzung mit Todesfolge« in Betracht. 1979
§ 226 I StGB nimmt dagegen nur auf »die Körperverletzung« Bezug. Trotz dieses offensichtlichen Unterschieds im Wortlaut geht die überwiegende Auffassung davon aus, dass auch bei § 226 StGB als Grunddelikt ebenfalls §§ 224, 225 StGB in Betracht kommen.[34]

1. Tatbestand

a) Durch den Schlag mit der Pistole hat A den X iSd § 223 I StGB übel und unangemessen behandelt, mithin körperlich misshandelt sowie bei X einen pathologischen Zustand, der als notwendiger Zwischenschritt unmittelbar in den Tod des X einmündete, hervorgerufen und ihn somit auch an der Gesundheit geschädigt. 1980

b) Diese Körperverletzung beging er auch mittels einer Waffe iSd § 224 I Nr. 2 Var. 1 StGB. 1981

c) Auch handelte A vorsätzlich hinsichtlich der gefährlichen Körperverletzung. 1982

2. Verursachung der objektiv eingetretenen qualifizierenden schweren Folge

Durch den Schlag mit der Pistole hat A den Tod des X kausal verursacht. 1983

3. Spezifischer Gefahrzusammenhang

Fraglich ist aber, ob sich gerade die der Körperverletzung anhaftende spezifische Gefahr im Tod des X verwirklicht hat. Dafür müsste sich die einem Pistolenschlag eigentümliche Gefahr unmittelbar im tödlichen Ausgang niedergeschlagen haben.[35] 1984

a) Der Unmittelbarkeitszusammenhang zwischen Grunddelikt und qualifizierender Folge lässt sich nur dann bejahen, wenn man die Körperverletzungshandlung in die Gefährlichkeitsbetrachtung mit einbezieht. Gerade hierüber besteht aber Streit: 1985

34 Vgl. MüKoStGB/*Hardtung* § 226 Rn. 3 mwN.
35 BGHSt 14, 110*** – »Pistolenschlag«-Fall.

1986 **aa)** Ein Teil der Literatur verlangt insoweit einen gefahrspezifischen, unmittelbaren Zusammenhang zwischen dem Körperverletzungs*erfolg* und dem Todeseintritt. Danach ist maßgebend, ob sich in dem tödlichen Ausgang gerade diejenige Gefahr realisiert hat, die von der Art und Schwere der Verletzung herrührt (sog. »Letalitätslehre«).[36] Die Art und Schwere eines Schlages mit einer Pistole auf den Kopf des X könnte hiernach nur dann unmittelbar mit dem Tod des X in Zusammenhang stehen, wenn durch die durch den Schlag verursachte Kopfverletzung der Tod eingetreten wäre. Dies war aber hier nicht der Fall, da nicht der Schlag, sondern der sich im Zuge dessen lösende Schuss für den Tod des X ursächlich war. Legt man diese Auffassung zugrunde, kann A sich folglich keiner Körperverletzung mit Todesfolge schuldig gemacht haben.

1987 **bb)** Die Rechtsprechung des BGH versteht dagegen unter »Körperverletzung« iSd § 227 StGB nicht lediglich den Körperverletzungserfolg, sondern den gesamten Vorgang unter Einschluss der die Verletzung bewirkenden bzw. begleitenden Ausführungshandlung. Damit reicht auch ein tatbestandsspezifischer Gefahrzusammenhang zwischen Verletzungs*handlung* und Todesfolge.[37] In dem hier gegebenen Fall bestand die Handlung des A darin, mit einer geladenen Pistole, den Finger am Abzug, auf den Kopf des Opfers einzuschlagen. Die spezifische Gefährlichkeit dieses gesamten Vorgangs lag gerade darin, dass sich dabei ein Schuss lösen konnte. Nach der Rechtsprechung kann A sich also einer Körperverletzung mit Todesfolge schuldig gemacht haben.

1988 **cc)** Da eine Körperverletzung ihre eigentümliche Gefahr nicht nur aus der Art des Verletzungserfolges, sondern auch aus ihrer konkreten Begehungsweise gewinnen kann (vgl. § 224 StGB), spricht mehr dafür, mit dem BGH einen tatbestandsspezifischen Gefahrzusammenhang dann zu bejahen, wenn sich in der erschwerenden Folge entweder die spezifische Gefährlichkeit des konkreten Verletzungserfolges oder die der Ausführungshandlung niedergeschlagen hat.[38]

1989 Damit kann A sich gem. § 227 I StGB strafbar gemacht haben.[39]

4. Fahrlässigkeit

1990 A handelte objektiv wie subjektiv unter Außerachtlassung der im Verkehr erforderlichen Sorgfalt, mithin fahrlässig.

5. Rechtswidrigkeit

1991 Möglicherweise ist A gerechtfertigt. In Betracht kommt Notwehr, § 32 StGB.

1992 **a)** Dazu müsste zunächst ein gegenwärtiger, rechtswidriger Angriff des X vorliegen, § 32 II StGB.

1993 **aa)** Angriff ist jede von einem Menschen drohende Verletzung irgendeines Rechtsgutes.[40] Indem X den A anspringt, bedroht er dessen körperliche Unversehrtheit und Fortbewegungsfreiheit. Ein Angriff liegt damit vor.

---

36 Vgl. etwa *Lackner/Kühl* § 227 Rn. 2; *Puppe* StrafR AT § 10 Rn. 37.
37 BGHSt 14, 110*** – »Pistolenschlag«-Fall; BGHSt 31, 96*** – »Hochsitz«-Fall.
38 *Wessels/Hettinger* StrafR BT I § 1 Rn. 299.
39 Zur schwierigen Konstellation des Versuchs vgl. BGHSt 48, 34***; dazu ausführlich Fall 6.

bb) Da der Angriff gerade stattfindet, ist er auch gegenwärtig.[41] 1994

cc) Fraglich ist aber, ob der Angriff des X auch rechtswidrig ist. Rechtswidrig ist ein Angriff iSd § 32 StGB, wenn er im Widerspruch zur Rechtsordnung steht[42] bzw. der Angegriffene ihn nicht zu dulden braucht[43]. Nach beiden Ansichten ist der Angriff des X nicht rechtswidrig, wenn ihm seinerseits ein Notwehrrecht zusteht. 1995

Hinweis: In Betracht kommt außerdem eine Rechtfertigung des X gem. § 127 I StPO. Hierauf ist laut Bearbeitervermerk aber nicht einzugehen. 1996

(1) Indem A dem X dessen Filmrollen wegnehmen will, bedroht er das Eigentumsrecht des X, ein Angriff liegt also vor. 1997

(2) Dieser müsste gegenwärtig sein, dh die Rechtsgutgefährdung müsste unmittelbar bevorstehen, gerade stattfinden, oder jedenfalls noch nicht beendet sein.[44] Hier will A die Filme gerade an sich nehmen, als X hereinkommt. Da er insoweit zum Diebstahl unmittelbar ansetzt, steht der Angriff des A auf das Eigentumsrecht des X unmittelbar bevor. Der Angriff ist mithin auch gegenwärtig. 1998

(3) Da der Angriff des A gegen eine Strafnorm verstößt – § 249 StGB –, steht er auch im Widerspruch zur (Straf-)Rechtsordnung. Solche Angriffe muss man nicht dulden. Der Angriff des A war daher rechtswidrig. Dass A die Filme schließlich gar nicht mitgenommen hat (und damit vom Versuch zurückgetreten ist), kann ihn hier nicht entlasten, da diese Abstandnahme von der Tat erst nach und unter dem Eindruck der Auseinandersetzung mit X erfolgte. 1999

(4) Das Einschreiten des X gegen A war auch geeignet und erforderlich, um dessen Angriff auf X zu beenden. Eine Einschränkung der Gebotenheit gem. § 32 I StGB ist nicht ersichtlich; das Verhalten des X stellt eine Notwehrhandlung dar. 2000

(5) Auch handelte X, um sein Eigentum zu verteidigen; das subjektive Rechtfertigungselement liegt vor. 2001

(6) Folglich war das Verhalten des X durch Notwehr gem. § 32 StGB gerechtfertigt und somit nicht rechtswidrig. 2002

dd) Somit liegt in Ermangelung eines rechtswidrigen Angriffs des X keine Notwehrlage zugunsten des A vor. 2003

b) Da es bereits an der Notwehrlage fehlt, kann A nicht gem. § 32 StGB gerechtfertigt sein. A handelte rechtswidrig. 2004

6. Schuld

A handelte mangels entgegenstehender Schuldausschließungs- oder Entschuldigungsgründe auch schuldhaft. 2005

40 SK-StGB/*Samson*, 5. Aufl. 1992, § 32 Rn. 13.

41 Zur Gegenwärtigkeit des Angriffs bei der Notwehr vgl. *Roxin* StrafR AT I § 15 Rn. 21 ff.

42 Schönke/Schröder/*Perron* § 32 Rn. 19.

43 RGSt 21, 171; LK/*Spendel*, 11. Aufl. 1992, § 32 Rn. 57; dagegen nun aber LK/*Rönnau/Hohn* § 32 Rn. 109 mwN.

44 Vgl. *Fischer* § 32 Rn. 17 f.

7. Ergebnis

2006 A ist einer gefährlichen Körperverletzung mit Todesfolge gem. §§ 227 I, 223 I, 224 StGB schuldig.

VI. Fahrlässige Tötung, § 222 StGB

2007 Die gleichzeitig verwirklichte fahrlässige Tötung tritt hinter § 227 StGB zurück.

VII. Hausfriedensbruch, § 123 I Var. 1 StGB

2008 A hat Grundstück und Villa des X ohne dessen Einverständnis betreten. Damit ist er in das befriedete Besitztum und die Wohnung des X eingedrungen. A handelte vorsätzlich, rechtswidrig und schuldhaft; er hat sich daher gem. § 123 I Var. 1 StGB schuldig gemacht. Die Tat ist allerdings nur auf Antrag verfolgbar, § 123 II StGB (sog. absolutes Antragsdelikt), indes wurde der erforderliche Strafantrag laut Sachverhalt gestellt.

2009 **Hinweis:** Da der ursprünglich Verletzte iSd § 77 I StGB – nämlich der Inhaber des Hausrechts X – verstorben ist, ergibt sich der Kreis der Antragsberechtigten aus § 77 II StGB.

Konkurrenzen und Ergebnis zur Strafbarkeit des A im 1. Tatkomplex

2010 Im ersten Tatkomplex ist A sowohl der gefährlichen Körperverletzung mit Todesfolge wie auch des Hausfriedensbruchs schuldig.

2011 Die Delikte stehen nach ganz hA[45] zueinander in Realkonkurrenz. A ist daher strafbar gem. §§ 227 I, 223 I, 224 I Nr. 2 Var. 1; 123 I Var. 1; 53 StGB.

2. Tatkomplex: Das Geschehen im Haus des Y

I. Schwerer Raub, §§ 249 I, 250 I Nr. 1 lit. a, II Nr. 1 StGB

2012 A könnte sich eines schweren Raubes gem. §§ 249 I, 250 I Nr. 1 lit. a, II Nr. 1 StGB schuldig gemacht haben, indem er H mit vorgehaltener Pistole zur Herausgabe der Filme zwang.

1. Objektiver Tatbestand

2013 **a)** Bei den Filmen des Y handelt es sich um für A fremde bewegliche Sachen.

2014 **b)** Diese Sachen müsste A weggenommen haben. Wegnahme ist Bruch fremden und Begründung neuen Gewahrsams.[46] Gewahrsam ist das von einem Herrschaftswillen getragene tatsächliche Herrschaftsverhältnis einer Person über eine Sache, wobei die Verkehrsauffassung zugrundzulegen ist.[47]

2015 **aa)** Ursprünglich standen die Filme jedenfalls[48] im Gewahrsam des Y. Dass diese sich in dem Filmraum befanden, in dem Y zurzeit nicht anwesend war, ändert am Ge-

45 Etwa BGHSt 18, 29 (32); MüKoStGB/*Schäfer* § 123 Rn. 69; Schönke/Schröder/*Lenckner*/*Sternberg-Lieben* § 123 Rn. 36.
46 Vgl. bereits RGSt 48, 58.
47 HM, vgl. etwa *Mitsch* StrafR BT II/1 § 1 Rn. 40 ff.; *Wessels*/*Hillenkamp* StrafR BT II Rn. 82.
48 Beachte noch → Rn. 2019.

wahrsam des Y nichts, da es nicht darauf ankommt, dass der Berechtigte stets unmittelbar faktisch auf den betreffenden Gegenstand zugreifen kann. Ausreichend ist vielmehr ein genereller Gewahrsamswille, wie ihn hier Y in Bezug auf alle auf seinem Grundstück befindlichen Gegenstände, also auch die Filmrollen, hatte.

bb) A müsste neuen Gewahrsam begründet haben. Möglicherweise hat er in dem Zeitpunkt, in dem Y im Zimmer erschien, bereits Gewahrsam erlangt. 2016

Hinweis: Diese Frage – die im Rahmen der Gewahrsamserlangung selbst irrelevant ist, weil A jedenfalls spätestens durch die Mitnahme der Filme Gewahrsam erlangt hat – ist im Folgenden in mehrfacher Hinsicht wichtig: Zum einen spielt sie eine Rolle für die Frage, ob ein Bruch des Gewahrsams vorliegt (sogleich unter cc) → Rn. 2019 ff. Zum anderen ist sie relevant im Rahmen der Abgrenzung von Raub und räuberischer Erpressung (→ Rn. 2034 ff.). Und schließlich kommt ihr Bedeutung zu für die Beurteilung des räuberischen Diebstahls (→ Rn. 2043 ff.). Es bietet sich daher an, die Frage bereits hier zu erörtern. 2017

Zwar befand A sich in der fremden Gewahrsamssphäre des Y. Da er die Filme aber unter seinen weiten Mantel gesteckt hatte, hat er eine sog. Gewahrsamsenklave gebildet. Die enge Körpergewahrsamssphäre verdrängt gewissermaßen insoweit die weitere Gewahrsamssphäre des ursprünglich Berechtigten.[49] A hat also nicht erst durch seine Flucht, sondern bereits mit dem Einstecken der Filme in seinen Mantel neuen Gewahrsam erlangt. 2018

cc) Dieser Gewahrsamswechsel müsste durch Bruch erfolgt sein. Das setzt voraus, dass A den Gewahrsam an den Filmen ohne oder gegen den Willen des Berechtigten erlangt hat. Da Y selbst zum Zeitpunkt, als A die Filme unter seinen Mantel steckte, nicht anwesend war, fragt sich, ob auch die anwesende H, die die Filme herausgab, Berechtigte idS war. Das ist dann der Fall, wenn auch sie – und nicht nur Y – Gewahrsam an den Filmen hatte. Nach dem Sachverhalt war H unter anderem für die Archivierung der Filmsammlung zuständig. Man wird daher davon ausgehen müssen, dass sie mit Y gemeinsam sogar gleichrangigen Mitgewahrsam hatte. Aber selbst wenn man davon ausgehen wollte, dass die Haushälterin nur untergeordneten Mitgewahrsam haben kann, ist dies nach der Rechtsprechung des BGH zum einen möglich, zum andern ebenso ausreichend. Denn auch dieser Mitgewahrsam kann von einem Dritten gebrochen werden. H war somit Berechtigte. Es fragt sich daher, ob H mit der Mitnahme der Filme durch A einverstanden war. 2019

Einerseits hat H laut Sachverhalt die Filme selbst herausgegeben, was für ein tatbestandsausschließendes Einverständnis sprechen könnte. Andererseits tat sie dies nur, weil sie von A mit einer Pistole bedroht wurde. Vor diesem Hintergrund ist zweifelhaft, ob sie A tatsächlich den Gewahrsam übertragen wollte, auch wenn sie dies de facto in der konkreten Bedrohungssituation tat. Damit steht in Frage, ob ihr Einverständnis wirksam war. 2020

(1) Insbesondere nach der Rechtsprechung des BGH wird die Wirksamkeit des Einverständnisses nicht dadurch berührt, dass es durch Täuschung (dann § 263 StGB) oder Zwang (dann § 255 StGB) zustande gekommen ist.[50] Diese Ansicht stellt auf die 2021

49 Darüber sind sich faktischer und sozial-normativer Gewahrsamsbegriff weitgehend einig, vgl. *Mitsch* StrafR BT II/1 § 1 Rn. 63; *Samson* StrafR II Fall 2.

50 *Fischer* § 242 Rn. 22; BGHSt 7, 252.

äußere Erscheinungsform ab: Handelt es sich danach um einen Akt des Gebens durch das Opfer, liegt ein Einverständnis vor; liegt hingegen ein Akt des Nehmens durch den Täter vor, ist eine Wegnahme zu bejahen.[51]

2022 Da H die Filme an A herausgegeben hat, liegt nach dieser Ansicht unabhängig vom wirklichen Willen der H ein tatbestandsauschließendes Einverständnis vor, sodass eine Wegnahme mangels Bruchs zu verneinen ist.

2023 **(2)** Die Gegenansicht vertritt die Auffassung, dass es unabhängig vom äußeren Erscheinungsbild auf den inneren Willen des Opfers, insbesondere seine Vorstellung von der Unentbehrlichkeit seines Mitwirkungsbeitrags,[52] ankommt. Nach dieser vorwiegend in der Literatur vertretenen Ansicht liegt ein wirksames Einverständnis der H nicht vor, da diese die Filmrollen nicht an A herausgeben wollte, sich vielmehr allein aufgrund der Drohung hierzu gezwungen sah. Nach dieser Ansicht ist ein Gewahrsamsbruch und damit eine Wegnahme also zu bejahen.

2024 **(3)** Die Auffassung der Rechtsprechung begegnet durchgreifenden Bedenken. Denn es kann letztlich nicht entscheidend sein, wer die Handlung vornimmt, durch die die Sache in die Gewalt des Täters gelangt, ob also der Täter eigenhändig nimmt oder das Opfer hingibt.[53] Vorzugswürdig erscheint demgegenüber die Ansicht der Literatur, die auf die innere Willensrichtung des Opfers abstellt. Die Ansicht der Rechtsprechung führt zu dem wenig überzeugenden Ergebnis, dass einen Diebstahl begeht, wer sich unter dem Eindruck einer vorgetäuschten Beschlagnahme eine Sache herausgeben lässt[54], sein Verhalten jedoch als räuberische Erpressung einzuordnen ist, sobald das Opfer zugleich mit einer angeblichen »Dienstpistole« bedroht wird.[55] Für die Rechtsprechung ist der Raub das speziellere Delikt gegenüber der allgemeinen Erpressung nach § 253 StGB, der damit in jeder Erpressung enthalten ist. Gegen eine solche Sichtweise spricht aber die Gesetzessystematik, die § 249 StGB als ersten Tatbestand unter der Überschrift »Raub und Erpressung« und damit vor § 253 StGB nennt. Dogmatisch schließen sich Raub und räuberische Erpressung nach der hL ebenso wie Diebstahl und Betrug gegenseitig aus (Exklusivitätsverhältnis). Das eine stellt ein Selbst-, das andere ein Fremdschädigungsdelikt dar.[56] Die besseren Argumente sprechen daher für die Literatur, ihr ist zu folgen.

2025 **Hinweis:** AA mit entsprechender Argumentation gut vertretbar (vgl. auch noch *Rotsch* GA 2008, 65 [72 f.]). Folgt man ihr, liegt aufgrund des dann anzunehmenden tatbestandsausschließenden Einverständnisses kein Gewahrsamsbruch und damit kein Raub vor. Zu prüfen ist dann im Anschluss räuberische Erpressung. Im Rahmen dieser Prüfung kann man die Frage, ob es einer Vermögensverfügung seitens des Opfers bedarf, dahinstehen lassen, da diese – jedenfalls nach der Ansicht, die auf das äußere Erscheinungsbild abstellt – gegeben ist, da das Opfer A die Filme aushändigte. Räuberische Erpressung ist damit in diesem Fall im Ergebnis zu bejahen.

2026 **(4)** Damit hat A den Gewahrsam an den Filmen gebrochen.

---

51 BGHSt 7, 252 (255); BGH NStZ 1999, 350. Ebenso MüKoStGB/*Sander* § 249 Rn. 7.
52 HKGS/*Duttge* § 249 Rn. 10 mwN.
53 Schönke/Schröder/*Eser/Bosch* § 249 Rn. 2; vgl. auch *Erb*, FS Herzberg, 2008, 722 f.
54 Vgl. *Wessels/Hillenkamp* StrafR BT II Rn. 633 f.
55 *Wessels/Hillenkamp* StrafR BT II Rn. 729 mwN.
56 *Wessels/Hillenkamp* StrafR BT II Rn. 732; *Hillenkamp* 40 Probleme StrafR BT 33. Problem; *Küper* StrafR BT 407 ff.

dd) Eine Wegnahme iSd § 242 I StGB liegt vor. 2027

c) A hat auch H mit gegenwärtiger Gefahr für Leib oder Leben gedroht. 2028

Hinweis: Da dies bereits ausführlich oben in Bezug auf X erörtert worden ist (→ Rn. 1934 ff.), ist eine ausführliche Subsumtion an dieser Stelle überflüssig. 2029

d) A hat bei der Tat eine Waffe bei sich geführt – § 250 I Nr. 1 lit. a StGB – und diese Waffe auch bei der Tat verwendet, § 250 II Nr. 1 StGB. Es liegen daher auch die Merkmale des schweren Raubes vor. 2030

2. Subjektiver Tatbestand

A handelte vorsätzlich hinsichtlich sämtlicher Voraussetzungen der §§ 249, 250 StGB 2031 und darüber hinaus mit der Absicht rechtswidriger Zueignung. Auch hinsichtlich der objektiven Rechtswidrigkeit der Zueignung handelte er vorsätzlich.

3. Rechtswidrigkeit und Schuld

A handelte rechtswidrig und schuldhaft. 2032

4. Ergebnis

Durch das Vorhalten der Waffe gegenüber H und die Herausgabe der Filme hat A 2033 sich eines schweren Raubes gem. §§ 249 I, 250 I Nr. 1 lit. a, II Nr. 1 StGB schuldig gemacht.

II. Räuberische Erpressung, §§ 253 I, II, 255 StGB

Fraglich ist, ob A sich durch dieselbe Handlung wegen räuberischer Erpressung gem. 2034 §§ 253, I, II, 255 StGB strafbar gemacht hat.

1. Objektiver Tatbestand

a) A hat unter Anwendung von Drohungen mit gegenwärtiger Gefahr für Leib oder 2035 Leben H zur Herausgabe der Filme gebracht und Y dadurch einen Vermögensnachteil zugefügt.

b) Fraglich ist, ob eine Nötigung iSd Erpressungstatbestandes vorliegt. Die Voraus- 2036 setzungen an dieses Merkmal sind – in Abgrenzung zum Raubtatbestand – umstritten.

Hinweis: Der Sache nach geht es um denselben Streit wie oben im Rahmen des Gewahrsamsbruchs 2037 beim Raub (→ Rn. 2019 ff.). Aus didaktischen Gründen wird er hier nochmals knapp »aus der Erpressungs-Perspektive« dargestellt; in einer Klausur kann hier kurz die Verbindung zum oben Gesagten hergestellt und anschließend verwiesen werden.

aa) Insbesondere die Rechtsprechung des BGH hält eine Vermögensverfügung nicht 2038 für erforderlich, sondern hält – dem Wortlaut des § 253 StGB entsprechend – jedes abgenötigte, also erzwungene Opferverhalten für ausreichend.[57] Alle als gleich gefährlich beurteilten Verhaltensweisen sollten auch gleich schwer bestraft werden.

57 BGHSt 7, 252; 14, 386; 25, 224; 32, 88; 41, 123; 42, 196.

Deshalb sei jede durch Gewalt gegen eine Person oder durch Drohung mit einer gegenwärtigen Gefahr für Leib oder Leben herbeigeführte Vermögensverschiebung entweder über den Tatbestand des Raubes oder den der räuberischen Erpressung zu erfassen. Dieses Ziel werde am besten verwirklicht, wenn über den Wortlaut der §§ 253, 255 StGB hinaus keine zusätzlichen Anforderungen an das Opferverhalten gestellt würden. Dem entsprechend seien die §§ 253, 255 StGB auch dann erfüllt, wenn der Täter sich durch die Anwendung der Raubmittel die Möglichkeit verschaffe, die vermögensschädigende Handlung – etwa durch Wegnahme der Sache – selbst vorzunehmen und das Opfer dies nur dulden müsse.

2039 Im Ergebnis bedeutet dies aber, dass es für die Annahme der räuberischen Erpressung nicht auf einen äußerlichen Gebe- oder Nehmeakt ankommt. Es liegt in jedem Raub auch eine räuberische Erpressung.

2040 **bb)** Dieser Ansicht kann nicht gefolgt werden. Nach der zutreffenden herrschenden Literaturansicht ist die Struktur der §§ 253, 255 StGB derjenigen des Betruges gem. § 263 StGB vergleichbar. Daher verlangt sie für den Tatbestand der Erpressung zu Recht eine Vermögensverfügung des Genötigten. Zwar herrscht über die Voraussetzungen im Einzelnen auch hier Streit. Einigkeit besteht aber zumindest insoweit, als Mindestvoraussetzung ein willensgetragenes, die Vermögensverschiebung bewusst herbeiführendes Verhalten des Opfers ist.[58] Folgte man der Ansicht der Rechtsprechung, läge in jedem Raub auch eine räuberische Erpressung; im Verhältnis zur generellen Regelung des § 255 StGB wäre § 249 I StGB dann als spezielleres Gesetz überflüssig. Der Tatbestand der Erpressung ist aber ein selbstständiger Deliktstyp, dem die Aufgabe zufällt, diejenigen Vermögensverletzungen zu erfassen, die nicht schon als Eigentums- oder Vermögensdelikte anderen Charakters im StGB geregelt sind. Auch unterscheiden sich § 263 StGB und § 253 StGB nur insoweit, als die vermögensschädigende Verfügung dort durch Täuschung erschlichen, hier durch Nötigung erzwungen wird.[59] Liegt eine Wegnahme – wie hier (→ Rn. 2014 ff.) – vor, so besteht tatbestandliche Exklusivität zwischen Raub und Erpressung. Eine Vermögensverfügung scheidet mangels freiwilliger Übertragung des Vermögensgegenstandes aus.

2. Ergebnis

2041 Eine Strafbarkeit wegen räuberischer Erpressung gem. §§ 253 I, II, 255 StGB scheidet aus.

2042 **Hinweis**: Unabhängig vom unmittelbaren Ansetzen kommt daher auch keine versuchte räuberische Erpressung gegenüber Y für den Zeitpunkt in Betracht, in dem A in der Erwartung, der Hausherr werde öffnen, an der Haustüre geklingelt hat.

III. Räuberischer Diebstahl, §§ 252, 249 StGB

2043 A könnte sich darüber hinaus eines räuberischen Diebstahls gem. § 252 StGB schuldig gemacht haben, indem er Y niederschoss, nachdem dieser ihn bei der Mitnahme der Filme ertappt hatte. Dazu müsste er, bei einem Diebstahl auf frischer Tat betrof-

58 *Rengier* StrafR BT I § 11 Rn. 13; Schönke/Schröder/*Eser*/*Bosch* § 253 Rn. 8.

59 Vgl. noch *Wessels*/*Hillenkamp* StrafR BT II Rn. 706 ff.; *Hillenkamp* 40 Probleme StrafR BT 33. Problem.

fen, gegen eine Person Gewalt verübt haben, um sich im Besitz des gestohlenen Gutes zu erhalten.

1. Objektiver Tatbestand

a) A hat einen schweren Raub begangen, → Rn. 2033. Der Wortlaut des § 252 StGB rekurriert hinsichtlich der Vortat zwar lediglich auf den Diebstahl, hierunter ist aber jede Form der Wegnahme in Zueignungsabsicht zu verstehen.[60] **2044**

b) Bei einem Diebstahl etc. ist der Täter betroffen, wenn die Tat vollendet, aber noch nicht beendet ist.[61] Als Y den Raum betrat, war die Wegnahme bereits vollendet, → Rn. 2027, aber noch nicht beendet, da A die Beute noch nicht endgültig gesichert hatte. **2045**

c) Betroffen ist der Täter, wenn er am Tatort bemerkt bzw. wahrgenommen wird oder bemerkt bzw. wahrgenommen zu werden droht. Daher ist es nicht erforderlich, dass das Opfer den Täter tatsächlich gesehen hat. Kommt der Täter – wie hier – durch schnelles Handeln (hier: Niederschießen) dem Bemerktwerden zuvor, ist er dennoch vom Opfer am Tatort betroffen.[62] **2046**

d) Auf frischer Tat betroffen ist der Täter, wenn er noch am Tatort oder in dessen unmittelbarer Nähe nach der Tatausführung im soeben genannten Sinne bemerkt bzw. wahrgenommen wird. Da A sich noch im Filmraum befand, der gerade von Y betreten wurde, ist auch diese Voraussetzung erfüllt. **2047**

e) Mit dem Schuss auf Y hat A Gewalt gegen eine Person verübt. **2048**

2. Subjektiver Tatbestand

A handelte vorsätzlich und in der Absicht, sich im Besitz des gestohlenen Gutes zu erhalten. **2049**

3. Rechtswidrigkeit und Schuld

Rechtswidrigkeit und Schuld sind gegeben. **2050**

4. Ergebnis

A hat sich somit auch eines räuberischen Diebstahls gem. §§ 252, 249 StGB schuldig gemacht. **2051**

IV. Schwerer räuberischer Diebstahl, §§ 252, 250 StGB

A hat bei der Tat eine Waffe bei sich geführt, § 250 I Nr. 1 lit. a StGB, sowie diese Waffe auch bei der Tat verwendet, § 250 II Nr. 1 StGB. A ist daher insgesamt eines schweren räuberischen Diebstahls gem. §§ 252, 250 StGB schuldig. **2052**

---

60 Schönke/Schröder/*Eser/Bosch* § 252 Rn. 3.

61 Schönke/Schröder/*Eser/Bosch* § 252 Rn. 3. Die abweichende Ansicht von *Dreher* MDR 1976, 529 ist überholt.

62 Vgl. bereits BGHSt 26, 95.

V. Versuchter Totschlag, §§ 212 I, 22, 23 I StGB

2053 Durch den mit bedingtem Tötungsvorsatz auf Y abgegebenen Schuss hat A sich auch eines versuchten Totschlags schuldig gemacht.

VI. Gefährliche Körperverletzung, §§ 223 I, 224 I Nr. 2, Nr. 5 StGB

2054 Durch die Abgabe des Schusses und die bei Y eingetretene Verletzung hat A sich einer gefährlichen Körperverletzung gem. §§ 223 I, 224 I Nr. 2, Nr. 5 StGB schuldig gemacht.

VII. Schwere Körperverletzung, § 226 I Nr. 1 StGB

2055 A könnte außerdem eine schwere Körperverletzung gem. § 226 I Nr. 1 StGB begangen haben, da Y auf einem Ohr taub blieb. Fraglich ist insoweit nur, ob Taubheit auf einem Ohr bedeutet, dass die verletzte Person »das Gehör« verloren hat. Der Verlust des Gehörs auf nur einem Ohr genügt aber nur, wenn – was hier nicht der Fall ist – das Opfer bereits auf dem anderen Ohr taub war. § 226 I Nr. 1 StGB liegt damit nicht vor.

VIII. Hausfriedensbruch, § 123 I Var. 1 StGB

2056 Durch das Eindringen in das Haus des Y hat A sich auch eines Hausfriedensbruchs gem. § 123 I Var. 1 StGB schuldig gemacht. Der hierfür erforderliche Strafantrag wurde laut Sachverhalt gestellt.

Konkurrenzen und Ergebnis zur Strafbarkeit des A im 2. Tatkomplex

2057 Im 2. Tatkomplex hat A sich durch die Bedrohung der H eines schweren Raubes (§§ 249 I, 250 I Nr. 1 lit. a, II Nr. 1 StGB) sowie durch den Schuss auf Y eines schweren räuberischen Diebstahls (§§ 252, 249, 250 I Nr. 1 lit. a, II Nr. 1 StGB), eines versuchten Totschlags (§§ 212 I, 22, 23 I StGB) und einer gefährlichen Körperverletzung (§§ 223 I, 224 I Nr. 2, Nr. 5 StGB) schuldig gemacht.

2058 Da der Tötungsversuch im Versuchsstadium steckengeblieben ist, die Körperverletzung hingegen vollendet wurde, wird diese nicht von ersterem verdrängt; vielmehr besteht Idealkonkurrenz. Aufgrund der unterschiedlichen betroffenen Rechtsgüter stehen diese Delikte auch in Tateinheit mit dem schweren räuberischen Diebstahl kraft natürlicher Handlungseinheit.

2059 Da verschiedene Personen betroffen sind und keine Gesetzeskonkurrenz vorliegt, steht der schwere Raub, der gegenüber H begangen wurde, hierzu in Realkonkurrenz.

2060 Im 2. Tatkomplex ist A demnach strafbar gem. §§ 249 I, 250 I Nr. 1 lit. a, II Nr. 1 StGB; (§§ 252, 249, 250 I Nr. 1 lit. a, II Nr. 1; 212 I, 22, 23 I; 223 I, 224 I Nr. 2, Nr. 5; 52 StGB); § 123 I Var. 1 StGB; § 53 StGB.

Konkurrenzen und Gesamtergebnis

2061 A ist strafbar gem. §§ (227 I, 223 I, 224 I); 123 I Var. 1; 53 StGB in Tatmehrheit zu §§ 249 I, 250 I Nr. 1 lit. a, II Nr. 1 StGB; (§§ 252, 249, 250 I Nr. 1 lit. a, II Nr. 1; 212 I, 22, 23 I; 223 I, 224 I Nr. 2 und 5; 52 StGB); § 123 I Var. 1 StGB; § 53 StGB.

Fall 16: Der untreue Betreuer

A ist Amtsrat bei der Stadtverwaltung K. Im Rahmen einer (genehmigten) Nebentätigkeit übernimmt er berufsmäßig Betreuungen. Zu den von ihm betreuten Personen gehört auch die 85jährige, an einem hirnorganischen Psychosyndrom leidende O, für die A auch die Vermögenssorge wahrnimmt. Da die Barmittel der Betreuten nahezu aufgebraucht sind und A sich in immensen Finanznöten befindet, verfällt er auf die Idee, eines der im Eigentum der O stehenden Grundstücke »gewinnbringend« zu verkaufen. Nachdem die zuständige Rechtspflegerin R des Betreuungsgerichts die Genehmigung des beabsichtigten Grundstücksverkaufs in Aussicht gestellt hat, überredet A seinen Bekannten B, sich als Strohkäufer zur Verfügung zu stellen. Mit notariellem Vertrag verkauft A sodann als amtlich bestellter Betreuer der O – vorbehaltlich der Genehmigung des Betreuungsgerichts – das besagte Grundstück zum Kaufpreis von 50.000 EUR an B. A und B ist bekannt, dass es sich bei dem Grundstück trotz seiner Ausweisung im Grundbuch als Landwirtschaftsfläche um hochwertiges Bauland handelt. Der tatsächliche Wert des Grundstücks beläuft sich zum Zeitpunkt des Vertragsschlusses auf 500.000 EUR. 2062

Als R die Lage des Grundstücks in einem Wohngebiet auffällt, bittet sie A zu einem persönlichen Gespräch. Im Rahmen dieses Gesprächs erklärt A bewusst wahrheitswidrig, er habe bereits mit der Stadt K geklärt, dass das verkaufte Grundstück wegen Nichteinhaltbarkeit der Bebauungslinien kein Bau- oder Bauerwartungsland sei. Im Vertrauen auf die Richtigkeit dieser Angaben des A erteilt R die erforderliche Genehmigung. 2063

Wenige Tage später erzählt A dem B von der Genehmigung und übergibt ihm 50.000 EUR in bar zur Begleichung des Kaufpreises. A »investiert« diese 50.000 EUR aus seinem eigenen Vermögen. Absprachegemäß zahlt B das Geld noch am selben Tag bei der Bank der O auf deren Konto ein. 2064

Kurze Zeit darauf weist das Vermessungsamt der Stadt K das Betreuungsgericht darauf hin, dass es sich bei dem Grundstück um ein offensichtlich erheblich unter Wert verkauftes Baugrundstück handele. Daraufhin fordert R den A unter Fristsetzung auf, die Frage der Baulandqualität umgehend beim Vermessungsamt zu klären und gegebenenfalls den Grundstückskaufvertrag anzufechten und rückabzuwickeln. In der Folge dessen kommt es noch vor Eintragung des B als Eigentümer in das Grundbuch zur notariellen Rückabwicklung des Kaufvertrages. Kurz darauf verstirbt B. 2065

Aufgabe: Beurteilen Sie die Strafbarkeit des A! 2066

Anmerkung: Die wesentlichen Probleme des auf BGH NJW 2003, 3717 basierenden Sachverhaltes sind: **1.** Erfordernis einer Vermögensbetreuungspflicht bei den Tathandlungsvarianten des Untreuetatbestandes; **2.** Erfordernis einer »gravierenden« Pflichtverletzung iRd § 266 StGB; **3.** Gefährdungsschaden bei der Untreue, **4.** Regelbeispiel »Vermögensverlust großen Ausmaßes« iSd § 263 III 2 Nr. 2 Var. 1 StGB. 2067

2068 **Literaturhinweise**: **zu 1.**: *Wessels/Hillenkamp* StrafR BT II Rn. 749 f.; *Mitsch* StrafR BT II/1 § 8 Rn. 19; **zu 2.**: *Saliger* HRRS 2006, 10 (19 f.); *Theile* ZIS 2011, 616; *Wagner* ZIS 2012, 28 (33); **zu 3.**: *Mansdörfer* JuS 2009, 114; *Rotsch* ZJS 2008, 610 (mit Aufbauschema zu § 266 StGB); **zu 4.**: *Rotsch* ZStW 117 (2005), 577.

A. Gliederung

1. Tatkomplex: Der Abschluss des Grundstückskaufvertrages

I. § 266 I Var. 1 StGB (-)
II. § 266 I Var. 2 StGB (-)

2. Tatkomplex: Das Gespräch mit R

I. § 263 I StGB (-)
II. §§ 263 I, II, 22, 23 I Var. 2 StGB (-)

3. Tatkomplex: Die Mitteilung der Genehmigung an B

I. § 266 I Var. 1 StGB (-)
II. § 266 I Var. 2 StGB (+)

Ergebnis

B. Lösung

2069 **Hinweis:** Es ist zwar grundsätzlich auch denkbar, die Geschehnisse des 1. und 3. Tatkomplexes in einer Prüfung zusammenzufassen. Allerdings wäre eine solche gemeinsame Prüfung sehr unübersichtlich. Es bietet sich daher an, den Fall in drei Tatkomplexe zu untergliedern, weil sich im Sachverhalt ein dementsprechend gestuftes Verfahren abspielt. So lassen sich die Wirkungen der einzelnen Rechtsakte sauber trennen.

1. Tatkomplex: Der Abschluss des Grundstückskaufvertrages

I. Untreue, § 266 I Var. 1 StGB

2070 Durch den als Betreuer der O getätigten Verkauf an den als Strohkäufer eingesetzten B könnte A die ihm durch Gesetz eingeräumte Befugnis, über fremdes Vermögen zu verfügen oder einen anderen zu verpflichten, missbraucht und sich deshalb wegen Untreue gem. § 266 I Var. 1 StGB strafbar gemacht haben.

1. Objektiver Tatbestand

2071 **a)** A könnte dadurch, dass er als amtlich bestellter Betreuer der O – vorbehaltlich der Genehmigung des Betreuungsgerichts – das besagte Grundstück mit notariellem Vertrag zum Kaufpreis von 50.000 EUR an B verkaufte, eine ihm zukommende Pflicht zur Betreuung des Vermögens der O dadurch verletzt haben, dass er die ihm durch Gesetz eingeräumte Befugnis, einen anderen zu verpflichten, missbraucht hat.

2072 **Hinweis:** Die Darstellungen zur Prüfungsreihenfolge iRd § 266 StGB gehen auseinander. Nach hA unterscheiden § 266 I Var. 1 und Var. 2 StGB sich dadurch, dass zwar jeweils eine Vermögensbetreuungspflicht vorausgesetzt wird, bei der spezielleren Missbrauchsuntreue iSd § 266 I Var. 1 StGB deren Verletzung aber gerade durch Missbrauch der dem Täter durch Gesetz, behördlichen Auftrag oder Rechtsgeschäft eingeräumten Befugnis, über fremdes Vermögen zu verfügen oder einen anderen zu verpflichten, erfolgt. Systematisch kann es sich daher anbieten, im Rahmen der Tathandlung zunächst das Vorliegen der Vermögensbetreuungspflicht und anschließend deren Verletzung durch den Missbrauch im soeben genannten Sinne zu erörtern, vgl. ausführlich *Rotsch* ZJS 2008, 610 (615) mit entsprechendem Aufbauschema. Anders zB *Wittig* WirtschaftsStrafR § 20 Rn. 18. Siehe auch noch den Hinweis → Rn. 2076.

2073 **aa)** Nachdem lange Zeit äußerst umstritten war, ob auch § 266 I Var. 1 StGB eine Vermögensbetreuungspflicht voraussetzt, bejaht die hA[1] im Anschluss an das Scheckkartenurteil des BGH[2] diese Frage heute. Die Frage muss freilich hier letztlich dann nicht entschieden werden, wenn A jedenfalls eine Vermögensbetreuungspflicht innehat.

2074 **Hinweis:** Im Falle der Treubruchsvariante ergibt sich die Erforderlichkeit einer Vermögensbetreuungspflicht unmittelbar aus dem Gesetz. Dort muss sie also auf jeden Fall geprüft werden. Ob eine solche Vermögensbetreuungspflicht allerdings bei der Missbrauchsuntreue gem. § 266 I Var. 1 StGB ebenfalls vorausgesetzt wird, ist noch immer nicht unumstritten. Während man früher überwiegend davon ausging, dass die beiden Tatbestandsvarianten eigenständig nebeneinander bestehen und eine

1 Vgl. nur SSW-StGB/*Saliger* § 266 Rn. 6 mwN.
2 BGHSt 24, 386.

Vermögensbetreuungspflicht daher nur beim Treubruchstatbestand erforderlich ist (sog. dualistische Auffassung),[3] gehen seit der sog. »Scheckkarten-Entscheidung«[4] die Rechtsprechung[5] und im Anschluss daran auch die mittlerweile hA im Schrifttum[6] davon aus, dass der Missbrauchstatbestand einen speziellen Ausschnitt des Treubruchstatbestandes erfasst und aus diesem Grunde ebenfalls eine Vermögensbetreuungspflicht voraussetzen muss (sog. monistische Lehre). Die verschiedenen Ansichten müssen im Gutachten allerdings – wie stets – nur dann ausführlich diskutiert werden, wenn es auf die Streitentscheidung ankommt. Da A eine Vermögensbetreuungspflicht innehat und dies auch unproblematisch festgestellt werden kann, kann man hier die Frage, ob es einer solchen Pflicht im Rahmen der Missbrauchsvariante überhaupt bedarf, gut dahinstehen lassen.

Diskutiert werden muss der Streit hingegen, wenn der Täter *keine* Vermögensbetreuungspflicht innehat, da die Ansichten dann zu unterschiedlichen Ergebnissen kommen. Die hA liest den Satzteil aus der Var. 2 des § 266 StGB zu Recht in Var. 1 hinein: »Zu betreuen haben« ist ein synonymer Ausdruck für »zur Betreuung verpflichtet sein«.[7] Daher umfasst richtigerweise auch der Missbrauchstatbestand eine Vermögensbetreuungspflicht.[8] Für diese Ansicht spricht auch die aus einer solchen Gleichstellung folgende Konsequenz, dass der aufgrund seiner bedenklichen Konturenlosigkeit[9] kritisierte Tatbestand der Untreue durch dieses Merkmal eingeschränkt werden kann, sowie die Tatsache, dass die beiden Untreuetatbestände in ihrem Unrechtsgehalt durch das gemeinsame Merkmal angenähert werden, wodurch sich das für beide gleichermaßen geltende Strafmaß rechtfertigt.[10] Die Gegenauffassung[11] hat freilich den Wortlaut auf ihrer Seite, nach dem nur in der zweiten Variante des § 266 StGB von einer »Pflicht, fremde Vermögensinteressen wahrzunehmen«, die Rede ist.

Gegenstand der Vermögensbetreuungspflicht muss die Geschäftsbesorgung für einen anderen in einer nicht ganz unbedeutenden Angelegenheit mit einem Aufgabenkreis von einigem Gewicht und einem gewissen Grad von Verantwortlichkeit sein.[12] Indem der zum Betreuer der O bestellte A deren Vermögenssorge wahrnimmt, hat er eine Vermögensbetreuungspflicht inne. 2075

Hinweis: Die hA verbindet die Vermögensbetreuungspflicht regelmäßig mit der Verleihung der (Verpflichtungs- oder Verfügungs-)Befugnis. Auch wenn die Befugnis gerade das Instrument zur Erfüllung der Vermögensbetreuungspflicht darstellt[13], müssen die Entstehung der Pflicht und der Inhalt der Verfügungs- oder Verpflichtungsbefugnis nicht notwendig zusammenfallen. 2076

Beispiel: Prokura. Ihre Erteilung erfolgt durch Rechtsgeschäft (§ 48 HGB), der Umfang der dadurch eingeräumten Verfügungs- und Verpflichtungsbefugnis folgt aber aus dem Gesetz (§§ 49 f. HGB). 2077

3 Vgl. RGSt 69, 58 (59); 69, 279 (280); BGH NJW 1953, 1600 (1601); 1954, 1616.
4 BGHSt 24, 386.
5 Vgl. BGHSt 33, 244 (250); 35, 224; 47, 187 (192); 50, 331 (342); BGH NJW 2006, 453 (454).
6 *Lackner/Kühl* § 266 Rn. 4; SK-StGB/*Hoyer* § 266 Rn. 18; NK-StGB/*Kindhäuser* § 266 Rn. 22 ff.; MüKo-StGB/*Dierlamm* § 266 Rn. 21.
7 *Mitsch* StrafR BT II/1 § 8 Rn. 19.
8 BGHSt 24, 386; 33, 244; *Wessels/Hillenkamp* StrafR BT II Rn. 750. Vgl. auch noch die Nachw. bei *Mitsch* StrafR BT II/1 § 8 Rn. 19 in Fn. 59.
9 *Fabricius* NStZ 1993, 414 (415).
10 *Mitsch* StrafR BT II/1 § 8 Rn. 19.
11 ZB *Otto* StrafR BT § 54 Rn. 5.
12 *Wessels/Hillenkamp* StrafR BT II Rn. 752 mwN.
13 *Mitsch* StrafR BT II/1 § 8 Rn. 19.

2078 Da A eine Vermögensbetreuungspflicht innehatte, kann folglich offen bleiben, ob eine solche zur Verwirklichung des Missbrauchstatbestandes überhaupt erforderlich ist.

2079 **bb)** A müsste diese Vermögensbetreuungspflicht verletzt haben, indem er eine ihm eingeräumte Verfügungs- oder Verpflichtungsbefugnis missbraucht hat.

2080 **(1)** Damit stellt sich zunächst die Frage, ob A eine Verfügungs- oder Verpflichtungsbefugnis zustand.

2081 Verfügungsbefugnis bedeutet die Rechtsmacht, durch rechtsgeschäftliches Handeln im eigenen Namen wirksam über fremdes Vermögen verfügen, also Verfügungswirkungen an einem fremden Vermögen auslösen zu können.[14] Die Verpflichtungsbefugnis verleiht ebenfalls die rechtliche Macht zur Vornahme rechtsgeschäftlicher Handlungen, deren Wirkungen einen anderen betreffen. Während die Verfügungsbefugnis objektbezogen ist, ist die Verpflichtungsbefugnis subjektbezogen. Wird von ihr Gebrauch gemacht, so wird hierdurch ein anderer als der rechtsgeschäftlich Handelnde in die Position eines Schuldners gedrängt.[15] Wichtigstes Beispiel der Verpflichtungsbefugnis ist die Vertretungsmacht; eine solche gesetzliche Vertretungsmacht ergibt sich aus § 1902 BGB. Als Betreuer war A daher grundsätzlich die Befugnis kraft Gesetzes eingeräumt, O vermögensrechtlich zu verpflichten.

2082 Allerdings könnte bereits der Umfang der gesetzlichen Vertretungsmacht des A beschränkt gewesen sein. Die gesetzliche Vertretungsmacht des Betreuers wird durch eine Reihe von betreuungsgerichtlichen Genehmigungsvorbehalten eingeschränkt; in Betracht kommt hier eine Einschränkung durch die Genehmigungspflichtigkeit von Grundstücksgeschäften gem. § 1821 BGB, die für den Betreuer gem. § 1908i I 1 BGB entsprechend gilt. Nach § 1821 I Nr. 4 BGB bedarf auch der Betreuer zur Eingehung einer Verpflichtung zu einer Verfügung über ein Grundstück der Genehmigung. Gem. § 1829 I 1 BGB (iVm § 1908i I 1 BGB) hängt die Wirksamkeit eines ohne die erforderliche Genehmigung des Betreuungsgerichts geschlossenen Vertrages von der nachträglichen Genehmigung des Betreuungsgerichts ab. Bis dahin ist der Vertrag schwebend unwirksam.[16] Diese Genehmigung wurde zwar zwischenzeitlich durch R erteilt; ihr Erfordernis könnte aber schon der Befugnis des A entgegenstehen, eine schuldrechtliche Belastung mit einer Verbindlichkeit überhaupt schaffen zu können.

2083 Man wird allerdings davon ausgehen müssen, dass die (auf Gesetz beruhende) Verpflichtungsbefugnis iSd § 266 StGB gem. § 1902 BGB auch dann gegeben ist, wenn die Vornahme des in Frage stehenden Rechtsgeschäftes von der Genehmigung Dritter – hier des Betreuungsgerichts – abhängig ist. Denn da sich die Befugnis nur dadurch auszeichnet, dass der Täter die Macht zur Vornahme von Rechtsakten besitzt, die rechtliche Wirkungen entfalten können,[17] ist auch in der von einer (nachträglichen) Genehmigung abhängigen Schaffung von Verbindlichkeiten bereits eine Befugnis iSd Untreuetatbestandes zu sehen.

14 *Mitsch* StrafR BT II/1 § 8 Rn. 17.
15 *Mitsch* StrafR BT II/1 § 8 Rn. 17.
16 MüKoBGB/*Wagenitz* § 1829 Rn. 6.
17 IdS wohl *Mitsch* StrafR BT II/1 § 8 Rn. 21.

Hinweis: Wer – mit entsprechender Argumentation vertretbar – eine andere Ansicht vertritt, muss an dieser Stelle auf § 266 I Var. 2 StGB »umblenden«. 2084

Außerdem führt auch die Erteilung der Genehmigung noch nicht zur Wirksamkeit des Rechtsgeschäftes, diese hängt vielmehr weiterhin gem. § 1829 I 2 BGB (iVm § 1908i I 1 BGB) davon ab, dass der Betreuer dem Vertragspartner von dieser Genehmigung Mitteilung macht. Es hängt also letztlich allein von dem Betreuer ab, ob es zur wirksamen Begründung von Vertragspflichten kommt. Auch deshalb wird man zu dem Ergebnis kommen müssen, dass es an der vom Untreuetatbestand vorausgesetzten Verpflichtungsbefugnis bei A nicht fehlt. 2085

(2) A müsste die ihm eingeräumte Befugnis, O zu verpflichten, missbraucht haben. Missbrauch setzt zunächst voraus, dass die zu würdigende Handlung ein »Gebrauch« der Befugnis ist.[18] Der Täter muss die der Befugnis immanente Rechtsmacht also ausüben. Wie oben bereits erörtert, zeichnet die Befugnis sich dadurch aus, dass der Täter die Macht zur Vornahme von Rechtsakten besitzt, die rechtliche Wirkungen entfalten. Befugnisgebrauch kann daher nur rechtsgeschäftliches Handeln sein.[19] Da A als gesetzlicher Vertreter O dazu verpflichtet hat, ihr Eigentum an dem Grundstück zu übertragen, hat er seine Verpflichtungsbefugnis iSd Untreuetatbestandes ausgeübt, also seine Befugnis gebraucht (»Handeln im Rahmen des rechtlichen Könnens im Außenverhältnis«). 2086

Problematisch ist allerdings, dass der notarielle Vertrag mit seinem Abschluss noch gar nicht wirksam wurde. Zum einen war der Vertrag gem. § 1829 I 1 BGB (iVm § 1908i I 1 BGB) schwebend unwirksam. Dieser schwebend unwirksame Vertrag kann frühestens mit Mitteilung der erteilten Genehmigung an den Vertragspartner wirksam werden, vgl. § 1829 I 2 BGB (iVm § 1908i I 1 BGB). 2087

Hinweis: Wir befinden uns im 1. Tatkomplex. Abzustellen ist daher auf den Abschluss des notariellen Vertrages. Dass R den Vertrag zu einem späteren Zeitpunkt genehmigt hat, wird erst im 3. Tatkomplex bedeutsam. 2088

Zwar wird der Vertrag aufgrund der zivilrechtlichen Rückwirkungsfiktion ex tunc wirksam; solche zivilrechtlichen Rückwirkungsfiktionen können aber für die Beurteilung der Strafbarkeit, für die es auf die tatsächlichen Verhältnisse im Tatzeitpunkt ankommt, keine Bedeutung haben. 2089

Zum andern wurde O durch A auch nicht wirksam verpflichtet. Denn A hat mit B kollusiv zusammengewirkt, um zum Nachteil der O das Grundstück unter Wert zu verkaufen und sodann gewinnbringend weiter zu veräußern. Es ist unbestritten, dass derjenige, der seine Vertretungsmacht dadurch missbraucht, dass er in kollusivem Zusammenwirken mit dem Vertragspartner zum Nachteil des Vertretenen handelt, kein wirksames Rechtsgeschäft tätigt. Ein solcher Vertrag ist vielmehr sittenwidrig iSd § 138 BGB und daher nichtig.[20] 2090

18 *Mitsch* StrafR BT II/1 § 8 Rn. 21.
19 *Güntge* wistra 1996, 84 (85); *Wessels/Hillenkamp* StrafR BT II Rn. 753.
20 Statt aller MüKoBGB/*Schramm* § 164 Rn. 99 iVm Rn. 107.

2091 Es fragt sich, ob in einem solchen Fall, in dem das abgeschlossene Rechtsgeschäft nicht wirksam ist, überhaupt eine Tathandlung iSd Missbrauchstatbestandes vorliegt. Die Frage ist umstritten.

2092 Nach hA setzt die Tathandlung des Befugnisgebrauchs dies in der Tat voraus.[21] Missbrauch der Befugnis verlange zunächst die Ausübung der Befugnis in rechtlich wirksamer Weise.[22] Freilich wird entgegen der hA zT behauptet, die Notwendigkeit der Wirksamkeit des Rechtsgeschäfts führe den Missbrauchstatbestand »ad absurdum«.[23] Denn in diesem Fall werde der schlimmste Fall des Missbrauchs, nämlich das bewusste Zusammenwirken des Täters mit dem Geschäftsgegner zum Schaden des vertretenen Vermögens, vom Tatbestand nicht erfasst.[24] Diese Ansicht verkennt, dass der Erfolg der Tathandlung – das Zustandekommen eines wirksamen Rechtsgeschäftes – gerade die spezifische Bestimmung und Wirkung einer Verfügungs- oder Verpflichtungsbefugnis und die Konsequenz ihrer ordnungsgemäßen Ausübung ist: Sie verschafft dem Befugnisinhaber die Macht, rechtswirksame Rechtsgeschäfte zu tätigen, obwohl das Rechtsgeschäft in sachlicher oder persönlicher Hinsicht in einen für ihn fremden Rechtskreis eingreift und daher ohne die Befugnis nur von dem »Herrn« dieses Rechtskreises wirksam vorgenommen werden könnte. Diese Ausdehnung der Macht zur Herbeiführung rechtlicher Wirkungen über ein Objekt oder gegenüber einem Subjekt auf einen Außenstehenden muss in der tatbestandsmäßigen Handlung zum Ausdruck kommen. Andernfalls ist die Handlung kein Gebrauch der Befugnis und damit auch kein Missbrauch. Befugnisüberschreitendes Handeln erfüllt daher nach richtiger hM den Missbrauchstatbestand nicht.[25]

2093 **b)** Da der Missbrauchstatbestand die Wirksamkeit des vom Täter getätigten Rechtsgeschäftes voraussetzt und es hieran fehlt, kann A sich nicht gem. § 266 I Var. 1 StGB strafbar gemacht haben.

2094 **Hinweis:** Die gegenteilige Ansicht wird heute kaum noch vertreten und lässt sich an sich auch nur überzeugend vertreten, wenn man der dualistischen Theorie folgt. Lässt man aber auch unwirksame Geschäfte ausreichen, ist ein Missbrauch der Verpflichtungsbefugnis schon mit Abschluss des notariellen Vertrages zu bejahen und im Weiteren der Eintritt eines Vermögensnachteils zu diskutieren. Ob dieser bereits im Abschluss eines – hier sogar unwirksamen – Vertrages gesehen werden kann, ist zweifelhaft. Denn beim Eingehungsbetrug, für den der Begriff des Gefährdungsschadens ursprünglich entwickelt wurde, wird ja gerade damit argumentiert, dass der Getäuschte sich bereits durch Eingehung eines wirksamen Vertrages schuldrechtlich verpflichtet. Besteht aber keine schuldrechtliche Verpflichtung, ist fraglich, ob das Vermögen allein durch Vertragsschluss bereits gefährdet ist. Siehe dazu noch → Rn. 2145.

2. Ergebnis

2095 Eine Strafbarkeit des A wegen Untreue gem. § 266 I Var. 1 StGB durch den Abschluss des Grundstückskaufvertrages scheidet aus.

21 *Fischer* § 266 Rn. 27.
22 *Mitsch* StrafR BT II/1 § 8 Rn. 24.
23 *Arzt*, FS Bruns, 1978, 365 ff. Im selben Sinne LK/*Schünemann* § 266 Rn. 32–34.
24 LK/*Schünemann* § 266 Rn. 32.
25 *Mitsch* StrafR BT II/1 § 8 Rn. 24.

II. Untreue, § 266 I Var. 2 StGB

1. Objektiver Tatbestand

a) A ist tauglicher Täter, da er kraft Gesetzes – § 1902 BGB (→ Rn. 2081) – zur Wahrnehmung der Vermögensinteressen der O verpflichtet war. Der für die Vermögensbetreuungspflicht vorausgesetzte Handlungs-, Entscheidungs- und Ermessensspielraum[26] steht A deshalb zu, weil es das Betreuungsrecht in entsprechender Anwendung der Grundsätze des Vormundschaftsrechts vollständig dem Betreuer überlässt, ob er es zum Vertragsschluss kommen lässt, er also die Befugnis hat, bei seinen vermögensbezogenen Maßnahmen eine gewisse Selbstständigkeit, Bewegungsfreiheit und Eigenverantwortlichkeit auszuschöpfen.[27] 2096

b) Als Betreuer ist A gem. § 1901 II 1 BGB gehalten, »die Angelegenheiten des Betreuten so zu besorgen, wie es dessen Wohl entspricht«. Das Grundstück der O, das einen tatsächlichen Wert von 500.000 EUR besaß, an einen Strohkäufer zu einem Preis von 50.000 EUR zu verkaufen – offensichtlich, um es später selbst zu einem wesentlich höheren Preis verkaufen zu können und so für sich einen entsprechenden Gewinn zu machen –, liegt nicht im (finanziellen) Wohl der Betreuten. Damit hat A eine Handlung vorgenommen, die im Widerspruch zu seiner Treuepflicht steht. Eine Pflichtverletzung und damit die vom Treubruchstatbestand vorausgesetzte Tathandlung liegt vor. 2097

In der Rechtsprechung des BGH wird teilweise zusätzlich verlangt, dass die Pflichtverletzung gravierend sein muss.[28] Diese Einschränkung der Untreuestrafbarkeit wird vom Schrifttum begrüßt.[29] 2098

Hinweis: Methodisch handelt es sich dabei um eine teleologische Reduktion, die ihre Grundlage im ultima-ratio-Grundsatz hat. Da sich diese hier ausschließlich zugunsten des Täters auswirkt, verstößt ein solches Vorgehen nicht gegen Art. 103 II GG.[30] Anders kann die Situation sich aber darstellen, wenn zB Rechtfertigungs-, Entschuldigungs- und Straffreistellungsgründe teleologisch reduziert werden.[31] 2099

Fraglich ist, ob die Pflichtverletzung des A als gravierend einzustufen ist. Hierauf scheint zunächst die potenzielle Schadenshöhe schließen zu lassen. 2100

Hinweis: Hier sollten Sie vorsichtig formulieren, weil die Frage, ob ein Vermögensnachteil vorliegt und – bejahendenfalls – wie hoch dieser ist, ja gerade noch nicht geprüft worden ist. Das ist hier freilich deshalb unschädlich, weil dem Argument der Schadenshöhe an dieser Stelle keine Relevanz zukommen kann, vgl. sogleich den Text. 2101

Allerdings zeigen die §§ 248a, 263 III iVm § 266 II StGB, dass die mögliche Schadenshöhe – erst – im Rahmen der Strafzumessung relevant wird. Dann darf sie aber 2102

26 *Mitsch* StrafR BT II/1 § 8 Rn. 42.
27 BGHSt 3, 289 (294); Schönke/Schröder/*Perron* § 266 Rn. 23a.
28 BGHSt 47, 148 (150); 47, 187; jüngst wieder BGH NStZ 2011, 403 (405). Anders aber der *3. Strafsenat*, vgl. BGHSt 50, 331 (343 ff.)
29 Jüngst *Wagner* ZIS 2012, 28 (33) mwN.
30 *Wagner* ZIS 2012, 28 (33) mwN.
31 Vgl. zu solchen Konstellationen *Wagner* ZJS 2011, 465 (472, 474 zu § 127 StPO); *ders.* ZJS 2009, 419 (423 zu § 24 StGB).

nicht bereits bei der Frage nach der Tatbestandsmäßigkeit eine Rolle spielen (vgl. auch § 46 III StGB).[32]

2103 Allerdings ist der Pflichtverstoß aufgrund der Einschaltung des Scheinkäufers und des Missbrauchs der staatlichen Institutionen durch A als gravierend anzusehen. Demnach kommt es auf die Frage, ob dieses einschränkende Korrektiv notwendig ist, im vorliegenden Fall nicht an; ihre Beantwortung kann unterbleiben.

2104 **c)** Durch den Grundstücksverkauf müsste A der O einen Nachteil zugefügt haben. Man ist sich weitgehend einig darüber, dass zum einen mit Nachteil nur ein Vermögensnachteil gemeint sein kann,[33] zum andern dieser Vermögensnachteil mit dem Vermögensschaden iSd Betruges identisch ist.[34] Das bedeutet, dass im Rahmen des § 266 StGB von demselben Vermögensbegriff und demselben Schadensbegriff auszugehen ist wie bei § 263 StGB.[35] Fraglich ist nun, ob im vorliegenden Fall ein Vermögensnachteil idS eingetreten ist, da es zur Übertragung des Grundstücks und der Eintragung des neuen Eigentümers in das Grundbuch nicht gekommen ist.

2105 **aa)** Grundsätzlich genügt im Rahmen des § 263 StGB auch ein sog. »Gefährdungsschaden«:[36] Nach dem soeben zum Vermögensnachteil bei der Untreue Gesagten muss dies also im Tatbestand des § 266 StGB ebenso sein. Danach liegt ein Vermögensnachteil nicht nur dann vor, wenn ein Vergleich der tatsächlich erfüllten Verpflichtungen ergibt, dass die Gegenleistung wirtschaftlich weniger wert ist als die Leistung (der O), sondern auch dann, wenn es – wie hier – lediglich zum Abschluss des Vertrages gekommen ist, die gegenseitigen Leistungen also noch nicht ausgetauscht sind und dem entsprechend erst die Gefahr besteht, dass das Vermögen des Opfers letztlich tatsächlich beschädigt wird.

2106 **Hinweis:** Es ist also durchaus zutreffend, wenn in diesen Fällen in Anlehnung an die Terminologie im Rahmen des § 263 StGB (»Eingehungsbetrug«) von einer »Eingehungsuntreue« gesprochen wird, vgl. *Rotsch* wistra 2004, 300 (301), in der Besprechung des dem Sachverhalt zugrunde liegenden Urteils.

2107 Sofern man keinen rein juristischen Vermögensbegriff und dem entsprechend keinen rein subjektiven Schadensbegriff vertritt – was heute niemand mehr tut – gilt dies für alle Vermögens- bzw. Schadensbegriffe (rein wirtschaftlich oder juristisch-ökonomisch und rein objektiv oder individuell-objektiv), sodass es insoweit keiner Stellungnahme bedarf.

2108 **Hinweis:** Zumindest aber die obige Klarstellung im Text ist von einem guten Bearbeiter zu erwarten.

2109 Da der Kaufvertrag zwischen O (vertreten durch A) und B über das Grundstück der O zu einem um 450.000 EUR zu niedrigen Kaufpreis bereits geschlossen war, bestand eine Gefährdung für das Vermögen der O, nämlich das Risiko, für ein 500.000 EUR wertes Grundstück nur eine Gegenleistung im Wert von 50.000 EUR

32 *Saliger* HRRS 2006, 10 (19 f.); *Wagner* ZIS 2012, 28 (33).

33 *Mitsch* StrafR BT II/1 § 8 Rn. 34.

34 BGHSt 35, 333; Schönke/Schröder/*Perron* § 266 Rn. 39. Zweifel jüngst bei SSW-StGB/*Saliger* § 266 Rn. 53, in Bezug auf den Nachteilsbegriff (nicht jedoch in Bezug auf den Vermögensbegriff, SSW-StGB/*Saliger* § 266 Rn. 51).

35 LK/*Schünemann* § 266 Rn. 132.

36 Vgl. nur SK-StGB/*Samson/Günther* § 263 Rn. 166 ff. mwN.

zu erhalten. Diese »Gefahr minderwertiger Kompensation«[37] ist grundsätzlich geeignet, einen Vermögensschaden zu begründen.

Hinweis: Dabei ist zu beachten, dass es hierbei nicht – wie man vielfach liest – um eine schadensgleiche Gefährdung geht; vielmehr *ist* die Gefährdung unter wirtschaftlichen Gesichtspunkten der Schaden. Deshalb spricht man genauer vom »Gefährdungsschaden«.[38] Die Frage ist umstritten. 2110

bb) Fraglich ist aber, ob die Gefahr für das Vermögen der O »groß« genug war, um bereits von einem Vermögensschaden sprechen zu können. Um die Strafbarkeit wegen Betruges bzw. wegen Untreue nicht zu weit in das Versuchs- oder gar Vorbereitungsstadium zu verlagern, wird gemeinhin verlangt, dass es für die Annahme eines vollendeten Deliktes nicht ausreicht, wenn durch den Vertragsabschluss irgendeine Gefahr begründet worden ist. 2111

Hinweis: Im Falle des Betruges droht sonst, dass Versuchskonstellationen als vollendete Taten begriffen werden mit der Konsequenz, dass ein Rücktritt vom Versuch ausgeschlossen ist. Bei der Untreue steht der Versuch schon gar nicht unter Strafe, was durch eine Vorverlagerung des Nachteils umgangen zu werden droht. 2112

(1) Die Rechtsprechung verlangt häufig und insbesondere auch in neueren Entscheidungen, dass eine *konkrete* Vermögensgefährdung bestand. Danach soll ein Vermögensschaden schon, aber auch erst dann vorliegen, wenn eine nach den Umständen des Einzelfalles naheliegende Möglichkeit des »endgültigen Verlustes« besteht.[39] Für den vorliegenden Fall hat der BGH entschieden, dass die Vermögensgefährdung der O sich erst nach der Erteilung der vormundschaftlichen Genehmigung des notariellen Vertrages konkretisiert habe.[40] 2113

(2) Auch die Literatur versucht im Hinblick auf das Analogieverbot des Art. 103 II GG einer Ausuferung des Vermögensschadensbegriffs entgegenzutreten. Auch wird zu Recht darauf hingewiesen, dass die Vorverlagerung des Vollendungszeitpunktes die Straflosigkeit des Versuchs bei der Untreue konterkariert.[41] Daher soll die Vermögensgefährdung nur dann konkret genug sein und damit einen Vermögensschaden darstellen können, wenn das Opfer seinen Vermögenswert zwar noch nicht »real« übertragen, ihn aber »praktisch« schon jetzt – ohne äquivalente wirtschaftliche Kompensation – ganz oder teilweise eingebüßt habe.[42] Umgekehrt wird verlangt, dass der Täter bereits eine Position erlangt hat, »in der er den fraglichen Vermögenswert unmittelbar und ohne Schwierigkeiten realisieren kann«.[43] Hänge der Eintritt des endgültigen »realen« Vermögensschadens davon ab, dass der Getäuschte durch weitere Handlungen auf sein Vermögen einwirken müsse, so sei erst das Versuchsstadium erreicht.[44] 2114

Auch unter Zugrundelegung dieser Ansicht kommt man zu dem Ergebnis, dass frühestens nach Erteilung der Genehmigung durch das Betreuungsgericht eine für die 2115

37 *Rotsch* ZStW 117 (2005), 577 (586).
38 Klarstellend *Rotsch*, FS Samson, 2010, 141 (156 in Fn. 83).
39 BGHSt 21, 112 (113).
40 BGH NJW 2003, 3717 (3718).
41 Etwa *Mansdörfer* JuS 2009, 114 (115) mwN.
42 SK-StGB/*Hoyer* § 263 Rn. 234 f.
43 *Lenckner* JZ 1971, 320 (322).
44 LK/*Lackner*, 10. Aufl. 1988, § 263 Rn. 153.

Annahme eines Vermögensschadens hinreichend konkrete Vermögensgefährdung vorlag.

2116 **Hinweis:** Die Erteilung der Genehmigung erfolgt jedoch erst am Ende des 2. Tatkomplexes. Untergliedert man wie hier den Sachverhalt, kann sie erst im 3. Tatkomplex, also zu dem Zeitpunkt, in dem R die Genehmigung erteilt und A dem B dies mitgeteilt hat, Berücksichtigung finden.

2117 Eine Entscheidung zwischen den Auffassungen ist nicht erforderlich.

2118 **cc)** Ein Vermögensnachteil iSd § 266 I StGB liegt damit nicht vor.

2119 **Hinweis:** Damit kann auch die Frage, ob ein Unmittelbarkeitszusammenhang zwischen Pflichtverletzung und Nachteil erforderlich ist,[45] dahinstehen. Auch muss nicht zu der Frage Stellung genommen werden, ob die über die Annahme eines Gefährdungsschadens im objektiven Tatbestand bewirkte Strafbarkeitsausdehnung über eine Modifikation des Vorsatzes kompensiert werden muss (so der *2. Senat* des BGH in BGHSt 51, 100** [120 ff.]. Diese Rechtsprechung wurde auch durch die Siemens-Entscheidung nicht aufgegeben: Der *2. Senat* hat dort lediglich keinen Gefährdungs-, sondern einen endgültigen Vermögensschaden angenommen, weshalb die Vorsatzrestriktion nicht erforderlich war. Im Übrigen hält der *2. Senat* aber an der Differenzierung zwischen Gefährdungs- und endgültigem Schaden und der Vorsatzmodifikation bei ersterem fest (klarstellend Bannenberg/Jehle/*Fischer*, Wirtschaftskriminalität, 2010, 3 [20]). Der *1. Senat* hingegen lehnt die Figur des Gefährdungsschadens insgesamt ab und hält damit auch jegliche Vorsatzmodifikationen für überflüssig [vgl. BGH, Beschl. v. 20.3.2008 – 1 StR 488/07, Rn. 3 ff. = NStZ 2008, 457; BGH, Beschl. v. 13.4.2011 – 1 StR 94/10, Rn. 61]). Vgl. dazu noch Fall 19 → Rn. 2446 ff.

2. Ergebnis

2120 Auch eine Strafbarkeit gem. § 266 I Var. 2 StGB durch den Abschluss des Grundstückskaufvertrages scheidet damit aus.

III. Ergebnis zum 1. Tatkomplex

2121 Durch den Abschluss des Grundstückskaufvertrages hat A sich nicht strafbar gemacht.

2. Tatkomplex: Das Gespräch mit R

I. Betrug, § 263 I StGB

2122 A könnte jedoch einen Betrug gegenüber R zum Nachteil der O begangen haben, indem er R dazu brachte, die betreuungsgerichtliche Genehmigung zu erteilen.

1. Objektiver Tatbestand

2123 **a)** A hat R über die Baulandqualität des Grundstücks und somit über eine Tatsache getäuscht.

2124 **b)** R hat sich dem entsprechend geirrt.

45 Dazu *Wagner* ZIS 2012, 28 (35).

c) Fraglich ist, ob in der betreuungsgerichtlichen Genehmigung des Grundstückskaufvertrages durch R eine Verfügung iSd Betrugstatbestandes gesehen werden kann. Vermögensverfügung ist jedes Handeln, Dulden oder Unterlassen, das unmittelbar vermögensmindernd wirkt.[46] **2125**

aa) Es stellt sich zunächst die Frage, ob eine dem Betrugstatbestand entsprechende Verfügung durch R überhaupt vorgenommen werden konnte. Zwar müssen beim Betrug Getäuschter und Verfügender identisch sein, weil es sonst an der vorausgesetzten Kausalbeziehung zwischen Irrtum und Vermögensverfügung fehlen würde. Dagegen brauchen Verfügender und Geschädigter nicht identisch zu sein; denn dass die Täuschung eines anderen zwecks Schädigung eines Dritten nicht nur kausal möglich, sondern auch praktisch häufig ist, liegt auf der Hand. Damit nun aber der Betrugstatbestand nicht zu einem konturenlosen Delikt mittelbarer Schädigung durch ein irregeleitetes Werkzeug wird – also die Grenze zum Diebstahl in mittelbarer Täterschaft verwischt wird –, wird für den Betrug durch fremdschädigende Verfügung eine ganz bestimmte Verfügungsfähigkeit des Getäuschten über das Vermögen des Opfers gefordert. Dies gilt im Wesentlichen auch für den Forderungsbetrug.[47] **2126**

Freilich liegt das danach vorausgesetzte Näheverhältnis unstreitig jedenfalls dann vor, wenn der Verfügende die rechtliche Befugnis hat, Rechtsänderungen mit unmittelbarer Wirkung für das fremde Vermögen vorzunehmen oder kraft hoheitlicher Stellung Anordnungen darüber zu treffen.[48] Sollte R also bereits eine solchermaßen umschriebene rechtliche Befugnis gehabt haben, stellte sich der Streit um die Anforderungen an das Näheverhältnis zwischen Verfügendem und Getäuschtem schon nicht. **2127**

Hinweis: Immer wieder liest man in Klausuren, in denen es um die Prüfung eines Dreiecksbetruges geht, eine ohne Weiteres vorgenommene Erörterung der verschiedenen Theorien, die zur Bestimmung der Voraussetzungen des Näheverhältnisses zwischen Getäuschtem und Geschädigtem vertreten werden. Dabei wird dann regelmäßig übersehen, dass Verfügungen, zu denen der Getäuschte durch den später Geschädigten im Vorfeld durch Rechtsgeschäft ermächtigt worden ist bzw. zu denen der Getäuschte durch Gesetz oder kraft seiner hoheitlichen Stellung befugt war, unproblematisch sind. Solche Verfügungen genügen der zwischen Vermögensinhaber und getäuschtem Verfügenden vorausgesetzten besonderen Beziehung nach *allen* Ansichten! Die sog. Befugnistheorie zeichnet sich lediglich dadurch aus, dass sie – im Unterschied zu den anderen Ansichten ([faktische] Nähetheorie, [normative] Lagertheorie) – den Dreiecksbetrug auf diese Fallgruppe beschränkt (deutlich idS und richtig zB SSW-StGB/*Satzger* § 263 Rn. 128). Wenn aber schon nach der Befugnistheorie ein für den Dreiecksbetrug vorausgesetztes Näheverhältnis gegeben ist, besteht richtigerweise schon kein Streit; in diesen Fällen erübrigt sich eine Problematisierung. **2128**

R ist als zuständige Rechtspflegerin (vgl. § 3 Nr. 2 lit. b RPflG iVm § 271 Nr. 3 FamFG) des Betreuungsgerichts befugt, die gem. § 1821 I Nr. 4 BGB (iVm § 1908i I 1 BGB) erforderliche Genehmigung zu dem Grundstückskaufvertrag zu erteilen. Sie war daher kraft Gesetzes und ihrer hoheitlichen Stellung befugt, Anordnungen über das Vermögen der O zu treffen. Da daher bereits eine rechtliche Befugnis gegeben ist, kommt es nicht auf die Frage an, ob schon das faktische Verfügen-Können ausreicht. **2129**

---

46 Schönke/Schröder/*Cramer*/*Perron* § 263 Rn. 55.
47 *Hillenkamp* 40 Probleme StrafR BT 30. Problem unter Beispiele (3.).
48 Vgl. LK/*Lackner*, 10. Aufl. 1988, § 263 Rn. 110.

2130 **bb)** Problematisch ist aber weiterhin, ob das Handeln der R – die Erteilung der Genehmigung – auch unmittelbar vermögensmindernd gewirkt hat. Im Rahmen des hier einschlägigen Eingehungsbetruges, in dem der Schaden allenfalls in einem sog. Gefährdungsschaden bestehen kann (→ Rn. 2105), besteht die hiervon zu unterscheidende Minderung bereits in der Belastung mit einer Verbindlichkeit. Dieser Belastung mit einer Verbindlichkeit kommt unter wirtschaftlichen Gesichtspunkten ein gewisser Wert zu; nur und erst dann, wenn der wirtschaftliche Wert der Gegenleistung hinter diesem Wert zurückbleibt, kann ein Vermögensschaden (= Gefährdungsschaden) angenommen werden. Während also die Gegenüberstellung von Leistungswert und Gegenleistungswert – die Saldierung – eine Frage (erst) des Schadens ist, muss es vorab überhaupt zu einer Minderung des in Frage stehenden Vermögens gekommen sein. Die Wirksamkeit des von A als gesetzlicher Vertreter der O abgeschlossenen Grundstückskaufvertrags hängt gem. § 1829 I 1 BGB (iVm § 1908i I 1 BGB) grundsätzlich von der nachträglichen Genehmigung des Betreuungsgerichts ab. Gem. § 1829 I 2 BGB (iVm § 1908i I 1 BGB) wird aber die Genehmigung dem Vertragspartner gegenüber erst dann wirksam, wenn sie ihm durch den Betreuer mitgeteilt wird. Wenn aber die Genehmigung erst mit dieser Mitteilung wirksam wird, kann auch O erst in diesem Zeitpunkt rechtlich wirksam verpflichtet worden sein. Selbst dann also, wenn man davon ausgehen wollte, dass mit der Mitteilung der Genehmigung von A an B der Vertrag wirksam geworden wäre, mithin hierdurch eine die Minderung des Vermögens der O begründende rechtlich wirksame Verpflichtung entstanden wäre, so hätte doch nicht R diese Minderung unmittelbar herbeigeführt. Wenn nämlich erst noch eine weitere Handlung eines anderen nötig ist, um eine Vermögensminderung herbeizuführen, so fehlt es an der Unmittelbarkeit der betreffenden Verfügung.[49]

2131 **cc)** Damit hat R nicht unmittelbar vermögensmindernd auf das Vermögen der O eingewirkt. Eine Verfügung iSd Betrugstatbestandes liegt nicht vor.

2. Ergebnis

2132 Eine Strafbarkeit gem. § 263 I StGB wegen Dreiecksbetruges gegenüber R zum Nachteil der O scheidet aus.

II. Versuchter Betrug, §§ 263 I, II, 22, 23 I Var. 2 StGB

2133 Eine Strafbarkeit wegen versuchten Betruges scheidet ebenfalls aus, da davon auszugehen ist, dass es A als jemand, der berufsmäßig Betreuungen übernahm, bekannt gewesen ist, dass die Genehmigung der R nicht unmittelbar zur Wirksamkeit des Grundstückskaufvertrages führen konnte. Damit fehlte ihm aber der Vorsatz hinsichtlich der Unmittelbarkeit der Verfügung der R.

3. Tatkomplex: Die Mitteilung der Genehmigung an B

I. § 266 I Var. 1 StGB

2134 A könnte sich jedoch wegen Untreue gem. § 266 I Var. 1 StGB strafbar gemacht haben, indem er B von der durch R erteilten Genehmigung Mitteilung machte.

49 BGHSt 14, 170 (171).

1. Tatbestand

a) A müsste seine Vermögensbetreuungspflicht verletzt haben, indem er die ihm eingeräumte Befugnis missbrauchte. 2135

aa) A hatte eine Vermögensbetreuungspflicht inne; ihm war auch gesetzlich die Befugnis eingeräumt, O rechtlich zu verpflichten (→ Rn. 2075 ff.). 2136

bb) Ob A seine Vermögensbetreuungspflicht durch Missbrauch seiner Befugnis verletzte, hängt, wie oben bereits festgestellt, davon ab, ob das von ihm getätigte Rechtsgeschäft wirksam war. Zwar wird der genehmigte Grundstückskaufvertrag an sich gem. § 1829 I 1 iVm S. 2 BGB (iVm § 1908i I 1 BGB) durch Mitteilung der Genehmigung an den Vertragspartner grundsätzlich wirksam. Aufgrund des kollusiven Zusammenwirkens von A und B, das zur Nichtigkeit des Vertrages gem. § 138 BGB geführt hat, kann diese Rechtsfolge hier aber nicht eingreifen. Da der Vertrag mithin nicht wirksam wurde, hat A also O auch nicht wirksam verpflichtet. A kann demnach auch durch die Mitteilung der Genehmigung an B keinen Missbrauch iSd § 266 I Var. 1 StGB begangen haben. 2137

2. Ergebnis

Auch durch die Mitteilung der Genehmigung kann A sich nicht wegen Untreue gem. § 266 I Var. 1 StGB strafbar gemacht haben. 2138

II. Untreue, § 266 I Var. 2 StGB

In Betracht kommt aber eine Strafbarkeit wegen Untreue gem. § 266 I Var. 2 StGB durch dieselbe Handlung. 2139

1. Objektiver Tatbestand

a) A müsste seine Vermögensbetreuungspflicht – durch irgendeine faktische Handlung – verletzt haben. 2140

aa) A hatte eine Vermögensbetreuungspflicht inne (→ Rn. 2075). 2141

bb) Indem A dem B mitteilte, dass R – aufgrund der Vorspiegelung des Vorliegens der Voraussetzungen der Genehmigungserteilung durch A – eine Genehmigung für die Vollziehung des Grundstücksvertrages erteilt hatte, hat A gegen seine Pflichten im Rahmen der Durchführung der Betreuung gem. § 1901 II 1 BGB verstoßen, da die Abwicklung des Vertrages nicht dem Wohl der O entsprach. Er hat damit seine Vermögensbetreuungspflicht verletzt. 2142

b) Fraglich ist, ob ein Vermögensnachteil der O eingetreten ist. Grundsätzlich genügt ein Gefährdungsschaden (→ Rn. 2105). Allerdings muss es sich bei der Gefahr für das Vermögen des Opfers um eine konkrete Gefahr handeln, → Rn. 2111 ff. 2143

aa) Der BGH hat in dem diesem Fall zugrunde liegenden Urteil – freilich ohne nähere Begründung – eine konkrete Gefährdung des Vermögens in dem Zeitpunkt angenommen, in dem die Genehmigung durch das Betreuungsgericht erteilt war.[50] 2144

50 BGH NJW 2003, 3717 (3718) mit Anm. *Rotsch* wistra 2004, 300.

2145 **bb)** Unabhängig davon, ob dieser Ansicht zuzustimmen ist – oben im Rahmen der Prüfung des Dreiecksbetruges wurde bereits festgestellt, dass die Genehmigungserteilung durch R als deren Verfügung noch nicht einmal zu einer unmittelbaren Vermögensminderung geführt hat, also erst recht keine konkrete Vermögensgefahr begründet haben kann –, kommt eine Vermögensgefährdung als Gefährdungsschaden zumindest in dem Zeitpunkt in Betracht, in dem A dem B Mitteilung von der Genehmigung durch R machte. Freilich ändert diese Mitteilung nichts an der Nichtigkeit des Vertrages (→ Rn. 2137), sodass man auf die Idee kommen könnte, das Vermögen der O sei nicht gefährdet. Ob eine Vermögensgefährdung vorliegt, richtet sich aber nicht nach der rechtlichen Wirksamkeit des abgeschlossenen Vertrages, sondern nach der Wahrscheinlichkeit, mit der O – trotz der Nichtigkeit – ihr Vermögen verliert. Besteht insoweit eine konkrete Gefahr, liegt ein Vermögensnachteil vor. Eine solche konkrete Gefahr wird sich aber nach den Angaben im Sachverhalt nicht bestreiten lassen: O ist 85 Jahre alt und offensichtlich so krank, dass sie ihre eigenen Geschäfte nicht mehr besorgen kann. Die Versuche des A, mittels eines »Verkaufs« an einen Strohkäufer seine finanziellen Sorgen zu beseitigen, sind lediglich durch Zufall – offenbar durch einen aufmerksamen Mitarbeiter des Vermessungsamtes – ans Licht gekommen. Damit wird man von einer hinreichend konkreten Vermögensgefährdung ausgehen müssen. Ein Vermögensnachteil iSd Untreuetatbestandes liegt vor.

2146 **c)** Kausalität zwischen der Tathandlung und dem Erfolg iSd conditio-Formel ist gegeben.

2147 **d)** Der eingetretene Erfolg – der hier in einer konkreten Gefährdung besteht – kann dem A auch objektiv zugerechnet werden. Folglich kann dahinstehen, ob es eines solchen Zurechnungszusammenhangs überhaupt bedarf.[51]

2. Subjektiver Tatbestand

2148 A handelte vorsätzlich.

3. Rechtswidrigkeit und Schuld

2149 A handelte auch rechtswidrig und schuldhaft.

4. Besonders schwerer Fall (Regelbeispiele, §§ 266 II, 263 III 2 StGB)

2150 Es könnte ein besonders schwerer Fall der Untreue vorliegen. In Betracht kommen über die Verweisung in § 266 II StGB die benannten Fälle der § 263 III 2 Nr. 2 Var. 1 (»Vermögensverlust großen Ausmaßes«), Nr. 3 (»eine andere Person in wirtschaftliche Not bringt«) und Nr. 4 (»unter Missbrauch seiner Stellung als Amtsträger«) StGB.

2151 **a)** Zunächst stellt sich schon die Frage, ob eine Verweisung auf Regelbeispiele in anderen Tatbeständen, wie sie sich in § 266 II StGB findet, überhaupt verfassungsrechtlich zulässig ist.[52] Das hat zunächst zur Voraussetzung, dass das betreffende Regelbeispiel in § 263 III StGB auf die Vorschrift anwendbar ist, die auf § 263 III StGB

51 Dagegen jüngst wieder BGH NStZ 2011, 403 (406); dem offenbar zustimmend *Bittmann* wistra 2011, 343 (344); für einen Zurechnungszusammenhang hingegen etwa *Saliger* HRRS 2006, 10 (21 ff.); *Jahn* JuS 2011, 1133 (1135 f.); *Brand* NJW 2011, 1751 (1752); *Wagner* ZIS 2012, 28 (35).

52 Zur »kapitalen Fehlleistung des Gesetzgebers« LK/*Schünemann* § 266 Rn. 177.

verweist. Jedenfalls dort, wo dies der Fall ist, wird man von der Zulässigkeit der Verweisungstechnik ausgehen müssen.[53] Dies gilt für § 263 III 2 Nr. 4 StGB sicher nicht, weil die in diesem Regelbeispiel normierten Voraussetzungen gerade den Grundtatbestand der Untreue begründen und eine weitere Berücksichtigung gegen das Doppelverwertungsverbot verstieße.[54] Hingegen wird man für § 263 III 2 Nr. 2 Var. 1 und Nr. 3 StGB davon ausgehen müssen, dass diese auch den Unrechtsgehalt des Untreuetatbestandes betreffen und diesen gegenüber dem Grundtatbestand so weit erhöhen, dass von der grundsätzlichen Möglichkeit, einen dieser benannten besonders schweren Fälle der Untreue verwirklichen zu können, ausgegangen werden kann.[55]

b) Damit kommt zunächst das Regelbeispiel des § 263 III 2 Nr. 2 Var. 1 StGB also auch für die Untreue grundsätzlich in Betracht. A müsste mithin einen »Vermögensverlust großen Ausmaßes« herbeigeführt haben. **2152**

Hinweis: Im Rahmen der folgenden Diskussion wird von den Bearbeitern natürlich weder die dezidierte Kenntnis der hier aufgeführten Einzelauffassungen noch die Kenntnis der Gesetzgebungsgeschichte des § 263 III StGB verlangt. Wichtig ist nur, dass das Problem erkannt und eigenständig argumentiert wird. **2153**

Im Rahmen der Strafzumessung stellen sich dabei – möglicherweise – zwei Probleme: Zunächst ist zu klären, ab welcher Höhe ein Verlust »großen Ausmaßes« vorliegt. Anschließend ist danach zu fragen, ob ein »Vermögensverlust« iSd Regelbeispiels bei der hier einschlägigen »Eingehungsuntreue« – bei der ja lediglich ein »Gefährdungsschaden« gegeben ist – überhaupt in Betracht kommt. **2154**

Hinweis: Im Folgenden gibt es zwei Möglichkeiten, die Prüfung aufzubauen, indem man entweder zuerst die Frage der Bedeutung des Begriffs »Vermögensverlust« oder zunächst die Problematik des »großen Ausmaßes« erläutert. Systematischer ist an sich die zuerst genannte Vorgehensweise, da das Ausmaß ein relativer Begriff ist, der sich auf das Substantiv des Vermögensverlusts bezieht. Auf dem Boden der ganz hM – die in den Eingehungsfällen die Möglichkeit, das Regelbeispiel des § 263 III 2 Nr. 2 Var. 1 StGB zu verwirklichen, zutreffend ablehnt, dazu ausführlich unten im Text – kommt man dann aber gar nicht mehr dazu, die Frage des »großen Ausmaßes« zu erörtern. Mit der hier gewählten umgekehrten Vorgehensweise lassen sich beide Fragen diskutieren. Man muss dann bei der Formulierung nur klarstellen, dass die Erörterungen zum großen Ausmaß sich auf einen in Frage stehenden Vermögensverlust iSd § 263 III 2 Nr. 2 Var. 1 StGB beziehen. **2155**

aa) Fraglich ist also zunächst, ob hier ein Verlust »großen Ausmaßes« vorliegt. **2156**

(1) Zum Teil wurde in der Literatur davon ausgegangen, ein großes Ausmaß sei bereits dann erreicht, wenn der Schaden den Betrag von 10.000 EUR überschreitet.[56] Da der Schaden der O hier wirtschaftlich gesehen jedenfalls deutlich höher liegt, hat A nach dieser Auffassung einen Vermögensverlust großen Ausmaßes herbeigeführt. Die Strafe erhöhte sich dann auf Freiheitsstrafe von sechs Monaten bis zu zehn Jahren. **2157**

(2) Der BGH ist der Ansicht, dass ein Vermögensverlust großen Ausmaßes jedenfalls dann nicht vorliege, wenn er »wertmäßig den Betrag von 50.000 EUR nicht er- **2158**

53 So wohl auch Schönke/Schröder/*Cramer/Perron* vor §§ 263 Rn. 17 ff.; LK/*Schünemann* § 266 Rn. 177.
54 LK/*Schünemann* § 266 Rn. 177; Schönke/Schröder/*Cramer/Perron* vor §§ 263 Rn. 17 ff.
55 So auch Schönke/Schröder/*Cramer/Perron* vor §§ 263 Rn. 17 ff.; LK/*Schünemann* § 266 Rn. 177.
56 Vgl. *Rotsch* ZStW 117 (2005), 577 (597).

reicht«.[57] Aus dem Zusammenhang seiner Aussagen ergibt sich, dass der BGH damit nicht nur – wie man aufgrund der Formulierungen meinen könnte – eine negative Aussage dahingehend treffen wollte, bis zu welcher Höhe ein Verlust großen Ausmaßes jedenfalls nicht vorliegt, sondern vielmehr tatsächlich davon ausgeht, dass *ab* einem eingetretenen Schaden in Höhe von 50.000 EUR von einem Verlust großen Ausmaßes auszugehen ist.[58] Dieser Ansicht ist mittlerweile auch die hM in der Literatur.[59]

2159 Freilich ist zu beachten, dass die Höhe eines bloßen Gefährdungsschadens nicht – wie sonst üblich – einfach durch Saldierung der Vermögenswerte erreicht werden kann. Denn die Tatsache, dass die Vermögensposition des Opfers gerade noch nicht endgültig verloren ist, muss in die Schadenssumme »hineingerechnet« werden.[60] Bei einer Differenz von 450.000 EUR zwischen dem tatsächlichen Wert des Grundstücks und dem vertraglich vereinbarten Kaufpreis wird man aber selbst unter Berücksichtigung dieses Umstands davon ausgehen müssen, dass die maßgebliche Grenze von 50.000 EUR im vorliegenden Fall überschritten ist. Auch nach Ansicht des BGH liegt damit ein Vermögensverlust großen Ausmaßes vor.

2160 **Hinweis:** Sie sollten die Grenze des BGH von 50.000 EUR kennen. Dies ist, auch für eine sehr gute Bearbeitung, ausreichend. Die Feinheit, dass der Verlust etwas geringer ist, da es sich hier um einen Gefährdungsschaden handelt, wird nicht als bekannt vorausgesetzt werden müssen. Auch für eine sehr gute Bearbeitung wird man daher genügen lassen dürfen, wenn Sie den Schaden hier mit 450.000 EUR beziffern.

2161 **Hinweis:** Der Gedanke spielt grundsätzlich natürlich auch im Rahmen derjenigen Literaturansicht eine Rolle, die eine Grenze von 10.000 EUR für ausschlaggebend hält. Er kann daher selbstverständlich bereits dort ins Feld geführt werden, wovon hier nur deshalb abgesehen worden ist, weil die Grenze von 10.000 EUR im vorliegenden Fall ganz deutlich überschritten ist.

2162 **(3)** Was die Höhe des »großen Ausmaßes« angeht, liegt ein solches hier nach allen genannten Ansichten vor. Im Rahmen der Festlegung einer vernünftigen Schadenssumme stellt sich aber außerdem die Frage, ob die von allen Auffassungen zugrunde gelegte Prämisse, der Schaden müsse objektiv – und nicht etwa aus der Sicht des Opfers (oder Täters) – bestimmt werden, zutrifft.

2163 Bei flüchtiger Betrachtung scheint die in Übereinstimmung mit der ganz herrschenden Literatur[61] getroffene Aussage des BGH, »der Begriff des Vermögensverlustes großen Ausmaßes ist nach objektiven Gesichtspunkten zu bestimmen«,[62] mit dem individuell-objektiven Schadensbegriff zu kollidieren. Denn auf dem Boden dieser überwiegenden Ansicht werden im Rahmen des sogenannten »individuellen Scha-

57 BGH NJW 2004, 169 (170).

58 *Rotsch* ZStW 117 (2005), 577 (597 f.).

59 *Rotsch* ZStW 117 (2005), 577 (603 f.); NK-StGB/*Kindhäuser* § 263 Rn. 394; SSW-StGB/*Satzger* § 263 Rn. 303.

60 Vgl. ausführlich *Rotsch* ZStW 117 (2005), 577 (587 f.). Ebenso MüKoStGB/*Hefendehl* § 263 Rn. 775; SSW-StGB/*Satzger* § 263 Rn. 304.

61 Vgl. Schönke/Schröder/*Cramer/Perron* § 263 Rn. 188c; LK/*Tiedemann* § 263 Rn. 298; NK-StGB/*Kindhäuser* § 263 Rn. 454; *Fischer* § 263 Rn. 215; *Lackner/Kühl* § 263 Rn. 66; *Wessels/Hillenkamp* StrafR BT II Rn. 594.

62 BGH NJW 2004, 169 (170).

denseinschlags« durchaus opferorientierte Prinzipien[63] berücksichtigt. Wenn insoweit im Rahmen einer kasuistischen Schadenstypik auf die mangelnde individuelle Verwendbarkeit der Sache,[64] den Liquiditätsverlust beim Opfer[65] bzw. den Zwang zu vermögensschädigenden Folgemaßnahmen[66] abgestellt wird, so dient diese Kasuistik freilich lediglich zur Korrektur des Inhalts des Schadensbegriffs,[67] und zwar auch nur in den Fällen, in denen Leistung und Gegenleistung sich objektiv entsprechen, also an sich – nach rein wirtschaftlicher Betrachtung – kein Schaden vorliegt.[68] Dagegen geht es hier allein um die Frage der Schadenshöhe. Will man die Anwendung dieses Regelbeispiels aber nicht von den persönlichen Einschätzungen des Täters oder des Opfers[69] abhängig machen, wird man in der Tat bei der Berechnung der maßgeblichen Schadenshöhe objektive Maßstäbe zugrunde zu legen haben. Dafür sprechen auch systematische Erwägungen.[70] In Regelbeispiel Nr. 3 wird vorausgesetzt, dass der Täter eine andere Person in wirtschaftliche Not gebracht hat. Wenn es also insoweit auf die persönliche Situation des Opfers ankommen soll, wird man davon ausgehen können, dass der Gesetzgeber auch in Nr. 2 Var. 1 eine andere Formulierung benutzt hätte, hätte er nicht auf ein nach objektiven Kriterien zu bestimmendes großes Ausmaß abstellen wollen.

Man wird daher der hA zustimmen und die fragliche Schadenssumme nach objekti- 2164
ven Gesichtspunkten bestimmen müssen.

(4) A hat – immer vorausgesetzt, dass der Vermögensverlust einen Gefährdungsscha- 2165
den überhaupt erfasst – jedenfalls einen Vermögensverlust »großen Ausmaßes« herbeigeführt.

Hinweis: Die Frage, nach welchen objektiven Wertmaßstäben sich die Festlegung des »großen Aus- 2166
maßes« richtet, muss daher nicht mehr beantwortet werden. Über sie ließe sich wiederum trefflich streiten. So könnte man zunächst auf die Idee kommen, von einem – etwa mit Hilfe von Statistiken ermittelten – »durchschnittlichen« Betrugsschaden auszugehen und diesem mit einem ebenfalls noch näher zu bestimmenden Wert zu multiplizieren.[71] Eine solche Vorgehensweise ist aus mehreren Gründen nicht überzeugend. Zum einen bergen Statistiken schon grundsätzlich kaum handhabbare Probleme, zum andern ist völlig unklar, auf welche Statistik – PKS!? – abgestellt werden soll. Entscheidend gegen eine solche Vorgehensweise spricht aber die Tatsache, dass sie nicht von der Festlegung eines Wertes – des Multiplikators nämlich – entbindet, von dem selbst nicht klar ist, wie er gewonnen werden soll. Systematische Erwägungen helfen ebenfalls nicht viel weiter. Der von der Rechtsprechung[72] gezogene Vergleich zum Subventionsbetrug gem. § 264 StGB überzeugt nicht, weil dort regelmäßig wesentlich höhere Summen in Rede stehen. Der Rückgriff etwa auf die Regelbeispiele der §§ 263 III 2 Nr. 2 Var. 2 bzw. Nr. 3 StGB trägt ebenfalls nicht, weil es sich bei den dort normier-

63 *Eser* StrafR IV Fall 13 A 4.
64 BGHSt 16, 321. Vgl. auch schon RGSt 16, 1.
65 BGHSt 21, 384.
66 Siehe ebenfalls BGHSt 21, 384.
67 Vgl. *Eser* StrafR IV Fall 13 A 4.
68 Vgl. schon RGSt 16, 1.
69 Vgl. etwa das praxisbezogene Beispiel bei *Arzt/Weber* StrafR BT § 20 Rn. 135: »Der Täter kann sich nicht darauf berufen, dass für sein Opfer, eine Großbank, der Verlust von ein paar Millionen nach eigener Betrachtung ›peanuts‹ seien.«
70 Vgl. zB NK-StGB/*Kindhäuser* § 263 Rn. 454.
71 Vgl. etwa *Fischer* § 263 Rn. 215.
72 BGH NJW 2004, 169 (171).

ten Voraussetzungen (»eine große Zahl von Menschen«, »wirtschaftliche Not«) ihrerseits um hochgradig unbestimmte und ausfüllungsbedürftige Begriffe handelt, über deren Inhalt man sich ebenfalls nicht einig ist. Vertritt man auch hier richtigerweise die Auffassung, dass die Auslegung tatbestandsspezifisch zu erfolgen hat, scheidet auch ein Rückgriff auf andere Straftatbestände – etwa § 370 III 2 Nr. 1 AO (Verkürzung von Steuern »in großem Ausmaß«) – aus. Damit fragt sich, ob die Vorschrift überhaupt noch verfassungskonform ausgelegt werden kann. Sofern eine im Ergebnis verfassungskonforme Auslegung möglich ist, so ist sie jeder anderen, zur Verfassungswidrigkeit führenden, vorzuziehen.[73] Eine solche Möglichkeit besteht vorliegend, und zwar in doppelter Hinsicht. Zum einen können im Rahmen einer historischen Auslegung die Schadenssummen, bei denen die Rechtsprechung schon früher von einem sehr hohen Schaden gesprochen hat, zugrunde gelegt werden.[74] Denn ausschlaggebend für die Anwendung des Ausnahmestrafrahmens des § 263 III StGB aF war primär ebenfalls die Schadenshöhe. Wenn nunmehr die Schadenshöhe allein entscheidend sein soll, spricht wenig dafür, von der damaligen Rechtsprechung wesentlich abzuweichen. Zum andern lassen sich auch genetische Auslegungsgesichtspunkte gegen die Verfassungswidrigkeit der Vorschrift anführen. Denn auch in der Gesetzesbegründung war schon von einem festen Betrag – 100.000 DM – die Rede.[75] Lässt sich aber unter Rückgriff auf die Gesetzesmaterialien und bisherige Rechtsprechung ein Wert ermitteln, dann kann – und muss – dieser Wert gewissermaßen in das Gesetz hineingelesen werden. Damit spricht viel dafür, mit der mittlerweile hM davon auszugehen, dass erst ab einer Schadenssumme von 50.000 EUR ein Verlust großen Ausmaßes in Betracht kommt.

2167 **bb)** Der Gefährdungsschaden, den A durch den Abschluss des Grundstückskaufvertrages kausal verursacht hat, kann aber nur dann einen Vermögensverlust iSd Regelbeispiels darstellen, wenn der Verlust von Vermögen dessen Gefährdung mit umfasst. Ob dies der Fall ist, ist umstritten.

2168 **(1)** Eine in der Literatur vereinzelt vertretene Ansicht geht von der Gleichstellung der Begriffe Vermögensschaden und Vermögensverlust aus.[76] Auf dem Boden der zum Vermögensschadensbegriff vertretenen ganz hA folgt daraus, dass A bereits durch die Gefährdung des Vermögens der O einen Vermögensverlust iSd Regelbeispiels herbeigeführt haben kann.

2169 **(2)** In dem Urteil des BGH vom 7.10.2003, das dem vorliegenden Sachverhalt zugrunde liegt, hat der BGH sich der herrschenden Literatur angeschlossen und vertritt nun wie diese die Auffassung, dass das Merkmal des Vermögensverlustes demjenigen des Vermögensschadens nicht entspricht.[77] Begründet wird dies vor allem mit dem Wortlaut der Norm: Der Schaden sei etwas anderes als der Verlust, über diese Wortlautschranke könne man sich nicht hinwegsetzen.[78] Vielmehr müsse der Verlust tatsächlich eingetreten sein.[79]

2170 **(3)** Die in diesem Zusammenhang von *Joecks* geäußerte Ansicht, der Schaden müsse endgültig sein, um einen Verlust darstellen zu können, kann aus der Diskussion aus-

73 Zum Vorrang verfassungskonformer Auslegung vgl. *Larenz*, Methodenlehre, 1983, 215 ff.; BVerfGE 59, 336 (350).
74 So ausdrücklich bereits BGH NJW 2001, 2485 (2486). Ebenso BGH NJW 2004, 169 (171).
75 BT-Drs. 13/8587, 43. Vgl. auch *Peglau* wistra 2004, 7 (9).
76 LK/*Tiedemann* § 263 Rn. 298. Ebenso *Peglau* wistra 2004, 7. Nicht ganz deutlich (»inkonsequent«) SSW-StGB/*Satzger* § 263 Rn. 304.
77 BGH NJW 2003, 3717 (3718) = BGHSt 48, 354 (356 ff.). Ebenso bereits zuvor zB *Fischer* § 263 Rn. 122; Schönke/Schröder/*Cramer* § 263 Rn. 188c.
78 BGH NJW 2003, 3717 (3718) = BGHSt 48, 354 (356 ff.).
79 BGH NJW 2003, 3717 (3718) = BGHSt 48, 354 (356 ff.).

geschieden werden, da sie sich tatsächlich erst mit den Anforderungen an den eingetretenen Schaden befasst (Endgültigkeit), die hM und *Tiedemann* sich aber über die vorgelagerte Frage streiten, ob der Schaden tatsächlich eingetreten sein muss oder ob für die Annahme eines Verlustes auch bereits die Gefährdung des Vermögens ausreicht.

(4) Auf dem Boden des geltenden Rechts wird man der hM zustimmen müssen.[80] **2171**

(a) Zwar spricht die Entstehungsgeschichte der Vorschrift eindeutig für die Gegenansicht. **2172** Denn nach den Materialien zum 6. StrRG von 1998 hat der Gesetzgeber ausdrücklich eine Gleichstellung von Schaden und Verlust gewollt.[81] Weshalb der eindeutige Wille des Gesetzgebers im Wortlaut der Vorschrift keinen Niederschlag gefunden hat, ist unerfindlich.

(b) Unter systematischen Gesichtspunkten stellt sich zunächst die Frage, auf welche **2173** Regelung hier vergleichsweise abgestellt werden soll. Da das Regelbeispiel grundsätzlich »tatbestandsspezifisch« ausgelegt werden muss, hilft ein Abstellen auf Vorschriften, die in einem anderen Regelungszusammenhang stehen, nicht weiter. Einen Anhaltspunkt für die Auslegung bietet aber § 263 III 2 Nr. 2 Var. 2 StGB, nach der es genügt, dass der Täter in der Absicht gehandelt hat, durch die fortgesetzte Begehung von Betrug eine große Zahl von Menschen in die Gefahr des Verlustes von Vermögenswerten zu bringen. Abgesehen davon, dass nicht einleuchtet, weshalb es bereits genügen soll, dass der Täter insoweit absichtlich handelt, spricht aber die Tatsache, dass hier die Gefahr des Verlustes von Vermögenswerten hinreicht, dafür, dass in Var. 1 eine Gefährdung gerade nicht ausreichen soll. Denn man wird davon ausgehen können, dass der Gesetzgeber zumindest im Rahmen ein und desselben Gesetzgebungsverfahrens in Var. 1 ebenfalls von »Gefahr« gesprochen hätte, hätte er eine solche für die Annahme des Regelbeispiels genügen lassen wollen.

(c) Die teleologische Auslegung deutet freilich wieder in die entgegengesetzte Richtung. **2174** Zwar spricht kriminalpolitisch viel für eine Herausnahme der Vermögensgefährdung aus dem Vermögensschadensbegriff des Grundtatbestandes und damit die Begrenzung der Vorverlagerung des Vollendungszeitpunktes. Wenn aber die ganz hM aufgrund der Anbindung an einen jedenfalls grundsätzlich wirtschaftlichen Vermögensbegriff einen Vermögensschaden auch schon im Falle bloßer Vermögensgefährdung bejaht, spricht teleologisch nichts dafür, die bloße Gefährdung des Vermögens nicht auch beim Vermögensverlust genügen zu lassen. Wenn die schweren Fälle des Betruges mit höherer Strafdrohung belegt werden sollen, ist also danach zu fragen, ob bei der bloßen Gefahr eines Vermögensverlustes großen Ausmaßes ein solcher Fall vorliegen kann. Das ist aber ganz unbestreitbar: So kann etwa die wirtschaftliche Handlungsfähigkeit eines Unternehmens bereits durch die mittels Anlagebetrügereien herbeigeführte bloße Belastung mit erheblichen Forderungen bei gleichzeitiger Gefahr minderwertiger Kompensation so weit eingeschränkt sein, dass die Insolvenz droht.[82] Weshalb hier das Regelbeispiel des § 263 III 2 Nr. 2 Var. 1 StGB nicht einschlägig sein soll, leuchtet nicht ein.

80 Zum Folgenden *Rotsch* ZStW 117 (2005), 577.
81 BT-Drs. 13/8587, 10, 43, 64, 85.
82 Vgl. auch *Peglau* wistra 2004, 7 (8).

2175 (d) Letztendlich steht einer Gleichstellung der Begriffe »Vermögensschaden« und »Vermögensverlust« aber der Wortlaut entgegen. Sofern der Wortlaut der Norm nämlich eindeutig[83] ist, können andere entgegenstehende Auslegungsmethoden (hier die genetische und teleologische) keine Wirkung entfalten.[84] In grammatischer Hinsicht aber ist der Verlust etwas anderes als der Schaden. Das gilt im Hinblick auf die Gesetzessprache ebenso wie in alltagssprachlicher Hinsicht. So wird in Rechtsprechung und Literatur der Begriff des Verlustes schon bislang enger als derjenige des Schadens verstanden. Während es sich bei dem Verlust um einen »tatsächlichen« handeln, dieser ein »effektiver«, eingetretener Schaden sein müsse, umfasse der Schaden gerade auch den noch nicht »endgültig« eingetretenen Verlust, also etwa auch die Gefährdung im Rahmen des Eingehungsbetruges.[85] Auch alltagssprachlich streitet der Begriff des Verlustes für ein anderes Verständnis als derjenige des Schadens. Zum einen versteht man unter Schaden gemeinhin die Beeinträchtigung einer Sache, die freilich nicht notwendig zu deren Verlust führen muss. Zu einem Schaden führt der Verlust zwar regelmäßig, aber nur mittelbar. Das liegt daran, dass eine verlorene Sache regelmäßig Bestandteil einer übergeordneten Gattung ist, die durch den Verlust ihres Bestandteils geschädigt wird. Verliert man etwa einen Geldschein, so muss dieser selbst dadurch nicht notwendig beschädigt werden, der (mittelbare) Schaden tritt aber im Vermögen des Eigentümers ein, da dieses um den Wert des Geldscheines verringert ist. Der Schaden ist also der im Vergleich zum Verlust umfassendere Begriff. Allerdings muss der Verlust einer Sache nicht notwendig (mittelbar) zu einem Schaden führen, auch wenn dies regelmäßig so sein wird. Denn umgangssprachlich spricht man durchaus auch dann von Verlust, wenn das Verlieren positive Folgen hat. Aus alledem folgt jedenfalls, dass die Begriffe Schaden und Verlust nicht gleichgesetzt werden können. Dass der Gesetzgeber etwas anderes gewollt hat und die Regelung wenig sinnvoll ist, muss dann unberücksichtigt bleiben.[86]

2176 Diesem Ergebnis lässt sich auch nicht entgegenhalten, der Wortlaut habe bei Regelbeispielen keine zwingende Bedeutung. Denn richtigerweise gilt die Wortlautbindung des Art. 103 II GG, § 1 StGB grundsätzlich auch für die Rechtsfolgenseite.[87] Gerade die schon per se berechtigter Kritik[88] ausgesetzten Regelbeispiele der »besonders schweren Fälle« bedürfen einer objektivierten, erkennbaren Wertung des Gesetzgebers.[89] Wo diese – wie hier – im Wortlaut keinen Ausdruck gefunden hat, lässt sich auch im Rahmen von Rechtsfolgenvorschriften nicht der eindeutige (konträre) Wille des Gesetzgebers und der bessere Sinn über eine sprachlich verunglückte, aber unzweideutige Regelung stellen.

---

83 Freilich weist etwa *Larenz*, Methodenlehre, 1983, 219, zu Recht darauf hin, dass schon diese Feststellung das Ergebnis einer Auslegung ist.

84 Zur umstrittenen »Rangfolge« der Auslegungsmethoden siehe etwa *Kaufmann/Hassemer*, Einführung in Rechtsphilosophie und Rechtstheorie der Gegenwart, 1994, 30, 165. Vgl. zur »unübersteigbaren Grenze«, die der Wortsinn einer Vorschrift der Auslegung zieht, BVerfGE 105, 135 (152 ff.).

85 Vgl. BGH NJW 2003, 3717 (3719) = BGHSt 48, 354 (357 f.).

86 Insoweit zutreffend *Joecks* StV 2004, 17. Im Ergebnis ebenso BGHSt 48, 354 (358 f.) = BGH NJW 2003, 3717 (3719).

87 MüKoStGB/*Schmitz* § 1 Rn. 52. Zustimmend auch der BGH NJW 2003, 3717 (3718) = BGHSt 48, 354 (357).

88 Vgl. MüKoStGB/*Schmitz* § 1 Rn. 54 mwN in Fn. 177.

89 IdS auch *Joecks* StV 2004, 17. Vgl. auch NK-StGB/*Hassemer/Kargl* § 1 Rn. 74.

Somit hat A das Regelbeispiel des § 266 II iVm § 263 III 2 Nr. 2 Var. 1 StGB nicht verwirklicht, weil in dem von ihm verursachten Vermögensschaden kein Vermögensverlust liegt. **2177**

b) Darüber hinaus kommt die Verwirklichung des Regelbeispiels des § 263 III 2 Nr. 3 StGB in Betracht. Das setzt voraus, dass A eine andere Person in wirtschaftliche Not gebracht hat. Diese Voraussetzung ist gegeben, wenn eine Person in eine Lage versetzt wird, in der sie in ihrer wirtschaftlichen Lebensführung objektiv so eingeengt ist, dass sie auch lebenswichtige Aufwendungen nicht mehr bestreiten kann.[90] Das kommt aber schon grundsätzlich nicht in Betracht: A hat (nur) »eines der im Eigentum der O stehenden Grundstücke verkauft«; offensichtlich gehören der O also weitere Grundstücke, die einen Vermögenswert haben. Darüber hinaus wären der 85-jährigen O immerhin 50.000 EUR zugekommen. Und schließlich ist es zur Abwicklung des Verkaufs nicht gekommen; da wenigstens der besonders schwere Fall iSd Nr. 3 aber objektiv verlangt, dass eine andere Person tatsächlich in wirtschaftliche Not gebracht worden ist, scheidet die Verwirklichung dieses Regelbeispiels schon deshalb aus. **2178**

5. Zwischenergebnis

A hat sich wegen Untreue gem. § 266 I Var. 2 StGB strafbar gemacht. **2179**

Ergebnis

A hat sich (erst) durch die Mitteilung der Genehmigung an B wegen Untreue (aber nur) gem. § 266 I Var. 2 StGB strafbar gemacht. **2180**

Hinweis: (Nur) Sofern man von einer Gleichstellung der Begriffe »Vermögensschaden« und »Vermögensverlust« ausgeht, ist er aus dem Strafrahmen des besonders schweren Falles der Untreue gem. §§ 266 II, 263 III 2 Nr. 2 Var. 1 StGB zu bestrafen. 2181

90 *Otto* StrafR BT § 51 Rn. 109.

Fall 17: Vorfall in Belgien

2182 Die Deutschen M und F fahren aufgrund eines in Deutschland gefassten gemeinsamen Tatentschlusses mit einem PKW und einem Wohnmobil von Deutschland nach Belgien. Sie beabsichtigen, dass M das noch sehr gut erhaltene Wohnmobil, das mangels Entrichtung des vollen Kaufpreises (ursprünglicher Wert: 20.000 EUR) noch im Vorbehaltseigentum der Verkäuferin steht, in Brand setzt, um von der Versicherung in Deutschland, bei der es gegen Brandschäden versichert ist, die Versicherungssumme zu erlangen. Das Geld soll zu gleichen Teilen zwischen M und F aufgeteilt werden. In Belgien stellen M und F das Wohnmobil zunächst für einige Tage unabgesperrt auf einem abgelegenen Parkplatz ab, wo es vereinzelt bei schlechtem Wetter von Landstreichern als Unterstand und Nachtlager benutzt wird. Schließlich schreitet M zur Tat: Er wirft einen Blick in das Wohnmobil, um sicherzustellen, dass sich kein Obdachloser darin befindet, und zündet es an; sofort danach fährt er mit dem Pkw nach Deutschland zurück, um ein Alibi vorweisen zu können. F alarmiert vor Ort Feuerwehr und Polizei und erklärt entsprechend der Absprache mit M, sie habe lediglich den Motor des Wohnmobils angelassen, woraufhin dieses von selbst in Brand geraten sei. In Deutschland meldet M den Schaden der Versicherung; zur Auszahlung der Versicherungssumme kommt es freilich aufgrund der Aufklärung der Tat nicht mehr.

2183 **Aufgabe: Wie hat M sich nach deutschem Strafrecht strafbar gemacht?**

2184 **Bearbeitervermerk: Gehen Sie bei der Bearbeitung davon aus, dass die in Belgien begangene(n) Tat(en) dort nicht mit Strafe bedroht ist/sind.**

2185 **Anmerkungen:** Die wesentlichen Probleme des Falles sind: **1.** Anwendbarkeit des deutschen Strafrechts auf Auslandstaten bei selbstständig strafbaren Vorbereitungshandlungen im Inland; **2.** Tatort bei Mittäterschaft; **3.** Schwere Brandstiftung und teleologische Reduktion bei »Kontrollgang«; **4.** Besonders schwerer Fall des Betrugs beim Versicherungsbetrug.

2186 **Literaturhinweise: zu 1.**: BGHSt 39, 88; **zu 2.**: *Rotsch* ZIS 2010, 168; **zu 3.**: BGHSt 26, 121; **zu 4.**: *Wessels/Hillenkamp* StrafR BT II Rn. 662 ff.

A. Gliederung

A. Strafbarkeit des M

I. Brandstiftung, § 306 I StGB
  1. Objektiver Tatbestand
  2. Subjektiver Tatbestand
  3. Rechtswidrigkeit und Schuld
  4. Anwendbarkeit deutschen Strafrechts
    a) Anwendbarkeit nach den §§ 3 ff. StGB
    b) Schutzbereich
  5. Ergebnis

II. Schwere Brandstiftung, § 306a I StGB
  1. Tatbestandsmäßigkeit
  2. Ergebnis

III. Versuchter Betrug in einem besonders schweren Fall, §§ 263 I, II, 22, 23 I iVm § 263 III 2 Nr. 5 StGB
  1. Tatentschluss
  2. Unmittelbares Ansetzen
  3. Rechtswidrigkeit und Schuld
  4. Besonders schwerer Fall, § 263 III 2 Nr. 5 StGB
    a) Objektive Merkmale
    b) Subjektive Merkmale
  5. Ergebnis
  6. Anwendbarkeit deutschen Strafrechts

IV. Versicherungsmissbrauch, § 265 StGB

B. Ergebnis zur Strafbarkeit des M

B. Lösung

I. Brandstiftung, § 306 I StGB

2187 M könnte sich durch das Anzünden des Wohnmobils einer Brandstiftung gem. § 306 I StGB schuldig gemacht haben.

1. Objektiver Tatbestand

2188 Hierzu müsste er zunächst eine fremde Hütte oder ein fremdes Kraftfahrzeug in Brand gesetzt haben, § 306 I Nr. 1 Var. 2, Nr. 4 Var. 1 StGB.

2189 **Hinweis:** Wenn – wie hier – von mehreren Tatbestandsvarianten einige schon grundsätzlich nicht einschlägig sind, bietet es sich an, sogleich an die nach der Formulierung des in Frage stehenden Gesetzes in Betracht kommenden Möglichkeiten anzuknüpfen.

2190 **a)** Das Wohnmobil müsste mithin zunächst taugliches Tatobjekt iSd § 306 I Nr. 1 Var. 2, Nr. 4 Var. 1 sein.

2191 **aa)** Bei dem Wohnmobil könnte es sich um eine Hütte iSd § 306 I Nr. 1 Var. 2 StGB handeln. Unter einer Hütte versteht man Bauwerke, die »ein selbstständiges, unbewegliches Ganzes bilden, das eine nicht völlig geringfügige Bodenfläche bedeckt und ausreichend abgeschlossen ist.«[1] Während die Einordnung etwa eines aufgebockten Wohnwagens schwierig ist, stellt das jederzeit fahrbereite Wohnmobil in Ermangelung jeglicher fester Verbundenheit mit dem Boden jedenfalls keine Hütte dar.[2]

2192 **bb)** Allerdings handelt es sich bei dem Wohnmobil um ein Kraftfahrzeug iSd § 306 I Nr. 4 StGB.

2193 **cc)** Das Wohnmobil müsste für M zudem fremd sein. Maßgeblich sind auch hier – wie iRd § 242 StGB – die bürgerlich-rechtlichen Eigentumsverhältnisse. Danach ist das Wohnmobil für M fremd, wenn es nicht in seinem Alleineigentum steht und weder eigentumsunfähig noch herrenlos ist.[3] Da es im (Vorbehalts-)Eigentum der Verkäuferin steht, ist dies der Fall.

2194 **c)** Durch das Anzünden des Wohnmobils durch M wurden Teile des Wohnmobils, die für dessen bestimmungsgemäßen Gebrauch wesentlich sind, so vom Feuer erfasst, dass das Feuer aus eigener Kraft, dh ohne Fortwirken des Zündstoffs, weiter brannte.[4] Damit hat M ein fremdes Kraftfahrzeug in Brand gesetzt.

2195 **Hinweis:** Die Formulierung »in Brand setzen« legt nahe, dass es sich bei § 306 StGB um ein Tätigkeitsdelikt handelt. Tatsächlich wird von allen der Eintritt eines tatbestandsmäßigen Erfolges im oben genannten Sinne vorausgesetzt (besonders deutlich und richtig SSW-StGB/*Wolters* § 306 Rn. 11 im Anschluss an seinen Lehrer *Horn*, SK-StGB/*Horn* [Voraufl.] § 306 Rn. 10). Häufig wird das Inbrandsetzen freilich missverständlich unter der Überschrift »Tathandlung« erörtert, nur um die Definition einzuleiten mit der Wendung »in Brand gesetzt ist …« (so etwa HK-GS/*Weiler* § 306 Rn. 7). § 306 StGB

1 MüKoStGB/*Radtke* § 306 Rn. 24.
2 Vgl. SSW-StGB/*Wolters* § 306 Rn. 3.
3 Näher zu dieser Definition *Jäger* Examens-Repetitorium StrafR BT Rn. 188.
4 Zu diesen Voraussetzungen BGHSt 48, 14 (18).

ist also Erfolgsdelikt, das die kausale und objektiv zurechenbare Verursachung eines Brandes unter Strafe stellt (vgl. ausführlicher bereits *Rotsch*, »Einheitstäterschaft« statt Tatherrschaft, 266 ff.).

2. Subjektiver Tatbestand

M handelte vorsätzlich, dh er hatte den Willen zur Tatbestandsverwirklichung in Kenntnis aller objektiven Tatbestandsmerkmale. **2196**

3. Rechtswidrigkeit und Schuld

M handelte auch rechtswidrig und schuldhaft. **2197**

4. Anwendbarkeit deutschen Strafrechts

Hinweis: Zum Standort der strafanwendungsrechtlichen Prüfung siehe den Hinweis in Fall 5 → Rn. 679. 2198

Das Wohnmobil wurde von M in Belgien angezündet. Daher ist fraglich, ob § 306 I Nr. 4 Var. 1 StGB überhaupt anwendbar ist. **2199**

Hinweis: Es wird immer nur die Anwendbarkeit einzelner Strafvorschriften durch die §§ 3 ff. StGB begründet, nicht des gesamten StGB; vgl. den Hinweis in Fall 5 → Rn. 677. 2200

a) Anwendbarkeit des § 306 I Nr. 4 Var. 1 StGB nach §§ 3 ff. StGB **2201**

aa) Grundsätzlich ist die Anwendbarkeit der fraglichen Norm des deutschen Strafrechts unproblematisch dann gegeben, wenn der Ort der betreffenden Tat (»Tatort«, vgl. § 9 StGB) im Inland liegt (Territorialitätsprinzip, § 3 StGB). Gemäß dem § 9 StGB zugrunde liegenden Ubiquitätsprinzip[5] liegt der Ort der Tat sowohl am Ort des tatbestandlichen Verhaltens als auch an demjenigen Ort, an dem der Erfolg eintritt. **2202**

Hinweis: Damit ist eine möglichst weitgehende Anwendung des nationalen Strafrechts grundsätzlich auch in denjenigen Fällen gewährleistet, in denen – anders als hier – Handlungs- und Erfolgsort auseinanderfallen, also in unterschiedlichen Ländern liegen. 2203

Die Tathandlung des § 306 StGB ist das Inbrandsetzen. **2204**

Hinweis: Lesen Sie zunächst nochmals den Hinweis → Rn. 2195. Dass es sich bei § 306 StGB um ein Erfolgsdelikt handelt, ändert nichts daran, dass man von dem Eintritt des tatbestandsmäßigen Erfolgs – dem Brand – die Vornahme der Inbrandsetzungshandlung – Beginn des zurechenbaren Verursachungsaktes – als Anknüpfungspunkt für die Bestimmung des Tat(handlungs)ortes unterscheiden kann. 2205

M hat das Wohnmobil in Belgien angezündet. Insoweit liegt der Tatort im Ausland. Dasselbe gilt aber auch für das »In-Brand-gesetzt-Sein« als tatbestandlichem Erfolg. Da sowohl der Handlungs- wie auch der Erfolgsort gem. § 9 StGB in Belgien und damit im Ausland liegen, ist eine Anwendung des § 306 StGB über das Territorialitätsprinzip gem. § 3 StGB nicht möglich. **2206**

bb) Wenn der Tatort im Ausland liegt, kann die Anwendbarkeit einer Strafvorschrift sich dennoch – ausnahmsweise – aus §§ 5 ff. StGB ergeben. **2207**

5 Vgl. dazu Graf/Jäger/Wittig/*Rotsch* § 9 Rn. 5.

2208 **Hinweis:** Das deutsche Strafanwendungsrecht funktioniert nach einem bestimmten Regel-Ausnahme-Prinzip. Regelmäßig findet deutsches Strafrecht Anwendung, wenn die Tat im Inland begangen ist (also der Handlungs- und/oder der Erfolgsort im Inland liegt). Nur ausnahmsweise kann deutsches Strafrecht auch in denjenigen Fällen Anwendung finden, in denen weder der Handlungs- noch der Erfolgsort im Inland liegen (es geht also insoweit nur um diejenigen Fälle, in denen sowohl der Handlungs- wie auch der Erfolgsort im Ausland liegt!). Voraussetzung dafür ist stets das Vorliegen eines sog »genuine link«, eines die Anwendbarkeit des nationalen Strafrechts rechtfertigenden »Anknüpfungspunktes« (vgl. insofern *Satzger* IntStrafR § 4 Rn. 2). In den Fällen, in denen es sich um eine reine Auslandstat handelt, kann die Anwendbarkeit deutschen Strafrechts über die in §§ 5 ff. StGB verwirklichten Anknüpfungspunkte begründet werden, vgl. *Satzger* IntStrafR § 5 Rn. 64 ff.

2209 § 306 StGB stellt keine Katalogtat iSd § 5 StGB dar, sodass § 5 StGB nicht einschlägig ist. Das in § 6 StGB normierte Weltrechtsprinzip gilt nur für die in § 6 StGB ausdrücklich aufgeführten Taten. Da § 306 StGB auch nicht hierunter fällt, ist § 6 StGB ebenfalls nicht anwendbar.

2210 Da weder § 5 noch § 6 StGB eingreifen, kommt eine Anwendbarkeit des § 306 StGB nur noch über § 7 StGB in Betracht. Will man § 7 StGB anwenden, so ist unabdingbare Voraussetzung, dass die Tat am Tatort mit Strafe bedroht ist bzw. der Tatort keiner Strafgewalt unterliegt. Laut Sachverhalt ist die in Belgien begangene Tat dort nicht mit Strafe bedroht. Da es sich aber genauso wenig um einen strafrechtsfreien Raum handelt, unterliegt der Tatort der belgischen Strafgewalt. Somit sind die Voraussetzungen des § 7 StGB nicht erfüllt.

2211 Bleibt man bei dieser Betrachtungsweise stehen, kommt die Anwendung des deutschen Straftatbestandes des § 306 StGB nicht in Frage und M kann grundsätzlich nicht wegen Brandstiftung gem. § 306 I Nr. 4 StGB bestraft werden.

2212 **cc)** Der BGH hat in diesem Fall die Anwendbarkeit deutschen Strafrechts dennoch bejaht.[6] Begründet wird dieses Ergebnis damit, dass eine Handlung iSd § 9 I StGB auch in einer im Inland vorgenommenen Vorbereitungshandlung gesehen werden kann, sofern sie nur selbstständig mit Strafe bedroht ist.[7]

2213 **(1)** Bei § 306 StGB handelt es sich gem. § 12 I StGB um ein Verbrechen. Die Verabredung zu einem solchen Verbrechen ist gem. § 30 II StGB selbstständig mit Strafe bedroht. Fraglich ist daher, ob M und F sich zur Begehung des § 306 I Nr. 4 StGB verabredet haben.

2214 Eine Verabredung iSd § 30 II StGB setzt nach heute ganz herrschender Ansicht voraus, dass eine Willenseinigung von mindestens zwei Personen zur mittäterschaftlichen Begehung eines Verbrechens gegeben ist.[8] Ob dies bei M und F der Fall ist, hängt maßgeblich davon ab, welche Rolle F im Rahmen der Tatbestandsverwirklichung des § 306 StGB zukommen sollte. In Frage steht also, ob F Mittäterin der Brandstiftung gem. §§ 306, 25 II StGB ist.

2215 **Hinweis:** Anders als viele Studenten offenbar befürchten, sind Inzidentprüfungen in strafrechtlichen Klausuren selten. Hier ist eine solche inzidente Prüfung der Strafbarkeit der F deshalb erforderlich,

6 BGHSt 39, 88.
7 BGHSt 34, 101 (106) mwN.
8 Vgl. nur Schönke/Schröder/*Heine* § 30 Rn. 25.

weil nach dem Bearbeitervermerk nur nach der Strafbarkeit des M gefragt ist, die Anwendbarkeit der für M in Betracht kommenden Strafvorschrift des § 306 StGB aber – nach Ansicht des BGH – von der Beteiligtenrolle der F abhängt, die diese nach der Planung von M und F einnehmen sollte. Daher muss nun inzident die Strafbarkeit der F bzgl. §§ 306 I Nr. 4, 25 II StGB geprüft werden.

(a) Die zunächst vorausgesetzte Willenseinigung zur Begehung eines Verbrechens liegt mit dem gemeinsamen Tatentschluss von M und F zum Inbrandsetzen des Wohnmobils vor. 2216

(b) Fraglich ist aber, ob M und F sich gerade zur mittäterschaftlichen Begehung der Brandstiftung iSd § 306 StGB verabredet haben. Eine Tatbegehung in Mittäterschaft setzt grundsätzlich die gemeinschaftliche Tatbestandsverwirklichung voraus. Problematisch erscheint hier, dass F zwar am Tatort anwesend, bei der Ausführung der Tat an sich, dh dem Inbrandsetzen des Wohnmobils, aber nicht aktiv beteiligt war. In Frage steht damit, ob der Tatbeitrag der F noch als gemeinschaftlich iSd § 25 II StGB gewertet werden kann oder ob nicht vielmehr ein bloßes Hilfeleisten gem. § 27 StGB vorliegt und F ggf. lediglich als Teilnehmerin an der Tat des M wegen Beihilfe zur Brandstiftung gem. §§ 306, 27 StGB bestraft werden kann. 2217

Mittäterschaft setzt nach überwiegender Ansicht die gemeinschaftliche Begehung einer Straftat durch bewusstes und gewolltes arbeitsteiliges Zusammenwirken voraus.[9] Damit ist freilich noch nicht geklärt, welche Voraussetzungen an dieses Zusammenwirken zu stellen sind. 2218

(aa) Die engste Auffassung verlangt einen tatsächlich erbrachten kausalen und wesentlichen Tatbeitrag im Ausführungsstadium der Tatbestandsverwirklichung.[10] Die Ausführungshandlung im Rahmen der Brandstiftung gem. § 306 StGB ist das Anzünden des Wohnmobils. Diese Tathandlung wird von M aber vollständig alleine ausgeführt. Dass F – anders als in den bekannten »Bandenchef«-Fällen – am Tatort anwesend ist, ändert nichts daran, dass sie an der eigentlichen Tatbestandsverwirklichung nicht mitgewirkt hat. Nach dieser Auffassung kann F keinen mittäterschaftlichen Tatbeitrag erbracht haben. 2219

(bb) Nach stetiger, noch immer stark subjektiv geprägter Rechtsprechung des BGH zu § 25 II StGB reicht schon die Vornahme einer bloßen Vorbereitungs- oder Unterstützungshandlung für die Annahme eines mittäterschaftlichen Tatbeitrages aus, sofern die Tat nur auch im Interesse des präsumtiv Beteiligten ausgeführt wird.[11] Da die Versicherungssumme zu gleichen Teilen zwischen M und F aufgeteilt werden soll, F also ein ausgeprägtes eigenes Interesse an der Tat hat, liegt nach Ansicht der höchstrichterlichen Rechtsprechung ein mittäterschaftsbegründender Tatbeitrag der F vor. 2220

(cc) Aber auch weite Teile der Literatur, die eine extensive Tatherrschaftslehre vertreten, lassen es genügen, wenn dem Tatbeitrag des potentiellen Mittäters nach dem Tatplan – also ex ante – insgesamt eine bedeutende Rolle zukommen sollte.[12] Da die Mitwirkung der F, insbesondere das Mitführen von Pkw und Wohnmobil, für das Gelingen des Gesamtplans – Inbrandsetzen des Wohnmobils durch M, Vorspiegelung 2221

9 *Lackner/Kühl* § 25 Rn. 9.
10 *Rotsch*, FS Puppe, 2011, 887 (898 f.).
11 BGHSt 14, 123; 37, 289; 40, 299.
12 So insbes. SK-StGB/*Hoyer* § 25 Rn. 119; dagegen mittlerweile aber auch *Roxin* Täterschaft und Tatherrschaft 727.

eines Unfalls durch F gegenüber den Behörden in Belgien, Rückkehr des M im Pkw nach Deutschland – unverzichtbar war, liegt auch nach dieser Ansicht ein mittäterschaftlicher Tatbeitrag der F vor.

2222 **Hinweis:** An dieser Stelle wird recht gut deutlich, worin die restriktive Ansicht und die extensiven Auffassungen sich unterscheiden: Während die strenge Meinung die Qualität des Tatbeitrags unmittelbar im Hinblick auf die Tatbestandsverwirklichung beurteilt, legen die großzügigeren Auffassungen einen weiteren Tatbegriff zugrunde, der sich gerade nicht auf das Stadium vom Versuchsbeginn bis zur Vollendung gerade des in Frage stehenden konkreten Straftatbestandes beschränkt. Der Berücksichtigung etwaiger Planungsherrschaft zur Kompensation fehlender Ausführungsherrschaft (»Bandenchef«-Problematik) wird damit von der strengen Literaturansicht eine Absage erteilt. Wie man in einer gutachterlichen Fallbearbeitung gleichwohl aus klausurtaktischen Gründen den Gegenansichten folgen kann, zeigt der folgende Text. Beachte auch noch den folgenden Hinweis → Rn. 2224.

2223 **(dd)** Der Auffassung, die bei der Beurteilung des Tatbeitrages allein auf die unmittelbare Tatbestandsverwirklichung abstellt, kann nicht gefolgt werden. Sie legt rein formalistisch eine faktische Beherrschung der konkreten Tatbestandsverwirklichung zugrunde, die eine Berücksichtigung normativer Wertungsgesichtspunkte unmöglich macht. Mit ihr wird etwa derjenige Kopf einer Verbrecherbande, der mit seinem ausgeklügelten Plan und seiner bestimmenden Funktion innerhalb der Bande der eigentliche Übeltäter des Gesamtgeschehen ist, vom Täter zum bloßen Anstifter herabgestuft.

2224 **Hinweis:** Es sollte deutlich geworden sein, dass die extensive Tatherrschaftslehre und die Auffassung des BGH hier in Wahrheit nicht für überzeugend gehalten werden (beachte den Nachweis in Fn. 10). Eine geschickte, alle vom Ersteller des Sachverhalts intendierten Probleme (insbes. die examensrelevante Frage der teleologischen Reduktion iRd § 306a I StGB, vgl. → Rn. 2239 ff.), berücksichtigende Falllösung muss sich über diese Einwände aber hinwegsetzen (können), vgl. zu dieser Vorgehensweise bereits Fall 1 → Rn. 35, Fall 3 → Rn. 406 f., Fall 9 → Rn. 1168. Auch gegen die soeben formulierten Einwände gegen die hier für richtig gehaltene Ansicht ließe sich wieder eine Vielzahl von Argumenten grundsätzlicher Natur ins Feld führen, vgl. dazu umfassend gegen die Tatherrschaftslehre *Rotsch*, »Einheitstäterschaft« und Tatherrschaft; *Marlie*, Unrecht und Beteiligung, 2009.

2225 Da sowohl die Rechtsprechung des BGH wie auch die extensive Tatherrschaftslehre gleichermaßen zu dem Ergebnis kommen, dass der Tatbeitrag der F mittäterschaftsbegründend ist, kann eine Entscheidung zwischen ihnen unterbleiben.

2226 **(ee)** M und F haben sich iSd § 30 II StGB zu einer mittäterschaftlichen Begehung des Verbrechens der Brandstiftung gem. § 306 StGB verabredet.

2227 **(2)** M und F haben sich in Deutschland und damit im Inland zur gemeinschaftlichen Begehung des Verbrechens der Brandstiftung verabredet. Damit liegt ein Tatort im Inland vor. Da M im Rahmen dieser Verabredung eine eigene Tathandlung im Inland vorgenommen hat, muss auch nicht etwa darauf abgestellt werden, dass (auch) F ihren Tatbeitrag in Deutschland geleistet hat, damit zumindest für sie ein inländischer Tatort vorliegt und dieser sodann – gleichfalls über § 25 II StGB – erst noch M zugerechnet werden müsste.[13]

13 Zur Zurechnungsfunktion des § 25 II StGB auch im Strafanwendungsrecht knapp *Fischer* § 9 Rn. 3a; eingehender *Rotsch* ZIS 2010, 168 (172 f.).

(3) Dass diese Verabredung als solche nicht bestraft werden kann, weil sie hinter die Ausführung der verabredeten Tat zurücktritt (Subsidiarität), nimmt ihr nach zutreffender Ansicht des BGH nicht den Charakter einer im strafanwendungsrechtlichen Sinne tatortbegründenden Handlung.[14] **2228**

dd) Damit ist § 306 I Nr. 4 Var. 1 StGB im Hinblick auf das Anzünden des Wohnmobils durch M anwendbar. **2229**

b) Schutzbereich

Außerdem muss der Schutzbereich des Tatbestandes eröffnet sein. **2230**

Hinweis: Zur Prüfungsreihenfolge der Anwendbarkeit eines Straftatbestandes gem. §§ 3 ff. StGB einerseits und seines Schutzbereichs andererseits siehe Graf/Jäger/Wittig/*Rotsch* Vor §§ 3 ff. Rn. 16; *Satzger* IntStrafR § 3 Rn. 21 f. **2231**

Bei § 306 StGB handelt es sich nach überwiegender Auffassung um eine qualifizierte Form der Sachbeschädigung und damit um ein Eigentumsdelikt.[15] Bei Individualrechtsgütern ist der Schutzbereich eines deutschen Straftatbestandes aber immer eröffnet.[16] **2232**

5. Ergebnis

M hat sich einer Brandstiftung gem. § 306 I Nr. 4 Var. 1 StGB schuldig gemacht. **2233**

II. Schwere Brandstiftung, § 306a I StGB

M könnte sich sogar wegen schwerer Brandstiftung gem. § 306a I StGB strafbar gemacht haben, indem er das Wohnmobil anzündete. **2234**

1. Objektiver Tatbestand

a) M müsste zunächst ein taugliches Tatobjekt iSd § 306a I Nr. 1 bis 3 in Brand gesetzt oder durch eine Brandlegung ganz oder teilweise zerstört haben. **2235**

aa) Bei dem Wohnmobil handelt es sich nicht um eine Hütte iSd § 306a I Nr. 1 Var. 3 StGB (→ Rn. 2191). Möglicherweise handelt es sich bei dem Wohnmobil aber um eine andere Räumlichkeit, die der Wohnung von Menschen dient iSd § 306a I Nr. 1 Var. 4 StGB. Räumlichkeiten sind alle nach außen abgeschlossenen Raumgebilde, in denen sich mehrere Menschen aufhalten können; ob das Gebilde beweglich oder unbeweglich ist, ist irrelevant.[17] Danach werden insbesondere auch Wohnmobile erfasst.[18] Zudem müsste das Wohnmobil der Wohnung von Menschen gedient haben. Maßgeblicher Zeitpunkt ist der Zeitpunkt der Tat.[19] Es kommt ausschließlich auf den faktischen Zustand an, nicht darauf, ob die Nutzung als Wohnung rechtmäßig oder rechtswidrig ist.[20] Wie sich im Umkehrschluss aus Nr. 3 ergibt, ist unter dem Wohnen **2236**

14 BGHSt 39, 88 (89).
15 MüKoStGB/*Radtke* § 306 Rn. 1 mwN.
16 Graf/Jäger/Wittig/*Rotsch* Vor §§ 3 ff. Rn. 17.
17 MüKoStGB/*Radtke* § 306a Rn. 7.
18 MüKoStGB/*Radtke* § 306a Rn. 7.
19 LK/*Wolff* § 306a Rn. 6.
20 Schönke/Schröder/*Heine* § 306a Rn. 5.

mehr als nur das bloße Aufhalten in der Räumlichkeit zu verstehen; Voraussetzung ist vielmehr, dass eine Person zumindest vorübergehend die Räumlichkeit zum Mittelpunkt ihres Lebens gemacht hat.[21] Umgekehrt wird freilich nicht vorausgesetzt, dass im Zeitpunkt der Tat tatsächlich jemand anwesend ist.[22] M und F jedenfalls haben das Wohnmobil im Zeitpunkt des Anzündens nicht bewohnt. Dies gilt aber auch für die Obdachlosen, die nur vereinzelt bei schlechtem Wetter das Wohnmobil als Nachtlager nutzen und daher das Wohnmobil nicht – auch nicht nur vorübergehend – zu einem Lebensmittelpunkt gemacht haben. Bei dem Wohnmobil handelt es sich daher nicht um eine Räumlichkeit iSd § 306a I Nr. 1 StGB.

2237 **bb)** Allerdings handelt es sich bei dem Wohnmobil um eine Räumlichkeit, die zeitweise dem Aufenthalt von Menschen dient gem. § 306a I Nr. 3 StGB. Denn nachdem M und F es nach der Verbringung nach Belgien dort zunächst unabgesperrt auf einem abgelegenen Parkplatz abgestellt haben, ist es vereinzelt bei schlechtem Wetter von Landstreichern als Unterstand und Nachtlager benutzt worden. Aus diesem Grund kommt auch eine in Rechtsprechung und Literatur weithin für möglich gehaltene Entwidmung durch Inbrandsetzung[23] durch M nicht in Betracht.

2238 **b)** M hat das Wohnmobil in Brand gesetzt (→ Rn. 2194). Dieses Inbrandsetzen erfolgte auch zu einer Zeit, in der Menschen sich in der geschützten Räumlichkeit aufzuhalten pflegen. Da das Wohnmobil nicht nur zu bestimmten Tageszeiten frequentiert, sondern zu unterschiedlichen Zeiten bei schlechtem Wetter als Unterstand und Nachtlager benutzt wurde, hat M das Wohnmobil zu einer Zeit in Brand gesetzt, zu der es sich nach der tatsächlichen Zweckverwendung des Kfz um eine typische Aufenthaltszeit von Menschen handelte. Dass sich zum Zeitpunkt der Tathandlung tatsächlich Menschen in der geschützten Räumlichkeit aufgehalten haben, wird hingegen gerade nicht verlangt.[24]

2239 **c)** Dennoch erscheint die Annahme einer Strafbarkeit nach § 306a StGB unangebracht: Die Vorschrift des § 306a I StGB dient dem Schutz der sich in der Räumlichkeit aufhaltenden Menschen im Hinblick auf die Rechtsgüter Leben und Gesundheit.[25] Da M sich aber vor der Tat versichert hat, dass sich tatsächlich niemand im Wohnmobil aufhält, eine Gefährdung von Leben und Gesundheit sich in der geschützten Räumlichkeit aufhaltender Menschen also sicher ausgeschlossen war, stellt sich die Frage, ob nach Sinn und Zweck des § 306a I StGB eine Strafbarkeit des M wegen schwerer Brandstiftung noch überzeugend begründbar ist. Fraglich ist damit, ob eine teleologische Reduktion des Tatbestandes notwendig ist.

2240 **Hinweis:** An der Strafbarkeit gem. § 306 I StGB ändern diese Überlegungen nichts, da insoweit nur eine Verletzung des Rechtsguts Eigentum in Rede steht – die von dem Umstand, dass M sich versichert, dass sich kein Obdachloser in dem Wohnmobil befindet, unberührt bleibt.

2241 Dagegen wird teilweise angeführt, eine solche teleologische Reduktion würde den Charakter des § 306a I StGB als abstraktes Gefährdungsdelikt unterlaufen, für den

21 Schönke/Schröder/*Heine* § 306a Rn. 5.
22 Schönke/Schröder/*Heine* § 306a Rn. 5.
23 Vgl. nur die Nachweise bei Schönke/Schröder/*Heine* § 306a Rn. 5.
24 So bereits RGSt 23, 102.
25 LK/*Wolff* § 306a Rn. 2.

der Gesetzgeber sich bewusst entschieden habe.[26] Für eine Ausnahme von der Strafbarkeit in denjenigen Fällen, in denen der Täter eine Gefährdung des geschützten Rechtsguts sicher ausgeschlossen hat, spricht aber jedenfalls der Grundsatz des schuldangemessenen Strafens.[27] Auch der Verhältnismäßigkeitsgrundsatz und das ultima-ratio-Prinzip sprechen dafür, die Ausdehnung der Strafbarkeit, die abstrakte Gefährdungsdelikte mit sich bringen, unter teleologischen Aspekten zu korrigieren. Der BGH hat sich mehrfach und zutreffend zu der Frage in der Weise geäußert, dass jedenfalls dann eine teleologische Reduktion angezeigt sei, wenn der Täter sich »durch absolut zuverlässige lückenlose Maßnahmen« versichert habe, dass keine Gefährdung eintreten könne; dies sei aber bei § 306a I StGB »nur bei kleinen, insbesondere bei einräumigen Hütten oder Häuschen möglich, bei denen auf einen Blick übersehbar ist, dass Menschen sich dort nicht aufhalten [...]«.[28] Da diese Grundsätze auch für ein Wohnmobil gelten,[29] und M sichergestellt hat, dass sich niemand in ihm aufhält, ist die Handlung des M von § 306a I StGB nicht erfasst.

d) Der Tatbestand des abstrakten Gefährdungsdelikts des § 306a I StGB ist aufgrund der im vorliegenden Fall notwendigen teleologischen Reduktion damit nicht einschlägig. **2242**

2. Ergebnis

M ist nicht wegen schwerer Brandstiftung gem. § 306a I Nr. 3 StGB strafbar. **2243**

Hinweis: Eine aA ist vertretbar. Wählt man diesen Weg, stellt sich das Problem, ob der Qualifikationstatbestand des § 306b II Nr. 2 StGB einschlägig ist. Speziell für die hier in Frage kommende Absicht der Begehung eines Versicherungsbetrugs ist dies hoch umstritten; vgl. dazu *Hecker* GA 1999, 332. **2244**

III. Versuchter Betrug in einem besonders schweren Fall, §§ 263 I, II, 22, 23 I iVm § 263 III 2 Nr. 5 StGB

Indem M der Versicherung den Brandschaden als Versicherungsfall gemeldet hat, könnte er sich wegen versuchten Betruges in einem besonders schweren Fall gem. §§ 263 I, II, 22, 23 I iVm § 263 III 2 Nr. 5 StGB strafbar gemacht haben. **2245**

Da die Versicherungssumme nicht ausgezahlt wurde, ist mindestens der Erfolg des Betruges nicht eingetreten und damit der Betrug nicht vollendet. **2246**

Hinweis: Es fehlt nach dem Sachverhalt zwar bereits sicher an einer Vermögensverfügung (die Versicherungssumme wurde nicht ausgezahlt) und möglicherweise bereits an einem Irrtum des Sachbearbeiters (hierzu sagt der Sachverhalt ausdrücklich nichts); mit der oben gewählten Formulierung (ist *mindestens* der Erfolg [...] nicht eingetreten) machen Sie deutlich, dass die Annahme eines vollendeten Betruges *jedenfalls* daran scheitert, dass es am Eintritt des tatbestandsmäßigen Erfolges (Vermögensschaden) fehlt. **2247**

Die Strafbarkeit des versuchten Betruges ergibt sich aus § 263 II StGB iVm §§ 23 I Var. 2, 12 II StGB. **2248**

26 MüKoStGB/*Radtke* § 306a Rn. 42; *Lackner/Kühl* § 306a Rn. 1; LK/*Wolff* § 306a Rn. 4 mwN.
27 Etwa Schönke/Schröder/*Heine* § 306a Rn. 2.
28 BGHSt 26, 121 (124); auch BGH NJW 1982, 2329.
29 Schönke/Schröder/*Heine* § 306a Rn. 2.

1. Tatentschluss

2249 **a)** M müsste zunächst vorsätzlich gehandelt haben.

2250 **aa)** M könnte die Versicherung über das Vorliegen eines Versicherungsfalls getäuscht haben wollen. Täuschung wird gemeinhin definiert als die bewusst irreführende unmittelbare Einwirkung auf das Vorstellungsbild eines anderen Menschen.[30]

2251 **Hinweis:** Gemeinhin liest man, es sei umstritten, ob bereits das Merkmal der Täuschungshandlung ein subjektives Element – iSe »Täuschungsbewusstseins« – enthalte (vgl. zB HK-GS/*Duttge* § 263 Rn. 8). Tatsächlich lässt sich aber nicht über diese Frage streiten – der Betrug ist Vorsatzdelikt und setzt daher selbstverständlich Vorsatz im Hinblick auf sämtliche objektiven Tatbestandsmerkmale und also auch Täuschungsbewusstsein voraus. Eine andere Frage ist, wo die subjektive Komponente geprüft wird, ob man also eine Prüfung bereits im objektiven oder erst im subjektiven Tatbestand für richtig hält (vgl. deutlich HK-GS/*Duttge* § 263 Rn. 8). Wenn man aber erkennt, dass es bei dem Täuschungsbewusstsein iSd § 263 StGB um nichts anderes als ein jedem Vorsatzdelikt immanentes Vorsatzerfordernis geht, und man im Übrigen die systematisierende Aufteilung in objektiven und subjektiven Tatbestand für richtig bzw. jedenfalls zweckmäßig hält (was alle tun), ist das Täuschungsbewusstsein beim vollendeten Delikt dem entsprechend auch erst im subjektiven Tatbestand zu erörtern. Die Aussage, »wer dieses Bewusstsein nicht hat, täuscht schon nicht« (*Wessels/Hillenkamp* StrafR BT II Rn. 492), ist zwar richtig, trifft aber den Punkt nicht. Denn auch derjenige, der zB keinen Wegnahmevorsatz iSd § 242 StGB hat, begeht keine Wegnahmehandlung iSd Diebstahlstatbestandes. Dennoch besteht kein Zweifel daran, dass der Vorsatz bezüglich der Wegnahme im subjektiven Tatbestand zu prüfen ist. Mit der Argumentation der Gegenansicht ließe sich jede subjektive Vorsatzvoraussetzung bereits im objektiven Tatbestand erörtern, damit würde aber die Trennung in objektive und subjektive Voraussetzungen beim Vorsatzdelikt hinfällig.[31] Die Frage spielt an dieser Stelle freilich deshalb keine Rolle, weil hier ohnehin nur ein Versuch im Raum steht, die Prüfung der Täuschung also im Tatentschluss und daher jedenfalls subjektiv stattfindet.

2252 Hier kommt eine Täuschung des zuständigen Sachbearbeiters der Versicherung in Betracht. Gegenstand der Täuschung ist eine Tatsache, also ein Vorgang der Gegenwart oder Vergangenheit, der dem Beweis zugänglich ist.[32] M könnte gewollt haben, mit der Meldung des Brandschadens einen Irrtum des Sachbearbeiters im Hinblick auf das Vorliegen eines Versicherungsfalles hervorzurufen. Bei den einen Versicherungsfall begründenden Umständen handelt es sich um dem Beweis zugängliche Vorgänge der Vergangenheit und damit um Tatsachen. Des Weiteren müsste M die einen Versicherungsfall begründenden Tatsachen vorgetäuscht, also einen in Wahrheit nicht bestehenden Anspruch auf die Versicherungsleistung gegenüber der Versicherung geltend gemacht haben wollen. Die tatsächlichen Anspruchsvoraussetzungen liegen dann nicht vor, wenn sie – wie hier – infolge schuldhafter Herbeiführung des Schadens (vorsätzliches Inbrandsetzen) gem. § 81 I VVG entfallen sind. Mit dem bei der Versicherung als Unfall angegebenen Brandschaden hat M folglich einen Versicherungsfall vortäuschen wollen.

2253 **bb)** Hierdurch wollte M bei dem Sachbearbeiter der Versicherung einen Irrtum hervorrufen, aufgrund dessen dieser – als Berechtigter der Versicherung – eine Vermö-

30 *Lackner/Kühl* § 263 Rn. 6.

31 Im Ergebnis ebenso SSW-StGB/*Satzger* § 263 Rn. 29; MüKoStGB/*Hefendehl* § 263 Rn. 74; AnwK-StGB/*Gaede* § 263 Rn. 11.

32 Schönke/Schröder/*Cramer/Perron* § 263 Rn. 8.

gensverfügung tätigen, nämlich die Versicherungssumme auszahlen und damit das Vermögen der Versicherung unmittelbar mindern sollte.[33] M wusste auch, dass der Versicherung hierdurch ein Schaden entstehen würde, da ein Anspruch auf Auszahlung der Versicherungssumme nicht bestand.

b) Zudem handelte M in der Absicht rechtswidriger und stoffgleicher Bereicherung iSd § 263 I StGB. 2254

2. Unmittelbares Ansetzen

M müsste gem. § 22 StGB unmittelbar zur Tatbestandsverwirklichung angesetzt haben. Dies ist der Fall, wenn der Täter subjektiv die Schwelle zum »jetzt geht es los« überschreitet und objektiv das Rechtsgut bereits unmittelbar gefährdet ist. Da M den vermeintlichen Versicherungsschaden bereits der Versicherung gemeldet und damit die Täuschungshandlung bereits vollständig ausgeführt hat, hat er unmittelbar zur Tatbestandsverwirklichung gem. § 22 StGB angesetzt. 2255

3. Rechtswidrigkeit und Schuld

M handelte rechtswidrig und schuldhaft. 2256

4. Besonders schwerer Fall, § 263 III 2 Nr. 5 StGB

In Betracht kommt die Annahme eines besonders schweren Falles gem. § 263 III 2 Nr. 5 StGB. Hierzu müsste M einen Versicherungsfall vorgetäuscht haben wollen, nachdem er oder ein anderer zu diesem Zweck eine Sache von bedeutendem Wert in Brand gesetzt hat. 2257

a) Objektive Merkmale

Hinweis: Überschreiben Sie diesen Prüfungspunkt nicht mit »Objektiver Tatbestand«, da es sich hier nicht um einen Tatbestand, sondern um ein Regelbeispiel handelt! Das gilt dementsprechend auch für die subjektiven Voraussetzungen (→ Rn. 2262). 2258

aa) M müsste eine Sache von bedeutendem Wert in Brand gesetzt haben. Da das Wohnmobil, das ursprünglich einen Wert von 20.000 EUR hatte, zum Zeitpunkt der Tathandlung noch sehr gut erhalten war, wird man davon ausgehen müssen, dass der Wert des Wohnmobils auch im Zeitpunkt des Inbrandsetzens selbst die in der Literatur angenommene Höchstgrenze von 1.300 EUR[34] deutlich überstieg und damit von bedeutendem Wert war. 2259

bb) M hat anschließend einen Versicherungsfall vorgetäuscht, → Rn. 2252. 2260

Hinweis: Zwar ist die Tat des M im Versuchsstadium steckengeblieben, weil es jedenfalls am Eintritt eines Vermögensschadens bei der Versicherung fehlt (siehe den Hinweis → Rn. 2247). Die Täuschungshandlung hat M aber bereits vollständig vorgenommen, → Rn. 2252. Auch wenn für die Verwirklichung des versuchten Betruges in einem besonders schweren Fall der Entschluss zur Täuschung und das unmittelbare Ansetzen insoweit genügen, ist die Aussage, dass M den Versicherungsfall in 2261

33 *Lackner/Kühl* § 263 Rn. 22.

34 *Fischer* § 263 Rn. 126a iVm § 315 Rn. 16a; aA etwa NK-StGB/*Kindhäuser* § 263 Rn. 400: 700 EUR; *Wessels/Hillenkamp* StrafR BT II Rn. 663: 1000 EUR.

casu tatsächlich bereits vorgetäuscht hat, doch richtig. Daher kann trotz des Versuchscharakters der Tat die hier gewählte Formulierung verwendet werden.

b) Subjektive Merkmale

2262 **Hinweis:** Beachte den Hinweis → Rn. 2258

2263 **aa)** M handelte hinsichtlich der Voraussetzungen des Regelbeispiels, insbesondere bezüglich des Nichtbestehens eines Anspruchs gegenüber der Versicherung, im Zeitpunkt des Inbrandsetzens quasivorsätzlich.[35]

2264 **Hinweis:** Vorsicht! Zwar wurde der Vorsatz im Hinblick auf den nicht bestehenden Anspruch gegen die Versicherung bereits im Tatenschluss bejaht, vgl. → Rn. 2253. Dabei ging es freilich um den Vorsatz des M im Zeitpunkt der Täuschungshandlung. An dieser Stelle steht der Vorsatz im Zeitpunkt der Vortatbegehung – also des Inbrandsetzens – in Rede, vgl. SSW-StGB/*Satzger* § 263 Rn. 313.

2265 **bb)** Ferner muss das Inbrandsetzen des Wohnmobils bereits zu dem Zweck erfolgt sein, dass es später zur Vortäuschung des Versicherungsfalles kommen soll. Der Täter muss also die Brandstiftung gerade deshalb begehen, um anschließend einen Versicherungsbetrug begehen zu können.[36] M handelte insoweit mit dolus directus 1. Grades, weil er das Wohnmobil in Belgien gerade deshalb anzündete, um in Deutschland die Versicherungssumme zu erlangen.

2266 **cc)** Damit hat M auch die subjektiven Merkmale des Regelbeispiels verwirklicht.

5. Ergebnis

2267 M hat sich wegen versuchten Betruges in einem besonders schweren Fall gem. §§ 263 I, II, 22, 23 I iVm § 263 III 2 Nr. 5 StGB strafbar gemacht.

6. Anwendbarkeit deutschen Strafrechts, Schutzbereich

2268 Die Anwendung deutschen Strafrechts – also der §§ 263 I, II, III 2 Nr. 5 StGB – ergibt sich aus § 3 StGB, da M insoweit in Deutschland gehandelt hat und der Tatort somit gem. § 9 I Var. 1 StGB im Inland liegt; auch handelt es sich beim Betrug um ein Individualschutzdelikt, sodass der Schutzbereich der Norm eröffnet ist.

2269 **Hinweis:** Dass §§ 263 I, II, III 2 Nr. 5 StGB anwendbar sind, ist unproblematisch. Die Erfahrung zeigt allerdings, dass strafanwendungsrechtliche Fragen in Falllösungen entweder überhaupt nicht oder – in Fällen wie dem vorliegenden, in denen es jedenfalls im Rahmen einer Vorschrift (hier: § 306 StGB) offensichtlich auch um Fragen der Anwendbarkeit der Norm geht – unterschiedslos bei allen Vorschriften geprüft werden. Insbesondere in Veranstaltungen zum Internationalen Strafrecht lässt sich Letzteres beobachten, was seinen Grund sicher darin hat, dass die Studenten bei der Lösung von Sachverhalten mit Auslandsbezug für die Notwendigkeit der Erörterung strafanwendungsrechtlicher Fragen sensibilisiert sind. Allerdings wird dann häufig bei allen in Betracht kommenden Delikten ohne Rücksicht auf die Besonderheiten des Sachverhalts die Frage von deren Anwendbarkeit erörtert, eine strafanwendungsrechtliche Prüfung – wie hier für §§ 263 I, III 2 Nr. 5 StGB – also auch dann vorgenommen, wenn hierzu eigentlich deshalb kein Anlass besteht, weil die Tat – anders als die Vortat der

35 Vgl. insoweit *Lackner/Kühl* § 46 Rn. 12 mwN.
36 Vgl. LK/*Tiedemann* § 263 Rn. 302.

Brandstiftung – vollständig im Inland stattfindet. Mit der oben gewählten knappen Formulierung lässt sich dieses Problem knapp und elegant lösen.

IV. Versicherungsmissbrauch, § 265 StGB

§ 265 StGB würde aufgrund von Subsidiarität hinter § 263 StGB zurücktreten, vgl. § 265 I StGB. Da es sich bei § 265 StGB aber nicht um ein Verbrechen iSd § 12 I StGB handelt, ist § 30 II StGB nicht anwendbar, weshalb die oben → Rn. 2212 ff. dargestellte Argumentation des BGH nicht eingreift und § 265 StGB bereits nicht anwendbar ist. **2270**

B. Ergebnis zur Strafbarkeit des M

Die mitverwirklichte Sachbeschädigung gem. § 303 I StGB tritt als lex generalis hinter § 306 I StGB zurück. Die beiden verwirklichten Delikte der Brandstiftung und des versuchten Betrugs in einem besonders schweren Fall stehen zueinander in Realkonkurrenz. **2271**

M ist daher strafbar gem. §§ 306 I Nr. 4 Var. 1; 263 I, II, 22, 23 I iVm III 2 Nr. 5; 53 StGB. **2272**

Fall 18: Fußball-Weltmeisterschaft 2006 in Deutschland

2273 Die beiden türkischen Künstler X und Y wollen den Rummel um die Fußball-WM in Deutschland ausnutzen und auf ihre künstlerischen Aktivitäten hinweisen. Sie kaufen daher zunächst sechs gebrauchte Fußbälle, die sie mit Beton füllen. Anschließend erstehen sie mehrere schwere Eisenketten; an jeder der Ketten befestigen sie einen Fußball, der nur bei genauerer Betrachtung als manipuliert zu erkennen ist.

2274 X und Y begeben sich sodann zur Berliner »Fanmeile«, auf der bei jedem Spiel der deutschen Mannschaft Hunderttausende von Menschen zusammenkommen. Zunächst legen sie an einer prominenten Stelle einen der 10 kg schweren Bälle ab; die mit dem Ball verbundene Eisenkette schließen sie an einen Laternenpfahl an. Direkt daneben stellen sie ein Schild auf, auf dem sich die Aufschrift »Can you kick it?« befindet. Dabei rechnen sie zwar damit, dass Besucher der Fanmeile versucht sein könnten, gegen den Ball zu treten und sich dabei möglicherweise auch verletzen. An schlimmere Verletzungen denken sie aber nicht. Mit der als Denkanstoß gedachten Aktion wollen sie die Fußball-WM als »Klotz am Bein« und Massenphänomen symbolisieren.

2275 Nach dem Spiel Deutschland gegen Polen, das Deutschland durch ein Tor in letzter Minute gewinnt, tritt ein 17jähriger polnischer Fußballfan (P) vor Wut so fest gegen den Fußball, dass er sich dabei das Bein bricht. Im Krankenhaus entstehen aufgrund einer nicht vorhersehbaren Infektion so große Komplikationen, dass ihm das Bein amputiert werden muss.

2276 Nach dem im Elfmeterschießen gewonnenen Spiel gegen Argentinien wird der deutsche Diplomat D, der in Argentinien Urlaub macht, von dem hohen argentinischen Beamten B während eines privaten Essens derart beleidigt, dass es zu kurzfristigen Spannungen zwischen Argentinien und Deutschland kommt.

2277 Zwischenzeitlich ist der Berliner Kleinganove K auf die Idee gekommen, den von dem italienischen Bildhauer Silvio Gazzaniga gestalteten Siegerpokal zu entwenden. Er will sich dabei zunutze machen, dass von der wertvollen Trophäe mehrere Exemplare existieren. Der zuständige Fifa-Funktionär F hat dementsprechend drei Koffer zum Endspiel zwischen Italien und Frankreich mit in das Stadion in Berlin gebracht. Die Koffer beinhalten das Original sowie zwei – wesentlich weniger wertvolle – Duplikate, die dem Original täuschend ähnlich sehen. Während die Originaltrophäe im Eigentum der Fifa steht und trotz der Übergabe an den siegreichen Verband auch verbleibt, geht die ebenfalls der siegreichen Mannschaft übergebene Nachbildung in das Eigentum des neuen Weltmeisters über. Zur Siegesfeier übergibt die Fifa den jubelnden italienischen Fußballern zur Ehrenrunde aus Sicherheitsgründen das erste Duplikat. Währenddessen gelingt es K in der allgemeinen Aufregung unbemerkt, die Originalstatue mit der täuschend echten (zweiten) Nachbildung zu vertauschen, indem er das Original in dem im unverschlossenen Umkleideraum des F befindlichen Koffer mit der Aufschrift »FIFA WM-Pokal – 2. Duplikat« und das zweite Duplikat in dem daneben stehenden Koffer mit der Aufschrift »FIFA WM-Pokal – Original« verstaut. Dabei muss K freilich größtes Geschick aufwenden, da die Pokale jeweils mit einem ausgeklügelten Klickmechanismus gesichert sind. Allerdings kann K sein eigentliches Vorhaben, nach dem Trubel des Endspiels die Originaltrophäe durch Entwendung des Koffers endgültig an sich zu bringen, nicht mehr in die Tat umsetzen. Das führt dazu, dass der ahnungslose Fifa-Beauftragte F am Tag nach dem Endspiel den Originalpokal wieder mit nach Zürich nimmt, während schon bei der Siegerehrung statt der Originalstatue das zweite Duplikat an die italienische Mannschaft übergeben wird, die so mit zwei Nachbildungen nach Hause fährt. Darauf kam es dem Fußballfan K, der das Ausscheiden der deutschen Nationalmannschaft nicht verkraftet hat – neben der Erlangung des Originals – auch an.

Aufgabe: Haben die Beteiligten sich nach dem deutschen StGB strafbar gemacht? 2278

Bearbeitervermerk: Evtl. erforderliche Strafanträge sind gestellt. Es ist davon auszugehen, dass in Argentinien ein dem § 185 StGB vergleichbarer Straftatbestand besteht. Verjährungsfragen bleiben außer Betracht. 2279

Hinweis: Der Sachverhalt basiert im Hinblick auf die in der Berliner Fanmeile ausgelegten Betonfußbälle auf einer wahren Begebenheit, vgl. zB http://www.spiegel.de/panorama/wm-scherz-staatsschutz-ermittelt-wegen-betonfussbaellen-a-425057.html; http://www.welt.de/print-welt/article228087/Betonfussbaelle-aus-Oesterreich-als-Kunst.html. 2280

Tatsächlich existieren von dem Fifa WM-Pokal ein Original und mehrere Kopien. Die wirklichen Vergabemodalitäten wurden freilich den Erfordernissen des Sachverhalts angepasst: Tatsächlich verbleibt das Original stets im Besitz der Fifa in Zürich, während der amtierende Weltmeister eine Nachbildung erhält.

Anmerkungen: Die wesentlichen Probleme des Falles sind: **1.** Anwendbarkeit deutschen Strafrechts; **2.** Körperverletzungsdelikte, §§ 223, 224, 226 StGB; **3.** Diebstahl in mittelbarer Täterschaft; **4.** Betrug in mittelbarer Täterschaft; **5.** Urkundendelikte. 2281

Literaturhinweise: **zu 1.**: *Satzger* IntStrafR §§ 3-6; Graf/Jäger/Wittig/*Rotsch* Vor §§ 3 ff., §§ 3-7, § 9; **zu 2.**: *Wessels/Hettinger* StrafR BT I Rn. 254 ff., 251 ff., 285 ff.; **zu 3.**: *Wessels/Hillenkamp* StrafR BT II Rn. 116 f.; MüKoStGB/*Schmitz* § 242 Rn. 94 f.; **zu 4.**: BGH NStZ 2009, 506; *Heghmanns* ZJS 2009, 706 (707 ff.); **zu 5.**: *Wessels/Hettinger* StrafR BT I Rn. 787 ff. 2282

A. Gliederung

A. Strafbarkeit von X und Y
I. §§ 223 I, 224 I, 25 II StGB, 25 I Var. 2 StGB (+)
II. §§ 223 I, 224 I Nr. 2, 3, 226 I Nr. 2, 25 II, 25 I Var. 2 StGB (-)
III. §§ 225 I, 25 II StGB, 25 I Var. 2 (-)
IV. Ergebnis zur Strafbarkeit von X und Y

B. Strafbarkeit des B
I. § 185 StGB (+)
II. Ergebnis zur Strafbarkeit des B

C. Strafbarkeit des K
I. § 242 I StGB (-)
II. §§ 242, 25 I Var. 2 StGB (-)
III. §§ 242 I, II, 22, 23 I StGB (-)
IV. § 263 I StGB (zum Nachteil der Fifa) (+)
V. §§ 263 I, 25 I Var. 2 StGB (zum Nachteil der italienischen Mannschaft) (+)
VI. § 267 I Var. 2 StGB (+)
VII. § 274 I Nr. 1 StGB (+)
VIII. § 123 I StGB (+)
IX. Ergebnis zur Strafbarkeit des K

D. Gesamtergebnis

B. Lösung

A. Strafbarkeit von X und Y

I. Mittäterschaftlich begangene gefährliche Körperverletzung in mittelbarer Täterschaft, §§ 223 I, 224 I Nr. 2, 3, 4, 5, 25 II, 25 I Var. 2 StGB

Hinweis: Eine iSd § 25 II StGB gemeinschaftliche Tatbegehung in mittelbarer Täterschaft ist möglich und stellt auch keine besonders exotische Sachverhaltsgestaltung dar. Dennoch haben viele Studenten mit solchen Konstellationen Probleme. Zwischen den beiden täterschaftlichen Deliktsverwirklichungen besteht kein logisches Rangverhältnis. Es kommt daher nicht darauf an, ob zunächst mittelbare oder zuerst Mittäterschaft geprüft wird (siehe dazu → Rn. 2300 ff.). Das ändert nichts daran, dass es um eine *gemeinschaftlich begangene* Körperverletzung *in mittelbarer Täterschaft* geht. Dementsprechend sollte der Eingangssatz formuliert werden. Daraus ergibt sich die oben stehende Paragraphenkette. 2283

X und Y könnten sich durch das Auslegen der betongefüllten Fußbälle einer mittäterschaftlich begangenen gefährlichen Körperverletzung in mittelbarer Täterschaft gem. §§ 223 I, 224 I Nr. 2, 3, 4, 5, 25 II, 25 I Var. 2 StGB schuldig gemacht haben. 2284

1. Anwendbarkeit deutschen Strafrechts

Das deutsche Strafrecht ist unabhängig von der Nationalität des Täters nach dem Territorialitätsprinzip gem. § 3 StGB auf solche Taten anwendbar, die im Inland iSv § 9 StGB begangen werden. Die türkische Staatsangehörigkeit von X und Y steht der Anwendbarkeit deutschen Strafrechts daher nicht entgegen. 2285

Hinweis: Die Anwendbarkeit des deutschen Strafrechts ist hier unproblematisch zu bejahen. Mit der oben gewählten Formulierung zeigen Sie aber, dass Ihnen die türkische Staatsangehörigkeit der Täter nicht entgangen ist und Sie mit den Grundzügen des Strafanwendungsrechts vertraut sind. Das gilt umso mehr, als bei der Strafbarkeit des B erneut strafanwendungsrechtliche Überlegungen anzustellen sind. Zum deutschen Strafanwendungsrecht vgl. Fall 5 → Rn. 676 ff., zum Standort der strafanwendungsrechtlichen Prüfung → Rn. 679. 2286

2. Objektiver Tatbestand

a) X und Y müssten den polnischen Fußballfan körperlich misshandelt oder an der Gesundheit geschädigt haben. Körperliche Misshandlung ist jede üble, unangemessene Behandlung, die entweder das körperliche Wohlbefinden oder die körperliche Unversehrtheit nicht nur unerheblich beeinträchtigt.[1] Gesundheitsschädigung ist jedes Hervorrufen oder Steigern eines krankhaften Zustands.[2] Durch den Tritt gegen den betongefüllten Ball brach sich der polnische Fußballfan das Bein. Dadurch wurde er sowohl körperlich misshandelt wie auch an der Gesundheit geschädigt. 2287

b) Das Auslegen der Fußbälle war für die Erfolgsherbeiführung kausal, der Erfolg ist X und Y auch objektiv zurechenbar. 2288

1 Schönke/Schröder/*Eser/Sternberg-Lieben* § 223 Rn. 3; NK-StGB/*Paeffgen* § 223 Rn. 8.
2 *Lackner/Kühl* § 223 Rn. 5; Schönke/Schröder/*Eser/Sternberg-Lieben* § 223 Rn. 5.

2289 c) X und Y könnten weiterhin die qualifizierenden Merkmale des § 224 I Nr. 2-5 StGB erfüllt haben.

2290 aa) Bei den betongefüllten Bällen könnte es sich um gefährliche Werkzeuge iSd § 224 I Nr. 2 StGB handeln. Ein gefährliches Werkzeug ist jeder bewegliche Gegenstand, der nach seiner objektiven Beschaffenheit und der konkreten Art seiner Verwendung im Einzelfall geeignet ist, erhebliche Verletzungen herbeizuführen.[3] Die betongefüllten Bälle, verbunden mit der Aufforderung »Can you kick it?«, sind dazu geeignet, Menschen dazu zu provozieren, mit den Füßen gegen sie zu treten; in dieser konkreten Art ihrer Verwendung sind sie aufgrund ihrer Härte und ihres Gewichts geeignet, erhebliche Fuß- und Beinverletzungen zu bewirken. Fraglich ist, ob die Tatsache, dass die mit Beton gefüllten Fußbälle 10 kg wiegen, die Annahme eines gefährlichen Werkzeugs hindert. Nach weithin vertretener Ansicht impliziert der Wortlaut des Begriffs »Werkzeug«, dass der in Frage stehende Gegenstand durch menschliche Einwirkung in Bewegung gesetzt werden muss.[4] Während danach unbewegliche Gegenstände wie etwa eine Wand nicht vom Begriff des Werkzeugs umfasst sind,[5] wird man für einen 10 kg schweren Betonfußball davon ausgehen können, dass diese keine unbeweglichen, sondern vielmehr (wenn auch schwer) bewegbare Gegenstände darstellen. Der Tatbestandsverwirklichung steht auch nicht entgegen, dass das Opfer den Tritt selbst ausgeführt und also die Verletzung mit einer Bewegung gegen das Werkzeug herbeigeführt hat. Denn § 224 I Nr. 2 StGB ist ebenfalls erfüllt, wenn zwar nicht das Werkzeug gegen das Opfer, aber das Opfer gegen das Werkzeug in Bewegung gebracht wird.[6] Es kann nämlich wertungsmäßig keinen Unterschied machen, durch wen letztendlich die verletzungsträchtige Bewegung ausgeführt wird, da die Gefährlichkeit des Tatmittels dieselbe bleibt.[7] Somit bleibt das für den Werkzeugbegriff konstitutive Erfordernis der generellen Beweglichkeit gewahrt, eine Kollision mit Art. 103 II GG liegt nicht vor. Die Qualifikation des § 224 I Nr. 2 StGB liegt vor.

2291 **Hinweis:** AA in zweierlei Hinsicht gut vertretbar. Zum einen lässt sich unter Bezugnahme auf den auch im Text zugrunde gelegten naturalistischen Werkzeugbegriff gut argumentieren, dass es sich bei 10 kg schweren Betonfußbällen um unbewegliche Gegenstände handelt, sodass die Qualifikation des § 224 I Nr. 2 StGB ausscheidet. Zum anderen kann man unter Bezugnahme auf den Schutzzweck der Norm der Gegenansicht folgen, die sich von der naturalistischen Deutung des Begriffs löst, sodass man von vornherein auch unbewegliche Gegenstände einbezieht. Zum Ganzen vgl. noch die Nachweise bei *Fischer* § 224 Rn. 8 und 8a.

2292 **Hinweis:** Die Frage, ob das Werkzeug gegen das Opfer bewegt werden muss oder es vielmehr auch genügt, dass das Opfer gegen das Werkzeug bewegt wird, ist nicht zu verwechseln mit der im vorliegenden Fall gegebenen weiteren Besonderheit, dass das Opfer *sich selbst* gegen das Werkzeug bewegt. Im Regelfall wird das Opfer durch den Täter gegen das Werkzeug gestoßen, geschleudert usw. Dass es an einer solchen unmittelbar körperlichen Einwirkung des Täters vorliegend fehlt, ist der Tatbegehung in mittelbarer Täterschaft geschuldet (»Irrtumsherrschaft«, → Rn. 2306).

---

3 BGH NStZ 2002, 30; SSW-StGB/*Momsen* § 224 Rn. 17.

4 SSW-StGB/*Momsen* § 224 Rn. 18.

5 BGHSt 22, 235; *Lackner/Kühl* § 224 Rn. 4; *Fischer* § 224 Rn. 8; SSW-StGB/*Momsen* § 224 Rn. 18. AA LK/*Lilie* § 224 Rn. 27.

6 *Fischer* § 224 Rn. 8.

7 Schönke/Schröder/*Stree/Sternberg-Lieben* § 224 Rn. 7.

bb) Daneben könnte es sich bei der Anordnung der Betonfußbälle mit der Aufforderung »Can you kick it?« um einen hinterlistigen Überfall iSd § 224 I Nr. 3 StGB handeln. Überfall ist jeder unvorhergesehene Angriff, auf den sich der Angegriffene nicht rechtzeitig einstellen kann,[8] wozu auch das Stellen einer Falle gehört.[9] Dieser Angriff müsste auch hinterlistig ausgeführt worden sein, was ein planmäßiges Verdecken der Angriffsabsicht voraussetzt[10]. Das ist in Anbetracht der auffordernden Aufschrift des Schildes »Can you kick it?« in Verbindung mit der Manipulation der Fußbälle zu bejahen. Denn gerade die vermeintlich harmlose Aufforderung, gegen den Ball zu treten und damit ein sozialtypisches Verhalten auszuüben, dient zur Animierung der Opfer, denen die Gefährlichkeit ihres Verhaltens für ihre Gesundheit durch X und Y bewusst verschleiert wurde. Auch die Qualifikation des § 224 I Nr. 3 StGB ist gegeben. **2293**

cc) X und Y könnten außerdem jeweils mit einem anderen Beteiligten gemeinschaftlich iSd § 224 I Nr. 4 StGB gehandelt haben. Allerdings wird nach der ratio legis des § 224 I Nr. 4 StGB die erhöhte Gefährlichkeit der Tatsituation gerade darin erblickt, dass das Opfer sich mehreren Angreifern gegenüber sieht und daher in seinen Verteidigungsmöglichkeiten stark eingeschränkt ist.[11] Daher müssen mehrere Beteiligte am Tatort anwesend sein und – wenn auch nicht notwendig als Täter[12] – bei der Körperverletzung zusammenwirken.[13] Daran fehlt es, denn ganz offensichtlich haben X und Y zwar gemeinsam mehrere Fußbälle manipuliert und zunächst einen davon an einer prominenten Stelle abgelegt, danach haben sie aber die Fanmeile offenbar verlassen; jedenfalls befinden sie sich zu dem Zeitpunkt, zu dem der polnische Fan gegen den Fußball tritt, nicht mehr am Tatort. Ein zusammenwirkendes Handeln im Stadium der Tatvorbereitung genügt für eine gemeinschaftliche Tatbegehung iSd § 224 I Nr. 4 StGB aber noch nicht. § 224 I Nr. 4 StGB scheidet aus. **2294**

dd) Jedoch könnte der Tritt gegen den Betonfußball eine das Leben gefährdende Behandlung gem. § 224 I Nr. 5 StGB darstellen. **2295**

Hinweis: Vgl. nochmals den Hinweis → Rn. 2292. Dass eine möglicherweise das Leben gefährdende Behandlung unmittelbar durch das Opfer selbst vorgenommen wird, liegt in der mittelbar täterschaftlichen Tatbegehung durch X und Y begründet, → Rn. 2300 ff. **2296**

Dabei ist zum einen umstritten, ob eine abstrakte Lebensgefährdung ausreicht[14] oder ob eine konkrete Lebensgefährdung notwendig ist.[15] Zum anderen ist man sich auch über Umfang und Art der stets erforderlichen Prognose uneinig.[16] Unumstritten ist freilich einerseits, dass ein lebensgefährdender Körperverletzungserfolg nicht eingetreten zu sein braucht,[17] andererseits herrscht ebenso Einigkeit darüber, dass die Ge- **2297**

8 *Fischer* § 224 Rn. 10.
9 Schönke/Schröder/*Stree/Sternberg-Lieben* § 224 Rn. 10.
10 BGH NJW 2004, 1966; Schönke/Schröder/*Stree/Sternberg-Lieben* § 224 Rn. 10.
11 MüKoStGB/*Hardtung* § 224 Rn. 25; SSW-StGB/*Momsen* § 224 Rn. 24.
12 BGH NStZ 2000, 194; SSW-StGB/*Momsen* § 224 Rn. 25.
13 BGH StV 1994, 542 (543); MüKoStGB/*Hardtung* § 224 Rn. 26.
14 HM, vgl. zB BGHSt 2 160 (163); 36, 1 (9); 36, 262 (265); SSW-StGB/*Momsen* § 224 Rn. 28; *Fischer* § 224 Rn. 12; *Lackner/Kühl* § 224 Rn. 8; *Rengier* StrafR BT II § 14 Rn. 50.
15 *Küper* StrafR BT 63 ff.; Schönke/Schröder/*Stree/Sternberg-Lieben* § 224 Rn. 12. Im Ergebnis auch NK-StGB/*Paeffgen* § 224 Rn. 28.
16 NK-StGB/*Paeffgen* § 224 Rn. 27.
17 BGHSt 2, 160 (163); NK-StGB/*Paeffgen* § 224 Rn. 27.

fahr sich aus der Körperverletzungshandlung selbst ergeben muss und sich nicht etwa erst aus weiteren Umständen ergeben darf.[18] Unabhängig von den umstrittenen Anforderungen an die Qualifikation der das Leben gefährdenden Behandlung scheidet eine solche mithin im vorliegenden Fall jedenfalls deshalb aus, weil die gegebenenfalls lebensgefährdende Amputation des Beines erst nach Komplikationen erforderlich wurde, die aufgrund einer nicht vorhersehbaren Infektion entstanden. Den Tritt selbst gegen den Betonfußball aber wird man nicht als – auch nicht abstrakt – das Leben gefährdende Behandlung bezeichnen können. Die Qualifikation iSd § 224 I Nr. 5 StGB ist nicht gegeben.

2298 **Hinweis:** Auf den Vorsatz bezüglich dieser Qualifikation kommt es daher im subjektiven Tatbestand nicht mehr an; zum Problem vgl. grds. SSW-StGB/*Momsen* § 224 Rn. 34 ff.

3. Subjektiver Tatbestand

2299 X und Y handelten vorsätzlich und auch hinsichtlich der Verletzungen zumindest mit dolus eventualis, da sie den Verletzungserfolg als möglich erkannt und sich damit abgefunden haben. Dies gilt auch für die qualifizierenden Merkmale des § 224 StGB.

4. Täterschaftliche Begehung

2300 Fraglich ist, ob X und Y die Selbstverletzung des P als täterschaftlich bewirkt zuzurechnen ist.

2301 **Hinweis:** Zum Prüfungsstandort der Beteiligung vgl. Fall 2 → Rn. 312. Auch im Rahmen der Beteiligungsfrage geht es damit letztlich um ein Zurechnungsproblem, vgl. bereits Fall 2 → Rn. 312, und die Hinweise → Rn. 2292 sowie unten → Rn. 2321.

2302 **aa)** X und Y könnten die Tat – als mittelbare Täter iSd § 25 I Var. 2 StGB – »durch einen anderen« begangen haben. Freilich haben sie lediglich die mit Beton gefüllten Fußbälle, verbunden mit der Aufforderung »Can you kick it?«, auf der Fanmeile ausgelegt, der letztendlich zur Verletzung führende Fußtritt wurde hingegen vom Opfer selbst ausgeführt. Wer für mittelbare Täterschaft ein Dreipersonenverhältnis – Hintermann-Vordermann-Opfer – voraussetzt, muss in den Fällen, in denen – wie hier – das Opfer gleichsam als Werkzeug gegen sich selbst eingesetzt wird, unmittelbare Täterschaft annehmen.[19] Unmittelbare Täterschaft scheidet hier aber richtigerweise aus. § 25 I Var. 2 StGB spricht lediglich davon, dass der Täter die Tat »durch einen anderen« begehen muss, was aber nur die Nichtidentität zwischen Täter und Tatmittler, nicht aber notwendig ein Dreipersonenverhältnis erfordert.[20] Auch die Rechtsprechung teilt diese Auffassung im Grundsatz, erblickt in derartigen Konstellationen allerdings eine der mittelbaren Täterschaft nur verwandte Struktur und wendet infolge dessen § 25 I Var. 2 StGB analog an.[21] Einen Unterschied in der Sache begründet dies nicht.

18 BGHR § 223a Abs. 1 Lebensgefährdung 3; SSW-StGB/*Momsen* § 224 Rn. 28.
19 So denn auch *Otto/Bosch*, Übungen im Strafrecht, 7. Aufl. 2010, 109.
20 Vgl. im Einzelnen LK/*Schünemann* § 25 Rn. 106 mwN.
21 BGHSt 43, 177*** (180).

Hinweis: Relevant geworden ist diese Zweipersonenkonstellation in der Praxis im berühmten »Bayerwald-Bärwurz«-Fall (BGHSt 43, 177***) und bei den sog. »Spreng«- und »Stromfallen« (BGH NStZ 1998, 294* und BGH NStZ 2001, 475*). Dort stellt sich regelmäßig die Frage des Versuchsbeginns, da die in der höchstrichterlichen Rechtsprechung relevant gewordenen Fälle erstaunlicherweise sämtlich nicht zur Vollendung gelangten. Vgl. insoweit bereits Fall 2 → Rn. 201, sowie RNPW/*Rotsch* Klausur im 1. Staatsexamen Fall 2, 326. 2303

Nach hA ist die Tat durch einen anderen begangen, wenn der Täter die Tatherrschaft in Form der Willensherrschaft innehat.[22] 2304

Hinweis: Tatherrschaft bei der mittelbaren Täterschaft verlangt nach *Roxin* stets Willensherrschaft. Diese Form der Tatherrschaft kann traditionell in zwei Formen gegeben sein: als Nötigungs- und als Irrtumsherrschaft. Hier kommt Letztere in Betracht. Vgl. zum Ganzen *Roxin* Täterschaft und Tatherrschaft 142 ff. (zur Nötigungsherrschaft), 170 ff. (zur Irrtumsherrschaft). Anerkannt wird nunmehr auch die sog. Organisationsherrschaft; vgl. dazu Fall 3. 2305

X und Y könnten mittelbare Täter kraft Irrtumsherrschaft sein. X und Y haben die mit Beton gefüllten Fußbälle ausgelegt und mit dem Schild »Can you kick it?« ausgestattet. Nur sie wissen um die Gefährlichkeit von daraufhin erfolgenden Fußtritten gegen die Betonfußbälle, für Dritte ist diese aufgrund der nur bei genauerer Betrachtung als manipuliert zu erkennenden Bälle nicht ersichtlich. Dem Opfer ist also aufgrund eines täuschungsbedingten Irrtums der selbstgefährdende Charakter seines Trittes gegen den Ball nicht erkennbar. Damit haben X und Y das Gesamtgeschehen kraft ihres überlegenen Wissens in der Hand. Sie haben mithin Tatherrschaft im beschriebenen Sinne mittelbarer Täterschaft. 2306

bb) X und Y handelten auch als Mittäter gem. § 25 II StGB, da sie zur Begehung der Straftat bewusst und gewollt zusammengewirkt und im Rahmen eines gemeinsamen Tatplans agiert haben. 2307

cc) X und Y haben mithin die Selbstverletzung des P gemeinschaftlich iSd § 25 II StGB und in mittelbarer Täterschaft gem. § 25 I Var. 2 StGB bewirkt. 2308

Hinweis: Beachte bereits den Hinweis → Rn. 2283. 2309

5. Rechtswidrigkeit

X und Y handelten auch rechtswidrig. Insbesondere kann die Absicht, mit der als Denkanstoß gedachten Aktion die Fußball-WM als »Klotz am Bein« und Massenphänomen zu symbolisieren, nicht etwa die Annahme eines Erlaubnissatzes begründen. 2310

6. Schuld

Schuldausschließungs- oder Entschuldigungsgründe liegen ebenfalls nicht vor. Hinsichtlich der Auswirkungen ihrer künstlerischen Aktivitäten gilt das im Rahmen der Rechtswidrigkeit Gesagte sinngemäß. 2311

22 Vgl. nur *Roxin* Täterschaft und Tatherrschaft 141 ff.

7. Ergebnis

2312 X und Y haben sich einer mittäterschaftlich begangenen gefährlichen Körperverletzung in mittelbarer Täterschaft gem. §§ 223 I, 224 I Nr. 2, 3, 25 II, 25 I Var. 2 StGB schuldig gemacht.

II. Mittäterschaftlich begangene schwere gefährliche Körperverletzung in mittelbarer Täterschaft (§§ 223, 224 I Nr. 2, 3, 226 I Nr. 2, 25 II, 25 I Var. 2 StGB)

2313 X und Y könnten sich durch dieselbe Handlung wegen mittäterschaftlich begangener schwerer gefährlicher Körperverletzung in mittelbarer Täterschaft gem. §§ 223, 224 I Nr. 2, 3, 226 I Nr. 2, 25 II, 25 I Var. 2 StGB strafbar gemacht haben.

1. Tatbestandsmäßigkeit

2314 a) Der Tatbestand der – in casu: gefährlichen – Körperverletzung ist in objektiver und subjektiver Hinsicht erfüllt (→ Rn. 2287 ff.).

2315 b) Durch die Amputation hat der polnische Fußballfan P sein Bein verloren. Das Bein ist ein wesentlicher Körperteil, der durch ein Gelenk mit dem Körper verbunden ist.[23] Damit handelt es sich um ein wichtiges Glied iSd § 227 I Nr. 2 StGB. Der Streit, ob auch nicht durch Gelenke mit dem Körper verbundene Teile wie etwa innere Organe vom Begriff des »Gliedes« erfasst sind, kann daher offen bleiben. Die schwere Folge iSd § 226 I Nr. 2 StGB ist eingetreten.

2316 **Hinweis:** Hier geht es – wie bei jedem Erfolgsdelikt – zunächst nur um den Eintritt der schweren Folge, noch nicht hingegen um die Zurechnung der schweren Folge zur Tathandlung. Dazu sogleich → Rn. 2317 f., 2319 ff.

2317 c) Die Amputation wurde kausal durch die Handlungen von X und Y herbeigeführt. Denn hätten X und Y den mit Beton gefüllten Fußball nicht mit der Aufforderung »Can you kick it?« auf der Fanmeile ausgelegt, hätte P nicht gegen den Ball getreten, P hätte sich nicht das Bein gebrochen und im Krankenhaus wären nicht aufgrund einer nicht vorhersehbaren Infektion so große Komplikationen entstanden, dass ihm das Bein amputiert werden musste. Insbesondere liegt mit der Infektion auch kein Umstand vor, der einen völlig atypischen Kausalverlauf begründen würde. Denn eine Infektion infolge eines Knochenbruchs mit der Konsequenz einer Amputation liegt nicht generell außerhalb des Vorhersehbaren.

2318 **Hinweis:** Dass die Infektion nach dem Sachverhalt in concreto nicht vorhersehbar war, ändert daran nichts.

2319 d) Jedoch müsste auch der objektive Zurechnungszusammenhang zwischen Handlung und Eintritt der schweren Folge gegeben sein.

2320 aa) Der Zurechnungszusammenhang ist nicht etwa durch eine eigenverantwortliche Selbstgefährdung des P ausgeschlossen. Denn eine solche Unterbrechung des Zurechnungszusammenhanges setzte voraus, dass P sich bewusst selbst gefährdete. An diesem Bewusstsein fehlt es aber gerade deshalb, weil P das Gefährdungspotential des

23 Zur Definition des wichtigen Gliedes siehe NK-StGB/*Paeffgen* § 226 Rn. 26 ff.

mit Beton gefüllten Fußballs nicht bekannt war. Er kann sich daher nicht eigenverantwortlich selbst gefährdet haben.

Hinweis: Dabei handelt es sich um eine Konsequenz der die mittelbare Täterschaft von X und Y begründenden Irrtumsherrschaft. Während das überlegene Wissen von X und Y die Tatherrschaft begründet, führt umgekehrt der entsprechende Irrtum des P zu dessen fehlender Verantwortung im Rahmen der objektiven Zurechnung und damit iSe Verantwortungsprinzips, das die Verantwortung *entweder* beim Täter *oder* beim Opfer sieht, zur Verantwortung der Täter bzw. eben – negativ formuliert – dazu, dass der Zurechnungszusammenhang zwischen schwerer Folge und von X und Y vorgenommener Tathandlung nicht durch eine eigenverantwortliche Selbstgefährdung des P unterbrochen wird; vgl. die Hinweise → Rn. 2292, 2305. 2321

bb) Fraglich ist aber, ob auch der tatbestandsspezifische Gefahrzusammenhang zwischen der Körperverletzung und dem Eintritt der schweren Folge – Verlust eines wichtigen Gliedes iSd § 226 I Nr. 2 StGB – gegeben ist. Aus der Körperverletzungshandlung kann sich dieser Zusammenhang nicht ergeben, da dem Tritt gegen den Betonfußball nicht die typische Gefahr der Amputation aufgrund einer nicht vorhersehbaren Infektion innewohnt. 2322

Hinweis: Die Argumentation entspricht der Ablehnung der das Leben gefährdenden Behandlung iSd § 224 I Nr. 5 StGB, → Rn. 2297. Denn es ist hier wie dort die Amputation, die zum Verlust des wichtigen Gliedes bzw. einer etwaigen Lebensgefährdung führt. 2323

Aber auch aus dem Körperverletzungserfolg – P hat sich das Bein gebrochen – ergibt sich nicht typischerweise die Notwendigkeit der Amputation des betreffenden Körperteils. Es fehlt daher am tatbestandsspezifischen Gefahrzusammenhang. 2324

2. Ergebnis

X und Y haben sich somit nicht wegen mittäterschaftlich begangener schwerer gefährlicher Körperverletzung in mittelbarer Täterschaft gem. §§ 223, 224 I Nr. 2, 3, 226 I Nr. 2, 25 II, 25 I Var. 2 StGB strafbar gemacht. 2325

III. Mittäterschaftlich begangene Misshandlung von Schutzbefohlenen in mittelbarer Täterschaft, §§ 225 I, 25 II, 25 I Var. 2 StGB

Zwar ist der polnische Fußballfan unter 18 Jahren alt, jedoch ist er ansonsten kein taugliches Tatobjekt, da es an einem Fürsorge- bzw. Abhängigkeitsverhältnis fehlt. Eine Strafbarkeit von X und Y kommt daher insoweit nicht in Betracht. 2326

IV. Ergebnis zur Strafbarkeit von X und Y

X und Y haben sich wegen mittäterschaftlich begangener gefährlicher Körperverletzung in mittelbarer Täterschaft gem. §§ 223 I, 224 I Nr. 2, 3, 25 II, 25 I Var. 2 StGB strafbar gemacht. 2327

B. Strafbarkeit des B

I. Beleidigung, § 185 StGB

1. Tatbestandsmäßigkeit, Rechtswidrigkeit und Schuld sind gegeben. 2328

2329 **Hinweis:** Die Voraussetzungen der Beleidigung sind hier völlig unproblematisch erfüllt. Das einzige Problem besteht in der Frage, ob der deutsche Straftatbestand des § 185 StGB anwendbar ist. Daraus rechtfertigt sich die ganz kurze Formulierung unter → Rn. 2328, die die Ebenen der Tatbestandsmäßigkeit, Rechtswidrigkeit und Schuld zusammenfasst.

2. Anwendbarkeit deutschen Strafrechts

2330 **Hinweis:** Beachte den Hinweis → Rn. 2286.

2331 Jedoch müsste § 185 des dt. StGB auf die nach dieser Vorschrift verwirklichte Beleidigung überhaupt Anwendung finden, was sich nach den §§ 3 ff. StGB richtet.

2332 **a)** Eine Anwendung des § 185 StGB über § 3 StGB kommt nicht in Betracht, da die Tat gem. § 9 I StGB vollständig in Argentinien und damit im Ausland begangen worden ist.

2333 **b)** Auch § 5 Nr. 13 StGB greift nicht ein, da B zwar Ausländer ist und die Tat im Ausland begangen wurde. Jedoch fehlt es bei B daran, dass er Träger eines deutschen staatlichen Amtes ist.[24] Auf die – umstrittene – Frage, ob § 5 Nr. 13 StGB nur für Amtsdelikte gilt,[25] kommt es daher nicht an.

2334 **c)** § 5 Nr. 14 StGB ist ebenfalls nicht einschlägig, da hier zwar die Tat gegen einen deutschen Amtsträger begangen wird: jedoch befand dieser sich nicht im Dienst, sondern bei einem privaten Essen.

2335 **d)** Allerdings ist § 185 StGB über § 7 I StGB anwendbar, da die Tat im Ausland gegen einen Deutschen verübt wurde und laut Sachverhalt am Tatort mit Strafe bedroht ist.

II. Ergebnis zur Strafbarkeit des B

2336 B hat sich wegen Beleidigung gem. § 185 StGB strafbar gemacht.

C. Strafbarkeit des K

I. Diebstahl, § 242 I StGB

2337 Indem K die Originalstatue mit der zweiten Nachbildung vertauschte, könnte er sich wegen Diebstahls nach § 242 I StGB strafbar gemacht haben.

1. Objektiver Tatbestand

2338 **a)** Die Originaltrophäe und das 2. Duplikat, beides bewegliche Sachen, stehen zum Zeitpunkt des Austauschs im Eigentum der Fifa und sind damit für K fremd.

2339 **b)** K könnte die Statuen weggenommen haben. Wegnahme ist Bruch fremden und Begründung neuen Gewahrsams.

2340 **Hinweis:** Vgl. zur Wegnahme iSd § 242 StGB ausführlich bereits Fall 13 → Rn. 1722 f.

24 Zu dieser Voraussetzung siehe nur SSW-StGB/*Satzger* § 5 Rn. 26.
25 Vgl. SSW-StGB/*Satzger* § 5 Rn. 26.

aa) Ursprünglich könnte F – für K fremden – Gewahrsam gehabt haben, da die Pokale sich im Tatzeitpunkt in den entsprechenden Koffern der Fifa im Umkleideraum des F befanden. Der Gewahrsamsbegriff wird unterschiedlich definiert: Eine Ansicht vertritt einen primär faktischen Gewahrsamsbegriff und versteht unter Gewahrsam die tatsächliche Sachherrschaft, die von einem natürlichen Herrschaftswillen getragen wird, wobei die Reichweite nach der Verkehrsauffassung bestimmt wird.[26] Eine andere Ansicht erhebt das sozial-normative Element zur eigenständigen Komponente des Gewahrsamsbegriffs und bestimmt das Herrschaftsverhältnis nicht tatsächlich, sondern nach der sozial-normativen Zuordnung einer Sache zur Herrschaftssphäre einer Person.[27] Auch wenn der Umkleideraum nicht verschlossen war und F dort gerade nicht anwesend war, hatte er nach allgemeiner Meinung Gewahrsam an den Trophäen. Das ergibt sich nach der zuletzt genannten Ansicht daraus, dass es sich um den Umkleideraum des F und die Koffer der Fifa handelt, für die F als Berechtigter handelt, nach der erstgenannten Ansicht, die in diesen Fällen nicht anders entscheidet, aus der von ihr aus den Anschauungen des täglichen Lebens hergeleiteten Fiktion der tatsächlichen Zugriffsmöglichkeit des Berechtigten.[28] **2341**

bb) Möglicherweise hat K bereits dadurch neuen Gewahrsam begründet, dass er die Pokale vertauschte. Nach dem faktischen wie dem sozial-normativen Gewahrsamsbegriff ist dann von einer Begründung neuen Gewahrsams auszugehen, wenn der Täter die tatsächliche Sachherrschaft derart erlangt hat, dass ihrer Ausübung keine wesentlichen Hindernisse entgegenstehen und der bisherige Inhaber auf die Sache nicht mehr einwirken kann, ohne zuvor die Verfügungsgewalt des Täters zu beseitigen.[29] Vorliegend ist problematisch, dass die Pokale sich weiterhin in der Kabine des F befinden und K die Pokale nur vertauscht hat, ohne eine faktische Verfügungsgewalt zu begründen. Die generelle ursprüngliche Sachherrschaft – hier in der Kabine – wird im Normalfall erst aufgehoben, wenn eine Sache aus der Gewahrsamssphäre entfernt wird. Solange Dinge sich in einer generellen Gewahrsamssphäre befinden, zu der der Gewahrsamsinhaber eine tatsächliche Zugriffsmöglichkeit hat, und ein genereller Herrschaftswille vorliegt, besteht sein Gewahrsam grundsätzlich fort.[30] **2342**

Neuer Gewahrsam kann jedoch auch begründet werden, wenn Sachen innerhalb einer fremden Gewahrsamssphäre vom Täter versteckt werden.[31] In solchen Fällen ist tätereigener Gewahrsam dann begründet, wenn die tatsächliche Möglichkeit des bisherigen Gewahrsamsinhabers, über die Sachen zu verfügen, erheblich erschwert wurde. Die Vollendung der Wegnahme und damit die Begründung neuen Gewahrsams in den Versteck-Fällen werden damit begründet, dass eine »Tabusphäre« des Täters in der generellen Gewahrsamssphäre geschaffen wird.[32] K hat freilich keine neue Gewahrsamssphäre geschaffen, die einer Tabusphäre oder einem Versteck vergleichbar wäre, da die ungehinderte Zugriffsmöglichkeit auf die Sache an sich für F weiter besteht. Beeinträchtigt ist allein das Vorstellungsbild des F, jedoch weder sein Wille zur **2343**

26 BGHSt 20, 194 (195 f.); 22, 180 (182); MüKoStGB/*Schmitz* § 242 Rn. 43; Schönke/Schröder/*Eser* § 242 Rn. 23; *Fischer* § 242 Rn 11; LK/*Vogel* § 242 Rn. 54.
27 *Welzel* GA 1960, 257; SK-StGB/StGB/*Samson*, 4. Aufl. 1990, § 242 Rn. 20 ff.; *Wessels/Hillenkamp* StrafR BT II Rn. 83.
28 Vgl. zu Letzterem *Wessels/Hillenkamp* StrafR BT II Rn. 83.
29 *Wessels/Hillenkamp* StrafR BT II Rn. 121.
30 *Wessels/Hillenkamp* StrafR BT II Rn. 126.
31 Vgl. den Fall bei *Rotsch* JuS 2004, 607.
32 RGSt 12, 353** (355 ff.) = »Erbsensack«-Fall; *Rotsch* JuS 2004, 607 (609 f.) mwN.

Ausübung der Sachherrschaft noch die faktische Sachherrschaft. Auch kollidiert die Annahme einer Gewahrsamsneubegründung in einem Fall des bloßen offenen Vertauschens mit dem Gesetzeswortlaut. K hat also durch den Austausch der Pokale keinen neuen Gewahrsam begründet.

2344 cc) Es liegt keine Wegnahme durch das Vertauschen vor.

2. Ergebnis

2345 K hat sich durch das Vertauschen der Trophäen nicht wegen Diebstahls nach § 242 I StGB strafbar gemacht.

II. Diebstahl in mittelbarer Täterschaft, §§ 242, 25 I Var. 2 StGB

2346 Indem K die Pokale vertauschte und F dem Vertreter der italienischen Mannschaft deshalb statt des Originals die zweite Nachbildung übergab, könnte K sich wegen Diebstahls in mittelbarer Täterschaft gem. §§ 242, 25 I Var. 2 StGB strafbar gemacht haben.

1. Objektiver Tatbestand

2347 K könnte das zweite Duplikat durch die Übergabe von F an die italienische Mannschaft in mittelbarer Täterschaft F weggenommen haben. Dazu müsste er den Diebstahl gem. § 25 I Var. 2 StGB durch F begangen haben. Mittelbare Täterschaft kommt auch dann in Betracht, wenn das Werkzeug nicht tatbestandsmäßig handelt. F übergab den Pokal in Unkenntnis der genauen Identität; damit könnte K kraft überlegenen Wissens als mittelbarer Täter gehandelt haben.

2348 **a)** Ursprünglich bestand fremder Gewahrsam des F, → Rn. 2341.

2349 **b)** Mit der Übergabe des zweiten Duplikats durch F könnte die italienische Mannschaft neuen Gewahrsam erlangt haben. Dies würde als Begründung neuen Gewahrsams genügen, tätereigener Gewahrsam muss nicht begründet werden.[33] Die italienische Mannschaft übt nach der Übergabe die faktische Sachherrschaft aus, hält allerdings das zweite Duplikat für das Original. Damit könnte der Sachherrschaftswille fehlen. Allerdings sind an diesen keine hohen Anforderungen zu stellen. Ausreichend ist dabei ein natürlicher Beherrschungswille.[34] Ein solcher Wille dahingehend, dass die italienische Mannschaft den ihr übergebenen Pokal in Gewahrsam nehmen möchte, ist gegeben. Diese Gewahrsamsbegründung scheitert nicht daran, dass ein Irrtum über die Identität vorliegt.

2350 **c)** Ferner müsste die Gewahrsamsverschiebung durch Bruch erfolgt sein. Darunter versteht man das Handeln gegen oder ohne Willen des Berechtigten.[35] Fraglich ist, ob F das zweite Duplikat willentlich herausgegeben hat, da er es mit dem Original verwechselte. Beim Einverständnis im Rahmen der Wegnahme kommt es jedoch nach ganz hM nicht auf Mängel bei der Willensbildung an.[36] Da F hier also bewusst und

---

33 RGSt 48, 58*** – »Gänsebuchten«-Fall.
34 Schönke/Schröder/*Eser/Bosch* § 242 Rn. 30; dagegen MüKoStGB/*Schmitz* § 242 Rn. 59.
35 *Lackner/Kühl* § 242 Rn. 14; NK-StGB/*Kindhäuser* § 242 Rn. 41.
36 MüKoStGB/*Schmitz* § 242 Rn. 75, 80 mwN.

trotz Irrtums über die Identität des Pokals hinreichend freiwillig verfügt, liegt kein Gewahrsamsbruch vor. Der objektive Tatbestand ist nicht erfüllt.

Hinweis: Vgl. hierzu den insoweit ähnlich gelagerten Sachverhalt der über den Windelkarton verfügenden Kassiererin in Fall 13 → Rn. 1728 ff. 2351

2. Ergebnis

K hat sich nicht wegen Diebstahls in mittelbarer Täterschaft gem. §§ 242, 25 I Var. 2 StGB strafbar gemacht. 2352

III. Versuchter Diebstahl, §§ 242 I, II, 22, 23 I StGB

Indem K die Originalstatue in den Koffer der zweiten Nachbildung legte, um sie nach dem Endspiel an sich zu bringen, könnte er sich wegen versuchten Diebstahls gem. §§ 242 I, II, 22, 23 I StGB strafbar gemacht haben. Die Tat wurde nicht vollendet, da K die Trophäe nicht an sich genommen hat; der versuchte Diebstahl ist nach § 242 II StGB strafbar. 2353

1. Tatenschluss

K müsste zunächst den Vorsatz gehabt haben, eine fremde bewegliche Sache wegzunehmen; ferner müsste er in Zueignungsabsicht gehandelt haben. 2354

Hinweis: Häufig wird etwa folgendermaßen formuliert: K müsste zunächst Vorsatz zur Verwirklichung aller objektiven Tatbestandsmerkmale gehabt haben; ferner müssen sonstige subjektive Tatbestandsmerkmale vorliegen. Natürlich ist dieser Satz nicht falsch. Er bringt aber die Prüfung nicht voran. Denn zum einen stellt er eine Selbstverständlichkeit dar, zum andern müssen Sie die oben gewählte, im Hinblick auf den in Frage kommenden Straftatbestand sogleich konkretisierte Formulierung, im nächsten Schritt ohnehin verwenden. Dann erscheint es aber sinnvoller, die Voraussetzungen der jeweiligen Prüfungsstufe sogleich im Hinblick auf den geprüften Tatbestand »anzupassen«. Andernfalls müsste man – wollte man konsequent bleiben – stets zunächst generell und erst anschließend konkretisierend formulieren. Das macht – zu Recht – niemand. Denken Sie daran, dass eine strafrechtliche Klausur fast immer nur unter großem Zeitdruck fertigzustellen ist. Ersparen Sie sich daher unnötige Floskeln. Bei der in einer strafrechtlichen Examensklausur zu prüfenden Vielzahl von Straftatbeständen bringt dies einen deutlichen Zeitgewinn! 2355

a) K wusste, dass es sich bei der Originaltrophäe um eine im Eigentum der Fifa stehende – und damit für ihn fremde – bewegliche Sache handelt. Ferner wollte er den ursprünglichen Gewahrsam der Fifa brechen und selbst neuen Gewahrsam begründen, indem er die Statue nach dem Spiel an sich nehmen wollte. Die geplante Gewahrsamsverschiebung sollte durch einen Bruch erfolgen, da K wusste, dass kein Einverständnis für die Mitnahme durch ihn vorliegt. K wollte auch als unmittelbarer Täter handeln, da er den Koffer mit dem Original nach dem Spiel selbst entwenden wollte. 2356

b) Außerdem müsste K Zueignungsabsicht gehabt haben. Unter Zueignungsabsicht versteht man die Absicht (dolus directus 1. Grades), die Sache sich zumindest vorübergehend selbst anzueignen und Vorsatz (mindestens dolus eventualis) bezüglich einer dauerhaften Enteignung. 2357

Hinweis: Vgl. bereits Fall 11, → Rn. 1373. 2358

2359 K wollte den Pokal wie ein Eigentümer für sich haben und wusste um die damit einhergehende faktische Verdrängung der Fifa aus der Eigentümerstellung. Die beabsichtigte Zueignung ist objektiv rechtswidrig, wenn der Täter keinen fälligen, einredefreien Anspruch auf Übereignung der konkreten Sache hat. Dies ist hier der Fall, die von K beabsichtigte Zueignung steht im Widerspruch zur Rechtsordnung, was vom Vorsatz des K umfasst war. Damit liegt Zueignungsabsicht vor.

2360 c) K hatte Tatentschluss zur Begehung eines Diebstahls.

2. Unmittelbares Ansetzen

2361 K müsste zur Tatbestandsverwirklichung iSd § 22 StGB unmittelbar angesetzt haben. Dies ist der Fall, wenn der Täter subjektiv die Schwelle zum »jetzt geht es los« überschreitet und objektiv mit der tatbestandsmäßigen Ausführungshandlung beginnt.[37] Hieran fehlt es freilich, da K sich vorgestellt hatte, die Statue erst nach dem Trubel des Endspiels an sich zu nehmen. Da mithin noch ein wesentlicher Teilakt aussteht und kein enger zeitlicher Zusammenhang zur geplanten Rechtsgutsverletzung vorliegt, fehlt es sowohl am objektiven wie auch am subjektiven Element des unmittelbaren Ansetzens. Das Vertauschen sollte nach dem Tatplan des K lediglich zur Vorbereitung einer etwaigen späteren Wegnahme dienen. Folglich hat K nicht unmittelbar zur Begehung eines Diebstahls angesetzt.

3. Ergebnis

2362 K hat sich nicht wegen versuchten Diebstahls gem. §§ 242 I, 2 22, 23 I StGB strafbar gemacht.

IV. Betrug zum Nachteil der Fifa, § 263 I StGB

2363 Indem K die Statuen vertauschte und F der italienischen Mannschaft die zweite Nachbildung als Original übergab, könnte K sich eines Betruges gem. § 263 I StGB zum Nachteil der Fifa schuldig gemacht haben.

1. Objektiver Tatbestand

2364 a) K müsste zunächst über Tatsachen getäuscht haben. Täuschungsrelevante Tatsache ist die Echtheit der Pokale. Eine Täuschung ist dabei ein Verhalten, das einen bestimmten Erklärungswert hat und der Irreführung anderer dient. Dabei setzt die Täuschung grundsätzlich die Einwirkung auf die Vorstellung des anderen voraus.

2365 **Hinweis:** Vgl. insoweit grds. bereits Fall 14 → Rn. 1832.

2366 K hat jedoch nicht direkt auf das Vorstellungsbild des F Einfluss genommen, sondern die Tatsachen, auf die sich die ursprünglich zutreffende Vorstellung bezog, so verändert, dass nun Vorstellung und Wirklichkeit auseinander fallen. Da ein Irrtum aber nichts anderes ist, als ein Widerspruch zwischen Vorstellung und Wirklichkeit, stellt sich die Frage, ob die Herbeiführung dieses Erfolges schon genügt, um eine Täuschung anzunehmen, auch wenn die genannte klassische Definition nicht erfüllt ist. Da der Irrtum jedoch lediglich das Auseinanderfallen von Vorstellung und Wirklich-

37 *Lackner/Kühl* § 22 Rn. 4 mwN.

keit erfordert, muss er gleichermaßen sowohl durch eine Einwirkung auf die Vorstellung wie auch auf die Wirklichkeit erzeugt werden können. Auch wird hier durch die Veränderung der Sache durchaus die Vorstellung des F beeinflusst: Er stellt sich nämlich gerade wegen der veränderten Tatsachen vor, die Originalstatue wäre das zweite Duplikat. Mithin liegt im Vertauschen der Statuen eine Täuschung iSd Betrugstatbestandes.

Hinweis: AA die ganz überwiegende Meinung, die die bloße Manipulation des Bezugsgegenstandes der Opfervorstellung als von § 263 StGB nicht erfasst ansieht, vgl. NK-StGB/*Kindhäuser* § 263 Rn. 101. Versuchen Sie, den Hintergrund dieses Problems zu verstehen: Die hM liest in den vermeintlich missverständlichen Wortlaut des § 263 StGB die Tathandlung der Täuschung hinein, um das von ihr propagierte Ausschlussverhältnis zu § 242 StGB aufrechterhalten zu können. Lesen Sie nochmals sorgfältig die Norm des § 263 StGB. Hält man danach eine Täuschung iSd hM nicht für erforderlich (und lässt dementsprechend – wie bei jedem nicht verhaltensgebundenen Erfolgsdelikt – die kausale und objektiv zurechenbare Verursachung des tatbestandsmäßigen Erfolges [hier: eines Vermögensschadens] genügen), dann folgt hieraus in der Konsequenz freilich, dass in jedem heimlichen Diebstahl auch ein Betrug steckt. IdS zB *Arzt/Weber* StrafR BT § 20 Rn. 46; *Krey/Hellmann,* Strafrecht Besonderer Teil, Teil 2, 14. Aufl. 2005, Rn. 338. 2367

b) F unterlag durch die Täuschung einem Irrtum (→ Rn. 2366). 2368

c) Durch den Irrtum müsste es zu einer Vermögensverfügung gekommen sein. Eine Vermögensverfügung ist jedes Tun, Dulden oder Unterlassen des Getäuschten, das sich beim Geschädigten unmittelbar vermögensmindernd auswirkt.[38] Relevant könnte dafür die Übergabe des zweiten Duplikats an die italienische Mannschaft sein. Dies stellt eine Vermögensverfügung dar, da der Besitz (vorübergehend) übertragen wird. Die Kausalität zwischen Täuschung/Irrtum und Vermögensverfügung ist zu bejahen, da F der italienischen Mannschaft, denkt man sich die Täuschung hinweg, nicht das zweite Duplikat mitgegeben hätte. Dieses wollte F selbst mitnehmen. Ferner handelte der getäuschte F auch mit Verfügungsbewusstsein, da er den Koffer bewusst übergibt. Ein Irrtum bezüglich des Inhalts ist insoweit unbeachtlich. 2369

d) Dadurch könnte bei der Fifa, in deren Lager F als Verfügungsberechtigter steht, ein Vermögensschaden begründet worden sein. Der Vermögensschaden wird anhand eines objektiv-individualisierenden Beurteilungsmaßstabes nach dem Prinzip der Gesamtsaldierung unter Berücksichtigung einer etwaigen unmittelbaren Schadenskompensation festgestellt.[39] Durch einen Vergleich des Vermögensstandes vor und nach der Vermögensverfügung wird gefragt, ob eine nachteilige Vermögensdifferenz eingetreten ist, ohne dass diese durch ein unmittelbar aus der Vermögensverfügung fließendes Äquivalent wirtschaftlich voll ausgeglichen wird. 2370

Eine nachteilige Vermögensbeeinflussung könnte in der Herausgabe des zweiten Duplikats liegen. Auf diese Herausgabe bestand auch kein Anspruch der italienischen Mannschaft. Es könnte jedoch ein unmittelbarer Ausgleich im Vermögen der Fifa stattgefunden haben, da sie dafür den Besitz am Original behielt. Vor der Übergabe hatte die italienische Mannschaft einen Anspruch auf Besitzverschaffung an der Originalstatue. Dieser Anspruch ist auch nicht durch Erfüllung erloschen, da die Übergabe des Duplikats nicht erfüllungstauglich war. Die Tatsache, dass die italienische 2371

38 *Lackner/Kühl* § 283 Rn. 22 mwN.
39 *Lackner/Kühl* § 283 Rn. 36 mwN.

Mannschaft den Anspruch aus Unkenntnis nicht geltend macht, ist auch bei einer rein wirtschaftlichen Betrachtungsweise irrelevant, da der Anspruch dadurch nicht wertlos wird. Stellt man sich vor, dass der Austausch bemerkt wird, so wird die italienische Mannschaft den Anspruch zweifellos geltend machen. Damit ist der Gewahrsam an der Originalstatue noch mit einem Anspruch auf Herausgabe belastet. Der Vorteil, die Originalstatue momentan tatsächlich zu besitzen, liegt zwar objektiv für die Fifa vor; er wird jedoch durch die Gesamtbetrachtung relativiert und ist damit kein Äquivalent, das die Herausgabe des Duplikats kompensieren könnte. Die Eigentumsverhältnisse an der Originalstatue bleiben vom Ganzen unberührt, da sie nur leihweise übergeben werden sollte. Andererseits hat F der italienischen Mannschaft Gewahrsam am zweiten Duplikat verschafft. Dies war jedoch nicht geschuldet und führt auch nicht zum Erlöschen des Herausgabeanspruchs bezüglich des Originalpokals. Hier hat die Fifa zwar einen Anspruch auf Rückgabe aus § 812 I 1 BGB, solche gesetzlichen Ansprüche bleiben in der Gesamtbetrachtung jedoch unberücksichtigt. Damit ist die Vermögenslage der Fifa insgesamt nachteilig verändert: Sie hat das zweite Duplikat herausgegeben, obwohl sie das nicht musste. Damit fehlt es ihr zunächst an einer Besitzposition. Das Original hat sie dafür zwar noch im Gewahrsam. Dieser ist jedoch mit einem Herausgabeanspruch belastet. Ein Vermögensschaden ist zu bejahen.

2. Subjektiver Tatbestand

2372 K handelte vorsätzlich. Er müsste außerdem Bereicherungsabsicht, dh die Absicht, sich oder einem Dritten einen rechtswidrigen und mit dem Vermögensschaden stoffgleichen Vorteil zu verschaffen, gehabt haben. Ein Vorteil besteht in der vorübergehenden Besitzerlangung an der zweiten Nachbildung durch die italienische Mannschaft. Diesen Vorteil müsste K in Form von Absicht im technischen Sinn (dolus directus ersten Grades) gewollt haben. Laut Sachverhalt kam es K gerade darauf an, dass der italienischen Mannschaft die zweite Nachbildung übergeben wird. Damit liegt Drittbereicherungsabsicht vor. Auf die Besitzübertragung hatte die italienische Mannschaft auch keinen Anspruch. Damit war die angestrebte Bereicherung rechtswidrig. Der Vorteil ist auch mit dem oben dargelegten Schaden stoffgleich. Zudem hatte K Vorsatz bezüglich Rechtswidrigkeit und Stoffgleichheit. Der subjektive Tatbestand ist damit erfüllt.

3. Rechtswidrigkeit und Schuld

2373 K handelte rechtswidrig und schuldhaft.

3. Ergebnis

2374 K hat sich eines Betrugs gem. § 263 I StGB schuldig gemacht.

V. Betrug in mittelbarer Täterschaft zum Nachteil der italienischen Mannschaft, §§ 263 I, 25 I Var. 2 StGB

2375 Durch den Austausch von Original und zweitem Duplikat und die hierdurch bewirkte Übergabe des zweiten Duplikats durch F an die italienische Mannschaft, könnte K sich eines Betruges in mittelbarer Täterschaft nach §§ 263 I, 25 I Var. 2 StGB schuldig gemacht haben.

1. Objektiver Tatbestand

a) F übergab der italienischen Mannschaft das zweite Duplikat – zumindest konkludent – als Original. Dies stellt objektiv eine irreführende Einwirkung auf das Vorstellungsbild der Italiener und damit eine Täuschung dar. **2376**

Hinweis: Wer die Frage der mittelbaren Täterschaft im klassischen Sinne prüfen möchte, kann dies gut an dieser Stelle etwa wie folgt tun: »Diese Handlung könnte K über § 25 I Var. 2 StGB zurechenbar sein. Es kommt eine mittelbare Täterschaft kraft Irrtumsherrschaft in Betracht. F könnte hier vorsatzlos gehandelt haben und K die Situation deswegen als überlegen beherrschen. F wusste nichts von dem Austausch und täuschte damit die italienische Mannschaft bei der Übergabe der falschen Statue nicht vorsätzlich über deren Identität. Plan des K war, dass F der italienischen Mannschaft der Koffer mit der Aufschrift ›Original‹ übergeben würde. Durch das Austauschen der Pokale hat er bei F den Irrtum erregt, er würde den richtigen Pokal übergeben. Damit war K dem F auf der Wissensebene überlegen und beherrschte so die Situation. Mithin ist K die Übergabe des falschen Pokals durch F als Täuschungshandlung zurechenbar.« Zur hier favorisierten Vorgehensweise siehe zunächst Fall 2 → Rn. 312 und unten im Text unter 4. → Rn. 2386. **2377**

b) Der Vertreter der italienischen Mannschaft irrte über die Echtheit des Pokals. **2378**

c) Weiter müsste eine Vermögensverfügung vorliegen. Eine solche kann auch in der Unterlassung der Geltendmachung von Ansprüchen bestehen.[40] Die italienische Mannschaft hat es aufgrund des Irrtums unterlassen, den Anspruch auf Herausgabe des Originalpokals geltend zu machen. Auch ist es unschädlich, dass bei der italienischen Mannschaft bezüglich der unterlassenen Geltendmachung des Anspruchs kein Verfügungsbewusstsein vorliegt. Eine Vermögensverfügung liegt damit vor. **2379**

d) Dadurch müsste der italienischen Mannschaft ein Schaden entstanden sein. Vor der Annahme des Duplikats besteht ein Anspruch auf Übergabe des Originalpokals. Dieser ist nicht erloschen, siehe oben. Allerdings wurde stattdessen das zweite Duplikat übergeben. Der Besitz an diesem ist aber mit einem Rückgabeanspruch an F aufgrund ungerechtfertigter Bereicherung verbunden. Im wirtschaftlichen Sinn könnte ein Schaden darin liegen, dass die italienische Mannschaft für die Zeit bis zur Rückgabe des Pokals – bzw. der Entdeckung des Austauschs – nur Besitz an der Kopie hat, obwohl sie einen Anspruch auf Verschaffung des Besitzes am Original hat. Objektiv ist zwar der tatsächliche Besitz als wertvoller einzustufen als der bloße Anspruch. Allerdings liegt hier kein Äquivalenzverhältnis vor: Der Besitz am Duplikat ist nicht mit dem Besitz am Original zu vergleichen, der vorübergehende Besitz des Duplikats ist objektiv für die italienische Mannschaft wertlos. Ein Schaden ist zu bejahen, da die sofortige Besitzverschaffung an der Originalstatue einen Vermögenswert dargestellt hätte. **2380**

2. Subjektiver Tatbestand

K handelte vorsätzlich. **2381**

Hinweis: Wer die Frage der mittelbaren Täterschaft bereits im objektiven Tatbestand geprüft hat, darf hier nicht vergessen anzufügen, dass der Vorsatz des Täters sich auch auf seine Beteiligungsform be- **2382**

40 LK/*Tiedemann* § 263 Rn. 102, 103.

ziehen muss (zB: »Der Vorsatz bezog sich auch auf seine Stellung als mittelbarer Täter.«). Wer wie hier prüft, hebt sich die Feststellung noch auf, vgl. → Rn. 2377 aE.

2383 Er müsste außerdem in der Absicht gehandelt haben, sich oder einem Dritten einen rechtswidrigen und mit dem Vermögensschaden stoffgleichen Vorteil zu verschaffen. Der Schaden liegt darin, dass die italienische Mannschaft aufgrund der Nichtgeltendmachung ihres Anspruchs keinen Besitz am Originalpokal erlangt hat. Der Besitz des Originalpokals stellt für die Fifa auch rein tatsächlich – unabhängig von der Gesamtbetrachtung bei der Schadensbewertung – einen Vorteil dar. Bezüglich dieses Vorteils muss K Bereicherungsabsicht gehabt haben. Zunächst könnte Eigenbereicherungsabsicht vorliegen. Die Tatsache, dass die italienische Mannschaft keinen Besitz erlangen sollte, war notwendiges Zwischenziel für K, um nach seinem Tatplan die Originalstatue bei F entwenden zu können. Diese angestrebte Eigenbereicherung ist jedoch nicht stoffgleich mit dem Vermögensschaden.

2384 Es könnte jedoch Drittbereicherungsabsicht zugunsten der Fifa vorliegen. K wollte in Form von dolus directus ersten Grades, dass die Fifa die Originalstatue in Besitz behält. Dabei liegt auch Stoffgleichheit zum Vermögensschaden bei der italienischen Mannschaft vor. Die Bereicherung war, da die Fifa auf Besitz der Originalstatue keinen Anspruch hatte, auch rechtswidrig. Diese Rechtswidrigkeit nahm K zumindest billigend in Kauf. Mithin hatte K Bereicherungsabsicht.

3. Rechtswidrigkeit und Schuld

2385 K handelte rechtswidrig und schuldhaft.

4. Beteiligungsform

2386 Die objektive Täuschungshandlung des F könnte K über § 25 I Var. 2 StGB zurechenbar sein. Es kommt eine mittelbare Täterschaft kraft Irrtumsherrschaft in Betracht. F könnte vorsatzlos gehandelt haben und K die Situation deswegen als überlegen beherrschen. F wusste nichts von dem Austausch und täuschte damit die italienische Mannschaft bei der Übergabe der falschen Statue nicht vorsätzlich über deren Identität. Der Plan des K war, dass F der italienischen Mannschaft den Koffer mit der Aufschrift »Original« übergeben würde. Durch das Austauschen der Pokale hatte er bei F den Irrtum erregt, dieser würde den richtigen Pokal übergeben. Damit war K dem F aufgrund seines Wissensvorsprungs überlegen und beherrschte so die Situation. Mithin ist K die Übergabe des falschen Pokals durch F als Täuschungshandlung als mittelbarer Täter gem. § 25 I Var. 2 StGB zurechenbar. Insoweit handelte K auch vorsätzlich.

2387 **Hinweis:** Beachte zum letzten Satz – der die Feststellung des Vorsatzes bezüglich der Beteiligungsform betrifft – bereits den Hinweis → Rn. 2382.

5. Ergebnis

2388 K hat sich eines Betruges in mittelbarer Täterschaft zu Lasten der italienischen Mannschaft und zu Gunsten der Fifa gem. §§ 263 I, 25 I Var. 2 StGB schuldig gemacht.

VI. Urkundenfälschung, § 267 I Var. 2 StGB

Indem K die Pokale vertauschte, könnte er sich einer Urkundenfälschung nach § 267 I Var. 2 StGB schuldig gemacht haben. 2389

1. Objektiver Tatbestand

K müsste zunächst eine echte Urkunde verfälscht haben. Nach hM ist eine Urkunde eine verkörperte Gedankenerklärung, die zum Beweis im Rechtsverkehr geeignet und bestimmt ist und ihren Aussteller erkennen lässt.[41] 2390

Hinweis: Dieser traditionelle Urkundenbegriff der hA ist vielfältigen Einwänden ausgesetzt, vgl. hierzu RNPW/*Rotsch* Klausur im 1. Staatsexamen Fall 24, 374 (395 ff.) mwN – lesen! 2391

a) Der Pokal im dazugehörigen Koffer könnte eine (echte) zusammengesetzte Urkunde sein. Dazu müsste eine verkörperte Gedankenerklärung, die ihren Aussteller erkennen lässt, mit einem Gegenstand, der selbst nicht Urkunde ist, und auf den sich ihr Erklärungsinhalt bezieht, räumlich fest zu einer Beweiseinheit verbunden sein.[42] Dass der Erklärungsteil seinerseits selbst eine Urkunde ist, ist nicht zwingend erforderlich, solange sich die für die Urkundeneigenschaft erforderliche Beweiseignung jedenfalls aus der Verbindung mit dem Bezugsobjekt ergibt.[43] 2392

aa) Bei der Bezeichnung »FIFA WM-Pokal – Original« handelt es sich um ein willentliches menschliches Verhalten, das geeignet ist, in einem anderen unter Anwendung eines zwischen den Beteiligten feststehenden Codes eine bestimme Vorstellung über einen Sachverhalt – nämlich den Inhalt des Koffers – hervorzurufen[44], und damit um eine Gedankenerklärung. 2393

bb) Diese Gedankenerklärung ist als Aufschrift auf dem Koffer mit diesem hinreichend fest und dauerhaft verbunden und daher in einer Sache verkörpert.[45] 2394

cc) Als Aussteller dieser Erklärung ist die Fifa erkennbar. 2395

dd) Fraglich ist aber, ob die Verbindung zwischen Erklärungsteil und Bezugsobjekt den Anforderungen an eine zusammengesetzte Urkunde genügt. Denn die Beschriftung ist nicht unmittelbar auf dem Pokal als Bezugsobjekt der Erklärung, sondern auf dem Koffer als dem Aufbewahrungsort des Bezugsobjektes angebracht. Wenn der Erklärung das Bezugsobjekt aber nur lose zugeordnet ist, besteht kein schützenswertes Vertrauen des Rechtsverkehrs auf die Echtheit dieser Beweisbeziehung. Untrennbarkeit wird dabei zwar nicht vorausgesetzt, erforderlich ist jedoch, dass die Verbindung zu einer Beweiseinheit eine gewisse Sicherheit gegen eine absichtliche Trennung ermöglicht.[46] K musste bei dem Austausch der Pokale größtes Geschick aufwenden, da die Pokale jeweils mit einem ausgeklügelten Klickmechanismus gesichert waren. Damit liegt eine zur Annahme einer zusammengesetzten Urkunde hinreichende Verbindung vor. 2396

41 Zur Definition des Urkundenbegriffs vgl. nur SSW-StGB/*Wittig* § 267 Rn. 7 mwN.
42 SSW-StGB/*Wittig* § 267 Rn. 44.
43 SSW-StGB/*Wittig* § 267 Rn. 44.
44 Siehe die Definition der Gedankenerklärung bei *Lackner/Kühl* § 267 Rn. 3.
45 Vgl. grds. BGHSt 34, 375 (376).
46 OLG Köln NJW 1973, 1807; OLG Düsseldorf NJW 1982, 2268.

2397 **ee)** Aus der Verbindung von Erklärung und Bezugsobjekt ergeben sich dementsprechend jeweils die Beweiseignung und die Beweisbestimmung der Beweiseinheit, da sie eine Identifizierung der jeweiligen Statue ermöglicht und diese auch gerade ermöglichen soll.

2398 **Hinweis:** Nach hM ist die Beweiseignung objektiv, die Beweisbestimmung hingegen subjektiv zu bestimmen, vgl. SSW-StGB/*Wittig* § 267 Rn. 27 ff., 31 ff. Auch diese Ansicht ist Bedenken ausgesetzt, siehe RNPW/*Rotsch* Klausur im 1. Staatsexamen Fall 24, 374 (397 ff.)

2399 **ff)** Der Pokal in dem dazugehörigen Koffer ist also eine echte zusammengesetzte Urkunde. Da dies für das Original wie das zweite Duplikat gleichermaßen gilt, liegen zwei zusammengesetzte Urkunden vor.

2400 **b)** Diese könnte K verfälscht haben. Verfälschen bedeutet jede nachträgliche Veränderung der Beweisrichtung und des gedanklichen Inhalts einer echten Urkunde, sodass diese nach dem Eingriff etwas anderes zum Ausdruck bringt als zuvor. Durch die Veränderung muss der Anschein erweckt werden, der Aussteller habe die Erklärung so abgegeben, wie sie nach der Veränderung vorliegt.[47] K hat allerdings nicht die Erklärung selbst, also die Beschriftung auf den Koffern, manipuliert, sondern lediglich das Bezugsobjekt ausgetauscht. Bei einer derart zusammengesetzten Urkunde hat die Beziehung der Erklärung zu dem Objekt jedoch denselben Beweiswert wie der eigentliche Erklärungsinhalt, sodass ein Austausch als Verfälschung grundsätzlich genügt. Durch den Austausch müsste allerdings eine unechte Urkunde entstanden sein, denn wer eine echte Urkunde verfälscht, stellt dadurch stets zugleich eine unechte Urkunde her.[48] Die jetzt falsche Zuordnung der Pokale erweckt den Anschein, vom ursprünglichen Aussteller so vorgenommen worden zu sein. Tatsächlich stammt die Erklärung über die Identität der Pokale nach dem Austausch aber nicht mehr von der Fifa, sondern von K. Damit rührt sie nicht mehr von demjenigen her, der sich aus den Umständen als Aussteller ergibt und ist mithin unecht. Da K das Original gegen das zweite Duplikat ausgetauscht hat, hat er beide zusammengesetzten Urkunden verfälscht und zwei neue – unechte – Urkunden hergestellt.

2. Subjektiver Tatbestand

2401 K handelte vorsätzlich. Ferner müsste er zur Täuschung im Rechtsverkehr gehandelt haben. K müsste also die zusammengesetzten Urkunden verfälscht haben, um jemanden über die Echtheit der Urkunden zu täuschen und ihn dadurch zu einem rechtserheblichen Verhalten zu veranlassen.[49] Dabei genügt dolus directus 2. Grades.[50] Hier ist zu differenzieren: Eigentliches Ziel des K war die Entwendung des Originalpokals. Zu diesem Zweck verstaute er das zweite Duplikat in dem Koffer mit der Aufschrift »FIFA WM-Pokal – Original«; so wollte K sicherstellen, dass der italienischen Mannschaft nicht wie geplant das Original, sondern das zweite Duplikat ausgehändigt würde und er später in der Lage wäre, das in dem Koffer mit der Aufschrift »FIFA WM-Pokal – 2. Duplikat« verstaute Original zu entwenden. Die Täuschung des F (und der italienischen Mannschaft) über die Identität des zweiten Duplikats war da-

47 IdS SSW-StGB/*Wittig* § 267 Rn. 72 mwN.
48 NK-StGB/*Puppe* § 267 Rn. 84.
49 BGHSt 5, 149; 33, 105 (109).
50 SSW-StGB/*Wittig* § 267 Rn. 84 mwN.

her notwendiges Zwischenziel des K zur späteren Erlangung des Originalpokals. Insoweit handelte K daher sogar mit dolus directus 1. Grades. Schwieriger erscheint die Beurteilung hinsichtlich des Originalpokals. Zwar war auch hier der Austausch des zweiten Duplikats mit dem Original notwendiges Zwischenziel zur Ermöglichung der späteren Entwendung. Allerdings war für die geplante Entwendung des Originalpokals ein Irrtum des F (bzw. der italienischen Mannschaft) über die Identität des zweiten Duplikats gerade nicht notwendige Voraussetzung. Denn K kann es im Zeitpunkt des Austauschs nur darauf angekommen sein, dass F nicht bemerkt, dass der von ihm wieder mitgenommene Koffer mit der Aufschrift »FIFA WM-Pokal – 2. Duplikat« tatsächlich leer ist; dass der Koffer zum Zeitpunkt der Rückreise des F tatsächlich das Original enthielt, konnte K nicht wissen, da er nicht ahnen konnte, dass ihm die geplante Entwendung des Originalpokals nicht mehr gelingen werde. Fraglich ist, ob dies die Täuschungsabsicht insoweit ausschließt. Da die hM dolus directus 2. Grades ausreichen lässt, aber auch voraussetzt, müsste K sicher gewusst haben, dass F bei der Rückreise gerade die zusammengesetzte Urkunde aus dem Koffer mit der Aufschrift »FIFA WM-Pokal – 2. Duplikat« mitsamt seinem Bezugsobjekt für echt hält. Wenn F diese zusammengesetzte Urkunde für echt halten soll, muss er nach der Vorstellung des K davon ausgehen, dass sich in dem Koffer das zweite Duplikat befindet. Fraglich ist also, ob K im Tatzeitpunkt sicher davon ausgegangen ist, dass F glaubt, in dem entsprechenden Koffer befinde sich das 2. Duplikat. Nur diese Annahme entspricht aber einer lebensnahen Sachverhaltsauslegung. Zwar ging K davon aus, bis zur Rückreise des F nach Zürich die Originalstatue an sich gebracht zu haben; ihm war aber auch klar, dass F aufgrund seines Irrtums, er habe den Originalpokal an die italienische Mannschaft überreicht, glaubte, er nehme das zweite Duplikat wieder mit nach Zürich. Darüber hinaus muss K aber auch sicher gewusst haben, dass F aufgrund seines Irrtums zu einem rechtlich erheblichen Verhalten bestimmt wird. Dieses Verhalten kann auch in einem Unterlassen – Nichtgeltendmachung des Anspruchs auf Herausgabe des zweiten Duplikats – bestehen. Auch hiervon ist auszugehen.

Hinweis: Auch wenn hier insoweit Vorsicht geboten ist, als die Absicht zur Täuschung im Rechtsverkehr hinsichtlich der Ersetzung des zweiten Duplikats nicht mit dem Argument abgelehnt werden kann, K sei es auf den Irrtum des F, er nehme das zweite Duplikat wieder mit nach Zürich, nicht angekommen – dolus directus 1. Grades wird gerade nicht vorausgesetzt –, lässt sich die Täuschungsabsicht hier doch mit guten Gründen dann verneinen, wenn man darauf abstellt, dass K sich über die Vorstellung des F hinsichtlich des Inhalts des nach Zürich mit zurückgenommenen Koffers überhaupt keine Gedanken gemacht. Dann muss man freilich im Rahmen der Nachteilszufügungsabsicht bei § 274 StGB ebenso argumentieren, vgl. sogleich → Rn. 2408. 2402

Auch hinsichtlich des zweiten Duplikats handelte K daher zur Täuschung im Rechtsverkehr. 2403

3. Rechtswidrigkeit und Schuld

K handelte rechtswidrig und schuldhaft. 2404

4. Ergebnis

K hat sich tateinheitlich nach § 52 StGB einer zweifachen Urkundenfälschung nach § 267 I Var. 2 StGB schuldig gemacht. Dem Verfälschen der beiden echten Urkunden 2405 ist zugleich das Herstellen zweier unechter Urkunden immanent. Das Herstellen tritt jedoch hinter die Verfälschung zurück.

VII. Urkundenunterdrückung (§ 274 I Nr. 1 StGB)

2406 Indem K die Pokale vertauschte, könnte er sich einer Urkundenunterdrückung nach § 274 I Nr. 1 StGB schuldig gemacht haben.

1. Objektiver Tatbestand

2407 Die Pokale in den Koffern sind als echte Urkunden taugliche Tatobjekte. Ferner dürften sie nicht K gehören. Das Gehören bemisst sich danach, wem die Beweisführungsberechtigung, also das Recht, die Urkunde zum Beweis im Rechtsverkehr zu gebrauchen, zusteht.[51] Dieses lag nicht bei K, damit gehört ihm die Urkunde nicht iSd Norm. K könnte die Urkunde beschädigt haben. Bei einer zusammengesetzten Urkunde kann ein Beschädigen darin liegen, dass in den durch räumliche Verbindung verfestigten Beweisbezug eingegriffen wird.[52] Dies ist durch den Austausch geschehen, eine Beschädigung liegt vor.

2. Subjektiver Tatbestand

2408 K handelte vorsätzlich. Er müsste auch Nachteilzufügungsabsicht gehabt haben, wobei die Absicht hier im untechnischen Sinne verstanden wird und nach hM auch direkten Vorsatz iSv dolus directus 2. Grades umfasst.[53] Als Nachteil genügt dabei jede Beeinträchtigung fremder Rechte, nicht notwendigerweise Vermögensrechte. Im Hinblick auf die Ersetzung des Originalpokals liegt bei K Nachteilszufügungsabsicht sogar in Form von dolus directus 1. Grades vor, da es ihm gerade darauf ankam, der italienischen Mannschaft das Original vorzuenthalten. Bezüglich der Ersetzung des zweiten Duplikates handelte K mit dolus directus 2. Grades. Insoweit gilt das zur Täuschungsabsicht im Rahmen des § 267 I Var. 2 StGB gesagte sinngemäß.

3. Rechtswidrigkeit und Schuld

2409 K handelte rechtswidrig und schuldhaft.

4. Ergebnis und Konkurrenzen

2410 K hat sich einer Urkundenunterdrückung nach § 274 I Nr. 1 Var. 2 StGB schuldig gemacht. § 274 I Nr. 1 Var. 2 StGB tritt jedoch als subsidiär hinter § 267 I Var. 2 StGB zurück.

VIII. Hausfriedensbruch (§ 123 I StGB)

2411 Indem K den Umkleideraum des F betrat, könnte er sich eines Hausfriedensbruchs gemäß § 123 I StGB schuldig gemacht haben.

---

51 BGHSt 29, 192; Schönke/Schröder/*Cramer/Heine* § 274 Rn. 5.

52 Schönke/Schröder/*Cramer/Heine* § 274 Rn. 8b.

53 SSW-StGB/*Wittig* § 274 Rn. 20 mwN.

1. Objektiver Tatbestand

K hat einen vom Tatbestand geschützten Raum gegen den Willen des Berechtigten betreten. 2412

2. Subjektiver Tatbestand

Dabei handelte K vorsätzlich. 2413

3. Rechtswidrigkeit und Schuld

K handelte rechtswidrig und schuldhaft. 2414

4. Ergebnis

K hat sich eines Hausfriedensbruchs gem. § 123 I StGB schuldig gemacht. 2415

IX. Ergebnis zur Strafbarkeit des K

Die zweifache Verwirklichung der Urkundenfälschung sowie des Betrugs geschah jeweils durch dieselbe Tathandlung, damit liegt Tateinheit vor, § 52 StGB. Beide Tatbestände stehen ihrerseits in Idealkonkurrenz. Der Hausfriedensbruch erfolgte in Tatmehrheit, § 53 StGB. K hat sich also nach §§ 263 I, 263 I, 25 I Var. 2, 52; 267 I Var. 2, 267 I Var. 2, 52; 123 I; 53 StGB strafbar gemacht. 2416

D. Gesamtergebnis

X und Y sind strafbar gem. §§ 223 I, 224 I, 25 II, 25 I Var. 2 StGB. 2417

J ist strafbar gem. § 185 StGB. 2418

K ist strafbar gem. §§ 263 I, 263 I, 25 I Var. 2, 52; 267 I Var. 2, 267 I Var. 2, 52; 123 I; 53 StGB. 2419

Fall 19: Schwarze Kassen bei der S-AG

2420 A ist leitender Angestellter bei der in der bayerischen Großstadt M ansässigen S-AG und einer von vier sog. »Bereichsvorständen« einer Unternehmenssparte der S-AG, die für den Bau von Kraftwerken zuständig ist. Als »Bereichsvorstand« ist A unmittelbar unter der Ebene des Zentralvorstandes der S-AG tätig. Ihm obliegen unter anderem die kaufmännische Leitung seines Geschäftsbereiches sowie die Umsetzung der Compliance-Vorschriften. Trotz dieser Compliance-Vorschriften existiert in dem betroffenen Geschäftsbereich ein etabliertes System von Bestechungsgeldern, die auf einem liechtensteinischen Kontengeflecht sowie in sog. »schwarzen Kassen« in der Schweiz verwaltet werden. Nachdem A vom ursprünglichen Verwalter des Kontengeflechts und der Kassen anlässlich dessen Pensionierung über die Existenz der Gelder informiert wurde, stellt er diese nicht als Aktiva in die Buchführung ein und offenbart die Existenz der Gelder auch nicht dem ahnungslosen Zentralvorstand der S-AG.

2421 Als der italienische Energiekonzern E Aufträge im Volumen von insgesamt über 300 Mio. EUR zur Lieferung von Gasturbinen europaweit ausschreibt, besticht A einen Angestellten der E im »Bayerischen Hof« in M mit einer Zahlung in Millionenhöhe, um zugunsten der S-AG auf die Auftragsvergabe Einfluss zu nehmen. Zur Durchführung der Zahlung bedient er sich des liechtensteinischen Kontengeflechts sowie der schwarzen Kassen in der Schweiz. Die S-AG erwirtschaftet aus dem Auftrag der E einen Gesamtgewinn in Höhe von 103,8 Mio. EUR.

2422 Um auch seine eigene private finanzielle Situation zu verbessern, wendet er sich an seinen Freund B. Bei mehreren längeren Gesprächen über mögliche Geschäftsideen vereinbaren A und B die Gründung einer Firma, die nach außen hin als Finanzdienstleister und Vermittler von Bankkrediten auftritt. Durch Zeitungsanzeigen und den nachfolgenden Schriftverkehr mit den sich auf die Anzeigen meldenden Interessenten soll bei diesen der Eindruck entstehen, sie könnten einen Kredit vermittelt bekommen. Anschließend soll den Interessenten eine Nachnahmesendung zugeschickt werden, die durch Zahlung von 200 EUR angenommen werden kann. Diese 200 EUR sollen – wie bei Nachnahmesendungen üblich – anschließend A und B zugewendet werden. A und B gehen davon aus, dass viele Interessenten in der Annahme, es handele sich um die Vermittlungsgebühr für einen in der Sendung enthaltenen Kreditvertrag, die Nachnahmegebühr bezahlen werden. Tatsächlich soll in dem Schreiben jedoch nur eine Informationsbroschüre für Schuldner enthalten sein, eine Vermittlung von Krediten soll in Wahrheit nicht stattfinden. Entsprechend der gemeinsamen Idee erfolgt die Gründung der gemeinsamen Firma »A & B Schuldenregulierung« kurze Zeit später.

2423 A und B geben sodann zahlreiche Zeitungsannoncen auf, in denen die Firma als Finanzsanierer und letzte Chance für Schuldner in Geldnot dargestellt wird. Außerdem kümmern sie sich um den Schriftverkehr mit den Interessenten. Als der sich in wirtschaftlicher Not befindende O sich auf die Annonce meldet, versprechen A und B in ihrem Schreiben vorsorglich nicht ausdrücklich eine Kreditvermittlung, vielmehr umschreiben sie das weitere Vorgehen als »Vermittlung einer Finanzsanierung«, deren Laufzeit sich über zwölf Monate erstreckt und deren Tilgungsrate individuell angepasst werden kann. O antwortet darauf mit einem Schreiben, in dem er seine erwünschte Kreditsumme und Tilgungsrate nennt. Aufgrund des Gesamteindrucks, den er durch die Annonce und den Schriftverkehr gewonnen hat, geht O davon aus, dass A und B ihm einen Kreditvertrag vermitteln wollen. Einige Tage später erhält O wie angekündigt die Nachnahmesendung und bezahlt die 200 EUR an den Postboten in der Annahme, in dem Umschlag befinde sich der erwünschte Kreditvertrag. Der beauftragte Postbote leitet das Geld, wie bei einer Nachnahme vorgesehen, an A und B weiter. Entrüstet bemerkt O erst später, dass der Briefumschlag lediglich ein Informationsblatt enthält. Auf weitere Nachfragen erfährt O keine Reaktion der Firma mehr. Auf diese Weise gelingt es A und B von über 2.000 Kunden Zahlungen in Höhe von insgesamt über 400.000 EUR zu erlangen.

Aufgabe: Prüfen Sie die Strafbarkeit von A und B nach dem StGB. 2424

Bearbeitervermerk: §§ 283 ff. StGB sind nicht zu prüfen. Eventuell erforderliche Strafanträge sind gestellt. 2425

Anmerkung: Die wesentlichen Probleme des Sachverhaltes sind: **1.** Untreue durch Unterlassen und Anwendbarkeit von § 13 StGB; **2.** Gefährdungsschaden bei der Untreue; **3.** Täuschung durch konkludentes Verhalten beim Betrug. 2426

Literaturhinweise: **zu 1.**: BGHSt 52, 323***; LK/*Schünemann* § 266 Rn. 161; **zu 2.**: *Mansdörfer* JuS 2009, 114; *Hefendehl*, FS Samson, 2010, 295; **zu 3.**: BGH wistra 2001, 386*; BGHSt 47, 1**; *Krack* ZIS 2007, 103. 2427

A. Gliederung

1. Tatkomplex: Schwarze Kassen bei der S-AG

A. Strafbarkeit des A

I. §§ 266 I, II iVm § 263 III 2 Nr. 2 Var. 1, (§ 13) StGB (Unterbliebene Offenbarung der »schwarzen Kassen«)
   1. Tatbestand
      a) Objektiver Tatbestand
      b) Subjektiver Tatbestand
   2. Rechtswidrigkeit und Schuld
   3. Regelbeispiel des § 266 II iVm § 263 III 2 Nr. 2 Var. 1 StGB
   4. Milderungsmöglichkeit gem. § 13 II StGB
   5. Ergebnis

II. § 266 I Var. 2 StGB (Führen der Kassen bzw. Verbrauchen der Gelder)

III. § 299 II iVm §§ 300 S. 2 Nr. 1 StGB

B. Ergebnis zur Strafbarkeit des A im 1. Tatkomplex

2. Tatkomplex: Die vorgespiegelte Finanzsanierung

A. Strafbarkeit von A und B

I. §§ 263 I, III, V, 25 II StGB
   1. Objektiver Tatbestand
   2. Subjektiver Tatbestand
   3. Täterschaft
   4. Rechtswidrigkeit und Schuld
   5. Regelbeispiele, § 263 III StGB
   6. Ergebnis

II. § 291 I 1 Nr. 2 (II Nr. 2) StGB
   1. Objektiver Tatbestand
   2. Ergebnis

B. Ergebnis zur Strafbarkeit von A und B im 2. Tatkomplex

Konkurrenzen und Gesamtergebnis

B. Lösung

1. Tatkomplex: Schwarze Kassen bei der S-AG

A. Strafbarkeit des A

I. Untreue, §§ 266 I, II iVm § 263 III 2 Nr. 2 Var. 1, (§ 13) StGB (Unterbliebene Offenbarung der Existenz »schwarzer Kassen«)

A könnte sich einer Untreue in einem besonders schweren Fall gem. §§ 266 I, II iVm § 263 III 2 Nr. 2 Var. 1, (§ 13) StGB schuldig gemacht haben, indem er dem Zentralvorstand die Existenz der »schwarzen Kassen« nicht offenbarte. 2428

1. Tatbestand

a) Objektiver Tatbestand

aa) Fraglich ist zunächst, ob A tauglicher Täter ist. Jedenfalls im Rahmen der Treubruchsvariante iSd § 266 I Var. 2 StGB muss er hierzu eine Vermögensbetreuungspflicht inne haben. Ob diese sonderdeliktsbegründende Eigenschaft bei beiden Tathandlungsvarianten erforderlich ist, ist zwar umstritten. Ist eine Vermögensbetreuungspflicht des A gegeben, kann der Streit, ob eine solch auch bei der Missbrauchsvariante gem. § 266 I Var. 1 StGB erforderlich ist, allerdings dahinstehen. 2429

Hinweis: Vgl. insoweit bereits die Hinweise bei Fall 16, → Rn. 2072, 2074. Kommt – wie hier – offensichtlich nur der Treubruchstatbestand in Betracht, bei dem bereits der Gesetzeswortlaut eine Vermögensbetreuungspflicht verlangt, kann man auch sogleich an die Treubruchsvariante anknüpfen, kurz feststellen, dass hierfür nach allen Ansichten eine Vermögensbetreuungspflicht vorausgesetzt wird, und diese im Anschluss erörtern. 2430

Gegenstand der Vermögensbetreuungspflicht ist nach hA die Geschäftsbesorgung für einen anderen in einer nicht ganz unbedeutenden Angelegenheit mit einem Aufgabenkreis von einigem Gewicht und einem gewissen Grad von Verantwortlichkeit.[1] Vorausgesetzt wird, dass die Pflicht zur Wahrnehmung fremder Vermögensinteressen den typischen und wesentlichen Inhalt des Treueverhältnisses bildet, also dessen Hauptgegenstand ist.[2] Die Vermögensbetreuungspflicht ist daher Ausfluss einer Sonderstellung ihres Inhabers.[3] 2431

A hat als selbstständig entscheidender und disponierender kaufmännischer Leiter seines Geschäftsbereichs eine solche Vermögensbetreuungspflicht inne. 2432

bb) A müsste diese Pflicht verletzt haben. 2433

(1) Eine Verletzung der Vermögensbetreuungspflicht kann durch rechtsgeschäftliches (§ 266 I Var. 1 StGB, Missbrauchstatbestand) oder auch nur rein tatsächliches Handeln (§ 266 I Var. 2 StGB, Treubruchstatbestand) geschehen. Der Missbrauchstatbestand zeichnet sich dadurch aus, dass der Täter für eine andere Person im Außenverhältnis rechtlich wirksam handelt und dabei seine Befugnisse im Innenverhältnis überschreitet (Überschreiten des rechtlichen Dürfens im Rahmen des rechtlichen

1 *Wessels/Hillenkamp* StrafR BT II Rn. 752 mwN.
2 *Saliger* JA 2007, 326 (327); *ders.* HRRS 2006, 10 (17); *Wessels/Hillenkamp* StrafR BT II Rn. 769.
3 *Mitsch* StrafR BT II/1 § 8 Rn. 38.

Könnens).[4] Der Treubruchstatbestand bezieht sich hingegen allein auf das Innenverhältnis und lässt grds. jede Verletzung der Vermögensbetreuungspflicht – dh jedes Handeln und Unterlassen, das im Widerspruch zur Treuepflicht steht – genügen.[5]

2434 **(2)** Fraglich ist aber im vorliegenden Fall zudem, welchen Bezugspunkt die Pflichtverletzung hat. Zum Kernbereich der Vermögensbetreuungspflicht des Bereichsvorstandes gehörte es, der Arbeitgeberin bislang unbekannte, ihr zustehende Vermögenswerte zu offenbaren und ordnungsgemäß zu verbuchen.[6] Das Schwergewicht der Pflichtwidrigkeit liegt daher richtigerweise schon im Unterlassen der Offenbarung der »schwarzen Kassen«.[7] Daher ist an ein Handeln durch Unterlassen anzuknüpfen.

2435 **(3)** Dieses Unterlassen des A stellt ein rein tatsächliches Verhalten dar. Durch das Verschweigen der Kassen hat A daher seine Vermögensbetreuungspflicht durch faktisches Verhalten verletzt und deshalb ggfs. den objektiven Tatbestand der Treubruchsvariante gem. § 266 I Var. 2 StGB erfüllt.

2436 **(4)** Fraglich ist, ob aufgrund des untreuerelevanten Unterlassens des A die Vorschrift des § 13 I StGB Anwendung findet und folglich eine Garantenpflicht des A erforderlich ist. Während eine Ansicht[8] § 266 StGB bei einer Pflichtverletzung durch Unterlassen als echtes Unterlassungsdelikt ansieht, sodass ein Rückgriff auf § 13 StGB überflüssig ist, nimmt eine andere Auffassung[9] an, § 266 StGB sei ein unechtes Unterlassungsdelikt. Dieser Streit kann letztlich unentschieden bleiben: Die Vermögensbetreuungspflicht im Sinne des Untreuetatbestandes erfüllt immer das Erfordernis einer Garantenpflicht iSd § 13 StGB,[10] denn jeder taugliche Täter iSd § 266 StGB hat gerade die Pflicht, fremde Vermögensinteressen zu wahren und hierfür einzustehen.

2437 **(5)** Nicht nur im Hinblick auf das Erfordernis einer Garantenpflicht des A, sondern auch hinsichtlich der im Falle der Anwendbarkeit des § 13 StGB sich ergebenden weiteren Frage, ob im vorliegenden Fall das Unterlassen der Verwirklichung des gesetzlichen Tatbestandes durch ein Tun entspricht (vgl. die sog. Entsprechungsklausel des § 13 I Hs. 2 StGB), kann eine Stellungnahme zur Anwendbarkeit des § 13 StGB hier dahinstehen. Denn auch wenn die Funktion dieser Klausel unklar ist[11] und sie teilweise gar für funktionslos gehalten wird[12]: Jedenfalls für die durch bloßes Unterlassen bewirkte Verletzung einer Vermögensbetreuungspflicht im Rahmen der Treubruchsvariante wird man die Gleichwertigkeit einer Tatbegehung durch Tun und durch Unterlassen annehmen können, sodass es jedenfalls an dieser Stelle nicht entscheidend auf die Anwendbarkeit des § 13 StGB ankommt.

2438 **Hinweis:** Relevant wird die Frage allerdings im Hinblick auf die Anwendbarkeit des § 13 II StGB, der eine fakultative Strafmilderung ermöglicht, dazu → Rn. 2477 ff.

---

4 Vgl. BGH JR 1985, 28 m. Anm. *Otto*.
5 Schönke/Schröder/*Perron* § 266 Rn. 35.
6 BGHSt 52, 323*** (334).
7 BGHSt 52, 323*** (334). Vgl. auch *Brüning/Wimmer* ZJS 2009, 94 (97).
8 LK/*Schünemann* § 13 Rn. 161.
9 BGHSt 52, 323*** (334).
10 *Brüning* ZJS 2009, 94 (95); MüKoStGB/*Dierlamm* § 266 Rn. 124.
11 *Lackner/Kühl* § 13 Rn. 16.
12 So *Nitze*, Die Bedeutung der Entsprechensklausel beim Begehen durch Unterlassen (§ 13 StGB), 1989, passim.

cc) Ein tatbestandsausschließendes Einverständnis, das die Pflichtwidrigkeit des Unterlassens auszuschließen vermag,[13] liegt nicht vor, da der ahnungslose Zentralvorstand der S-AG schon gar keine Kenntnis von den schwarzen Kassen hatte und daher auch keine Zustimmung zu ihrer Einrichtung bzw. Unterhaltung äußern konnte. 2439

dd) Teilweise wird außerdem verlangt, dass die Pflichtverletzung »gravierend« sein muss.[14] 2440

Hinweis: Dass der Wortlaut des § 266 StGB ein entsprechendes Merkmal nicht enthält, ist im Hinblick auf Art. 103 II GG unbedenklich, da sich eine solche teleologische Reduktion des Tatbestandes ausschließlich zugunsten des Täters auswirkt.[15] 2441

Kriterien für die Bestimmung der Gravität des Pflichtverstoßes sind allerdings bislang kaum herausgearbeitet worden und werden sich auch kaum allgemeingültig formulieren lassen. Auch hat selbst der *1. Strafsenat* des BGH das Erfordernis einer gravierenden Pflichtverletzung in einer neueren Entscheidung jedenfalls nicht ausdrücklich aufrechterhalten.[16] Wollte man etwa die Höhe des Schadens berücksichtigen,[17] hat A seine Vermögensbetreuungspflicht in gravierender Weise verletzt, weil es um Beträge in Millionenhöhe geht. Zudem liegt in der unterlassenen Offenbarung gegenüber der Geschäftsführung zugleich ein Verstoß gegen gesellschaftsrechtliche Bilanzierungspflichten. Nicht zuletzt spricht auch die Tatsache, dass der Pflichtverstoß dem Zweck der Begehung weiterer Straftaten dient, für eine hinreichende Schwere. Demnach kann die Frage, ob es dieses Korrektivs überhaupt bedarf, letztlich dahinstehen. 2442

Hinweis: Geht man – schwer vertretbar– hingegen nicht von einem gravierenden Pflichtverstoß aus, bedarf es einer Stellungnahme zum Erfordernis der Gravität der Pflichtverletzung. Vgl. zum Ganzen *Fischer* § 266 Rn. 61 mwN. 2443

ee) Folge des Unterlassens muss die Zufügung eines Vermögensnachteils für die S-AG sein. Voraussetzung ist eine durch die treuwidrige Handlung kausal herbeigeführte Vermögenseinbuße, die – wie im Rahmen des § 263 StGB – nach dem Prinzip der Gesamtsaldierung festzustellen ist, indem der Wert des Vermögens vor und nach der pflichtwidrigen Tat verglichen wird.[18] 2444

(1) Dabei kann ein negativer Saldo und damit ein Vermögensnachteil iSd Untreuetatbestandes nicht einfach – wozu der BGH in jüngeren Entscheidungen neigt[19] – mit der Verletzung der Vermögensbetreuungspflicht begründet werden. Diese Verletzung – vorliegend verwirklicht durch ein Unterlassen – stellt lediglich die Tathandlung dar; der Eintritt des tatbestandsmäßigen Erfolges ist hiervon zu trennen.[20] Dies hat nun- 2445

---

13 Vgl. insoweit grundsätzlich *Fischer* § 266 Rn. 90 ff. mwN.

14 BGHSt 47, 148 (150); 47, 187; 49, 177 (155 ff.); *Kiethe* NStZ 2005, 529 (531); MüKoStGB/*Dierlamm* § 266 Rn. 154; *Kutzner* NJW 2006, 3541 (3543); *Wagner* ZIS 2012, 28 (33). Differenzierend jetzt BGH NStZ 2006, 222 (223).

15 *Wagner* ZIS 2012, 28 (33).

16 Vgl. BGH NStZ 2006, 222.

17 So BGHSt 56, 203 (213); dagegen *Wagner* ZIS 2012, 28 (33).

18 *Fischer* § 266 Rn. 115 mwN.

19 So bereits im »Kanther«-Urteil, vgl. BGHSt 51, 100***. Ebenso in der »Bremer Vulkan«-Entscheidung, BGHSt 49, 147**.

20 *Rotsch* ZJS 2008, 610 (613); *Brüning/Wimmer* ZJS 2009, 94 (98). Vgl. auch *Schlösser* HRRS 2009, 19 (25); aA *Ransiek* NJW 2009, 95.

mehr auch das Bundesverfassungsgericht[21] in seiner Entscheidung zur Verfassungsmäßigkeit der Untreue hervorgehoben (sog. Verschleifungsverbot[22]).

2446 Fraglich ist also, ob und inwieweit die Unterhaltung einer »schwarzen Kasse«[23] zu einem Vermögensnachteil führt. Dabei ist zu beachten, dass die schwarzen Kassen im vorliegenden Fall zum einen ohne Kenntnis des Zentralvorstandes geführt werden und damit dessen Disposition entzogen sind. Zum anderen wird die Kasse aber im Interesse der AG geführt, da die Möglichkeit von Schmiergeldzahlungen zur Akquirierung profitabler Aufträge geschaffen werden soll.

2447 **(aa)** Nach der jüngsten Rechtsprechung des BGH liegt mit der dauerhaften Entziehung der Verfügungsmöglichkeit über Vermögen ein endgültiger Vermögensverlust vor.[24] Die bisher[25] vertretene Linie, es handele sich um einen bloßen Gefährdungsschaden, gibt der *2. Senat* des BGH damit auf.[26]

2448 **Hinweis:** Der *1. Senat* hatte in einer kurz zuvor ergangenen Entscheidung die Rechtsfigur des Gefährdungsschadens insgesamt in Frage gestellt;[27] nach ihm sind alle Konstellationen des sog. Gefährdungsschadens echte Vermögensverluste.[28] So weit ist der *2. Senat* in der dem Fall zugrunde liegenden Siemens-Entscheidung nicht gegangen: Er ordnet zwar die Aufrechterhaltung schwarzer Kassen nun als endgültigen Vermögensnachteil ein, hält aber grundsätzlich an der Differenzierung von Gefährdungsschaden und endgültigem Vermögensnachteil fest.[29] Die Situation ist weiterhin alles andere als geklärt.

2449 Die Bewertung als »bloße« Einschränkung der Dispositionsbefugnis treffe nicht zu, wenn dem Treugeber Mittel endgültig entzogen oder vorenthalten werden; vielmehr gehöre die Möglichkeit zur Disposition zum Kern der von § 266 StGB geschützten Rechtsposition.[30] Der Vermögensschaden könne aus normativen Erwägungen auch nicht mit der Begründung ausgeschlossen werden, dass der Täter die Mittel so verwenden wolle, dass dem Vermögensinhaber letztlich ein Vermögensvorteil entstehe, denn die Bestimmung über die Verwendung des eigenen Vermögens obliege dem Vermögensinhaber.[31] Beim Unterhalten einer verdeckten Kasse halte der Treupflichtige Geldvermögen des Arbeitgebers verborgen, um es unter dessen Ausschaltung oder Umgehung nach Maßgabe eigener Zweckmäßigkeitserwägungen bei noch nicht absehbaren späteren Gelegenheiten für möglicherweise nützliche, jedenfalls aber risikoreiche Zwecke einzusetzen.[32]

---

21 BVerfG, Beschl. v. 23.6.2010 – 2 BvR 2559/08, 2 BvR 105/09, 2 BvR 491/09, Rn. 78, 112 mwN = NJW 2010, 3209*** (3211, 3215).
22 Dazu *Saliger* NJW 2010, 3195; *ders.* ZIS 2011, 902 (906); *Krüger* NStZ 2011, 369 (372, 375).
23 Zum Begriff *Grützner/Jakob*, Compliance von A-Z, 2010, Stichwort: »Schwarze Kasse«.
24 BGHSt 52, 323*** (336 ff.).
25 BGHSt 51, 100*** – »Kanther«.
26 Vgl. *Brüning/Wimmer* ZJS 2009, 94 (97).
27 Auch in der Literatur blieb die Rechtsfigur nicht unwidersprochen, vgl. etwa *Hauck* ZIS 2011, 919.
28 BGH NStZ 2008, 457; diese Linie hat der *1. Senat* jüngst fortgesetzt, vgl. BGH, Beschl. v. 13.4.2011 – 1 StR 94/10, Rn. 56 = BGHSt 56, 203 (219).
29 Klarstellend, Bannenberg/Jehle/*Fischer,* Wirtschaftskriminalität, 2010, 3 (20).
30 BGHSt 52, 323*** (338 f.).
31 BGHSt 52, 323*** (337).
32 BGHSt 52, 323*** (336 f.).

(bb) Folgt man der früheren Rechtsprechung des BGH, so liegt ein sog. »Gefährdungsschaden« vor.[33] 2450

Hinweis: Zum Teil wird diese Rechtsfigur auch als »schadensgleiche Vermögensgefährdung« bezeichnet; vgl. zur – unglücklichen – Terminologie *Rotsch*, FS Samson, 2010, 141 (156 in Fn. 83). 2451

Wie von der wohl hL[34] auch wird dabei freilich vorausgesetzt, dass das in Frage stehende Vermögen bereits »konkret« gefährdet ist. Ob dies der Fall ist, wird auf dem Boden einer rein wirtschaftlichen Betrachtung beurteilt. Maßgeblich ist danach, ob ein auf dem Vermögen ruhendes Gefährdungspotential dessen Wert so sehr mindert, dass es praktisch bereits verloren ist.[35] In der »Kanther«-Entscheidung sieht der BGH die den Schaden begründende konkrete Gefährdung darin, dass der Täter sich die Möglichkeit verschafft hat, die dem Vermögensinhaber verborgenen Vermögenswerte als geheimen, keiner tatsächlich wirksamen Zweckbindung unterliegenden und jeder Kontrolle durch den Berechtigten entzogenen Dispositionsfonds zu nutzen.[36] Hierdurch sei nicht allein die Dispositionsbefugnis des Berechtigten betroffen, deren Beschränkung für sich allein könne den Vermögensschaden nicht begründen.[37] Vielmehr trete eine konkrete, vom Berechtigten nicht zu kontrollierende und nur noch im Belieben des Täters stehende Möglichkeit des endgültigen Vermögensverlustes ein.[38] Die Existenz der schwarzen Kasse begründet nach dieser Ansicht unabhängig von der beabsichtigten Verwendung der Gelder eine hinreichend konkrete Vermögensgefährdung. 2452

(cc) Nach zum Teil in der Literatur vertretener Auffassung[39] führt eine schwarze Kasse nicht per se zu einem Vermögensschaden in Form einer konkreten Vermögensgefährdung. Vielmehr wird auf den Verwendungszweck der verborgenen Gelder abgestellt: Ein Schwarzkassenverwalter, der die Gelder allein für die Zwecke des Geschäftsherrn einsetzen will, bleibt straflos. Demnach bliebe A – anders als nach den beiden zuvor genannten Ansichten – straffrei, da es am Eintritt des tatbestandsmäßigen Erfolges der Untreue fehlt. 2453

(dd) Gegen die Annahme eines endgültigen Vermögensschadens spricht, dass man einen solchen nur dann annehmen kann, wenn der Ausgang der Vermögensentwicklung endgültig feststeht und eine Gesamtsaldierung aller Vermögenswerte eine Vermögenseinbuße ergibt.[40] Dies ist aber gerade nicht der Fall. Die Geldmittel werden allein durch die Tatsache, dass sie verborgen bleiben, nicht wirtschaftlich wertlos.[41] Würde man mit dem BGH die Wertlosigkeit verdeckten Vermögens bejahen, führte dies zu grob unbilligen Ergebnissen: Wenn verborgenes Vermögen wertlos wäre, könnte dieses straflos »veruntreut werden«, weil dem Vermögensinhaber durch diese Handlung kein Schaden entstehen könnte. Damit wäre aber Vermögen, von dem der 2454

33 BGHSt 40, 287** (296 f.); 51, 100** (113 f.).
34 *Fischer* § 263 Rn. 156; Schönke/Schröder/*Cramer/Perron* § 263 Rn. 143 ff. mwN.
35 *Rotsch* ZStW 117 (2005), 577 (586).
36 BGHSt 51, 100** (113).
37 *Wessels/Hillenkamp* StrafR BT II Rn. 544.
38 BGHSt 51, 100** (113).
39 *Saliger* NStZ 2007, 545 (547 f.) mwN.
40 *Brüning/Wimmer* ZJS 2009, 94 (97).
41 *Brüning/Wimmer* ZJS 2009, 94 (97); *Schlösser* HRRS 2009, 19 (24 f.).

Vermögensinhaber nichts weiß, generell strafrechtlichem Schutz entzogen.[42] Jede schwarze Kasse bleibt ein werthaltiger Teil des Unternehmensvermögens.[43]

2455 Auch vermag es nicht zu überzeugen, dass die Einschränkung der Dispositionsmöglichkeit einen Vermögensschaden begründen können soll. Träfe die Annahme, dass die Dispositionsbefugnis zum Kern des Schutzbereichs des § 266 StGB gehört, zu, so würde die Untreue zu einem Delikt zum Schutz vor Kompetenzüberschreitungen mutieren.[44] Würde jede kompetenzüberschreitende Handlung, die die Dispositionsfreiheit einschränkt, nicht nur zu einer Pflichtverletzung, sondern zugleich zu einem Vermögensnachteil führen, so hätte dies den Entzug der eigenständigen Funktion des Tatbestandsmerkmals »Vermögensnachteil« zur Folge.[45] Die Tathandlung ließe dann ohne weitere Prüfung einen Rückschluss auf den Taterfolg zu.[46] Damit kann der BGH in seiner neuesten Rechtsprechung nicht überzeugen.

2456 **Hinweis:** AA selbstverständlich vertretbar. Auch muss an dieser Stelle im Gutachten an sich dann nicht umfänglich inhaltlich zur jüngeren Ansicht des BGH Stellung genommen werden, wenn es – wie nach hier für richtig gehaltener Ansicht – nur um die Ablehnung derjenigen Meinung geht, die nicht zur Annahme eines Vermögensschadens gelangt. Einer Entscheidung zwischen der jüngeren Auffassung des BGH einerseits und seiner älteren Ansicht bzw. der herrschenden Literaturansicht andererseits bedarf es jedenfalls dann nicht, wenn man mit diesen Meinungen davon ausgeht, dass mit dem Eintritt des Vermögensnachteils – sei es als »endgültiger«, sei es als Gefährdungsschaden – der Untreuetatbestand erfüllt ist. Dass hier ausführlicher diskutiert und die jüngere BGH-Rechtsprechung trotz des Umstandes abgelehnt wird, dass sie gleichfalls einen Vermögensnachteil bejaht, hat seinen Grund darin, dass nach hier vertretener Ansicht die Annahme eines endgültigen Schadens oder eines Gefährdungsschadens sich im Hinblick auf die weiteren Voraussetzungen des objektiven Untreuetatbestandes in unterschiedlicher Weise auswirkt, → Rn. 2460 ff.

2457 Ein Gefährdungsschaden wiederum lässt sich nur durch solche Gefährdungslagen begründen, die unmittelbar in einen Güterverlust umschlagen können.[47] Dem Bedrohten dürfen keine in seiner Macht liegenden Möglichkeiten zu Gebote stehen, den Umschlag der Gefahr in den endgültigen Verlust zu vermeiden.[48] Wer hier freilich damit argumentiert, dass der Verwendungszweck berücksichtigt werden müsse, da es ansonsten ausschließlich um den schieren Entzug von Kontroll-, Prüfungs- und Verwendungsmöglichkeiten und damit um den reinen Handlungsunwert der schwarzen Kasse – also um die bloße Einschränkung der Dispositionsbefugnis – gehe[49], verkennt, dass die Entziehung der Vermögenswerte über einen langen Zeitraum zu dem Zweck, dem Berechtigten diese Teile seines Vermögens vorzuenthalten und sie nach eigenem Gutdünken zur Förderung von, nach Täteransicht förderungswürdigen, Zwecken einzusetzen, den objektiven wirtschaftlichen Wert der Forderung für den Berechtigten mindert.[50] Weder die vage Chance, aufgrund des Mitteleinsatzes zu Bestechungszwecken später einmal einen möglicherweise im Ergebnis wirtschaftlich

42 *Schlösser* HRRS 2009, 19 (25).
43 *Brüning/Wimmer* ZJS 2009, 94 (98); *Schlösser* HRRS 2009, 19 (25).
44 *Matt* NJW 2005, 389 (391).
45 *Rotsch* ZJS 2008, 610 (613); *Brüning/Wimmer* ZJS 2009, 94 (98).
46 *Brüning/Wimmer* ZJS 2009, 94 (98); *Schlösser* HRRS 2009, 19 (27).
47 *Saliger* HRRS 2006, 10 (20).
48 *Wessels/Hillenkamp* StrafR BT II Rn. 572 mwN.
49 *Saliger* NStZ 2007, 545 (547).
50 BGHSt 51, 100** (113 f.).

vorteilhaften Vertrag abzuschließen, noch die Absicht des Täters, die entzogenen Mittel für solche Zwecke zu verwenden, kann einen zur Kompensation geeigneten gegenwärtigen Vermögensvorteil darstellen.[51] Es geht also um mehr als die reine Dispositionsmöglichkeit: Auf den endgültigen Verlust dieser Vermögenswerte hat die S-AG keinen Einfluss mehr, da etwaige Verfügungen, wie zB Bestechungen, die nicht immer im Ergebnis zu einem lukrativen Gewinn führen müssen, allein von A getroffen werden konnten. Damit liegt ein hinreichend konkreter Gefährdungsschaden vor. Einem solchen Schaden ist es im Übrigen immanent, dass er sich durch weiteres Unterlassen der Offenlegung der schwarzen Kassen vertiefen kann.

Hinweis: Bearbeiter, die mit der Literatur einen Gefährdungsschaden aufgrund der Zwecksetzung verneinen, müssen auf die Möglichkeit eingehen, diesen dadurch zu konstruieren, dass auf die Gefahr abgestellt wird, dass der Vermögensinhaber später durch Strafzahlungen – im Falle der Aufdeckung der Schmiergeldzahlungen – geschädigt wird; vgl. *Brüning/Wimmer* ZJS 2009, 98 mwN. 2458

Hinweis: Zur Bedeutung des letzten Satzes soeben im Text vgl. → Rn. 2461. 2459

(2) Weithin unbeachtet geblieben ist in der Diskussion um die Begründung eines Vermögensnachteils im Sinne des Untreuetatbestandes bei der bloßen Übernahme bereits existierender schwarzer Kassen freilich, dass gerade die Pflichtwidrigkeit des Täters den Vermögensnachteil kausal verursacht haben muss. Besteht die Pflichtwidrigkeit aber – wie hier – in der unterlassenen Offenbarung einer bereits existierenden schwarzen Kasse, und vertritt man – wie der BGH in der Siemens-Entscheidung – gleichzeitig die Auffassung, bereits mit der dauerhaften Entziehung der Verfügungsmöglichkeit über das in der schwarzen Kasse verborgene Vermögen trete ein endgültiger Vermögensverlust ein (→ Rn. 2447 ff.), so findet derjenige, der eine existierende schwarze Kasse nur übernimmt, verborgenes und damit bereits endgültig geschädigtes Vermögen vor. Durch sein bloßes Unterlassen der Offenbarung kann er daher nicht mehr kausal für den Eintritt des Vermögensnachteils geworden sein.[52] 2460

Anders stellt die Lage sich aber möglicherweise dann dar, wenn man – wie hier – von einem konkreten Gefährdungsschaden ausgeht. Zwar kann A den zum Zeitpunkt der Kenntniserlangung bereits eingetretenen konkreten Gefährdungsschaden ebenso wenig kausal verursacht haben wie einen bereits zu diesem Zeitpunkt eingetretenen endgültigen Vermögensnachteil. Dem Gefährdungsschaden ist es aber gerade immanent, dass er sich mit der Zeit vertieft: Je länger A die Existenz der schwarzen Kassen dem Zentralvorstand gegenüber verschweigt, desto größer wird die Gefahr des endgültigen Vermögensverlusts. Diese sich steigernde Gefahr verursacht A aber sehr wohl durch sein fortdauerndes Schweigen. 2461

Hinweis: Die vorstehende Argumentation stellt den Grund für die ausführliche Ablehnung der jüngeren BGH-Rechtsprechung dar, vgl. bereits den Hinweis → Rn. 2456. 2462

(3) Nach alledem hat A durch seine unterlassene Unterrichtung des Zentralvorstandes über die Existenz der schwarzen Kassen einen Vermögensnachteil im Sinne eines konkreten Gefährdungsschadens (quasi-)kausal verursacht. 2463

51 BGHSt 52, 323*** (337 f.).
52 Zutreffend gesehen von *Schlösser* HRRS 2009, 19 (25).

b) Subjektiver Tatbestand

2464 **aa)** A müsste gem. § 15 StGB zunächst vorsätzlich, dh mit dem Willen zur Tatbestandsverwirklichung und in Kenntnis aller objektiven Tatbestandsmerkmale[53], gehandelt haben.

2465 A wusste um die den Nachteil begründende Gefährdung und nahm diese auch billigend in Kauf. Auch wusste er um seine qualifizierte Pflichtenstellung hinsichtlich des Vermögens der S-AG. Ob sein Vorsatz zudem auch die Pflichtwidrigkeit seines Handelns erfassen musste,[54] kann dahinstehen, weil A jedenfalls auch bekannt war, dass er die Existenz der Gelder hätte anzeigen müssen und somit einen Pflichtverstoß beging.

2466 **bb)** Nach der »Kanther«-Rechtsprechung des *2. Senats* des BGH[55] ist für die Annahme vorsätzlichen Handelns – in Abkehr von der tradierten ganz einhelligen Auffassung in Rechtsprechung und Literatur – nicht allein die Kenntnis des Täters von der konkreten Möglichkeit eines Schadenseintritts und das Inkaufnehmen dieser konkreten Gefahr erforderlich; der Täter muss darüber hinaus die Realisierung dieser Gefahr billigen.[56]

2467 A wollte das Vermögen der S-AG gerade vermehren. Eine Realisierung der Vermögensgefährdung iSe endgültigen Vermögensverlustes wollte er vermeiden. Von einer Billigung kann daher nicht die Rede sein. Unter Zugrundelegung dieser Auffassung handelte A nicht vorsätzlich.

2468 **Hinweis**: Nimmt man mit der neueren Rechtsprechung des *2. Strafsenats* hingegen einen endgültigen Vermögensschaden an, erübrigt sich diese Darstellung. Dasselbe gilt freilich, wenn man mit dem *1. Strafsenat* und Teilen der Literatur die Rechtsfigur des Gefährdungsschadens vollständig für entbehrlich hält. In diesen Fällen verbieten sich jegliche Ausführungen zur Konstruktion einer solchen überschießenden Innentendenz im subjektiven Tatbestand.

2469 **cc)** Gegen die »Kanther«-Rechtsprechung spricht, dass mit dem zusätzlichen Erfordernis im subjektiven Tatbestand aus der Untreue ein Delikt mit überschießender Innentendenz wird, obwohl der Wortlaut des § 266 StGB hierfür keinen Anhaltspunkt liefert.[57] Die vom BGH in dieser Entscheidung geschaffene Inkongruenz von objektivem und subjektivem Tatbestand entbehrt jeglicher gesetzlichen Grundlage. Auch der *1. Strafsenat* des BGH gibt zu erkennen, dass er der »Kanther«-Rechtsprechung nicht zu folgen vermag.[58] Der Auffassung des *2. Senats* in der »Kanther«-Entscheidung kann daher nicht zugestimmt werden. Wie sonst auch, hat der Vorsatz des Täters sich auf die Voraussetzungen des objektiven Tatbestandes zu beziehen. Lässt man im objektiven Tatbestand aber einen Gefährdungsschaden als Vermögensnachteil zu, so muss der Vorsatz des Täters sich auch nur auf die (konkrete) Gefährdung des Vermögens beziehen.

2470 **dd)** Daher handelte A vorsätzlich.

---

53 *Wessels/Beulke* StrafR AT Rn. 203.

54 Dazu *Marwedel* ZStW 123 (2011), 548; mit einem differenzierenden Ansatz monographisch *Dinter*, Der Pflichtwidrigkeitsvorsatz der Untreue, 2012, passim.

55 BGHSt 51, 100** (121). Ebenso der *5. Senat* des BGH NJW 2008, 1827 (1830).

56 BGHSt 51, 100** (121).

57 *Bernsmann* GA 2007, 219 (230).

58 BGH NStZ 2008, 457; neuerdings auch wieder BGH, Beschl. v. 13.4.2011 – 1 StR 94/10, Rn. 61 f. = BGHSt 56, 203 (221 f.).

2. Rechtswidrigkeit und Schuld

A handelte rechtswidrig und schuldhaft. 2471

3. Regelbeispiel des § 266 II iVm § 263 III 2 Nr. 2 Var. 1 StGB

A könnte das Regelbeispiel des § 266 II iVm § 263 III 2 Nr. 2 Var. 1 StGB verwirklicht haben. Dazu müsste er einen Vermögensverlust großen Ausmaßes herbeigeführt haben. Ein solcher liegt vor, wenn die Schadenshöhe (nicht aber notwendig der erlangte Vermögensvorteil) außergewöhnlich hoch ist.[59] 2472

a) Nach hM ist die Regelgrenze etwa bei 50.000 EUR anzusetzen.[60] Da im vorliegenden Fall in den schwarzen Kassen offenbar Gelder in Millionenhöhe verwaltet wurden, kommt es auf die im Einzelnen umstrittene[61] Festlegung der genauen Grenze nicht an. 2473

b) Nimmt man einen Gefährdungsschaden an, scheidet die Annahme des Regelbeispiels jedoch aus. Obwohl einige Umstände auch hier für die Anwendung des §§ 263 III 2 Nr. 2 Var. 1 StGB sprechen, steht dem letztlich der Wortlaut entgegen. Denn anders als im Grundtatbestand des § 263 StGB ist dort nicht von »Schaden«, sondern von »Verlust« die Rede. Ein solcher Verlust verlangt aber gerade mehr als eine bloße Gefährdung des Vermögens. Dies wird man auch im Rahmen der Untreue, wo ja ein »Nachteil« vorausgesetzt wird, nicht anders sehen können. 2474

Hinweis: Ausführlich hierzu Fall 16, → Rn. 2152 ff. Bearbeiter, die mit der jüngeren BGH-Rechtsprechung einen endgültigen Vermögensverlust annehmen, können das Regelbeispiel unproblematisch bejahen. 2475

Nachdem im Fall lediglich ein Gefährdungsschaden vorliegt, entfällt die Verwirklichung des Regelbeispiels. 2476

4. Milderungsmöglichkeit gem. § 13 II StGB

Möglicherweise kommt gar eine fakultative Strafmilderung gem. §§ 13 II, 49 I StGB in Betracht. Fraglich ist aber, ob § 13 II StGB überhaupt anwendbar ist. Während die Anwendbarkeit des § 13 I StGB im Rahmen der Untreue gem. § 266 StGB offen gelassen werden konnte (vgl. → Rn. 2436 f.), setzt eine Strafmilderungsmöglichkeit nun die Klärung der Frage voraus, ob § 13 II StGB anwendbar ist. Tatsächlich ist die Anwendbarkeit des § 13 II StGB auf im Besonderen Teil des StGB geregelte unechte Unterlassungen umstritten. 2477

a) Der BGH[62] geht einen Mittelweg. So soll § 13 II StGB grundsätzlich auch Anwendung finden, wenn ein Straftatbestand des Besonderen Teils bei sachgemäßer Auslegung auch das Unterlassen umfasst. Dies soll insbesondere dann gelten, wenn es sich – wie bei § 266 StGB – um ein Pflichtdelikt handelt. Insbesondere könne der Tatbestand der Untreue durch Verletzung einer Vermögensbetreuungspflicht ebenso durch Unterlassen wie durch aktives Tun verwirklicht werden.[63] Werde hingegen das unech- 2478

59 *Fischer* § 263 Rn. 215.
60 BGHSt 48, 360; *Rotsch* ZStW 117 (2005), 577 (603).
61 Vgl. *Rotsch* ZStW 117 (2005), 577 (597 ff.).
62 BGHSt 36, 227.
63 BGHSt 36, 227 (227 f.).

te Unterlassen im Besonderen Teil besonders beschrieben und sei es außerdem mit einem eigenen Strafrahmen ausgestattet, der demjenigen des Begehungsdelikts gleiche, so finde § 13 II StGB keine Anwendung. Der BGH nennt beispielhaft etwa §§ 315 I Nr. 2 lit. g und § 357 StGB.[64] Im Rahmen der hier verwirklichten Untreue gem. § 266 StGB findet die Strafmilderungsvorschrift des § 13 II StGB nach dieser Ansicht mithin Anwendung.

2479 **b)** In der Literatur werden jenseits dieses Mittelweges die beiden denkbaren Extrempositionen vertreten: ZT wird die Anwendbarkeit des § 13 II StGB grundsätzlich abgelehnt[65], zT generell befürwortet[66]. Von den Gegnern einer Anwendung des § 13 II StGB wird vor allem ins Feld geführt, der Gesetzgeber habe in den betreffenden Tatbeständen des Besonderen Teils eine abschließende Sonderregelung getroffen, während die Vertreter der Gegenansicht insbesondere anführen, dass die unechten Unterlassungsdelikte des Besonderen Teils ihrerseits nur einen speziell geregelten Anwendungsfall des § 13 I StGB darstellten und die Möglichkeit der Strafmilderung nach § 13 II StGB nicht von Unterschieden der Gesetzestechnik abhängig gemacht werden könne.[67]

2480 **c)** Die Ansicht, die eine Heranziehung des § 13 II StGB im Besonderen Teil grundsätzlich zulässt, ist vorzugswürdig. Wenn der Gesetzgeber bei einer durch Unterlassen begangenen Tat häufig einen geringeren Unrechts- und Schuldgehalt verwirklicht sieht als beim aktiven Tun – und das belegt der Umstand, dass die Strafmilderungsmöglichkeit des § 13 II StGB überhaupt existiert[68] –, kann dies nicht davon abhängen, ob es sich um ein unechtes Unterlassen des Allgemeinen oder des Besonderen Teils handelt.[69] Eine generelle Ablehnung der Anwendbarkeit des § 13 II StGB auf im Besonderen Teil des StGB geregelte unechte Unterlassungsdelikte überzeugt daher nicht.

2481 Auch wenn die Auffassung des BGH noch weniger stimmig erscheint – wenn eine Beschreibung der Gleichstellungsvoraussetzungen im Besonderen Teil eine Strafmilderung über § 13 II StGB ausschließen soll, muss dies auch dann Geltung beanspruchen, wenn der besondere Deliktstatbestand das Unterlassen nicht selbständig beschreibt, sondern es durch seinen Wortlaut (wie bei § 266 StGB) von vornherein abdeckt[70] –, muss zu ihr letztlich nicht umfänglich Stellung genommen werden, da sie bei der hier gegebenen Untreue zum selben Ergebnis gelangt, wie die hier favorisierte Literaturansicht, die eine generelle Geltung des § 13 II StGB bejaht.

2482 **Hinweis:** An sich muss zu der Auffassung des BGH überhaupt nicht mehr Stellung genommen werden, da sie zum selben Ergebnis wie die hier für richtig gehaltene Ansicht gelangt. Da ein Mangel der Auffassung der Rechtsprechung aber gerade in der vermeintlichen Notwendigkeit zur differenzierenden Beantwortung der Frage nach der Anwendbarkeit des § 13 II StGB liegt, bietet es sich an, hierauf noch – in der gebotenen Kürze – einzugehen.

64 BGHSt 36, 227 (228 f.).
65 *Lackner/Kühl* § 13 Rn. 19; *Jescheck/Weigend* StrafR AT § 58 V. 4.; *Rudolphi* ZStW 86 (1974) 68 (69).
66 *Roxin* StrafR AT II § 31 Rn. 250 f.; *Maurach/Gössel/Zipf* StrafR AT II § 46 Rn. 144; *Schünemann* ZStW 96 (1984) 303 (317).
67 Vgl. zum Ganzen die knappe Darstellung bei *Roxin* StrafR AT II § 31 Rn. 248 ff.
68 Zum Gesetzgebungsverfahren vgl. *Roxin* StrafR AT II § 31 Rn. 236 ff.
69 *Roxin* StrafR AT II § 31 Rn. 250.
70 *Roxin* StrafR AT II § 31 Rn. 250.

d) § 13 II StGB findet Anwendung. Dieses Ergebnis wird im vorliegenden Fall auch durch die Kontrollüberlegung bestätigt, dass A mit der bloßen Aufrechterhaltung schwarzer Kassen geringeres Unrecht verwirklicht als mit deren Einrichtung. 2483

5. Ergebnis

A hat sich einer Untreue gem. § 266 I Var. 2, (§ 13) StGB schuldig gemacht. Die Strafe kann gem. § 13 II iVm § 49 I StGB gemildert werden. 2484

II. Untreue, § 266 I Var. 2 StGB (Führen der Kassen bzw. Verbrauchen der Gelder)

Das weitere Führen bzw. das spätere Verbrauchen der verdeckten Vermögenswerte stellt angesichts des Fortdauerns der Tatbestandsverwirklichung durch Unterlassen keine neue Tat dar.[71] 2485

Hinweis: Vertreten lässt sich freilich gut das Gegenteil dann, wenn – anders als hier – die kausale Herbeiführung eines Vermögensnachteils durch das Verschweigen der Existenz der schwarzen Kassen abgelehnt wird. 2486

III. Bestechung im geschäftlichen Verkehr, § 299 II iVm § 300 S. 2 Nr. 1 StGB

A hat den Angestellten im geschäftlichen Verkehr bestochen. Er handelte vorsätzlich und mit Wettbewerbsabsicht. Er handelte rechtswidrig und schuldhaft und hat sich daher gem. § 299 II iVm §§ 300 S. 2 Nr. 1 StGB strafbar gemacht. Der gem. § 301 StGB erforderliche Strafantrag ist gestellt. 2487

Hinweis: Beachten Sie die Formulierung im Sachverhalt. Danach hat A den Angestellten der E bestochen. Eine ausführlichere Prüfung kann – und sollte – daher unterbleiben. Allenfalls das Regelbeispiel des § 300 S. 2 Nr. 1 StGB (»Vorteil großen Ausmaßes«) kann kurz erörtert werden. Es ist freilich – trotz der insoweit umstrittenen Wertgrenze – unproblematisch gegeben, vgl. NK-StGB/*Dannecker* § 300 Rn. 5. 2488

IV. Ergebnis zur Strafbarkeit des A im 1. Tatkomplex

A hat sich im 1. Tatkomplex gem. § 266 I Var. 2, (§ 13), § 299 II iVm § 300 S. 2 Nr. 1, § 53 StGB strafbar gemacht. 2489

2. Tatkomplex: Die vorgespiegelte Finanzsanierung

Hinweis: Der 2. Tatkomplex ist an die Entscheidung des BGH, Urt. v. 19.7.2001 – 4 StR 457/00 (BGH wistra 2001, 386*) angelehnt, die die Entscheidung des BGH, Urt. v. 26.4.2001 – 4 StR 439/00 (Insertionsofferte, BGHSt 47, 1**) fortführt. Der »Insertionsofferten«-Fall ist häufig Prüfungsgegenstand. Im Hinblick auf dessen wesentliches Problem der »Täuschung durch konkludentes Tun« bzw. der »Täuschung durch wahre Aussagen« setzt die Folgeentscheidung des *4. Senats* dessen nur knapp drei Monate alte Rechtsprechung konsequent fort. Es bietet sich daher geradezu an, die bei Studenten wesentlich weniger bekannte Folgeentscheidung zum Gegenstand der Prüfung zu machen; auf diese Weise kann auch Transfer- und Verständniswissen abgefragt werden. Lesen Sie zunächst die beiden Entscheidungen in der Reihenfolge ihrer Entstehung! 2490

71 BGHSt 52, 323*** (339).

A. Strafbarkeit von A und B

2491 **I.** Mittäterschaftlicher Betrug in einem besonders schweren Fall, §§ 263 I, III, V, 25 II StGB

2492 A und B könnten sich durch ihr Gesamtverhalten gegenüber O – das Aufgeben der Annoncen, den Schriftverkehr mit O sowie das Verschicken der Nachnahmesendung – wegen mittäterschaftlichen Betruges in einem besonders schweren Fall gem. §§ 263 I, III, V, 25 II StGB gegenüber und zulasten des O strafbar gemacht haben.

2493 **Hinweis:** Hier ist die Gesamtschau des Verhaltens von A und B ausnahmsweise zulässig, da sich erst hieraus der Täuschungscharakter ergibt; vgl. insoweit auch BGH wistra 2001, 386*. Siehe zum Ganzen auch noch den folgenden Text.

1. Objektiver Tatbestand

2494 **a)** A und B müssten O zunächst über Tatsachen getäuscht haben. Tatsachen sind konkrete Vorgänge oder Zustände der Vergangenheit oder Gegenwart, die dem Beweis zugänglich sind.[72] In erster Linie geht es dabei um sog. äußere Tatsachen, die sich auf Reales beziehen und sinnlich wahrnehmbar oder gerichtlich nachprüfbar sind.[73] Unter Täuschung versteht die hM jedes Verhalten mit Erklärungswert, das darauf gerichtet ist, durch unmittelbare Einwirkung auf die intellektuelle Vorstellung eines anderen eine Fehlvorstellung zu erzeugen.[74]

2495 **Hinweis:** Vgl. hierzu bereits die Hinweise Fall 13 → Rn. 1736, und Fall 17 → Rn. 2251.

2496 **aa)** A und B haben nicht explizit eine Kreditvermittlung versprochen. Eine ausdrückliche Täuschung über diese Tatsache ist daher nicht gegeben.

2497 **bb)** Auch dem nach der Verkehrsanschauung zu bestimmenden Erklärungswert kann nach hM Täuschungscharakter zukommen. Im vorliegenden Fall sind freilich zwei Umstände auseinander zu halten. Zum einen stellt sich die Frage, inwieweit durch sog. konkludentes Verhalten im Sinne des Betrugstatbestandes getäuscht werden kann. Zum andern kommt hier das weitere Problem hinzu, dass das Schreiben von A und B nur bei oberflächlicher Lektüre den Schluss auf eine Kreditvermittlungstätigkeit zulässt, tatsächlich enthält das Schreiben eine Behauptung unwahrer Tatsachen aber nicht.

2498 **Hinweis:** Es handelt sich um zwei zwar zusammenhängende, inhaltlich aber zu trennende Fragen, deren systematische Behandlung im Gutachten durch eine wie im Folgenden durchgeführte Trennung gut verdeutlicht werden kann. Der BGH trennt diese beiden Probleme freilich nicht. Vgl. noch den Hinweis → Rn. 2502.

2499 **(1)** Bei einer Täuschung durch konkludentes Verhalten geht es um ein irreführendes Verhalten, das nach der Verkehrsanschauung als stillschweigende Erklärung zu verstehen ist. Der Täter bringt hier nicht expressis verbis die Unwahrheit zum Ausdruck, erklärt sie aber nach der Verkehrsanschauung durch sein Verhalten mit.[75]

---

72 Vgl. nur RGSt 55, 129 (131); SSW-StGB/*Satzger* § 263 Rn. 12.
73 MüKoStGB/*Hefendehl* § 263 Rn. 54.
74 SSW-StGB/*Satzger* § 263 Rn. 27; Schönke/Schröder/*Cramer/Perron* § 263 Rn. 11.
75 Schönke/Schröder/*Cramer/Perron* § 263 Rn. 14/15; *Wessels/Hillenkamp* StrafR BT II Rn. 498; BGHSt 47, 1 (3).

Hinweis: Neben der hier und im »Insertionsofferten«-Fall gegebenen Konstellation hat die Frage der konkludenten Täuschung bislang vor allem auch in den Selbstbedienungsfällen (vgl. dazu oben Fall 13 → Rn. 1736) und bei den Sportwetten, zuletzt im sog. »Hoyzer«-Fall (siehe hierzu in der Falllösung *Heissler/Marzahn* ZJS 2008, 638, mit zahlreichen weiteren Nachweisen) eine Rolle gespielt (zu weiteren Konstellationen *Wessels/Hillenkamp* StrafR BT II § 13 Rn. 499). Insbesondere in der »Hoyzer«-Entscheidung des BGH (BGHSt 51, 165**) hat die Annahme einer Täuschung durch konkludentes Verhalten zu viel Kritik in der Literatur geführt. Hintergrund dieser Kritik ist Folgendes: Da es bei der Täuschung durch konkludentes Verhalten an einer ausdrücklich verbalisierten unwahren Tatsachenbehauptung fehlt, ist sie von der Täuschung durch Unterlassen abzugrenzen. Ein solcher Betrug durch Unterlassen ist möglich, setzt aber – wie jedes unechte Unterlassungsdelikt – eine Garantenstellung voraus. Diese Garantenstellung wirkt im Rahmen der unechten Unterlassungsdelikte als strafrechtliche Garantenpflicht auch strafbegrenzend: derjenige, der nicht Garant ist, kann nicht Täter (oder Teilnehmer) des in Frage stehenden unechten Unterlassungsdelikts sein. Je weiter man nun den Anwendungsbereich der Täuschung durch konkludentes Verhalten zieht, desto eher läuft man Gefahr, eigentliche Unterlassungskonstellationen, in denen es an einer Garantenpflicht des präsumtiven Täters fehlt – und in denen damit eine Strafbarkeit wegen des betreffenden Delikts an sich ausscheidet –, zu Begehungskonstellationen aufzuwerten. Da in diesen Konstellationen aktiven konkludenten Verhaltens aber gerade keine Garantenpflicht vorausgesetzt wird, geht damit eine deutliche Ausweitung der Strafbarkeit einher. Die Frage ist im Einzelfall deshalb so schwierig zu entscheiden, weil ihre Beantwortung eine stark normative Wertung verlangt. Überprüfen Sie dies einmal für sich selbst anhand der typischen Selbstbedienungs-Konstellation: Erklärt derjenige, der eine CD für die Kassiererin nicht sichtbar im Einkaufswagen verbirgt, durch das Ablegen aller anderen von ihm mitgeführten Waren auf dem Einkaufsband nach der Verkehrsanschauung mit, er habe sonst keine Waren bei sich? (vgl. *Hillenkamp* JuS 1997, 221; zum Ganzen noch Fall 13 → Rn. 1735 ff.). 2500

A und B haben durch ihr Gesamtverhalten bei O den Eindruck erweckt, sie wollten ihm einen Kreditvertrag vermitteln. Tatsächlich enthielt das Nachnahmeschreiben, für dessen Aushändigung O dem Postboten 200 EUR übergab, lediglich eine Informationsbroschüre. Das spricht für die Annahme einer Täuschung durch konkludentes Verhalten. 2501

Hinweis: Anders als etwa in den Selbstbedienungs-Konstellationen liegt BGHSt 47, 1** und BGH wistra 2001, 386* ein Sachverhalt zugrunde, in dem es den Opfern durch genaue Lektüre (oder gesunden Menschenverstand) durchaus ohne größere Anstrengungen möglich gewesen wäre, das Vorhaben der Täter zu erkennen. Natürlich hängen die Fragen nach der Täuschung durch konkludentes Verhalten und der Täuschung durch wahre Tatsachenbehauptungen zusammen, da die wahre Aussage in das Gesamtverhalten der Täter einzubetten ist. Systematisch und inhaltlich lassen die beiden Fragen sich aber – auch im Gutachten – gut trennen, etwa indem in der Falllösung wie hier zunächst die Problematik der Täuschung durch konkludentes Verhalten aufgeworfen und erst anschließend danach gefragt wird, welche Bedeutung insoweit der wahren Aussage (in der Insertionsofferte, den Annoncen, dem Schreiben an O) zukommt; vgl. bereits den Hinweis → Rn. 2498. Ganz grundsätzlich geht es damit letztlich um die Frage, in wessen Zuständigkeitsbereich ein gegebenenfalls eingetretener Vermögensschaden fällt oder, anders ausgedrückt: wem der tatbestandsmäßige Erfolg zugerechnet wird. Dabei handelt es sich um nichts anderes als um die normative Frage nach der Abgrenzung personaler Verantwortungsbereiche – die dann aber auch dementsprechend behandelt werden sollte, → Rn. 2507 ff. 2502

(2) Allerdings zeichnet der vorliegende Fall sich durch die Besonderheit aus, dass neben dem Verhalten von A und B schriftliche Aussagen – die Annoncen und das 2503

Schreiben an O, in dem sie die »Vermittlung einer Finanzsanierung« avisieren – existieren, denen bei genauer Lektüre gerade kein unmittelbar betrugsrelevantes Verhalten innewohnt. Es stellt sich damit die Frage, welche Bedeutung diesen wahren Aussagen im Kontext des Gesamtverhaltens von A und B zukommt.

2504 **Hinweis:** Dieser Aspekt ist bei der »Insertionsofferten«-Entscheidung des BGH sicher noch stärker ausgeprägt, da sich dort der täuschungsrelevante Sachverhalt allein aus der Gestaltung der Insertionsofferten ergab.

2505 Nach Ansicht des BGH ist jedoch auch eine Täuschung durch Behauptung wahrer Tatsachen möglich, wenn »der Täter die Eignung der – inhaltlich richtigen – Erklärung, einen Irrtum hervorzurufen, planmäßig einsetzt und damit unter dem Anschein ›äußerlich verkehrsgerechten Verhaltens‹ gezielt die Schädigung des Adressaten verfolgt, wenn also die Irrtumserregung nicht die bloße Folge, sondern der Zweck der Handlung ist«.[76]

2506 Die Literatur kritisiert an dieser Rechtsprechung zutreffend, dass auf diese Weise das objektive Tatbestandsmerkmal der Täuschung unter Bezugnahme auf subjektive Voraussetzungen bestimmt wird.[77] Zwar betont der BGH mehrfach, dass es dabei um die objektive und subjektive Tatseite gehe[78]; das ändert aber nichts daran, dass der *Senat* schon die Täuschungshandlung durch Rückgriff auf die subjektive Zielsetzung des Täters – genauer: seine böse (betrügerische) Absicht – bestimmt und sich damit in gefährliche Nähe zu einem Gesinnungsstrafrecht begibt.

2507 Es erscheint daher überzeugender, normativ danach zu fragen, in wessen Verantwortungsbereich ein durch das Verhalten von A und B verursachter Vermögensschaden bei O fiele.

2508 **Hinweis:** Formulieren Sie vorsichtig; den Eintritt eines Vermögensschadens haben Sie noch nicht festgestellt!

2509 Im vorliegenden Fall überwiegt freilich der Täuschungscharakter des Gesamtverhaltens von A und B den wahren Aussagegehalt ihrer schriftlichen Äußerungen derart, dass man nicht umhin kommt, die Verantwortung nicht bei O, sondern bei A und B zu lozieren. Denn A und B haben nicht nur durch das Gesamtgebaren ihrer Firma, die nach außen hin als Finanzdienstleister und Vermittler von Bankkrediten auftritt, sondern schon bei der Gründung ihrer Firma »A & B Schuldenregulierung« wie auch bei ihren schriftlichen Äußerungen (»Vermittlung einer Finanzsanierung«), sich stets für den Laien nur schwer durchschaubarer Formulierungen bedient. Anders als etwa in dem Original-Insertionsofferten-Fall, bei dem allein die sorgfältige Lektüre zur Vermeidung eines Irrtums bei den Adressaten geführt hätte, bietet der Fall daher auch keinen Anlass, zwischen besonders geschäftserfahrenen und unerfahrenen Adressaten zu unterscheiden.[79] A und B haben durch konkludentes Verhalten über eine Tatsache – die Vermittlung eines Kredits – getäuscht.

---

76 BGHSt 47, 1** (5).
77 Vgl. etwa NK-StGB/*Kindhäuser* § 263 Rn. 58; LK/*Tiedemann* § 263 Rn. 23 mit Fn. 20.
78 BGHSt 47, 1** (5 f.).
79 Vgl. dazu *Wessels/Hillenkamp* StrafR BT II Rn. 499.

Hinweis: AA nur schwer vertretbar. Inhaltlich geht es um die noch vollständig ungeklärte Frage nach dem normativen Gehalt des Täuschungsmerkmals. Die Frage bedarf der vertieften wissenschaftlichen Auseinandersetzung und hängt von der noch grundsätzlicheren Problematik nach der Reichweite der objektiven Zurechnungslehre ab. 2510

Hinweis: Auch wenn der Fall sich geradezu dafür anbietet: Vermeiden Sie Formulierungen wie »A und B haben *bewusst* und *zielgerichtet* schwer verständliche Formulierungen verwendet«, da Sie das objektive Tatbestandsmerkmal der Täuschung erörtern und sich ja gerade nicht den gegen das Vorgehen des BGH gerichteten Einwänden aussetzen wollen! 2511

b) Durch die Täuschung von A und B ist bei O der Irrtum verursacht worden, das ihm vom Postboten gegen die Zahlung von 200 EUR ausgehändigte Nachnahmeschreiben enthalte den gewünschten Kreditvertrag. 2512

c) Aufgrund seines Irrtums hat O dem Postboten 200 EUR ausgehändigt und damit eine Vermögensverfügung vorgenommen. 2513

d) Fraglich ist aber, ob O hierdurch einen Vermögensschaden erlitten hat. Ein Vermögensschaden ist gegeben, wenn die unmittelbare Vermögensminderung nicht durch eine gleichwertige Gegenleistung kompensiert wird, mithin das Vermögen des C nach der Verfügung bei saldierender Betrachtung gegenüber dem status quo ante eine negative Differenz aufweist, sog. Saldotheorie.[80] 2514

Der vermeintlichen Kreditvermittlungsgebühr in Höhe von 200 EUR steht keine Gegenleistung in diesem Wert gegenüber, die Informationsbroschüre hat einen weit geringeren Wert. Auch wenn Sie dem Einzelnen helfen mag und für ihn daher einen hohen ideellen Wert besitzt, ist dieser nicht mit 200 EUR zu beziffern. Eine Kompensation durch einen Gegenwert in Form einer tatsächlichen Kreditvermittlung sollte niemals stattfinden. 2515

Hinweis: Es kommt also hier schon nicht darauf an, ob der Kreditvermittlungsvertrag nichtig oder nur gem. § 123 BGB anfechtbar ist, vgl. BGHSt 47, 1** (7 f.). Vgl. noch → Rn. 2521. 2516

Ein Vermögensschaden liegt daher vor. 2517

e) Für die Annahme gewerbsmäßigen Handelns einer Bande gem. § 263 V StGB fehlt es an einem Zusammenschluss von mindestens drei Personen. 2518

2. Subjektiver Tatbestand

a) A und B handelten vorsätzlich. 2519

b) Sie müssten auch mit Bereicherungsabsicht gehandelt haben. Die Tat muss auf Erlangung eines rechtswidrigen, mit dem Vermögensschaden stoffgleichen Vermögensvorteils gerichtet sein. 2520

A und B möchten die 200 EUR erhalten. Die Tat ist daher auf die Erlangung eines Vermögensvorteils, dh auf eine Vergrößerung des Vermögens von A und B gerichtet. Fraglich ist aber, ob dieser erstrebte Vermögensvorteil auch rechtswidrig ist. Ein Vermögensvorteil ist rechtswidrig, wenn kein fälliger, einredefreier Anspruch auf ihn 2521

80 Statt aller SSW-StGB/*Satzger* § 263 Rn. 140 mwN.

besteht. Hier könnte aufgrund eines Vermittlungsvertrags zwischen A und B einerseits und O andererseits ein Anspruch von A und B bestehen. Ein Vermittlungsvertrag ist jedoch schon deshalb gar nicht zustande gekommen, weil die Willenserklärungen bezüglich der essentialia negotii objektiv nicht übereinstimmen.[81] Da der Vermögensvorteil Kehrseite des Vermögensnachteils (Nachnahmegebühr in Höhe von 200 EUR) ist, ist der erstrebte Vermögensvorteil auch stoffgleich. A und B handelten auch insoweit vorsätzlich und daher insgesamt mit Bereicherungsabsicht.

3. Täterschaft

2522 A und B haben durch das gemeinschaftliche Aufgeben der Annoncen, den Schriftverkehr mit O sowie das Verschicken der Nachnahmesendung mittäterschaftlich gem. § 25 II StGB »durch einen anderen« iSd § 25 I Var. 2 StGB – der Postbote wird als vorsatzloses Werkzeug zur Tatbegehung benutzt – und damit als mittelbare Täter getäuscht.

2523 **Hinweis:** Zum Prüfungsstandort der Beteiligungsfrage vgl. Fall 2 → Rn. 312. Die mittäterschaftliche Begehungsweise ist nach dem Sachverhalt unproblematisch, das Handeln als mittelbare Täter hingegen nicht ganz einfach zu sehen. Es genügt jeweils eine kurze Klarstellung.

4. Rechtswidrigkeit und Schuld

2524 A und B handelten rechtswidrig und schuldhaft.

5. Regelbeispiele eines besonders schweren Falls gem. § 263 III StGB

2525 A und B könnten die Regelbeispiele des § 263 III 2 Nr. 1 Var. 1, Nr. 2 Var. 1 und Var. 2 sowie Nr. 3 StGB verwirklicht haben.

2526 **a)** A und B handelten gewerbsmäßig iSd § 263 III 2 Nr. 1 Var. 1 StGB, da sie mit ihrem Verhalten zahlreiche Interessenten zur Zahlung der vermeintlichen Kreditvermittlungsgebühr bewegen und sich aus wiederholter Tatbegehung eine nicht nur vorübergehende Einnahmequelle nicht ganz unerheblichen Umfangs verschaffen wollten.[82]

2527 **b)** A und B haben jedenfalls dann einen Vermögensverlust großen Ausmaßes gem. § 263 III 2 Nr. 2 Var. 1 StGB herbeigeführt, wenn man – wie dies weitgehend für richtig gehalten wird[83] – auf den von ihnen verursachten Gesamtschaden von 400.000 EUR abstellt.

2528 **c)** A und B könnten auch gem. § 263 III 2 Nr. 2 Var. 2 StGB in der Absicht gehandelt haben, durch fortgesetzte Begehung von Betrug eine große Zahl von Menschen in die Gefahr des Vermögensverlustes zu bringen. Die Absicht muss auf wenigstens zwei rechtlich selbständige Betrugstaten gerichtet sein.[84]

---

81 AA offenbar BGH wistra 2001, 386* (388), der von einer Nichtigkeit oder zumindest Anfechtbarkeit des Vertrages und damit implizit von dessen Zustandekommen ausgeht.

82 Zur Definition der Gewerbsmäßigkeit vgl. MüKoStGB/*Hefendehl* § 263 Rn. 767.

83 Vgl. NK-StGB/*Kindhäuser* § 263 Rn. 394; MüKoStGB/*Hefendehl* § 263 Rn. 777; LK/*Tiedemann* § 263 Rn. 298; SSW-StGB/*Satzger* § 263 Rn. 303.

84 SSW-StGB/*Satzger* § 263 Rn. 306 mwN.

A und B haben zwar die Absicht weitere Interessenten zu gewinnen, was ihnen letztlich bei 2.000 Betrugsopfern gelingt. Nach der zutreffenden Ansicht des BGH sind die 2.000 Betrugsfälle jedoch nicht rechtlich selbständig, sie stellen vielmehr nur eine Tat dar.[85] **2529**

Das Regelbeispiel des § 263 III 2 Nr. 2 Var. 2 StGB scheidet daher aus. **2530**

Hinweis: AA vertretbar. Wer der Gegenansicht folgt, muss bestimmen, wann die »große Zahl von Menschen« gegeben ist. Teilweise werden vier Personen als ausreichend erachtet (*Lackner/Kühl* § 263 Rn. 66); andernorts werden (mindestens) zehn Personen (LK/*Tiedemann* § 263 Rn. 299), 20 Personen (Schönke/Schröder/*Cramer/Perron* § 263 Rn. 188d) oder sogar 50 Personen verlangt (*Joecks* § 263 Rn. 127). Da hier mehr als 2.000 Menschen getäuscht worden sind, ist dieses Merkmal nach allen Ansichten erfüllt. **2531**

d) Auch das Regelbeispiel gem. § 263 III 2 Nr. 3 StGB kommt nicht in Betracht, da es lediglich die Verursachung, nicht hingegen die bloße Verschärfung einer schon bestehenden wirtschaftlichen Not einer anderen Person erfasst (»in wirtschaftliche Not *bringt*«). Da O sich nach dem Sachverhalt aber bereits zuvor in wirtschaftlicher Not befindet – dies stellt gerade den Grund dafür dar, dass er sich an A und B wendet – fehlt es hieran. **2532**

Hinweis: Auf der Prüfung der Regelbeispiele liegt ersichtlich kein Schwerpunkt des Falles mehr. Sie können daher in der gebotenen Kürze abgehandelt werden. **2533**

6. Ergebnis

A und B haben sich im zweiten Tatkomplex gem. §§ 263 I, III 2 Nr. 1 Var. 1 und Nr. 2 Var. 1, 25 I Var. 2, 25 II StGB schuldig gemacht. **2534**

II. Wucher, § 291 I S. 1 Nr. 3 (II Nr. 2) StGB

A und B könnten sich wegen Wuchers gem. § 291 I 1 Nr. 3 StGB strafbar gemacht haben, indem sie die 200 EUR Nachnahmegebühr entgegennahmen. **2535**

1. Objektiver Tatbestand **2536**

A und B müssten die Zwangslage des O dadurch ausgebeutet haben, dass sie sich für die Gewährung oder Vermittlung eines Kredits oder einer sonstigen Leistung Vermögensvorteile gewähren ließen, die in einem auffälligen Missverhältnis zu ihrer Leistung stehen. **2537**

a) A und B haben O eine Informationsbroschüre gegen Zahlung einer Nachnahmegebühr in Höhe von 200 EUR übersandt. Da damit gerade keine Kreditgewährung bzw. -vermittlung iSd § 291 I 1 Nr. 2 bzw. Nr. 4 StGB vorliegt, liegt hierin eine »sonstige« Leistung iSd § 291 I 1 Nr. 3 StGB. Hierfür haben A und B sich einen Vermögensvorteil – 200 EUR – gewähren lassen. **2538**

b) Die von A und B erbrachte Leistung – Übersendung einer bloßen Informationsbroschüre – und die Zuwendung des O – Bezahlung von 200 EUR – stehen in einem auffälligen Missverhältnis. Dass wegen § 138 II BGB ein Austauschverhältnis nicht **2539**

85 BGH wistra 2001, 386* (387 f.).

(rechtswirksam) zustande kommt und seitens O daher Kondiktionsansprüche gem. §§ 812 ff. BGB bestehen, ist bei § 291 StGB generell unerheblich.[86]

2540 c) Hierdurch müsste die wirtschaftliche Zwangslage des O ausgebeutet worden sein. Was unter Ausbeuten zu verstehen ist, ist – insbesondere im Hinblick auf das zumindest begrifflich abweichende Erfordernis des Ausnutzens in § 291 I 2 StGB – umstritten.[87] Selbst wenn man einer weiten Auslegung im Sinne einer Gleichstellung des Ausbeutens mit dem Ausnutzen folgt,[88] wird man ein Ausbeuten hier ablehnen müssen: Denn A und B missbrauchen die bedrängte Lage des O – von der sie im Zweifel gar keine konkrete Kenntnis hatten – nicht zur Erlangung übermäßiger Vermögensvorteile.[89] Somit liegt ein Ausbeuten nicht vor.[90]

2541 **Hinweis:** AA vertretbar.

2. Ergebnis

2542 A und B haben sich nicht wegen Wuchers gem. § 291 I 1 Nr. 2 StGB strafbar gemacht

B. Ergebnis zur Strafbarkeit von A und B im 2. Tatkomplex

2543 A und B haben sich strafbar gemacht gem. §§ 263 I, III 2 Nr. 1 und Nr. 2, 25 I Var. 2, 25 II StGB.

2544 **Hinweis:** Wird außerdem eine Strafbarkeit wegen Wuchers angenommen, stehen die beiden Delikte in Idealkonkurrenz gem. § 52 StGB.

Konkurrenzen und Gesamtergebnis

2545 A hat sich im 1. Tatkomplex gem. § 266 I Var. 2, (§ 13), § 299 II iVm § 300 Nr. 1, § 53 StGB strafbar gemacht. Die Strafe kann gem. § 13 II StGB gemildert werden.

2546 A und B haben sich im 2. Tatkomplex strafbar gemacht gem. §§ 263 I, III S. 2 Nr. 1 Var. 1 und Nr. 2 Var. 1, 25 I Var. 2, 25 II StGB.

2547 Die von A im 1. und 2. Tatkomplex begangenen Taten stehen in Realkonkurrenz gem. § 53 StGB.

86 Schönke/Schröder/*Heine* § 291 Rn. 20.

87 Vgl. einerseits Schönke/Schröder/*Heine* § 291 Rn. 29; andererseits NK-StGB/*Kindhäuser* § 291 Rn. 23.

88 Siehe insgesamt auch SSW-StGB/*Saliger* § 291 Rn. 10.

89 So die Auslegung des Merkmals durch die Rechtsprechung und hL, vgl. bereits RGSt 3, 218 (219 f.); 53, 285; sowie BGHSt 11, 182 (187); SK-StGB/*Hoyer* § 291 Rn. 19; *Fischer* § 291 Rn. 14; MüKoStGB/*Pananis* § 291 Rn. 20.

90 Zum Verhältnis von Betrug und Wucher vgl. *Lackner/Werle* NStZ 1985, 503 (504 f.).

Fall 20: Rechenfehler bei der Bremer Stadtreinigung

A ist als Volljurist Leiter des Stabsbereichs Gremienbetreuung sowie Leiter der Rechtsabteilung bei den Stadtreinigungsbetrieben der Stadt Bremen (BSR). Zwischen 2008 und 2009 war ihm zudem die Innenrevision unterstellt. Der BSR, einer Anstalt des öffentlichen Rechts, obliegt die Straßenreinigung mit Anschluss- und Benutzungszwang für die Eigentümer der Anliegergrundstücke. Die Rechtsverhältnisse sind zwar privatrechtlich ausgestaltet; für die Bestimmung der Entgelte gelten jedoch das Äquivalenz- und das Kostendeckungsprinzip als öffentlich-rechtliche Grundsätze der Gebührenbemessung. Nach den Regelungen des Straßenreinigungsgesetzes der Stadt Bremen haben die Anlieger 75 % der angefallenen Kosten für die Straßenreinigung zu tragen; 25 % der Kosten verbleiben bei der Stadt. Die Aufwendungen für die Reinigung der Straßen ohne Anlieger muss die Stadt in vollem Umfang selbst tragen. Die Tarife werden in jeder Tarifperiode von einer jeweils neu eingesetzten Kommission neu berechnet. 2548

Bei der Berechnung der Entgelte der Tarifperiode 2011/2012 werden infolge eines Versehens auch diejenigen Kosten für die Straßen zu 75 % einbezogen, für die es keine Anlieger gibt, die also das Land hätte vollständig alleine tragen müssen. Die Berechnung erfolgt durch eine von A geleitete Kommission. Nachdem die fehlerhafte Berechnung von den BSR erkannt worden ist, will die für die Entgeltermittlung für die folgende Abrechnungsperiode 2012/2013 eingesetzte interne Projektgruppe den Fehler korrigieren. Auf Weisung des Finanzvorstandes Dr. B wird dies unterlassen. A gehört dieser Projektgruppe zwar nicht an, erlangt aber durch einen ihm direkt unterstellten Mitarbeiter Kenntnis davon, dass B den Fehler so »laufen lassen wolle«, um Geld in die leeren Kassen der BSR fließen zu lassen. Auch nimmt A an den Sitzungen der Projektgruppe sporadisch teil und führt bei der Sitzung des Aufsichtsrates Protokoll, in der die unrichtig berechneten Tarife von B vorgestellt, ausdrücklich als zutreffend bezeichnet und vom nichts ahnenden Aufsichtsrat schließlich gebilligt werden. Obwohl es ihm möglich ist, unterrichtet A – aus denselben Gründen wie B – in der Folgezeit weder seinen unmittelbaren Vorgesetzten noch ein Mitglied des Aufsichtsrates der BSR. Hätte A den Fehler offenbart, wären die Tarife noch vor Versendung der Gebührenbescheide berichtigt und korrekte Bescheide versandt worden. 2549

Auch der frühzeitig informierte Chief Compliance Officer C erfährt von der Vorgehensweise des B. Obwohl ihm kraft seines Dienstverhältnisses die Aufgabe der Verhinderung von Straftaten obliegt, unternimmt er nichts. Dabei kommt es ihm allein darauf an, dass er die von der Unternehmensleitung für den Fall, dass im Unternehmen keine Straftaten begangen werden, versprochene Gehaltserhöhung gezahlt bekommt. 2550

Die Sachbearbeiter der BSR, die die Gebührenbescheide an die einzelnen Anlieger versenden, ahnen von alledem nichts. Von den Eigentümern der Anliegergrundstücke werden so um insgesamt 23 Millionen EUR überhöhte Entgelte verlangt, die auch überwiegend bezahlt werden. 2551

Aufgabe: Wie haben die Beteiligten sich strafbar gemacht? 2552

Bearbeitervermerk: Eventuell erforderliche Strafanträge sind gestellt. 2553

2554 **Anmerkung**: Die wesentlichen Probleme des Sachverhaltes sind: **1.** Spezialtatbestände und Sperrwirkung gegenüber dem Betrugstatbestand; **2.** Täterschaft und Teilnahme bei unechten Unterlassungsdelikten; **3.** Garantenpflicht des Innenrevisionsleiters einer Anstalt des öffentlichen Rechts; **4.** Garantenpflicht des Compliance Officers.

2555 **Literaturhinweise**: **zu 1.**: BGH NJW 2009, 2090; *Heghmanns* ZJS 2009, 706; 2.: *Hillenkamp* 33 Probleme StrafR AT 20. Problem; **zu 3.**: *Rotsch* ZJS 2009, 712; **zu 4.**: BGHSt 54, 44*** = BGH NJW 2009, 3173; *Kraft/Winkler* CCZ 2009, 29; *Ransiek* AG 2010, 147; *Rönnau/F. Schneider* ZIP 2010, 53; *Rotsch*, FS I. Roxin, 2012, 485.

A. Gliederung

1. Tatkomplex: Die fehlerhafte Gebührenberechnung und der Festsetzungsbeschluss im Rahmen der Abrechnungsperiode 2012/2013

A. Strafbarkeit des Finanzvorstandes B

I. § 353 I StGB (-)

II. § 352 I StGB (-)

III. §§ 263 I, III 2 Nr. 4, 25 I Var. 1 StGB (+)

B. Strafbarkeit des Innenrevisionsleiters A

I. §§ 263 I Var. 3, 13, 25 StGB (-)

II. §§ 263 I Var. 3, 27, 13 StGB (+)

C. Strafbarkeit des Chief Compliance Officers C

I. §§ 263 I Var. 3, 25, 13 StGB (-)

II. §§ 263 I Var. 3, 27, 13 StGB (+)

2. Tatkomplex: Die Versendung der Gebührenbescheide

A. Strafbarkeit des Finanzvorstandes B

I. §§ 263 I, III 2 Nr. 2 Var. 1, Nr. 4 Var. 1, 25 I Var. 2 StGB (+)

II. Ergebnis

B. Strafbarkeit des Innenrevisionsleiters A

I. §§ 263 I Var. 3, 25, 13 StGB (-)

II. §§ 263 I Var. 3, 27, 13 StGB (+)

C. Strafbarkeit des Chief Compliance Officers C

I. §§ 263 I Var. 3, 25, 13 StGB (-)

II. §§ 263 I Var. 3, 27, 13 StGB (+)

Konkurrenzen und Gesamtergebnis

A. Strafbarkeit des B

B. Strafbarkeit des A

C. Strafbarkeit des C

B. Lösung

1. Tatkomplex: Die fehlerhafte Gebührenberechnung und der Festsetzungsbeschluss im Rahmen der Abrechnungsperiode 2012/2013

2556 **Hinweis:** Die fehlerhafte Tariffestsetzung für die vorangegangene Tarifperiode 2011/12 beruhte auf einem Versehen. Insoweit kommt eine Strafbarkeit nicht in Frage, da sämtliche in Betracht zu ziehenden Straftatbestände ausschließlich als Vorsatzdelikte ausgestaltet sind. Eine gute Bearbeitung muss darauf nicht expressis verbis eingehen, aus ihr ergibt sich dieser Umstand aus der nachfolgenden Prüfung; vgl. auch noch den Hinweis → Rn. 2609. Wichtig ist aber, dass dann – wie hier mit der Bezeichnung des 1. Tatkomplexes – an den relevanten Zeitraum angeknüpft wird.

A. Strafbarkeit des Finanzvorstandes B

2557 **Hinweis:** § 352 StGB ist gegenüber dem Betrug vorrangig zu prüfen, weil es sich um einen Privilegierungstatbestand handelt, der gegenüber § 263 StGB Sperrwirkung entfaltet.[1] § 353 StGB hingegen stellt keine Privilegierung dar;[2] es bietet sich aber trotzdem an, auch diesen Tatbestand vorrangig zu prüfen, weil er offensichtlich nicht einschlägig ist und daher kurz abgehandelt werden kann.

I. Abgabenüberhebung, § 353 I StGB

2558 Denkbar scheint eine Strafbarkeit des B wegen Abgabenüberhebung gem. § 353 I StGB, weil die festgesetzten Gebühren zu hoch waren. Allerdings setzt § 353 I StGB die Nichtabführung der unrechtmäßig erhobenen Mittel voraus. Daran fehlt es, da die unrechtmäßig erlangten Gebühren tatsächlich der zuständigen Kasse zuflossen. Eine Strafbarkeit des B gem. § 353 I StGB scheidet daher aus.[3]

II. Gebührenüberhebung, § 352 I StGB

2559 In Betracht kommt aber eine Strafbarkeit wegen Gebührenüberhebung gem. § 352 I StGB.

1. Tatbestand

a) Objektiver Tatbestand

2560 Der Täterkreis des Sonderdelikts des § 352 I StGB ist (unter anderem) auf »Amtsträger […], welcher Gebühren oder andere Vergütungen für amtliche Verrichtungen zu seinem Vorteil zu erheben hat« beschränkt.

2561 **aa)** Der Begriff des Amtsträgers ist in § 11 I Nr. 2 StGB legaldefiniert. Da B Organ einer Anstalt öffentlichen Rechts ist, ist er jedenfalls Amtsträger iSd § 11 I Nr. 2 lit. c StGB.[4]

1 So auch im konkreten Fall BGH, Beschl. v. 9.6.2009 – 5 StR 394/08, Rn. 10–13.
2 *Heghmanns* ZJS 2009, 706 (709 f.).
3 BGH, Beschl. v. 9.6.2009 – 5 StR 394/08, Rn. 10 = wistra 2009, 393 (394).
4 BGH, Beschl. v. 9.6.2009 – 5 StR 394/08, Rn. 12 = wistra 2009, 393 (394).

bb) Zweifelhaft erscheint jedoch, ob er zu seinem Vorteil Gebühren zu erheben hat. Das ist grundsätzlich freilich deshalb nicht der Fall, weil die Gebühren nicht ihm, sondern der Stadt Bremen zukommen. 2562

Fraglich ist, ob der Umstand, dass B die Befugnis, Vergütungen zu seinem Vorteil zu erheben, fehlt, über § 14 I Nr. 1 StGB überwunden werden kann. Dafür müsste die Befugnis dem Vertretenen – hier der Stadt Bremen – zustehen. Auch wenn man diese »Vergütungserhebungsbefugnis« als besonderes persönliches Merkmal grundsätzlich der Stadt Bremen zubilligt,[5] scheitert eine Anwendung der »Verantwortungsübernahmeregelung«[6] des § 14 StGB aber dennoch: Wenn nämlich das Vorliegen des in Rede stehenden besonderen persönlichen Merkmals bei dem Vertreter fingiert wird,[7] so ist eine solche Fiktion nur dann zulässig, wenn bei dem Vertretenen sämtliche weiteren Strafbarkeitsvoraussetzungen vorliegen. Daran fehlt es aber, da die BSR als Anstalt des öffentlichen Rechts ihrerseits nicht Amtsträger ist. Würde man hier allein das Merkmal der Vergütungserhebungsbefugnis auf den Amtsträger A übertragen, weitete man den Anwendungsbereich des § 352 StGB planwidrig aus.[8] Eine Strafbarkeit wegen Gebührenüberhebung gem. § 352 StGB ist auf Amtsträger beschränkt, die wegen des besonderen Anreizes handeln, sich persönlich zu bereichern. Dieser Tatanreiz fehlt aber demjenigen, der – wie A – nur »seine« Anstalt bereichern will.[9] Zudem sollen diejenigen Fälle, in denen Gebühren nicht für den Täter selbst, sondern für öffentliche Kassen erhoben werden, gerade nicht von § 352 StGB, sondern von § 353 StGB erfasst werden[10] – der hier freilich aus anderen Gründen ausscheidet, → Rn. 2558. Eine Zurechnung der Vergütungserhebungsbefugnis auf B über § 14 I Nr. 1 StGB scheidet daher aus.[11] 2563

b) Zwischenergebnis

Der Tatbestand des § 352 I StGB ist bereits in objektiver Hinsicht nicht erfüllt. 2564

2. Ergebnis

Damit hat B sich nicht wegen Gebührenüberhebung gem. § 352 I StGB strafbar gemacht. 2565

III. Betrug in unmittelbarer Täterschaft, §§ 263 I, 25 I Var. 1 StGB

B könnte sich eines Betruges in unmittelbarer Täterschaft gem. §§ 263 I, 25 I Var. 1 StGB gegenüber den Mitgliedern des Aufsichtsrates zum Nachteil der Anlieger schuldig gemacht haben, indem er gegenüber dem Aufsichtsrat die unrichtig berechneten Tarife vorstellte. 2566

5 Vgl. *Heghmanns* ZJS 2009, 706 (710).
6 Momsen/Grützner/*Rotsch* Rn. 34.
7 *Heghmanns* ZJS 2009, 706 (710).
8 *Heghmanns* ZJS 2009, 706 (710).
9 *Heghmanns* ZJS 2009, 706 (710).
10 BGH, Beschl. v. 9.6.2009 – 5 StR 394/08, Rn. 11 = wistra 2009, 393 (394).
11 (Nur) Im Ergebnis ebenso BGH, Beschl. v. 9.6.2009 – 5 StR 394/08, Rn. 11 = wistra 2009, 393 (394).

2567 **Hinweis:** Natürlich müssen Sie im Regelfall nicht betonen, dass eine Strafbarkeit als unmittelbarer Täter in Betracht kommt. Im vorliegenden Fall bietet sich das freilich deshalb an, weil mit einer etwaigen strafrechtlichen Verantwortlichkeit des B für die Versendung der Gebührenbescheide auch eine Strafbarkeit als mittelbarer Täter in Frage kommt, dazu → Rn. 2688 ff. Durch die Betonung der in Frage kommenden Beteiligungsform des B bereits zu Beginn Ihrer Prüfung zeichnen Sie sogleich für den Leser deutlich erkennbar den Weg der Prüfung vor.

2568 **Hinweis:** Da weder § 352 StGB noch § 353 StGB einschlägig sind, stellt sich die Frage nach einer eventuellen Sperrwirkung dieser Tatbestände gegenüber dem Betrugstatbestand schon nicht[12] und sollte daher bestenfalls in einem Satz klargestellt werden. Hier wird ganz darauf verzichtet; mit der Prüfung unter I. und II. ist an sich alles gesagt. Wer deutlich machen möchte, dass ihm die Frage der Sperrwirkung bekannt ist, kann dies durch einen kurzen Hinweis freilich tun.[13]

1. Tatbestand

a) Objektiver Tatbestand

2569 **aa)** Dazu müsste B zunächst über Tatsachen getäuscht haben. Die Richtigkeit der Tarifberechnung ist ein konkreter Zustand der Gegenwart, der dem Beweis zugänglich ist und damit eine Tatsache. Indem B die unrichtige Tarifberechnung vorstellt und ausdrücklich als zutreffend bezeichnet, hat er die nichts ahnenden Mitglieder des Aufsichtsrates iSd § 263 I Var. 1 StGB getäuscht.

2570 **bb)** Die Mitglieder des Aufsichtsrates gingen von der Richtigkeit der in Wahrheit unrichtigen Tarifberechnung aus, weshalb sie einem Irrtum unterliegen. Für diesen Irrtum ist die Täuschung durch B auch kausal.

2571 **cc)** Fraglich ist aber, ob die Mitglieder des Aufsichtsrates eine Vermögensverfügung vorgenommen haben. In Betracht kommt eine Verfügung über das Vermögen der Anlieger durch die Billigung der Tarife.

2572 **Hinweis:** Es handelt sich um eine Konstellation des Dreiecksbetruges (→ Rn. 2578). Der BGH (Beschl. v. 9.6.2009 – 5 StR 394/08, Rn. 19) erwähnt diese Möglichkeit nur, erörtert dann aber ausschließlich die Strafbarkeit des B im Hinblick auf die Versendung der Gebührenbescheide, obwohl er erkennt, dass es sich dabei allenfalls um eine mitbestrafte Nachtat handeln kann, vgl. zum Ganzen *Heghmanns* ZJS 2009, 706 (708 f.). Wie man auch immer zu den problematischen Fragen im Rahmen der beiden möglichen Betrugstaten – unmittelbare Verfügung über das Vermögen der Anlieger durch die Mitglieder des Aufsichtsrates hier (dazu sogleich im Text), konkludente Täuschung durch Versendung der Gebührenbescheide dort (→ Rn. 2689) – steht: Im Gutachten sind die Taten wie hier umfassend, systematisch und chronologisch zu erörtern.

2573 **(1)** Unter einer Vermögensverfügung versteht man jedes Tun oder Unterlassen, das sich unmittelbar vermögensmindernd auswirkt.[14] Unmittelbar wirkt die Vermögensminderung dann, wenn das Tun oder Unterlassen des Getäuschten sich als Akt des

12 *Heghmanns* ZJS 2010, 706 (710).
13 Vgl. *Heghmanns* ZJS 2009, 7006 (710).
14 *Fischer* § 263 Rn. 70.

Gebens darstellt,[15] also ohne weitere Handlungen des Täters die Minderung des Opfervermögens herbeiführt.[16]

Mit dem Tariffestsetzungsbeschluss übt die BSR als Anstalt des öffentlichen Rechts das ihr gegenüber den Anliegern zustehende Recht auf einseitige Leistungsbestimmung gem. § 315 I BGB aus.[17] Durch den hierdurch entstehenden Anspruch der BSR gegen die Anlieger ist deren Vermögen gemindert. Eine etwaige zivilrechtliche Unwirksamkeit wegen Unbilligkeit gem. § 315 III 1 BGB ist strafrechtlich irrelevant.[18] 2574

Hinweis: AA gut vertretbar, insb. mit Blick auf das (zivilrechtliche) Erfordernis des Zugangs der Erklärung für das Wirksamwerden der Leistungsbestimmung (vgl. §§ 315 II, 130 I 1 BGB). 2575

Diese Vermögensminderung muss auch unmittelbar erfolgt sein. Nimmt man eine vermögensmindernde Wirkung bereits des Tariffestsetzungsbeschlusses an (→ Rn. 2574), so bedurfte es einer weiteren Handlung des B nicht mehr; das Anliegervermögen wurde unmittelbar gemindert.[19] 2576

(2) Der Aufsichtsrat traf seine Entscheidung auch aufgrund des durch den unwahren Vortrag des B ausgelösten Irrtums. 2577

(3) Zwar müssen beim Betrug getäuschte, irrende und verfügende Person identisch sein, bei der potenziell geschädigten Person des Vermögensinhabers kann es sich jedoch um einen Dritten handeln.[20] Allerdings wird dem selbstschädigenden Charakters des Betruges nur dann Rechnung getragen, wenn die Vermögensverfügung dem Vermögensinhaber zuzurechnen ist.[21] Unter welchen Voraussetzungen dies der Fall ist, ist zwar umstritten; Einigkeit besteht lediglich insoweit, als die rein faktische Einwirkungsmöglichkeit nicht ausreichend ist.[22] Hier kommt es jedoch auf den Streit nicht an, weil der Aufsichtsrat für die BSR gem. § 315 I BGB rechtlich befugt war, die unmittelbar vermögensmindernde Verfügung vorzunehmen und daher die vom Aufsichtsrat vorgenommene Minderung des Vermögens der Anlieger diesen nach jeder Auffassung zuzurechnen ist.[23] 2578

Hinweis: Vgl. hierzu bereits ausführlich Fall 16 → Rn. 2128. 2579

(4) Zwischenergebnis

Eine unmittelbar vermögensmindernde Verfügung liegt vor. 2580

dd) Ob ein Vermögensschaden iSd § 263 I StGB eingetreten ist, hängt davon ab, ob die in der Vermögensverfügung liegende unmittelbare Minderung des Anliegervermögens (vollständig) kompensiert wurde. Ein Vermögensschaden liegt also nur dann 2581

15 LK/*Tiedemann* § 263 Rn. 98.
16 LK/*Tiedemann* § 263 Rn. 98; *Lackner/Kühl* § 263 Rn. 22. Differenzierend *Fischer* § 263 Rn. 76.
17 BGH, Beschl. v. 9.6.2009 – 5 StR 394/08, Rn. 19 = wistra 2009, 393 (395).
18 *Gössel* JR 2010, 175.
19 *Gössel* JR 2010, 175.
20 *Fischer* § 263 Rn. 70 und 79.
21 *Fischer* § 263 Rn. 79.
22 Schönke/Schröder/*Cramer/Perron* § 263 Rn. 66.
23 Vgl. BGH, Beschl. v. 9.6.2009 – 5 StR 394/08, Rn. 19 = wistra 2009, 393 (395); *Heghmanns* ZJS 2010, 706 (709 mwN in Fn. 30).

vor, wenn das Anliegervermögen nach der Verfügung bei saldierender Betrachtung gegenüber dem status quo ante eine negative Differenz aufweist.[24]

2582 Da die Verfügung ausschließlich in der Tariffestsetzung besteht und noch keine Gelder an die BSR geflossen sind, kommt im vorliegenden Fall ein Vermögensschaden allenfalls in Gestalt eines Gefährdungsschadens in Betracht. Die Figur des Gefährdungsschadens wurde bereits von der reichsgerichtlichen Rechtsprechung entwickelt[25] und war lange Zeit auch in der Rechtsprechung des BGH anerkannt[26]; ihre Entwicklung befindet sich aber mittlerweile wieder im Fluss.[27] In der Literatur wird sie zu weiten Teilen befürwortet.[28] Sie fußt auf einer wirtschaftlichen Betrachtungsweise. Danach liegt ein »Gefährdungsschaden« – ungenau auch als »schadensgleiche Vermögensgefährdung« bezeichnet[29] – vor, wenn das Vermögen des Opfers durch die Verfügung bereits so konkret gefährdet ist, dass unter wirtschaftlichen Gesichtspunkten bereits eine nicht unmittelbar kompensierte Minderung des Gesamtvermögenswertes eintritt.[30]

2583 **Hinweis:** Vgl. dazu Fall 19 → Rn. 2446 ff.

2584 Die Kosten der Straßenreinigungsgebühren sind als öffentliche Lasten mitbestimmend für den (Handels-)Wert eines Grundstücks; hierbei wird im Wirtschaftsverkehr idR die Richtigkeit des Gebührenbescheids unterstellt.[31] Demnach wird durch die überhöhte Tariffestsetzung das Vermögen der anliegenden Grundstückseigentümer so konkret gefährdet, dass bei wirtschaftlicher Betrachtung bereits zu diesem Zeitpunkt ein Schaden iSd § 263 I StGB anzunehmen ist.[32]

2585 **Hinweis:** AA sehr gut vertretbar.

2586 Ein Vermögensschaden liegt vor.

b) Subjektiver Tatbestand

2587 **aa)** B handelte mit zumindest bedingtem Vorsatz hinsichtlich der Unwahrheit seiner Aussage, dem daraus resultierenden Irrtum seitens der Mitglieder des Aufsichtsrates und der vermögensmindernden und -beschädigenden Wirkung des daraufhin erfolgenden Tariffestsetzungsbeschlusses.

2588 **bb)** B handelte auch »in der Absicht, sich oder einem Dritten einen rechtswidrigen Vermögensvorteil zu verschaffen« (§ 263 I StGB), weil er die Richtigkeit der Tarifberechnung behauptete, damit der BSR die ihr nicht zustehende Gebührendifferenz

---

24 Vgl. etwa *Fischer* § 263 Rn. 110; *Wittig* WirtschaftsStrafR § 14 Rn. 100.

25 RGSt 16, 1.

26 Vgl. etwa BGHSt 3, 370 (372); 15, 83; 21; 112 (113 f.); 34, 394 (395 f.); BGH NStZ 1996, 203; 1998, 570; 2004, 264 (265).

27 Vgl. etwa zu den Divergenzen zwischen dem *1. Strafsenat* und dem *2. Strafsenat* des BGH *Fischer* StraFo 2008, 269, und *Nack* StraFo 2008, 277.

28 Etwa Schönke/Schröder/*Cramer/Perron* § 263 Rn. 143 mwN.

29 Klarstellung bei *Rotsch*, FS Samson, 2010, 156 in Fn. 83.

30 Vgl. etwa BGHSt 34, 395 (396 mwN); *Fischer* § 263 Rn. 159 mwN; *Wittig* WirtschaftsStrafR § 14 Rn. 112.

31 Vgl. *Heghmanns* ZJS 2010, 706 (709).

32 *Heghmanns* ZJS 2010, 706 (709).

zukomme.[33] Da dieser Vermögensvorteil der BSR mit dem Schaden der Anlieger identisch ist, liegt auch Stoffgleichheit[34] vor. Auch insoweit handelte B vorsätzlich.

2. Rechtswidrigkeit und Schuld

B handelte rechtswidrig sowie schuldhaft. **2589**

3. Besonders schwerer Fall, § 263 III StGB

Möglicherweise liegt ein besonders schwerer Fall iSd § 263 III StGB vor. In Betracht kommen die Regelbeispiele der Herbeiführung eines Vermögensverlusts großen Ausmaßes gem. § 263 III 2 Nr. 2 Var. 1 StGB sowie der Missbrauch der Befugnisse als Amtsträger gem. § 263 III 2 Nr. 4 Var. 1 StGB. **2590**

a) Als Wertgrenze für den Vermögensverlust großen Ausmaßes iSd § 263 III 2 Nr. 2 Var. 1 StGB wird gemeinhin eine Summe von 50.000 EUR angenommen.[35] Im vorliegenden Fall beträgt die Schadenssumme etwa 23 Mio. EUR. **2591**

Fraglich ist jedoch, ob das Regelbeispiel überhaupt auf Fälle des sog. Gefährdungsschadens Anwendung findet: *Tiedemann* setzt die Begriffe »Schaden« und »Verlust« gleich und bejaht die Anwendung des Regelbeispiels.[36] Dem steht jedoch der Wortlaut (Art. 103 II GG) des Gesetzes entgegen; dem Begriff »Verlust« wohnt – anders als dem Begriff des Schadens – Endgültigkeit inne, weshalb ein Gefährdungsschaden nach zutreffender und ganz hM nicht ausreicht.[37] **2592**

Hinweis: Ausführlich dazu Fall 16 → Rn. 2152 ff. und Fall 19 → Rn. 2475. **2593**

Demnach ist das Regelbeispiel der Herbeiführung eines Vermögensverlusts großen Ausmaßes iSd § 263 III 2 Nr. 2 Var. 1 StGB abzulehnen. **2594**

b) Da B im Rahmen seines Zuständigkeitsbereichs handelt,[38] missbraucht er jedoch seine Befugnisse als Amtsträger und erfüllt somit das Regelbeispiel des § 263 III 2 Nr. 4 Var. 1 StGB. **2595**

4. Ergebnis

B hat sich eines Betruges in besonders schwerem Fall gem. § 263 I, III 2 Nr. 4 Var. 1 StGB schuldig gemacht, indem er in der Aufsichtsratssitzung die Richtigkeit der Tarifberechnung behauptete. **2596**

Hinweis: Lehnt man eine Strafbarkeit wegen vollendeter Tat mangels eines Vermögensschadens ab, kommt eine Versuchsstrafbarkeit in Betracht. **2597**

33 LG Berlin, Urt. v. 3.3.2008 – (514) 3 Wi Js 1361/02 KLs (9/04), Rn. 225 ff.
34 Zu diesem Erfordernis siehe etwa Schönke/Schröder/*Cramer/Perron* § 263 Rn. 168.
35 Vgl. etwa BGHSt 48, 360; *Rotsch* ZStW 117 (2005), 577 (603).
36 LK/*Tiedemann* § 263 Rn. 298.
37 Vgl. *Rotsch* ZStW 117 (2005), 577 (591 ff.); BGH NJW 2003, 3717 (3718).
38 Vgl. etwa *Fischer* § 263 Rn. 221.

B. Strafbarkeit des Innenrevisionsleiters A

I. Betrug durch Unterlassen, §§ 263 I, 13 StGB

2598 A könnte sich als Täter wegen Betruges durch Unterlassen gem. §§ 263 I, 13 StGB strafbar gemacht haben, in dem er bei der Tariffestsetzung in der Aufsichtsratssitzung und auch in der Folgezeit untätig blieb, obwohl er um die Unrichtigkeit der berechneten Tarife wusste.

1. Tatbestand

a) Objektiver Tatbestand

2599 **aa)** Zunächst müsste A getäuscht haben. Dabei scheint insbesondere fraglich, ob eine solche in Form eines aktiven Tuns oder in Gestalt eines Unterlassens in Betracht kommt. Zwar erfolgte die vorangegangene Fehlberechnung der Tarife durch aktives Tun; allerdings geschah dies nur versehentlich, weshalb sie als taugliche Tathandlung für den als Vorsatzdelikt ausgestalteten Betrugstatbestand (vgl. § 15 StGB) nicht in Frage kommt.[39] Ebenso muss die bloße Anwesenheit des A in der Aufsichtsratssitzung als Anknüpfungspunkt für eine Strafbarkeit wegen eines durch aktives Tun begangenen Betruges ausscheiden.[40]

2600 Der »Schwerpunkt der Vorwerfbarkeit«[41] des Verhaltens des A liegt vielmehr in einem Unterlassen, nämlich seiner Untätigkeit trotz der Kenntnis um die Unrichtigkeit der Tarifberechnung bzw. des Tariffestsetzungsbeschlusses.

2601 **Hinweis:** Früher wurde bestritten, dass ein Betrug durch Unterlassen überhaupt möglich sei.[42] Diese Zweifel sind mittlerweile – zu Recht – überwunden.[43]

2602 A war es ohne Weiteres möglich, die zur Abwendung des Vermögensschadens bei den Anliegern erforderliche Handlung – Information seines unmittelbaren Vorgesetzten bzw. der Mitglieder des Aufsichtsrates – vorzunehmen. Dass A diese Handlung unterlassen hat, ist auch (quasi-)kausal für den Eintritt des Vermögensschadens.

2603 Fraglich ist damit, ob A rechtlich verpflichtet war, den Irrtum über die Richtigkeit der Tarifberechnung bei seinem unmittelbaren Vorgesetzten bzw. den Mitgliedern des Aufsichtsrates aufzuklären und so den Eintritt des Vermögensschadens bei den Anliegern zu verhindern. Hierzu müsste eine rechtliche Aufklärungspflicht des A bestanden haben, die die betrugsspezifische Ausformung einer Garantenpflicht gem. § 13 I StGB darstellt.[44] Fraglich ist also, ob A Garant war.

2604 **Hinweis:** Auch hier lässt sich wieder über die Prüfungsreihenfolge streiten, vgl. zunächst Fall 13, → Rn. 1742. Wer beim Betrug, anders als bei reinen Verursachungsdelikten, wie die ganz hM zunächst die Tathandlung und erst am Ende den Eintritt des tatbestandsmäßigen Erfolges prüft (anders insbes. *Samson* StrafR II, 142, 278), der kann auch – wie hier – beim Betrug durch Unterlassen so vorgehen

39 *Rotsch* ZJS 2009, 712 (714).
40 *Rotsch* ZJS 2009, 712 (714).
41 Zu diesem (umstrittenen) Kriterium vgl. etwa die Nachweise bei *Fischer* § 13 Rn. 5.
42 Etwa *Naucke*, Zur Lehre vom strafbaren Betrug, 1964, 106ff.; *Grünwald*, FS H. Mayer, 1967, 281; *Mayer*, Strafrecht Allgemeiner Teil, 1967, 152.
43 MüKoStGB/*Hefendehl* § 263 Rn. 135 mwN.
44 Schönke/Schröder/*Cramer/Perron* § 263 Rn. 19.

(vgl. etwa *Wessels/Hillenkamp* StrafR BT II Rn. 504). Halten Sie sich nicht sklavisch an vermeintlich unumstößliche Prüfungsschemata, ausschlaggebend für Ihre Prüfungsreihenfolge muss vielmehr allein deren Zweckmäßigkeit sein. Sie müssen nur darauf achten, innerhalb einer Falllösung konsequent zu bleiben, also die Voraussetzungen des in Rede stehenden Straftatbestandes insoweit stets in derselben Reihenfolge zu erörtern. Beim Betrugstatbestand können Sie also in Ihrem Gutachten Ihre Prüfung nicht das eine Mal mit der Vornahme der Tathandlung, das nächste Mal mit dem Eintritt des tatbestandsmäßigen Erfolgs beginnen.

bb) Die gem. § 13 I StGB erforderliche Garantenpflicht kann sich in zweierlei Hinsicht ergeben. A kann grundsätzlich Überwachergarant oder Beschützergarant sein.[45] **2605**

Hinweis: Ausführlich zum vorliegenden Fall *Rotsch* ZJS 2009, 712 (715 ff.) – lesen! Dort finden sich auch Ausführungen zur Unterscheidung zwischen Garantenstellung und Garantenpflicht (ZJS 2009, 712 [715]). **2606**

(1) Eine Überwachergarantenpflicht kann sich insbesondere aus pflichtwidrigem Vorverhalten (Ingerenz) oder aus dienstlicher Pflichtenübernahme ergeben. **2607**

(a) In Betracht kommt zunächst eine Garantenpflicht aus Ingerenz, da der Berechnungsfehler bereits bei der Berechnung der Entgelte der Tarifperiode 2011/2012 in der Abteilung des A geschah. **2608**

Hinweis: Zwar kommt eine Strafbarkeit aller Beteiligten nur im Hinblick auf die Berechnung der Entgelte für die folgende Tarifperiode 2012/2013 in Betracht, siehe den Hinweis → Rn. 2556. Im Rahmen der Ingerenzgarantenpflicht wird aber gerade an ein pflichtwidriges *Vorverhalten* angeknüpft, das die Erfolgsanwendungspflicht des Beteiligten (für die Zukunft) begründet. Dieses vorherige Verhalten des A kann ggfs. darin gesehen werden, dass er die Kommission leitete, der der Berechnungsfehler unterlief. Insoweit spielt das – unvorsätzliche – Vorverhalten des A im Rahmen der Tarifberechnung 2011/12 bei der Beurteilung seiner Strafbarkeit wegen der (vorsätzlich) unterbliebenen Aufklärung im Rahmen der Tarifberechnung 2012/13 eine Rolle. **2609**

Das erstinstanzlich zuständige LG Berlin hatte im zugrunde liegenden Fall eine Ingerenzgarantenpflicht des A noch bejaht, weil dieser im fraglichen Zeitpunkt der Leiter der Kommission gewesen war.[46] Der BGH hingegen hat dem zu Recht widersprochen:[47] **2610**

Die insoweit in Betracht kommende (Überwacher-)Garantenpflicht aus Ingerenz setzt nach ganz überwiegender Ansicht zunächst ein pflichtwidriges (sorgfaltswidriges) Vorverhalten voraus.[48] Da A bei dem auf »Versehen«[49] beruhenden Berechnungsfehler offensichtlich fahrlässig gehandelt hat, kommt eine solche Garantenpflicht aus vorangegangenem Tun damit grundsätzlich durchaus in Frage. Nach ständiger Rechtsprechung des BGH wird aber vorausgesetzt, dass das pflichtwidrige Vorverhalten »die naheliegende Gefahr des Eintritts des konkret untersuchten, tatbestandsmäßigen **2611**

45 Vgl. die systematisierende Übersicht bei *Kühl* StrafR AT § 18 Rn. 46a.

46 LG Berlin, Urt. v. 3.3.2008 – (514) 3 Wi Js 1361/02 KLs (9/04), Rn. 243.

47 BGH, Urt. v. 17.7.2009 – 5 StR 394/08, Rn. 21 mwN; insoweit zust. *Rotsch* ZJS 2009, 712 (716), und *G. Dannecker/C. Dannecker* JZ 2010, 981 (982).

48 *Wessels/Beulke* StrafR AT § 16 Rn. 725; *Roxin* StrafR AT II § 32 Rn. 143 ff. Vgl. aber auch BGHSt 37, 106***.

49 BGH, Urt. v. 17.7.2009 – 5 StR 394/08, Rn. 4.

Erfolgs verursacht.«[50] Man wird dem *Senat* darin zustimmen können, dass es an einer solchen »nahen Gefahr« hier fehlt: Der Umstand, dass die vorherige Tariffestsetzung fehlerbehaftet war, bedeutet nämlich nicht, dass dieser Fehler sich auch automatisch in die nächste Tarifperiode hinein fortsetzt. Denn der Tarif wird für jede Tarifperiode uneingeschränkt neu bestimmt.[51] Es ist dem BGH daher in der Sache zuzustimmen, wenn er zu dem Ergebnis kommt, dass schon die ausschließliche Verantwortlichkeit der neuen Tarifkommission der Annahme einer Garantenpflicht des A aus Ingerenz entgegensteht.[52]

2612 Der den Ausführungen des BGH folgende Verweis auf *Roxin*[53] zeigt, dass diese höchstrichterliche Ansicht in der Sache nicht weit entfernt ist von der objektiven Zurechnungslehre, die *Roxin* auf die Ingerenzgarantenpflicht überträgt. Ob man vom Fehlen einer nahen Gefahr oder aber davon spricht, dass die Vorhandlung dem Verursacher objektiv deshalb nicht zuzurechnen ist, weil die durch sie heraufbeschworene Gefahr im alleinigen Verantwortungsbereich eines anderen (hier: der neuen Tarifkommission) liegt, macht dann im Ergebnis keinen Unterschied. Eine Garantenpflicht des A aus Ingerenz scheidet also aus.[54]

2613 **Hinweis:** AA nur schwer vertretbar.

2614 **(b)** Denkbar erscheint aber die Annahme einer Garantenpflicht des A aufgrund seiner dienstlichen Stellung.[55] Eine solche Überwachergarantenpflicht setzt die nicht nur vertragliche, sondern auch tatsächliche Übernahme eines entsprechenden Pflichtenkreises sowie ein besonderes Vertrauensverhältnis zwischen Übertragendem und Verpflichtetem voraus.[56]

2615 A ist Leiter der Innenrevision und der Rechtsabteilung, er hat damit einen entsprechenden Pflichtenkreis übernommen. Und auch wenn im Rahmen des weiter vorausgesetzten Vertrauensverhältnisses das Bestehen eines Arbeitsverhältnisses allein nicht genügt,[57] besteht gerade im Fall der BSR als Anstalt des öffentlichen Rechts eine besondere Bindung an den Grundsatz gesetzmäßigen Verhaltens, was für die Annahme eines besonderen Vertrauensverhältnisses und somit einer Garantenpflicht aufgrund der dienstlichen Stellung des A spricht.[58] Dies gilt umso mehr, als die Überwachung der juristischen Richtigkeit der Tarifberechnung und -festsetzung eine Kernpflicht der Tätigkeit des A ausmacht.[59]

2616 Damit liegt jedenfalls eine (Überwacher-)Garantenpflicht aufgrund der dienstlichen Stellung des A vor.

---

50 BGH, Urt. v. 17.7.2009 – 5 StR 394/08, Rn. 21. Ähnlich jüngst BGH NStZ 2009, 381 (382), sowie bereits zuvor BGHSt 38, 356 (358); BGH NStZ 1998, 83 (84); 2004, 89 (91); BGH NStZ-RR 1997, 292 (293).

51 BGH, Urt. v. 17.7.2009 – 5 StR 394/08, Rn. 21.

52 BGH, Urt. v. 17.7.2009 – 5 StR 394/08, Rn. 21. Vgl. *Rotsch* ZJS 2009, 712 (716).

53 *Roxin* AT II § 32 Rn. 175 ff.

54 *Rotsch* ZJS 2009, 712 (716).

55 Vgl. ausführlich *Rotsch* ZJS 2009, 712 (716 ff.).

56 BGH, Urt. v. 17.7.2009 – 5 StR 394/08, Rn. 25 mwN.

57 BGH, Urt. v. 17.7.2009 – 5 StR 394/08, Rn. 25, LK/*Weigend* § 13 Rn. 41.

58 BGH, Urt. v. 17.7.2009 – 5 StR 394/08, Rn. 29; kritisch dazu *Kraft* wistra 2010, 81 (83).

59 BGH, Urt. v. 17.7.2009 – 5 StR 394/08, Rn. 30.

(2) Zudem kommt auch eine Beschützergarantenpflicht in Betracht. Eine solche wäre insbesondere dann denkbar, wenn es um Schutzpflichten hinsichtlich der Rechtsgüter der BSR selbst ginge; gerade diese Fallkonstellation liegt hier aber nicht vor.[60] Allerdings ergeben sich aus der Tatsache, dass es sich um einen hoheitlichen Tätigkeitsbereich handelt und daher Grundrechtsbindung gem. Art. 20 III, 1 III GG besteht, Schutzpflichten gegenüber den betroffenen Anliegern, die nach zutreffender Auffassung auch eine entsprechende Beschützergarantenpflicht des A begründen.[61] 2617

Hinweis: AA vertretbar. Im Ergebnis wirkt sich die Frage aber nicht aus, weil jedenfalls eine Überwachergarantenpflicht des A besteht (→ Rn. 2614 ff.). 2618

cc) Hinsichtlich der weiteren Voraussetzungen eines Irrtums bei den Mitgliedern des Aufsichtsrates, einer von diesen durch die Billigung des Tarifs vorgenommenen unmittelbar vermögensmindernden Verfügung über das Vermögen der Anlieger sowie des bei diesen eintretenden Vermögensschadens kann nach oben verwiesen werden. 2619

Hinweis: Siehe die Prüfung → Rn. 2570 ff. Auch wenn es im Rahmen der Strafbarkeit des A um einen Betrug – also eine Täuschung – durch Unterlassen geht, entspricht die Prüfung der weiteren objektiven Tatbestandsmerkmale derjenigen im Rahmen der Strafbarkeit des B. Allein die Tathandlung unterscheidet sich: B führt Irrtum, Vermögensverfügung und Vermögensschaden durch seine Behauptung, der Tarif sei richtig berechnet (aktives Tun), A denselben Irrtum, dieselbe Vermögensverfügung und denselben Vermögensschaden durch sein Nichteinschreiten (Unterlassen) herbei. 2620

b) Subjektiver Tatbestand

A handelte aus denselben Gründen wie B; er handelte mithin vorsätzlich und mit Bereicherungsabsicht. 2621

Hinweis: Auch insoweit gilt das im Rahmen der Prüfung der Strafbarkeit des B Gesagte sinngemäß, vgl. → Rn. 2587 f. 2622

c) Beteiligung

Fraglich ist, ob A als Täter oder als Teilnehmer gehandelt hat. 2623

Hinweis: Zum Prüfungsstandort der Beteiligungsfrage vgl. bereits Fall 2 → Rn. 312. Dass die Frage der Garantenpflicht zuvor erörtert worden ist, ist unschädlich, da sie beim unechten Unterlassungsdelikt unabhängig davon vorausgesetzt wird, ob der Beteiligte Täter oder Teilnehmer ist, vgl. *Rotsch* ZJS 2009, 712 (714). Durch die hier gewählte Prüfungsreihenfolge ergibt sich dies von selbst. Beachte noch den folgenden Text. 2624

Die Abgrenzung von Täterschaft und Teilnahme beim unechten Unterlassungsdelikt ist heillos umstritten. 2625

Hinweis: Vgl. bereits Fall 13 → Rn. 1797 ff. 2626

aa) Im Wesentlichen lassen sich fünf Meinungsgruppen unterscheiden. 2627

60 *Rotsch* ZJS 2009, 712 (717).
61 *Rotsch* ZJS 2009, 712 (717 f.). Kritisch *Kraft* wistra 2010, 81 (83).

2628 **Hinweis:** Wie häufig sind die Ansichten zum Teil sehr fein ausziseliert, unterscheiden sich manchmal nur in Nuancen und lassen sich auch nicht immer eindeutig einer bestimmten Gruppe zuordnen. Die Kunst in der gutachterlichen Darstellung liegt also stets auch in einer notwendig vergröbernden Vereinfachung; vgl. zum Ganzen *Hillenkamp* 32 Probleme StrafR AT 20. Problem.

2629 Zunächst werden auch im Bereich der unechten Unterlassungsdelikte die subjektive Theorie sowie die Tatherrschaftslehre vertreten. Diesen differenzierenden Ansichten, die die Festlegung der Beteiligungsform desjenigen, der das täterschaftliche Begehungsunrecht eines Dritten nicht hindert, nach den von ihnen für entscheidend gehaltenen Kriterien im Einzelfall vornehmen, stehen drei Meinungen gegenüber, die pauschal stets Täterschaft oder stets Teilnahme annehmen. Dabei differenziert diejenige Auffassung, die ihrer Entscheidung die jeweilige Art der Garantenpflicht zugrunde legt, zumindest insoweit, als sie den Beschützergaranten – stets – als Täter, den Überwachergaranten hingegen – stets – als Teilnehmer einordnet. Eine ganz grundsätzliche Einordnung nehmen dagegen die Pflichtdeliktslehre – immer Täterschaft – sowie die Gehilfentheorie – immer Teilnahme – vor.

2630 Den Ansichten, die pauschal entweder Täterschaft oder Teilnahme annehmen, kann aus den unterschiedlichsten Gründen nicht gefolgt werden. Schon eine pauschale Behandlung der ganz unterschiedlich gestalteten Sachverhaltskonstellationen überzeugt nicht. Diejenige Meinung, die stets Beihilfe des Unterlassenden annimmt, verkennt zudem, dass dieser einerseits zwar möglicherweise nur Randfigur im Hinblick auf das von dem Begehungstäter durch aktives Tun verwirklichte Delikt, andererseits aber Zentralgestalt des Garantengebotstatbestandes ist. Die nach der Art der Garantenpflicht differenzierende Auffassung kann Fälle wie den vorliegenden, in denen sowohl eine Überwacher- wie auch eine Beschützergarantenpflicht besteht (→ Rn. 2607 ff., 2617) nicht überzeugend entscheiden. Weshalb hier ausgerechnet die täterschaftsbegründende Beschützergarantenpflicht ausschlaggebend sein soll,[62] überzeugt ohne Weiteres jedenfalls nicht. Im Übrigen leuchtet nicht ein, weshalb die Frage der Abgrenzung der Beteiligungsformen von der ganz anderen Frage der Begehungsform abhängen soll. Die Pflichtdeliktslehre kann nicht erklären, weshalb die das unechte Unterlassungsdelikt konstituierende Erfolgsabwendungspflicht das (allein) täterschaftsbegründende Merkmal sein soll und nicht auch hier etwa – ggfs. kumulativ – das Kriterium der Tatherrschaft herangezogen werden können soll.

2631 **bb)** Damit bleiben von vornherein nur die subjektive Theorie und die Tatherrschaftslehre, um die Frage nach der Beteiligungsform des A zu beantworten.

2632 **Hinweis:** Sie erkennen, dass hier anders als sonst üblich argumentiert wird. Üblicherweise würde man die unterschiedlichen Theorien kurz vorstellen, überprüfen, zu welchem Ergebnis die Vertreter der jeweiligen Ansicht im vorliegenden Fall kommen und ggfs. – wenn die Ergebnisse divergieren – Stellung beziehen. Da die bei der Abgrenzung von Täterschaft und Teilnahme bei unechten Unterlassungsdelikten vertretenen Auffassungen sich aber letztlich nicht auf derselben Ebene abspielen – pauschale Begründung der Beteiligungsform auf der einen, differenzierte Untersuchung des Tatbeitrags auf der anderen Seite – bietet es sich hier an, zunächst die pauschal argumentierenden Meinungen abzulehnen, um sodann zu untersuchen, zu welcher Beteiligungsform die differenzierenden Ansichten gelangen. Natürlich kann man hier auch traditionell vorgehen; beachten Sie dann aber, dass mit der bloßen Festlegung einer Täterschaft etwa auf dem Boden der Pflichtdeliktslehre oder der Be-

62 Vgl. *Hillenkamp* 32 Probleme StrafR AT 20. Problem, 159.

tonung der Beschützergarantenpflicht des A noch nicht feststeht, welche Form der Täterschaft gegeben ist. Diese Frage lässt sich dann aber erneut an sich nur unter Rückgriff auf die Tatherrschaftslehre entscheiden – die ja nach diesen Ansichten gerade keine Rolle spielen soll. Dieses Problem wird in der Diskussion meist übersehen.

(1) Die Rechtsprechung überträgt ihre subjektiv geprägte Betrachtungsweise, die sie weithin noch immer auf die Abgrenzung von Täterschaft und Teilnahme bei den Begehungsdelikten anwendet, auch auf die Beurteilung der Beteiligungsform im Rahmen der unechten Unterlassungsdelikte.[63] Sie kann im vorliegenden Fall jedenfalls eine Täterschaft des A nicht annehmen, da dieser sich vollkommen dem Willen des B unterordnete und die Tat daher nicht als eigene wollte.[64] 2633

Hinweis: Beachten Sie, dass Sie hier nur eine täterschaftliche Verantwortlichkeit des A ablehnen müssen. Wenn man aber richtigerweise davon ausgeht, dass eine Teilnahmestrafbarkeit nicht automatisch dann entsteht, wenn eine Strafbarkeit als Täter ausscheidet, so sollten die eigenständigen Voraussetzungen der Teilnahme auch selbständig unter einem neuen Prüfungspunkt erörtert werden (vgl. dazu → Rn. 2649 ff.). 2634

(2) Nach der Tatherrschaftslehre ist die Frage deshalb nicht so einfach zu beantworten, weil für die drei gesetzlich vorgegebenen Täterschaftsformen – unmittelbare Täterschaft gem. § 25 I Var. 1, mittelbare Täterschaft gem. § 25 I Var. 2 und Mittäterschaft gem. § 25 II StGB – unterschiedliche Arten der Tatherrschaft vorausgesetzt werden.[65] Es ist daher zu unterscheiden: 2635

(aa) In Betracht kommt zunächst eine unmittelbare Unterlassungstäterschaft des A gem. § 25 I Var. 1 StGB. 2636

Eine unmittelbare Täterschaft des A setzt voraus, dass er die Handlungsherrschaft hatte.[66] Handlungsherrschaft setzt grundsätzlich voraus, dass A sämtliche Tatbestandsmerkmale eigenhändig verwirklicht.[67] Im Rahmen der unmittelbaren Täterschaft beim unechten Unterlassungsdelikt, das als Begehungsdelikt bereits durch aktives Tun eines Anderen – hier des B – verwirklicht worden ist, müsste A also als Zentralgestalt des Geschehens erscheinen und dürfte nicht nur eine untergeordnete und unterstützende Rolle gespielt haben. 2637

Hinweis: Sie merken, dass die Argumentation der Vertreter der Tatherrschaftslehre (sie findet sich für einen ähnlichen Fall so etwa bei *Beulke* KK StrafR III Rn. 140) sich hier genau genommen im Kreise dreht. Ausgangspunkt der Tatherrschaftslehre ist die Erkenntnis, dass Täter derjenige ist, der Zentralgestalt des Geschehens ist. Zentralgestalt des Geschehens kann aber nur derjenige sein, der die Tatherrschaft hat. Wenn es aber gesetzlich drei Täterschaftsformen gibt, muss es – so konsequent *Roxin* – drei Formen der Tatherrschaft geben. Wenn man die für die unmittelbare Täterschaft ausschlaggebende Handlungsherrschaft dann aber präzisierend so definiert, dass der Täter die Tatbestandsmerkmale eigenhändig verwirklicht haben muss, gleicht es einem Zirkelschluss, wenn man – wie etwa *Beulke* KK StrafR III Rn. 140 – die Handlungsherrschaft erneut darauf reduziert, dass der Täter die 2638

63 Vgl. etwa BGHSt 13, 162 (166).
64 LG Berlin, Urt. v. 3.3.2008 – (514) 3 Wi Js 1361/02 KLs (9/04), Rn. 246 ff.; BGH, Urt. v. 17.7.2009 – 5 StR 394/08, Rn. 31.
65 Vgl. *Roxin* Täterschaft und Tatherrschaft 126.
66 Vgl. *Roxin* Täterschaft und Tatherrschaft 127 ff.
67 *Roxin* Täterschaft und Tatherrschaft 127.

Zentralgestalt des Geschehen ist. Denn nichts anderes beinhaltet die Feststellung, der Betreffende spiele nur eine untergeordnete und unterstützende Rolle und könne daher nach der Tatherrschaftstheorie nicht Täter sein. Die Anwendung der Tatherrschaftslehre auf die unechten Unterlassungsdelikte lässt sich also in der Tat nur dadurch rechtfertigen, dass man verallgemeinernd danach fragt, wer Zentralgestalt des Geschehens ist. Sobald man aber richtig und konkretisierend die eigentlichen Voraussetzungen der für die einzelnen Täterschaftsformen näher umschriebenen Tatherrschaftsformen auf die Unterlassungsdelikte anwenden will, muss man wohl einräumen, dass das Kriterium der Tatherrschaft für die Lösung von Unterlassungskonstellationen an sich untauglich ist.

2639 Auch nach der Tatherrschaftslehre kann A jedenfalls nicht unmittelbarer Täter gem. § 25 I Var. 1 StGB sein, da B und nicht A die Zentralgestalt des Geschehens ist und den Geschehensablauf in Händen hält und durch sein Verhalten lenkt.

2640 **Hinweis:** Kontrollüberlegung im Hinblick auf den vorstehenden Hinweis: Wenn Tatherrschaft sich letztlich doch auf die normative Beurteilung des Beteiligten als der Zentralgestalt des Geschehens reduziert, ist mit einer solchen Argumentation richtigerweise an sich bereits jede Form der Täterschaft abgelehnt, vgl. dazu auch noch sogleich im Text.

2641 Eine unmittelbare Täterschaft des A gem. § 25 I Var. 1 StGB scheidet damit aus.

2642 **(bb)** In Betracht kommt aber möglicherweise eine mittelbare Täterschaft gem. § 25 I Var. 2 StGB. Diese setzt als sog. Willensherrschaft[68] eine überlegene Stellung des Hintermannes voraus;[69] eine solche ist grundsätzlich immer dann gegeben, wenn der Tatmittler einen deliktischen Defekt aufweist.[70] Als Tatmittler kommt aber nur B in Betracht, bei dem keinerlei Strafbarkeitsdefizite vorliegen. Auch ist keine der Fallgruppen des sog. »Täters hinter dem Täter«[71] einschlägig. Eine mittelbare Täterschaft des A scheidet damit ebenfalls aus.

2643 **Hinweis:** Teilweise wird bereits die konstruktive Unmöglichkeit einer mittelbaren Täterschaft durch Unterlassen proklamiert.[72] Damit ist natürlich letztlich auch wieder nichts anderes gemeint, als dass ein Unterlassender keine Tatherrschaft haben könne, vgl. *Kühl* Straf AT § 20 Rn. 267. Auf diese Frage muss im Gutachten dann nicht eingegangen werden, wenn man – wie hier – feststellt, dass eine Willensherrschaft jedenfalls nicht gegeben ist. Denn ob der Beteiligte als Unterlassender dann überhaupt und grundsätzlich Willensherrschaft haben kann, spielt dann keine Rolle mehr.

2644 **(cc)** Denkbar ist schließlich eine Mittäterschaft gem. § 25 II StGB zwischen B und A. Eine solche setzt nach hM in subjektiver Hinsicht einen gemeinsamen Tatplan und in objektiver Hinsicht eine gemeinschaftliche (arbeitsteilige) Tatbegehung voraus.[73]

2645 **Hinweis:** Zu den entgegen der hM für richtig gehaltenen Voraussetzungen der Mittäterschaft vgl. *Rotsch*, FS Puppe, 2011, 887 (889 ff.); *ders.* ZJS 2012, 680 (682 ff., 689).

2646 B und A hatten aber bereits keinerlei gemeinsamen Tatplan.[74] In Betracht kommt eine mittäterschaftliche Zurechnung des Verhaltens des B zu A allenfalls dann, wenn man

68 *Roxin* Täterschaft und Tatherrschaft 142 ff.
69 Vgl. *Kühl* StrafR AT § 20 Rn. 40.
70 *Kühl* StrafR AT § 20 Rn. 41 ff.
71 Dazu *Kühl* StrafR AT § 20 Rn. 72 ff.
72 Etwa *Otto* StrafR AT 21/108; *Kühl* StrafR AT § 20 Rn. 267.
73 *Kühl* StrafR AT § 20 Rn. 99.
74 *Rotsch* ZJS 2009, 712 (714).

einen sog. »Einpassungsbeschluss« genügen lässt.[75] Hierfür mag zwar sprechen, dass die gesteigerte Gefährlichkeit allein aus dem objektiven Zusammenwirken erwächst. Allerdings setzt der Wortlaut »gemeinschaftlich« (§ 25 II StGB) auch ein Bewusstsein des Zusammenwirkens bei allen Mittätern voraus; der Verzicht auf das Erfordernis eines gemeinsamen Tatplans verstößt daher gegen das Analogieverbot (Art. 103 II GG, § 1 StGB)[76] und ist folglich abzulehnen. Eine Verantwortlichkeit des A als Mittäter iSd § 25 II StGB scheidet danach aus.

(dd) Auch nach der Tatherrschaftslehre kommt eine Strafbarkeit des A wegen täterschaftlichen Betrugs durch Unterlassen nicht in Betracht. **2647**

(3) Sowohl die Vertreter der Tatherrschaftslehre wie auch die Rechtsprechung des BGH kommen zu dem Ergebnis, dass eine Täterschaft des A abzulehnen ist. Eine Stellungnahme zwischen diesen beiden Auffassungen kann daher unterbleiben. A ist nicht Täter eines Betruges durch Unterlassen. **2648**

II. Beihilfe durch Unterlassen zum von B in unmittelbarer Täterschaft verwirklichten Betrug, §§ 263 I, 27, 13 StGB

Hinweis: Achten Sie auf die Richtigkeit der Paragraphenkette: Da eine Beihilfe durch Unterlassen geprüft wird, steht § 13 StGB am Ende der Normenkette, da er sich auf § 27 StGB und nicht auf § 263 StGB bezieht. Ginge es dagegen um eine Beihilfe zu einem Betrug, der durch Unterlassen begangen wurde, müsste § 27 StGB aE stehen, da sich § 13 StGB dann auf § 263 StGB beziehen würde. Missverständlich ist dementsprechend die Formulierung des BGH in der zugrunde liegenden Entscheidung, wo von einer »Beihilfe zum Betrug durch Unterlassen« gesprochen wird, vgl. BGH, Urt. v. 17.7.2009 – 5 StR 394/08, Rn. 31. Bei dieser Formulierung handelt es sich offensichtlich um ein Versehen, siehe *Rotsch* ZJS 2009, 712 (715 mit Fn. 33). **2649**

A könnte sich durch sein Untätigbleiben während des Tariffestsetzungsbeschlusses und in der Zeit bis zur Versendung der Gebührenbescheide einer Beihilfe durch Unterlassen zum von B in unmittelbarer Täterschaft verwirklichten Betrug gem. §§ 263 I Var. 3, 27, 13 StGB schuldig gemacht haben. **2650**

1. Tatbestand

a) Objektiver Tatbestand

aa) Eine teilnahmefähige, nämlich vorsätzliche und rechtswidrige Haupttat liegt mit dem in unmittelbarer Täterschaft verwirklichten Betrug des B vor, → Rn. 2567 ff. **2651**

Hinweis: Lehnt man einen vollendeten Betrug des B ab, stellt der versuchte Betrug die taugliche Haupttat dar. Denn auch ein Versuch ist eine vorsätzlich begangene rechtswidrige Haupttat, die dem Erfordernis der limitierten Akzessorietät der Teilnahme genügt. **2652**

bb) Zu dieser Tat müsste A iSd § 27 I StGB Hilfe geleistet haben. Das Verhalten des A stellt ein Unterlassen dar (→ Rn. 2600). Zwar wird teilweise bestritten, dass eine Beihilfe durch Unterlassen prinzipiell möglich sei; diese Auffassung ist aber abzuleh- **2653**

75 So etwa *Jakobs* StrafR AT 21/43.
76 Vgl. etwa *Roxin* Täterschaft und Tatherrschaft 723.

nen (→ Rn. 2625 ff.). Die für eine Unterlassensstrafbarkeit gem. § 13 I StGB erforderliche Garantenpflicht liegt vor (→ Rn. 2603 ff.).

2654 Umstritten ist, ob das Verhalten des A für die Haupttat unmittelbar kausal geworden sein muss oder ob eine bloße Förderung der Haupttat ausreichend ist.[77] Eine Stellungnahme hierzu ist nur dann erforderlich, wenn das Unterlassen des A nicht schon kausal geworden ist.

2655 Hier ist zu unterscheiden: Wenn Kausalität der Beihilfehandlung für die Haupttat vorausgesetzt wird, so ist diese Aussage jedenfalls bei Delikten wie dem Betrug gem. § 263 StGB, bei dem nicht nur die Tathandlung und der tatbestandsmäßige Enderfolg auseinanderfallen, sondern Handlung (Täuschung) und Erfolg (Vermögensschaden) auch noch über mehrere Zwischenerfolge (Irrtum, Vermögensverfügung) vermittelt werden, zu konkretisieren. Denn es macht möglicherweise einen entscheidenden Unterschied, ob man Kausalität der Beihilfehandlung für die Vornahme der Tathandlung durch den Haupttäter oder für den Taterfolg verlangt. Verlangte man Kausalität für die Vornahme der Tathandlung fehlt es hieran im vorliegenden Fall schon deshalb, weil das möglicherweise strafrechtlich relevante Unterlassen des A sich in zeitlicher Hinsicht zwischen der Täuschungshandlung des B und dem Eintritt des Vermögensschadens abspielt. A war es damit ohnehin nur möglich, den Eintritt des Erfolges zu verhindern, die Tathandlung des B konnte er nicht mehr unterbinden.

2656 Tatsächlich verlangt die strenge Erfolgsverursachungstheorie Kausalität des Hilfeleistungsbeitrags nur für den tatbestandsmäßigen Erfolg der Haupttat.[78] Es muss also grundsätzlich genügen, wenn A für den Eintritt des Vermögensschadens bei den Anliegern kausal geworden ist.

2657 Im Bereich des Unterlassens, um den es hier geht, kommt hinzu, dass die sog. »Quasi«-Kausalität genügen muss.[79] Danach ist das Unterlassen kausal, wenn der Erfolg der Haupttat mit an Sicherheit grenzender Wahrscheinlichkeit entfiele, wenn man das geforderte Verhalten des Unterlassenden hinzudenkt.[80] Der Vermögensschaden bei den Anliegern wäre durch eine Information der Mitglieder des Aufsichtsrates bzw. des unmittelbaren Vorgesetzten des A aber mit sehr hoher Wahrscheinlichkeit deshalb ausgeblieben, weil der Irrtum der Mitglieder des Aufsichtsrates durch eine solche Information ausgeräumt und der falsche Tarif daraufhin nicht festgesetzt worden wäre. Damit wäre der durch die Tariffestsetzung begründete Gefährdungsschaden (→ Rn. 1582 ff.) nicht eingetreten. Die Verletzung der Handlungspflicht des A ist mithin »für die Haupttat des B« kausal im Sinne der Unterlassungsdogmatik geworden. Die Frage, ob das Hilfeleisten einen kausalen Beitrag voraussetzt, kann somit dahinstehen. Eine ausreichende Beihilfehandlung des A liegt vor.

2658 **cc)** § 13 I StGB setzt außerdem voraus, dass »das Unterlassen der Verwirklichung des gesetzlichen Tatbestandes durch ein Tun entspricht«.

2659 Bedeutung und Inhalt der Entsprechungsklausel sind im Einzelnen höchst umstritten.[81] Häufig wird für verhaltensgebundene Delikte eine Modalitätenäquivalenz ge-

77 Vgl. zum Streitstand *Hillenkamp* 32 Probleme StrafR AT 27. Problem.
78 Vgl. *Hillenkamp* 32 Probleme StrafR AT 27. Problem, 196.
79 *Kühl* StrafR AT § 18 Rn. 35.
80 Vgl. etwa *Kühl* StrafR AT § 18 Rn. 36 mwN.
81 *Kühl* StrafR AT § 18 Rn. 122 ff. mwN.

fordert,[82] speziell für den Betrug aber wird der Entsprechungsklausel von der hM eine einschränkende Wirkung nicht beigemessen.[83] Dafür spricht insbesondere, dass § 263 I StGB (in Var. 3) die Deliktsverwirklichung durch Unterlassen bereits im Tatbestand vorsieht und insoweit keine Ausdehnung durch § 13 I StGB erfährt, die es durch die Entsprechungsklausel zu beschränken gälte.

b) Subjektiver Tatbestand

A handelte vorsätzlich hinsichtlich der Haupttat einerseits und seiner Beihilfehandlung andererseits. Auf den Umstand, dass er auch mit Bereicherungsabsicht handelte, kommt es im Rahmen einer Strafbarkeit als Gehilfe nicht an. **2660**

Hinweis: Bei der Bereicherungsabsicht handelt es sich um ein tatbezogenes Merkmal, weshalb § 28 StGB keine Anwendung findet.[84] **2661**

2. Rechtswidrigkeit und Schuld

A handelte auch rechtswidrig und schuldhaft. **2662**

3. Regelbeispiel

Ein Vermögensverlust großen Ausmaßes iSd § 263 III 2 Nr. 2 Var. 1 StGB liegt nicht vor (→ Rn. 2592). Anders als B ist A auch kein Amtsträger iSd §§ 263 III 2 Nr. 4, 11 I Nr. 2 StGB, weshalb auch dieses Regelbeispiel ausscheidet. **2663**

4. Ergebnis

A ist einer Beihilfe durch Unterlassen zum Betrug gem. §§ 263 I, 27, 13 StGB schuldig. **2664**

C. Strafbarkeit des Chief Compliance Officers C

I. Betrug durch Unterlassen, §§ 263 I Var. 3, 13 StGB

C könnte sich aufgrund seiner Untätigkeit in Bezug auf den falschen Tariffestsetzungsbeschluss wegen täterschaftlichen Betruges durch Unterlassen gem. §§ 263 I Var. 3, 13 StGB strafbar gemacht haben. **2665**

1. Tatbestand

a) Objektiver Tatbestand

aa) C müsste zunächst getäuscht haben. Auch für C kommt nur eine Täuschung durch Unterlassen in Betracht. Auch C war es möglich, die zur Abwendung des Vermögensschadens bei den Anliegern erforderliche Handlung – Information der Unternehmensleitung – vorzunehmen. Dass A diese Handlung unterlassen hat, ist auch (quasi-)kausal für den Eintritt des Vermögensschadens. **2666**

bb) Fraglich ist damit auch hier, ob C rechtlich verpflichtet war, den Irrtum über die Richtigkeit der Tarifberechnung aufzuklären und so den Eintritt des Vermögensscha- **2667**

82 Etwa *Kindhäuser* LPK § 13 Rn. 3 und 5.
83 Vgl. *Fischer* § 263 Rn. 52; *Kindhäuser* § 263 Rn. 84 jeweils mwN.
84 MüKoStGB/*Hefendehl* § 263 Rn. 763.

dens bei den Anliegern zu verhindern. Hierfür ist erforderlich, dass C eine Garantenpflicht gem. § 13 I StGB zukommt. Ob der Compliance-Beauftragte eine solche Garantenpflicht inne hat, ist nach dem kontrovers aufgenommenen obiter dictum des BGH in der dem Fall zugrunde liegenden Entscheidung sehr umstritten.

2668 **Hinweis:** Die Frage nach der Garantenpflicht des Compliance-Beauftragten hat der BGH in BGHSt 54, 44*** (lesen!) in einem obiter dictum im positiven Sinne entschieden. Die Entscheidung hat zu einer Flut an Stellungnahmen und einer äußerst kontroversen Diskussion geführt, die der Examenskandidat zumindest in ihren Grundzügen kennen sollte. Hierzu jüngst mit zahlreichen weiteren Nachweisen *Rotsch*, FS I. Roxin, 2012, 485.

2669 **(1)** In der Folge der BGH-Entscheidung geht die hM davon aus, dass den Compliance-Beauftragten eine Überwachergarantenpflicht trifft.[85] Sie wird jedenfalls in denjenigen Fällen befürwortet, in denen die Geschäftsleitung die ihr als Ausfluss der (ihrerseits umstrittenen) Geschäftsherrenhaftung obliegende primäre Garantenpflicht im Wege der Delegation – etwa über eine Regelung im Arbeitsvertrag – auf den Compliance-Beauftragten überträgt, der dadurch zum Sekundärgaranten wird.[86] Nach dieser hA hat der Compliance-Beauftragte C als Überwachergarant von Unternehmensangehörigen aus dem Unternehmen heraus begangene Straftaten zu verhindern.

2670 **(2)** Weniger intensiv diskutiert, aber grundsätzlich ebenfalls möglich erscheint die Annahme einer Beschützergarantenpflicht.[87] Eine Schutzpflicht im Hinblick auf Rechtsgüter des Unternehmens selbst – die insbesondere bei der Untreue gem. § 266 StGB in Betracht kommt – scheidet in der hier gegebenen Konstellation des Betruges freilich aus.[88] Fraglich ist aber, ob es möglich ist, dem Compliance-Beauftragten eine Beschützergarantenpflicht im Hinblick auf Rechtsgüter außerhalb des Unternehmens stehender Personen bzw. der Allgemeinheit aufzubürden.[89] Diskutiert und weitgehend bejaht wird die Frage im Umweltstrafrecht, wo die obergerichtliche Rechtsprechung[90] und weite Teile der Literatur[91] von einer Garantenpflicht der in den für den Umweltschutz zuständigen Behörden tätigen Amtsträger ausgehen. Auch der BGH nimmt in seiner Entscheidung – im Hinblick auf den Leiter der Innenrevision – in der Sache eine Beschützergarantenpflicht an.[92] Auch für C führt der Umstand, dass es sich im vorliegenden Fall um einen hoheitlichen Tätigkeitsbereich handelt und daher Grundrechtsbindung gem. Art. 20 III, 1 III GG besteht, nach dieser Ansicht zur Annahme einer entsprechenden Beschützergarantenpflicht.

2671 **Hinweis:** Vgl. bereits → Rn. 2617.

2672 **(3)** Diese hA wird von Teilen der Literatur jedenfalls für diejenigen Fälle bezweifelt, in denen der Aufgabenbereich des betreffenden Compliance-Beauftragten – wie in der Praxis regelmäßig – ganz konkret auf die Einführung, Durchführung und Über-

85 *Ransiek* AG 2010, 147; *Rönnau/Schneider* ZIP 2010, 53; *Dannecker/Dannecker* JZ 2010, 981.
86 Vgl. *Rotsch*, FS I. Roxin, 2012, 485 (492 f.).
87 *Rotsch*, FS I. Roxin, 2012, 485 (493 f.).
88 *Rotsch* ZJS 2009, 712 (717).
89 *Rotsch*, FS I. Roxin, 2012, 485 (493).
90 OLG Frankfurt NJW 1987, 2757; OLG Köln NJW 1988, 2121; OLG Stuttgart NStZ 1989, 122 f.
91 LK/*Weigend* § 13 Rn. 32 mwN.
92 BGH, Urt. v. 17.7.2009 – 5 StR 394/08, Rn. 30. Vgl. dazu *Rotsch* ZJS 2009, 716 f.

wachung einzelner Compliance-Maßnahmen beschränkt ist.[93] Da C nach dem Sachverhalt aber für die »Aufgabe der Verhinderung von Straftaten« beschäftigter »Chief Compliance Officer« ist, liegt ein solcher Fall hier nicht vor.

Hinweis: Zur begrifflichen Unterscheidung zwischen »Compliance Officer« und »Compliance-Beauftragter« siehe *Rotsch*, FS I. Roxin, 2012, 485 (489 f.). 2673

(4) C obliegt eine Überwacher- und Beschützergarantenpflicht aufgrund seiner Stellung als Chief Compliance Officer. 2674

cc) Hinsichtlich der weiteren Voraussetzungen eines Irrtums bei den Mitgliedern des Aufsichtsrates, einer von diesen durch die Billigung des Tarifs vorgenommenen unmittelbar vermögensmindernden Verfügung über das Vermögen der Anlieger sowie des bei diesen eintretenden Vermögensschadens kann nach oben verwiesen werden. 2675

Hinweis: Siehe auch insoweit die Prüfung unter → Rn. 2570 ff. Beachte auch noch den Hinweis → Rn. 2620. 2676

b) Subjektiver Tatbestand

C handelte vorsätzlich. Fraglich ist aber, ob er auch Bereicherungsabsicht hatte. Zwar kam es C im Sinne von dolus directus 1. Grades auf die Erlangung eines rechtswidrigen Vermögensvorteils an, da er die Unterrichtung der Unternehmensleitung allein deshalb unterließ, um die von der Unternehmensleitung versprochene Gehaltserhöhung gezahlt zu bekommen. Allerdings ist dieser von C erstrebte Vorteil nicht die Kehrseite des eingetretenen Schadens, denn der Gefährdungsschaden tritt aufgrund des Tariffestsetzungsbeschlusses ein, der Vermögensvorteil folgte aber erst aus einer neuen Vermögensverfügung der BSR, nämlich der Anweisung zur Gehaltserhöhung. Damit fehlt es an der Unmittelbarkeitsbeziehung zwischen Vermögensschaden und erstrebtem Vermögensvorteil.[94] 2677

2. Ergebnis

Eine Strafbarkeit des C wegen täterschaftlichen Betruges durch Unterlassen gem. §§ 263 I Var. 3, 13 StGB scheidet aus. 2678

II. Beihilfe durch Unterlassen zum von B in unmittelbarer Täterschaft verwirklichten Betrug, §§ 263 I, 27, 13 StGB

Hinweis: Beachte den Hinweis → Rn. 2649. 2679

C könnte ebenso wie A sich durch sein Untätigbleiben während des Tariffestsetzungsbeschlusses und in der Zeit bis zur Versendung der Gebührenbescheide einer Beihilfe durch Unterlassen zum von B in unmittelbarer Täterschaft verwirklichten Betrug gem. §§ 263 I Var. 3, 27, 13 StGB schuldig gemacht haben. 2680

93 *Rotsch*, FS I. Roxin, 2012, 485 (494 ff., 497 f.).
94 Vgl. dazu *Wessels/Hillenkamp* StrafR BT II § 13 Rn. 585 f.

1. Tatbestand

a) Objektiver Tatbestand

2681 **aa)** Eine teilnahmefähige, nämlich vorsätzliche und rechtswidrige Haupttat liegt mit dem in unmittelbarer Täterschaft verwirklichten Betrug des B vor, → Rn. 2566 ff.

2682 **bb)** Im Hinblick auf die Hilfeleistung gem. § 27 StGB gilt das im Rahmen der Prüfung der Strafbarkeit des A Gesagte sinngemäß.

2683 **Hinweis:** Siehe → Rn. 2653 ff.

b) Subjektiver Tatbestand

2684 C handelte vorsätzlich hinsichtlich der Haupttat einerseits und seiner Beihilfehandlung andererseits. Der Umstand, dass er – anders als A – nicht mit Bereicherungsabsicht handelte, → Rn. 2677, ändert an der Möglichkeit einer Strafbarkeit als Gehilfe nichts.

2. Rechtswidrigkeit und Schuld

2685 C handelte rechtswidrig und schuldhaft.

3. Regelbeispiel

2686 Die Verwirklichung eines Regelbeispiels durch C scheidet aus, → Rn. 2663.

4. Ergebnis

2687 C ist einer Beihilfe durch Unterlassen zum Betrug gem. §§ 263 I, 27, 13 StGB schuldig.

2. Tatkomplex: Das Versenden der Gebührenbescheide

A. Strafbarkeit des Finanzvorstandes B

I. Betrug in mittelbarer Täterschaft, §§ 263 I, 25 I Var. 2 StGB

2688 B könnte sich eines Betruges in mittelbarer Täterschaft gem. §§ 263 I, 25 I Var. 2 StGB schuldig gemacht haben, indem die nichtsahnenden Sachbearbeiter der BSR die auf der falschen Grundlage berechneten und somit überhöhten Gebührenbescheide an die Anlieger versandten.

1. Tatbestand

a) Objektiver Tatbestand

2689 **aa)** Fraglich ist schon, ob eine Täuschung vorliegt. Die ordnungsgemäße Berechnung des in dem Gebührenbescheid angegebenen Betrags ist eine Tatsache. Problematisch ist jedoch, ob den Gebührenbescheiden ein – unrichtiger – Erklärungsinhalt über diese Tatsache zu entnehmen ist. In Betracht kommt allenfalls eine Täuschung durch konkludentes Tun. Danach muss der unrichtige Erklärungsinhalt nicht explizit geäußert werden; es ist vielmehr ausreichend, dass er aus den Umständen heraus als miterklärt angesehen werden kann.[95]

95 Vgl. etwa *Wittig* WirtschaftsStrafR § 14 Rn. 30; *Kindhäuser* LPK § 263 Rn. 68 mwN.

Hinweis: Zur Problematik der Täuschung durch konkludentes Verhalten ausführlich Fall 19, → Rn. 2497 ff. 2690

Die Geltendmachung einer Forderung beinhaltet unter Berücksichtigung der Verkehrsanschauung grundsätzlich den unausgesprochenen Erklärungsinhalt, dass die Forderung (auch in der angegebenen Höhe) besteht.[96] Dementsprechend erstreckt der konkludente Erklärungsgehalt sich auch auf diejenigen tatsächlichen Umstände, die für die Berechnung der Forderungshöhe maßgeblich sind, wenn der Erklärungsadressat diese nicht selbst überprüfen kann.[97] Die BSR machte entsprechende Gebühren geltend und erklärte daher nach der Verkehrsanschauung mit, dass der Anspruch in der betreffenden Höhe bestand. Der hierfür maßgebliche Grundtarif, der falsch berechnet worden war, konnte in seiner Richtigkeit von den Anliegern praktisch nicht überprüft werden. Hinzu kommt, dass die BSR als öffentlich-rechtliche Anstalt in besonderem Maße dem Grundsatz der Gesetzesbindung unterliegt und somit entsprechendes Vertrauen gegenüber den Anliegern in Anspruch nimmt. Folglich liegt eine (konkludente) Täuschung vor.[98] 2691

Hinweis: AA gut vertretbar (vgl. die Argumentation bei *Heghmanns* ZJS 2009, 706 [708]). Wer eine Täuschung durch konkludentes Verhalten verneint, kann den Betrug durch Versendung der Gebührenbescheide gut bereits aus diesem Grunde ablehnen. Auf das Konkurrenzverhältnis zu der Betrugsstrafbarkeit des B aus dem 1. Tatkomplex kommt es dann nicht mehr an. 2692

bb) Die Anlieger als Adressaten der Gebührenbescheide haben sich im Zweifel keine Gedanken über die Richtigkeit der Gebührenbescheide gemacht; ein Irrtum in Form der positiven Fehlvorstellung scheidet aus. Anerkannt ist aber, dass ein Irrtum auch in Form des sog. »sachgedanklichen Mitbewusstseins« möglich ist. Dies bedeutet, dass der Gedanke über die Richtigkeit der Tatsachenerklärung zwar nicht positiv reflektiert wird, aber »im Hinterkopf« des Irrenden durchaus vorhanden ist.[99] Die Anlieger gingen davon aus, dass die Gebührenbescheide »in Ordnung« waren; insofern kommen dieselben Erwägungen zum Tragen wie oben bei der Täuschung durch konkludentes Verhalten.[100] Der Irrtum basiert auch kausal auf der Täuschung. 2693

cc) Durch das Bezahlen der (überhöhten) Gebühren(-differenz) minderten die Anlieger ihr Vermögen. 2694

dd) Da die jeweilige Vermögensminderung nicht kompensiert wurde, trat ein Vermögensschaden bei den Anliegern ein. 2695

b) Subjektiver Tatbestand

B handelte vorsätzlich und mit Drittbereicherungsabsicht gem. § 263 I StGB (→ Rn. 2588). 2696

96 Vgl. *Kindhäuser* LPK § 263 Rn. 75.
97 BGH, Beschl. v. 9.6.2009 – 5 StR 394/08, Rn. 16.
98 Bedenkenswerte Zweifel bei *Heghmanns* ZJS 2010, 706 (708).
99 Vgl. LK/*Tiedemann* § 263 Rn. 83 mwN.
100 Vgl. *Fischer* § 263 Rn. 62.

2. Beteiligungsform

2697 B hat die unrichtigen Gebührenbescheide nicht selbst an die Anlieger versandt; unmittelbare Täterschaft iSd § 25 I Var. 1 StGB scheidet demnach aus. Eine Zurechnung des entsprechenden Verhaltens durch die jeweiligen Sachbearbeiter nach § 25 I Var. 2 StGB setzt voraus, dass diese an einem entsprechenden deliktischen Defizit leiden, das auf B als Hintermann zurückzuführen ist und das dieser zur Tatbestandsverwirklichung ausgenutzt hat. Die gutgläubigen Sachbearbeiter handelten unvorsätzlich hinsichtlich der Unrichtigkeit der Gebührenbescheide. Ihnen fehlte daher der Vorsatz bezüglich des Tatbestandsmerkmals Täuschung (§ 16 S. 1 StGB). Dieser Irrtum ist doppelt vermittelt: Zurückzuführen ist er auf die fehlerhafte Tariffestsetzung, weil die Sachbearbeiter von diesen Werten ausgehend die Bescheide erstellten; die fehlerhafte Festsetzung wiederum beruht kausal auf der Täuschung durch B (→ Rn. 2577). Aufgrund dieses automatischen »Durchschlagens« hatte B somit auch die Irrtumsherrschaft über das Täuschungsgeschehen durch die Versendung der Gebührenbescheide inne.[101]

2698 **Hinweis:** Begründen ließe sich auch eine mittelbare Täterschaft des B über die Rechtsfigur der Organisationsherrschaft. Nach der ursprünglichen Konstruktion *Roxins* scheidet eine täterschaftliche Zurechnung zwar aus, weil danach vorausgesetzt wird, dass die Organisation als Ganzes rechtsgelöst ist.[102] Daran fehlt es bei Wirtschaftsunternehmen.[103] Die Rechtsprechung hat freilich längst ein abweichendes Modell geschaffen, das eine Rechtsgelöstheit gerade nicht verlangt.[104] Danach ist eine mittelbare Täterschaft kraft Organisationsherrschaft möglich, die als Täterschaft hinter dem Täter einen deliktischen Defekt beim Vordermann gerade nicht voraussetzt.[105] Zur Darstellung im Gutachten vgl. Fall 3 → Rn. 388 ff.

2699 B ist mittelbarer Täter iSd § 25 I Var. 2 StGB.

3. Rechtswidrigkeit und Schuld

2700 B handelte rechtswidrig und schuldhaft.

4. Besonders schwerer Fall, § 263 III StGB

2701 Die Tat erfüllt auch die Regelbeispiele des § 263 III 2 Nr. 2 Var. 1 und Nr. 4 Var. 1 StGB (→ Rn. 2590).

II. Ergebnis

2702 B hat sich eines Betruges in mittelbarer Täterschaft in einem besonders schweren Fall gem. §§ 263 I, III 2 Nr. 2 Var. 1 und Nr. 4 Var. 1, 25 I Var. 2 StGB schuldig gemacht.

---

101 BGH, Beschl. v. 9.6.2009 – 5 StR 394/08, Rn. 16; *Rotsch* ZJS 2009, 712 (713); dazu grds. *Roxin* Täterschaft und Tatherrschaft 170 ff.

102 Vgl. *Roxin* GA 1963, 193 (204 ff.); *ders.* Täterschaft und Tatherrschaft insbes. 715 ff.

103 *Roxin* Täterschaft und Tatherrschaft 612.

104 Vgl. maßgeblich BGHSt 40, 218*** (236 f.). Die Entwicklung nachzeichnend *Rotsch* ZIS 2009, 459.

105 Zum Ganzen *Rotsch* »Einheitstäterschaft« statt Tatherrschaft 371 ff.

B. Strafbarkeit des Innenrevisionsleiters A

I. Betrug durch Unterlassen, §§ 263 I Var. 3, 25, 13 StGB

Eine Strafbarkeit des A aufgrund seines Untätigbleibens hinsichtlich des Versendens der Gebührenbescheide wegen täterschaftlichen Betrugs durch Unterlassen gem. §§ 263 I Var. 3, 25, 13 StGB scheidet aus (→ Rn. 2598 ff.). 2703

II. Beihilfe durch Unterlassen zum von B in mittelbarer Täterschaft verwirklichten Betrug, §§ 263 I, 27, 13 StGB

Indem er hinsichtlich des Versendens der unrichtigen Gebührenbescheide untätig blieb, hat A sich aber einer Beihilfe durch Unterlassen zum (besonders schweren) Betrug des B gem. §§ 263 I, III 2 Nr. 2 Var 1, Nr. 4 Var. 1, 25 I Var. 2, 27, 13, StGB schuldig gemacht. 2704

Hinweis: Da die Probleme dieser Prüfung – Garantenpflicht, Kausalität des Hilfeleistungsbeitrags – bereits erörtert wurden und im Übrigen keine neuen Fragen auftauchen, ist hier eine schlichte Feststellung ausreichend. 2705

C. Strafbarkeit des Chief Compliance Officers C

I. Eine Strafbarkeit des C wegen täterschaftlichen Betrugs durch Unterlassen aufgrund seiner Untätigkeit in Bezug auf das Versenden der unrichtigen Gebührenbescheide scheidet mangels »Stoffgleichheit« der erstrebten Bereicherung aus, → Rn. 2677. 2706

II. C hat sich freilich erneut einer Beihilfe durch Unterlassen zum (in mittelbarer Täterschaft verwirklichten) Betrug des B schuldig gemacht, → Rn. 2679 ff. 2707

Konkurrenzen und Gesamtergebnis

A. Strafbarkeit des B

B hat sich im 1. Tatkomplex schuldig gemacht gem. § 263 I, III 2 Nr. 4 Var. 1 StGB und im 2. Tatkomplex gem. §§ 263 I, III 2 Nr. 2 Var. 1 und Nr. 4 Var. 1, 25 I Var. 2 StGB. Das Verhalten im 2. Tatkomplex ist mitbestrafte Nachtat,[106] da der (Gefährdungs-)Schaden des 1. Tatkomplexes nicht weiter vergrößert wird,[107] sondern lediglich »realisiert« wird. 2708

Hinweis: Nimmt man im 1. Tatkomplex lediglich eine Versuchsstrafbarkeit an, gilt dasselbe. 2709

B ist daher strafbar gem. § 263 I, III 2 Nr. 4 Var. 1 StGB. 2710

B. Strafbarkeit des A

A ist sowohl im 1. wie auch im 2. Tatkomplex einer Beihilfe durch Unterlassen zum (jeweiligen) Betrug des B schuldig; die zweite Tat tritt – ebenso wie bei B – als mitbestrafte Nachtat zurück. 2711

---

106 BGH, Beschl. v. 9.6.2009 – 5 StR 394/08, Rn. 19; *Heghmanns* ZJS 2009, 706 (708 f.); *Rotsch* ZJS 2009, 712 (713 mit Fn. 10).

107 Dazu *Kühl* StrafR AT § 21 Rn. 66.

2712 **Hinweis:** Dasselbe gilt, wenn man eine Täterschaft des A annimmt.

2713 A ist damit strafbar gem. §§ 263 I, III 2 Nr. 4 Var. 1, 27, 13 StGB.

C. Strafbarkeit des C

2714 Für C gilt das Gleiche wie für A, auch hinsichtlich der Konkurrenzen gilt das zu B und A Gesagte sinngemäß. C ist also ebenso wie A strafbar gem. §§ 263 I, III 2 Nr. 4 Var. 1, 27, 13 StGB.

Sachverzeichnis

Die Zahlen verweisen auf die Randnummern des Buches.